LOS RITUALES
EN LA MESA

LOS RITUALES
EN LA MESA

Orígenes, evolución, excentricidades y significados

Margaret Visser

Traducción de Dulcinea Otero-Piñeiro

Antoni Bosch editor, S.A.U.
Manacor, 3, 08023, Barcelona
Tel. (+34) 93 206 07 30
info@antonibosch.com
www.antonibosch.com

© del texto: Margaret Visser, 1991, 2008
© del prólogo Bee Wilson, 2017
© de la traducción: Dulcinea Otero-Piñeiro, 2023
© de esta edición: Antoni Bosch editor, S.A.U., 2023

First published in Canada by HarperCollins Publishers Ltd 1991
Translation rights by arrangement with Westwood Creative Artist, Ltd and Sandra Bruna Agencia Literaria, S.L.
All rigkst reserved

ISBN: 978-84-124736-9-8
Depósito legal: B. 10128-2023

Diseño de la cubierta: Compañía
Maquetación: JesMart
Corrección de pruebas: Olga Mairal
Impresión: Liber Digital, S.L.

Impreso en España
Printed in Spain

Cualquier forma de reproducción, distribución, comunicación pública o transformación de esta obra solo puede ser realizada con la autorización de sus titulares, salvo excepción prevista por la ley. Diríjase a CEDRO (Centro Español de Derechos Reprográficos, www.cedro.org) si necesita fotocopiar o escanear algún fragmento de esta obra.

Para Emily y Alexander

Índice

Prefacio 7
Agradecimientos 11
Introducción a la segunda edición 13
Introducción 17

1. Las buenas maneras 23
   El caníbal ficticio 26
   El ritual 40
   Festín y sacrificio 51

2. Aprender a comportarse 63
   Educar a los niños 64
   Inhibiciones 81
   Aspiraciones 94

3. El placer de la compañía 105
   La compañía 110
   Anfitriones e invitados 116
   Las invitaciones 126
   La llegada 138
   Tomar asiento 150

4. La cena está servida 169
   El primer bocado 170
   El entorno 179
   Un despliegue de ornamentos 189

  Los dedos 202
  Los palillos 214
  Cuchillos, tenedores, cucharas 219
  El orden. 234
  Las raciones 249
  El despiece 268
  Tintos, blancos y rubias 284
  La conversación en la mesa 306
  Alimentos, festines y mujeres. 316
  Cuando todo acaba 330

5. Sin ofender 343
  La contaminación. 346
  Reglas y preceptos sobre la boca 356
  Corrección en la postura corporal y los gestos 374

Epílogo: ¿hasta dónde llega hoy la mala educación?. 387
Referencias 407
Bibliografía. 423
Índice analítico. 453

Prefacio

Envidio a quien abra este libro por primera vez. Leer a Margaret Visser es como morder un fruto de sabor poco común, penetrante y delicioso, que expande la mente. Intento recordar lo distintos (y aburridos) que pueden parecernos los modales en la mesa antes de leer *Rituales en la mesa*. Tal vez sea usted de esas personas que piensan que los modales en la mesa son para los demás. Para gente lejana. Que esas reglas que vemos en películas como *Downton Abbey* sobre cómo usar el cuchillo del pescado y cómo doblar las servilletas no son para usted. Nadie se molesta hoy en detenerse a bendecir la mesa ni a tomar un oporto al final de una cena. Según Margaret Visser, en la actualidad «se rehúye de lo elaborado y se prefiere lo más básico para todo». Desde la primera publicación de esta obra en 1991 nos hemos vuelto más informales aún. Los «cuencos de comida» (*bowl food*) son un fenómeno nuevo que atrae a un público cada vez más numeroso dispuesto a tomar con cuchara un reconfortante cuenco de algo como arroz y aguacate antes que darse el trabajo de usar el cuchillo y el tenedor. Pero nos engañamos si pensamos que no seguimos ningún ritual cuando comemos. Lo que ocurre es que esos rituales cambian sin cesar, tal como revela Margaret Visser con una destreza magistral.

Este libro repleto de sabiduría, uno de los más importantes que se han escrito nunca sobre alimentación, describe las innumerables maneras en que el ser humano ha complicado el acto de comer. Consideremos, por ejemplo, un McDonald's. Ahí no se usan manteles de damasco (de hecho, cuando un par de adolescentes británicos acudió a uno con su propio mantel, cubiertos, platos y velas en 2013, les dijeron que se marcharan). Sin embargo, también el consumo de una hamburguesa en un establecimiento de comida rápida va unido a la práctica de «rituales sencillos pero seguidos a rajatabla», señala Visser, que van desde la «estricta regularidad» de la propia hamburguesa hasta las normas que estipulan la decoración y el ambiente: «Los empleados usan un uniforme característico; siempre se ofrecen los mismos menús y hasta se colocan en el mismo espacio en todos los establecimientos de la cadena; los precios son bajos y predecibles; y la limpieza se proclama y repite sin descanso. La empresa también procura ejercer el papel de anfitrión adorable, amable y comprometido, incluso paternal: sabe que toparnos de frente con una empresa enorme y sin rostro nos vuelve desconfiados... Por eso insiste en su amor por los niños, su añoranza del calor acogedor y del pasado (tejados coquetos, tonos tierra cálidos), o su modernidad limpia y fresca (paredes de cristal, superficies lisas, embellecedores rojos)».

El gran logro de Margaret Visser es que vuelve exótico lo cotidiano, y extraño lo familiar. Visser piensa como una antropóloga (enseñó estudios clásicos durante dieciocho años en la Universidad York de Canadá), pero su escritura es tan directa como una locutora de radio, que es lo que fue. Sus ideas sobre la comida proceden de sus intervenciones durante la década de 1980 en un programa de radio canadiense llamado *Morningside* donde hablaba sobre la importancia cultural de elementos tan cotidianos como las naranjas, las patatas y el azúcar. La invitaron a participar en el programa cuando le dijo al productor: «No se puede saber nada sobre la sociedad de Toronto de los años ochenta si no se sabe nada sobre mitología griega».

La hipótesis de partida de Visser en *Rituales en la mesa* es que no sabremos nada sobre las extrañas conductas que seguimos en la mesa (dietas y tabúes, incluso al comer en un avión) si desconocemos los «sistemas y códigos» que se usaron en el pasado. Con ella descubrimos que muchos de los rituales actuales que consideramos simplemente normales están cargados de significados ocultos. ¡Cuidado!, tal vez este libro le acabe planteando algún que otro dilema, como si acudir o no con una botella de vino cuando le inviten a cenar. Yo lo consideraba un detalle grato y sencillo, pero Visser me hizo ver que podría contemplarse «como una descortesía» si se interpreta como «un pago parcial por la hospitalidad» que se va a recibir. Desde este punto de vista, lo más generoso sería no llevar nada y dejarnos agasajar de todo corazón. Las leyes de la hospitalidad, señala Visser, surgieron para recibir a personas extrañas en casa y jamás «está permitido que los invitados usurpen funciones al anfitrión».

Visser también revela que en el centro de todos los modales que imperan en la mesa está el temor a que estalle algún tipo de violencia. «No confundimos los invitados con los platos», dice ella. La forma en que empleamos los cubiertos, que podría parecer un asunto anticuado e insustancial, entraña numerosos riesgos. La persona sentada a nuestro lado con un cuchillo en la mano podría apuñalarnos en cualquier momento. Y por eso creamos elaboradas reglas para sentirnos más seguros cuando estamos en la mesa. En China, el trinchado de los alimentos se realiza fuera de la vista, en la cocina, y la comida se lleva a la mesa ya troceada en pedazos de un bocado y lista para tomarla con palillos. En Occidente resolvimos el problema con la invención del cuchillo de mesa, un utensilio pensado para que corte peor que otros instrumentos de hoja. Para reducir aún más el riesgo de que nos asesinen mientras comemos, también tenemos tabúes sobre el empleo de este cubierto de mesa tan ineficaz, como no utilizarlo jamás para cortar panecillos (norma francesa) o patatas (norma alemana). Jamás hay que apuntar con el cuchillo a la cara de nadie, ni llevárselo a la boca, para no dar la impresión de que estamos a punto de sangrar. Porque «este es el tema que subyace en todos los modales en la mesa: puede que estemos cortando y masticando; puede que hayamos matado o sacrificado para aprovisionar el banquete; puede que estemos cubriendo nuestra necesidad más animal; pero lo hacemos con control, con orden y con regularidad, y con una idea clara de quién es quién y qué es qué».

En uno de los capítulos más sorprendentes del libro, el primero, Visser desvela que incluso el canibalismo se practica siguiendo rituales y normas para comer en compañía. Si en algún momento nos atrevemos siquiera a pensar en las prácticas caníbales, siempre las asociamos con la brutalidad más anárquica. Sin embargo, según escribe Visser, «como seres sociales que son, es inevitable que los caníbales tengan modales». Aquí nos habla también sobre los fiyianos antiguos, quienes tomaban las comidas ordinarias con las manos, pero usaban un tenedor especial de madera para comer carne humana (como la vajilla lujosa que reservamos en el mundo occidental para las comidas de Navidad o Acción de Gracias).

Cada vez que reabro el libro *Los rituales en la mesa* (es uno de los que tengo en mi librería que más se prestan a la relectura) me sorprende algún detalle nuevo. Enseguida reparo en que estoy en manos de alguien con un repertorio inmenso de referencias y, lo que es más importante, con la inteligencia fabulosa para dar un sentido a todo ello. Visser es capaz de ver la conexión que existe entre el pueblo chaga, que espera que los niños dejen un puñado de comida en el plato para compartirlo con su madre, y los escolares estadounidenses, que establecen alianzas intercambiando lo más rico del almuerzo que llevan cada mañana al colegio (tus pasas por mis galletas). Se ha observado que algunos escolares intercambian en el patio del recreo una galleta por otra idéntica, un gesto tan simbólico como cualquier festín azteca.

A veces nos desanima que los modales en la mesa sean algo del pasado. Visser considera que vivimos en una cultura especialmente obsesionada por comer deprisa. Es un mundo de personas que cenan echando mano del microondas y la televisión y picotean aperitivos dentro del coche. Es importante que Visser nos recuerde que «lo cierto es que siempre nos regimos por unas normas que la mayoría de las veces nos resultan invisibles». Es posible que, a diferencia de las señoras victorianas, no creamos necesario vestirnos con elegancia para cenar. Pero aun así, con el sándwich en la mano, procuramos no dejar caer saliva ni baba ni migas. El hecho de que las familias de clase media coman ahora sin sirvientes constituye «de por sí una forma exigente de cortesía», según Visser, porque proviene del ideal de procurar no imponernos en exceso a los demás. Aunque estuviera al alcance de nuestras posibilidades, no nos sentiríamos cómodos pagando a otras personas para que prepararan la cena de nuestra familia. Es cierto que seguimos mandando sobre quienes cultivan al otro lado del mundo las judías verdes que nos comemos en casa y sobre los pollos que usamos para nuestras hamburguesas, pero esa es «otra historia», dice Visser, cuyo gran logro en esta obra es demostrar que los modales que nos rigen en la mesa nunca guardan relación tan solo con personas lejanas, sino también con nuestro yo más íntimo.

Bee Wilson, febrero de 2017

Agradecimientos

Quiero manifestar mi agradecimiento en primer lugar a Colin, quien, antes de terminar mi libro anterior, me ayudó a saber de qué debía tratar este. Su apoyo y consejo han tenido, como siempre, un valor incalculable para mí. Mis hijos fueron quienes más me enseñaron sobre el tema que me ocupa aquí mientras «aprendían a comportarse». Entre las numerosas amistades que me aportaron ideas, propusieron vías de investigación y a menudo me hicieron cambiar de opinión; merecen un agradecimiento especial las siguientes personas, quienes leyeron el manuscrito y contribuyeron a reducir los errores que contenía: mi hija Emily, Emmet Robbins, Barbara Moon, Jacqueline d'Amboise y Pat Kennedy. El ingenio de Casey Rock me ayudó con las averiguaciones de las primeras fases. En Francia, mi trabajo se vio enormemente facilitado por los consejos y la ayuda específica del reverendo Louis Bareille y de la señora Françoise Merlet. La mayor parte de las referencias escritas consultadas provinieron de la Universidad de Cambridge y de la Biblioteca Robarts de la Universidad de Toronto, con su excelente Servicio de préstamo interbibliotecario. En particular, el personal de la Biblioteca Robarts me brindó una ayuda inestimable sin la cual jamás habría podido concluir mis indagaciones. Quisiera dar las gracias también a mis editores, Walt Bode, Barbara Berson y Ann Adelman, así como a mis agentes, Susan Petersiel y Ursula Bollini, de M.G.A. Me siento especialmente agradecida a Nancy Colbert, de HarperCollins, quien atendió el proyecto con paciencia y entusiasmo desde el primer momento.

Introducción a la segunda edición

Los buenos modales en la mesa mantienen y salvaguardan prohibiciones y suposiciones que parecen evidentes dentro de la cultura que los acoge. Así que rara vez se habla o se reflexiona siquiera sobre ellos hasta que alguien se salta las normas: come con la boca abierta, señala a otra persona (o incluso a sí misma) con un cuchillo, escupe, echa mano a la comida de otro plato o causa derrames inaceptables. Entonces, las reacciones del resto de los comensales que comparten la misma mesa son inmediatas y rotundas: o bien manifiestan una indignación que acaba en hostilidad, o bien manifiestan un desagrado que se traduce en un alejamiento y un rechazo hacia la persona infractora.

Mi libro anterior, *Much Depends on Dinner*, trata sobre la historia de lo que comemos y sobre el significado que atribuimos a determinados alimentos. El interés por estos asuntos y otros relacionados ha ido en aumento con el paso de los años; se siguen publicando cantidades ingentes de libros y artículos relacionados con lo que comemos. *Los rituales en la mesa* aborda de qué manera comemos una vez que nos hemos procurado un suministro regular de alimento. Aparte de las guías convencionales sobre etiqueta (el equivalente para los modales en la mesa a los libros de recetas para la comida), no ha habido una avalancha equivalente de publicaciones sobre este asunto. Probablemente se debe a que los modales en la mesa se pasan por alto con facilidad o se consideran triviales y aburridos. Pero recordemos que una de las características de las prohibiciones que funcionan bien es que permanecen invisibles, están por encima de toda discusión, es decir, se dan por hecho.

Y, sin embargo, hay muchos motivos por los que conviene convertir en tema de análisis los buenos modales en la mesa. En primer lugar, puesto que representan la manera en que cada cultura fomenta y gestiona las comidas compartidas, son esenciales para la instauración y la supervivencia de todas las sociedades humanas sin excepción. Una vez admitido este hecho, podemos convenir en que explicar los rituales que se practican durante las comidas es un cometido serio y deseable. Pero, al mismo tiempo, el tema de la compostura en la mesa puede ser de por sí entretenido y hasta hilarante debido a tres razones fundamentales.

En primer lugar, los buenos modales en la mesa evitan que irrumpa la violencia durante las comidas. Desde la primera publicación de *Los rituales en la mesa* he recibido la objeción ocasional por parte de algunos lectores de que nunca se habían planteado siquiera el tema de la violencia en la mesa, y mucho menos la habían presenciado. Sus declaraciones me confirman la omnipresencia de las prohibiciones. Oír hablar de malos modales en la mesa (sin llegar a sufrirlos) provoca risa, en parte, porque supone desafiar una prohibición pero sin llegar a desmontarla en realidad: no se mata nada ni se produce ningún desmantelamiento total del orden. En segundo lugar, hablar sobre las sutilezas del estatus y sobre las pugnas para conseguirlo en la mesa siempre implican cierta comicidad. Y en tercer lugar, a menudo nos sorprenden y divierten los extremos a los que están dispuestas a llegar algunas personas para causar muy buena impresión o para alcanzar la corrección.

Cuando escribí este libro no necesité esforzarme para encontrar variedad o casos sorprendentes: la inventiva humana los aporta en abundancia. Pero en esta época en la que millones de datos quedan al alcance de cualquiera que disponga de ordenador, lo que suele costarnos es encontrar un sentido para todo ello. El tema desarrollado en *Los rituales en la mesa* aborda las decisiones en las que se fundamenta cada sistema de buenos modales en la mesa: qué se enfatiza en cada caso, qué se excluye y por qué. Hay mucho de estilo y arte en este libro, de aspiraciones e inhibiciones, de las posturas que adoptamos con el cuerpo y ante diferencias culturales. Porque a la hora de comer, nuestra manera de hacerlo no coincide con «la manera en que se hace» en muchas otras culturas. Las costumbres y los modales en la mesa de otras personas suelen ser interesantes de por sí porque revelan prohibiciones distintas a las nuestras. Pero también nos ayudan a ser conscientes de las prohibiciones o tabúes que condicionan nuestro propio comportamiento en la mesa.

Tal como hice en mi libro anterior *Much Depends on Dinner*, en la obra que nos ocupa ahora ofrezco un recorrido por una sola de las comidas que forman parte de la tradición occidental actual, lo que ofrece un hilo conductor al discurso principal de la obra. El objetivo esta vez es explicar la «puesta en escena» de esta comida en particular, y compararla con sus equivalentes en otros lugares y épocas. Me centraré en las reglas y convenciones que la rigen, en cómo escenifica el encuentro, y en los significados de la representación. Cada cena es diferente, por supuesto, no ya porque cambie el menú, sino también porque cada comida congrega a su alrededor a personas diferentes que tienen una presencia y un estatus particular y que contribuyen de formas específicas a crear la conversación, los diálogos de la «obra» (sobre todo en nuestra cultura, que se distingue por su insistencia en que cada asistente hable durante las comidas compartidas). Sin embargo, yo me centraré en las reglas (lo manifiestamente convencional, ese paradigma tan fácil de desestimar y de ignorar) que permiten la improvisación creativa de los comensales sin provocar el enojo del resto ni hacer que pierdan el apetito. Lo que he querido plasmar aquí es la historia de estas normas, junto con sus estrategias y pretensiones.

Los buenos modales en la mesa existen para comportarse y para apaciguar; son conservadores por naturaleza, y cambian raras veces y con dificultad. De hecho, la más mínima modificación de las convenciones durante las comidas indica un cambio significativo en la propia cultura. Por ejemplo, si empezaran a exigir cuchillo y tenedor las sociedades actuales en las que comer con palillos es la norma o donde comer con las manos es de buena educación, es casi seguro que ya habrían sufrido cambios trascendentales en su dieta y su manera de cocinar. (Así, la carne servida en trozos grandes requiere el uso del cuchillo, y los alimentos calientes no animan a comer con las manos.) También sería muy posible que estuvieran influidas por las presiones para «modernizarse» y globalizarse. De ello se derivarían otras consecuencias inevitables como, por ejemplo, los efectos limitadores y separadores para la interacción social que impone la exigencia de usar un plato individual para cada comensal. Y eso no sería más que el principio.

Desde la primera publicación de este libro, el individualismo que impera en la cultura occidental se ha visto reforzado por los avances tecnológicos. Al mismo tiempo, la tecnología, a menudo adoptada de forma generalizada y sin ningún espíritu crítico, ha modificado y sigue alterando nuestros comportamientos haciendo que nuestras costumbres se adapten a ella. Entonces, ¿comeremos cada vez más en soledad, aun estando en grupo, de manera que cada persona esté conectada a su propio dispositivo de audio o converse por el móvil con personas ausentes? ¿Asistiremos a una reducción drástica de las comidas compartidas debido a la compra de comida preparada en raciones individuales? ¿Y qué auguran estos comportamientos si se convierten en la norma? Podemos atisbar algo, pero no alcanzamos a ver los detalles; desde luego, no hay precedentes de ninguna de esas dos situaciones posibles. Pero la rapidez con que se producen los cambios tecnológicos no debería impedir que pensemos en las consecuencias ni privarnos de seguir siendo conscientes de lo que sucede a un nivel más profundo en nuestro interior y en las sociedades.

Los rituales en la mesa es, de hecho, el segundo volumen de una sola obra que versa sobre las comidas, aunque admite una lectura independiente de su obra compañera *Much Depends on Dinner*. Este segundo volumen, más específico aún que el primero, nos analiza a nosotros mismos a la luz de la relación que mantenemos con las comidas, y pretende ayudarnos a entender cómo funcionan los buenos modales en la mesa y a valorar tanto su relevancia como su capacidad para revelar los supuestos que se ocultan en la cultura occidental –o en cualquier otra–. La necesidad de acceder a estos conocimientos ha aumentado desde que lo escribí.

Introducción

Este libro es una exposición de los múltiples significados que tienen los rituales que se practican durante las comidas compartidas; trata sobre cómo comemos y por qué comemos como lo hacemos. Los seres humanos nos esforzamos para abastecernos de alimentos: primero debemos encontrarlos, cultivarlos, cazarlos, planificar con tiempo su transporte y almacenamiento, y seguir bregando para asegurarnos de que dispondremos de ellos con regularidad. Después los compramos, los llevamos a casa y los guardamos hasta que encontramos el momento adecuado para consumirlos. Entonces los preparamos, los limpiamos, los desollamos, los troceamos, los cocinamos y los emplatamos. Y en ese momento llega el clímax de todos nuestros esfuerzos, la parte más fácil: nos los comemos. Y al instante empezamos a envolver todo el proceso dentro de un sistema de normas. Insistimos en comer en lugares y a horas particulares, con un equipamiento específico, una decoración elaborada, con una secuencia predecible entre los distintos alimentos, con unos movimientos limitados y con una postura correcta. En otras palabras, convertimos la ingesta de alimentos, que es una necesidad biológica, en un fenómeno cuidado con esmero. Aprovechamos los momentos de las comidas para las relaciones sociales: la satisfacción que produce la necesidad más individual de todas se convierte en un medio para crear comunidad.

Los buenos modales en la mesa tienen una historia antigua y compleja: cada sociedad ha desarrollado de manera gradual su sistema particular modificando a veces sus costumbres para adaptarse a las circunstancias, pero también vigilando su mantenimiento para respaldar sus ideales y su estilo estético, y para reforzar su identidad. Cada sociedad ha tomado decisiones diversas hasta llegar a lo que ahora contempla como buenos modales en la mesa. Otros pueblos de otras partes del mundo tienen normas diferentes a las nuestras, y es importante intentar entender las razones que motivaron esas convenciones para comprender nuestras propias prácticas y su porqué.

A pesar de las diferencias, los modales en la mesa son muy similares tanto en todas las épocas como en el mundo entero si se tiene en cuenta el conjunto completo. En todas partes somos muy propensos a preferir la limpieza o la consideración hacia los demás o la solidaridad dentro del grupo de comensales. A veces, los rituales acentúan estas cuestiones de un modo muy singular. Pero la mayoría de los rituales con estos significados tienen mucho en común, y los pueblos que actúan de una manera diferente suelen hacerlo por razones fáciles de entender y de valorar. A veces, por ejemplo, se espera que en las comidas festivas se coma mucho. Los banquetes son ocasiones excepcionales en las que se invierte un gran esfuerzo: lo mínimo que puede hacer un invitado es dar muestras de que está disfrutando. Es muy posible que sea necesario ayunar de antemano; y tal vez se considere educado y afable exclamar de satisfacción, relamerse los labios, etc. Otras culturas prefieren enfatizar que la comida no lo es todo y que atiborrarse es repulsivo: se alaba la moderación ante la abundancia que se brinda, y se desaprueban las manifestaciones verbales o gestuales de disfrute. A veces lo correcto es guardar silencio mientras se come: la comida merece respeto y concentración. En otros casos hay que hablar a toda costa: nos reunimos no solo para alimentarnos sino también para estar en comunión con otros seres humanos. Aunque cada cual prefiera una u otra tendencia, es fácil entender los intereses que motivan las distintas decisiones de actuación.

Este libro no sigue un orden cronológico ni cultural ni geográfico. He optado más bien por «viajar» en el espacio y en el tiempo para seleccionar ejemplos de comportamientos procedentes de otros lugares y periodos históricos cuando arrojan luz, ya sea por su semejanza o por su diferencia, sobre las actitudes, las tradiciones y las peculiaridades de los comportamientos actuales dentro de la cultura occidental. Mi objetivo ha consistido en enriquecer la experiencia de cualquier persona durante una comida que siga la tradición occidental, hacernos más conscientes y despertar el interés si nos invitan a compartir comidas dentro de otras culturas, y aportar una idea general sobre la gran variedad de tradiciones, significados y sofisticación social que va asociada a los comportamientos que seguimos durante la cena más sencilla en familia o entre amigos.

Los dos primeros capítulos tratan sobre principios básicos. El primero de ellos analiza por qué todas las sociedades humanas sin excepción siguen unas normas para comer; qué es un ritual y por qué es necesario para cenar (así, por ejemplo, se ha descubierto que el canibalismo se rige por normas y controles estrictos); y el significado de darse un festín y de realizar sacrificios. El segundo capítulo aborda que todos los pueblos del mundo enseñan a los niños a comportarse en la mesa, y cómo se desarrolló el ceremonial de las cenas en la cultura occidental. Cada vez nos hemos vuelto más estrictos con el control del cuerpo, y a menudo hemos puesto los buenos modales en la mesa al servicio de los sistemas de clases y el esnobismo.

El capítulo tres nos adentra en las comidas en compañía de otras personas: la formalidad de las invitaciones, las normas que deben seguir anfitriones y huéspedes, el comportamiento al ir a cenar a una casa ajena y la disposición de los asientos. Será una cena que implique sentarse a una mesa con amistades diversas, algunas de ellas cercanas y otras apenas conocidas, y se celebrará en la casa del anfitrión. Una comida así siempre conlleva comodidad, riesgo e importancia, complejidad, intrigas, un decorado y una estructura escénica suficientes para escribir una crónica de la extensión de un libro. Nos veremos obligados a dejar de lado no solo el menú específico de esa comida, sino también sus participantes y la historia particular de cada cual, sus preferencias, conversaciones y singularidades, es decir, todo eso que diferencia una cena de todas las demás. En este libro solo nos centraremos en las convenciones, en sus orígenes y en su significado.

«La cena está servida» durante el largo capítulo cuatro, el central. En él nos observaremos comiendo, desde el primer bocado hasta que nos levantemos de la mesa y salgamos de esa casa ajena para volver a la nuestra. Para entender nuestros modales, deberemos considerar cómo podrían haber sido y, sin embargo, no son. Sentarse en sillas alrededor de una mesa para comer no tiene por qué ser la forma correcta de hacerlo: ¿por qué decidimos hacerlo así, entonces? ¿Cómo se comportan los pueblos que no usan sillas? ¿En qué momento y por qué razón dejamos de comer con las manos, qué revela esa decisión sobre nuestra actitud ante las comidas, y qué diferencias ha supuesto en nuestras conductas al comer? ¿Qué explicación tienen los manteles, las velas, las cucharas de servir, las copas de vino y formalidades tales como bendecir la mesa o brindar? Aunque hay muchas personas que rara vez o nunca se sientan para hacer una cena formal, el prototipo de comida formal sigue siendo el paradigma que cede sus símbolos, secuencias y categorías a otros acontecimientos culinarios. Un pícnic, las cenas en avión, las fiestas de cóctel y las pausas breves para ingerir comida rápida son algunas de las variantes que se analizan en el libro, porque sus cambios de tono o los recursos que eligen copiar del modelo original evidencian muchas de las posturas que adoptamos frente a los rituales para comer.

Las comidas en restaurantes entrañan una complejidad inmensa que por desgracia solo he podido tratar aquí de soslayo. En general, comer en un restaurante requiere los mismos modales que una cena formal en casa. (Para profundizar en las cuestiones sociales que plantea este asunto, recomiendo empezar por los libros de J. Finkelstein y G. Mars y M. Nicod que figuran en la bibliografía del final de esta obra.)

La razón por la que he optado por describir una comida formal es por su completitud (abarca la gama más amplia de actividades) y por su complejidad. La informalidad, como indica el propio término, presupone como mínimo algún concepto de modelo formal, y un comportamiento informal solo se entiende en primer lugar si se tienen en cuenta las normas que no sigue, y viendo después qué reglas sí acata.

El quinto capítulo trata en detalle la corrección de la postura corporal durante las comidas: el control sobre todo de la boca, pero también del resto del cuerpo. En este lugar se aborda con brevedad cómo evitar la contaminación de los alimentos. El epílogo final se dedica a la supuesta decadencia de los buenos modales y de los rituales en las sociedades occidentales modernas; se analiza por qué estamos tan empeñados en ser informales, y si de verdad nos hemos vuelto más ordinarios que antes.

Es inevitable que el tema de la violencia y de la represión aparezcan de manera recurrente a lo largo del discurso. Los buenos modales en la mesa son convenciones sociales; se idearon justamente porque es muy fácil que estalle la violencia durante una cena. Comer es una acción agresiva por naturaleza, y los utensilios que empleamos para ello podrían convertirse en armas con rapidez; la buena educación en la mesa es, básicamente, un sistema de tabúes pensado para asegurar que la violencia queda desterrada. Pero siempre afloran señales de glotonería y de ira: muchas supersticiones relacionadas con las comidas, por ejemplo, hablan de la muerte inminente de uno de los comensales. Es el individuo quien come, y lo hace por estricto interés propio; comer en compañía, sin embargo, sitúa al individuo frente a frente con el grupo. Es el grupo el que insiste en seguir unos modales en la mesa y no aceptará que el individuo los rechace. Por tanto, el «interés personal» del individuo no solo consiste en garantizar su supervivencia personal, sino también en complacer, apaciguar y no asustar o disgustar al resto de los comensales. Edward Lear fue sumamente sensible a la relación entre el individuo excéntrico y «el resto», esas otras personas anónimas:

> Hubo en tiempos un anciano de Buda
> con maneras cada vez más rudas
> hasta que, al final, el resto
> acalló sus malos gestos
> machacando a aquel anciano de Buda.

Se lo ganó a pulso, dirá más tarde «el resto». Esta quintilla desenfadada y con desenlace jocoso lanza, sin embargo, una advertencia perversa imposible de obviar: los buenos modales, en particular en la mesa, no deben tomarse a risa. La compostura nos facilita la vida porque tranquiliza a los demás. Lo que el resto considera malos modales (y no perdamos de vista que la corrección depende por completo de la percepción de los demás) nunca se libra, antes o después, del castigo «del resto».

1
Las buenas maneras

Los buenos modales en la mesa son tan antiguos como las propias sociedades humanas por la simple razón de que ninguna sociedad humana puede existir sin ellos. Se cree que el reparto activo de los alimentos (es decir, no consumirlos por completo allí donde los encontramos, sino llevar algo a casa y proceder a su distribución sistemática) constituye, incluso en la actualidad, la base de lo que nos diferencia de los animales. Las aves, los perros y las hienas acarrean comida para sus crías hasta que están listas para buscarla por sí mismas, y los chimpancés llegan incluso a exigir y recibir trozos de carne de otros adultos de la manada. (Al parecer, los chimpancés tan solo manifiestan este comportamiento cuando comen carne, ya que su dieta principal, vegetal, la consumen casi siempre allí donde la encuentran, sin compartirla.) Solo las personas nos afanamos de manera activa, habitual y continua por repartir los alimentos.

Esta práctica implica, y probablemente favoreció, la aparición de muchos rasgos humanos básicos, como el parentesco (quién pertenece a quién; qué personas comen juntas), el lenguaje (para hablar de alimentos pasados, presentes y futuros; para planificar su adquisición y decidir su reparto evitando conflictos), la tecnología (métodos para matar, despiezar, guardar y transportar la comida) y la moral (¿qué es una porción justa?). La necesidad básica de que el estómago reciba alimento sigue aportando buena parte de la fuerza motriz que impulsa todas las acciones humanas: debemos cazar para tener comida, pelear por ella, encontrarla o sembrarla y esperar a que alcance la maduración adecuada para su consumo; luego debemos transportarla y distribuirla antes de que se pudra. Además, nos resulta más fácil ingerir alimentos troceados, molidos, cocinados o macerados. La civilización propiamente dicha no puede empezar a existir mientras no esté asegurado el suministro de alimentos. Y en lo relativo a la comida, nunca podemos relajarnos; el apetito nos mantiene alerta.

El reparto activo de lo que vamos a comer no es más que el comienzo. Somos irremediablemente exigentes con lo que consumimos: las preferencias aparecen en cada bocado ingerido. Jugamos con los alimentos, hacemos ostentación de ellos, los ensalzamos y los desdeñamos. Las reglas básicas de la alimentación son simples: o comes o mueres; y por muy abundante que sea la cena, pronto volvemos a tener hambre. Justamente porque necesitamos comer y seguir comiendo, los seres humanos hemos dedicado esfuerzos enormes a convertir la comida en algo más, de tal manera que tenga múltiples significados más allá de su función primaria de nutrir el cuerpo. La hemos convertido en un arquetipo mítico inmensamente versátil (a los economistas actuales, por ejemplo, les encanta afirmar que nuestras ansias por «consumir» bienes en general son insaciables, al igual que nuestra necesidad de comer): es una forma de arte; es un medio para el intercambio comercial y la interacción social; es la fuente de una intrincada panoplia de señas de identidad de clase y nacionalidad. Puesto que tenemos que seguir comiendo, convertimos las comidas en oportunidades para insistir también en otras cosas: conceptos y sentimientos que son vitales para nuestro bienestar, aunque muchos de ellos sean complejos, difíciles de analizar o de entender y, desde luego, en los que no es tan fácil concentrarse como en la comida cuando hay hambre. Incluso cuando se trata de comer sin más, el pan por sí solo no basta.

En las lenguas de Europa occidental, la palabra *pan* suele denotar comida en general; en la tradición occidental, el pan es esencial. Esto se mantiene incluso en el momento actual, a pesar de que consumimos mucho menos pan que antes y de que el pan suele llegarnos de una fábrica, blanqueado, blando, cortado (demasiado para «partir el pan») o envasado en plástico o celofán. Sin embargo, seguimos contando con tener pan a mano en cada comida, como base, como complemento, como consuelo y recompensa fiable frente a cualquier angustia o decepción que pueda ocasionar el resto de la comida. El pan es una especie de continuador del pecho materno, y a lo largo de los siglos ha despertado miles de millones de suspiros de satisfacción.

Porque somos humanos y porque, como veremos más adelante, el comportamiento «cultural» parece ser una necesidad «biológica» para nosotros, el pan pasó a convertirse además, y así sigue siendo, en un símbolo de un significado profundo, una sustancia reverenciada y sagrada. Aún conservamos el recuerdo de que partir el pan y distribuirlo entre amigos representa la amistad misma, y también confianza, satisfacción y gratitud al compartir. Compartir el pan, ya sea como símbolo específico o como representación de la comida en términos generales, lo convierte en el lazo verdadero que nos une. El vocablo latino para *compañero* significa literalmente 'con pan' o 'comer del mismo pan'; de modo que todas las «compañías» comerciales del mundo, desde un grupo de teatro hasta una empresa acerera, conllevan el significado de 'compartir el pan'.

Podemos compartir la comida, privarnos de ella, emplearla como arma o como señal de prestigio, robarla o cederla, de modo que también es una exhibición de valores morales. Todo el mundo sabe perfectamente qué significa no tener comida: el alimento es la gran necesidad a la que toda persona está supeditada. Y todas tenemos también un estómago de un tamaño parecido: por mucho dinero que acumulemos, no podemos ingerir más que una cierta cantidad de alimento. De ahí que usemos numerosas metáforas vinculadas a la comida con un discurso moral y estético formidable; hablamos de «glotonería», «gusto» y «sed» en contextos que apenas guardan relación con comer y beber. Las mujeres siempre han sido otro símbolo utilizado para entrelazar familias y tribus; también se las cede en el matrimonio, se comparten, se roban, sirven para ganar estatus y es posible privarse de ellas con la abstinencia. Pero la comida, como señaló el antropólogo Raymond Firth, ofrece una ventaja enorme como símbolo frente a la mujer: su divisibilidad. «Las mujeres se pueden compartir, pero no se pueden dividir, mientras que la comida se puede dividir en porciones casi infinitas sin que pierda calidad». Es una observación divertida porque, por así decirlo, da en el clavo. En algún rincón perdido de la mente reside la idea del canibalismo, aunque esté bien separada del pensamiento y el discurso habituales, es decir, que los seres humanos podrían transformarse en comida y comerse unos a otros. Al fin y al cabo, para que un organismo se coma a otro tiene que haber violencia. Se matan animales para obtener carne; las verduras se arrancan, se pelan y se trocean; la mayoría de lo que comemos se cocina con fuego; y la masticación está destinada a concluir sin miramientos lo que comenzó con la matanza y la cocción. Lo natural es que prefiramos que nada de eso nos ocurra a nosotros. Detrás de cada norma de cortesía en la mesa se esconde la determinación de que cada asistente sea comensal, y no plato. Una de las funciones principales de la formalidad es encubrir la violencia que oculta la comida que se va a consumir.

Empezaremos, por tanto, con un breve análisis del canibalismo, su naturaleza como tabú y como mito, sus variedades esenciales y algunos contextos representativos en los que se ha dado. El canibalismo (que nos han enseñado a ver como una práctica inconcebible y, por tanto, bárbara) nunca es un sinsentido, ni algo automático, ni está libre de formalismos. De hecho, no hay duda de que solía rodearse de más solemnidad y concienciación que las comidas cotidianas: comerse a otras personas rara vez, tal vez nunca, ha sido algo ordinario. Evoca atención y lucidez, y genera categorizaciones y límites en todo momento. En otras palabras, puesto que son prácticas sociales, los banquetes caníbales no están más exentos de compostura en la mesa que cualquier otro tipo de comida. Uno de los supuestos defendidos en este libro es que no hay ninguna sociedad carente de modales y, en particular, carente de normas que rijan el comportamiento durante las comidas. Los buenos modales en la mesa equivalen a la buena educación en lo que respecta a los alimentos. Incluyen los actos rituales que cada cultura elige como los más apropiados para cubrir la necesidad más formidable de todas, el símbolo más poderoso, el medio a través del cual expresamos sin cesar las relaciones que mantenemos con el resto de la humanidad. La cultura debe imponerse al instinto y a las inclinaciones naturales, y siempre está dispuesta a lograrlo. El ser humano no es capaz de dejar sola a la naturaleza.

El caníbal ficticio

Cuando Cristóbal Colón quedó encallado un tiempo frente a la isla que llamó La Española (ahora formada por Haití y la República Dominicana) en diciembre de 1492, los habitantes arahuacos del lugar le contaron historias sobre los terribles caribes. Estos eran nativos originarios de Brasil que habían abandonado su territorio natal para migrar a las Guayanas, desde donde partieron en sus largas canoas, formadas por troncos huecos de árbol en los que cabían cien hombres, para conquistar las islas caribeñas actuales, que deben su nombre a este pueblo. Unos cien años antes de la llegada de Colón, los caribes habían sometido a los habitantes de todas las islas orientales del Caribe y dominaban toda la región.

Un jefe arahuaco de La Española invitó a Colón a un banquete de casabe y ajes (que los arahuacos llamaban *batata*, lo que dio origen a la palabra *patata*), en el que también le regaló «algunas carátulas con los ojos y las orejas grandes de oro, y otras cosas bellas que se colgaban al cuello. Después, lamentándose [el jefe] de los caribes, que hacían esclavos a los suyos y se los llevaban para comérselos, se alentó mucho cuando el Almirante, para consolarlo, le mostró nuestras armas, diciendo que con aquellas lo defendería». El miedo de los arahuacos impresionó a Colón, y lo que averiguó después sobre los caribes (entendiera bien o no lo que le habían contado) no ayudó nada a tranquilizarlo. En Cuba oyó una variante dialectal del término *caribe* como *caniba*, y esta dio lugar al adjetivo *caníbal* en español. La palabra *antropófago* (que en griego significa 'que come hombres') casi ha dejado de usarse y ha quedado reemplazada por *caníbal* en las lenguas europeas.

Cuando Shakespeare creó el personaje Calibán de *La Tempestad* (en 1611), encarnó en él los aspectos salvajes de la humanidad. Calibán, que fue engendrado por el diablo a través de la bruja argelina Sycorax, pero adora a un dios de la Patagonia, es también la humanidad en su estado primitivo e «inculto». (Como no era europeo, podía vagar desde el norte de África hasta América del Sur sin alterar el detalle crucial de que era «de por ahí fuera», de un lugar situado fuera de las fronteras de «lo civilizado».) Este monstruo de Shakespeare no come carne humana, pero porta en sí mismo la noción del canibalismo porque su nombre deriva del vocablo *caníbal;* es otra deformación de la palabra *caribe*: Calibán. Puesto que es «un ser de las tinieblas», a Calibán se le atribuye de forma poética y adecuada el canibalismo a través de su nombre.

La idea misma de que las personas se coman unas a otras nos resulta tan abominable que solemos preferir no pensar en ella. El canibalismo es un gran tabú, y su prohibición se acata mucho más que la prohibición del incesto. Freud, al igual que Montaigne antes que él, llamó la atención sobre lo curioso que es que nos parezca tan mal comer personas, cuando las matamos con frecuencia y a menudo lo único que sentimos es la satisfacción de haberlo hecho. La razón estriba en cómo solemos categorizar esa experiencia. Si somos capaces de clasificar a las personas como enemigas, sentiremos que matarlas es un acto de justicia; pero las personas no son comida, y eso debe quedar bien claro. Especialistas en antropología que se interesan por los aspectos puramente utilitarios del comportamiento humano también han señalado que la carne humana sencillamente no resulta muy económica como fuente de proteínas: los seres humanos son los animales más peligrosos con los que podemos toparnos si salimos de caza y, en cualquier caso, comerse unos a otros ha de tener unos límites para que el grupo social no disminuya. No, al resto es mejor tomarlo como aliado, o como mal necesario, y no como nutriente.

Justo porque el canibalismo se ha convertido en un tabú tan eficaz, siempre ha sido uno de los mayores golpes de efecto a los que se puede recurrir en la literatura cuando se busca una barbaridad absoluta, alguna atrocidad que ponga los pelos de punta. A lo largo de milenios hemos contemplado el canibalismo como todo aquello que la civilización no es; por eso Odiseo, el héroe de Homero, ha de enfrentarse y vencer a criaturas como un cíclope caníbal mientras va en busca de su hogar, su ciudad, el orden y el honor. En la cultura occidental, el canibalismo es un símbolo de confusión total: de la ausencia de moralidad, ley y estructura; representa lo brutal, lo completamente inhumano. La idea es que, a diferencia de los caníbales, nosotros somos rectos, ordenados, ilustrados y, en general, superiores. Pero eso que podríamos utilizar con fines simbólicos como la encarnación de un caos sin estructura se basa, sin embargo, en una realidad dura y evidente: las sociedades caníbales han existido desde tiempos inmemoriales. Pero, como seres sociales que son, es inevitable que los caníbales tengan modales. Aunque pensemos todo lo contrario, la sociedad caníbal y el comportamiento caníbal siempre se rigen por unas normas y unos reglamentos.

W. Arens planteó en 1979 que nunca ha existido el canibalismo deliberado, sino tan solo el derivado del riesgo a morir de hambre; que el canibalismo no es más que un recurso literario y un libelo infame en contra de razas a las que queremos colgar la etiqueta de «otras» diferentes a la nuestra. Según su teoría, los españoles se inventaron los devoradores de hombres de los aztecas; Hans Staden, que fue retenido por una tribu sudamericana como posible víctima de prácticas caníbales en el siglo XVI y que vivió para contar lo que había visto, fue acusado de haber fabulado sin más aquella terrible historia; otros testimonios de prácticas caníbales también fueron descreídos. Su teoría desencadenó un aluvión de estudios, análisis, hallazgos y controversias de gran utilidad. El resultado de todo ello ha dejado bien claro que no podemos subestimar las crónicas que nos han llegado. Y ha habido que abandonar aquella idea tan atractiva de que las personas nunca se han comido unas a otras. Es seguro que el canibalismo se ha practicado en África al sur del Sáhara, en Oceanía, en toda América, en el norte de Europa y en la región mediterránea durante la Antigüedad.

Especialistas en arqueología neolítica han confirmado en diversas ocasiones que los huesos rotos y los cráneos resquebrajados encontrados en varios yacimientos demuestran que nuestros antepasados de la Edad de Piedra degustaban cerebros humanos y chupaban el tuétano de los huesos cuando tenían acceso a ellos. En tal caso, es muy posible que también comieran carne humana. Un hallazgo reciente ha proporcionado algunas de las pruebas mejor conservadas y recopiladas hasta ahora de canibalismo primitivo: en un yacimiento de seis mil años de antigüedad situado en Fontbrégoua, cerca de Niza, se encontraron huesos de numerosos animales troceados, como ovejas, cabras, jabalíes y ciervos. Según sus descubridores, todos se habían sacrificado de forma rutinaria, y los huesos estaban machacados para acceder al tuétano y luego se habían arrojado allí sin miramientos. Entre esos huesos de animales se encontraron huesos humanos que habían recibido el mismo tratamiento que el resto. Es casi seguro que había restos comidos de tres adultos, dos niños y una persona de una edad indeterminada. Los otros siete u ocho esqueletos humanos hallados allí mostraban signos menos concluyentes de haber sido roídos por otras personas.

Todos sabemos, por supuesto, que en casos de hambruna desesperada, a veces las personas se ven obligadas a comerse a acompañantes muertos para salvar su propia vida. Si no se mata a un miembro del grupo para dar de comer al resto, y si la ingesta se produce con respeto debido a la gravedad y a la necesidad extrema de la situación, hasta la gente de hoy encuentra comprensible y excusable esta medida de emergencia. De hecho, es tal el celo con el que recalcamos la excepcionalidad de estos episodios que probablemente lo hacemos para enfatizar para nosotros mismos una ley fundamental de nuestra cultura: que esos actos no podrían normalizarse jamás. Comer carne humana por una necesidad extrema y tratarlo como una acción que sería intolerable en cualquier otra circunstancia no es lo que yo llamo aquí canibalismo. El verdadero canibalismo cuenta con la aprobación pública de la sociedad que lo practica y es, como mínimo, una práctica reiterada y a menudo ritualizada.

Lo poco que sabemos sobre las ideas y actitudes de los caníbales indica que tal vez hicieran cosas consideradas espantosas de acuerdo con nuestro sistema de normas, pero seguro que no se comportaban con una voracidad brutal indiscriminada sin más. Sin duda, el hambre favorecería con frecuencia estas prácticas; se han esgrimido argumentos excelentes para defender que el canibalismo puede surgir en una sociedad para suplir la falta de proteínas. Pero las descripciones de los caníbales suelen reiterar que el consumo de carne humana solía rodearse de un cuidadoso ritual bien establecido. El gran Estado azteca, por ejemplo, libraba guerras para proveerse de prisioneros que acababan comidos. Los cálculos del número de víctimas sacrificadas y comidas cada año cuando los españoles llegaron a México en el siglo XVI oscila entre 15.000 y 250.000 (según estimaciones realizadas a partir de testimonios españoles, pero también inferidas a partir de restos arqueológicos como los tzompantli –altares verticales para exhibir cráneos–); las cifras son muy inciertas, pero hay consenso en que los números eran enormes. Dicen que todos esos miles de prisioneros de guerra se capturaban para que las élites aztecas se dieran un festín y también para recompensar a los guerreros que destacaban cazando carne humana.

La explicación es que como los aztecas nunca consiguieron domesticar animales grandes para su consumo, ansiaban comer carne y algunos satisfacían ese deseo matando enemigos para alimentarse de ellos. (Los únicos animales grandes que habían domesticado los aztecas eran pavos y perros, puesto que habían aniquilado toda la caza salvaje que vivía dentro de las fronteras de su imperio. Criaban perros cuya carne no era demasiado musculosa y, por tanto, se podía comer, pero eso implicaba alimentarlos a su vez con carne; y los pavos debían alimentarse con valiosos cereales.) Otras sociedades más pequeñas han consumido cantidades mucho menos espectaculares de personas (ya fueran enemigas o de su propio grupo) por razones «biológicas» similares. En todo lo relacionado con la alimentación, el hambre siempre pesa. Pero no debemos permitir que el orgullo actual por lo práctico y la desmitificación nos haga ignorar a propósito los testimonios que tenemos sobre las verdaderas prácticas aztecas. Aún podemos ver las espléndidas pirámides escalonadas que construyeron para la realización de sacrificios humanos como ofrenda al Sol, señor de los guerreros. El dios Sol exigía corazones humanos para alimentarse; sin ellos, palidecería y moriría, la oscuridad envolvería la tierra, y el caos y la muerte reinarían como antes del principio de los tiempos.

En 1521, sesenta y dos soldados españoles capturados en combate por los aztecas fueron conducidos en procesión hasta una de las pirámides templo de la capital, Tenochtitlán, actual ciudad de México. Como prisioneros de guerra, debían morir con violencia, y sus corazones palpitantes serían ofrecidos al dios. Bernal Díaz del Castillo, soldado del ejército de Cortés, describe la escena: «Tornó a sonar el tambor muy doloroso de Huichilobos, y otros muchos caracoles y cornetas y otras como trompetas, y todo el sonido de ellos espantable. Y mirábamos al alto cu [la pirámide templo] donde las tañían, y vimos que llevaban a la fuerza por las gradas arriba a nuestros compañeros que habían tomado en la derrota que dieron a Cortés, y que los llevaban a sacrificar. Desde que ya los tuvieron arriba en una placeta que se hacía en el adoratorio, donde estaban sus malditos ídolos, vimos que a muchos de ellos les ponían plumajes en las cabezas y con unos como aventadores les hacían bailar delante del Huichilobos, y cuando habían bailado, luego les ponían de espaldas encima de unas piedras algo delgadas, que tenían hechas para sacrificar, y con unos navajones de pedernal los aserraban por los pechos y les sacaban los corazones bullendo y se los ofrecían a sus ídolos que allí presentes tenían. Los cuerpos dábanles por los pies por las gradas abajo, y estaban aguardando abajo otros indios carniceros, que les cortaban brazos y pies, y las caras desollaban, y las adobaban después como cuero de guantes, y con sus barbas las guardaban para hacer fiestas con ellas cuando hacían borracheras, y se comían las carnes con chimole».

Fray Bernardino de Sahagún describió otro sacrificio de la siguiente manera: «Los dueños de los cautivos los entregaban a los sacerdotes abajo al pie del cu, y ellos los llevaban por los cabellos cada uno al suyo, por las gradas arriba; y si alguno no quería ir de su agrado, llevábanle arrastrando hasta donde estaba el tajón de piedra donde le habían de matar, y en sacando a cada uno de ellos el corazón, y ofreciéndole como arriba se dijo, luego le echaban por las gradas abajo, donde estaban otros sacerdotes que los desollaban. Esto se hacía en el cu de Huitzilopochtli. Todos los corazones después de haberlos sacado y ofrecido los echaban en una jícara de madera, y llamaban a los corazones quauhnochtli ['preciosas tunas del águila'], y a los que morían después de sacados los corazones los llamaban quauhteca ['hombres del águila']».

Cada corazón se «pelaba» del cuerpo que lo envolvía como una mazorca de maíz de su vaina; luego se apretaba contra la estatua de piedra del dios que recibía la ofrenda y se dejaba caer en una vasija del templo. Al arrancar el corazón seccionando la vena cava y la aorta, salía un buen chorro de sangre; tras introducir en ella una pajita, uno de los sacerdotes oficiantes sorbía un poco y la salpicaba con un ritual sobre el cuerpo de la víctima. El corazón alimentaba al Sol, concebido como energía de águila y como jaguar voraz; la sangre saciaba la sed de la tierra y producía fertilidad. A continuación, se levantaba el cuerpo con suavidad (el adjetivo se repite en distintas descripciones) sobre el borde de la parte más alta de la pirámide y se dejaba caer por los empinados escalones hasta otros hombres que lo esperaban abajo. Se decía que la caída de los cuerpos ensangrentados de las víctimas sacrificadas representaba la puesta de Sol por el oeste. Pero para los españoles que lo presenciaban la escena era como una pesadilla: «Después de haberles sacado el corazón, y después de haber echado la sangre en una jícara, la cual recibía el señor del mismo muerto, echaban el cuerpo a rodar por las gradas abajo del cu, e iba a parar a una placeta, abajo; de allí le tomaban unos viejos que llamaban guaquacuiltim y le llevaban a su calpul donde le dieron y le repartían para comer».

Separaban la cabeza del cuerpo de cada víctima y la llevaban a un tzompantli (altares verticales) para exponerla en otra parte de las dependencias del templo que los españoles llamaron *plaza*. Allí, las cabezas se disponían en hileras y se pudrían en medio del calor, el hedor y las moscas, hasta que solo quedaban las calaveras. «Acuérdome que tenían en una plaza, adonde estaban unos adoratorios, puestos tantos rimeros de calaveras de muertos, que se podían contar, según el concierto como estaban puestas, que al parecer serían más de cien mil; y digo otra vez sobre cien mil. Y en otra parte de la plaza estaban otros tantos remeros de zancarrones, huesos de muertos, que no se podían contar; y tenían en unas vigas muchas cabezas colgadas de una parte a otra. Y estaban guardando aquellos huesos y calaveras tres papas, que, según entendimos, tenían cargo dellos. De lo cual tuvimos que mirar más después que entramos bien la tierra adentro: en todos los pueblos estaban de aquella manera...».

No sabemos qué ocurría exactamente con los cuerpos al final, salvo que las extremidades y algunas otras partes se repartían entre los señores (un muslo de cada cadáver se ofrecía al propio Moctezuma), su séquito de élite y los propios captores de los prisioneros. La carne se cocinaba con chiles y tomates, y se servía en cuencos de maíz, el alimento sagrado universal de los aztecas. Arqueólogos mexicanos han encontrado numerosos torsos humanos sin cabeza en otros lugares de la ciudad de México. Es posible que otros grupos de personas se comieran el resto del cuerpo, exceptuando el corazón, por supuesto.

Los aztecas ponían mucho cuidado en la manera en que se comían a las personas, pero también en cuáles se comían, cuándo y dónde. Cada acción durante el sacrificio formaba parte de un ritual: la arquitectura, los ropajes, las armas sagradas y los utensilios eran muy específicos y se preparaban con esmero. Cada cual solo tenía permitido consumir las porciones de carne que le correspondían de acuerdo con su posición. De hecho, a los aztecas les aterrorizaba la idea de realizar sacrificios humanos con un desorden caótico; eso implicaría oscuridad (el fracaso del poder del Sol) y destrucción: los mismos dioses se volverían violentos y brutales, descenderían sobre la tierra y se comerían a las personas de la misma manera indiscriminada y con la misma falta de consideración por el protocolo como las mostradas por las personas antes que ellos. El sacrificio llevaba asociados mil significados y emociones, aparte del deseo de comer y de disfrutar. El consumo de personas estaba envuelto en ceremonias y detalles elaborados; cada gesto se regía por lo que aquella cultura consideraba cuidado y correcto.

Lo mismo puede decirse de muchas otras sociedades caníbales, aunque no debemos olvidar que nunca hemos podido preguntar a un verdadero caníbal qué sentía y sabía de cierto sobre las actuaciones y significados utilizados durante sus rituales. El caso de la cultura azteca es excepcional por su alcance y complejidad, y también porque se trata del único imperio conocido con una población numerosa que tenía completamente institucionalizado el canibalismo. Dada la complejidad de las prácticas aztecas, muchos de sus comportamientos se dan tan solo de manera parcial en numerosos grupos caníbales más reducidos.

Hay dos clases principales de sociedades caníbales simples: las que se comen a su propio pueblo, en especial a sus familiares; y las que solo se comen a sus enemigos, personas ajenas a su tribu. Estas dos grandes categorías abarcan una gran variedad de comportamientos y creencias, aun teniendo en cuenta que conocemos muy pocas sociedades caníbales en comparación con la gran cantidad de ellas que debió de existir en el pasado. Las sociedades «endocaníbales» (las que se comen a los suyos) se han descrito como «cementerios de sus muertos». Tal vez crean, por ejemplo, que todo cuerpo está habitado por una especie de esencia vital que fluye por toda la comunidad a través de la mayoría de las actividades sociales, incluidas las relacionadas con el sexo y la alimentación. Los miembros de esa tribu podrán «absorber» la esencia vital de un fallecido de su grupo por muerte natural y, de hecho, tendrán el deber de hacerlo. No comerse a un progenitor fallecido tal vez signifique mala salud, esterilidad o una descendencia débil debido a que los miembros vivos de la tribu no han «repuesto» como es debido la esencia vital. Se cree que este tipo de canibalismo también ejerce una influencia directa en la fertilidad de plantas y animales.

El endocanibalismo no suele consistir en comerse la carne de la persona fallecida; se opta más bien por moler los huesos o quemar el cuerpo hasta reducirlo a cenizas, para después ingerir el polvo obtenido disuelto en alguna bebida o, por ejemplo, mezclado con puré de banana. (Estas prácticas evidencian que no siempre se comen personas por su contenido proteico.) A veces también hay cierta afición (de origen cultural en estas sociedades concretas, como nos aliviará recordar) a comer cadáveres medio putrefactos desenterrados con cuidado o la carne purulenta de las heridas. El acto de comerse a familiares suele ser triste, solemne y afectuoso: puede ser un ritual de duelo. Sin embargo, también es posible que las personas de estas sociedades se muestren bastante indiferentes, coman sin inmutarse y no parezcan nada impresionadas durante el lance.

El exocanibalismo era más común que el endocanibalismo, más violento y destructivo, y más fácil de comprender para nosotros. En este caso se odia a las personas comidas, pero consumir su carne es motivo de júbilo. Se persigue a las víctimas (que han de ser foráneas) y se comen por venganza. A menudo se torturaba a las capturas antes de matarlas o se las obligaba a luchar sin ninguna posibilidad de salir victoriosas con el objeto de que mostraran un valor considerable. Entonces se comían con especial aprecio, ya que la valentía exhibida pasaba al cuerpo de los agresores.

En el sacrificio gladiatorio azteca, por ejemplo, se amarraba al cautivo por la cintura a una especie de cordón umbilical sujeto al centro de un gran disco de piedra. Se le proporcionaban armas y recibía el ataque de un guerrero tras otro hasta que caía. Cuando estaba a punto de morir, lo sujetaban, lo tumbaban sobre la piedra y lo sacrificaban. El hombre que lo había capturado en la batalla «recibía la sangre del cautivo en una jícara bordada de plumas toda la orilla; en la misma jícara iba un cañuto también aforrado con plumas; iba luego a andar las estaciones, visitando todas las estatuas de los dioses por los templos y por los calpules: a cada una de ellas ponía el cañuto teñido con la sangre, como dándole a gustar la sangre de su cautivo». El cuerpo se desollaba para que la piel pudiera utilizarse más tarde como manto, y la carne se trinchaba y se comía. El captor de este hombre se sentía orgulloso de la bravura de su víctima, y se identificaba con él y con su valor. «El señor del cautivo no comía de la carne, porque hacía de cuenta que aquella era su misma carne, porque desde la hora que le cautivó le tenía por su hijo, y el cautivo a su señor por padre, y por esta razón no quería comer de aquella carne».

A menudo, la persona que había dado muerte a la víctima no tenía permitido comérsela. Debía ayunar durante días o cambiar de nombre u ocultarse en el bosque durante semanas antes de regresar al grupo. En estos casos era importante que el acto de comer se disociara del acto de matar; se consideraba que el ejecutor se limitaba a cumplir con su deber o que actuaba por el bien de otras personas y no por el suyo propio. Según relata Hans Staden, el artillero naval alemán que fue capturado por los caníbales tupinambás de Brasil en 1554: «Entonces el que va a matar al cautivo vuelve a tomar el palo y dice: "Yo soy quien te va a matar, pues tú y los tuyos también habéis matado a muchos de mis amigos y los habéis comido". A lo que el prisionero responde: "Cuando esté muerto aún tendré muchos amigos que han de vengar mi muerte". Entonces lo golpea en la cabeza por atrás y le salta los sesos. Las mujeres se apoderan del muerto al instante y lo arrastran sobre el fuego, donde le raspan la piel, dejan la carne totalmente blanca y lo taponan por detrás con un palo para que no se pierda nada. Después, un hombre le corta las piernas por encima de las rodillas y los brazos del cuerpo. Entonces, las cuatro mujeres toman las cuatro extremidades y corretean con ellas en torno a las chozas con gran griterío de júbilo. Luego se reparten el tronco entre ellas y devoran todo lo comestible. Cuando todo esto ha terminado, vuelve cada uno a su casa y se lleva consigo su parte. Aquel que le dio muerte, toma un nuevo nombre [...]. Ha de permanecer todo el día tumbado en su hamaca, pero le dan un pequeño arco y una flecha para que se entretenga disparando a un blanco de cera; esto se hace para que los brazos no queden inmovilizados del susto de haber matado. [...] Esto lo vi yo y lo presencié con mis propios ojos».

Los mismos pueblos que practican el canibalismo contemplan a menudo el consumo de carne humana en general con respeto y horror; y recurren a rituales que diferencian esas ocasiones de las comidas ordinarias. Los fiyianos antiguos, por ejemplo, tomaban las comidas habituales con las manos; pero cuando comían carne humana, y solo entonces, empleaban un tenedor especial de madera. Los pueblos caníbales suelen negar haber sido los primeros en comerse a las personas. Nos lo exigen los dioses, no tenemos elección. Enemigos sedientos de sangre que residen fuera de nuestras fronteras no piensan más que en matarnos y comernos; debemos responder a la fuerza con la fuerza, y dejar bien claro que no nos comerán sin pagar exactamente el mismo precio. La relación de un caníbal con su víctima implica en ocasiones una construcción metafórica elaborada: la persona que será torturada, ejecutada y comida puede representar la oscuridad, la bestialidad primitiva, el animal. (Esto se parece bastante a los monstruos imaginarios que tenemos hoy en día en las sociedades occidentales, que a menudo resultan ser caníbales.) O la víctima es un monstruo que ha de ser devorado –con esmero y corrección– por los pueblos iluminados para que quede destruido el poder que representa y triunfe lo civilizado. Este poder se reconoce y venera a veces como energía útil que es requerida por la buena sociedad caníbal que se lo come y que con ello canalizará esa fuerza hacia fines útiles. Comerse al enemigo es «captar» su poder para el crecimiento propio.

Las sociedades exocaníbales, que se alimentaban de sus enemigos, necesitaban a esos enemigos. Había una especie de interdependencia extraña entre los dos grupos enfrentados, puesto que cada uno de ellos quería a «los otros» para alimentar su ira. Moctezuma explicaba que su pueblo no podía buscar la «reconciliación» con los tlaxcaltecas, a quienes los aztecas atacaban y capturaban gustosos para alimentar al Sol con corazones: si los aztecas se congraciaban con los tlaxcaltecas, ¿de dónde saldrían las víctimas para ganarse el favor de los dioses? El endocanibalismo tal vez parezca una práctica orientada contra sí misma y, justo por eso, enfermiza (para nuestros estándares sin ninguna duda etnocéntricos); en contraste, el exocanibalismo representaba otra clase de simbiosis, solo que con enemigos. La ventaja biológica del exocanibalismo era que exigía que las personas ingeridas fueran capturadas en enfrentamientos bélicos, por lo que se trataba de individuos sanos y con poca probabilidad de portar enfermedades.

Las técnicas del exocanibalismo para manifestar desprecio hacia los enemigos vencidos eran muchas y seguían una escenografía. Los maoríes antiguos de Nueva Zelanda eran «un pueblo afable y sociable […] cortés y educado […] que interpretaba la grosería en el discurso y los modos como un signo de inferioridad». Los hombres gobernaban; las mujeres eran vulgares, deshonrosas, y nunca tenían permitido consumir víctimas humanas. La comida también era vulgar e impura, sobre todo si estaba cocinada; tanto es así que todo lo relacionado con la recolección y el cocinado de alimentos se volvía vulgar, al igual que las mujeres que los preparaban. Todas las casas eran *tapu*, que es lo contrario de vulgar (la palabra maorí *tapu* dio origen al término *tabú*) y, por tanto, la comida debía consumirse en el exterior. Incluso tocar la comida cocinada era una deshonra para los hombres del rango más alto; de ahí que los maoríes idearan una especie de tenedor, un palo puntiagudo llamado *tiirou*, que permitía a los hombres de una pureza excepcional llevarse la comida a la boca; en algunos casos era necesario que lo hiciera por él otra persona pura, o *tapu*. Los puros comían muy alejados de las mujeres y, por lo común, en soledad. Si los alimentos se habían empleado antes como ofrenda a los dioses y no estaba presente ningún amigo lo bastante *tapu* como para dar de comer al puro supremo, este debía tomarla con la boca directamente desde el suelo sin llegar a tocarla con las manos.

Todo ello conllevaba que si la comida ocupaba un escalafón tan bajo de pureza, no era algo con lo que se pudiera comparar a un hombre; no había forma más segura de insultar a alguien que decirle «Usaré tu cabeza como cacerola», o referirse a un hombre o a una parte de él como «algo cocinado», o ponerle a un plato el nombre de la persona ofendida. Enseguida se ve que la degradación máxima posible consistía en que la metáfora se hiciera realidad comiéndose de verdad a la persona en cuestión: convertirla en comida. La mayor parte del canibalismo maorí tenía lugar en el campo de batalla, donde los enemigos fallecidos se descuartizaban en el acto y se cocinaban en hornos de vapor construidos con rapidez por los vencedores para ese fin. Después se recolectaban los huesos para convertirlos en vulgares utensilios domésticos, sobre todo los empleados para portar y cocinar alimentos. Así, las manos y los dedos se utilizaban como ganchos para sujetar las cestas de comida; también se usaban trozos de enemigos para fabricar anzuelos, alfileres, silbatos, puntas de lanza, agujas, flautas y anillas para las patas de los loros en cautividad. Podía degradarse y hacerse escarnio de un cráneo durante décadas empleándolo como cuenco para acarrear agua con fines domésticos. Saber que los huesos del difunto se habían arrancado para darles un uso cotidiano y vulgar y que se vilipendiaban de un modo tan constante e industrioso, humillaría y exasperaría a sus parientes y avivaría en ellos la determinación de vengar la gravedad con una atrocidad aún más satisfactoria si cabe.

Con independencia de la forma que adoptara y de la razón por la que se practicara, el canibalismo nunca fue una actividad desordenada en la vida real de la cultura que lo practicaba. El hecho de que estuviera permitido, aceptado o institucionalizado lo convertía en una práctica regulada, aunque en ocasiones se tratara de normas simples (a juzgar por las apariencias y hasta donde podemos afirmar a partir de la escasa información que tenemos al respecto) y aunque a veces se rompieran esas reglas, tal como cuentan informantes de algunas de esas sociedades. Incluso cuando reinaba la agresión violenta, había preferencias sociales, gustos y tradiciones; algo casi equivalente a una gastronomía.

Había muchos métodos para preparar un hombre como comida. El antropólogo Paul Shankman examinó las prácticas culinarias de los caníbales para comprobar las afirmaciones de Lévi-Strauss de que la práctica culinaria del asado goza de mucho prestigio, la de cocer los alimentos, poco, etc., y durante su análisis recopiló varias formas de cocinar a las personas a partir de informes sobre sociedades caníbales. El conjunto resultante fue un «verdadero *smörgåsbord*» de métodos diversos. En efecto, las personas se han cocido en marmitas y se han asado ensartadas, en parrillas o directamente sobre el fuego. También se han cocinado al vapor, sobre piedras precalentadas y en hornos de tierra, ahumadas, dejando primero que se descompusieran, secadas después y pulverizadas, en conserva, introducidas en cañas de bambú para ponerlas después a la brasa; los huesos se han quemado hasta reducirlos a cenizas para usarlos más tarde en muchos tipos de salsas, zumos y purés. A veces se enterraba el cuerpo, días después se exhumaba y se consumía en estado de putrefacción. Ronald Berndt describe una de aquellas comidas: «Durante el atardecer del sexto día posterior a la muerte se exhumó el cuerpo. Se rasparon los gusanos y se depositaron sobre hojas de banana. A continuación se troceó el cuerpo; la carne y los huesos se cocinaron en un horno, y los gusanos, atados en manojos pequeños de hojas, en otro; estos se consideran un manjar». El cuidado de los detalles, el orden y la resolución sobre lo que se pretendía y sobre cómo conseguir el efecto necesario confieren a esta descripción un aire tecnológico extraño pero inconfundible, como el de un esmerado artículo gastronómico de una revista para *gourmets*.

Había varias torturas consistentes en preparar a las personas para cocinarlas mientras aún estaban vivas. En ocasiones se comía a las personas crudas, pero ocurría muy rara vez, e incluso entonces había reglas. Siempre estaba la cuestión de a quién le tocaba cada pieza y en qué cantidad. A veces eran las mujeres las que practicaban el canibalismo (antropólogos materialistas señalan que esto se debía a que los hombres consumían casi toda la carne animal y dejaban pocas proteínas a las mujeres), y a veces eran los hombres los que se comían exultantes a sus prisioneros de guerra. Entre los endocaníbales había reglas sobre qué parientes no debían comerse jamás o cuáles sí debían comerse a toda costa. Es posible que un endocaníbal moribundo detallara qué partes de su cuerpo debía consumir cada cual: una especie de últimas voluntades y testamento de un desapego admirablemente generoso. Luego estaban los rituales durante las comidas caníbales; estos abarcaban desde meras cuestiones de estatus (como, por ejemplo, si alguien debía recolectar o no la grasa que soltaban las extremidades cocinadas, y quién tenía derecho a consumirla y cómo), hasta la extrema formalidad y riqueza de las ceremonias aztecas en las que se abría el pecho y se arrancaba el corazón a la víctima en la parte más alta de sus pirámides sagradas ennegrecidas por la sangre derramada. Hay indicios de que el consumo de personas estaba regido por rituales más amplios que los que se consideraban necesarios con comidas ordinarias. Pero cualquier cena en compañía de otras personas exige cumplir unas normas que no tardan en convertirse en un sistema de buenos modales en la mesa que conforman un ritual para comer.

El ritual

Un padre estadounidense que pretendía iniciar a su hijo de quince años en el mundo de las transacciones comerciales entre adultos, lo llevó a lo que el chico describió como «una gran cena de negocios». Cuando se sirvieron los espaguetis, el muchacho se los comió con las manos. «Los sorbí y me los llevé a la boca con las manos», reconoció. «Le di un buen disgusto a mi padre». El artículo periodístico, fechado en octubre de 1985, no cuenta cuál fue la respuesta del resto de los comensales, pero el chico acabó en un internado para aprender a comportarse. «Para comer espaguetis», señaló más tarde, «hay que enrollarlos bien en el tenedor y llevarlos a la boca con el cubierto».

Lo que describió después del aprendizaje es un ritual para comportarse en la mesa, algo tan automático e incuestionable para cualquier comensal, tan imposible de rechazar como las reglas y preferencias artificiales que defendería cualquier sociedad caníbal. Se pueden encontrar explicaciones prácticas para esos rituales, en su mayoría relacionadas con el orden, la limpieza y con evitar ruidos. Dado que estos tres principios generales son tan apreciados en la cultura occidental después de haberlos adoptado como ideales deseables tras siglos de esfuerzo y contención, ya ni siquiera dudamos de que cualquier mente con un mínimo de sensatez encontrará repulsivo e imposible comer espaguetis junto a alguien que incumpla una de esas normas. En cambio, ciertas representaciones pictóricas y algunas de las primeras fotografías del siglo xix muestran que la forma de comer espaguetis por entonces en Nápoles (lugar de procedencia de la versión moderna de este tipo de pasta) era con las manos, y no parece que este fuera un plato digno de una cena formal: se alzaban los espaguetis con la mano derecha, se echaba la cabeza hacia atrás y se depositaban con habilidad, rapidez y sin sorber (siempre hay maneras «educadas» y «groseras» de comer) dentro de la boca abierta. Los espaguetis de las imágenes no parecen tener salsa.

Hoy en día, los buenos modales para comer espaguetis exigen el empleo de tenedores, y en ninguna ocasión «civilizada» es aceptable usar las manos para llevarse pasta cocida a la boca. La ignorancia del hijo que acabamos de mencionar sugiere una reflexión nefasta sobre el padre: no había cumplido con su deber, no había dado a su hijo una educación adecuada. Aunque el muchacho no hubiera visto espaguetis nunca antes en su vida, con posterioridad admitió que debería haber mirado a su alrededor para observar cómo se manejaban otras personas con aquella comida fastidiosa, e imitarlas. En cualquier caso, las opciones quedaron bien claras tras aquella demostración de incompetencia: o el muchacho aprendía a comportarse en la mesa o nadie que estuviera al tanto de su educación deficiente volvería a invitarlo a una «gran cena de negocios».

No solo había atentado contra la norma moderna que limita el empleo de las manos al comer, sino también contra el ritual: había hecho algo inesperado. El ritual es una acción que se repite a menudo de una manera que en gran medida está preestablecida; tiene la finalidad de que esas acciones salgan bien. Todos los presentes saben qué ha de ocurrir, y reparan en ello cuando no es así. Cenar también es algo habitual, y persigue el orden y la comunicación, satisfacer tanto el apetito de los comensales como sus expectativas sobre cómo se comportará el resto de los acompañantes. Desde este punto de vista, las comidas pueden considerarse un ritual y una obra de arte con limitaciones preestablecidas, deseos provocados y colmados, tentaciones, variedad, patrones y planificación. Igual que ocurre con las obras de arte, también los detalles, y no solo la forma general, cobran gran relevancia.

Esta escrupulosidad tiene algunas de sus bases en la biología. Los seres humanos, al igual que los animales, somos muy sensibles a las señales pequeñas, a ruidos nocturnos insignificantes, a cambios minúsculos en la disposición habitual de lo que nos rodea, ya que pueden ser los únicos signos que nos adviertan de un peligro oculto e inminente. Por lo común, el estado de alerta y la sensibilidad son esenciales para la supervivencia, sobre todo en el mundo natural. Pero ser humanos y depender, como dependemos, de saber manejarnos en el complejo y peligroso mundo social en el que vivimos, torna completamente necesario que también reaccionemos de un modo instintivo a cualquier señal mínima que recibamos de otras personas en contextos sociales. Es posible que nadie más dentro del grupo repare en que se ha producido una señal de este tipo. Pero quienes cuenten con un sentido social más fino sabrán al instante y por instinto lo que está sucediendo. Toda persona debe permanecer atenta (o más bien aprender desde una edad temprana a automatizarlo en su interior) no solo para captar esas señales, sino también para enviarlas con el fin de que el resto del grupo sepa que es como se espera que sea; que quiere formar parte del colectivo, practicar su mismo juego y ser civilizada.

También es muy comprensible que resulte muy difícil mezclarse con personas cuyos rituales difieren de los propios. Hay innumerables relatos de viajeros en los que al visitante le ofrecen un «manjar» horrendo que debe comer para no arriesgarse a ofender al anfitrión. Pero también puede molestarnos que un forastero asienta levantando las cejas, pregunte cuánto ganamos o se marche enojado porque nos hemos cruzado de brazos o no hemos sacado las manos de los bolsillos. Los comportamientos étnicos más efectistas se captan de manera consciente, y por eso podemos hacer concesiones con ellos; todos sabemos que hay sitios donde tendremos que comer ojos o romper el vaso después de brindar. Pero las señales más insignificantes, menos perceptibles, pueden pillarnos desprevenidos y robarnos de un modo más artero la sensación de seguridad. La mayoría de los detalles pintorescos que nos extrañan al viajar a otras culturas guardan relación con los modales en la mesa. Es habitual que el turismo visite maravillas tan grandiosas como las pirámides de Egipto, pero lo que más impresiona y es imposible olvidar al volver a casa es la costumbre egipcia de verter el té en un vaso hasta que rebosa y cae en el platillo. Al comer y beber estamos especialmente sensibles y vigilantes, y reaccionamos de inmediato a la más mínima desviación de lo que hemos aprendido a considerar como correcto.

El ritual, que es a la vez el comportamiento esperado y el correcto, consiste en una serie de acciones que se repiten siempre. La repetición está al servicio del significado que se transmite, ya que si el patrón es constante, al menos en general, podemos concentrarnos en el mensaje que porta la acción. (No necesitamos pensar cómo se usan el cuchillo y el tenedor cada vez que nos sirven comida, sino que podemos dedicarnos a disfrutar del filete al mismo tiempo que demostramos contención y competencia sin esfuerzo, y manifestamos nuestro deseo de ser acompañantes comunicativos y participativos.) También captamos las ligeras variaciones intencionadas que siempre se producen en los rituales y que, por lo tanto, cobran protagonismo. (Qué divertido y qué formalmente informal es que nos sirvan alcachofas y se nos permita usar las manos.) Pero esto no explica del todo la necesidad que sentimos de repetir acciones sin cesar de forma ritual. Parece que la repetición de por sí nos tranquiliza y nos aporta lo que James Joyce denominó «esos placeres de ya-estamos-otra-vez». Los rituales sobreviven porque así lo queremos las personas; «funcionan». La cultura, y no el instinto, determina buena parte de lo que hacemos. A los seres humanos nos complace de por sí la acción de crear patrones.

No hay ninguna relación etimológica, en absoluto, entre las palabras «hu*man*o» y «*man*era», pero esto no ha impedido que los hablantes de la lengua inglesa hayan quedado fascinados por la coincidencia de varias letras en ambos vocablos. Una cancioncilla inglesa del siglo XVI decía «la carne alimenta, la ropa viste, pero las maneras hacen al ser humano», es decir, lo que comemos y lo que llevamos puesto es menos importante que cómo hacemos ambas cosas. Más cerca de nuestra época, Mae West nos dice:

No es lo que comparto, sino cómo lo comparto.
No hay más, hermano, no hay más.

La clave está en qué parte de nuestra forma de ser se debe a la cultura y cuánto de ella escapa de nuestro control.

Desde que la humanidad empezó a pensar o, en cualquier caso, desde la época de las primeras pinturas rupestres, nos hemos preguntado y preocupado por cuál es la diferencia entre nosotros y los animales. Para nosotros siempre ha tenido una importancia capital entender esa diferencia hasta donde somos capaces de hacerlo, sobre todo porque es inevitable notar lo mucho que tenemos de animales. Puesto que los animales carecen de lo que los humanos entendemos por cultura, ellos están sometidos en parte a la tiranía de la ley natural, a diferencia de nosotros. No hay nada que revele mejor las preocupaciones e inquietudes del siglo XX que la manera más reciente en que se ha planteado este problema de cuarenta mil años de antigüedad. Ya no nos preguntarnos «en qué nos diferenciamos las personas de los animales», sino «en qué aspectos somos iguales». Nos aterroriza tanto nuestro poder, lo que nos diferencia de ellos con claridad, que buscamos con desesperación aquello que nos equipara con el resto de la creación. Procuramos recordarnos, entre otras cosas, en qué medida formamos parte de ella; y nos esforzamos por contener nuestra codicia y por controlar nuestro poder, rasgos que ahora vemos como una amenaza para el planeta y todo lo que vive en él. Nos fascina especialmente encontrar correspondencias en los animales, no solo en cuanto a naturaleza física y necesidades biológicas, sino también en lo que respecta a comportamientos sociales.

Por ello se comunicó con tanto entusiasmo la detección del deseo de reproducir un comportamiento beneficioso en primates que residen en la isla japonesa de Koshima. Al parecer, un día de 1953, una hembra de año y medio llamada Imo llamó la atención de sus congéneres (y de los científicos japoneses que la observaban) porque lavó con agua un boniato antes de comérselo. A partir de ese momento, repitió el procedimiento siempre que comía. Sostenía el tubérculo bajo el agua con una mano y con la otra lo frotaba como para quitarle la tierra. Otros monos la imitaron. Esta práctica se extendió sobre todo entre sus parientes y miembros del grupo afines a ella. Al cabo de cuatro o cinco años, lavar los boniatos antes de comerlos se había convertido en algo imperativo para la mayoría de aquellos monos de entre dos y siete años, y también para algunos adultos. Todos los individuos de más de cinco años que adoptaron el hábito de lavar los boniatos eran hembras.

A partir de 1958 aquella práctica se convirtió en una tradición, puesto que estas hembras transmitieron a su descendencia a través del ejemplo el hábito de lavar los tubérculos. Además, parece ser que el sabor salado de los boniatos sumergidos en agua de mar dio lugar a una variante: algunos individuos empezaron a mojar las patatas dulces en agua salada entre bocado y bocado; otros siguieron con la práctica sencilla de lavarlas antes de consumirlas. Resulta ciertamente tentador apreciar aquí no solo la capacidad de un grupo de monos para adoptar una mejora descubierta por una integrante del grupo con unas dotes especiales, sino también que manifiestan un disfrute obsesivo por un efecto que «funciona», y que les gusta perpetuar «la forma en que se hacen las cosas» incluso sin tener la percepción consciente de las ventajas materiales que reporta. Recuerdan a los rituales humanos y a la satisfacción que nos produce la repetición constante de rutinas que no solo nos resultan útiles, sino que además nos complace repetir.

Otra de las razones de los buenos modales es precisamente que nos instan a tener unos comportamientos predecibles. Si sabemos comportarnos en una situación particular (por ejemplo, en una boda o un funeral), las convenciones nos permiten relacionarnos con el resto y desempeñar el papel que nos corresponde, a menudo predeterminado, justo cuando nos resultaría más difícil y fatigoso tener que tomar decisiones y reflexionar sobre las distintas alternativas. De ahí que las normas de cortesía suelan concentrarse en torno a ritos de paso, encuentros con otras personas, situaciones que obligan a tomar decisiones, actos públicos, despedidas o conmemoraciones. Los rituales existen para facilitarnos las situaciones difíciles. Implican gestos (saludar con la mano, asentir con la cabeza, sonreír, pronunciar frases hechas) que facilitan a diario los encuentros que mantenemos con otras personas; las actitudes y posturas que adoptamos cuando permanecemos de pie o sentados en presencia de otros, sobre todo si estamos hablando con ellos; mascullar «disculpe» si interrumpimos una conversación o nos acercamos demasiado a alguien para poder pasar. Las celebraciones solemnes que nos reúnen con otras personas o los ritos de paso o los actos de recuerdo casi siempre requieren asistir a una comida con toda la corrección ritual que exige una cena, es decir, demostrar que sabemos comportarnos en la mesa. Comemos siempre que la vida se vuelve vehemente: en bodas, cumpleaños, funerales, despedidas y bienvenidas a casa, o en cualquier momento en que un grupo decida que debe destacarse. Las festividades y banquetes son días solemnes o sagrados; es tan habitual celebrarlos reuniéndonos con otras personas para comer, que tener una fiesta se ha convertido en verdad en sinónimo de asistir a una comilona.

Las familias también se reúnen para comer; la costumbre se remonta a dos millones de años atrás, cuando el regreso diario de protohomínidos cazadores y recolectores repartía el alimento obtenido con el resto del grupo, al que habían decidido no comerse la mayoría de las veces, aunque, desde luego, no siempre. Nuestra demanda de alimento a ciertas horas regulares, que en la mayoría de los casos reciben nombres específicos con unas connotaciones propias (desayuno, almuerzo, cena), es tan arbitraria como solemnemente vinculante. Llegamos a desarrollar una necesidad fisiológica de alimento cuando es la hora de comer; las contracciones estomacales que experimentamos a mediodía o por la noche, a menudo bastante angustiosas, que nos indican que es nuestra hora de comer y que llamamos «hambre», no son nada de eso en rigor. Solo son un resultado de la costumbre y de los ritmos corporales, y responden a una costumbre cultural de comer a determinados intervalos. A menudo el código de buenas costumbres de una sociedad incluye no comer nunca entre horas, lo que implica no solo controlar las comidas, sino también los intervalos entre ellas. Esto convierte cualquier cena familiar conjunta en un minibanquete o minifestividad que, igual que las fiestas, celebra tanto la interconexión como el autocontrol de los miembros del grupo. Las cenas familiares también son rituales, aunque la planificación típica de una comida familiar pueda incluir el recurso de rebajar el grado de formalidad frente al que exigen otras ocasiones rituales.

La previsibilidad de la buena educación (si ocurre esto, entonces todos debemos hacer aquello) nos entrelaza con los demás para que todos actuemos de manera coordinada. Nos conecta, además, con acontecimientos, fechas, emociones compartidas, lazos de parentesco y de grupo, el ciclo de la vida y el mundo en general. Las convenciones, tal como indica la propia palabra, son actitudes y pautas de comportamiento comunes: convenimos (como en una convención empresarial o política) en aceptarlas o, al menos, en saber cuáles son al igual que el resto, es decir, el resto de las personas con las que acostumbramos a relacionarnos. Establecer todos estos vínculos relacionados con la costumbre y celebrar todo este entendimiento es una tarea extremadamente compleja y que requiere mucho tiempo. Pero si dejamos de hacerlo, no tardaremos en dejar también de entendernos; el precio de no dedicarle ese tiempo y ese esfuerzo es la incomunicación. Y a la inversa, en el momento en que se pierde la comunicación, desaparecen los buenos modales. El *Lǐjì*, o el *Libro de los ritos*, recopilado en China en el siglo I a. C., advierte de que «la ruina de los Estados, la destrucción de las familias y la perdición de los individuos siempre van precedidas del abandono de las reglas del decoro».

Hoy en día, todo lo que comemos está enormemente controlado y regido por normas (exigimos que así sea), y las condiciones en las que vivimos hacen que el suministro de alimentos sea imposible sin una estrategia. Además, incluso estando solos, cumplimos las reglas del decoro corporal, en buena medida tan estrictas como inconscientes; siempre tenemos presentes a otras personas, en tanto que han generado los hábitos que tenemos. Y pocas personas comen siempre solas por voluntad propia. La comida sigue siendo nuestro ritual de relajación (una pausa en la jornada laboral), una oportunidad para elegir acompañantes para conversar, la excusa para recuperar nuestra humanidad así como nuestra fortaleza, y para renovar nuestras relaciones.

El ritual es una expresión de solidaridad. La sociedad en la que vivimos no es un conjunto homogéneo: las personas que la conforman no solo forman parte de ella y de sus familias, sino también, con bastante frecuencia, de grupos de individuos elegidos por razones diversas; cada persona puede pertenecer a muchos de esos grupos. Cada uno de estos grupos ha de definirse a sí mismo (literalmente, delimitarse) para no dejar de existir como grupo; debe declararse como una entidad singular y, a la vez, definida a partir del resto. La representación definitoria de la pertenencia al grupo y de la diferencia con el resto puede manifestarse en la forma de vestir, en algún tipo de marca corporal, como llevar la cabeza rapada o peinados con rastas, y en un lenguaje que esté de moda; sin embargo, nada es tan poderoso como la práctica de rituales. Las personas se reúnen y deciden qué tienen en común. Tal vez forme parte de la ocasión el hecho de verbalizar esos acuerdos, pero resulta mucho más satisfactorio realizar una acción conjunta. La participación real crea la identidad. Es obvio por qué surge de manera tan inmediata la acción de comer juntos o compartir una comida. Cada acción comprende no solo lo que se hace, sino también cómo se hace: ambas cosas son indisociables de la ejecución de la acción. En los actos rituales se establece de antemano tanto el cómo como el qué. La actuación es individual, pero las convenciones del grupo han decidido la secuencia, la disposición espacial y el comportamiento. Los buenos modales en la mesa son rituales porque son la forma en que hemos acordado que debemos comer.

El ritual representa otro tipo de solidaridad que también se da en el idioma. Las lenguas son construcciones culturales heredadas del pasado. Si queremos hablar y que nos entiendan, no tenemos más remedio que aprender un sistema lingüístico. Esta necesidad nos obliga a establecer una relación con el pasado, nos guste o no: necesitamos, y aceptamos de buen grado, las restricciones de unas normas preestablecidas. El idioma no solo nos sirve para comunicarnos con personas de nuestra edad, sino que también lo compartimos con personas mayores que nosotros que lo hablarían antes de que naciéramos. (La escritura y la lectura se inventaron para prolongar esta continuidad hacia el pasado y hacia el futuro.) Cuando somos jóvenes, las personas mayores deciden; están al mando y tienen el poder. Debemos aprender su lengua para conocerlas y comunicarnos con ellas, pero también para ocupar algún día su lugar, si aspiramos a ello. De manera análoga, será imprescindible que aprendamos sus normas de comportamiento y de urbanidad si queremos que nos sienten a su mesa.

El grupo que decide cómo realizar el ritual no solo se compone de quienes lo practican en la actualidad, sino también de personas ya fallecidas, en tanto que aceptemos las ideas de quienes ya no viven. El ritual implica duración (por eso las ocasiones rituales se repiten sin cesar). Como es algo preestablecido, siempre expresa orden y predice durabilidad; enlaza el presente con el pasado y también aspira a conectar el presente con el futuro. Dada su función de dar continuidad, el ritual puede utilizarse para que las cosas sigan funcionando cuando flaquean las fuerzas y los miembros del grupo no son capaces de actuar como desearían. Suele decirse que actuar por inercia ayuda a recordar experiencias pasadas más satisfactorias. El ritual permite mirar alrededor e imitar a otras personas que parecen estar a la altura de las circunstancias, de manera que las menos inspiradas también lo consigan. El ritual no solo sirve para intensificar la emotividad de los procedimientos, sino también para suavizarla: por ejemplo, la cortesía ritual puede evitar que la ira estalle y se traduzca en acción.

Pero ¿qué ocurre con los rituales que son meros formalismos huecos? Los animales pueden fingir, como hace un cachorro cuando juega con una pelota en lugar de perseguir una presa; pero los animales no pueden igualar la capacidad humana para realizar un ritual sin la intención de cumplir lo que representa. El ritual pierde todo su sentido y acaba siendo destructivo si se utiliza para engañar. Jesús participó en muchos rituales sociales y religiosos y rechazó los malos modos. Y, sin embargo, condenó las falsas muestras de pureza de alma que se expresaban, por ejemplo, con las abluciones previas a la cena, y enfatizó la percepción de Isaías de que Dios detesta la palabrería que oculta la verdad. El ritual de enaltecimiento propio debía reemplazarse por actos que manifestaran amor y humildad verdaderos: si los rituales lo dificultan, hay que cambiarlos.

En la actualidad se han producido revoluciones sociales cataclísmicas que han vuelto innecesarias grandes cantidades de normas y convenciones, y muchas de ellas aún no se han sustituido por gestos nuevos y restricciones voluntarias que gocen de un reconocimiento y de una aceptación generalizados. Es una época de transición en la que hay formalismos antiguos que agonizan y otros nuevos que aún se están forjando. Buena parte de las incertidumbres, descontentos y desacuerdos actuales provienen de esta inestabilidad. A veces tenemos el convencimiento aterrador de que el tejido social se está rompiendo por completo, y de que la vida humana se está embruteciendo y ensombreciendo debido a un retroceso general de los compromisos sociales previos para que todo el mundo se comporte de manera habitual con consideración hacia los demás. Otras veces, el rechazo de los rituales sociales de nuestro pasado reciente nos insta a encasillar todos los buenos modales como formalismos hueros que deben rechazarse por principio. Se rehúye de lo elaborado y se prefiere lo más básico para todo. Así, por ejemplo, a menudo preferimos los discursos incoherentes a los bien articulados, porque pensamos que la incoherencia viene directa del corazón, mientras que una oratoria fluida es algo estudiado o, cuando menos, una estrategia para ocultar algo. Las disculpas casi han pasado de moda porque son difíciles de pedir, y el hecho de que el resto exija que las pidamos nos convence con facilidad de que no son sinceras.

Nos aferramos al ideal (apenas analizado) de que debemos esforzarnos por ser naturales. La espontaneidad parece condenada a desaparecer con cualquier cosa que recuerde a un ritual: ¿cómo se puede ser natural y comportarse de acuerdo a patrones predecibles porque están prefijados? (A este respecto, rara vez pensamos en los rituales que practican los animales, que son naturales pero invariables.) El empeño en rechazar los rituales también nos infunde la idea errónea de que tenemos libertad para elegir, desde el interior de cada individuo, actuar de maneras que, en realidad, a menudo están decididas de antemano por fuerzas culturales o por estructuras sociales imperceptibles pero, sin embargo, presentes. Lo cierto es que esas estructuras nos gobiernan con frecuencia precisamente porque no somos conscientes de su existencia.

Los prejuicios convencionales contra los rituales dan por hecho que estos nunca cambian, y que los individuos no pueden influir en absoluto en ellos. En realidad, los individuos son tan importantes para la práctica de los rituales como lo son el grupo y las normas. Solo el individuo puede otorgar un significado personal a lo que se practica. Cada participante utiliza ese ritual, juega con él, introduce cambios, lo adapta con sutileza a sus necesidades particulares. El ritual es un proceso; sirve de guía, pero también está a nuestra disposición y gobernado por nosotros. Las personas influimos en los rituales, y esto es así porque los rituales humanos no son naturales. Nosotros los creamos, así que podemos adaptarlos a nuestras necesidades actuales. También podemos amoldar las reglas si es necesario: los códigos rituales que perduran siempre se adaptan a las circunstancias.

Lo cierto es que tenemos una personalidad tanto individual como social, tanto natural como cultural; cada uno de estos dos aspectos se puede analizar por separado, pero no existen de manera independiente. La vida de la vertiente social y cultural de cada cual consiste en comunicarse con los demás, y esto se logra y se refuerza compartiendo normas, rutinas, sistemas de señales, en resumen, practicando rituales (ya sea de forma consciente o inconsciente). (Incluso los ermitaños son personas condicionadas socialmente, puesto que reaccionan ante la sociedad tomando la decisión deliberada de salir de ella. Suelen vivir en soledad y actúan de un modo diferente al resto, de maneras descifrables e inteligibles para la sociedad de la que provienen.)

A veces, cuando nos invade el desaliento ante espectáculos de errores y maldades humanas, puede parecernos que la cultura es algo nefasto; que deberíamos quedarnos tan solo con el sexo y los nutrientes, y tratar de olvidar todo lo demás. Pero mientras vivamos en sociedad, las necesidades y deseos puramente físicos e individuales deberán estar arbitrados por rituales y buenos modales. Los formalismos sociales se vuelven parte del medio; la sociedad no puede existir sin ellos. Nadie querría vivir tan solo a base de pan, aunque fuera posible. Es inevitable que creemos cultura por el mero hecho de que nosotros constituimos los pilares de la sociedad. Pero esa misma condición convierte la sociedad en una construcción humana: si los modales se deterioran o se vuelven contraproducentes, tiene sentido que puedan cambiarse por la simple razón de que nosotros los creamos de manera colectiva y vivimos de acuerdo con ellos. Ahí reside nuestra libertad.

Festín y sacrificio

Cuando la antropóloga estadounidense Hortense Powdermaker visitó Nueva Irlanda, en Melanesia, durante un periodo de diez meses en la década de 1930, tuvo la oportunidad de participar en ochenta y cinco celebraciones. La invitaron a conmemoraciones de nacimientos, matrimonios, fallecimientos, circuncisiones, primeros dientes, ceremonias previas a una guerra y ceremonias de paz. Allí no se puede dar nombre a un recién nacido ni emprender un viaje largo ni recibir ayuda del vecindario ni terminar una casa o recobrarse de una enfermedad sin celebrar una fiesta con entre veinte y quinientas personas. Ella estaba segura de que también practicaban otras celebraciones menores de las que no llegó a tener noticia. Solo una de las fiestas a las que asistió se celebró tan solo con el fin de socializar; reunirse no era algo inusual ni que precisara un acicate deliberado.
   Las fiestas se organizan en todas las partes del mundo para celebrar los vínculos entre las personas asistentes y también como manifestaciones de orden, de sabiduría, de competencia, de simpatía y de consenso al menos sobre aspectos importantes del sistema de valores que sustenta al grupo. Los banquetes exhiben los frutos del trabajo y la buena fortuna. (Uno de los que relaciona Powdermaker se celebró únicamente porque había mucha comida.) Los festines también pueden convertirse en alardes de riqueza por parte de quien los da, en la manifestación de una promoción social, en un reclamo de atención, y hasta en pura propaganda que inste a seguir determinadas

líneas de acción política y que condene otras. Olivier de La Marche describió un banquete concebido para animar a Europa a emprender una nueva cruzada contra los infieles en 1453. Carlos el Temerario organizó muchas comidas políticas repletas de divertimentos y de lo que hoy llamaríamos «propaganda»; una de esas cenas exhibió ante los invitados treinta grandes tartas engalanadas con telas pintadas para que parecieran castillos azules y dorados, cada uno de ellos portador de un nombre y que simbolizaban una ciudad amurallada que gobernaba Carlos.

En la Francia del siglo XVI, Catalina de Médici organizaba fiestas espectaculares, que ella llamaba «magnificencias», para promover la unidad política; incluían bailes, música, disfraces y siempre una cena. En cierta ocasión, los invitados descendieron un río hasta el salón del banquete montado en una isla en la que pasaron por elaborados decorados escénicos alegóricos: el ataque a una ballena que representaba la guerra; una tortuga marina que llevaba sobre el lomo a músicos vestidos de tritones que interpretaban canciones sobre el rey; Neptuno en un carro tirado por caballitos de mar imponiendo orden sobre el salvajismo. Para enardecer el patriotismo del pueblo francés y evitar la desintegración de su reino, emprendió una gira real de dos años durante los cuales recorrió el país con su hijo Carlos IX, de catorce años, para presentarlo ante el pueblo. Hubo comidas reales en castillos, posadas y granjas; los cocineros de palacio de su séquito colaboraron con profesionales locales para elaborar las comidas acostumbradas de Catalina. Los asistentes comían con ella, la veían comer y se maravillaban de su refinamiento italiano. Las cenas de Catalina eran inspiradoras, impresionantes, congregaban a numerosas personas y, de paso, contribuían a difundir las «avanzadas» técnicas culinarias y los nuevos modales en la mesa de los italianos ultramodernos.

El despilfarro puede ser la esencia de un banquete: cantidad y variedad de viandas y alcohol suficiente para anular las inhibiciones. Las cenas rabelaisianas son expresiones del triunfo humano sobre las riquezas que da la tierra. En la obra *Canción de Navidad (A Christmas Carol)*, Dickens dispone un festín pantagruélico para el Espíritu de la Navidad del Presente que es la manifestación de la abundancia generosa y específica de esta época en particular: cálido, dulce, sustancioso y espléndido: «Amontonados en el suelo formando una especie de trono, había pavos, patos, piezas de caza, aves de corral, queso de cerdo, grandes piezas de carne de ternera, lechones, largas ristras de longanizas, pastelillos de fruta y carne, tartas de ciruela, barricas de ostras, rojísimas castañas, manzanas carmesí, naranjas jugosas, peras exquisitas, inmensos pasteles navideños y humeantes cuencos de ponche que nublaban la estancia con sus vapores deliciosos». Un alegato del siglo XVII para disfrutar de la alegría de la Navidad mostraba a un abultado y sonrosado Papá Noel (o «papá Navidad») compareciendo ante quienes se oponían a esta festividad al mismo estilo que Scrooge: doce lúgubres jueces de nombres tan elocuentes como Ratón Famélico, Orgullo Absoluto, Todo Para Mí, Amar A Nadie, Comer En Soledad, Dar Poco, Acaparar Maíz, Carne De Rencor, Tripa Estreñida, Tiempo De Servicio, Odiar El Bien y Cocina Fría.

La fastuosidad de los banquetes se utiliza a menudo para redistribuir la riqueza. Allí donde la cerveza desempeña un papel importante para las relaciones sociales por ser lo que el antropólogo R. Netting denomina «tanto el símbolo como la esencia de la buena vida», como entre los kofyars de Nigeria, por ejemplo, o los jíbaros de la Amazonia o los bembas de Zambia, es una riqueza tener a mano una gran reserva de bebida nutritiva y agradable. Pero las fiestas con cerveza han de celebrarse con regularidad para que el poseedor de esa riqueza no pierda su estatus ni su reputación, y con ellos buena parte de su poder; el gran prestigio que otorga la capacidad para invitar a muchas personas se «compra» con el disfrute de los demás y también depende de él. La comida y la bebida no se pueden atesorar como el dinero; hay que consumirlas, y lo que sobra ha de compartirse, de modo que, cuando equivalen a riqueza, actúan en parte como niveladores sociales, aunque dar fiestas genere poder e influencia.

La comida es tradición en gran medida porque un gusto adquirido rara vez se pierde; y los sabores y olores que conocimos en el pasado tienen más poder que ninguna otra cosa para evocarnos los recuerdos asociados a ellos. Marcel Proust creó *En busca del tiempo perdido*, una de las novelas más largas que se han escrito jamás, porque un día mojó una magdalena en una taza de té, tal como acostumbraba a hacer en la infancia. En aquel momento lo recorrieron un escalofrío y un placer exquisito que en un principio no pudo entender, pero sí algo después: «Solo los olores y los sabores, más frágiles, más vívidos, más inmateriales, más persistentes, más veraces, permanecen mucho tiempo aún, cual almas, para ser llamados, aguardan esperanzados sobre las ruinas de todo lo demás para sostener sin combarse sobre esa gotita casi intangible el inmenso edificio del recuerdo [...] así, todas las flores de nuestro jardín y del vergel del señor Swann, y los nenúfares del Vivonne y las buenas gentes del pueblo y sus casitas y la iglesia y todo Combray y sus alrededores, todo eso que va cobrando forma y consistencia, ha salido ahora, pueblo y jardines, de mi taza de té».

A través de su estructura y ritual, los festines utilizan deliberadamente las intensas connotaciones de la comida para recordarnos orígenes y tiempos pasados. También pretenden ser acontecimientos inolvidables por sí mismos con el fin de proporcionar recuerdos para el futuro. De ahí que la comida que se sirve en las fiestas no solo sea más exquisita y espléndida de lo habitual, sino que también es tradicional, heredada del pasado y destinada a experimentarse como una costumbre antigua; nosotros tenemos la obligación de transmitir las recetas y la sabiduría inherente a ellas para que vuelvan a utilizarse en celebraciones rituales. Las comidas festivas se apartan de lo común y (si la fiesta es periódica) siempre son iguales. Los dulces de Navidad típicos de muchos lugares de Occidente son consistentes, azucarados y sustanciosos: se comen en pleno invierno, cuando podemos permitirnos alimentos densos que «se pegan al riñón». Incluso entonces, dentro del contexto de las comilonas estacionales, nos basta con un poquito: en cuanto salimos de la Navidad nos conformamos con esperar un año antes de volver a probar los dulces y pasteles típicos de esa fiesta. Las mezclas de frutos secos requieren una labor larga y ardua para su elaboración y maduración: el tiempo dedicado a la preparación de las comidas festivas forma parte del valor que se les atribuye, y centra la atención en ese valor. También existe la tendencia a asociar alimentos muy oscuros, como el café, el chocolate, las trufas, el caviar y la seta calabaza, así como los bizcochos con frutas, con la excitación y el lujo. Por alguna razón nos parece que esas sustancias oscuras y extrañas tienen que ser valiosas y antiguas. (Los bizcochos y tartas con frutas tienen un origen muy remoto, pero las formas que tienen en la actualidad son adaptaciones bastante recientes del ritual.) Comemos historia y valores culturales, además de recuerdos familiares.

Las bodas son el comienzo de una nueva forma de vida; suelen celebrarse con comidas y bebidas festivas que incluyen, en la tradición occidental, tarta nupcial y champán. Las tartas de boda occidentales de hoy son creaciones enormes y elaboradas de varios pisos. La versión inglesa pertenece a la misma categoría que los pasteles y tartas de Navidad de la tradición británica, ya que es sustanciosa, oscura, afrutada, duradera, laboriosa, costosa y consistente. El piso superior suele guardarse el tiempo suficiente para servirlo durante la celebración del bautizo del primer hijo (desde luego, el piso más pequeño es apropiado para esta función), o en el primer aniversario de bodas de la pareja. Durante la boda, la novia comparte su suerte lanzando el ramo al aire para que caiga en algunas manos afortunadas y repartiendo la tarta entre la concurrencia; las chicas solteras solían llevarse su trozo a casa para dormir con él bajo la almohada y soñar con futuros maridos. En cambio, el pastel nupcial estadounidense es esponjoso y a veces consiste incluso en tartas de queso; son creaciones ligeras pero más grandes que las tartas de fruta glaseadas británicas, definitivamente efímeras y no pensadas para dormir sobre ellas.

Desde principios del siglo XX, cada piso de las tartas nupciales británicas descansa sobre varios pilares (las copas de champán invertidas son ahora una variante popular). En Estados Unidos se prefieren tartas que conserven la forma tradicional de pirámide porque los pasteles blandos no pueden sostener pilares; las capas superiores de la tarta blanda descansan sobre un sistema de palitos o pilares de madera y bases de cartón que se ocultan con el glaseado o con cintas. Una tarta de boda ya montada, normalmente glaseada en color blanco, puede decorarse con volutas, flores de azúcar glaseado, perlas y bolas de plata, lazos o una brillante filigrana de azúcar, y coronarse con un ramillete de flores frescas o figuras de porcelana de la pareja. En ninguna boda faltan las fotografías de los novios cortando esta tarta extraordinaria. Este ritual se remonta a la década de 1930, cuando las compactas tartas británicas se empezaron a recubrir con glaseado blanco extraduro para sostener las distintas capas apoyadas sobre pilares. El novio «ayudaba» a la novia a cortar la tarta con un cuchillo o una espada encintados. Ahora la pareja actúa como un equipo. La tarta se alza esbelta, blanca, arcaica y decorada, piramidal como la propia novia con el velo, y domina la función; es una versión de la novia, y su partición escenifica la consumación de este rito de paso para ella.

En la historia de la humanidad ha sido raro consumir tanta carne como ahora. Matar un animal no siempre ha sido una acción mecánica o cotidiana, sino que solía hacerse en ocasiones solemnes y para darse un capricho especial. Todo banquete era sinónimo de carne, un alimento especialmente rico en proteínas para quienes lo compartieran. Pero un animal muerto ya no da leche ni sirve para criar; las pérdidas debían calcularse y salir a cuenta. Los festines y celebraciones favorecían que quienes tenían animales dejaran de ahorrar y se entregaran al disfrute; y como la carne no dura mucho tiempo, era necesario convocar a otras personas para que ayudaran a terminar con la comida, con todos los efectos sociales que eso conlleva.

Sin embargo, como era un dispendio muy ocasional, implicaba entusiasmo y trascendencia. Eran comidas tan diferentes de la dieta habitual que podían ser placenteras y al mismo tiempo poner a prueba el aguante de los asistentes. A mediados de la década de 1950, la carne en Hong Kong era un lujo que solo se disfrutaba durante los banquetes; los lugareños de más edad aún recuerdan estar tan poco acostumbrados a comerla que solían enfermar después de los festines, sobre todo tras el reparto anual del cerdo que auspiciaba el templo ancestral de su clan familiar. Amaban el lujo, pero toleraban muy poca carne de cerdo. Ahora hay más carne disponible y se tolera mejor. Por otra parte, Jenofonte puso en boca del tirano Hierón que las fiestas son inusuales y por eso causan placer; las personas que pueden permitirse comer todo lo que desean a diario se cansan con rapidez, se saturan y son incapaces de disfrutar de las celebraciones festivas.

Tenemos que comer para vivir; pero incluso el consumo de verduras implica cortar y matar antes de nada. Cuando la comida incluye carne y, en especial, si se trata de un animal doméstico que, por tanto, nos es conocido, su muerte seguramente nos impresionará. Para que esa muerte nos afecte es necesario que la presenciemos, y no que se haga fuera de nuestra vista, que es como ocurre en la actualidad; el ritual y la ceremonia de la matanza persiguen captar nuestra atención. Este es el significado literal del *sacrificio*, es decir, la 'sacralización' del animal que se va a comer. Se trata de una práctica todavía común en muchas sociedades. Pero, como el sacrificio está centrado en la muerte, es un concepto a menudo chocante para la mentalidad profana occidental moderna, es decir, para quienes organizan sin inmutarse matanzas diarias de animales y se encuentran entre los carnívoros más destructores que el mundo ha conocido.

Sacrificar un animal implica la participación consciente en el devenir cósmico, el que va de la vida a la vida a través de la muerte. La criatura muerta se consume compartiéndola tanto con otras personas como con fuerzas sobrenaturales invisibles, y parte de la carne se reserva como ofrenda a los dioses; a veces, el sacrificio implica la destrucción de todo el animal sin llegar a consumirlo para que los dioses lo reciban íntegro como obsequio. (De ahí que una de las acepciones de *sacrificar* sea 'renunciar a algo para conseguir otra cosa'.) Los animales sacrificados suelen ser machos, lo cual tiene sentido en la práctica de la ganadería porque las hembras son las que dan tanto la leche como las crías. Además, se hace hincapié en que el animal elegido es inmaculado, porque la ofrenda y la degustación del sacrificio implican también generosidad y no solo economía.

La transformación que se produce en el animal (su muerte) se utiliza con connotaciones de finalizaciones de diversos tipos: fin de hostilidades, fin de la impureza, fin de un estado anterior del ser. Su consumo posterior cumple la función de representar ese tránsito e incorpora ese cambio a la vida del grupo. Los sacrificios se utilizan en ceremonias de iniciación, para señalar la «muerte» asociada a todo comienzo. La criatura sacrificada sirve como mediadora y conciliadora: actúa como el signo de la raya, que separa pero al mismo tiempo une una parte con la otra. El sacrificio se empleaba para celebrar una de las grandes ideas religiosas del mundo: la alianza entre el pueblo judío y su Dios. Como elemento de unión, la ofrenda del sacrificio era la expresión perfecta de ese enlace prodigioso e irreversible. Los profetas hebreos denostaron los sacrificios en repetidas ocasiones, pero solo cuando se olvidaba la conexión existente entre el sacrificio y la alianza; porque el sacrificio se podía tergiversar, igual que se puede desvirtuar cualquier ritual si se practica con fines viciados o como fachada de hipocresía.

Los mitos sobre sacrificios nos dicen a menudo que el animal inmolado y comido ocupa el lugar de la víctima propiciatoria original, que era un ser humano. Una y otra vez se menciona que en el pasado o en algún otro lugar (o incluso ahora si no ponemos cuidado), el grupo que presencia la muerte violenta podría matar o querer matar y hasta comerse una víctima humana. De acuerdo con esta interpretación, los animales son suplentes, sustitutos de miembros de nuestra propia especie que otrora habríamos decidido matar. Nada nos une tanto como reunirnos con la idea unánime de matar a alguien que odiamos, salvo juntarnos para compartir una comida.

Muchos de los rituales de sacrificar un animal para cenar incluyen gestos de solidaridad con la víctima (imponiéndole las manos, por ejemplo, antes de asestar el golpe), expresiones de admiración y gratitud (dándole un trato delicado, ataviándola con guirnaldas, revistiéndole los cuernos de oro) y algún signo de que al animal no le importará morir para alimentarnos (logrando que la criatura baje la cabeza en señal de aceptación o haciendo que camine tranquila hacia su destino final). A menudo hay gritos rituales de dolor cuando se produce la muerte. El sacrificio da paso a la gratitud: se agradece la cena, el contacto con Dios y la participación consciente en el devenir cíclico del cosmos, el bienestar social que genera compartir una comida, y se agradece a la víctima que nos haya reunido. Los animales sacrificados también inducen a veces una conciencia temerosa de la capacidad humana para la violencia. Durante el sacrificio, se constata y se lamenta la violencia, y también se aspira a superarla. (La instauración actual de mataderos mecánicos y de carnicerías fuera de la vista, por otra parte, tiene la finalidad de eliminar cualquier experiencia relacionada con lo que es necesario que suceda para que podamos elegir un filete de carne en el supermercado bien presentado sobre una bandeja de cartón envuelta en un impecable trozo de película transparente.)

Los griegos de la Antigüedad utilizaban el sacrificio para manifestar su contacto (aunque también sus diferencias) con los dioses, que no solo eran inmortales, sino también capaces de cenar oliendo el humo de los huesos y la grasa de animales calcinados. Toda comida con carne comenzaba con un sacrificio; Homero empleaba una palabra que significa 'consagrar' (igual que el vocablo *sacrificio*) para referirse a la ejecución de un animal para cenar. La forma en que se efectuaba el sacrificio tenía una importancia extrema, puesto que se trataba de un ritual sagrado: las reglas eran como un código solemne de modales en la mesa. Si algo salía mal, toda la ceremonia se volvía peligrosa. Las epopeyas de Homero ofrecen numerosas descripciones de sacrificios ejecutados con sumo cuidado como preparación de la cena. Uno de esos pasajes, extraído de la *Odisea*, describe un ritual fervoroso pero esencialmente laico, puesto que no requería ningún templo ni sacerdote; no se trataba de un acto festivo. En aquella ocasión se eligió un jabalí y se quemaron algunas de sus cerdas como ofrenda preliminar a los dioses. Fue una especie de ofrenda de primicias (de 'primeros frutos') durante la cosecha de hortalizas, la primera pequeña consagración a los dioses antes de que nada pudiera comenzar. (El rito judío de la circuncisión es un sacrificio con una ofrenda de este tipo, al igual que un rito de iniciación y una ceremonia de pertenencia.) Se golpeó al jabalí en la cabeza para aturdirlo, luego se sacrificó y se cortó en piezas grandes. Con cada una de ellas se hizo otro sacrificio tomando un trozo pequeño que se cubrió de grasa, se salpicó con granos de cebada y se arrojó al fuego.

Estos pedacitos de los trozos grandes fueron consumidos por los dioses, quienes se deleitaron con la grasa y el humo y compartieron la cena con el pueblo comiendo con él. Tras esta práctica se escondía la historia de Prometeo, el dios protector de la humanidad que engañó a Zeus para que permitiera que los seres humanos celebraran sacrificios de la manera en que lo hacen, compartiéndolos con los dioses, pero comiendo ellos mismos la carne del animal inmolado, utilizando el fuego y aprendiendo esa tecnología y todo lo que implica. Prometeo sería crucificado por sus faltas, encadenado a una roca durante miles de años, hasta que fue rescatado por un hombre, Heracles, que se volvería inmortal y acabaría viviendo con los dioses. Para honrar el encadenamiento de Prometeo, todos los invitados a un banquete en Grecia se ataban una corona alrededor de la cabeza. El sacrificio, que consiste en dar muerte a un ser, siempre fue un puente formal que unía, y a la vez separaba, la mortalidad y la inmortalidad. Los granos de cebada espolvoreados sobre las raciones de los dioses eran ofrendas agrícolas; en latín se conocían como *mola*, que significa 'harina' o 'grano molido', un término relacionado con «molino» y con «inmolar» ('espolvorear con *mola*').

Durante el festín de Eumeo en la *Odisea*, los trozos de cerdo restantes se filetearon, se ensartaron en brochetas y se asaron a la parrilla. De la carne ya cocinada se tomaron como ofrenda otras primicias: se reservaron siete raciones, en este caso para Hermes y las ninfas, quienes se consideraban convidados invisibles al banquete. Cuando por fin se sirvió a los asistentes mortales, Odiseo, disfrazado de huésped foráneo, recibió la porción más selecta de carne, «filetes alargados del lomo», la cual merecía por ser invitado de honor y por ser, en realidad, el señor del festín. Cuando todos fueron servidos, cada comensal tomó otra parte de su ración para entregársela a los dioses como ofrenda. A continuación se repartió el vino. Pero antes se derramó un poco sobre el suelo nuevamente a modo de primicias, esta vez vertidas como ofrenda de libación. Solo después de todos estos votos a los dioses pudieron los comensales empezar a comer su carne.

La fiesta judía de la Pascua es una comida ritual que solía comenzar con un sacrificio que casaba los productos de la vida pastoril nómada (los corderos sacrificados para comer) y de los asentamientos agrícolas (el pan). El pan no contenía levadura ni harina de la cosecha anterior porque la Pascua se celebra la primera noche de luna llena del equinoccio de primavera y abre el nuevo año. Pone el énfasis en la purificación, lo que antiguamente se representaba mediante la selección de las víctimas y la separación cuidadosa de su sangre derramada por Dios, y hoy, mediante el rechazo de la levadura por considerarla una impureza. La Pascua judía celebra la alianza inquebrantable entre Dios y el pueblo judío, y conmemora la liberación de Egipto de este pueblo tras la última de las plagas que azotó a los primogénitos egipcios, pero «eludió» a los judíos. Incluye primicias tanto ganaderas como agrícolas, es un rito de iniciación, conmemora y vuelve a sellar la unión con Dios, y fortalece la comunidad del grupo mediante la celebración: todas estas intenciones formaban parte de los sacrificios de la Antigüedad griega dentro de su contexto propio.

Durante la Pascua judía, acontecimientos pasados, como el éxodo de Egipto, se convierten en verdades presentes a través de su repetición ritual; las personas reviven e incluyen el pasado que las creó. En el caso del judaísmo, el sacrificio de víctimas propiciatorias acabó con la destrucción del templo de Jerusalén en el año 70 d. C. Aquel episodio se sigue conmemorando con la celebración anual del Séder, una cena ritual (*Séder* significa 'orden') que recuerda y trae al presente el pasado judío, cuya historia relatan los participantes tanto en la comida como en la historia. Su repetición anual la convierte en una fiesta cíclica, pero revive acontecimientos históricos iniciáticos: interpreta el tiempo como algo lineal y circular a la vez. Trata sobre la creación del mundo, su conservación y la limpieza de las viejas imperfecciones para que la vida nueva pueda comenzar y continuar.

La Eucaristía cristiana (*eucaristía* significa 'acción de gracias') nació directamente de los sacrificios de la Pascua judía. En ella no se matan animales porque uno de los mensajes de la Eucaristía es que recrea el sacrificio conclusivo o sustitutivo para los creyentes; no es necesario volver a inmolar seres humanos ni animales porque ya se hizo en el pasado. El sacrificio no se elimina, sino que pasa a formar parte de algo más grande que él mismo que ya ocurrió pero no está terminado. Una de las ceremonias que permite a los cristianos revivir la unión de las grandes luchas de contrarios que se articulan en su religión es la misa, que literalmente significa 'el envío' de la congregación al mundo después de haber participado en lo que sin duda es la cena ritual más cargada de significado jamás concebida.

En este ritual, Cristo, que para los creyentes es Dios y hombre a la vez, penetra no solo en la mente sino también en el cuerpo de la congregación; las personas que asisten a esta cena se comen a Dios. No se necesita ningún animal ni ninguna muerte ni tampoco puentes: Dios entra en ellas directamente. La Eucaristía es la perpetuación ritual de la relación de encarnación ('hacerse carne') que inició Dios con la humanidad a través de Cristo. La muerte de Cristo (injusticia, tortura, asesinato y sacrilegio) se interpreta como transformada por él en gracia y salvación porque él la aceptó y la exoneró; un final y una iniciación a una vida nueva. Y entonces se rompe con reverencia el último tabú al compartir y comer y beber su carne y su sangre, que son prueba de su amor. La congregación pasa a convertirse en «un solo cuerpo», como dicen los creyentes, «por Cristo, con él y en él».

La ceremonia utiliza todos los recursos psicológicos definidos por los estudiosos de los rituales, los cuales incluyen conceptos tales como la integración, la formalización, la sincronización, la sintonización y la estructuración cognitiva, así como la organización espacial y la focalización, y el perfeccionamiento de la acción ordinaria. Las distancias temporales y espaciales se desmoronan porque se establece un contacto ritual con el pasado, el presente y el futuro al mismo tiempo, y porque «este lugar» queda unido a «cualquier otro», incluido el reino de lo sobrenatural. Cuando se consagran el pan y el vino, lo profano se vuelve sagrado, lo sagrado insiste en borrar la diferencia entre él y lo profano. Una muerte pretérita recreada en un ritual no permite ninguna excusa para que vuelva a haber violencia o un chivo expiatorio. Se desdibujan todas las fronteras: entre individuo y grupo; entre muerte y vida; entre cuerpo y espíritu; entre símbolo y realidad; entre principio, durante y fin; entre viejo y nuevo; entre aquí y otro lugar; entre eterno y pasajero; entre tiempo lineal y cíclico; entre anfitriones e invitados; entre Dios y humanidad. Como banquete, la misa reúne todos los significados de comer a la vez: del canibalismo al vegetarianismo; de la fusión completa del grupo a la satisfacción absolutamente individual; de la ruptura del más temible de los tabúes a la restauración más amable y reconfortante. Todo esto y más está contenido, expresado y controlado por el ritual: movimiento y estructura efectistas; cánticos; disfraces; poesía; incienso; gesticulación e interacción; cada uno de los cinco sentidos se pone al servicio de la experiencia mística. También se usan manteles y servilletas, velas, cálices, platos, jarras y piletas. La celebración eucarística es una cena que exige el empleo incondicional de buenos modales en la mesa, puesto que es imposible concebir nada parecido (ninguna celebración ritual, ni tan siquiera la comida más vulgar en un establecimiento de comida rápida) a menos que las personas que participan en ella se comprometan, tanto ahora como en el futuro, a comportarse.

2
Aprender a comportarse

El comportamiento correcto es un ritual que se practica en beneficio de otras personas y para favorecer la relación que mantenemos con ellas. Tiene la finalidad de causar agrado y relajación en los demás, sobre todo cuando cabe temer una situación difícil; sirve para detectar y cubrir sus necesidades de estima y de consuelo; para conseguir lo que queremos sin despertar resentimientos. Evita inquietudes y asperezas; persigue suavizar y lubricar. Una persona correcta es una persona «pulida» (del latín *politus*).

> Los hombres se pulen, tanto en actos como en palabras,
> como se pulen los guijarros en la playa.

El limado al que nos somete la insistencia del resto a través del roce con los demás, nos vuelve más tratables y más capaces de tratar con otras personas. Por una extraña coincidencia, la palabra *pulido* se parece a *político*, que procede de la palabra griega para *ciudad (polis)*, de igual manera que *civilizado* y *civil* vienen del término latino *civis*, que significa *ciudadano*. A menudo se asume que las personas pulidas o cívicas se encuentran donde viven muchas otras personas: probablemente en un entorno urbano, lo que les confiere urbanidad.

La corrección exige detenerse, tomarse un tiempo adicional para seguir un comportamiento preestablecido y preestructurado, para encajar con las expectativas de la sociedad. Por eso se nos educa, y esa función la realizan tanto los padres cuando somos pequeños como la sociedad cuando hemos crecido. Es inevitable que el resto nos imponga exigencias y cohibiciones, en parte para hacerse un hueco para sí; aprendemos que nos conviene seguir su mismo juego, porque también nosotros necesitamos la libertad que nos concede la contención de los demás. Pero no hay nada simple en un comportamiento correcto: la corrección que pretende favorecer la interacción con los demás puede servir también para impedir que se produzca un contacto real. También puede convertirse en una barrera que mantenga a las personas maleducadas al margen de la sociedad.

Mark Twain decía que la coliflor «no es más que un repollo con educación universitaria». Se entiende al instante a qué se refiere: un repollo es simple, redondo y vulgar; pero la coliflor es una especie de flor sólida, elaborada, blanca, delicada y un tanto refinada. «La formación lo es todo», concluye Twain, aunque en la propia metáfora que emplea, él mismo llama la atención sobre la esencia original de repollo que posee la coliflor, una esencia que este vegetal nunca podrá superar del todo por mucho éxito que le reporte su título universitario. Pero la coliflor ha adquirido complejidad, se ha embellecido, y de este modo se ha preparado para desenvolverse en «los mejores círculos».

Educar a los niños

No basta con que los hijos crezcan; también hay que hacerlos crecer educándolos. El verbo se usa en forma pasiva, los hijos se educan o son educados, y eso implica que el camino recorrido conduce a un nivel superior.

No se puede tratar a los bebés como si fueran adultos. Dependen por completo de los mayores para sobrevivir; no andan ni hablan ni comen ni controlan esfínteres. A menudo se ha considerado que los bebés no son del todo humanos: se alimentan de sus madres como pequeños caníbales; es imposible conversar con ellos o explicarles cosas; son revoltosos, desordenados, exigentes, salvajes y alborotadores. Los antiguos romanos pensaban que las crías de oso no solo nacen indefensas, sino también informes: se pensaba que sus madres (supuestamente observadas desde la distancia limpiando a sus recién nacidos con la lengua) lamían a sus crías hasta darles forma de osesnos tras su nacimiento. Desde un punto de vista cultural, también nosotros pensamos que los niños humanos han de lamerse «para darles forma cultural», para adaptarlos a ser «uno de los nuestros».

El proceso comienza en cuanto es posible, con la lactancia. Las madres pueden mostrarse indulgentes con ellos o dejar que lloren para alimentarlos; el bebé no tarda en descubrir hasta qué punto es él o la madre quien decide las pautas de su alimentación. La actitud de la madre a este respecto, y en muchos otros, tiende a ser cultural. En la mayoría de las sociedades estudiadas por antropólogos, las madres se muestran muy indulgentes para alimentar a sus hijos y, en general, tienden a hacerlo en cuanto estos manifiestan el menor signo de querer comer. En muchos casos no se permite que las mujeres mantengan relaciones sexuales mientras amamantan a sus hijos. Antes o después (muy a menudo por exigencias del marido) la madre se ve obligada a destetar al pequeño. O se retoman las relaciones sexuales o llega un hermano nuevo o el trabajo y la atención continua de la mujer deben dedicarse a otros menesteres. El bebé, al igual que su madre, no tiene más remedio que adaptarse a estas exigencias reclamadas de pronto por otras personas.

Todo ser humano sin excepción ha de pasar este rito de iniciación que prohíbe seguir mamando del pecho materno o del biberón y que obliga a aprender a comer alimentos sólidos. En la mayoría de sus comidas, el niño deberá aprender a dejar de chupar, esa habilidad que trajo de nacimiento. El interior de los carrillos de los niños pequeños está bien provisto de papilas gustativas, algo que no sucede en el caso de los adultos; los bebés saborean no solo con la lengua, sino también con las mejillas. Se cree que por eso les gusta llenarse la boca de comida. Deben comer menos cantidad cada vez. La masticación en sí se aprende por ensayo y error. El hambre (directa, física y experimentada de forma individual, esa necesidad natural a la que todos estamos supeditados) entra ahora a formar parte en verdad de la esfera social. Será provocada, retrasada, desviada, interpretada y manipulada por otras personas hasta el día de nuestra muerte.

El niño en crecimiento se educa con las comidas propias de su cultura y se habitúa a ellas. Si los adultos de su entorno suelen comer alimentos fuertes como chiles o pescado fermentado, los pequeños se habrán acostumbrado incluso antes del destete a esos olores, y hasta sabores, a través de la leche materna. Estos alimentos suelen ser específicos de cada cultura, y a veces funcionan como señas de identidad de la sociedad que aprende a comerlos desde la infancia. Su consumo resulta inconcebible a otras personas que no han aprendido a disfrutarlos en la infancia, lo que las puede llevar a mofarse de quienes comen chiles y pescado maloliente por sus extraños gustos y, aun así, no les queda más remedio que reconocer la identidad del grupo. De este modo, los alemanes reciben el apodo despectivo de «Krauts», los franceses el de «Ranas» y los inuits el de «Esquimales» (término derivado de una palabra india que significa 'comedores de carne cruda'). Está demostrado que en la edad adulta seguimos disfrutando con la comida que aprendimos a apreciar durante la infancia. Crecemos amando, por ejemplo, los curris y los chutneys, o la pasta y los tomates, las aceitunas, los quesos fuertes y las hierbas amargas, y estas comidas se convierten en lo normal. Y a todos nos parece que el resto de las culturas tiene gastronomías muy pobres comparadas con la propia. La primera lengua que aprendemos a hablar y la comida a la que nos acostumbramos desde la infancia son dos de los elementos fundamentales que preservan la identidad social y racial de una persona adulta.

Muchos adultos son extremadamente conservadores con lo que comen. Esta actitud, denominada neofobia (o 'aversión a lo nuevo'), tiene la función biológica crucial de evitar la ingestión de sustancias desconocidas que podrían ser venenosas: todas las personas tendemos a ser escrupulosas con lo que nos llevamos a la boca. Cuando aprendemos a comer alimentos sólidos por primera vez durante la infancia probamos (o nos resignamos a probar) casi cualquier cosa; la solidez de la comida supone suficiente problema de por sí como para aceptar todo lo demás. Pero se trata de una fase pasajera; enseguida nos aferramos a una serie de expectativas sobre qué comer y qué rechazar que derivarán de una combinación de las experiencias personales propias con la comida y del modelo cultural imperante. Los remilgos se vuelven extremos en cuanto el niño aprende a diferenciar y decide qué elegir y qué rechazar entre la inmensa cantidad de posibilidades que ofrece el mundo y que el propio proceso de destete ha puesto a su disposición.

También existe la actitud opuesta frente a la comida, la llamada neofilia, o 'afición a lo nuevo'. Los seres humanos somos capaces de perseguir la variedad casi por sí sola. Probamos formas nuevas de cocinar, ingredientes desconocidos, combinaciones diferentes de sabores. Escudriñamos libros que describen la gastronomía de culturas muy diferentes de la nuestra en busca de novedades que comer, sabores y texturas diferentes que probar. En general, las personas con esta actitud han tenido ocasión de superar y vencer su aversión a lo nuevo gracias al contacto con otras culturas y a que tienen a su alcance un surtido amplio de alimentos «raros». Muchos de nosotros admiramos y envidiamos a esas personas, y creemos que deberíamos intentar imitarlas porque son sofisticadas, instruidas y muy abiertas de mente. Sin embargo, lo cierto es que la neofilia es una reacción humana típica ante la comida. La propia cultura occidental está experimentando en este momento una fuerte tendencia hacia la neofilia, o tal vez se trate más en concreto de una moda impuesta por las clases en ascenso que marcan tendencia.

Los seres humanos somos omnívoros, lo que significa mucho más que poder vivir a base de carne, de vegetales o de ambas cosas. Sobrevivimos con dietas muy monótonas (si solo tenemos a mano unas pocas cosas) o, si empieza a escasear esa variedad reducida pero satisfactoria de alimentos, podemos migrar en busca de nuevos pastos y otras cosas que comer. Esta capacidad física, y las posibilidades que abre a la experimentación, fue tan importante para nuestro éxito evolutivo como la neofobia. Ambas inclinaciones residen en todo ser humano. El filósofo Wittgenstein odiaba enfrentarse a cambios en su dieta: consideraba que el esfuerzo necesario para adaptarse a ellos le suponía una pérdida de energía. Una vez aclaró a unos amigos con los que se alojó que le daba bastante igual lo que le dieran de comer, mientras fuera siempre lo mismo. Durante esos meses se amoldó a una dieta casi invariable de queso suizo y pan de centeno.

Los fabricantes de comida rápida y otros productores de alimentos a gran escala adoran y fomentan la neofobia en su clientela: la aceptación y hasta la preferencia de hamburguesas o pizza día sí y día también, servidas siempre de la misma manera, en entornos similares y con la misma variedad reducida de posibles guarniciones; el eterno chuletón o langosta porque son «lo mejor», «lo más libre de florituras», «lo más caro»; la constante y reconfortante presencia en la mesa de la misma salsa de marca para dar un sabor predecible a todo. En cualquier caso, lo monótono tiene un lugar asegurado en nuestra vida, porque las personas estresadas siempre escogen para comer lo que acostumbran a tomar. Así, por ejemplo, rechazamos cualquier cosa muy elaborada para desayunar porque nos sentimos frágiles y poco audaces justo después del pequeño trauma cotidiano de levantarnos de la cama. Del mismo modo, las personas enfermas no suelen sentirse tentadas por comidas de sabores fuertes, novedosas o imaginativas.

Hoy en día se fomenta con fuerza el desarrollo de la tendencia neofílica. En las regiones del mundo donde hay de todo para comer, solo se puede aspirar a más si se paga mucho o se incrementa la variedad. Atreverse con lo nuevo se ha convertido en un elemento más del consumismo; y también es la expresión cultural de uno de los principios esenciales de la ideología moderna: la movilidad. Surge como respuesta al pluralismo creciente en las sociedades modernas y al contacto inevitable con ideas nuevas y gustos diferentes al que nos vemos abocados. La afición a lo nuevo parece hoy un distintivo de experiencia y conciencia, un signo de competencia y de buena disposición a aceptar el enriquecimiento cultural; forma parte, en resumen, de la imagen de la clase media moderna. La gastronomía «tradicional» se consideraba antaño una especie de residuo obstinado del pasado al que se aferraba la gente sencilla que debería haber aprendido a comer mejor. Hoy en día, los restaurantes selectos aspiran a tentar a la gente distinguida y viajera con la enorme variedad de productos de todas las tradiciones culturales habidas y por haber. Nos animan a probar no solo ideas gastronómicas francesas e italianas, sino también tailandesas y japonesas, o afganas, etíopes o de Sri Lanka.

La neofilia encuentra un gran apoyo en la moda por lo saludable. El discurso dietético actual sostiene que debemos comer gran variedad de alimentos, muchos vegetales, pescado, carne, queso y fruta. Los padres están convencidos por muchas razones de que sus hijos necesitan variedad. Y así comienza la batalla, puesto que los pequeños, que acaban de aprender a ser neofóbicos, se enfrentan a unas presiones paternas y culturales tremendas para «comer bien», es decir, variado. Los padres intentan imponer lo que consideran mejor; los hijos suelen resistirse. Aprenden con rapidez que rechazar la comida es una estrategia segura para llamar la atención, para disgustar a la persona que se ha molestado en comprar y elaborar la comida siguiendo los mejores consejos modernos.

Teniendo en cuenta nuestro trasfondo cultural occidental, nos resulta imposible dejar que los niños se queden sin comer; si se niegan a comer, nos sentimos muy desgraciados. Dejarlos sin comer (mandarlos a la cama sin cenar o sin postre) era un castigo habitual por portarse mal hasta hace bien poco. Los propios adultos solían ayunar o abstenerse con regularidad de comer lujos por razones relacionadas con la autonomía en su sentido original: el autocontrol. La idea del ayuno ha experimentado un misterioso cambio para la mayoría de las personas occidentales: el autocontrol con la comida significa ahora el control de la figura de acuerdo con la convención de que las personas deben estar delgadas y no gruesas. Los niños (que están en edad de crecer) no pueden ayunar, es decir, «ponerse a dieta», salvo por razones estrictamente médicas; es evidente que los niños, a diferencia de los adultos, deben comer. Si se niegan a comer mucho o solo quieren comer ciertas cosas (lo que ocurre con frecuencia en los propios adultos), los adultos deben procurar que cambien de parecer.

En Francia es tradicional que los padres insistan en que es de buena educación que los niños prueben un poco de todo. Esta norma prepara a los pequeños franceses para aceptar la variedad que ofrece la cocina francesa; es una de las razones por las que los franceses han resistido tan bien las embestidas del azúcar en el mundo actual. En las culturas occidentales de América del Norte, los padres no imponen esta regla de buenos modales; su insistencia en la variedad de la dieta se basa por completo en argumentos relacionados con la salud. Los fabricantes de alimentos prefieren mucho antes apelar a la salud que a los modales para establecer pautas de comportamiento. Los modales son una cuestión de autocontrol y una guía casi moral; permiten el desarrollo de un criterio propio antes de que los intereses comerciales tengan la oportunidad de imponerse. El argumento de la salud es más vago, más científico y menos humano, y mucho menos alcanzable como ideal. En la brecha que queda entre este objetivo abstracto y nuestras dudas sobre cómo alcanzarlo se cuelan los proveedores de alimentos y de tecnología.

Les encanta dar consejos a los padres sobre cómo convencer a sus hijos para que sigan una dieta saludable. Los promotores de los hornos microondas, por ejemplo, sacan toda una línea de alimentos «para microondas» que nos llegan en pequeños trozos rebozados. La publicidad de estos productos aconseja que los pequeños se coman con las manos estos trozos del tamaño de un bocado «porque eso animará al niño a probar alimentos diferentes». Resulta que los hornos microondas funcionan mejor con alimentos en pedazos pequeños y, además, los fabricantes aprovechan el simbolismo de «orden, limpieza y separación» tan preciado en las culturas occidentales de América del Norte en general. Los rebozados de color amarillo listos para calentar están pensados para tener un aspecto apetitoso aunque cubran colores y formas de alimentos difíciles, y permiten camuflar la apariencia de alimentos crudos que dicen que causa rechazo entre los consumidores, aunque el alimento esté crudo en realidad. Los fabricantes también refuerzan y «empaquetan» el contenido de esos productos para facilitar su transporte y alargar su vida útil. Comprar trocitos de brócoli rebozados (es decir, camuflados) y calentarlos en el microondas en el momento de consumirlos, nos hará la vida mucho más fácil; y tal vez a los pequeños de la casa les resulten atractivos la novedad y no tener que usar cuchillo ni tenedor para comer algo verde, aunque sea por una vez.

Es muy común que la diferencia entre niños y adultos se remarque a través de disparidades alimentarias. Muchas sociedades deciden que hay alimentos que los niños no deben comer. A menudo, las razones esgrimidas son en parte físicas y en parte morales. A los niños chagas de Tanzania se les decía: «No comas nada de la boca de ningún animal, en especial la lengua: te hará contestón»; «No te comas la cabeza de ningún animal: te hará testarudo». De este modo, los adultos intentan convencer a los niños de que los malos comportamientos morales se pueden rechazar como opción, de igual manera que ciertos alimentos pueden relegarse a la categoría de lo que «no se come». En la cultura occidental, donde las prohibiciones se basan menos en reglas morales que en criterios saludables, se evita que los niños coman y beban lo que es malo para ellos, aunque «apto» para adultos. Es nuestra forma de encontrar un respiro frente a nuestra exigente prole: mientras tomamos bebidas tan poco saludables como el té o el café, los niños no son admitidos en la fiesta. Deben irse a jugar con otros niños o beber algo que no entrañe ningún peligro para ellos, como refrescos. Por tanto, cuando al fin se les permite tomar café o té, para ellos supone un rito menor de iniciación: ya eres lo bastante mayor para soportarlo y es probable que para entonces también sepas comportarte.

También contamos con alimentos para niños que rara vez consumimos los adultos; dejamos que los niños coman cosas como la mantequilla de cacahuete (ahora casi prohibida para los adultos por motivos relacionados con la delgadez) cuando les apetece. De la misma manera, una tribu africana bastante severa, por lo demás, en cuanto a disciplina infantil, decidió que a los adultos no les gustan mucho las bananas maduras. Así que empezaron a acumular racimos de ellas bajo los aleros de las casas para que los niños pudieran tomarlas siempre que les apeteciera. Esta estrategia recuerda a la circunstancia que se da en la mayoría de las sociedades humanas de que la leche haya sido siempre un alimento para niños, y no una comida de mayores.

Los niños tardan años y años en formarse; durante mucho tiempo no se puede esperar que se comporten como adultos. El antropólogo indio Arjun Appadurai ha señalado que en su cultura se trata a los niños «como dioses», en tanto que no se puede esperar de ellos que sigan las reglas humanas; al igual que las bestias, los dioses y los profetas, no siguen unos «modales». Al igual que los dioses, comen antes que todos los demás. Hay que tener muy en cuenta sus gustos. La comida que se dejan en el plato no está degradada ni contaminada, como suelen estarlo las sobras en la religión hindú: al igual que la comida que se ofrece a los dioses pero que estos se dejan sin comer y se reparte entre los fieles, la comida que se dejan los niños es comestible, en especial para sus madres.

Hasta que los niños aprendan a comportarse es posible que deban comer apartados de los adultos, los cuales han aprendido a no soportar ver que alguien se echa la comida encima, derrama la bebida o suelta un grito de alegría de repente. En nuestras sociedades occidentales, el castigo habitual por tener un mal comportamiento sigue siendo la expulsión de la mesa para comer a solas en otro lugar. Las madres, cuyo trabajo sigue siendo en la mayoría de los casos enseñar modales a los hijos, suelen darles la cena temprano (los niños «necesitan» comer temprano), y los acuestan y quitan del medio para que la pareja pueda comer junta más tarde en paz. Lo que se estila ahora entre las clases altas de las sociedades occidentales de Europa y América del Norte es que las fiestas sean, o bien solo para niños, o bien encuentros nocturnos exclusivos para adultos en los que se sirven bebidas alcohólicas y comida picante y original oficialmente no apta para niños. Otros grupos, por ejemplo, la clase obrera inglesa, organizan fiestas que son en gran medida familiares y a las que los niños son bienvenidos. Las sociólogas N. Charles y M. Kerr han especulado con la posibilidad de que esto se deba a que es menos probable que las personas no profesionales tengan un trabajo lejos de su casa. Mantienen un contacto mucho más estrecho con la familia y las amistades de siempre cuando tienen hijos y, en cualquier caso, suelen hacer más cenas para la familia que para amigos. No preparan comidas exóticas, ni demasiado fuertes, ni demasiado picantes, ni indigestas. Todo el mundo puede asistir a la celebración sin necesidad de tener en cuenta las brechas generacionales. Lo que se celebra en estos casos es el clan, que incluye a los niños; mientras que la fiesta típica de jóvenes profesionales urbanos acentúa mucho la diferencia entre adultos y niños.

Con mucha frecuencia se considera de mala educación coger comida sin preguntar antes. La antropóloga Bambi Schieffelin comenta que esta norma se inculca con especial cuidado a los niños kalulis de Papúa Nueva Guinea, una sociedad con una marcada preferencia cultural por la comunicación verbal explícita. Si alguien mira fijamente la comida, significa que quiere un poco, y a los niños kalulis se les enseña desde muy pequeños a no molestar «pidiendo con los ojos». Para tener derecho a recibir comida hay que pedirla; si no se tiene ese derecho, no se mira. Mirar el plato de otra persona durante una cena está muy desaconsejado en la propia cultura occidental; para nosotros forma parte de la necesidad de mantener los límites espaciales, que existen y se mantienen durante cualquier comida al igual que en muchos otros ámbitos de la vida.

Durante la cena, los niños africanos deben ver a sus mayores servirse en primer lugar; los adultos importantes pueden tomar cucharadas enteras de condimentos de la fuente central, mientras que a los niños solo se les permite una poca cantidad, tal vez únicamente mojar sus gachas (la base de la comida) en el cuenco. Desde la Edad Media se ha advertido a los niños en Europa: «No pidas nada; espera a que te ofrezcan». No pedir podría formar parte de una regla más general que obliga a los niños a guardar silencio: aunque las normas sociales permitan que los adultos conversen durante la cena, los niños buenos «se ven pero no se oyen». Por supuesto, han de ser niños lo bastante mayores como para saber comportarse y, por tanto, lo bastante mayores como para pedirles que guarden silencio: tal vez se permita que el niño más pequeño («igual que un dios») hable, corretee o pida comida del plato de los adultos. Pero es importante que aunque a los niños no se les oiga, sí se les vea: los adultos deben observarlos mientras aprenden a comportarse. La supervisión y el control son parte de la razón por la que son admitidos en el grupo de sus mayores. «Cada comida», reza un dicho popular victoriano, «es una lección aprendida». Alcanzar la edad adulta suele conllevar una relajación de las normas, en lugar de su endurecimiento, y en algunas culturas se conceden privilegios especiales a las personas ancianas durante la cena.

Las pinturas europeas que reproducen comidas familiares y preceptos como el que presento a continuación dejan claro que los pequeños de la casa solían comer de pie en la misma mesa que los adultos.

> Mientras estés de pie durante la comida has de ser cortés
> y aceptar y comer lo que los hombres te den,
> y cuídate de no llorar ni pedir
> diciendo: «¡Eso y eso quisiera para mí!».
> Estate quieto mientras estés en la mesa
> y vigila que ninguna palabra se te escape con fuerza.

Esto se debía en parte a su tamaño: permanecer de pie permitía a los niños llegar con más facilidad a la superficie de la mesa, y no todo el mundo disponía de sillas pequeñas o altas para uso exclusivo de los niños. (Parece ser que en la Gran Bretaña del siglo XVII los pequeños de la casa se sentaban a veces apartados de la mesa de comer, y usaban taburetes a modo de mesa y escabeles como asientos.) Pero en el lenguaje de la etiqueta europea, quedarse de pie también significaba, sin duda, un estatus inferior. También es posible que se apelara a la salud para justificar esta costumbre. Se pensaba que ingerir alimentos en posición vertical facilita la digestión; de hecho, en Escocia aún se prefiere hoy en día comer de pie las gachas típicas de allí. Otras culturas mantenían a los niños fuera del círculo de los adultos, o bien sentados en el suelo, o bien de pie detrás del grupo sentado a la mesa. Entonces esperaban para comer a que acabaran los adultos o recibían la comida cuando y tal como consideraban oportuno sus padres.

Esta clase de normas (hay muchas variantes), antiguas y comunes aún, extrañan en la actualidad a muchas personas de cultura occidental. En una familia moderna reducida parece absurdo esperar que cualquiera de sus miembros permanezca en silencio. A los niños, sobre todo en las clases medias y altas, se los anima expresamente a charlar en la mesa, a formular preguntas y hasta a preguntar por qué han de seguir alguna norma de etiqueta. Los padres, que están tan atareados que llegan a preguntarse si deberían seguir celebrando esas comidas familiares, a menudo mantienen esta tradición casi por la sola razón de que consideran que los niños necesitan estas comidas: deben aprender a conversar. Nuestra tradición cultural espera que eduquemos a los niños para que se atrevan a preguntar por qué; y allí donde cada cual lleva una vida muy separada de la del resto, la conversación en la mesa se convierte en una oportunidad única para que la familia conozca lo que piensa y hace el resto de sus miembros.

Muchas de las normas de urbanidad que los niños asimilan durante las comidas les servirán para toda la vida y en ámbitos que van más allá de una comida formal. En la cultura europea, dar las gracias es una de las primeras lecciones que aprenden los niños. El inglés británico usa una palabra especial *(ta)* que sirve tanto para pedir las cosas por favor como para dar las gracias, porque se espera que esta lección se aprenda en cuanto se empieza a saber qué es dar y recibir, es decir, en cuanto se empieza a hablar y antes incluso de poder pronunciar «*thank you*». Dar las gracias como es debido sigue siendo una de las normas más importantes de una buena educación; en el estudio inglés en el que Charles y Kerr pidieron a un grupo de madres que valoraran la importancia de lo que los niños aprenden en la mesa, pedir las cosas por favor y dar las gracias encabezaban la lista. Les seguían el uso correcto de los cubiertos, no tener libros ni juguetes en la mesa, no hacer ruido en la mesa y pedir permiso antes de retirarse.

En algunos lugares de África, los niños deben acostumbrarse a usar las dos manos para recibir cualquier cosa. ¿Qué ocasión es más apropiada para aprender este gesto esencial que una comida familiar, con toda la solemnidad que se produce al servir los platos? En muchas culturas, recibir algo con ambas manos equivale a agradecer la generosidad de quien lo da: la idea es que una sola mano no basta para sostener el valor simbólico de la dádiva. Usar una sola mano para recibirla transmite falta de gratitud y puede interpretarse como un comportamiento despreciativo. (Hay una adivinanza malawiana que evidencia cuánto impresiona allí que la gente blanca tome con una sola mano lo que se le ofrece. Dice así: «Hasta los europeos lo respetan. ¿Qué es?». La respuesta es: «Un cacahuete, porque hasta ellos lo sostienen siempre con las dos manos», obviamente, para pelarlo o mondarlo). En cambio, si el niño recibe comida de alguien de su familia, no se esperará ninguna muestra de agradecimiento por su parte, porque el agradecimiento verbal o en su máxima expresión solo se considera necesario entre extraños, es decir, entre personas que no tienen ninguna obligación la una con la otra. La antropóloga Audrey Richards cuenta la explicación que recibió del aparente comportamiento desagradecido de un niño: «No da las gracias porque es su propia gente. Si se tratara de un extraño, habría dicho "Gracias, señor", porque recibiría la dádiva por altruismo. A los propios no se les dan las gracias, ¡en absoluto!».

Cuando los niños comen con sus mayores, aprenden todas las formas de estatus y parentesco de su familia porque observan cómo se tratan los adultos entre sí y descubren qué lugar les corresponde a ellos mismos. Las normas que rigen las comidas y la observación de quién puede comer de la mano de quién permiten que un niño indio, por ejemplo, no tarde en conocer hasta veinticuatro castas en su orden jerárquico correcto y cómo se relacionan entre sí. Si se preguntara a un niño africano quiénes son los cabeza de familia dentro de la compleja estructura parental de su tribu, podría responder: «Los hombres ante los que me arrodillo cuando les llevo agua para beber». Las familias occidentales tradicionales de Europa y América en las que el padre de familia se sentaba presidiendo la mesa, y la madre, que había preparado todo al gusto del marido, ocupaba un lugar inferior en la mesa en señal de subordinación, enseñaban bien pronto a sus hijos quién ostentaba el poder de verdad dentro del grupo, al menos de manera oficial.

Cada sociedad tiene un repertorio propio de consejos, advertencias, dichos, rimas y letrillas tradicionales para usar cuando los modales de los niños amenazan con fallar. De hecho, la comida y su interés vital para los más pequeños es una actividad crucial para aprender a hablar. Los bebés oyen palabras de consuelo y ánimo cuando se les insta a eructar después de mamar (más tarde deberán reaprender que eructar está prohibido cuando se ingieren alimentos sólidos con regularidad). Quien come ensuciándolo todo no tarda en descubrir cómo suenan el disgusto y la desaprobación en su cultura. Es muy común que consistan en una «fricción faríngeo-velar característica», según comentan lingüistas como John Widdowson, un sonido que se retiene con eficacia en la memoria infantil. Cuando el niño da muestras de comer con apetito recibe elogios y sonrisas. Se le insta a tragar la comida jugando a que el bocado es una abeja y su boca, una cueva; o que la cuchara es un avión que se aproxima volando para aterrizar dentro de ella; y cuando ya no queda nada en el plato, oye un clamor triunfal del tipo «¡Se acabó!» con «una entonación típica de conformidad muy exagerada».

En culturas ricas en refranes, proverbios, adivinanzas y fórmulas mnemotécnicas orales los niños pueden aprender al mismo tiempo a comportarse y a interpretar y aplicar enseñanzas algo enrevesadas. Según Margaret Read, en Malawi, por ejemplo, se puede soltar de repente un dicho en medio de la cena igual que «se tira una piedra a un estanque»: «Oigo tronar las armas del pueblo tyandla». Entonces, la conversación cesa; todo el mundo deja de comer y mira al niño que comía sorbiendo ruidosamente. El niño «se pregunta: "¿Lo habrán dicho por mí? ¿No? ¿Sí? Es por mí. ¡Qué vergüenza!"». No se añade nada más, pero la lección se asimila, seguramente para siempre. Los pequeños también aprenden a interpretar las estrategias de su cultura para soltar reprimendas veladas, a entender y aceptar que las usen con ellos, y también de qué manera y en qué medida exactas se sufre la presión social.

Los adultos de la cultura occidental también cuentan con toda una letanía de recriminaciones y órdenes de toda la vida para escoger y usar con los niños maleducados: «¡Oveja que bala, bocado que pierde!»; «a buen hambre no hay pan duro»; «no comas con los ojos»; «no se tira la comida porque hay niños que pasan hambre»; «si te lo comes todo te pondrás grande y fuerte». También hay monstruos y advertencias funestas, como las que popularizó el terrorífico *Der Struwwelpeter* (1876) de Heinrich Hoffmann, por ejemplo, con «el hombre de las tijeras» que corta los pulgares a los niños que (destetados antes de tiempo) no paran de buscar consuelo en chuparse el dedo; o el terrible destino de «Gaspar el de la sopa», que se negó a comérsela:

Por no comer, como un fideo quedó
y al quinto día se murió.

y el bochorno de Felipe el Revoltoso, que no para de balancearse en la silla hasta que se cae de espaldas y arrastra consigo el mantel de la mesa y todo lo que hay sobre él.

A los niños se les suele enseñar desde pequeños a no desperdiciar la comida y a compartirla siempre con los demás. Todos los buenos modales de una sociedad podrían resumirse en la norma exquisitamente difícil de tener un apetito moderado. Esta regla no tiene que deberse tan solo a que la comida escasee; incluso cuando hay comida en abundancia suele mantenerse el principio de mirar por la comida; desperdiciarla es una falta de respeto hacia Dios, la tierra y los demás. Los niños que desperdician comida reciben un castigo y su cena puede acabar en manos de otra persona. En una aldea malaya donde a los niños les gustaba el pescado caro pero no las verduras baratas (los niños saben muy pronto qué alimentos son más valorados en su comunidad), sus madres seguían la firme determinación de servirles cantidades muy limitadas de pescado. Cuando crecían, podían servirse por sí solos, porque «ya tenían edad» para saber contenerse con los platos caros.

Antropólogos europeos y estadounidenses describen con asombro cómo aprenden los niños africanos de muy corta edad a repartir entre todos los presentes cualquier bocado tentador, como una pieza única de fruta; a un pequeño malawiano «lo obligaron a abrir el puño en el que guardaba tres cacahuetes y a dar dos de ellos a sus compañeros». Aunque las madres suelen ser indulgentes con sus hijos en estas culturas, a este respecto se muestran muy exigentes: compartir con los demás y ofrecer hospitalidad a los forastero son dos de las acciones que encabezan la lista de normas de buena conducta. En la cultura occidental se presta especial atención a que el fuerte comparta con el débil: «¡Dale un poco al bebé!». Incluso en los lugares donde se valoran mucho «los derechos de los mayores», este principio siempre rige en alguna medida. Cuando toda la familia cena compartiendo poco a poco el contenido de una misma fuente, puede que se establezcan unos tiempos muy sofisticados a medida que se consume la cena para que los mayores dejen de comer antes y aún quede suficiente para que los más lentos, lo que incluye a los niños, también puedan saciarse.

Una madre chaga que preparó la comida para toda la familia fue la única persona presente en la cena que no usó un plato propio. Comió directamente de la olla y, cuando la comida escaseó, ella no tomó nada. Cada niño debía dejar un puñado de comida en su plato para su madre. Al que no lo hizo, la madre le dijo: «Mira, no me has dado de comer. No te sorprendas si la próxima vez yo hago lo mismo contigo». Compartir es la base del comportamiento civilizado; es lo que une a individuos, familias, pueblos y tribus. Hay que saber compartir incluso cuando se tiene hambre, porque puede que algún día también nosotros atravesemos tiempos difíciles y entonces podremos esperar con razón la generosidad de los demás.

Un estudio sociológico realizado en 1972 por R. Dyson-Hudson y R. Van Dusen con escolares estadounidenses de clase media evidenció que entre ellos existía toda una cultura de compartir comida. No era solo que hubiera algunos alimentos preferidos y que sus poseedores sacaran provecho del poder que les otorgaba compartirlos con los demás. Se observó que intercambiaban sus bolsas de comida sin mirar antes lo que contenían y también galletas idénticas. La comida unía a aquellos niños en particular, pero de una manera que separaba por completo el significado de la comida de su naturaleza objetiva. Se descubrió que los niños insistían en casa en que les echaran galletas, fruta y caramelos para compartir con los demás en la escuela; se enojaban si no encontraban nada de eso en las fiambreras que traían de casa. Las madres que incluían aquellos artículos útiles en la bolsa de sus hijos los ayudaban a manejarse en un mundo escolar complejo y despiadado, del mismo modo que las madres africanas de la tribu chaga enviaban comida en secreto, a través de algún hermano menor, a los chicos que acababan de empezar a trabajar como pastores con el resto de los hombres, donde se suponía que debían empezar a buscarse la comida por sus propios medios. En el estudio estadounidense se señalaba que los niños nunca compartían el alimento principal de su bolsa (el bocadillo y la leche) como los adultos comparten un plato principal o un asado. Lo que podía emplearse como símbolo para entablar y consolidar amistades y alianzas siempre eran los «extras» y los «lujos», como chicles, galletas o pasas.

La batalla que libran los padres para enseñar modales a sus hijos suele ser de por sí una lucha de poder simbólica en gran medida. Sin embargo, los padres no tardan en descubrir que sus hijos son capaces de comportarse fenomenal cuando hay extraños de visita o cuando los invitan fuera de casa. Y esta es una de las razones por las que hay que enseñar a los niños a comportarse a toda costa: enseguida se convierten en «representantes» de su familia ante otras personas, sobre todo cuando salen solos; y tienen la capacidad de dejar en buen o en mal lugar a sus familiares, incluso en las sociedades occidentales.

En las sociedades con más conciencia familiar que las occidentales se dedican muchos esfuerzos a enseñar a los hijos a comportarse cuando salen de casa. Uno de los grandes secretos de la familia suele ser la cantidad de comida a la que tiene acceso o que tiene almacenada (el equivalente a cuánto ganan mamá y papá en nuestro caso). Se preocupan mucho de evitar que otras personas crean que les va mal o que sufren estrecheces. De ahí que a los niños muy pequeños no se les diga la verdad sobre las reservas alimentarias de la familia, por si acaso se van de la lengua. A veces se evita que visiten otras casas a la hora de comer, cuando la hospitalidad exige que les ofrezcan sentarse a la mesa: no vayan a pensar los vecinos que no tenemos suficiente comida en casa. Algunas sociedades tradicionales cuentan con que los niños no pidan nunca de comer cuando hay vecinos en casa de visita, ni que engullan la comida cuando se la sirven; tampoco deben coger comida de otras casas por iniciativa propia y comérsela. De hecho, uno de los signos de que un pequeño está preparado para asistir a cenas festivas con invitados es su capacidad probada para disimular lo que se sabe. Un niño bien educado nunca cuenta lo que ha descubierto sobre la actividad económica familiar; ha aprendido que la lealtad familiar tiene prioridad incluso frente a la comunión entre comensales. (Es indudable que parte de la razón de que impusiéramos a los niños la ley del silencio ante nuestros invitados a la mesa radicaba en el peligro de que el pequeño avergonzara de repente a la familia con sus revelaciones.)

En nuestra propia cultura occidental enseñamos a los niños a comer en una mesa de una cultura demasiado específica. La mesa del comedor no es tan solo el escenario que seguramente se encontrarán, y que deberán dominar, en la vida fuera de casa; es también un mecanismo de restricción y control, un espacio en el que comen bajo la supervisión adulta. En las familias demasiado pobres o que habitan en un espacio demasiado reducido para disponer de una mesa en la que puedan comer todos juntos, las madres se quejan de que es imposible controlar a los pequeños durante las comidas. Una situación típica relatada por Charles y Kerr es la de una madre bregando para que los niños coman «como es debido» en la cocina, mientras el padre ve la televisión en la habitación contigua. Cuando todo el mundo come delante del televisor (es decir, codo con codo pero con la atención de los padres centrada en otra cosa), es posible que los niños nunca aprendan a usar el cuchillo y masticar con corrección, a notar qué necesita o dice el resto de los comensales o cualquier otro signo de «buena educación». Los ingleses llegan a mostrar una rigidez sorprendente con «la comida del domingo» organizando comidas semanales «en condiciones» con platos y mantelerías especiales en las que los niños aprenden a comportarse fuera de casa. Uno de los distintivos actuales de una comida «en condiciones» es «mantener la radio y la televisión apagadas».

La gente se queja con cierta razón de que es difícil enseñar modales a los niños en el fragmentado y frenético mundo moderno de padres sobrecargados de trabajo, de rudimentarias habilidades para comportarse en grupo y de aparente afán por acabar con las formalidades. Pero lo cierto es que siempre nos regimos por unas normas que la mayoría de las veces nos resultan invisibles, pero que se tornan más manifiestas cuando oímos hablar del comportamiento de personas con ideas diferentes y expectativas distintas a las nuestras. A mediados del siglo XIX, el terrateniente escocés Osgood Mackenzie y su madre visitaron Harris, la parte meridional de una de las Hébridas Exteriores, situada frente a la costa noroeste de Escocia. En la obra *A Hundred Years in the Highlands*, Mackenzie describió el recibimiento que les dieron en una casa baja y húmeda de Harris con paredes de casi dos metros de grosor. La dueña de la casa, comienza diciendo, «tenía unos modales encantadores», como toda la gente de Harris. «Estaba atareada preparando el desayuno, y nos dijo que tomáramos asiento en unos tauretitos bajos situados junto al fuego y que esperáramos hasta que pudiera ordeñar la vaca». En las casas alargadas de Harris, el ganado vivía bajo el mismo techo que la familia. «La señora tomó un buen montón de [...] brezo y lo dejó a los pies de la vaca más próxima, que estaba atada a unos dos o tres metros del fuego, para formar un colador. Luego, levantó la olla que tenía al fuego y la volcó sobre el brezo; el agua caliente corrió y se perdió entre las patas de la vaca, pero el resto de lo que contenía, que eran patatas y pescado, quedó encima del brezo. Entonces, de una cama muy negra salieron, uno tras otro, tres muchachos en cueros de edades comprendidas entre los seis y los diez años, diría yo; se dirigieron hacia el pescado y las patatas, y cada uno se llevó todo lo que pudo en ambas manos. Regresaron a su cama, y empezaron a devorar su desayuno bajo las mantas dando muestras de un gran apetito».

Inhibiciones

Como los modales en la mesa se nos inculcan desde tan pronto y con tanta insistencia, rara vez necesitamos que nos recuerden las normas en las que se basan cuando ya hemos crecido; las hemos integrado en nuestras acciones habituales y en el funcionamiento normal del mundo. Por eso mismo nos encanta oír hablar de personas diferentes a nosotros y que a menudo parecen no tener ni idea de cómo comportarse. Sus actuaciones nos recuerdan que los modales no son algo natural, sino, como mucho, una «segunda» naturaleza; nos instan a preguntarnos si, en caso de haber vivido en otro lugar, en otras condiciones, también habríamos tenido unas presuposiciones y, por tanto, un comportamiento diferentes.

Pero poco a poco vamos perdiendo el viejo placer de considerar el comportamiento extraño de los otros (casi siempre con cierto desprecio y complacencia, cabría señalar). Debido a numerosas razones complejas, pero, sobre todo, al aumento de las comunicaciones y la estandarización que fomentan las máquinas, el mundo se vuelve cada vez más homogéneo. Hoy en día hay que buscar mucho para encontrar conductas que nos sorprendan, no solo porque ya hemos visto u oído la mayoría de ellas, sino también porque cada vez hay menos variedad. Aun así, las personas propensas a hacerlo están dispuestas a escandalizarse de algún modo con los detalles, y miran con incredulidad cuando un grupo extranjero deja la cucharilla en vertical dentro de la taza o brinda con entusiasmo por la camarera antes de comer.

Pero hay una dirección hacia la que siempre podremos girarnos para detectar comportamientos deliciosamente «extraños»: el pasado. Hoy en día, las personas que estudian la historia tienen más capacidad que las que viajan para satisfacer nuestra sed de revelaciones de rarezas y diferencias. El peligro de los relatos de viajeros siempre ha sido el etnocentrismo, y tal vez también la condescendencia que emerge con facilidad de la combinación de la ignorancia con los prejuicios raciales. Este riesgo también existe cuando se efectúa una investigación histórica. La historia solo da respuesta a las preguntas que le hacemos, y el pasado tiene menos opciones aún que una tribu extranjera actual para asegurarnos que disponemos de datos suficientes para emitir juicios fundados, para impedir que sucumbamos a prejuicios temporales de quien realiza el estudio o para rechistar. Siempre cabe la posibilidad de que en el pasado solo veamos un reflejo de nuestras creencias y temores. Si el pasado se convierte en lo único disponible para saber cómo se comportan «los otros», nos veremos aprisionados en estrechos peligrosos.

Es bien sabido (y un mito social que nos halaga) que nuestros antepasados tenían unos modales en la mesa muy diferentes, y mucho más rudos, que los que empleamos hoy. En otras palabras, hemos «mejorado», hemos «avanzado». La novela histórica o película de época más simplona es capaz de crear un efecto exótico con cualquier escena en la que los comensales mordisqueen carne directamente de huesos agarrados con manos grasientas y, después, arrojen los desperdicios a las esquinas de una sala. El público acepta sin dificultad que así eran los modales en el pasado, antes de que nos volviéramos modernos y civilizados. (Esta sensación de superioridad no nos impide vanagloriarnos, al mismo tiempo, de la sencillez y la falta de pompa que predominan en la actualidad. Somos capaces de repudiar a nuestros antepasados tanto por su complejidad ligada a la tradición como por sus rudimentarias normas de corrección.)

Lo cierto es que los modales han cambiado. No se inventaron de repente, sino que se forjaron poco a poco hasta convertirse en el sistema que nos rige ahora. Como los modales son rituales y, por tanto, conservadores (parte de su función es siempre la conservación), cambian despacio, si es que lo hacen, y por lo común frente a una resistencia larga y generalizada. Incluso cuando una élite poderosa adopta una forma nueva de hacer las cosas (como, por ejemplo, el empleo de tenedores en lugar de los dedos), pueden pasar décadas e incluso siglos hasta que la población general decida seguir su ejemplo. En el caso de los tenedores, no bastó con ver cómo se usan y con convencer de sus ventajas; también fue necesario que se fabricaran y comercializaran y, después, que se fabricaran versiones de ellos cada vez más accesibles al conjunto de la sociedad, hasta que poco a poco dejaron de ser innecesarios y se convirtieron en el distintivo de un comportamiento civilizado. Desde que en el siglo XI apareció el primer documento que se conserva en el que se describe (con asombro) a alguien usando un tenedor, esta herramienta tardó ocho siglos en convertirse en un cubierto más en Occidente.

Como es natural, los historiadores se han interesado por desentrañar por qué razón se produjo ese cambio y pasamos de comer con las manos a usar en su lugar un instrumento interpuesto de metal. Cuando nos planteamos las cosas en profundidad ya no nos permitimos pensar, simple y alegremente, que se debió a un «avance», que esos ocho siglos fueron un aprendizaje, una preparación para alcanzar nuestro estado cultivado actual. Los tenedores nos han colocado en una posición especialmente distante en relación con lo que comemos y, lo que es más importante, manifiestan y refuerzan a la vez nuestra actitud cerrada y escrupulosa hacia las personas con las que comemos. La universalización del uso del tenedor es, entre otras cosas, un signo de la propagación de una actitud social.

Da la casualidad de que nuestra cultura en particular nos proporciona un medio para rastrear esa transición a través de los libros conservados sobre modales que han ido apareciendo a lo largo de los tiempos. Estos humildes folletos, mal escritos en su mayoría, se pueden estudiar y comparar para documentar cómo han ido cambiando los modales en la mesa y los códigos de etiqueta en general. Los libros de buenos modales han proporcionado al sociólogo Norbert Elias datos con los que ha construido una teoría coherente sobre la emergencia de las inhibiciones occidentales desde el Renacimiento. Elias sostiene que a partir de ese momento (en concreto desde 1530, fecha en la que Erasmo de Róterdam publicó su breve tratado sobre modales titulado *De la urbanidad en las maneras de los niños [De civilitate morum puerilium])* empezaron a producirse cambios trascendentales en nuestra historia. El concepto medieval de buenos modales, denominado *cortesía* porque lo practicaba la nobleza en la corte, empezó a llamarse *urbanidad*, un término que designa un sistema totalmente nuevo de decoro corporal aplicable a partir de entonces a todos los ciudadanos, y no solo a la élite. La urbanidad abarca un comportamiento mucho más amplio que los modales en la mesa. Los siete capítulos del tratado de Erasmo abordan el decoro corporal y la expresión facial, la vestimenta, el comportamiento en la iglesia, los modales en la mesa, la conversación y la conducta en el juego y en la alcoba.

A partir de ese momento, sostiene Elias, las necesidades fisiológicas se fueron manifestando cada vez menos en público. La población empezó a abstenerse de eructar, ventosear, excretar y escupir cuando tenía compañía. Con el tiempo, en las sociedades educadas se acabaría imponiendo incluso la prohibición de hablar y escribir sobre esas cosas (Erasmo las menciona sin ningún pudor). Como dice Elias, se erigieron «muros» de contención y pundonor entre las personas; si antes la cena pasaba por las manos de todo el grupo, y los cubiertos, platos y vasos circulaban por la mesa para ser utilizados por todos los asistentes, ahora cada persona tenía sus propios utensilios. A medida que pasó el tiempo se insistió incluso en que nadie tocara con las manos ni tan siquiera su propia comida, salvo en ciertos casos particulares; y se idearon posturas que redujeron al mínimo la posibilidad de rozar siquiera a otra persona de la mesa.

Lo más interesante de todo esto es que la población fue acatando estas normas (había variaciones y diferencias entre los distintos grupos, y los cambios se produjeron en el transcurso de tres siglos), pero no porque fuera consciente de que implicaban cohibirse, sino porque estaba realmente convencida de que ninguna otra forma de comer era válida. La gente civilizada se comportaba así: quienes infringían estas normas tan solo evidenciaban lo incivilizados que eran. Las nuevas pautas de comportamiento, que empezaron a introducirse en el Renacimiento, se fueron interiorizando de forma gradual, lo que significa que, una vez aprendidas en la infancia, esas reglas ya se daban por supuestas; la población no las cuestionaba jamás, a menos que presenciara de pronto una actuación «descortés». En ese caso, lo más probable era que reaccionara con indignación y rechazo, asco y repulsión, desconcierto o risa.

En el siglo XVII, los modales se convirtieron en Francia en un asunto político. El rey Luis XIV y sus predecesores instauraron una especie de escuela de buenos modales al concentrar la nobleza en Versalles para que residiera allí junto con el soberano. En palacio, los cortesanos vivían bajo la despótica vigilancia del rey, y toda su suerte pasó a depender de su buen comportamiento, su sumisión y su observancia de la etiqueta. Cuando alguien desagradaba a Luis, al día siguiente el monarca ni siquiera veía a esa persona; su mirada se perdía por encima de ella al pasar revista a la gente que comparecía ante él. Y no ser visto por el rey equivalía a dejar de contar en Versalles. Se seguía un programa completo de ceremonias que giraban, en su mayoría, alrededor de la figura del monarca. Participar en la intimidad de Luis implicaba poder, y el poder se simbolizaba atendiendo algunas de las necesidades más privadas y físicas del rey: entregarle las medias para que se vistiera por la mañana, estar presente cuando utilizaba su *chaise percée*, responder a la señal para estar presente cuando se preparaba para acostarse. La cercanía permitida por el rey tenía una importancia capital: a quién dirigía la palabra, en presencia de quién lo hacía y durante cuánto tiempo.

El problema en Versalles era que no había escapatoria: la corte debía comportarse donde estuviera. La escena pertenecía a Luis, y él disponía qué papeles se podían representar. Cada persona de la corte debía encajar en alguno de los huecos disponibles. Los dirigentes del resto de las ciudades y poblaciones de Francia sintieron su inferioridad, su alejamiento de la corte en gran parte por el uso de la etiqueta y, más en concreto, a través de los desplantes y desprecios certeros de los intendentes recaudadores de impuestos. En el pasado, la nobleza había dependido de la fuerza, la fanfarronería y la fortaleza personales, incluso de la violencia, para destacar y conservar el honor; en Versalles, el camino hacia el éxito pasó a ser la discreción, la observación, el ingenio y el disimulo de las aspiraciones y pasiones propias. En Versalles (y en las cortes de toda Europa que la imitaron) todo se hacía con el fin de dejar muy claro quién era superior a quién; y, por supuesto, cada vez que alguien usaba la cortesía acataba su rango y, al mismo tiempo, evidenciaba qué posición correspondía a cada cual.

Los nuevos modales –tanto las normas formales de protocolo y precedencia como las reglas tácitas, con un arraigo más profundo, como los modales en la mesa– se contemplaron cada vez más, según Elias, como fórmulas para no ofender a los demás. El autocontrol se practicaba para no disgustar o escandalizar al resto. Los residentes en Versalles vivían muy cerca unos de otros; todos eran observados por todos, y la proximidad física favoreció parte de la nueva sensibilidad por las susceptibilidades verdaderas o imaginadas de los demás. En general, se esperaba que los hombres renunciaran a la fuerza física para conseguir lo que querían, y –como siempre que se prefieren las gracias a la fuerza bruta– las mujeres empezaron a ganar peso. A pesar de la obsesión por el rango, hubo mucha más igualdad dentro del círculo aristocrático de la corte. El convencimiento de que el mero hecho de formar parte de la corte ya suponía estar en la cúspide del prestigio, del cual estaba excluida la mayor parte de la sociedad, permitió que los cortesanos se manifestaran un respeto mutuo.

A medida que la burguesía se hizo más rica e indispensable incluso en la corte, empezó a demandar instrucción para aprender a comportarse en los mejores círculos, y la recibió por parte de personas autoproclamadas expertas que escribían manuales para ella. En 1672, Antoine de Courtin publicó *Nouveau traité de la civilité qui se pratique en France parmi les honnestes gens* (*Nuevo tratado sobre la urbanidad que se practica en Francia entre las personas honorables*). («Honorable» –*honnête*– conservó su asociación original con el honor y con la noción opuesta pero ratificadora de la vergüenza.) De Courtin escribe sobre modales tanto para anfitriones como para invitados, y aconseja a su público burgués sobre cómo dirigirse a la nobleza. El clero de Francia también elaboró manuales didácticos sobre modales y enseñó sus preceptos en las escuelas. Poco a poco, la cortesía se propagó desde la corte hacia la burguesía y, por último, se filtró al resto de la población.

La burguesía fue aún más estricta con las normas de urbanidad que la nobleza; a falta de un rey omnipresente que la obligara a cumplir las reglas, se impuso restricciones ella sola. Dadas sus ansias por ascender, tenía más que perder si cometía deslices y patinazos; así que sus mecanismos de autoinhibición debían estar más arraigados, porque el modo correcto de tratar a alguien no podía deducirse a partir del atuendo de una manera tan obvia como la que podía permitirse la nobleza. La vigilancia de las emociones se volvió interna y, por último, invisible incluso para la burguesía misma: era capaz de pensar que actuaba así no para obedecer a un poder y por interés propio, sino por razones puramente morales.

Mientras tanto, según Elias, se produjo otro cambio trascendental: en los siglos posteriores al XVI se inventó la «infancia». La familia pequeña, que acabaría siendo «nuclear», surgió de la necesidad de que las familias se convirtieran en unidades consumidoras, en lugar de productoras. Los niños debían aprender las nuevas reglas «civilizadoras» y, para eso y para construir los necesarios «muros de vergüenza» que exigían el nuevo individualismo y los modales que lo defendían, se los convirtió en una categoría social completamente nueva, distinta de la de los adultos. Y entonces se los mantuvo en la ignorancia sobre el mundo privado de los adultos durante un periodo prolongado y como nunca antes había estado ningún niño.

Según afirma Elias, los niños de hoy se ven obligados «a alcanzar en el espacio de unos pocos años el avanzado nivel de vergüenza y repugnancia que hemos desarrollado a lo largo de muchos siglos». La aparente libertad y despreocupación actuales ante las buenas costumbres fisiológicas y verbales solo es posible porque las inhibiciones son omnipresentes y autoimpuestas. Lo que nosotros practicamos es una «relajación dentro del marco de una norma ya establecida». Y los buenos modales en la mesa que enseñamos a nuestros hijos desde una edad muy temprana son los que en la Edad Media aún debían aprender los adultos.

Pero trazar una línea de separación entre el siglo XVI y todo lo precedente puede causar una impresión falsa, al igual que reducir la perspectiva a una sola cultura. Como hemos visto, las personas enseñan modales a sus hijos en todas las partes del mundo a través de normas, adivinanzas y refranes o dichos tradicionales, y parecen llevar milenios haciéndolo. «Durante la abundante cena de los dioses, no cortes con brillante acero lo seco de lo vivo de lo que tiene cinco ramas», aconsejaba Hesíodo unos 2.700 años atrás. Lo que quería decir era: «Las uñas no se cortan en la mesa». La poesía didáctica existe al menos desde la época de las *Enseñanzas* de Ptahhotep, escritas al parecer para su hijo y fechadas alrededor del año 2000 a. C., aunque casi con toda seguridad se copiaron de otro texto quinientos años más antiguo. El comportamiento durante las comidas se ha descrito con fines etnográficos y se ha empleado como recurso literario desde la Antigüedad. Aristóteles escribió un tratado, que por desgracia no se ha conservado, sobre el comportamiento de los comensales en las célebres comidas colectivas espartanas llamadas susitía, y la literatura romana cuenta con relatos sobre comportamientos groseros cuya intención consistía, en parte, en confirmar a los lectores su preferencia por el buen gusto imperante. Hoy rechazaríamos los excesos de personas como Trimalción, el vulgar maleducado que creó Petronio, y por razones muy parecidas a las que tenían los antiguos romanos para hacerlo.

Los libros sobre modales medievales (primero en latín y después en italiano, francés, alemán y otras lenguas vernáculas) eran canciones y versos rimados escritos con la intención de facilitar su memorización. (Los libros escaseaban antes del advenimiento de la imprenta.) Una de las primeras versiones en inglés fue *The Babees' Book*, una obra compuesta en el siglo XV no para lo que hoy llamamos «bebés», sino para pajes y damas de honor jóvenes. La nobleza inglesa educaba a sus hijos intercambiándolos a partir de los ocho años de edad con niños de otras casas aristocráticas, para que se disciplinaran fuera del hogar propio; esta práctica fue una versión temprana de las posteriores instituciones británicas conocidas como internados. Los chicos aprendían, entre otras cosas, a hacer reverencias, posar, trinchar la carne y servir la mesa; las chicas aprendían movimientos femeninos elegantes y a atender a las damas en sus aposentos. Un manual inglés de modales para pajes se llamó *Stans puer ad mensam* ('muchacho que permanece en pie junto a la mesa', hacia 1430).

Los tratados escritos para instruir a los novicios en los monasterios, como el de Hugo de San Víctor del siglo XII, incluían enseñanzas sobre modales. Puesto que los monjes procedían de todas las clases sociales y todos debían vivir juntos de por vida, el aprendizaje de una norma común de modales debió de constituir una parte importante de su preparación preliminar. Existe una larga tradición de libros sobre modales eclesiásticos concebidos para enseñar a comportarse a los clérigos, que a menudo procedían de las clases más bajas, por si de pronto se veían cenando en el castillo de la localidad o en la obligación de aconsejar y corregir a sus feligreses burgueses. Un ejemplo tardío de este género de obras es la que escribió Louis Branchereau (1885).

Ninguno de los libros medievales sobre etiqueta que han llegado hasta nosotros ofrece una escritura brillante o inspirada; el género ni aspiraba a la excelencia literaria ni atraía a escritores competentes. Al público no le interesaban modales que fueran «originales»; solo quería cumplir con corrección las costumbres consagradas por el tiempo, y recibía con agrado los enunciados tradicionales y archisabidos para actuar como era debido y, sobre todo (y más sencillamente), para evitar lo indebido. Por tanto, no es del todo atinado pensar que los modales medievales (o de cualquier otra época) siempre fueron horrendos (lo que en este contexto significa infringir las normas), puesto que los libros sobre modales repiten sin cesar los preceptos de toda la vida. Es probable que la gente no siempre «se abalanzara sobre los platos cual cerdos al comer, resoplando asquerosamente y relamiéndose los labios», como se lamentaba el poeta Tannhäuser en el siglo XIII, aunque los libros sobre modales desaprobaran hacerlo un siglo detrás de otro. Hay que tener en cuenta la equiparación constante de las personas burdas con los animales, y recordar que uno de los propósitos universales del buen comportamiento es demostrar lo mucho que nos diferenciamos de las bestias las personas educadas.

Y los manuales de etiqueta se han dirigido a menudo no solo a personas ignorantes del decoro, sino también a aquellas que los consultan en busca de detalles ocultos, junto con recordatorios gratificantes del espantoso comportamiento que presenciarían si alguna vez se relacionaran con personas sin «educación».

También encuentro cuestionable que hasta el siglo XVI no empezara a desarrollarse la preocupación por la opinión de los demás, la capacidad de vernos a nosotros mismos como nos ven los otros, y el temor a que las torpezas y los descuidos en la corrección fisiológica disgustaran o repugnaran al resto. Es cierto que las normas de higiene, por ejemplo, han ido en aumento, pero otros niveles de corrección se han perdido en los últimos tiempos. Las pautas de comportamiento crecen y menguan, y aún varían dependiendo de la clase, el país y las circunstancias. Pero lo que permanece constante es el terror universal, y hasta primordial, a ofender al resto, a no estar a la altura de lo que la sociedad espera de la competencia, la conciencia y el deseo de no ofender a los demás.

En lo que respecta a los cubiertos, la vajilla y la disposición de los asientos, los modales en Occidente han cambiado en detalles significativos, aunque muy despacio, como en el caso de la adopción del tenedor. Pero las costumbres antiguas de comer con los dedos y compartir el recipiente de la bebida también estaban sujetas a unos modales propios de esa forma de comer y de beber. Las esmeradas normas que regían esas costumbres antiguas quedaron obsoletas cuando los nuevos utensilios se impusieron, y exigieron (además de su creación) nuevas maneras de comportarse. El consejo de no rascarse en la mesa, por ejemplo, aparece con menos frecuencia a medida que el acceso al jabón y al agua caliente reduce el malestar que da lugar a ese hábito. En otras palabras, el cambio tecnológico provocado en parte por la demanda de más protección física y más aislamiento del resto de las personas, impone a su vez las barreras y normas que estructuran nuestras preferencias personales más íntimas.

Los primeros libros sobre modales rara vez explican qué hacer, a menos que detallen una secuencia específica de actos ceremoniales: las reglas suelen definir aquello que no se debe hacer. Dada la propensión humana a reírse cuando se quebrantan tabúes personales y fisiológicos como los que condicionan los modales en la mesa, en la época medieval debía de resultar hilarante leer un listado completo de esas normas con ejemplos del comportamiento más grosero imaginable. A lo largo del siglo XVI empezó a surgir en Alemania todo un género de libros satíricos sobre modales que aprovechaban la risa que es capaz de provocar un comportamiento grosero. La gracia residía en recomendar modales escandalosos con toda solemnidad y frases altisonantes diciendo, por ejemplo, que para fortalecer la salud, subir de posición dentro de la comunidad y ser justo con uno mismo lo que hay que hacer es tomar de la mesa todo cuanto se quiera. Tal como señala Elias, este tipo de diversión a cuenta de la gula y la grosería complacía a la burguesía y no tenía nada que ver con la corte.

Grobián es el santo patrón de los *Grobe Narren* o 'locos chabacanos' de la *Narrenschiff* o 'Nave de los locos' de Sebastian Brandt (1494). Friedrich Dedekind lo convirtió en el héroe de su sátira en verso titulada *Grobianus* (1549); más tarde añadió una chabacana que llamó Grobiana. Es muy evidente que el texto deriva del manual didáctico de normas en la mesa de Erasmo, las cuales invierte alegremente. Roger Bull publicó una traducción al inglés en 1739; no parece que los dos siglos transcurridos y un público muy diferente hubieran alterado el tipo de humor que gustaba ni, por tanto, la pertinencia de los «consejos» que brinda. Bull dedicó la obra a Swift, que fue «el primero que introdujo en estos reinos de Gran Bretaña e Irlanda una manera irónica de escribir para desalentar el vicio, las malas costumbres y la necedad». (En 1745, Swift escribiría la obra *Instrucciones a los sirvientes [Directions to Servants]*, donde aconsejaba al cocinero no emplear nunca una cuchara para no desgastar la plata del señor y usar las manos para todo. Y fue Swift, con su *Modesta proposición [A Modest Proposal]*, quien abordó en 1729 el problema de la pobreza en Irlanda animando a los campesinos arrendados a criar a sus hijos para que los terratenientes se los comieran cual manjares en su mesa.) La versión que hizo Bull de la obra de Dedekind está escrita en un estilo épico burlesco:

> Pero (si os compensa una risotada)
> no troquéis risa por carcajada.
> No, no; asegurad una diversión ruidosa,
> que las multitudes de la calle la oigan.
> Desplegad de oreja a oreja la boca
> y lucid con su negra pompa cada diente:

Esos colmillos moteados cual piel de leopardo
conquistarán a la doncella que los contemple.

Hay que defender a gritos la comida, pelear para alcanzar los platos, escoger los mejores trozos, chuparse la grasa de los dedos, eructar, llegar a las manos con otros invitados, y no preocuparse jamás si la nariz moquea:

Si os limpiáis la nariz con el codo
no habrá hombre vivo que transmita más decoro.

Se describen largas escenas de desastres en la mesa siguiendo la tradición de Horacio o Petronio, o en la línea del *Der Struwwelpeter* decimonónico. En estas obras se parte del supuesto de que los lectores conocen el código de buenos modales que estas historias subvierten, pero no las leen para instruirse, ni tan siquiera porque acostumbren a quebrantar las normas. La falta grotesca de decoro les confiere suficiente atractivo, incluso durante el refinado siglo xviii; eso, y el secreto perpetuo que todos llevamos dentro: la sospecha de que por menos de nada también nos relajaríamos y nos «volveríamos como animales».

El pequeño tratado de Erasmo, *De civilitate* (1530), destaca por encima de los ripios burlescos que lo precedieron y que siguieron su aportación a este género. Por una vez, es un hombre sabio, viajado y conocedor de mucho mundo quien aborda el tema de los modales. Erasmo se acercaba por entonces al final de su vida y decidió que, aunque el decoro exterior era la *crassissima pars* (la 'parte más innoble') de la filosofía y el último de los cuatro aspectos que él relaciona como indispensables para la instrucción de un joven (solo el último de su lista de cuatro aspectos de la formación de un joven, siendo el primero la religión, el segundo el estudio y el tercero el deber), expondría su parecer en materia de modales, puesto que eran importantes para granjearse benevolencia y para «hacer acatar a ojos de los hombres» esas otras virtudes del alma. Los modales eran signos externos de lo que debía ser la verdadera virtud.

Erasmo considera que todos los niños, y no solo los nobles, deben aprender estos modales. La nobleza tiene el deber de estar a la altura de la posición que ha heredado, pero el resto ha de «afanarse con más empeño aún para compensar lo que la suerte les negó con la elegancia de sus buenos modales. Nadie puede elegir para sí padres o patria, pero cada cual puede modelar su carácter y modales». La aceptación de la caridad y de la amplitud de miras de Erasmo es inmediata, pero no debería convencernos con demasiada facilidad de que su postura era nueva o revolucionaria. Es cierto que los primeros libros sobre modales se escribieron para jóvenes aristócratas, pero eso no significa que no hubiera nadie fuera de la nobleza que quisiera aprender buenos modales o tuviera alguna idea sobre cómo comportarse antes de la obra de Erasmo.

La experiencia y la confianza permitieron a Erasmo censurar los modales que desaprobaba, aunque formaran parte de los hábitos de ciertos nobles. Por ejemplo, no es cortés, dice, «repulgar los labios sin cesar como para hacer cacareos; aunque es un gesto excusable en adultos de alto rango cuando pasan por una multitud, pues en ellos todo es apropiado, nosotros, en cambio, pretendemos instruir a un niño». Es indudable que este tipo de afirmaciones no va dirigido tanto al niño como a los adultos que leen el texto: es una reprimenda magníficamente irreprochable. Las obras literarias –y esto incluye muchos de los libros didácticos medievales y posteriores– suelen apuntar más allá del público al que se supone que están dirigidas por convención. Una vez más: «Sujetar el pan con la palma de la mano y partirlo con la punta de los dedos es un refinamiento que debe dejarse para algunos cortesanos. Tú habrás de cortarlo decentemente con el cuchillo [...]». La afectación de los cortesanos acabaría imponiéndose con el tiempo y se convertiría en la forma correcta de comer los panecillos individuales hoy en día. Pero, como señaló Elias, es la independencia de Erasmo y su disposición a criticar incluso a los insignes cuando no coinciden con él o con la tradición que él defiende lo que diferencia su obra de la mayoría del resto de códigos de urbanidad.

El estilo, la talla y la humanidad de Erasmo, así como la lucidez y utilidad de sus observaciones, volvieron tan popular esta obrita suya que su título dio nombre a un tipo de letra francés del siglo XVI que imita la letra manuscrita y que se usó para imprimir los libros de buenos modales hasta el siglo XIX, momento en que quedó tan obsoleto que resultaba casi ilegible. A lo largo de varios siglos, los educadores mataron dos pájaros de un tiro enseñando a los niños a leer latín a través de la interpretación de los modales de Erasmo. El libro se reescribió en forma de diálogo y de catecismo, y también se compuso en verso para facilitar su memorización. Poco a poco se fueron censurando pasajes demasiado explícitos de Erasmo, como: «Retírate a otro lugar si has de vomitar; vomitar no es deshonroso, pero provocar el vómito por glotonería es repugnante», y «Menearse en la silla reposando ora sobre una nalga, ora sobre la otra, causa la impresión de estar soltando ventosidades cada poco, o de que se está intentando». Probablemente los maestros consideraban tanta sinceridad peligrosa para la disciplina en el aula. Pero, además, hablar sobre la pérdida de control de los orificios del cuerpo, o incluso mencionarla, se había convertido simplemente y en términos generales en algo impropio. *De civilitate* de Erasmo se publicó, plagió, citó, usó en las escuelas, imitó y adaptó hasta el siglo XIX; y la mayoría de los modales que promueve Erasmo en esta obra sigue siendo tan pertinente en la actualidad como lo fue en 1530.

El tratado concluye con el consejo más importante de todos en cuestión de modales: «La esencia de la urbanidad consiste en disculpar fácilmente las faltas de los demás, aunque uno mismo procure no cometerlas; en no apreciar menos a un compañero porque tenga unos modos menos cuidados. Pues hay quien compensa con otros dones su rudeza de modales. Ni tampoco ha de interpretarse por lo que aquí digo que no se pueda ser buena persona sin buenos modales. Pero si un compañero cometiera una falta por ignorancia en algo que parezca grave, entonces lo correcto será señalárselo en privado y con amabilidad». Erasmo fue el primero en negar toda originalidad en su ideal.

Es difícil saber si *De civilitate* adquirió popularidad porque surgió una necesidad nueva de libros sobre urbanidad o si se debió a que la disponibilidad de la palabra impresa acercó el libro a personas que, en caso de haber vivido en épocas anteriores, también habrían querido acceder a este tipo de tratamiento escrito de la materia. La enorme relevancia que alcanzaron los libros en la cultura de Occidente nos ha proporcionado una herramienta para la investigación histórica que no existe en muchas otras culturas. El hecho de que aquí contemos con gran riqueza documental sobre este asunto (si bien parcial, ocasional y necesitada de una interpretación cuidadosa) no debe llevarnos a pensar que otras culturas no han desarrollado ni formulado sus modales en la mesa con la misma asiduidad a lo largo de la historia. Los tres grandes libros chinos sobre ceremonias y ritos, *Zhōu lǐ*, *Yílǐ* y *Lǐjì*, se compilaron entre el siglo II a. C. y el siglo I d. C., todos ellos a partir de fuentes mucho más antiguas. La obra *Lǐjì* contiene numerosos fragmentos dedicados a normas sociales y ritos ceremoniales en la mesa. Desde entonces, no ha habido ninguna Emily Post china ni libros como *De civilitate*, aunque sí se han escrito libros sobre modales chinos a modo de guías para occidentales. Sin embargo, los códigos de comportamiento en la mesa de la cultura china han pervivido durante milenios y siguen siendo estrictos y muy característicos. No hay duda de que estos modales también han cambiado (y se han conservado) a lo largo de los últimos dos mil años; que no haya documentos históricos no significa en absoluto que no haya habido una historia.

Tampoco hay razón para creer que las sociedades occidentales tienen un derecho especial a sentir vergüenza. Otras culturas no son más espontáneas o libres (o menos civilizadas) que la occidental en cuanto a modales en la mesa o de cualquier otra índole. A la hora de compartir una cena, las personas de todo el mundo recurren a sistemas y códigos pensados para controlar el apetito y mantener la atención social en las necesidades de los demás. Así ha sido desde que nos convertimos en humanos. En todos los casos, las inhibiciones proceden de la cultura a través de la norma, el ejemplo y el condicionamiento social.

Aspiraciones

Un manual de modales victoriano anónimo (1879) define la etiqueta como «la barrera que la sociedad traza a su alrededor, un escudo contra la intrusión de personas impertinentes, impropias y vulgares». Se acabó la urbanidad de Erasmo. La sociedad de la que habla esta afirmación se corresponde con una pequeña parte de la población, aquella que se distingue de todas las demás por sus buenos modales; este grupo siente una preocupación extrema (tanto como para ponerse una armadura y encerrarse detrás de una barrera) porque sabe que hay personas no pertenecientes a la «sociedad» que intentan colarse en ella.

Parte de la razón de ser de los buenos modales siempre ha sido cierta idea de seguridad: las normas de comportamiento se imponen para defendernos de la rudeza y de la avaricia de otras personas y de las consecuencias de satisfacer los instintos personales más rastreros. Todos debemos contenernos precisamente porque nos mezclamos e interaccionamos. La idea de la cortesía como una muralla que aísla a un grupo cerrado, y no como un parapeto que nos protege a todos para facilitar que nos reunamos, parte de un principio muy distinto. Lo más probable es que este principio siempre haya existido en cierta medida en todas las sociedades, excepto en las más simples e igualitarias. En las sociedades con jerarquías rígidas, los de arriba se protegen asegurándose de que se necesita una voluntad y un talento extraordinarios para franquear esa barrera. Pero la presión de este principio también se siente con intensidad en sociedades como la nuestra, donde existen muros entre los diferentes grupos, pero se insta a la gente a creer que no los hay o que pueden cruzarse con facilidad.

Ya antes de que Luis XIV confinara a la nobleza de Francia en la corte, grupos de aristócratas franceses habían emprendido un experimento importante con los modales. Seguían la tradición de los tratados renacentistas italianos sobre comportamiento, como *El cortesano (Il libro del Cortegiano)* de Baltasar Castiglione (publicado dos años antes que *De civilitate*, de Erasmo); *Galateo* (*Il Galateo overo de'costumi*, 1558) de Giovanni della Casa (la expresión italiana para «etiqueta» sigue siendo *il galateo*); y *La conversación civil* (*La civil conversazione*, 1574) de Stefano Guazzo. Estas obras, más filosóficas, éticas y políticas que los libros habituales sobre modales, iban dirigidas únicamente a la aristocracia, aunque, al igual que el tratado de Erasmo, no tardaron en leerse, traducirse, adaptarse, copiarse y debatirse en círculos mucho más amplios. Hacían hincapié en la singularidad, la gracia y el buen gusto innatos del cortesano ideal. Estas gracias no se aprenden, sencillamente se tienen y se reconocen en cuanto se ven; se reconocen en uno mismo y en las personas con las que uno elige relacionarse. Las personas que no las poseen tal vez sean deplorables, pero lo más probable es que sean incorregibles. Harás todo lo posible por mantenerlas alejadas de tu vida.

Un rasgo esencial del hechizo de las personas con gusto es que no necesitan esforzarse: debes, dice Castiglione, mostrar *sprezzatura*, una palabra que significa «indiferencia ligeramente displicente». No se trata de resultar encantador: intentarlo es arruinar todo el efecto, porque aparece la pretenciosidad. Alcanzar esas maneras es, por definición, aspirar a un nivel que no se tiene. En verdad, el mero hecho de pretenderlo implica que nunca se podrá alcanzar. Las personas pretenciosas sudan y se esfuerzan para intentar ser lo que no son, mientras que las elegidas, las que nacen 'poderosas por ser las mejores' (que es el significado original del vocablo de origen griego *aristócrata*») deben alcanzar la *indolencia*, literalmente, la cualidad de 'no sufrir padecimiento'. Aparte de la cualidad de ser egregio (es decir, de destacar por encima del rebaño), era muy difícil decir en qué consistía exactamente ese hechizo. No había más remedio que admitir que no se podía explicar. La persona en cuestión sencillamente tenía un *je ne sais quoi*, un 'no sé qué'.

Los pequeños grupos de aristócratas, o «los selectos», que empezaron a reunirse en casas nobles parisinas y, sobre todo, en el Hôtel de Rambouillet en las décadas de 1620 y 1630, despreciaban la corte con toda su pompa y jerarquía. Antes de que Luis los reprimiera, tuvieron tiempo de recrearse en un ideal que acabaría teniendo una larga historia y que aún perdura: el de pertenecer a una élite de personas que, habiéndose elegido mutuamente como compañía, reconocen sus afinidades y rechazan a todos los burdos y advenedizos sin ningún atractivo. Amaban la simplicidad, ese inefable *je ne sçais quoi* (tal como pronunciaban ellos por entonces) y el buen gusto. Según historiadores franceses, el concepto de buen gusto se inventó a principios del siglo XVII. Dicen que John Dryden fue el primero en introducir esta expresión en la lengua inglesa *(good taste)*. Los aristócratas «con gusto» no se reunían en público (aborrecían la pompa teatral de la corte y la exhibición en general), sino en sus residencias. Como preferían la intimidad y los grupos reducidos, a menudo se congregaban por invitación de una anfitriona, puesto que las mujeres ejercían gran peso en este mundo informal y exclusivo.

La nueva imagen *chic* nació en una época en que la clase burguesa incrementaba con rapidez su riqueza, su competencia y su poder. A la nobleza le resultaba cada vez más difícil recurrir a la riqueza para marcar la diferencia entre sus miembros y los arribistas o advenedizos (es decir, los últimos y recién llegados). Sin embargo, contaban con una ventaja inquebrantable: a diferencia de los advenedizos, ya estaban en posesión del territorio, y desde hacía tiempo, además. Y aquí es donde entran en juego el buen gusto y los modales: el gusto (esa gran metáfora culinaria) implica experiencia, relación directa y familiaridad con lo deseable, ya sea comida, cuadros, música o ropa. Tener modales es hacer las cosas como es debido: ser cortés en francés es ser *comme il faut*, 'como es debido', mientras que en otros idiomas se hace lo que «se supone» que hay que hacer según el criterio de otras personas. Los modales considerados exquisitos, como los de cualquier otra índole, precisan un aprendizaje desde la infancia.

Conviene señalar que existía un consenso total entre aristócratas y advenedizos sobre qué era lo que querían quienes ocupaban la cúspide de la pirámide: había un objetivo, de igual manera que en Versalles solo había un escenario en el que representar un papel. Tanto en Versalles como entre los estrechos círculos de allegados de la clase alta, las personas que estaban dentro –aquellas en torno a las cuales se levantaba esa barrera– sabían y hasta decidían qué era qué y cómo comportarse. La burguesía, con su innegable riqueza, anhelaba ser aceptada en esos círculos, coronar su éxito con el «toque final», ese aristocrático *je ne sais quoi*.

Está claro por qué los modales se volvieron tan misteriosos, tan inefables. Era esencial que los excluidos no pudieran aprender sin más las habilidades sociales necesarias para ser aceptados. No era tolerable que por el precio cada vez más reducido de un libro de modales pudieran abrirse paso hasta ingresar en los mejores círculos. Y, de todos modos, si pudieran, dejarían de desear entrar en ellos porque la clave del prestigio reside en que solo pertenezca a unos pocos; lo que está al alcance de las multitudes pierde valor por el mero hecho de que se vuelve común. Los modales, y muy en particular las maneras o los aires o donaires, que incluyen la forma de hablar, la prestancia y los ademanes, han de aprenderse en las faldas de una madre. Hay que nacer en el lugar adecuado y crecer en él; hay que estar «bien criado». Los modales inefables se aprenden, sobre todo, conviviendo con personas para las que la distinción es como una «segunda naturaleza».

No saber comportarse –y en ningún sitio es más cierto que en la delicada y elemental mesa de una cena– conlleva que ni siquiera nos inviten a estar. Quien accede a la mesa de los magníficos y se desacredita, jamás volverá a recibir invitación. La mera infracción de los modales no es una inmoralidad; pero, en parte, es imperdonable en «sociedad» por esa misma razón: el perdón allí donde impera la desenvoltura es una respuesta inapropiada ante la incompetencia. No ser invitado jamás significa no intimar con las personas que cuentan: las invitaciones a cenar siempre han sido peldaños de vital importancia para ascender por la escalera del éxito mundano. Quien no sabe comportarse, nunca está en compañía de quienes sí saben y, por tanto, nunca tendrá oportunidad de aprender de la única manera en que se puede aprender: con su ejemplo.

También está claro por qué resultó tan útil para la aristocracia la adopción de las buenas costumbres de la simplicidad, la informalidad y la intimidad frente a la amenaza de los «arribistas». Fue inteligente vetar y ridiculizar el dispendio y la ampulosidad, porque cada vez eran más accesibles a los nuevos ricos; la opulencia es fácil de emular si se tiene riqueza. Las reglas protocolarias o rituales, todo lo que se puede conocer a través de preceptos que empiecen por «No debes…», también se pueden anotar y aprender. Son artículos que se pueden ofrecer en los libros de etiqueta; son vulgarmente accesibles. Pero cuando se crea una cúspide de prestigio donde solo unas pocas personas exclusivas tienen la capacidad de decidir quién encaja y quién no, entonces se erige una fortaleza casi inexpugnable con la ayuda del encanto inefable, la simplicidad indescriptible y el gusto exquisito.

Pero, además, esta «fortaleza» en particular no ha de permanecer inmóvil jamás (y eso abre un baile febril que se ha practicado hasta el día de hoy). Cada vez que los anhelantes intrusos, los «impertinentes, impropios y vulgares» se acercan lo bastante como para alcanzar ese objeto que les concederá también a ellos el honor de ingresar en el círculo encantado, la élite se desplaza; modifica la tendencia. En cuanto demasiadas personas acceden a lo que es exclusivo de ella (ya sea pasar las vacaciones en la Riviera, unos zapatos determinados o cierta forma de hablar), el prestigio desaparece automáticamente. La aristocracia, los creadores de tendencias ya se han ido a otra parte. La clave está en el momento. La movilidad, la libertad que otorga el dinero parece ofrecer incluso a las hordas de excluidos la posibilidad de «llegar a tiempo». De hecho, la carrera contra el tiempo los condena al fracaso en los mismos términos de la metáfora de la carrera; quienes no pertenecen a la cúspide desde la cuna, parten muy por detrás de la línea de salida. Sufrirán una decepción continua porque nunca estarán en el lugar adecuado en el momento adecuado. Y, por supuesto, el «momento adecuado» en este juego en particular suele equivaler a «ser el primero». Y quien se esfuerza con denuedo por llegar es tachado desde el comienzo de «pretencioso».

No hay que dar ninguna muestra de toda la preparación que exige tener «lustre». Como dijo Castiglione al hablar de la habilidad de la nobleza jugando el tenis: «Que no se note jamás que el cortesano le dedica mucho esfuerzo o tiempo, aunque lo practique muy bien». La corrección en la mesa debe hacer que toda la cortesía que gira en torno a la comida –el control estricto del apetito, la elevación de la conversación y el «intelecto» por encima del gusto meramente físico de comer, los miramientos no por uno mismo sino por quienes hay alrededor– parezca el comportamiento más natural del mundo. Ningún esfuerzo, ninguna vacilación, ninguna torpeza de movimientos deben estorbar, a pesar de que los buenos modales en la mesa, que constituyen la demostración definitiva de que quienes los emplean no son «como bestias», siempre han tenido la finalidad de hacer que comer no sea más fácil, sino (hasta que se domina la técnica) más difícil. Hay que sentarse derecho, sin apoyar los codos sobre la mesa, sin repatingarse ni menearse y, por supuesto, procurando parecer relajado y «natural». Hay formas específicas de manejar cuchillos, tenedores y cucharas, y normas estrictas sobre lo que se puede y no se puede usar con cada alimento: las aceitunas se toman con cuchara pero nunca con tenedor, las nueces se toman con los dedos, el queso se sirve con cuchillo, los productos lácteos se toman siempre con cuchara aunque sean lo bastante firmes para usar tenedor, el curry se toma con cuchara, y hay que saber en qué dirección se barre con la cuchara al tomar sopa (la cual jamás se bebe). «El experto», informa el autor chino B. Y. Chao en 1956, «retira los huesos de la boca con los palillos». Hay que hablar durante las comidas –es de mala educación no hacerlo–, pero nunca debe abrirse la boca mientras haya comida en su interior. «Nada evidencia mejor la buena educación de un hombre que cenar como es debido», escribió Agogos en 1834. «Un hombre puede superar la prueba del buen vestir y defenderse bien conversando; pero si no es perfectamente *au fait*, se retratará cenando».

En la republicana e igualitaria nación estadounidense pronto no bastó con hacerse rico; a continuación había que aprender «las gracias» y pulir esa rudeza que tal vez ayudara en un primer momento a llegar al poder. Pero era mucho más difícil convencer a los estadounidenses de que debían esperar para saltar por encima de esas barreras. «He visto que algún autor de libros sobre modales afirma con gravedad que "se necesitan tres generaciones para formar a un caballero"», escribió una experta estadounidense en buenos modales en 1837. «Es un proceso demasiado lento para estos días de movimiento acelerado». E instaba con rotundidad a sus lectores a esforzarse y estudiar mucho para ser capaces de «relacionarse en igualdad de condiciones con la mejor sociedad de nuestro país».

Los estadounidenses no recelaban de los manuales. A medida que se produjo otro gran salto adelante en la tecnología de la impresión y distribución de libros, las editoriales estadounidenses publicaron gran cantidad de manuales sobre etiqueta a lo largo del siglo XIX. Sus consejos sobre cómo alcanzar el «refinamiento» se basaban en modelos ingleses y franceses, pero también cundió la determinación de buscar nuevas pautas estadounidenses. Se ignoró la etiqueta de deferencia ostensible hacia los superiores, puesto que las clases medias exigieron cada vez más expresiones rituales de respeto mutuo. Desde el principio se tendió a desaconsejar la rigidez, la pompa y el exceso de refinamiento: tanto los ideales de simplicidad de la aristocracia del siglo XVIII como el igualitarismo revolucionario estadounidense se entrelazan con fuerza en las bases del afán moderno de informalidad. Otra tradición heredada por la población estadounidense fue la desconfianza británica hacia los modales recargados, la estulticia, la afectación y otras exageraciones continentales; los británicos insulares siguieron su propia línea en el desprecio esnob de los extranjeros vestidos con ropas elegantes, con comidas cubiertas de salsas y sin respeto por la simplicidad auténtica. La oposición estadounidense a los modales efectistas o muy teatralizados se vio reforzada por «una antipatía protestante radical hacia rituales sociales y religiosos».

Los libros de etiqueta estadounidenses explicaban todos los preceptos antiguos de modales en la mesa de forma sencilla y clara. No era vergonzoso ser básico o corriente. Quienes apenas conocían los pormenores de esas reglas deseaban aprenderlos, y los autores de estos manuales –muchos de los cuales afirmaban ser de alta alcurnia y, por tanto, se daba por hecho que sabían de lo que hablaban– disfrutaban difundiendo su mensaje. Para empezar, temían mucho menos que sus homólogos europeos que sus murallas se vieran asaltadas: consideraban mucho más urgente elevar el nivel general del comportamiento correcto. Su deseo de mejorar los modales de las clases trabajadoras se contempla ahora con recelo. «Su empeño», señala John Kasson, experto en historia de la urbanidad estadounidense del siglo XIX, «debe considerarse dentro de la preocupación más amplia de consolidar el orden y la autoridad en una democracia agitada, muy inestable, en proceso veloz de urbanización e industrialización. Tratando de evitar el conflicto abierto, volvieron a centrar en el individuo los problemas de clase y las demandas sociales» redefiniendo esos problemas como cuestiones de decoro y «buen gusto». Aun así, los europeos que visitaban Estados Unidos, como la petulante señora Trollope, lamentaban la rudeza de modales entre estadounidenses, y animaron a algunos de ellos a redoblar esfuerzos para mejorarlos.

A finales del siglo XIX se produjo el gran desplazamiento del campo a las grandes ciudades modernas. En las ciudades se podía llevar una vida ajetreada pero anónima: nadie tenía por qué saber quién eras o de dónde venías, siempre que tuvieras el mismo aspecto que el resto y no dieras ninguna pista. En general, lo prudente era comportarse como «se suponía» que debía hacerlo todo el mundo. Un manual de modales típico y directo explicaba que las posibilidades de éxito en la ciudad aumentan si «quien migra de un lugar al otro [es decir, del campo a la ciudad] se muestra completamente indistinguible de las personas que tiene a su alrededor». Tener buenos modales (pero no demasiado refinados ni exagerados) se convirtió en una manera de evitar habladurías. Y dar muestras de malos modales suponía desde siempre un comportamiento verdaderamente inolvidable. Como dijo Erving Goffman, «las infracciones son noticia».

En el siglo XX empezó a aparecer toda una profusión nueva de manuales de etiqueta. La maestra de la nueva generación de especialistas fue Emily Post, quien en 1922 publicó *Etiquette in Society, in Business, in Politics and at Home*. Su texto estaba enriquecido con ejemplos de personajes cuyos nombres translucían el esnobismo de la sociedad «refinada»: los Smartlington (*smart* significa 'elegante' o 'listo'), los Oldnames (algo así como 'nombres de alcurnia'), el señor Stocksan Bonds (en referencia clara a *stocks and bones*, es decir, 'acciones y bonos'), los Bobo Gildings ('bobos dorados') e incluso los Onceweres ('los que fueron algo'). Aunque Post se preocupó de recordar a sus lectores cuál es la urbanidad más tradicional: «La Mejor Sociedad no es una comunidad de ricos, ni trata de excluir a quienes no son de elevada cuna»; pero añade, con al menos un ojo puesto en la otra dirección, «es una asociación de buenas familias cuyos modos al hablar, cuyos encantadores ademanes, cuyo conocimiento de las bondades sociales y cuya consideración instintiva por los sentimientos de los demás constituyen credenciales por las que la sociedad del mundo entero reconoce a sus miembros escogidos». Ella formula normas absolutamente categóricas. Si el mantel es de encaje, en modo alguno habrá que usar un paño de color por debajo para que se vea a su través. «Y tomar entrantes de más, ponche romano o postre caliente es estar en el comedor de un advenedizo». Según Elizabeth Post, nieta política y reciente editora de Post: «Cuando Emily Post escribió [el libro] por primera vez, pensó que lo compraría la clase alta, pero no fue así: no lo necesitaba».

Emily Post se propuso escribir una obra que sirviera de bastión frente a una oleada de fórmulas novedosas que ella no aprobaba. Las personas que leyeron el libro (en busca de consejo para manejarse con «corrección» en un mundo donde las condiciones cambiaban con rapidez) escribieron miles de cartas que convencieron a Post de que debía cambiar de actitud. Las siguientes ediciones de su libro empezaron a incluir consejos sobre cómo mantener la calma y la corrección al enfrentarse a nuevas realidades sociales. Admitía que ahora las mujeres fumaban y no debían estar mal vistas por ello: quien estaba «fuera de lugar» era quien fruncía el ceño, no la mujer fumadora. Tuvo la virtud de reconocer que «ninguna norma de etiqueta es menos importante que el tenedor que se utiliza» (1929). A partir de ahora, quien escribiera libros sobre cortesía tendría que considerar que una de sus obligaciones sería mantener a sus lectores al día; seguirían siendo paladines de lo que los franceses llaman «la usanza», pero tendrían que ampliar su repertorio de reglas si querían conservar a su público. La última edición de la obra *Etiquette* (1984) de Emily Post incluye material nuevo sobre familias monoparentales y parejas que conviven sin estar casadas, y responde dudas tales como si las patatas fritas pueden comerse con los dedos (use un tenedor, salvo si se sirven con sándwiches, pues entonces está permitido usar los dedos).

Ya en 1924, los manuales de etiqueta admitían la tendencia hacia unos modales cada vez más y más simplificados; la Gran Guerra había hecho estragos en las costumbres. Pero es posible que los estadounidenses vieran la nueva actitud como una vuelta al pasado, en realidad, a los valores caseros y la espontaneidad de la tradición de su país, y a la libertad frente a la pompa, los remilgos y la represión. Sin embargo, pudieron optar por ambas cosas insistiendo también en la inefable primacía de la elegancia. «Esta libertad de comportamiento», escribió Emily Post, «exige *más educación* que nunca. Hay que tener un sentido *innato* de lo adecuado y una *percepción* fiable del momento y el lugar correctos» (las cursivas son mías).

La más popular de los nuevos maestros de la elegancia en la escena de América del Norte es Judith Martin, apodada «Miss Manners», o 'Señorita Modales'. Está perfectamente enterada de las preocupaciones de sus lectores a través de sus preguntas, tal como aprendió a hacer Emily Post. Miss Manners escribe columnas en muchas publicaciones periódicas de un gran grupo editorial. Su personaje es muy rígido, como requiere su papel, y siempre usa la fabulosa formalidad de la tercera persona, por ejemplo, para mantenerse firme incluso en aquello en lo que Emily Post habría cedido: «Si Miss Manners oyera alguna otra descripción despectiva de los modales, como que solo consisten en "saber qué tenedor utilizar", montaría en cólera [...] No es tan difícil conocer los tenedores [...] ahora mismo dedicaremos un minuto a aprender todo lo necesario sobre qué tenedor usar». Infunde sentido común y rudeza a sus juicios: «No existe eso de la confianza inmediata», «Nada resulta más halagador que pedir a un forastero que nos enseñe su código de modales».

También conserva parte de la tradición satírica al ilustrar errores desastrosos, sobre todo relacionados con las comidas. «Durante la fiesta, una señora con un vestido escotado tropezó, se tambaleó y fue dando tumbos por la mesa hasta caer de bruces sobre una fuente con guacamole, y en el proceso "se le salió" la parte de arriba». Lo cierto es que debemos permitirnos reír en un caso así, responde Miss Manners a la pregunta de una lectora sobre cuál sería una reacción correcta en una situación así. Tras preguntarse brevemente si una simple fuente de aguacates habría merecido menos risas que el guacamole, pasa a señalar que no reírse sería como insinuar «que la señora siempre actuaba así, y que sus amistades se habían acostumbrado a eso».

Miss Manners brinda a su público un sistema de etiqueta exigente, inflexible y preciso. Su consigna constante es «No hay que ser maleducado», pero la clave está en que se puede ganar mucho más si se mantiene la urbanidad. Sus obras se leen con avidez, en parte, porque son muy divertidas y, en parte, por el temor generalizado a que la desaparición total del «buen comportamiento» esté a la vuelta de la esquina. La gente parece haber practicado (y, lo que es peor, soportado) la espontaneidad despreocupada, y se pregunta qué otras posibilidades habría.

Toda una nueva variante del género de los manuales sobre etiqueta la ofrece la lucrativa lista de libros sobre modales para profesionales «de los negocios». Estas personas saben que una buena impresión favorece hacer más dinero, mientras que una imagen inapropiada puede suponer un obstáculo. Cuando las aspiraciones tienen claras posibilidades de conducir al éxito, el decoro y la inhibición pierden sus connotaciones de represión y pretenciosidad, y adquieren matices de refinamiento, competencia, confianza y rapidez. «Hasta el latón bruñido», escribió lord Chesterfield a su hijo en 1777, «convencerá a más gente que el oro en bruto».

3
El placer de la compañía

El vocablo latino para designar el fuego o el hogar es *focus*. El significado que tiene el término *foco* hoy en día en español procede directamente de la relevancia que ha tenido el fuego o la chimenea durante milenios en las casas de Europa occidental y, de hecho, en la mayoría de las viviendas del planeta: donde está el fuego del hogar se encuentra también el núcleo o el centro neurálgico de la casa. Desde antes de los albores de la historia hemos cocinado con ese fuego, hemos colocado la cama junto a él, nos hemos sentado a su alrededor como un «círculo» familiar y hemos comido con el crepitar y la contemplación del fuego como un telón de fondo reconfortante durante las comidas.

Las chimeneas siempre han tendido a ubicarse física y psicológicamente en el centro de las casas. Hoy hemos desplazado las nuestras a un lateral de la sala de estar (las familias de hoy solo son semicírculos); en la actualidad se cocina y se come en otro lugar. Lo que, curiosamente, denominamos calefacción central se encuentra por toda la casa y no solo en el «foco». Pero también en las casas actuales, tanto si cuentan con el lujo de un hogar donde encender fuego de verdad como si tienen un aparato eléctrico que simula tener brasas incandescentes, la chimenea sigue siendo el lugar de reunión con familiares y amistades. Nos sentamos delante del fuego para conversar o leer; cerca de él vemos la televisión, otro foco de atención nuevo que rivaliza con él; decoramos la repisa de la chimenea con fotografías, un espejo, un reloj, jarrones de flores y tarjetas navideñas. Cuando estamos lejos, esperamos que la familia «mantenga el fuego del hogar encendido». La palabra francesa para hogar o foco es *foyer*, y este término se usa en la lengua inglesa para aludir al vestíbulo de los teatros porque en el pasado tenían un fuego en ese espacio para que el público se calentara al entrar.

Las comidas que se cocinaban en el fuego del hogar y que se consumían cerca de él reflejaban la relación que mantenían entre sí los miembros de la familia, su parentesco y su lealtad incondicional y constante. Una definición de *familia* (con distintos grados de relevancia según la cultura) es 'aquellos que comen en la misma casa'. La norma general en África, según L-V. Thomas, es que la gente come junta a diario tradicionalmente porque comparte la misma sangre, y el hecho de hacerlo evidencia el parentesco. El matrimonio significa para el hombre que le cocine una mujer, y para la mujer, dar de comer a un hombre: comer juntos y dormir juntos son dos caras de la misma moneda.

En algunas sociedades se considera bochornoso comer delante de extraños, incluso si son invitados; en algunos casos, la persona se sienta en un rincón o de cara a la pared para comer o esconde con delicadeza la boca mientras mastica. La mayoría de las veces es obligado ofrecer comida a las visitas, por eso hacer visitas sin aviso previo a la hora de la cena es siempre una falta de tacto. Los habitantes de Wamira, en Papúa Nueva Guinea, por ejemplo, creen que deben repartir la comida a partes iguales entre todas las personas que la hayan visto; se considera un desprecio a los visitantes no darles de comer. A veces, la comida se esconde si llega una visita y no hay suficiente para darle o si los improvisados anfitriones no quieren compartirla: la familia se quedará sin comer hasta que se despeje el campo. Hay lugares donde (tal vez como consecuencia de esta cautela ante las visitas) la comida se considera, junto con la deposición y el sexo, un momento muy privado y envuelto en tabú.

Lo que denominamos la convivencia de una pareja puede expresarse tanto a través de la comida como mediante el sexo y el techo común. He aquí, por ejemplo, algunos versos de una canción de amor de Papúa Nueva Guinea:

Me dijiste «Cocinaré tu comida en mi horno».
Me dijiste «Cocinaré tu comida en mi fuego».
Pero aún no he probado
ninguna de esas comidas.

Estoy en mi casa de hombres, muy lejos.
Muchacha Wakle, que estás en el lugar de Mbiltik
Con piel de banana madura,
Déjame llevarte a Kendipi Rapu.

En estos casos, si una mujer decide dejar de cocinar para su hombre o si él rechaza que ella le dé la comida o insiste en cocinar para sí mismo, la ruptura es una señal externa de un problema grave en la relación; una actitud así suele ser el principio de un divorcio. En Assam, en el sur de Tíbet, si un miembro de la familia se enoja tanto como para no comer con la familia durante veinticuatro horas, el desacuerdo es de una gravedad extrema. Si después de eso decide cocinar para sí por separado, está dando un paso irreversible que deberá ir seguido de la construcción de una casa propia y de la división de tierras y propiedades. Existe un rito terrible de rechazo denominado «tirar las ollas» que es tan mortal y definitivo que, aunque a menudo se amenaza con él en el fragor de la pelea, rara vez se lleva a cabo. Constituye la muerte simbólica en esa casa en cuestión del miembro de la familia que ha causado la ofensa.

En África se da el patrón bastante extendido de que los hombres y las mujeres adultos casi nunca comen juntos, ni siquiera en la vivienda familiar. La mujer cocina y lleva la comida a su marido o a los hombres que comen juntos y aparte en grupo, y después se retira para reunirse con el resto de las mujeres y los niños. En las familias polígamas africanas, los hijos de una misma madre suelen comer con ella en un grupo separado del resto de hijos del mismo hombre. El antropólogo africano L. C. Okere describe el momento de la cena entre los igbos de Nigeria: «El reparto de la comida fufú o gachas cada noche es un espectáculo impresionante [...] Los niños se acercan al fuego del hogar con pequeños platos de barro y esmalte. De la olla humeante que hay sobre el fuego, las mujeres sacan sopa y un terrón tras otro de gachas y los colocan en los recipientes. Un grupo de niñas y niños observa atentamente la cuchara mientras se detiene un instante sobre cada recipiente». Cuando todos están servidos, los tres o cuatro hijos de cada madre acuden a sentarse con ella y comen de un mismo plato de sopa y del mismo plato de fufú o de una misma calabaza vaciada. Este hábito comunal expresa una cercanía de parentesco particular; crea solidaridad de por vida. El padre come solo;

es un signo de prestigio, del respeto que se le debe. A veces solicita la compañía de uno de sus hijos, normalmente el más pequeño. En algunas sociedades africanas el hombre cuenta con recibir un plato de comida de cada esposa, y la cantidad que coma de cada plato será un indicador importante de sus sentimientos hacia esa mujer y de su opinión sobre su destreza en esa habilidad femenina esencial que es cocinar. No comer del plato de una esposa en particular es un insulto grave que sugiere simbólicamente sus sospechas de que intenta envenenarlo.

En nuestras sociedades occidentales, la mesa del comedor, en las viviendas lo bastante grandes y acomodadas como para contar con una, se encuentra tradicionalmente en una habitación separada tanto de la cocina como de la chimenea. Durante siglos ha sido el centro de las comidas diarias de un hogar típico, y ningún otro mueble representa como ella a la familia como un todo. Si falta algún miembro de la familia, su lugar vacío en la mesa es un recordatorio mudo de la persona ausente; cuando todos los hijos han crecido y se han marchado de casa, los padres se sientan uno frente al otro en cada cabecera de esa mesa que, después de veinte años o más (incluso si se han sucedido otras mesas diversas a lo largo de los años), guarda los recuerdos de los acontecimientos que sin duda han tenido lugar en torno a ese símbolo de la familia.

Una mesa de comedor tradicional suele ser pesada y oscura y se abrillanta con asiduidad, tal como corresponde a esa encarnación no ya de la unidad, sino de la continuidad y la firmeza. Hasta las mesas de comedor modernas, fabricadas con maderas claras para abaratar costes, suelen estar tintadas o chapadas en colores oscuros, y se les confiere peso y brillo para que den una imagen sólida, pesada y duradera. Pero muchas familias comen ahora en la cocina, donde la mesa ni siquiera tiene por qué parecer de madera noble. Cuando existe un salón para comer, cobra un significado nuevo e importante como espacio reservado para grandes cenas y ocasiones especiales. En él suele haber un aparador que contiene la vajilla y la cubertería que se usan tan solo cuando hay invitados.

La tendencia a desplazar las comidas cotidianas a la cocina empezó como una forma de ahorrar mano de obra a medida que fue desapareciendo el servicio doméstico y que las mujeres empezaron a trabajar fuera de casa. En las grandes viviendas de los edificios antiguos de París (que suelen ser las más deseadas y cotizadas), se puso especial cuidado en que la cocina estuviera a gran distancia del salón y del comedor. Cuando se construyeron estos edificios, se pensaba que los olores de la cocina evocaban tanto la finalidad puramente nutritiva de los alimentos como el funcionamiento más íntimo de la casa; de ahí que el olor de la comida se considerara una molestia para las visitas. («Lo que toda anfitriona procura evitar es que huela a comida», escribió Emily Post en un momento tan tardío como el año 1950; la comida que ella describe consiste en filetes y brócoli.) El servicio doméstico también debía permanecer en sus dependencias separadas hasta que acudiera a servir la mesa. Hoy en día, el largo pasillo que separa la cocina del comedor no es más que un incordio para la atareada anfitriona. Y ahora que la buena cocina casera ha adquirido el atractivo, así como el coste en tiempo y pericia, de la ropa de alta costura frente a la ropa fabricada en serie, las visitas se muestran encantadas de que las reciban los deliciosos olores de una comida especialmente preparada por los anfitriones en persona para ellas.

Durante mucho tiempo, en las casas y pisos lo bastante grandes como para disponer de comedor, invitar a alguien a comer en la cocina suponía el mayor gesto de confianza, que en principio solo se tenía con la familia más íntima. Hoy en día se ha vuelto muy habitual celebrar cenas en la cocina. En el periodo de transición que vivimos ahora, casi todas las cocinas europeas siguen siendo estancias funcionales que no están pensadas para acontecimientos festivos. Sin embargo, en Escandinavia llevan tiempo liderando la transformación de la cocina en una estancia amplia y espléndida, provista de tecnología resplandeciente, pero también cómoda, atractiva y acogedora. La mesa de comedor se ha trasladado de lugar y en muchos casos ha cambiado de tamaño, peso y color. Pero sigue siendo la misma mesa que nos dotó del término *comensalidad*, que significa 'comunión que surge entre quienes comen en la misma mesa'. Comer en torno a una mesa es para nosotros un recurso etnocéntrico para manifestar un mecanismo de conexión que es común a todas las sociedades humanas: el de compartir la comida.

La compañía

«Las cenas festivas son el mayor de todos los entretenimientos», escribió un o una «miembro de la aristocracia» desde el anonimato en un libro inglés sobre modales fechado en 1879. Una invitación a cenar, prosigue, «transmite una manifestación de aprecio mayor» que una invitación a participar en cualquier otro tipo de encuentro; y lo que es más importante, «también es un gesto de cortesía que se puede devolver con facilidad, lo que de por sí le otorga una ventaja frente a cualquier otra clase de invitación». Puesto que todos necesitamos comer a diario, ofrecer una cena a personas ajenas al círculo familiar o comer con ellas en su casa o en lugares destinados a socializar mientras se come, se convierte en un medio esencial para conectar familias entre sí y entrelazar a la sociedad en general. La comida no suele ser algo demasiado caro de compartir, ni aunque se sufra bastante pobreza; su naturaleza efímera favorece la reciprocidad y la repetición del acto de compartir. La comida también es inmensamente dúctil, por lo que ofrece infinitas posibilidades para introducir variaciones sobre el mismo tema de la cena. La necesidad de comer, aun siendo terrible cuando no se dispone de suficiente alimento, también sirve en tiempos de paz y de abundancia para garantizar que el apetito reaparecerá a tiempo para un nuevo compromiso para cenar.

La correspondencia es una parte esencial de este sistema social. Aceptar una invitación para cenar suele implicar la promesa de que más adelante seremos nosotros quienes invitemos a comer a los anfitriones; compartir una comida con miembros de un grupo demuestra lealtad hacia ese grupo e indica la voluntad de servir a sus intereses en el futuro. Todas las sociedades presionan para que los invitados se conviertan a su vez en anfitriones. Negarse puede acarrear impopularidad, ostracismo y hasta la negación de ayuda en tiempos difíciles. «La hospitalidad engendra hospitalidad» es un proverbio igbo. Una popular canción igbo actual dice: *Erigbuo ya konye ozo erigbuo*, es decir, '¡Cómetelo, que es de otro!'; y un dicho tradicional pregunta de forma directa:

> (Oh), tú que bebes del licor ajeno,
> ¿cuándo beberemos del tuyo?

Las comidas en grupo suelen implicar que los propios invitados aporten la comida: en estos casos, las personas asistentes son al mismo tiempo anfitrionas e invitadas. La expresión inglesa *pot luck* (algo así como 'olla de la suerte') se utilizó en sus orígenes para invitar a alguien a una cena familiar muy informal, improvisada sobre la marcha. La visita no debía esperar nada muy elaborado, sino tan solo lo que fuera a comer la familia ese día. La suerte dependía del día en que se realizara la visita y de la comida casera que tocara en esa ocasión. La expresión ha cambiado de significado a medida que ha ganado popularidad la celebración de comidas o fiestas en las que los asistentes acuden con sus propias aportaciones: la suerte recae ahora en la incertidumbre sobre qué traerá cada cual. Las personas organizadoras del encuentro podrán proponer o sugerir lo que hará falta, pero no controlan la calidad de las aportaciones.

Las cenas en las que todos aportan algo de comida tienen una historia antigua y han existido en alguna de sus variantes en la mayoría de las sociedades del mundo. Suelen celebrar la confianza que existe entre los asistentes o, al menos, la esperanza de tener mucho en común. Esta disposición reduce considerablemente la autoridad de las personas anfitrionas, pero como la fiesta tiene que celebrarse en algún lugar, siguen siendo responsables del espacio, de la lista de asistentes y hasta de la posibilidad de que se cuele algún indeseado. El éxito o el fracaso de la fiesta sigue dependiendo en gran medida de quien la organiza. La expectativa de soportar la pérdida de autoridad y, al mismo tiempo, conservar parte de la responsabilidad es un compromiso bastante moderno. Pero valoramos tanto la informalidad que se gana, que estamos dispuestos a pagar ese precio; y disponer de un lugar, poder pagar una fiesta (aunque los invitados contribuyan y deban cargar con la culpa de la comida que traigan) y conocer a las personas adecuadas para congregarlas sigue suponiendo tan gran honor, que los anfitriones siguen asumiendo la carga y el riesgo de organizar este tipo de reuniones festivas.

El tejido social de muchos lugares se ha reforzado con la organización de fiestas urbanas, rurales o tribales; en ellas, la responsabilidad recae sobre los habitantes de la localidad o todo el colectivo organizador del encuentro, y el honor que está en juego es la reputación de esa comunidad. En la Antigüedad, la asistencia regular a las fiestas de un lugar formaba parte de las obligaciones de los ciudadanos de Grecia.

Como es natural, la celebración de un banquete por parte de una ciudad, una tribu o un club sirve a menudo no solo para evidenciar la solidaridad entre sus miembros, sino también su diferenciación de otros grupos similares. Los habitantes de Wamira, en Papúa Nueva Guinea, celebran dos tipos principales de banquetes: las cenas comunales de «inclusión», en las que no se come nada de carne; y las comidas de «transacción», en las que se reparte cerdo crudo y taro para cocinarlos y comerlos por grupos separados o para llevarlos a casa y comerlos allí. La primera variante remarca la solidaridad; la segunda, la diferencia y el posible conflicto.

En el suroeste de Francia han resurgido en los últimos tiempos las comidas festivas anuales de los pueblos. Todos los habitantes del lugar deben acudir y comer en las largas mesas montadas sobre caballetes que se instalan cada año el día del santo patrón de la localidad en la plaza principal, la cual se transforma así en el espacio de celebración que ceden los anfitriones. A quienes no asisten se les mira con desaprobación. También acuden habitantes de otros pueblos, y se intercambian impresiones: importa mucho quién da la mejor fiesta del año. Estas cenas se conocen como *moungetades*, porque el plato principal lo conforman las tradicionales alubias blancas con cerdo y butifarra. Estas alubias eran hasta hace poco el alimento básico de todos los habitantes de esta región de Francia. Hoy en día, se han convertido en una comida «de lujo», una especialidad regional de restaurante o una comida festiva que produce nostalgia porque encarna la tradición, la solidaridad y un pasado duro pero valorado.

Reunirse una vez al año «para comer alubias» es un acto con el que los lugareños manifiestan su orgullo por su tierra natal; tiene la intención consciente de crear comunidad allí donde se sienten muy cerca las amenazas modernas a la lealtad al grupo y al contacto personal. Todos aportan algo: provisiones de comida y experiencia en la cocina, tiempo, organización, cantos en el coro de la iglesia durante la mañana, destreza jugando a la petanca y otros entretenimientos tradicionales por la tarde, mientras las personas designadas de antemano preparan el banquete en cacerolas enormes sobre hogueras en pleno campo abierto. Todos pagan lo mismo por la cena y todos participan en las canciones y bromas estridentes mientras se sirve un plato tras otro al aire libre bajo guirnaldas de luces de colores; el baile se alarga en la plaza hasta el amanecer con música amplificada ensordecedora. Las *moungetades* han surgido en los últimos quince años o así en el suroeste de Francia al parecer de forma espontánea. La nueva «tradición» ha cobrado tal relevancia que la localidad que no puede reunirse para organizar una de estas fiestas cada año, apenas se considera una comunidad viva.

Comer juntos ayuda a superar conflictos. Puesto que la comida se comparte entre amistades y familiares, la acción de comer juntos tiene la capacidad de expresar de manera ritual lo que se tiene, se comparte y se disfruta en común, al fin y al cabo; de ahí que represente el fin de las hostilidades. Los gogos de Tanzania se reconcilian después de una amarga disputa (como cuando un padre maldice y repudia a su hijo) sacrificando una cabra y quitándole el hígado en primer lugar para que cada una de las partes lo muerda; después, el sacerdote hace dos mitades. Cuando cada parte se come su mitad de la carne, se produce el restablecimiento oficial de la paz. Solo la comida (que es necesaria, visible, divisible, un objeto externo que pasa a ser interno y que luego se convierte en la sustancia misma de quien la consume) podía dar lugar a un ritual tan claro, aunque misterioso, y eficaz.

Comer cuando tenemos hambre es un alivio; comer con otras personas es, además, divertido y anima a comer más. A la gente que quiere adelgazar se le advierte con frialdad de que la forma más rápida de reducir la ingesta de alimentos es evitar quedar con amistades para comer: si se elimina el elemento social, pronto será más fácil reducir la cantidad consumida. Por otra parte, las comidas chinas son un ejemplo de que se pueden favorecer las comidas en común si ofrecen alguna ventaja en relación con lo que se sirve: cuanto mayor es el número de comensales, mayor será la variedad de platos para compartir. Una persona sola o una pareja en un restaurante chino sufrirán la tristeza de tener que conformarse con pedir uno o dos platos, mientras que muchas personas garantizan que habrá variedad. Las visitas y los encuentros gastronómicos anuales son una excusa para comer mucho en todas partes. La llegada de invitados, aunque sean inesperados, implica poner algo de comer. La comida que se les ofrece se comparte: sería un insulto para la visita dejarla comer sola, porque comer juntos denota amistad, aunque solo se ofrezca «una agradable taza de té» o algo de beber con un plato de bocados salados para tomar con las manos.

En muchas culturas no habrá una conversación amistosa entre dos personas si aún no han comido juntas, porque solo así se habrán presentado como es debido. Una visión parecida impide a un árabe del desierto tratar a otro hombre como enemigo si con anterioridad ha comido sal en su compañía. Es como si nunca fuera necesaria una reconciliación porque ya se ha producido; la enemistad se superó con anterioridad. La hospitalidad en la Grecia homérica implicaba que, cuando un hombre era agasajado en casa de otro, no solo el anfitrión y el huésped, sino también sus descendientes, quedaban unidos durante generaciones por lazos parecidos a los familiares. Dos hombres cuyos padres estuvieran unidos por ese pacto de amistad a través de la hospitalidad y se encontraran por primera vez en el campo de batalla en bandos opuestos podían negarse a luchar entre sí.

Esta filiación a través de la hospitalidad se logra imitando el matrimonio, el mecanismo social por el que las mujeres, «entregadas» a una familia diferente a la suya, unen la familia en la que nacieron con la familia en la que procrearán. Las ceremonias nupciales de todo el mundo incluyen compartir comida y bebida entre las dos familias y sus amistades; a menudo, el hecho de que la novia y el novio coman y beban juntos constituye el enlace nupcial de por sí, igual que en las culturas occidentales se celebra entregando los anillos y haciendo los votos matrimoniales. Un añadido bastante reciente a las fiestas nupciales en Estados Unidos (aunque se trata de una idea antigua que se ha retomado ahora, probablemente por influencia de diversos grupos migrantes) es que los novios compartan el primer trozo de la tarta nupcial.

Hay una sociedad, la de los *sherpas* budistas tibetanos del Himalaya, de la que se dice que impone a cada uno de sus miembros una actitud extremadamente individualista y autosuficiente. Existe un sesgo religioso contrario a la socialización: la santidad suele exigir algún tipo de aislamiento, al menos de vez en cuando. Esto se consigue de manera temporal con rituales que incluyen el ayuno (no compartir comida) y el silencio (no conversar). Dentro de la familia hay una marcada preferencia secular por que se mantenga por sí sola y no necesite ayuda de nadie de fuera. No les gusta prestar, ni tan siquiera vender, nada; su objetivo en la vida es tener la mayor autonomía posible. Sin embargo, asisten con regularidad a grandes festines. El anfitrión es lo bastante bueno como para encontrar la ocasión adecuada, y los asistentes sentirán gran regocijo si la fiesta sale bien. Sherry Ortner cree que el anfitrión no es más que una figura nominal en estas celebraciones: el verdadero anfitrión es el propio grupo. Ella explica que los *sherpas* saben que necesitan estos encuentros para vencer su resistencia habitual a dar y recibir. La gente está de acuerdo en «perder esa pelea» de vez en cuando y convertirse en una comunidad muy unida durante un tiempo limitado y organizado de manera ritual.

«No invitamos a los demás a comer y beber, sino a que comamos y bebamos juntos», señaló Plutarco. La clave está en que las personas asistentes a la fiesta son más importantes que la comida; pero el significado secundario es que comer juntos implica una selección. Quienes organizan fiestas, sobre todo si son multitudinarias y cada cual aporta algo propio para comer, no pueden llevar un control estricto del número y la identidad de los invitados; y si se paga por asistir, todo el que se comporte deberá ser bienvenido. Pero solo cierto número de personas pueden sentarse a cenar juntas; es una de las necesidades que impone –y una de las ventajas que ofrece– el hecho de sentarse a una mesa para cenar. El anfitrión elige a los invitados y procura que ya tengan mucho en común.

Uno de los usos al que pueden destinar su dinero las personas extremadamente ricas es el de dar fiestas con frecuencia, y, en especial, cenas. Es agotador ser anfitrión y, además, ser famoso: los ricos que intentan alcanzar ese honor son personas a las que no les basta con tener dinero. Necesitan conocer a «todo el que es alguien»; tienen lo que los alemanes llaman *Geltungsbedürfnis*, la necesidad de ganar valor por asociación con las personas que gozan de mayor prestigio. También disfrutan con su capacidad para congregar «a todo el mundo» a través de su dinero y sus contactos. Al igual que la comida en sí, el dinero por sí solo no es capaz de ofrecer una buena velada. «Hacer que coman quienes no tienen apetito, hacer brillar el ingenio de los ingeniosos, ayudar a los que pretenden ser ingeniosos a encontrar alguna ocurrencia ingeniosa, estos son los logros supremos del gastrónomo que ejerce de anfitrión», escribió Lucien Tendret, sobrino nieto de Brillat-Savarin, a finales del siglo XIX. Un buen anfitrión debe reunir ingenio, talento y variedad para lograr la «mezcla» correcta, el ambiente adecuado, la sutil sensación de que esta cena ha reunido a toda la gente verdaderamente «interesante», que este es el lugar «donde hay que estar». Figurar en la lista de invitados a un evento así es haber alcanzado la cúspide de la ambición social. Los «afortunados» son felices porque son pocos y se cuentan entre los elegidos. El feliz anfitrión está eufórico por haber hecho la selección, por haber creado un acontecimiento memorable y por lograr que los poderosos y prometedores asistentes estén en deuda con él.

Las personas que nos caen bien nos resultan simpáticas, *sympathique* o *sympa* en francés; se trata de personas con las que tenemos «sintonía». Los antiguos griegos usaban otro término más riguroso para usarlo con invitados a una cena: una persona con la que nos llevamos bien en un encuentro de este tipo es *sympotikos*, una persona con la que podemos disfrutar en un «simposio», que era una cena seguida de una fiesta para beber. Una cena festiva celebrada en la vivienda de alguien, con mesa, platos, bebidas y conversación en común, es siempre un acontecimiento muy preparado. Requiere esfuerzo, dedicación y cierto gasto; de modo que debe ofrecer alguna ventaja tanto a los anfitriones como a los invitados. De no ser así, es inevitable que aparezca la antipatía.

Anfitriones e invitados

> No arroje trozos de pan tostado a la persona que tiene enfrente. Y cuando la cena esté a punto de acabar, no diga: «¿Quién es el anfitrión?».
> No se hace.
>
> Cole Porter

Los libros de etiqueta insisten en que las cenas son celebraciones de una dificultad extrema. Organizar una «no es para novatos». La persona anfitriona expone su casa a las miradas de los demás; somete la comida (que ofrece como resultado de sus mejores esfuerzos) al juicio de los demás; pone en juego sus gustos, sus contactos sociales y su capacidad de gestión. Puede tener unas consecuencias terribles. En 1922, Emily Post describió los horrores de organizar una cena festiva sin tener experiencia previa y sin guiarse por su consejo.

Es muy probable que el servicio nos decepcione, dada su insuficiente preparación y experiencia, y la torpeza de alguien del servicio es culpa de la señora de la casa. Sigrid, la sirvienta, «en lugar de inclinarse ligeramente y anunciar en voz baja: "La cena está servida", permanece rígida como un bloque de madera y vocea con fuerza: "¡La cena ya está!"». Choca unos platos contra otros, los apila (los platos jamás se apilan, aclara Post en una edición tras otra; la cantidad máxima que se puede acarrear en cada viaje desde o hasta la cocina es de dos platos, uno en cada mano, aunque no se hayan utilizado). Sigrid llega incluso al extremo de repartir los platos. El fuego echa humo, la sopa es de color marrón en lugar de ámbar, hay demasiada comida en las fuentes. Los desastres se suceden hasta que usted se da cuenta de que «la señora Frivolidad mira con una fascinación casi hipnotizada, igual que un accidente en la calle captaría su atención en contra de su voluntad». Más tarde, «usted repara en que ninguno de sus invitados come nada. No pueden». El señor Compasivo le ofrece su simpatía: «"¡Anímese, muchacha, no tiene ninguna importancia!". Y entonces usted capta en toda su magnitud lo terrible de la situación... Su esposo le mentará las trincheras para intentar convencerla de que no fue para tanto».

Post deja muy claro que es la mujer, y solo ella, quien se lleva la peor parte de cualquier horror que pueda tener lugar durante la celebración de una cena formal; al marido nunca se lo menciona, excepto para imaginarlo compadeciéndose. «Usted sabe que pasará mucho tiempo (si es que llega a ocurrir) antes de que alguno [de los invitados] quiera volver a arriesgarse a pasar una velada en su casa». Y también arruinarán la reputación de la señora al hablar con otras personas: «Pase lo que pase», aconsejarán al resto «no cenes con los Recién casados a menos que comas algo en casa antes de acudir y te pongas gafas oscuras para que no te ofenda nada de lo que veas». Pero sigue habiendo anfitriones que organizan cenas a pesar de la inquietud y el riesgo, y sigue habiendo invitados que aceptan acudir aunque la velada pueda convertirse en un desastre, y aunque muchas veces ni siquiera les apetezca especialmente ir. Los beneficios de ejercer como anfitrión o invitado son muy reales, de lo contrario jamás se darían cenas festivas.

Aunque parezca confuso a primera vista, los conceptos de anfitrión e invitado estuvieron fundidos en un mismo vocablo en el pasado, en la palabra *huésped*, derivada del indoeuropeo *ghostis*, que significa 'forastero'. De ahí viene el término latino *hostis*, que significaba 'forastero' y, por tanto, 'enemigo'; de ahí deriva el término *hostil*. En francés antiguo, *hoste* significaba tanto 'anfitrión' como 'invitado', igual que sigue ocurriendo con el término *hôte* (aunque cada vez se usa más la palabra *invité* para referirse al invitado). Lo que designa este término único no es tanto a las personas individuales, la anfitriona y la invitada, como el vínculo que las une. (El origen de la palabra *hospitalidad* da cierta idea sobre la red de identidades y obligaciones intercambiables y alternantes que confluye en este complejo concepto. Parece que aludía al poder de un ciudadano anfitrión –*hospes*– que fuera lo bastante benévolo como para representar ante las instituciones romanas a alguien que no era ciudadano romano. Se consideraba que el *hospes* encarnaba al forastero en esas ocasiones. Él mismo era el forastero.)

Ninguno de esos papeles puede existir sin el otro: anfitrión y huésped intervienen en una misma acción, y juntos se someten a las leyes de la hospitalidad y a su jurisdicción sobre el ofrecimiento, y a la aceptación de comida y cobijo entre «extraños». Esas leyes, a su vez, se basan en la ambivalencia, con el sentido pleno de «fortaleza de ambas partes». Es posible que en el fondo siempre aceche la hostilidad, ya sea porque exista antes del acontecimiento o porque surja de él. Recibir un invitado o aceptar una invitación en casa de alguien es mantener un vínculo ritual con otra persona o grupo durante un tiempo. Ambas partes aceptan, en favor de la paz, el orden y el bien de toda la comunidad, someterse a intrincados conjuntos de obligaciones.

Una manera de entender los modales en la mesa consiste en admitir que son un sistema de prohibiciones civilizadas que entran en funcionamiento en una situación cargada de peligros potenciales. Son normas pensadas para rebajar la tensión y proteger a unas personas de otras. Oigamos cómo describe el fin de su vida Agamenón, un espectro resentido del Inframundo, en la *Odisea* de Homero:

> Fue Egisto quien preparó mi muerte,
> él y mi despiadada esposa, y me quitaron la vida después de
> darme de comer, como se abate a un buey junto al pesebre.
> Ese fue mi final deplorable y, junto al mío,
> el de mis compañeros masacrados, como se sacrifican
> muchos cerdos para alguna tropa o festín o banquete de bodas.
> …
> pero esos asesinatos te habrían dejado sin aliento:
> imagínanos yaciendo todos degollados alrededor

de la crátera rebosante, las mesas repletas,
mientras la sangre se derramaba humeante por todo el suelo.

El asesinato durante la cena es especialmente horrendo, «peor que morir en la guerra», por el mero hecho de ser tan fácil de conseguir y, por tanto, tan inesperado: simplemente «no se hace». Todos los presentes están armados, con cuchillos. Los dientes –armas humanas formidables– apenas permanecen fuera de la vista, a pesar de todos los esfuerzos, mientras se mastica. (Los buenos modales en la mesa suelen prohibir eso que se conoce como reír con la barriga, en parte porque la alegría escandalosa se manifiesta enseñando los dientes. Erasmo aconseja que «si ocurriera algo tan gracioso que causara un ataque de risa [...] habrá que cubrirse el rostro con una servilleta o con la mano».) Agamenón y sus hombres eran huéspedes invitados; él confió en sus anfitriones, que incluían –otro horror– a su propia esposa. Ella había tomado a Egisto como amante mientras Agamenón estaba ausente en la guerra, de modo que apiló una traición encima de otra.

Se cuentan dos versiones distintas del antiguo mito griego de la muerte de Agamenón. En una de ellas muere degollado en la mesa; en la otra, su esposa le ofrece un baño, tal como se esperaba que hicieran las mujeres de los combatientes cuando regresaban al hogar. Después de tenerlo desnudo en la bañera, lo deja totalmente indefenso desplegando una red sobre él, y entonces lo mata con un hacha. La historia de la muerte de Agamenón en el baño no contradice la versión en la que muere durante la cena: ambas historias son mitos equivalentes, de modo que son la misma cosa. Los elementos esenciales radican en la traición de la confianza y en la contaminación horrenda. En la historia del baño, el agua –símbolo de pureza– se mancha con la sangre de la víctima indefensa, igual que en la espantosa escena del asesinato en la ducha de la película *Psicosis*, de Hitchcock. También la mesa de la cena se contamina; la sangre fluye; la mesa, que se preparó de un modo ordenado y civilizado para la comunión expresada en la cena, se profana con la sangre de los invitados, incluyendo la del invitado de honor, el mismísimo rey.

Y este es el tema que subyace a todos los modales en la mesa: puede que estemos cortando y masticando; puede que hayamos matado o sacrificado para aprovisionar el banquete; puede que estemos cubriendo nuestra necesidad más animal; pero lo hacemos con control, con orden y con regularidad, y con una idea clara de quién es quién y qué es qué. Ni somos bestias ni monstruos sin modales, sino hombres y mujeres cultivados. No tratamos a las personas como si fueran los cerdos o los bueyes sacrificados para el festín: no confundimos los invitados con los platos. Y el caso es que sería fácil hacerlo. En la mesa nos encontramos tan armados como vulnerables; y nos colocamos muy cerca unos de otros.

Las leyes de la hospitalidad se encargan en primer lugar de los extraños o extranjeros: de cómo gestionar su ingreso en nuestro santuario; de cómo protegerlos de nuestra reacción automática, que es temer y excluir lo desconocido; de cómo evitar que ataquen y profanen lo que nos importa o que tengan un comportamiento peligroso, extraño e impredecible. Recordamos que también nosotros podríamos necesitar algún día la ayuda de un extraño. De modo que nos comportamos con los modales civilizados prescritos, de *hostis* a *hostis*. Maltratar a un extraño indefenso es escandaloso. En muchas culturas, los dioses protegen especialmente a los extraños o extranjeros; en la antigua Grecia, el propio Zeus tenía el título de *Xenio*, patrón de la hospitalidad. Son muchos los cuentos con moraleja en los que un mendigo desconocido o un viajero necesitado resultan ser un dios disfrazado que pone a prueba la talla moral del anfitrión. La generosidad en estas circunstancias es una demostración de grandeza, como lo fue la hospitalidad sin vacilaciones que Abraham brindó a tres extraños en Mambré, o la cesión de todo lo que tenían por parte de la pobre pareja formada por Filemón y Baucis en las *Metamorfosis* de Ovidio. El castigo por no ayudar a los extraños que solicitan nuestra compasión o por no tratar a los invitados con la hospitalidad adecuada es severo; en la antigua Grecia lo administraban las Furias, criaturas malvadas capaces de perseguir y chupar la sangre de los infractores hasta dejarlos duros y secos como momias. En el cristianismo, la aplicación de la ley es mucho más amplia: no solo el huésped –ya sea invitado o no–, sino todo el mundo es Dios disfrazado de persona, y lo que se hace a los demás se le hace a Cristo.

Anfitriones e invitados, incluso en nuestras reuniones más informales, desempeñan papeles muy distintos: el anfitrión está en su casa y da; el invitado está fuera y recibe. Se establece y se mantiene deliberadamente un desequilibrio claro con la intención de que la reciprocidad o igualdad que se prohíbe en el momento presente haya de lograrse más tarde, con una invitación a la inversa. De ello se deduce que ser anfitrión puede ser una tentativa para conseguir poder, una forma de crear una obligación para la otra persona que muy posiblemente no desea. Si el anfitrión, por ejemplo, organiza una fiesta tan fastuosa que el invitado no es capaz de devolverla, entonces la deuda deberá pagarse de otra manera. El anfitrión decidirá qué quiere a cambio cuando llegue el momento de cobrarse lo que le corresponde.

Una forma primitiva de plegaria consiste en convertir a Dios en el receptor de una dádiva que tendrá una recompensa posterior: *do ut des*, el archiconocido 'toma y daca'. Una variante de esta demanda ritual consiste en invitar a los dioses a cenar. En la Antigüedad griega este tipo de intercambio se denominaba *teoxenia*, 'hospitalidad con los dioses': se disponían sillones para invitar a los dioses a reclinarse en ellos y se les proporcionaba comida. La versión romana de este ritual era el *lectisternio*, 'reclinarse en lechos'. Las estatuas de los dioses se remataban con coronas y se tumbaban sobre lechos con cojines para su comodidad; luego se les servía comida igual que en una cena. Estos banquetes se celebraban en momentos de crisis generalizadas o, también, en agradecimiento por los favores recibidos. Se esperaba que, tras aceptar esta hospitalidad, los dioses proporcionaran la ayuda tan anhelada o que aceptaran el gesto de agradecimiento y siguieran siendo benévolos.

En las culturas que honran especialmente a los muertos, se les invita con regularidad a comer. La celebración de Halloween es una escenificación para propiciar a los espíritus (una ceremonia para evitar sus fechorías) mediante la entrega de comida a quienes los imitan en el umbral de nuestra casa. Puesto que compartir la comida es algo tan esencial para estrechar lazos entre personas, parece que se establece un vínculo con el otro mundo si se ofrece comida a sus moradores. Lo hacemos con la esperanza de que queden satisfechos por el momento, y posiblemente también algo molestos sabiendo que «lo correcto» es corresponder, «cumplir», como se suele decir, con la obligación que les hemos creado.

En el mito de Anfitrión no fueron los invitados sino el propio anfitrión quien resultó ser un dios. Zeus adoptó la forma de Anfitrión para yacer con la esposa de este, Alcmena, y (según una aportación medieval al mito griego) dio un banquete en honor a ella. Cuando el verdadero Anfitrión llegó a casa se descubrió la argucia de Zeus, pero para entonces el dios ya había engendrado a Heracles. Anfitrión recuperó a su esposa, pero todos coincidieron en que el anfitrión del banquete no había sido el señor de la casa, sino aquel que, a pesar de ser un impostor, había congregado a los invitados y presidido el festín: el mismísimo Zeus disfrazado de Anfitrión. Como dijo Molière en su obra *Amphitryon* (1668): «El verdadero Anfitrión es el Anfitrión con el que se cena». La comida y el dispendio tienen menos importancia que la presencia real de todos los asistentes al banquete. Los franceses siguen llamando *huésped* al anfitrión, en parte para aligerar la confusión derivada de la palabra *hote*, que significa al mismo tiempo 'anfitrión' e 'invitado'.

El invitado, situado en el extremo opuesto del vínculo que crea la hospitalidad, también tiene poder. ¿Quién de nosotros es tan diligente en el cuidado de su casa como para permitirse el lujo de no mirarla con lupa y acomodarla y mejorarla antes de que lleguen los invitados? La mirada más incisiva es la de los huéspedes imaginados: nos ponemos en su lugar para vernos desde su punto de vista. De modo que nos afanamos en limpiar el polvo de superficies antes ignoradas, en organizar las lecturas más visibles para dar mejor impresión sobre nuestros gustos, en sacar brillo a la cristalería como jamás lo haríamos para nosotros mismos. Hay que contentar a los invitados; si no lo hacemos, se volverán exigentes, irritables, insatisfechos. Serán menos compasivos que nunca con nosotros y nuestras casas, y cuando se marchen nos criticarán y arruinarán nuestra reputación. Si elegimos a unos invitados determinados es porque ansiamos su amistad y su apoyo; puede que hasta deseemos su aprobación. Un invitado enojado o displicente es todo lo contrario de lo que se pretende con una cena.

Es el anfitrión quien brinda su generosidad al recibir al visitante y, sin embargo, todo anfitrión atento trata a sus invitados como si lo honraran con su presencia. Esto podría ser tan real como considerado al mismo tiempo, puesto que el número y la calidad de los asistentes honran al anfitrión. El honor forma parte del vínculo que crea la hospitalidad, y en este caso, como en tantos otros, el honor es una fuerza que se mueve en dos direcciones al mismo tiempo. Los invitados tienen prioridad, se les sirve primero, se sondean en todo momento sus deseos y, si es posible, se satisfacen. Cualquier extraño que nos visite ha de convertirse en huésped a través de un ritual; la transformación implica que en lugar de ser tratado con recelo o desdén, deberá recibir el trato opuesto con halagos, ayuda y honores. Pero a pesar de todo lo que se diga en sentido contrario, la persona anfitriona suele ser, desde la perspectiva ritual, más poderosa que sus invitados. En nuestra cultura, por ejemplo, para honrar especialmente a un invitado se le asigna un lugar en la mesa cerca del anfitrión. Aun así, conviene señalar que la regla es que cuanto menor sea la distancia al anfitrión, mayor será el honor.

Los invitados no tienen nada que decir sobre el trato que reciban del anfitrión: mientras permanezcan en casa ajena deberán mantener una pasividad ceremonial y aceptar lo que se les ofrezca. Una persona no puede considerarse huésped en un lugar en el que tenga alguna responsabilidad; a un invitado no se le puede imponer ninguna obligación, salvo mostrar respeto por el anfitrión, mientras esté acogido bajo su techo. Respetar al anfitrión incluye no discutir con el resto de los invitados (fueron elegidos por el anfitrión y ahora están a su cargo mientras dure la cena) y, tal vez, asumir el papel que se espera de cada comensal: ser ingenioso si se le ha invitado por sus dotes de entretenimiento; contar aventuras personales si se le ha invitado para que el resto conozca algo que le sucedió. No está permitido que los invitados usurpen funciones al anfitrión. No pueden, por ejemplo, tomar algo que no se les ha ofrecido, reprender a los hijos del anfitrión o pedir una comida diferente, salvo cuando existe el peligro de violar una prohibición. Puesto que en nuestra sociedad la salud se considera un bien preciado y se la protege con licencias incondicionales contra cualquier cosa que pueda ponerla en peligro, se nos permite pedir que nos sirvan alimentos alternativos debido a una alergia, por ejemplo, pero solo si la solicitud se efectúa con toda la elaboración y el respeto que exige la cortesía.

Los mitos de la Antigüedad griega consideran que la falta más grave que puede cometer un anfitrión es matar a su invitado: la persona invitada es vulnerable, confiada y dependiente; el anfitrión ejerce la función de proteger a quien se encuentra bajo su techo. (En las sociedades mediterráneas tradicionales, la esposa es en ciertos aspectos como una invitada permanente que llega como «extraña» procedente de otra familia, y se supone que el marido debe «cuidarla» y «respetarla», mientras que ella debe representar un papel subordinado.) La ofensa arquetípica de un invitado a su anfitrión es el adulterio: liarse con su esposa (o esposo). La guerra de Troya se debió a la fuga de Paris con la esposa de su anfitrión, Helena; desde siempre, lo que se ha contemplado como ofensa no fue tanto el adulterio como el delito contra la hospitalidad: Paris había insultado terriblemente a su anfitrión, Menelao. Un anfitrión «se abre» a sus invitados dejándolos entrar en su casa y relacionarse con su esposa; este privilegio se ofrece libremente y nunca debe traicionarse. Hay registros de algunas sociedades que permiten al anfitrión ofrecer a su esposa, durante un tiempo determinado, a un visitante al que desee honrar especialmente. El huésped se mostraría muy descortés si la rechazara; de entrada, se habría considerado descortés solicitarla, y aún es más grosero actuar como hizo Paris y tomarla sin pedirla. (Zeus, que adoptó la forma de Anfitrión, tomó a su esposa y dio una cena en su nombre, rompió todas las reglas básicas de la hospitalidad para un invitado, pero los dioses griegos de la Antigüedad tenían permitido tomarse ciertas libertades que estaban vetadas a los humanos; podían, por ejemplo, casarse con sus hermanas. Por supuesto, hacían estas cosas en parte para recordar a los simples mortales lo que estaba prohibido.) El ejemplo típico en nuestro entorno de incorrección en un invitado es trivial porque con él pretendemos expresar nuestro desprecio, pero revela el mismo temor a que nos roben: un mal invitado es «la clase de persona a la que no le confiarías ni las cucharillas de casa».

Lo que normalmente se ofrece al invitado es comida, símbolo de la comunión con el anfitrión. Rechazar comida es como rechazar esa comunión, y también impedir que el anfitrión actúe como tal, que es conferirle honor. Tan importante era para los francos la regla de que los invitados debían aceptar lo que se les ofreciera, que si un invitado rechazaba comida estaba obligado a aceptar bebida. Cuando la malvada Fredegunda fue acusada de haber asesinado a Praetextato, arzobispo de Ruán, invitó a cenar al noble que la acusó de cometer el crimen. Él rehusó comer, pero ella ya tenía dispuesta la bebida obligada. Él la aceptó, sabiendo el peligro que corría, y murió envenenado.

Quienes estudian la dinámica de las relaciones familiares aseguran que la mayoría de las disputas domésticas tienen lugar en la mesa. Pero estamos tan convencidos de que durante la cena no deben producirse enfrentamientos físicos, que casi nunca imaginamos que puedan suceder. Sí seguimos unas normas en relación con el manejo de los cubiertos, en especial de los cuchillos. Estos han de colocarse en los sitios de los comensales con la hoja hacia dentro, hacia el plato; nunca deben sostenerse en vertical ni sujetarse con el puño cerrado: el agarre del cuchillo en la mesa debe transmitir concentración en operaciones pequeñas, delicadas, específicas y absolutamente necesarias dentro de los confines del plato. Una vez concluida la comida, la hoja debe colocarse de nuevo hacia el centro del plato, y no mirando hacia las personas vecinas. Cuando los grandes banquetes solían empezar con desfiles hacia el salón, todos los cuchillos debían permanecer enfundados hasta que comenzara el trinchado de los alimentos. En Occidente, la punta de los cuchillos de mesa se redondeó en el siglo XVII y, al parecer, empezó a hacerse en Francia. Hemos aprendido a utilizar tenedores en lugar de cuchillos para llevarnos la comida a la boca en parte para evitar a quienes nos acompañan la más mínima insinuación de las consecuencias que conllevaría acercar la punta del cuchillo a la cara. Por supuesto, nunca se señala a nadie con un cuchillo, ni tampoco con un tenedor o una cuchara.

En el pasado, la gente era mucho más consciente de la violencia que podían infundir en los comensales los cuchillos y la carne, y de lo embriagadora que resultaba la combinación de anfitriones, invitados, acaloramiento y mucho licor. Ateneo nos cuenta que los antiguos celtas abrían el apetito presenciando sangrientos combates de gladiadores durante la cena, y que algunas orgías romanas incluían el mismo tipo de entretenimiento. El motivo de la cabeza cortada llevada en bandeja a la mesa no se limita al martirio de Juan el Bautista; a Alejandro Magno, por ejemplo, le pidieron durante una cena que recibiera a una delegación que portaba las cabezas de sus enemigos.

Las personas siempre han deseado arrojarse comida unas a otras y romper la vajilla. Cuentan que Luis XIV (el que dirigía la etiqueta en Versalles) provocó a su hermano, el augusto Monsieur, salpicándole sopa en la peluca hasta que Monsieur perdió los estribos y arrojó contra el rey su plato de guiso de ternera. Los griegos de la Antigüedad eran capaces de lanzarse copas de vino los unos a los otros si se sentían lo bastante irritados. El juego favorito durante los simposios griegos era el *kottabos* o cótabo, que consistía en que los invitados se turnaban para hacer lanzamiento de vino desde una gran copa plana; se trataba de introducir el dedo índice en una de las asas de la copa para hacerla girar de manera que el residuo de vino que quedaba después de beber saliera disparado hacia una pequeña cacerola que pendía de un poste en equilibrio precario; si el disparo era certero, la cacerola caía sobre un gran plato de bronce; es probable que la palabra *kottabos* aludiera al sonido reverberante que se producía cuando el lanzamiento daba en el blanco.

La hilaridad que provocaba el lanzamiento de tartas de crema a la cara de alguien tiene que formar parte del mismo conjunto de emociones. Durante el Barroco europeo, cuando la presentación de la comida era espectacular (a menudo el personal de cocina tardaba días en tallar y decorar pirámides, *pièces montées* o torres de varios pisos y fantasías arquitectónicas para un festín) y un banquete real era como una ópera con sus actores espléndidamente ataviados en la mesa y sus espectadores en pie a su alrededor para ver cómo comían, era habitual que el círculo central de invitados nobles se retirara después de la cena para dejar que los mirones pasaran a rematarla. Se abalanzaban sobre la mesa y derribaban todos los exquisitos edificios culinarios con un placer parecido, tal vez, al que sienten los niños al desmoronar castillos de arena o torres de piezas de construcción. Se comían parte de las viandas, y el resto se lo arrojaban entre sí. John Evelyn, que describe una gran cena para los caballeros de la Orden de la Jarretera en el Salón de Banquetes (Banqueting House) del palacio londinense de Whitehall el 23 de abril de 1667, comenta que el festín finalizó con el *banqueting-stuff*, es decir, el elaborado postre dulce de la comida, «lanzado con profusión por toda la estancia». Cuando los europeos orientales brindan y después rompen las copas, declaran la intensidad y la permanencia de los sentimientos expresados: «Nunca más [después de este vehemente pronunciamiento] volverá a contener vino esta copa». Pero, sin duda, el exceso de despedazar la copa en público despierta un entusiasmo simple.

Las invitaciones

Para organizar una cena hay que empezar reuniendo a los comensales. El listado puede contener amistades íntimas a las que se invita a menudo por el mero placer de verlas, y personas que hay que invitar porque el contacto con ellas es infrecuente y la relación podría perderse, o porque se contrajo una obligación en una ocasión anterior en la que el anfitrión actual fue el invitado entonces. Hay personas útiles o importantes por otros motivos, personas que queremos conocer mejor, personas convocadas por temor a que nunca las inviten en otro lugar, y algunas que sirven tan solo para complacer a otros invitados o para aportar lustre a la reunión por su reputación. Puesto que las cenas permiten que personas sin ninguna relación entre sí se conozcan en una situación íntima, también son uno de los recursos principales para satisfacer la ambición social. «¿Markby, Markby y Markby?», declara con aprobación Lady Bracknell en *La importancia de llamarse Ernesto*, de Oscar Wilde. «Una empresa muy bien situada en esa profesión. De hecho, me han dicho que de vez en cuando se ve a uno de los señores Markby en banquetes de gala».

En el mundo moderno, donde la jerarquía claramente estratificada es una afrenta al mito de la igualdad, rara vez se permite que la gente exhiba al desnudo su ambición social; el esnobismo debe disfrazarse decentemente de creatividad, libre elección, buen gusto y demás. Debe haber dinero suficiente para pagar hazañas sociales tales como la organización de cenas a las que quieran asistir las personas adecuadas. Una expresión que se usa mucho ahora para aludir a algunas de las personas necesarias en tales eventos es *la glitterati*. Este apelativo combina con perspicacia lo que Lewis Carroll habría llamado una palabra compuesta, dos ingredientes necesarios para el éxito en algunos de los niveles superiores de la sociedad: celebridad (por la razón que sea) en el mundo del arte y exhibición de dinero por parte de esa persona.

Para tener éxito en este ambiente, la persona anfitriona no solo ha de tener dinero, sino también el poder social necesario para atraer más poder en forma de invitados muy solicitados pero dispuestos a aceptar esta invitación y a rechazar otras que también les hayan ofrecido. Al mismo tiempo, quien organiza la cena debe saber eludir a cualquier persona o cosa que pueda acarrearle un coste en prestigio. Debe estar en condiciones, sobre todo, de convencer a otras personas para que sigan formando parte de su «teatro» incorporando a su elenco incluso a quienes se espera que desempeñen papeles secundarios. Aunque este último logro es indispensable para el éxito social, resulta especialmente difícil de mantener en un mundo en el que la movilidad y la inestabilidad proporcionan continuas vías de escape. Ser capaz de dirigir la escena en la que se representa el espectáculo social equivale a ejercer un poder inmenso. La mesa de una cena formal es uno de esos escenarios; presidirla permite al anfitrión convertirse en director de orquesta, director de teatro, empresario y, en ocasiones, también en una estrella del espectáculo. El anfitrión deberá contar con el reparto adecuado o con que la obra fracase.

Las invitaciones son complicadas porque es posible que las personas que figuran en la lista del anfitrión deseen con ahínco asistir o intenten eludir aceptar la invitación, lo que arruinará toda la configuración planeada. Este tipo de problema se evita en muchas sociedades tradicionales pequeñas, donde la comunidad es incondicional por naturaleza. Las personas se conocen tan bien y están tan enteradas de lo que hacen las demás, que es posible que la intención de dar una fiesta sea de dominio público mucho antes de que empiecen a comunicarse las invitaciones. Todo el mundo sabe quién podrá ir y quién no podrá ausentarse sin insultar no ya al anfitrión, sino a toda la comunidad.

El *slametan* de Java que describe Clifford Geertz es una reunión que se convoca para alcanzar el *slamet*, o la ecuanimidad física y mental. Los invitados son necesarios para manifestar apoyo, renovar los lazos de vecindad y ayudar al anfitrión a reconciliarse con lo sobrenatural. Algunas de las razones por las que se celebraría un *slametan* son un nacimiento en la familia, un matrimonio, un embrujo, un fallecimiento, una pesadilla, una mudanza a otra vivienda o la inauguración de una fábrica. Los invitados acuden porque viven en las proximidades; son las personas adecuadas para la celebración, y conocen tan bien a ese amigo, pariente o vecino que la convocatoria del *slametan* no les pilla por sorpresa.

De ahí que se envíe un mensajero, a menudo un hijo del anfitrión, para llamar a los invitados después de que se haya servido la comida ritual especial. (Las mujeres, a las que nunca se permite asistir a un *slametan*, trabajan mucho para preparar la comida, algo que probablemente conocen los vecinos.) No se avisa con más de cinco o diez minutos de antelación, y todos los hombres deben dejar lo que estén haciendo y acudir. Los invitados se sientan en círculo en el suelo alrededor de la comida mientras la casa se llena poco a poco del humo del incienso encendido para la ocasión, y escuchan un discurso formal del anfitrión en el que explica por qué los ha convocado y, a veces, explica el significado simbólico de la comida que van a recibir. Todos responden con cortesía para ayudarlo a conseguir el *slamet*. A continuación, todos consumen con rapidez y en silencio la comida servida no por el anfitrión, sino por uno o dos de los invitados. Tras cinco minutos de comida ritual, los invitados se van a casa y se llevan el resto de la comida recibida para tomarla con sus esposas e hijos.

Cuando un *sherpa* quiere dar una cena festiva, es extremadamente difícil que alguien decline la invitación, a menos que no le importe insultar al anfitrión. Este envía un mensajero, por ejemplo, un niño pequeño, para convocar a los invitados. Se hace así, sin duda, por comodidad, pero a menudo es también una estrategia ingeniosa de presión; al niño no se le dice la hora ni el motivo de la celebración, de modo que los convocados no disponen de ninguna información que puedan manipular para declinar la invitación. Y, de todos modos, es un niño demasiado pequeño para que exprese con corrección las explicaciones oportunas sobre la ausencia de alguien en la fiesta (con la complejidad y las sutilezas que entrañan siempre las excusas irreales). Todos deben acudir. Sherry Ortner dice que cuando las fiestas son grandes e importantes, por supuesto, «es más probable que la gente se sienta ofendida por no estar invitada que molesta por recibir la invitación». Será bien recibida y (si la celebración sale bien) saldrá complacida; con ello se atan lazos de obligación futura e interrelación continuada.

La sociedad occidental actual se esfuerza mucho para evitar relaciones personales duraderas; muchos de nosotros percibimos cualquier cosa parecida a la lealtad incondicional como una imposición temible. De ahí que las técnicas que empleamos para lanzar invitaciones sean distintas de las que usan los grupos sociales pequeños, muy conectados y unidos por lazos de honor. Rara vez existe el tipo de obligación tribal o presión social para asistir a celebraciones que los *sherpas* y los javaneses interpretan y cultivan en su interés propio. Lo más parecido a eso en las culturas occidentales es un encuentro familiar, donde las invitaciones apenas son necesarias y las obligaciones son más intensas. El deber de recibir a los parientes entre los tangas de Melanesia es tan grande que si no se incluye en la celebración a un pariente lejano, este podrá presentarse en el banquete y reclamar ese derecho ante el anfitrión. Si se admite su reivindicación, se le permitirá tomar el primer bocado del mejor cerdo del menú. Por otro lado, cuentan que Luis XIV invitó con solemnidad a su hermano a comer en su compañía todos los días de su vida. Monsieur tuvo que aceptar a diario. Pero las invitaciones formales son para los extraños, no para la familia, de modo que aquello contribuiría en gran medida a distanciar a los hermanos y, por tanto, a contrarrestar la familiaridad y la división que en el pasado les había permitido arrojarse comida el uno al otro en la mesa.

Nosotros, sin embargo, estamos acostumbrados a elegir no ya a nuestros invitados, sino también las fiestas a las que queremos asistir; las reuniones familiares y otros compromisos similares son escasos y muy distanciados. Un problema para nosotros es cómo librarnos de una invitación indeseada. Rechazarla sin más sugiere al instante que preferimos ir a otro sitio esa noche o incluso no ir a ninguno. Como todos estamos tan bien provistos de algún medio de transporte y, en general, tan libres de responsabilidades con otras personas, lo único que podemos alegar en la mayoría de los casos es que tenemos un compromiso previo. Y entonces confiamos en convencer a la otra persona no ya de que crea lo que le decimos, sino también de que habríamos preferido acudir a su fiesta si nos hubiera invitado antes. A su vez, a la persona que invita la honrará asegurarse de que la excusa tendrá posibilidades de resultar lo más verosímil posible, lo que dejará abierta la esperanza a conservar en el futuro la relación con el invitado reticente. Por eso no conviene enviar las invitaciones o comunicarlas por teléfono con demasiada antelación, porque eso veta al destinatario la posibilidad de rechazarla educadamente alegando que ya ha quedado, y elimina también la posibilidad de que la persona anfitriona encuentre convincente la excusa.

Llamar por teléfono para comunicar una invitación, algo que la mayoría hacemos casi por sistema, siempre resulta un tanto grosero porque obliga a tomar con rapidez una decisión de la que podríamos arrepentirnos más tarde. Sería preferible una invitación que, por ejemplo, se anuncie pero no se emita aún. Todos conocemos a alguien que maneja con maestría el arte del escapismo hábil y elegante, pero la mayoría de los mortales somos más lentos y menos convincentes de lo necesario para eludir una cita cuando nos abordan de repente por teléfono. Por otro lado, tampoco hay que convocar a los invitados demasiado cerca de la fecha en que se celebrará la cena porque entonces parecerá que contamos con esa persona para que sustituya a un invitado que nos gusta más pero nos ha fallado en el último momento. Tienen que ser amistades de mucha confianza y buen carácter para pedirles con poca antelación que cubran una ausencia de última hora.

En la década de 1930, el pueblo bai (minchia) de Yunnan (China) seguía la norma de enviar por escrito a todos los invitados la lista de todas las personas convocadas para el evento y conceder varios días para que valoraran si deseaban acudir o no. La espera debía de causar muchos nervios al anfitrión, pero al menos servía para que buena parte de la responsabilidad de que alguien renunciara a asistir recayera sobre el resto de los invitados. El empleo del teléfono imposibilita este tipo de deferencias, a pesar de que la mayoría de nosotros querría saber quién más va a acudir antes de aceptar una invitación. También en China hubo un tiempo en que los invitados se sentían ofendidos si se encontraban entre personas de una categoría inferior a la suya; la reputación del anfitrión podía quedar arruinada si sometía a sus invitados a semejante falta de tacto. La baronesa Staffe, maestra de la etiqueta francesa de finales del siglo xix, advierte de que jamás hay que invitar a personas más ricas que uno mismo. Para empezar, a estos comensales hay que ofrecerles una comida, una cubertería, una vajilla y un vino del nivel al que están acostumbrados. Aunque lo consiguiéramos, no solo nos costaría dinero, sino que cometeríamos el desatino social de la pretenciosidad. Los ricos del siglo xix, al igual que había ocurrido con anterioridad en la aristocracia, debían protegerse porque los anfitriones son más poderosos que los invitados, al menos de un modo ritual y pasajero.

En muchas sociedades orientales, como, por ejemplo, entre los yaos del norte de Tailandia, es de buena educación no oír con claridad una invitación, y por supuesto no aceptarla, hasta que se recibe tres veces. Esto permite al anfitrión reconsiderar su intención de ofrecer esa hospitalidad o, en otros casos, que un anfitrión sin posibilidad de ofrecer de comer lance esa invitación y manifieste con ello sus buenas intenciones: si la tercera invitación no llega nunca, los convocados conocedores de las complejidades sociales captan el mensaje. Por otro lado, la persona que recibe la invitación tres veces antes de dar una respuesta deja claro que no se muere de ganas por ir. En tiempos del Nuevo Testamento, las invitaciones se hacían en dos pasos: primero se lanzaba una proposición formal, que siempre se rechazaba con agradecimiento (y añadía importancia ritual a la persona invitada). Y después, si el anfitrión tenía un interés real en que se produjera el encuentro, emprendía un abordaje mucho más apremiante y personal; al final, el huésped podía dejar que su negativa se derrumbara. Encontramos un ejemplo de ello en la hospitalidad que encontraron Pablo y sus compañeros en Lidia, una comerciante de tejidos púrpura, en los Hechos de los Apóstoles. Primero los invitó y después los obligó o, como aún suele decirse, los «convenció».

La palabra *invitar* parece proceder del sánscrito *in* ('hacia') y *vitas* ('agradable'). Pero cabe la posibilidad (que refleja bien la ambigüedad) de que *invitar* guarde relación con el término latino *invitus*, que significa 'de mala gana'; *in-* es un prefijo negativo con más frecuencia que positivo. Invitar siempre es una operación delicada, de ahí que se permita que el invitado exprese su reticencia a contraer una obligación y a convertirse en lo que cabría denominar un «objeto de honor». Tras la etiqueta el invitado también podrá parapetarse para disipar cualquier sospecha de que en algún momento le inquietó recibir esa invitación.

El anfitrión, por su parte, debe procurar congregar un conjunto bien equilibrado de asistentes. Haría bien incluyendo algún invitado de honor, alguna persona con ingenio, otra un tanto desconocida para sí o para todo el grupo, una necesitada de atenciones; y sería útil que, al mismo tiempo, descargara sobre otros algunas de sus obligaciones. Esta relación convencional de sugerencias se corresponde a grandes rasgos con lo que en el pasado fueron funciones muy claras y predefinidas de los invitados a una cena.

Los banquetes romanos incluían parásitos. La palabra que designa a estas personas significa literalmente 'con pan', como la raíz del término *compañero*. Los parásitos eran protegidos o sirvientes que comían en la mesa de un hombre rico. (*Parásito* alude en la actualidad a alguien que vive a costa de los demás o a una criatura que vive a expensas de otro animal denominado huésped.) En la Antigüedad griega y romana, los parásitos vivían en obligación permanente con su benefactor: eran invitados que nunca podían convertirse en anfitriones y que, por tanto, debían prestar otros servicios, sin duda más útiles. Los parásitos solían ocupar una posición denigrante durante las cenas, sentados en taburetes, por ejemplo, en lugar de reclinados en un sillón; a veces también se les servía en último lugar o no recibían ningún manjar. Eran el blanco de las burlas, y de ellos se esperaba que lanzaran alabanzas y halagos y que hicieran el ridículo. El emperador Augusto tenía un parásito etrusco llamado Gabba cuya esposa era tan bien recibida en las cenas como él mismo, ya que Mecenas, poderoso amigo del emperador y patrocinador de las artes, estaba fascinado con ella. Gabba mantenía los ojos cerrados mientras Mecenas lanzaba miradas lascivas a su esposa. Un día que un esclavo intentó hurtarle el vino, él espetó: «Solo duermo en lo que respecta a Mecenas».

Había invitados designados, a veces de manera oficial, como cómicos y bufones. (En los festines griegos y romanos solía asignarse esta función a un parásito.) Los cómicos formaban parte del entretenimiento durante los banquetes medievales. Enrique II de Inglaterra concedió una mansión y un terreno a un hombre apodado Rolando «el Pedorro» (Roland «le Pettour» o «le Fartere») y a sus herederos con la condición de que en el banquete de Navidad anual del rey escenificara la representación *Unum saltum, siffletum et pettum* o *bumbulum* ('un salto, un silbido y un pedo'); y cierto juglar se lamenta en el poema medieval inglés *Pedro el Labrador* (hacia 1380) de que carece de la habilidad para «tirarse pedos afinados en los banquetes».

Yo misma he visto a un cómico autodeclarado desempeñar un papel menos específico en una de las *moungetades* francesas descritas con anterioridad. Se hacía llamar *Fil de fer* ('Alambre') y era un jornalero migrante no nacido en el pueblo. Estuvo de pie durante toda la comida, separado físicamente de los comensales sentados. Se paseaba de un lado a otro, arengaba a la multitud en dialecto provocando a ciertos personajes conocidos allí presentes, y les profería insultos hasta que el resto de los comensales lloraba de la risa que causaban sus burlas. A diferencia del resto de los asistentes, él no pagaría por la comida recibida. Ateneo nos habla de varios parásitos cómicos del mundo antiguo que debían imitar las discapacidades de sus anfitriones. Tal vez pretendieran apartar de ellos el aguijón de las miradas críticas de los invitados o, simplemente, restar singularidad a la ceguera o a la cojera del anfitrión y resaltar su poder de mando.

En Roma se permitía que un invitado de honor o un hombre especialmente poderoso acudiera acompañado de una o más personas. Estas se denominaban *umbrae*, 'sombras' o 'fantasmas'. Ayudaban a que el personaje importante se sintiera cómodo y le permitían asumir parte de la autoridad del anfitrión al llevar consigo a algunos de los asistentes. Los *umbrae* también eran una especie de guardia personal o una extensión de uno mismo para ser «más que otros hombres». Los invitados poderosos actuales, como directores de cine visitantes, tal vez, o coleccionistas de arte famosos, suelen acudir a las reuniones sociales flanqueados por adeptos con una función muy similar. Los hombres de la antigua Atenas que salían por la ciudad podían ir de fiesta en fiesta; al parecer, se contaba con que en los simposios irrumpieran visitantes sin invitación que solían conllevar una reactivación del espíritu festivo entre los ya apoltronados.

El número ideal de invitados a una cena siempre ha estado sujeto a firmes convicciones en las diversas tradiciones occidentales, donde se han organizado comidas para un número determinado y planeado de comensales por lo común en torno a una fuente de carne. En muchas otras partes del mundo, las cenas son en su mayoría vegetarianas y se dividen por anticipado en bocados pequeños, de modo que se prestan a dar de comer a un número bastante flexible de comensales. Varrón decía que el número de comensales no debía ser inferior al de las Gracias (tres) ni superior al de las Musas (nueve), y este último era el número de personas que podía acoplarse con comodidad en un triclinio o comedor romano. (Al disparatado emperador Heliogábalo le gustaba elegir a sus invitados teniendo en cuenta sus peculiaridades físicas: ocho calvos, ocho tuertos, ocho gordos, etc., entre los que él mismo era siempre el noveno.) Se cree que trae mala suerte sentar a trece personas a una mesa, y no solo porque Judas o Jesús fueran el decimotercer hombre en la Última Cena. La superstición también asoma en la Grecia precristiana (donde había, por ejemplo, doce dioses olímpicos, de modo que ¿quién iba a ser el decimotercero?) y en muchas otras culturas. En cualquier caso, a los griegos y romanos les disgustaban los números pares porque dos implicaba conflicto; además, el uno era masculino, pero el dos era femenino y, por tanto, maligno. Ponían mucho cuidado en impedir que hubiera un número par de comensales para comer juntos en una mesa, debido a la creencia de que producía silencios siniestros en la conversación que serían peligrosos para alguno de los presentes.

En la cultura occidental se ha seguido la norma hasta hace poco (y sigue siendo lo habitual) de invitar al mismo número de hombres que de mujeres. (La convención en sí es bastante reciente, puesto que las mujeres respetables no eran invitadas a los banquetes festivos de hombres durante la mayor parte de la historia de la humanidad.) Los anfitriones debían tener a mano listados de personas disponibles a las que poder invitar para cubrir el hueco si alguien, en especial una mujer, quedaba desparejado. El problema se agravaba, por supuesto, si una fiesta de catorce perdía a uno de los convocados: era imperativo encontrar a alguien para evitar que se sentaran trece a la mesa. En el París del siglo XIX, los llamados *quatorzièmes* ('decimocuartos') fueron una institución. Se trataba de hombres que todos los días aguardaban en casa entre las cinco y las nueve de la noche bien vestidos y listos para cubrir el hueco en caso de que alguna cena amenazara de repente con tener trece comensales. En caso de necesidad, ofrecían la posibilidad de contratar a un «decimocuarto» asistente presentable y experimentado.

Puesto que las invitaciones, en especial las de una cena, pueden estar cargadas de expectativas y riesgos, y puesto que las cenas festivas son acontecimientos efectistas en los que pueden tomarse decisiones y entablarse, ponerse a prueba o quebrarse relaciones importantes, el acto de invitar suele estar rodeado de atenciones y reglas. La forma de redactar las invitaciones puede depender de una etiqueta estricta. Lo ideal es que todavía sean manuscritas, y hasta hace poco no era apropiado en la alta sociedad enviarlas por correo: se suponía que debían entregarse en mano. Para los miembros de la alta sociedad, las tarjetas de invitación, al igual que las navideñas, son expresiones físicas de la cantidad de honor que se es capaz de reunir. La inversión (de tiempo, esfuerzo, honor y esmero) por parte de las personas que se toman en serio el ofrecimiento de su hospitalidad puede ser considerable. Lady Sybil Colefax, una anfitriona londinense muy conocida en las décadas de 1920 y 1930, era capaz de escribir cientos de invitaciones para cenar en un solo mes. Las escribía en su casa, en trenes, en cualquier momento libre, de igual manera que otra clase de mujer jamás perdería el tiempo si pudiera estar tricotando. Las invitaciones de Colefax llegaban a raudales a personas cuya compañía estaba muy solicitada. «Resistirse era inútil», escribe Brian Masters, «[...] sencillamente enviaba otra y otra y, si era necesario, acumulaba decenas de ellas hasta que la presa acababa sucumbiendo, cual zorro perseguido por sabuesos, de puro hastío». Su caligrafía, casi ilegible, era célebre. La gente dedicaba días a descifrar las invitaciones, intentando averiguar cuándo debían presentarse a cenar y quiénes serían los demás invitados. «Solías colocar la tarjeta sobre la repisa de la chimenea y echarle una ojeada de vez en cuando con la esperanza de que sus secretos se desvelaran de repente; o la tirabas al suelo con la esperanza de que un ángulo caprichoso lo aclarara todo».

Pero había que responder muy pronto. La primera obligación del invitado es responder lo antes posible. Los anfitriones deben saber en cuestión de días (los victorianos lo hacían en veinticuatro horas) si los invitados acudirán o no para poder enviar invitaciones alternativas a personas igualmente deslumbrantes. Una vez aceptada una invitación, hay que cumplir con ella a toda costa. «Nada», escribió Emily Post, «salvo una enfermedad grave, la muerte o un accidente absolutamente inevitable puede excusar la ruptura de un compromiso para cenar». La rotundidad y claridad de este pronunciamiento se basa en el conocimiento que tiene un invitado de lo que supone organizar una cena de gala o incluso una comida mucho más sencilla pero cocinada con esmero en casa: el trabajo que conlleva, el coste, la pericia y la atención al detalle que todo buen anfitrión dedica a sus invitados. Sería inconcebible que una persona educada no hiciera su parte y se arriesgara a arruinar la velada del anfitrión y la de los invitados que sí acudan.

La obligación se acentúa con el mito: una invitación a una cena es tan solemne, la aceptación de acudir tan vinculante, que hasta un invitado que deje de ser bienvenido (según cuentan las historias) insistirá en acudir a la cita. Si un anfitrión asesina a una persona que ha invitado a cenar, debería plantearse muy en serio cancelar la fiesta planeada, porque es muy probable que ese invitado se presente de todos modos y le arruine la velada. Los seres sobrenaturales están bastante acostumbrados a sentarse a cenar con los vivos. Son muchas las historias que hablan sobre hombres muertos que acuden a cenas para espantar al anfitrión y aterrorizar al resto de los comensales. A veces se presentan de manera invisible y a veces no.

En la Grecia antigua, un fantasma asiste a un banquete nupcial chorreando barro de su tumba o del Inframundo:

Cojo, marcado a fuego, demacrado por la edad, cual forastero errante llegó,
mendigando un trozo de grasa, cuando Meles celebraba su boda.

Sin estar invitado, pidió caldo. Se plantó de pie en medio de ellos
Un fantasma, salido del fango.

Macbeth asesina a su invitado y luego osa criticarlo por no acudir al banquete. De repente, el muerto ocupa el banco que el resto de los invitados había reservado para Macbeth. El fantasma de Banquo, con sus guedejas ensangrentadas, sus huesos huecos y su mirada fulminante, desquicia a Macbeth de miedo y obliga a la anfitriona a dar por finalizado el banquete y a despedir a los invitados saltándose la etiqueta: «No reparéis en el orden de vuestra marcha, / sino salid al punto». La impúdica invitación a cenar de Don Juan a la estatua del hombre que había matado es oída y aceptada, y el destino ha de cumplirse. El comendador llega a la hora señalada para aporrear la puerta del anfitrión con su puño de piedra. Dado que las mesas de los banquetes reúnen a grandes conjuntos de invitados escogidos, las intervenciones de los espectros tienen la capacidad de aportar un efecto de lo más teatral. En la leyenda del «Hueso cantarín», cuando un bardo toca inocentemente el hueso de un príncipe asesinado que encontró en el bosque y talló para darle forma de flauta, el fragmento del fallecido comunica a toda la sala del banquete que el rey, anfitrión de la cena, asesinó a su propio hermano y usurpó su lugar.

Una silla vacía, con su espacio libre en la mesa, se convierte con facilidad en una visión inquietante e incómoda: recuerda con insistencia a la persona que debería estar sentada ahí. Antes era habitual contar con que los niños abandonaran la mesa antes de que terminara la cena, y una norma de etiqueta del siglo XVI era que retiraran consigo su servicio de la mesa y su asiento. En el Séder judío se dispone una copa de vino para el profeta Elías, quien está invitado al banquete y se espera que asista. Aún perdura la costumbre de reservar el sitio de un invitado esperado si no llega, con su vaso o copa boca abajo; durante la Segunda Guerra Mundial se seguía esta tradición cuando el avión de un piloto no regresaba de su misión. En el cuadro de Rembrandt de la *Cena de Emaús*, expuesto en el Louvre, hay un vaso boca abajo encima de la mesa que simboliza la desesperación de los discípulos ante la muerte de Jesús. El momento representado en el cuadro es el de la partición del pan, lo que deja claro que el huésped desconocido es realmente él.

La llegada

La metáfora de cruzar un umbral se utiliza en todo el mundo para simbolizar ritos de paso, de iniciación y puntos de inflexión psicológicos. El acto humilde y ordinario de traspasar la frontera que separa el interior de la casa del exterior se utiliza para representar algunas de las grandes oposiciones en las que se basan ciertas categorías sociales y físicas; así, por ejemplo, diferencia conceptos como público y privado, luz (sol) y oscuridad (sombra), masculino (que trabaja fuera de casa) y femenino («cuyo lugar está dentro de ella»), profano (en frente de –*pro*– el templo –*fanum*–) y sagrado (dentro de los muros del templo).

Pasar de una de estas categorías a su contraria es siempre un acto trascendental en términos rituales. La aceptación en el hogar de alguien ajeno a él también se puede considerar peligrosa; un huésped, incluso tratándose de alguien bien conocido, implica en muchas culturas una «contaminación» pasajera, lo que significa en esencia 'algo fuera de lugar'. (El concepto actual de contaminación física guarda una analogía curiosa y sorprendente con esta interpretación social. El aceite en un lago lo contamina, y unos calcetines en la sopa resultarían repugnantes: tanto el aceite como los calcetines tienen un lugar asignado; contaminan aquellos lugares a los que no pertenecen.)

La llegada de un extraño «contaminante» nos obliga a integrarlo y, como suele decirse, a hacer que se sienta como en casa. La categoría de un huésped va desde la de forastero hostil hasta la de miembro de la familia. La condición de huésped es un papel ritual creado artificialmente que participa de ambos extremos; de ahí su ambigüedad y la necesidad de cuidar su ordenamiento. Los huéspedes deben hacer todo lo posible para asegurar a sus anfitriones que solo traen buenas intenciones y la determinación de subordinarse a ellos mientras estén bajo su techo. Hay varias formas rituales de indicar y «ejecutar» la entrada en una casa.

En Japón y Oriente Próximo hay que descalzarse. Fuera de las viviendas hay suciedad, y dejar los zapatos en la puerta no solo respeta la limpieza, sino que también representa un reconocimiento ritual de la santidad del espacio interior. Como en el pasado solía irse andando a los sitios aunque la distancia fuera grande, los invitados permitían que el anfitrión o alguno de sus sirvientes les lavaran los pies a su llegada. El agua, el gran símbolo purificador, no solo aporta limpieza física, sino también ceremonial. En los países cálidos se les ofrece al llegar un trago de agua o de algún líquido esencial, como la cerveza, y con ello el huésped acepta de inmediato un pacto de obligación. La entrada de un invitado inicia toda la compleja escenografía que imponen los papeles de anfitrión y huésped. El invitado, que accede al espacio más vulnerable e íntimo del anfitrión, suele hacer gestos rituales de respeto. Los hombres solían confiar su sombrero y su bastón (vestigios del casco y la espada) a una sirvienta al entrar en una casa; o se les instaba a dejar el bastón en la puerta, descubrirse y pasar al salón con el sombrero en la mano. Descubrirse la cabeza y la reverencia que solía acompañar a ese gesto son manifestaciones de respeto, un sometimiento ritual a otras personas. Quitarse los zapatos es una costumbre que resulta muy práctica, pero para un invitado de Oriente Próximo también significa que se desarma, como muestra de respeto, e imita al anfitrión, que va descalzo. Una versión más laxa de este gesto se produce cuando los invitados llegan a nuestras casas y se limpian los zapatos en la esterilla de la puerta que dice «Bienvenidos». Después de usar el timbre y de dejarlos pasar con los rituales apretones de manos, gritos y besos, en temporada de nieve se quitan las botas y se ponen zapatillas de casa o, si se trata de amistades íntimas, se quedan descalzos y a continuación se quitan gorros, guantes y abrigos y los entregan para que el anfitrión los guarde en un armario. Cuando ya se ha producido todo esto en la entrada de la vivienda –un espacio de tránsito semipúblico y neutral– llega el siguiente paso en la entrada de los invitados a la casa: el acceso al salón o sala de estar.

Lo habitual es que los invitados a cenar acudan con algún presente, que suele consistir en flores, vino o bombones, que entregarán al anfitrión a su llegada. Se trata de un pago parcial por la hospitalidad que van a recibir, y por eso es posible que esa ofrenda se interprete como una descortesía: un regalo ya entregado podría reducir la presión para corresponder devolviendo la invitación. Pero es una costumbre que se ha extendido en los últimos años, incluso en países anglosajones donde antes no existía. Conviene señalar que los regalos para la cena todavía deben consistir en algo que se pueda consumir o en flores, por tratarse de objetos efímeros. Un regalo duradero y de un valor excesivo rompería el delicado desequilibrio que crea una invitación a cenar.

Son muchas y variadas las normas existentes en relación con los obsequios que se pueden hacer al anfitrión. Las flores tienen una carga particular de significados simbólicos que pueden llevar a un invitado foráneo a cometer un error. En la parte oriental de Alemania las rosas significan pretensiones románticas; las flores amarillas significan odio en Bulgaria, mientras que en Noruega los claveles y las flores blancas suelen relacionarse con funerales y muerte. Los crisantemos son inapropiados en Europa porque suelen usarse para decorar tumbas, ya que están en su mejor momento en la festividad de los difuntos. Ofrecer vino se considera un insulto en Portugal, España o Italia, porque da la impresión de que se cree que el anfitrión no ha previsto la cantidad suficiente de ese producto básico. (Todas estas normas varían, por supuesto, con el principio de la cortesía, el cual obliga a la población de un país determinado a hacer concesiones al desconocimiento de los extranjeros.)

La forma de recibir los obsequios por parte de los anfitriones también es diversa. En Turquía ni se les ocurriría abrir el regalo de un invitado porque implicaría desviar la atención de la visita, y eso la haría sentir poco apreciada. En otros países es posible ignorar un presente de forma ceremonial para que el anfitrión no parezca codicioso, o puede abrirse al instante con grandes alharacas unidas a la recriminación de la generosidad del dador. En Estados Unidos y Canadá, los presentes suelen abrirse en cuanto se reciben. Las flores se colocan en un lugar visible para que todo el mundo pueda disfrutar de ellas, mientras que en otras culturas podría considerarse descortés que el anfitrión se ausente para ir en busca de un jarrón; si el regalo es vino, debería servirse a ser posible durante la comida, y los bombones deberían ofrecerse a todos después de la cena, para que no parezca que los dueños de la casa acaparan esas dádivas únicamente para sí, y para mostrar la generosidad del donador al resto de los huéspedes. En Francia es posible que el vino obsequiado no se sirva durante la cena porque se supone que quien ha organizado la cena tiene razones sutiles y complejas para haber elegido vinos específicos para los platos que se van a servir, o para haber elegido las viandas de manera que complementen los vinos.

Cuando un invitado de Oriente Próximo llega a una casa tradicional, debe realizar un saludo formal y tomar asiento en el suelo en el lugar que tenga asignado. Este descenso inmediato del cuerpo es un acto ritual de respeto hacia el anfitrión y su casa. No hacerlo, según dicen en Emiratos Árabes Unidos, «sería como sentarse encima de la cabeza del anfitrión». Durante el resto de la visita, los invitados deben procurar no levantarse mientras el anfitrión esté sentado. El objetivo es no estar jamás a una altura mayor que el anfitrión; si alguien se marcha, se inclinará mientras esté saliendo para manifestar su deseo de permanecer más bajo: las actitudes físicas son un signo externo de la voluntad y la intención de cada cual. Al sentarse hay que poner mucho cuidado para no despatarrar las piernas por el suelo ocupando demasiado espacio. (Las sillas de comedor occidentales impiden de manera automática que sus ocupantes se apropien de espacio adicional, pero sí esperamos que se abstengan de estirar las piernas en toda su extensión. La posición correcta del asiento y de la columna vertebral en una silla de comedor recta ayuda a mantener las espinillas con una verticalidad decorosa.) Las personas que se sientan en el suelo para cenar han de mantener los pies desnudos en el lugar adecuado, a una distancia prudente del espacio destinado a comer y del resto de los asistentes. Los pies, al igual que los zapatos, se consideran algo bajo y contaminante: nunca se sabe lo que han podido pisar. También son partes extremadamente íntimas del cuerpo, y exhibirlos sin ningún recato a otras personas en una ocasión como una cena puede interpretarse como un insulto deliberado o como un signo de orgullo desmedido.

Si una anfitriona árabe ofrece un festín exclusivo para mujeres, en este momento servirá café, porque en esta cultura se considera un ritual tanto de apertura como de cierre. A continuación, ofrecerá los manjares, comerá con sus invitadas, volverá a servir café y, por último, ofrecerá perfumes e incienso, y sus comensales regresarán a casa llevándose los olores del hogar en el que han estado. Todos estos ritos los realiza la anfitriona personalmente. Una invitada honrará y manifestará su respeto hacia la anfitriona poniéndose totalmente en sus manos; de hecho, no tiene voz ni voto mientras esté en su casa sobre cómo ha de ser tratada. Podrá expresar su malestar por alguna descortesía y vengarse, pero por lo común solo lo hará más tarde, cuando salga de la casa y cuente por doquier lo sucedido. Los perfumes y el incienso pretenden purificar la contaminación que representa la presencia de las personas ajenas, aparte de dispensarles atención y respeto. En la Antigüedad, árabes y judíos vertían aceite perfumado sobre la cabeza de las visitas que recibían. Jesús reprendió al fariseo Simón durante una cena cuando este lo criticó por permitir que se le acercara una prostituta y, después, le lavara los pies desnudos con sus lágrimas. Simón no había recibido a Jesús como debe hacerlo un anfitrión verdaderamente atento, no lo había besado al entrar, no le había ofrecido agua para los pies, no le había ungido la cabeza con aceite.

Un invitado debe presentarse ante la puerta del anfitrión (en especial en una ocasión tan señalada como una cena) con el aspecto más limpio y respetable posible. En Emiratos Árabes Unidos, un invitado sucio, sin perfume y desaliñado manifiesta un enorme desprecio por el anfitrión. La anfitriona puede evidenciar que ha captado el desaire no ofreciéndole comida ni perfumes como respuesta y contar tan solo con ofrecerle café, que es lo mínimo que puede brindar un anfitrión. Los invitados deben llegar bien aseados, maquilladas y perfumadas ellas, y vestidos con sus mejores galas. Una vez más, estas expectativas no han cambiado en la sociedad tradicional desde dos mil años atrás: en el Nuevo Testamento se habla de un hombre que acude a una boda «sin estar vestido» para la ocasión y el rey monta en cólera porque considera evidente su falta de disposición, su despreocupación y hasta una calculada falta de respeto. (Se trata de una parábola que aparece en el texto de Mateo pero no en el de Lucas, y este episodio se produce justo después de ofrecer el banquete de bodas a personas reunidas de forma improvisada porque los invitados iniciales rechazaron la invitación del anfitrión. La historia del invitado que no se había molestado en prepararse como debía para la ocasión pertenece claramente a otro lugar del texto.) Platón describe a Sócrates lavado y con las sandalias puestas, aunque normalmente iba descalzo, para acudir a cenar a la casa de un amigo.

En las cenas festivas se entrecruzan los ámbitos de lo público y lo privado; esta conjunción de dos categorías separadas es una de las razones de la importancia social y ritual de las invitaciones a comer. Pero hasta las comidas familiares se convierten en minifestines si se celebran a unas horas específicas, si se cuenta con que asista toda la familia y si las comidas entre horas están controladas. De ahí que el empleo de una indumentaria festiva para acudir a una cena (incluso si de trata de un encuentro familiar) haya sido algo común en todo el mundo. La limpieza y la pureza siempre van unidas a la idea de comer, de modo que la ropa debe estar limpia y no mancillada durante la comida. El empleo de una vestimenta es un acto social y (salvo que se use para protegerse y abrigarse, que no suele ser el caso durante una cena) nada tiene que ver con lo natural o el sentido común. La indumentaria es una superposición de lo físico, como los propios modales en la mesa. Está sometida a convenciones sociales (por ejemplo, si sigue la moda); adorna a quien la lleva y realza su aspecto, del mismo modo que vestir una mesa o decorar un plato contribuye a que la estética de la comida resulte más agradable.

Muchas culturas disponen de prendas pensadas en exclusiva para comer con ellas, igual que usamos una vestimenta especial para dormir. En las sociedades que permiten a sus miembros esta comodidad, las prendas destinadas a cenar con ellas han de ser siempre holgadas, al igual que los camisones. (El esmoquin que se usa en Occidente es una prenda elegante, pero no especialmente holgada debido a las ocasiones en las que se usa.) La ceremonia japonesa del té suele incluir un momento en el que se deja solos a los invitados para que admiren la belleza de la decoración de la sala por parte del anfitrión; este aprovecha ese espacio de tiempo para colocarse una túnica especial para tomar el té y reaparecer ofreciendo a los invitados una nueva imagen. En la antigua Roma, los invitados se ponían una túnica y un manto para cenar. Eran prendas coloridas y favorecedoras, de tela fina en verano o de lana en invierno. En la época imperial empezó a considerarse más bien afeminada la prenda llamada *synthesis* porque antes había sido exclusiva de las mujeres. Esta prenda nunca se usaba fuera de casa, salvo durante las Saturnales, cuando se invertían deliberadamente todos los comportamientos posibles. En cierta ocasión, el emperador Nerón provocó un escándalo al dejarse ver en el exterior con tan solo media *synthesis* puesta y un pañuelo de aspecto ridículo atado al cuello.

A los invitados romanos les suministraban unas pantuflas ligerísimas para que las usaran en la casa del anfitrión, pero también este calzado era retirado por esclavos antes de que empezara la comida propiamente dicha. Si un invitado solicitaba sus zapatillas, era señal de que quería abandonar el comedor, ponerse la ropa de calle e irse a casa. Se consideraba muy elegante acudir con varias mudas de *synthesis* para cambiarse esa prenda a menudo durante las comidas. Marcial alude a un petimetre que se cambió esa prenda once veces con la excusa de que el calor lo hacía transpirar. El poeta le explica con sorna que usar una sola *synthesis* previene el sudor.

En la antigua China, la unión que representa un banquete se enfatizaba a veces con todos los comensales vestidos del mismo color, de igual manera que los miembros de un coro deben ir de uniforme o, al menos, usar prendas de un color acordado. Nosotros mismos repartimos a veces adornos similares a todos los comensales por simple diversión o para fomentar la sensación de comunidad y de singularidad, como cuando todos los hombres llevan claveles rojos y las mujeres ramilletes, o cuando todos se ponen un gorro festivo de papel. Pero en nuestra cultura occidental era el servicio doméstico (y ahora los camareros de restaurantes caros) quien solía vestir de uniforme. A menudo llevaban guantes blancos para que no tocaran la comida con los dedos; además, cualquier roce con la salsa se notaba al instante y no se podía lamer.

En el siglo XIX y principios del XX, las mujeres debían llevar los hombros descubiertos para asistir a cenas formales. También debían ponerse guantes largos que solo se quitaban antes de empezar a comer. Los guantes abotonados hasta el codo eran tan difíciles de quitar que vendían pares que permitían enrollar la parte de las manos hacia atrás. Los manuales de etiqueta nunca dejaron bien claro si era aceptable este recurso que ahorraba trabajo; Emily Post lo declaró «espantoso». Una vez retirados, los guantes debían juntarse con el bolso de noche, el abanico y la gran servilleta de damasco, todo ello en precario equilibrio, sobre el resbaladizo regazo de un vestido posiblemente confeccionado en satén. Emily Post sugirió con bastante atrevimiento («esto no debería figurar en un libro de etiqueta, donde debería decirse que no hay que hacer nada parecido a esto») que todos estos objetos se podían cubrir con la servilleta extendida sobre las rodillas «y con las dos esquinas laterales dobladas hacia dentro como si fuera una mantita, de manera que los guantes y el abanico queden sujetos en su sitio, por así decirlo». Pero ella fue aún más lejos al declarar que, como no siempre se disponía ya de una servilleta muy grande, recomendaba usar clips de oficina, tanto a caballeros como a damas, para sujetar la servilleta en su sitio. Todo lo cual solo funciona si se da por supuesto que un comensal bien educado no necesitará limpiarse los labios en ningún momento con la servilleta durante la cena.

Hasta hace muy poco, las mujeres se dejaban puesto el sombrero en los restaurantes y cuando acudían como invitadas a una comida formal. Liselotte, autoridad francesa de la etiqueta, dice en 1915 que las mujeres pueden dejarse puesto el sombrero aunque la comida no sea muy ceremoniosa «para no estropearse el peinado» y para poder marcharse de ella sin tener que volver a componerse. Pero una anfitriona que no tiene que salir de casa puede permanecer sin sombrero incluso en encuentros formales. Por lo común se consideraba adecuado que los anfitriones, por estar en casa y también por estar en una posición ritual superior, vistieran ropas menos formales que los invitados. Una anfitriona nunca llevaba guantes ni velo en su propia casa, «a menos», añadía Emily Post en un tono jocoso pero bastante crudo en 1922, «que le pasara algo en la cara». A las invitadas que llevaban velo se les permitía sujetar el borde inferior «por encima de la nariz». Las mujeres de Emiratos Árabes Unidos, que comen con las manos, emplean un solo dedo para levantar con delicadeza el velo negro (que usan incluso en las cenas exclusivas para mujeres) cada vez que toman un bocado. Cuando las mujeres occidentales llevaban enormes sombreros cargados de fruta, la decoración de la mesa se asemejaba mucho al tocado; las fotografías antiguas de comidas a principios del siglo XX evidencian que el conjunto debía de ser espectacular.

En la Antigüedad griega y romana, un banquete no era tal si todos los presentes no llevaban puesta una corona. La finalidad de las coronas era en parte la misma que la de los gorros de papel: un indicador festivo. Decían que los aromas de las flores y plantas trenzadas en ellas evitaba emborracharse demasiado pronto durante el simposio. También tenían un significado erótico, porque las coronas para las cenas festivas denotaban excitación pasional. Su significado religioso era muy solemne. Llevar puesta la corona simbolizaba plenitud e integridad (desde una perspectiva erótica, una corona rota significaba una personalidad cautivada por *eros*, con su inviolabilidad rota). En el mundo antiguo, el destino se consideraba una atadura, y la corona amarrada a la cabeza representaba las limitaciones humanas en general: las necesidades que todos compartimos, y que incluyen la necesidad de comer. La corona era una garantía de que su portador seguiría la regla esencial de comportarse en la mesa, que no se apropiaría de la comida que correspondiera a otras personas; robar y desatender los derechos de los demás era una forma de *hibris* o desprecio de las limitaciones.

Las coronas iban acompañadas de aceites perfumados. Ambos se recibían al mismo tiempo, al comienzo del banquete (y sería la segunda vez que los comensales se perfumaban si el anfitrión les había ungido la cabeza a su llegada a la casa) o antes de la segunda mesa o plato, y también después de la comida pero antes del simposio. Las ciudades romanas contaban con tiendas de coronas y perfumes en las que los anfitriones compraban elementos ya preparados o donde los asistentes a la celebración adquirían sus tocados y perfumes camino de la casa del encuentro. En la actualidad, las culturas occidentales hemos reemplazado en gran medida las artes de la perfumería por el lavado constante y la determinación de eliminar cualquier olor corporal. En las cenas gastronómicas actuales se considera que la persona que acude perfumada no tiene ni idea de cómo comportarse: el perfume rivaliza con el buqué del vino. Sin embargo, durante gran parte de la historia, las esencias se han considerado fundamentales para las celebraciones (en parte, aunque no del todo, porque las multitudes apestan con rapidez), y el incienso y los perfumes eran especialmente apreciados en las cenas. Las pinturas murales del antiguo Egipto muestran comensales de banquetes con grandes conos de grasa perfumada encima de la cabeza pensados para derretirse durante el festín y resbalar deliciosamente por el rostro y el cuerpo de su portador.

Cuando llegan los invitados, los anfitriones deben estar listos, impecablemente vestidos y esperando con tranquilidad tras haber finalizado con todo el trajín de los preparativos. Los anfitriones son responsables de sus invitados desde el mismo momento en que penetran en sus dominios. De modo que si la vivienda comienza en la cancela que da acceso a toda una propiedad, el anfitrión podrá esperar allí a los convocados y conducirlos por el terreno exterior hasta el interior de la vivienda; del mismo modo, al final de la visita los despedirá desde la puerta principal o desde la cancela de la propiedad, y hasta podría recorrer parte del camino de vuelta a casa con algún invitado de honor.

Los invitados deben saber cuándo llegar, si justo a la hora convenida o si es preferible hacerlo algo más tarde. (Rara vez se recibe con agrado que los invitados lleguen antes de tiempo.) La puntualidad es algo muy particular de cada cultura; la hora correcta de llegada a una cena depende en parte del tipo y de la temperatura de la comida que se servirá. La cocina de Europa Occidental exige consumirla caliente, y muchos de los platos deben estar en su punto, como suele decirse, cocinados en su medida justa, ni más ni menos. En Estados Unidos y Canadá rara vez se pica algo con antelación, como se hace en China, y la comida se saltea con rapidez momentos antes de servirla. De ahí que los libros de etiqueta insistieran en que los anfitriones debían esperar un cuarto de hora como máximo a los rezagados desde que estuviera listo el primer plato; y advertían a los invitados sobre el enojo que podían causar si llegaban tarde al encuentro. Otras culturas lo viven de otro modo. Lo tradicional en Japón es contar con que los huéspedes lleguen una hora tarde; los griegos actuales (quienes evitan las comidas muy calientes) se escandalizarían si alguien dejara menos de media hora de margen a los anfitriones desde la hora convenida. El respeto y la sumisión a las expectativas de quien organiza la cena son comunes a ambos sistemas: la buena educación exige llegar puntual para respetar el tipo de comida y el esfuerzo dedicado a prepararla o llegar tarde en deferencia a la intimidad del anfitrión y a la aversión general de una cultura a las prisas.

La puntualidad tiene mucho que ver con otra singularidad cultural: la naturaleza y duración de la socialización previa a la cena. En Estados Unidos y Canadá se cuenta con que los invitados contengan el apetito durante algún tiempo antes de que la cena esté lista; se les mantiene ocupados con habladurías, charla y algo de bebida. Por muy lentos que sean los anfitriones en ofrecer algo consistente para cenar, los invitados jamás deberán quejarse, ni siquiera parecer conscientes de la tardanza. En algunas sociedades del norte de Europa, como solía hacerse en el pasado en la mayoría de las culturas occidentales, cuando llegan los invitados, todos se sientan a la vez a cenar, de modo que la puntualidad es crucial. En muchas culturas no europeas primero se socializa, pero después se habla lo mínimo posible mientras se come, y se espera que los comensales se marchen inmediatamente después de terminar, por lo que sería de muy mala educación llegar justo antes de la cena y saltarse toda la conversación previa. Parecería que se infringe una norma fundamental de la cortesía que decreta que los invitados no acuden solo por la comida.

En algunos lugares se sigue una ceremonia que tiene lugar antes de empezar a comer, lo que establece de antemano la comunión esencial para sentarse después a comer juntos. Un ejemplo lo ofrece el reparto casi sacramental de una nuez de cola en Nigeria. La cola (que da nombre a un tipo de refresco occidental y cuya fórmula puede contener o no cantidades insignificantes de cola) es una semilla grande con varios cotiledones de sabor amargo, llena de sustancias estimulantes como la cafeína, la teobromina (también presente en el chocolate) y la colanina. Un anfitrión igbo debe compartir con sus invitados una nuez de cola después de saludarlos; incluso en las ocasiones más informales se disculpará con profusión si no tiene ninguna para ofrecer. Tras una oración, la persona más anciana o más honorable de la reunión partirá una nuez, y todos los presentes comerán de sus pequeños trozos. «Durante el reparto», escribe O. Nzekwu, «invade el ambiente un sentimiento religioso. Toda conversación cesa». En el pueblo yoruba, la cola forma parte del ritual de cierre de las comidas, en lugar de su apertura: se regalan nueces de cola a los invitados que se marchan. Recibir un número impar de nueces es un insulto y evidencia que, aunque durante la cena se hayan mantenido las formas, el anfitrión está enojado con esa persona por alguna razón. Entregar un número par de nueces significa que el anfitrión desea estrechar lazos de amistad con ese invitado, y cuanto mayor sea el número (par) de nueces mayor será su aprecio.

En Francia es habitual contar con que los invitados se reúnan antes de cenar para tomar un *apéritif* ('aperitivo'). Su implantación tiene su origen en la costumbre francesa del siglo XIX de tomar un *coup d'avant*, o una 'copa previa', consistente en un vasito de vermut que se daba antes de la cena y en un principio solo a los hombres. La palabra francesa *vermouth* guarda relación con la inglesa *wormwood* ('ajenjo'), que a su vez es una corrupción del término alemán *Wermut* y un ingrediente de la absenta. *Wermut* significaba 'coraje masculino', porque esta sustancia se considera un potente afrodisíaco. El vermut, que se elabora con una mezcla de vino blanco y licores amargos de Turín derivados de plantas como la artemisa y las naranjas amargas, fue un invento del italiano Alessio durante el siglo XVIII que empezó a comercializarse en Turín en 1786. Los franceses conocieron el vermut a través de las incursiones de Napoleón en Italia. Y poco a poco fueron cambiando el antiguo gusto por los vinos especiados y melosos antes de cenar hacia la predilección por los vinos amargos. Las bebidas nuevas suelen cobrar popularidad porque la gente se convence de que ofrecen algún beneficio para la salud. El sustantivo *apéritif* (de 'apertura' o 'abrir') no aparece hasta 1888; el término se había empleado con anterioridad como adjetivo en contextos médicos en alusión a la abertura de los poros, los vasos sanguíneos o los conductos obstruidos. El término sugería que estas bebidas cada vez más populares eran totalmente benignas, ya que se utilizaban para abrir el apetito para recibir las comidas abundantes de la Francia decimonónica. Nadie sabía qué se «abría» en el cuerpo con ellas.

Ahora, el *apéritif* se ha convertido en Francia en un rito en el que se comparte, una preparación para la comunión que se producirá durante la cena en sí; incluye el ofrecimiento de algo de comida como acompañamiento. El *whisky* es la bebida preferida, sobre todo por los hombres franceses, mientras que las mujeres suelen elegir oporto, Cinzano o incluso agua mineral; en los círculos más ricos y elegantes se sirve champán. El término sirve para dos momentos del día («la hora del aperitivo»): justo antes de la comida a mediodía y justo antes de la cena. La mayoría de la gente entiende ahora el aperitivo como el comienzo de una comida; la bebida que la complementa ya al final, llamada «digestivo», también suena reparadora y prestigiosa, y marca el final de la comida.

Las bebidas previas a la cena suelen ser mucho más fuertes que las que acompañan la comida. La cerveza y el vino, tomados con moderación y «en el momento correcto», pueden considerarse inofensivos, incluso nutritivos; ambos pueden tomarse tanto antes como durante las comidas. Pero cuanto más alta es la graduación alcohólica, menor es la equiparación o asociación de esa bebida con la comida; la ginebra y el *whisky* nunca se consumen en la mesa, sino que se les atribuye un papel totalmente distinto. En Estados Unidos, donde el alcohol ha sido durante mucho tiempo objeto de fervientes condenas, tomar una copa con los compañeros después del trabajo es necesariamente algo más grave, más categórico que tomar el agradable aperitivo francés. Una copa nocturna puede servir en Estados Unidos para señalar la transición entre dos mundos divididos de un modo tan marcado dentro de la sociedad que los muros erigidos entre ambos han de franquearse con decisión: del trabajo al descanso, de la cohibición a la libertad, de la productividad y la obtención de dinero a lo opuesto, de la jerarquía y la representación de un papel a la igualdad y la camaradería. El paso de uno a otro y el relajamiento de las inhibiciones implican riesgos y hasta algo de resistencia. Pero estos se mitigan gracias a que el periodo de tiempo en el que se permite ese ritual (beber no ha de convertirse jamás en algo que se hace a cualquier hora) está limitado y definido por los espacios particulares en los que ocurre y por la convención general de que debe ser una actividad social.

Al volver a casa después del trabajo es posible que tomar una copa nocturna sirva como rito de paso no solo para transitar de lo laboral a lo «lúdico», sino también de lo público a lo privado, que es otra de las grandes dicotomías que conforman el andamiaje del sistema industrial moderno. Tomar unas copas antes de la cena puede servir para efectuar todas estas transiciones al mismo tiempo. Si se trata de una cena con invitados, beber juntos servirá además como «rito de paso» de la casa de cada cual a la del anfitrión, y como símbolo y generador de solidaridad entre los asistentes a esa reunión creada de manera artificial mientras se preparan para sentarse juntos a la mesa.

Tomar asiento

«Hsiang Yu invitó a Liu Pang a asistir a un banquete. Hsiang Yu y su tío Hsiang Po se sentaron mirando al este, el patriarca Fan Tseng lo hizo mirando al sur, Liu Pang, mirando al norte, y Chang Liang, su acompañante, hacia el oeste». Esta es la descripción con la que comienza un relato de principios de la dinastía Han (siglo II a.C.) sobre un banquete durante el cual Hsiang Yu pretendía asesinar a Liu Pang. Pero, a pesar de tener secuaces preparados con espadas, y a pesar del odio en los corazones de muchos, Hsiang Yu no fue capaz de hacer un solo movimiento en contra de su invitado. Su tío, Hsiang Po, incluso participó en una danza con espadas, un divertimento durante la cena que debía culminar con el asesinato y, sin embargo, protegió a Liu con su cuerpo mientras se efectuaba la danza. Cuando apareció otro asesino con el pelo encrespado y los ojos «casi fuera de las órbitas», el anfitrión simplemente lo invitó a comer y beber. El texto no explica en absoluto este gesto repentino para proteger a un enemigo, pero la posición de los asistentes despeja todas las incógnitas a quien sepa leerla. Quien se sienta mirando hacia el este ocupa el sitio de honor. Cuando Liu Pang se sentó mirando hacia el norte, aceptó que Hsiang Yu (que, por tanto, pudo sentarse con su tío mirando hacia este) estuviera por encima de él; eso bastó para salvarle la vida, al menos mientras todos permanecieran sentados durante el banquete.

Compartir una comida es un signo de amistad e igualdad y, sin embargo, la colocación de los compañeros de mesa siempre se ha utilizado como una manifestación del poder de cada uno en relación con el resto. La jerarquía de los asientos constituye uno de los aspectos más enrevesados del protocolo, ya que asignar sitio a los invitados a la mesa implica tomar decisiones muy estratégicas. No establecer una jerarquía entre los comensales es como hacer una declaración política o social y religiosa. Siempre se hace una distinción importante e intencionada entre las comidas formales y estructuradas con cuidado, y las informales y laxas. La cercanía se fomenta «rompiendo las reglas» (aunque una de las aparentes paradojas de la comunicación social es que debe mantenerse cierto grado de formalidad para que no se desdibuje la relación que mantienen entre sí quienes comparten una mesa). La organización de los asientos puede seguirse a rajatabla, respetarse solo en parte o rechazarse de plano; y en todos los casos es importante.

La jerarquía durante una cena suele imponerse cuando el grupo está formado por personas de distintas procedencias sociales. Se oye hablar mucho sobre algo que consideramos prácticas discriminatorias escandalosas en los banquetes medievales. (Una de las frustraciones de quienes investigan la historia de la gastronomía medieval es que los textos de esa época –aunque no ocurre solo en esta– rara vez describen con detalle qué viandas se servían en los banquetes; en cambio, sí exponen con claridad todo lo relacionado con la precedencia en la disposición de los asientos. Esto se debe a que la comida no se consideraba digna de atención literaria, mientras que los asientos despertaban suficientes pasiones como para dejar constancia de ellos.) Invitados especiales y anfitriones ocupaban la «mesa alta», sobre la que había un inmenso salero de plata que indicaba el lugar del anfitrión o de un invitado eminente; el resto de los comensales se sentaba, por tanto, «bajo la sal», y cuanto más lejos de ella, más abajo estaban. Las personas sentadas más arriba recibían mejor comida y en mayor cantidad.

En cambio, la aristocracia europea de los siglos XVII y XVIII fue reduciendo cada vez más la distancia entre comensales y juntándose en grupos reducidos hasta que no quiso ni oír hablar de asientos jerarquizados. Los anfitriones decidían a qué personas invitaban pensando en su compatibilidad, y los asistentes se sentaban según sus preferencias. Las mesas solían ser bastante pequeñas y redondas, un detalle muy significativo. Lo que sucedía en realidad en aquellas «cenas íntimas» era que las personas que tendrían que sentarse «por debajo de la sal» sencillamente quedaban fuera del festín. En el transcurso de dos siglos, los señores se habían ido retirando cada vez más de la vista de sus sirvientes para cenar acompañados de personas escogidas en una estancia independiente del gran salón. Es fácil, y muy moderno, proclamar la igualdad cuando las personas que están por debajo han quedado relegadas a un ámbito completamente distinto, fuera de la vista y de la mente, y desde luego no se les invita a la mesa.

Los presidentes de la nación estadounidense revolucionaria empezaron insistiendo en que todos los enviados extranjeros recibieran el mismo trato en suelo estadounidense durante los encuentros diplomáticos. Las *Rules of Etiquette* ('Normas de Etiqueta') de Thomas Jefferson (1803) eliminaron cualquier precedencia entre dignatarios visitantes, y debió de resultar muy reconfortante que aquello los encolerizara y confundiera. George Washington había insistido en que, como dirigente de la nación, jamás podría ser el invitado de nadie; lo decía por razones profundamente morales, pero es muy probable que también tuviera muy claro el papel ritual subordinado que adopta un invitado. A partir de 1815, cuando, como veremos, la comunidad internacional redefinió el protocolo diplomático, la presidencia estadounidense reinstauró la precedencia como mecanismo para organizar los actos ceremoniales. Pero la tradición de asombrar a los extranjeros con la informalidad estadounidense ha perdurado. Los modales informales pueden resultar encantadores porque se perciben cálidos y sinceros. Sin embargo, da la impresión de que hoy en día es imposible evitar el esnobismo porque está de moda relajar las maneras y a veces se considera anticuado y ridículo ser formal. También es un viejo recurso para que los más poderosos conocidos por todos renuncien a seguir normas demasiado puntillosas y traten a sus inferiores con familiaridad.

A menudo se crean espacios en los que las personas se reúnen en igualdad de condiciones, liberadas por unos momentos de las estructuras sociales y, al menos en parte, de las luchas de poder. Es posible que las grandes ciudades actuales sean viables desde un punto de vista social por el simple hecho de que ofrecen entornos así en los que pueden aparecer personas desconocidas a las que nadie pregunta y cuyo pasado no tienen por qué desvelar a menos que les apetezca hacerlo; nadie que se las encuentre logrará conocer su procedencia (siempre que cuiden sus modales, la vestimenta y su manera de hablar). La imagen lo es todo: se proyecta de forma consciente, se percibe al instante y se corresponde o no con la realidad. Una vez que se ha sacrificado la comunidad estable e íntima, hay que ofrecer su alternativa, es decir, la separación anónima y la movilidad. El advenimiento de los cafés a finales del siglo XVII en Europa fue uno de los requisitos previos para el desarrollo de la vida urbana moderna. Casi de inmediato, la ausencia de jerarquía y la eliminación de los papeles sociales cobraron sentido desde un punto de vista económico para el propietario del café, quién amplió su clientela, pero también prestaron un gran servicio. La relación de normas reunidas en *The Rules and Orders of the Coffee-House* (Londres, 1674) comienza del siguiente modo:

> En primer lugar, caballeros y comerciantes son todos bienvenidos aquí
> y pueden sentarse sin ofenderse a la misma mesa:
> nadie busque aquí un sitio preferente,
> sino que tome asiento en la primera silla libre que encuentre;
> y si entran personas más elevadas, nadie tendrá
> que levantarse para cederle el sitio.

Estas líneas establecen un contraste deliberado con lo que experimenta su clientela en las cenas formales, donde los invitados se someten primero a una selección por parte de los anfitriones y después toman asiento teniendo muy presente su rango, la etiqueta y el protocolo.

La palabra *etiqueta* procede del término francés *étiquette*, que en el pasado significaba 'marbete' o etiqueta pegada a un objeto (y ahora a las personas) para identificarlo y saber qué lugar le correspondía. *Protocolo* proviene del término griego *protokollon* (*protos* = 'primero', *kolla* = 'pegamento'), y aludía a la primera envoltura pegada que portaba un rollo escrito para conocer su contenido. En las cenas formales, la asignación de asientos se indica mediante una tarjeta colocada en cada cubierto con el nombre del comensal. Antiguamente era de rigor entregar a cada invitado masculino un sobre dirigido a él que en su interior portaba el nombre de la mujer a la que debía ofrecer su brazo para entrar en el comedor y que sería su acompañante durante la cena. A una anfitriona se le puede perdonar que no prepare tarjetas, pero ha de tener pensados los sitios y ser capaz de dirigir a sus invitados hasta sus lugares correspondientes. Porque en nuestra sociedad es la anfitriona (o el anfitrión) quien decide (a menos que renuncie formalmente a este derecho) dónde se sentarán los invitados, y este orden determina aquel en el que se servirá la comida a los comensales.

La precedencia en la mesa se ensayaba, por así decirlo, en el desfile para entrar al comedor. En el siglo XIX, los invitados alojados en una mansión se congregaban a veces en el vestíbulo de la planta baja ya vestidos con la ropa de etiqueta que hubieran elegido para la cena ante la mirada del resto de los invitados. El mayordomo anunciaba que la comida estaba lista mediante la fórmula «La cena está servida». «*Madame est servie*» era la frase ritual francesa: Proust describe a un sirviente pronunciándola en un tono tan lastimero que sonaba como si la señora hubiera fallecido. Entonces los invitados, informados con antelación, se colocaban en fila; el anfitrión encabezaba la marcha llevando del brazo a la invitada de más edad. (La costumbre de que las señoras tomaran del brazo a su acompañante masculino se generalizó en el siglo XVIII; con anterioridad, los tutores llevaban de la mano a las personas que tenían a su cargo, igual que los hombres a las mujeres.) Los invitados seguían el orden de precedencia de las mujeres en compañía de las parejas que les habían asignado los anfitriones. La anfitriona (que en los países anglófonos se sentaba en la cabecera de la mesa opuesta a la que ocupaba su esposo) entraba en último lugar, acompañada por el invitado masculino de más edad.

En algunas culturas se permite que los invitados reclamen los «honores» que consideren que les corresponden en la mesa; sin embargo, el anfitrión sigue siendo responsable de la rectitud general y deberá pedir a un invitado demasiado pretencioso que se aparte si es adecuado que otra persona más distinguida ocupe ese sitio en la mesa. También es posible que un invitado más inteligente tome la iniciativa por sí mismo confiando en la competencia del anfitrión en esa materia, aunque solo sea de manera temporal. Es posible que no solo acate la decisión del anfitrión (como deberá hacer en última instancia para seguir manteniendo la corrección), sino que además tome la decisión de sentarse en una posición inferior a la que le corresponde. «Después de usted es lo cortés», reza un dicho inglés del siglo XVI: rogar a alguien que nos preceda indica que se presta atención y el deseo de respetar a los demás. La toma deliberada de un asiento inferior manifiesta indiferencia ante el rango y, puesto que el rango es una noción puramente cultural, una fachada artificial, siempre resulta admirable manifestar cierta indiferencia esencial hacia él. Ocupar un asiento inferior también obligará a cualquier anfitrión que se precie a cerrar la brecha entre la apariencia y la realidad social invitando a esa persona a ocupar «una posición más elevada».

El Nuevo Testamento está repleto de cenas festivas y anécdotas sobre banquetes. La humildad, que para los cristianos es una cuestión de sabiduría, se explica con una parábola en la que un huésped se rebaja en lugar de competir por el mejor sitio durante la cena, pero entonces es recompensado con una consideración mayor. Esta parábola suele expresar valores espirituales de un modo comprensible para quienes practican la competitividad mundana. Dadas las exigencias de la urbanidad en la mesa, la cena brindaba uno de los pocos contextos en que las personas competitivas y poderosas tenían la posibilidad de experimentar ajustes jerárquicos consistentes en pedir a los de abajo que ascendieran y en abochornar a los de arriba degradándolos a un lugar más acorde con su naturaleza. (Sin embargo, hay un aspecto cultural en el planteamiento de esta parábola: hoy en día podría considerarse de mala educación sentarse en un sitio distinto al que asigna el anfitrión. En las sociedades occidentales actuales, el anfitrión toma las decisiones y los invitados deben acatarlas. El libro de modales eclesiásticos de Branchereau –de finales del siglo XIX– dice que es muy difícil atinar con la asignación de los asientos. De modo que alterar la disposición de los asientos del anfitrión sería un acto de falsa humildad que solo serviría para causar problemas.)

El papel del anfitrión o del invitado que insiste en ceder ante otros, pero que recibe una negativa tras un largo debate cuyo final todo el mundo conoce de antemano, es bastante habitual. Un invitado árabe susurrará al anfitrión «*Tafaddal*» ('Tenga la bondad') con la intención de que acceda antes que él al comedor, pero el invitado acabará cediendo porque le corresponde a él entrar primero; tiene precedencia. Esta actuación se denomina «pelea por el mérito» de ceder el paso; la pugna de por sí es una expresión de buena voluntad de cortesía, a pesar de que la etiqueta ya ha decidido quién ganará. La etiqueta china y japonesa tal vez constituyan el ejemplo más perfecto de ello. Según cuenta B. Y. Chao, la cena comienza en China con una pugna para ceder la precedencia al entrar en el comedor: «Entre amigos de confianza se puede llegar a los empujones, aunque nunca a los golpes». Tras dejar pasar el tiempo de rigor para que se produzca esa pugna, el invitado de mayor edad podrá permitirse entrar al fin diciendo «*Gōng jìng bùrù cóng-mìng*», algo así como 'Mejor la obediencia que la deferencia'.

A eso le sigue otra disputa, esta vez en relación con la precedencia de asiento, un tema que, según Chao, es demasiado complejo para explicarlo a occidentales. «A veces parece que estamos discutiendo y peleando de verdad cuando en realidad solo procuramos ser más corteses que el resto». Una manera ingeniosa de que la «cultura» supere a la «naturaleza» consiste en mantener la agresión pero cambiando su finalidad. Este es un ejemplo en el que la competición se reforma para convertirla en una pelea por rebajarse y ganar fama de persona educada. Además, es inevitable que una disputa implique contacto entre los contendientes; la pugna lúdica por ocupar un asiento inferior obliga a las personas a relacionarse entre sí mientras realizan sus maniobras.

En su descripción sobre cómo puede usarse la comida para expresar conflictos en un hogar brahmán tamil, Arjun Appadurai explica que las mujeres encargadas de cocinar y servir la comida en una familia numerosa pueden «abreviar» la comida para manifestar cualquier queja que tengan. También pueden ubicar a los miembros de la familia en lugares inapropiados, por ejemplo, sentar a un adolescente con los niños o a un miembro mayor de la familia junto a un «primo pobre»; o servir la comida en un orden pensado para ofender a alguien que las haya agraviado. Los parientes o invitados reprobados pueden quedar «degradados», como suele decirse, con una especie de venganza en relación con el asiento que ocupan y el orden en que se les sirve la comida.

Los invitados que se sientan ofendidos por la valoración de su rango que establezca el anfitrión no podrán hacer nada al respecto, a menos que estén dispuestos a interrumpir toda la ceremonia marchándose. Hubo un tiempo en que estaba permitido un compromiso bastante ingenioso dentro de los límites de la etiqueta diplomática que consistía en que si un invitado consideraba que le habían asignado un lugar que no le correspondía, podía volver su plato del revés para manifestar en silencio su disconformidad. De este modo impedía que prosiguiera la escenografía de servir la comida y empezar a consumirla hasta que el anfitrión reparara su honor menoscabado o, al menos, notara su protesta. Esta actuación no se consideraba un insulto al anfitrión, a pesar de todas las consecuencias que conllevara.

Encontramos ejemplos del tipo de rencores que podían suscitar estas ofensas en relación con la asignación de asiento en la obra *The Court of Civill Courtesie*, traducida del italiano al inglés en 1591. El «joven caballero» para el que se escribió el tratado recibe toda una lista de estratagemas, quejas y agudas réplicas que debía aprender y tener preparadas en caso de recibir un desprecio de este tipo. Si, por ejemplo, el anfitrión es lo bastante desvergonzado como para no reparar un error cometido al sentarlo, «el joven caballero deberá disponer de algunas frases burlonas o incluso algunas mofas simpáticas para comentar el asunto con quienes tenga a su lado, para que el resto vea que él eligió ese sitio despreciando el otro. Como, por ejemplo: [...] Cuidados, amigos, el orgullo caerá: no habléis tan alto, vuestros mejores están donde les corresponde». Está muy claro que no recibir la posición adecuada en la mesa es «una humillación que no se debe sufrir». Y, sin embargo, un hombre civilizado no iniciará una disputa por ello. Se limitará a decir cosas como «Si no fuera por las molestias que causaría a esta compañía, os tallaría con una parte de mi daga: mas no dudéis de que encontraré un momento para vos».

En muchas sociedades, el anfitrión no tiene la necesidad de indicar a los invitados dónde colocarse: cada cual conoce su sitio. (Un libro de modales estadounidense de 1855 explica que la razón por la que los asientos plantean tantas dificultades es «porque ahora las distinciones no son tan explícitas».) Normalmente, aunque no siempre, los comensales deben sentarse tomando al anfitrión como referencia: el invitado de honor a su derecha o a su izquierda, o justo en frente de él, como en Japón. El resto de los asistentes encuentra su rango por yuxtaposición y distancia, sin necesidad de pronunciar una sola palabra. Sin embargo, es indispensable que todo el mundo conozca y siga el mismo juego: incluso un solo cambio puede arruinar toda la composición. Luis XIV se indignó tanto cuando en cierta ocasión una mujer tomó un asiento superior al de su rango, que apenas fue capaz de articular palabra y le faltó poco para levantarse de la mesa; más tarde declaró que solo lo contuvo su consideración por el marido de la señora. Su enojo fue idéntico con la mujer a la que le habían arrebatado el sitio, por no protestar, y dejó constancia de que consideraba aquella alteración del orden en la mesa como un insulto hacia su persona. Una vez más se ve la dependencia mutua entre anfitriones e invitados. En opinión de Luis, se suponía que quienes compartían su mesa conocían su rango y lo acataban sin cuestionarlo; él era el centro de todo el sistema y servía de referencia para que todos los demás tomaran los diferentes asientos.

Se supone que el protocolo diplomático evita discusiones entre los asistentes, en lugar de provocarlas. Las personas con un cargo diplomático no son solo ellas de por sí, sino que representan, y existen para dar a conocer, los deseos de sus gobiernos y la habilidad de las personas que representan para conseguir lo que quieren. Un cargo diplomático debe ser tan sensible a los detalles insignificantes (en nombre de su país, por supuesto) como un grande de España. De ahí los eternos debates sobre la forma de las mesas en encuentros internacionales, la insistencia en el empleo adecuado de los títulos y las formas de dirigirse a ellos, y el orden en la «fila de recepción» con la que los anfitriones dan la bienvenida formal a los invitados en la parte superior de la escalera alfombrada. En el pasado solían darse unas peleas y pugnas salvajes por la precedencia diplomática; así, por ejemplo, cuentan que en el siglo XVIII se circulaba por la ciudad al galope en caballo o carruaje para llegar con la antelación suficiente para asegurarse el asiento que «correspondía» a cada cual.

Por fin, en 1815, las naciones presentes en el Congreso de Viena tomaron la sabia decisión de mantener el protocolo pero despojándolo de toda argumentación para que el conflicto careciera de sentido. El rango se eligió al azar. Desde entonces, los embajadores se clasifican de acuerdo con la fecha y la hora de su acreditación. Por ejemplo, si un embajador presentó sus cartas credenciales en febrero ocupará un puesto más elevado en la mesa que otro cuyas credenciales se presentaran en marzo, aunque el representante de una nación más poderosa efectuara el trámite más tarde. Cualquier duda sobre dos rivales diplomáticos se suele resolver recurriendo al alfabeto: cuanto más cerca de la letra *a* se encuentre la inicial del apellido, más cerca del primer puesto se situará esa persona. Una vez eliminada la posibilidad de elegir, el protocolo queda relegado a un mero mecanismo de ordenación cuyo completo sinsentido ayuda a evitar resentimientos.

En el extremo opuesto, tal vez, de utilizar el puro azar para decidir la precedencia se encuentra el procedimiento informal actual de permitir que los invitados se sienten donde quieran (lo que en realidad presupone un nivel bastante elevado de buenos modales interiorizados entre los propios invitados) o de que la anfitriona siente a los invitados como considere que les agradará más. Ella cree saberlo, y sus invitados solo pueden confiar en que así sea. Por supuesto, existen algunas pautas: nunca hay que sentar juntos, uno al lado del otro, a rivales empresariales ni a personas de ideologías opuestas, ni grandes pensadores con frívolos amantes de la diversión. Pero la anfitriona también tendrá que correr algún riesgo para que su fiesta no resulte aburrida. Al final, la libertad para decidir dónde situar a los invitados se convierte en una tarea tan compleja –mucho más incluso que los mareantes entresijos del antiguo protocolo chino– que nadie puede darle consejo; cada cena será una empresa completamente nueva.

Un retroceso actual en cierto modo hacia una actitud fatal es la costumbre cada vez más extendida de hacer que los invitados cambien de sitio durante la comida. Suponiendo que ya esté restringida la libertad de elegir asiento porque hombres y mujeres se dispongan de manera alterna, tal como sigue siendo la tendencia actual, todos los hombres se levantan después de cada plato y se desplazan dos «sitios masculinos» más abajo, de manera que todo el mundo deba conversar con alguien nuevo, aunque no quiera. En realidad, se trata de una variante de la costumbre de la «rotación en la mesa», que dicen que aún se emplea en cenas extremadamente formales: al menor giro de cabeza de la anfitriona desde el invitado sentado a su izquierda al de su derecha, todas las parejas deben interrumpir su conversación. Las mujeres asumen la responsabilidad de girarse en la dirección señalada por la anfitriona; los caballeros se limitan a supeditarse a lo que ven. Por supuesto, sería muy grosero, no solo con el anfitrión sino también con todos los presentes, enfrascarse tanto en una conversación como para no captar la orden o negarse a cambiar de pareja; este sistema requiere una precisión coral o, de lo contrario, al menos dos personas se quedarán «solas mirando hacia su plato». La anfitriona, dice Emily Post, deberá alzar la voz y decir: «¡Sally, no puedes seguir charlando con el profesor Bugge! El señor Smith ha hecho todo lo posible por llamar tu atención». Este sistema garantiza sin duda que nadie será ignorado en la conversación durante la cena.

Una norma de cortesía de siempre es que no se muestren favoritismos cuando se está en grupo. No deben formarse corrillos de chismorreos en las esquinas ni deben hacerse bromas privadas ni manifestarse ninguna preferencia obvia por una compañía en particular; hay que prestar atención a todos los presentes con la mayor equidad posible. Por eso se acostumbra a separar en la mesa a las parejas de novios o de casados. Los manuales de etiqueta nos recuerdan que las cenas sirven para abrirse a otras personas; las parejas o grupos que no deseen hacerlo, deberán quedarse en casa.

La mesa de comedor alrededor de la cual colocamos asientos separados en las culturas occidentales no solo levanta la comida a la altura del talle (algo necesario debido a las sillas) y proporciona una especie de escenario en el que pueden hacer su entrada y salida los diferentes platos, sino que también fija a cada cual en lugares específicos y, a la vez, une y separa a todas las personas sentadas alrededor de esa mesa. Todos los comensales están distribuidos y a la vista; nadie puede escapar, porque está prohibido abandonar la mesa antes de que todos hayan terminado de comer y estén de acuerdo en levantarse. Las mesas de comedor suelen ser alargadas para encajar mejor en nuestros salones rectangulares; esta forma proporciona cuatro lados, dos de los cuales solo ofrecen espacio para una persona. Esta se distingue así del resto sentado en los lados largos. (Las mesas redondas o la opción de sentarse en el suelo formando un círculo alrededor de la comida no dan lugar a las mismas distinciones jerárquicas; a menudo se recurre a reemplazar la mesa alargada por una redonda cuando es imposible evitar los conflictos.)

Según la costumbre anglosajona, las personas de mayor rango en la mesa son las que están más a la vista de todas; por eso la ventaja de los lados cortos de las mesas alargadas se reproduce en los grandes banquetes o en los comedores universitarios, donde hay una mesa «alta», literalmente a un nivel más elevado que el resto, dispuesta a lo largo de uno de los lados cortos del salón y a menudo perpendicular al resto de las mesas dispuestas paralelas al lado largo de la estancia. Esta práctica perdura desde la época medieval; por entonces, las mesas largas perpendiculares a la mesa alta y paralelas a las paredes laterales del salón recibían el nombre de «aparador». En Francia, y en otros países latinos diversos, lo tradicional es que los anfitriones se sitúen no en uno de los extremos cortos de la mesa, sino en el centro de cada lado largo de la mesa, anfitrión y anfitriona frente a frente, y los invitados de honor a cada uno de sus costados; los extremos de la mesa se distinguen así por ser de rango bajo, no por estar «en el centro». En el pasado, cuando los grandes banquetes eran auténticas representaciones teatrales observadas por una multitud de espectadores en las que desfilaban numerosos sirvientes acarreando platos, los asientos se situaban tan solo a un lado de la mesa; la metáfora de la mesa como escenario se reforzaba aún más. En la mesa alta, concebida para quedar a la vista de toda la concurrencia, las personas más importantes se sentaban en el centro, la reputación irradiaba desde ellas y decrecía con la distancia a medida que se avanzaba hacia los extremos de la mesa, igual que en el sistema tradicional francés y que en la disposición que aún perdura en la mesa alta actual. En varios países de América Latina, el deseo del anfitrión de ensalzar a su invitado de honor lo sitúa en la cabecera de la mesa (uno de los extremos cortos) con el anfitrión a su derecha.

Cuando se permite la asistencia de mujeres, estas se sientan a veces en un grupo separado o todas juntas respetando la precedencia entre ellas. Otra posibilidad es que las mujeres se sienten juntas sin ningún orden jerárquico; en estos casos, el hecho de que los hombres tengan que regirse por el rango se convierte en un signo de su categoría política y de su relevancia. Entre los *sherpas*, el rango entre los hombres no es invariable, sino que se renegocia en cada celebración. No hay asientos formales, pero todos los hombres colaboran entre sí para elevar a los más distinguidos y rebajar a los menos respetables, según la consideración de todos los presentes; es el sistema que sigue esta sociedad para escenificar su estructura cambiante de poder.

En la cultura estadounidense, las mujeres solían quedar relegadas en el pasado al papel de meras espectadoras. Después se les permitió sentarse a la mesa, pero todas juntas en uno de sus extremos –el de menor categoría, por supuesto–, mientras que los hombres ocupaban la parte «más elevada». Esta clasificación implacable seleccionaba a las mujeres igual que a los hombres. Hubo un tiempo en que en los grandes banquetes se permitía a los hombres muy importantes sentar a su mesa o en una mesa cercana a las mujeres que más les atraían para tenerlas al alcance de la vista. Con el tiempo (el cambio fue gradual, esporádico y con variaciones regionales y retrocesos ocasionales al sistema previo), hombres y mujeres acabaron ocupando asientos alternos en la mesa. Una dama jamás se sentaba a la izquierda de su acompañante varón porque, como señaló Emily Post, «una dama "a la izquierda" no era una dama», y aún perdura la costumbre de que a la mujer le corresponde sentarse a la derecha de su acompañante varón.

La precedencia formal en la mesa (incluso en la cultura estadounidense, donde las reglas en esta materia parecen burdas y hasta toscamente rústicas en cuanto a su simplicidad para algunos extranjeros) no solo es algo rígido, sino también un ejemplo de complejidad. «La dama de mayor rango», dice Emily Post, «se sienta a la derecha del anfitrión. La dama que la sigue en jerarquía se coloca a su izquierda. La dama en tercera posición jerárquica se sienta a la derecha del hombre de mayor rango. La cuarta dama, a la izquierda del segundo varón en cuanto a rango...». (Las indicaciones se presentan con el estilo conciso de las recetas de cocina.) En las cenas con un número de comensales múltiplo de cuatro, la anfitriona cede su sitio y el anfitrión conserva el suyo, para evitar que coincidan dos hombres o dos mujeres en los extremos de la mesa.

Si se da una cena para doce, los problemas para asignar asientos se vuelven enormes. La anfitriona ocupa el asiento que habría quedado a su izquierda; es decir, no se desplaza hacia la derecha, tal como ocurriría con otros múltiplos de cuatro, porque de lo contrario ocuparía el asiento de la persona a la que siempre se sirve primero, y eso es algo que no haría jamás. El anfitrión será servido en segundo lugar, una circunstancia desafortunada que se considera preferible a su alternativa, que implica interrumpir la secuencia de movimientos del servicio saltándolo y volviendo a él más tarde. Es casi imposible, señala Emily Post, sentar a doce personas en la casa de una viuda. Y ella recomienda resolver el rompecabezas designando a un invitado masculino para que ocupe el lugar del anfitrión; de lo contrario, podría verse obligada a cometer la grosería de servirse a sí misma de una fuente sin empezar. En tal caso, la dama más distinguida se sentará a la derecha del caballero más venerable, quien se sienta a la derecha de la anfitriona. La coreografía de los movimientos para servir la comida es aún más intrincada que la planificación de los asientos.

En los banquetes medievales, por ejemplo, se solía diferenciar a los comensales más egregios colocando un dosel sobre su asiento, del mismo modo que se distinguía a un potentado oriental o a un dirigente de África occidental en medio de una multitud amparándolos bajo un paraguas. (También era frecuente usar un dosel sobre la cama; el dosel fue en sus orígenes el respaldo de algunos asientos destacados, así como su equivalente en las camas.) En Oriente –en Corea, por ejemplo– el honor se indicaba instalando un biombo a la espalda de alguna personalidad distinguida.

Las sillas separadas favorecen la distancia entre comensales y también el estatus: es difícil destacar cuando se es uno más en un banco. El tipo de silla que se ocupara podía tener una importancia suprema: un sillón con reposabrazos, una silla sin reposabrazos pero con respaldo o un simple taburete. Aún quedaba un nivel inferior que era el de las personas que permanecían de pie. (Como ya hemos visto, los niños solían quedarse de pie durante las comidas.) En Versalles, la dignidad suprema de ocupar sillas con respaldo y apoyabrazos estaba reservada a los reyes. Su familia se sentaba en banquetas de tres patas llamadas *tabourets* o 'taburetes'. La familia real –y solo ella– podía utilizar sillas sin brazos y con respaldo, pero solo cuando el rey no estaba presente. Disponer de un *tabouret* suponía un gran honor que solo recibían ciertas mujeres de la nobleza no pertenecientes a la familia real; incluso sus maridos debían permanecer de pie. Las propias señoras con el privilegio de sentarse recibían el apelativo de *tabouret*, o *femme assise*, 'mujer sentada'; el rango del marido aumentaba si a su esposa se le permitía ocupar un asiento, de modo que los cortesanos peleaban con uñas y dientes para conseguir el *tabouret* para sus esposas. En las cenas solemnes, Luis XIV «daba la mano» al invitado de honor, es decir, lo sentaba a su derecha. Las *tabourets* tomaban asiento, y todo el resto permanecía de pie. En la cultura occidental, quedarse de pie tiene un significado opuesto al que se le da en el mundo árabe, donde, como hemos visto, se esfuerzan para no elevarse más que el anfitrión. Seguimos poniéndonos de pie para manifestar respeto, por ejemplo, cuando damos ovaciones o cuando alguien importante entra en una sala o cuando los hombres se encuentran en presencia de mujeres que están de pie.

La diferenciación suprema consiste en negarse a relacionarse con los demás. En muchas culturas africanas, el padre de familia es tan importante que suele comer separado del resto cuando alguien le lleva la comida. Un hombre polígamo puede elegir la familia de una de sus esposas como compañía durante la cena. Sin embargo, como la comida es algo tan importante en el matrimonio, en cada comida suele estar obligado a probar al menos lo que también le hayan cocinado y enviado sus otras esposas. Puede que reciba los mejores bocados, y él se los comerá tal como es su deber y tal vez también su obligación. Puede que le sirva la comida uno de sus hijos siempre arrodillado para no sobresalir por encima de él, y puede reservarse el derecho de solicitar la compañía de uno de ellos, a menudo el hijo menor, mientras dure su comida para no hacerla en soledad. Un padre de familia de la tribu talensi probó con amabilidad cada uno de los platos que le enviaron sus esposas (era un insulto para la cocinera que dejara alguno sin probar), comió lo que le había proporcionado su primera esposa, y después llamó a sus hijos para compartir el resto con ellos.

Los hombres rara vez cocinan, pero en las cenas suelen repartirse los platos más prestigiosos, como cuando el padre de familia en nuestra propia cultura trincha el asado. Se sienta a la cabecera de la mesa, con la esposa en el extremo opuesto o tal vez a su derecha. Tradicionalmente le corresponde presidir la comida (que se elige teniendo muy en cuenta sus preferencias), guiar la conversación aunque no hable mucho y exigir a su descendencia que se comporte como es debido. En varias sociedades europeas es el primero en ser servido. En las sociedades donde los hombres comen juntos, separados de las mujeres y los niños, impera una igualdad mucho mayor durante las comidas. Hombres y mujeres suelen comer juntos en el hogar, pero en la mayoría de los lugares y épocas se ha prohibido a las mujeres asistir a banquetes públicos, a pesar de ser las que cocinan y las que a menudo sirven la comida. La igualdad en las sociedades humanas suele significar igualdad entre pares. La tautología es similar a la que se da con el honor: se honra a las personas que son honorables, y estas se vuelven honorables porque se las honra.

El papel del anfitrión como proveedor de sus invitados puede conllevar la costumbre de que nunca tome nada de la comida. En Irán, por ejemplo, la tarea del anfitrión consistía en deambular entre sus invitados y asegurarse de que tenían todo lo que deseaban para comer y beber. La versión occidental de esta manifestación del papel del anfitrión es la norma de que el anfitrión es el último en ser servido. De manera simbólica, el anfitrión renuncia al poder que tiene en su propia casa con el fin de hacer gala de un gran desprendimiento y de una deferencia cortés hacia sus invitados. El invitado al que se sirve primero tiene el honor adicional de que le ofrezcan fuentes impecables e intactas, con utensilios de servir sin usar; todos los demás recibirán lo que quede después de servir a esa persona, sus «sobras».

Sin embargo, en la primera mitad del siglo XX parece que imperó una norma diferente en algunos círculos de Estados Unidos: la anfitriona se servía a sí misma en primer lugar, incluso aunque hubiera otras mujeres sentadas a la mesa. Esto horrorizaba a Emily Post. Lo llamaba «la gran grosería americana», y se sintió en la obligación de preguntarse a qué diablos podía responder aquello. Consideró que derivaba de obsesiones previas (muy anteriores) sobre la posibilidad de que la comida estuviera envenenada: con esa actuación, la anfitriona mostraba a sus invitados que la comida se podía comer sin peligro. Tal vez la idea se hubiera recuperado porque es habitual que el anfitrión pruebe el vino antes de permitir que sus invitados lo beban, para comprobar que la botella está en buen estado o que está a la temperatura adecuada, pero solo ese sorbo se le servirá en primer lugar, puesto que, de hecho, la copa del anfitrión es la última que se llena.

¿Sería tal vez para que la anfitriona pudiera dar su toque final a un plato en el último minuto, propinándole palmaditas para disponerlo bien en la fuente porque el servicio de cocina era antes lamentable en las localidades fronterizas? ¿Sería para que la anfitriona tuviera la oportunidad de mostrar a sus invitados cómo abordar la comida y la forma correcta de comerla? (Las grandes torres de comida y los platos muy decorados podían suponer un problema para los medrosos comensales decimonónicos; hasta Henry James hizo una observación sobre «un plato principal inescrutable».) También es posible que los estadounidenses traspasaran a sus invitados una antigua deferencia hacia las personas mayores, prosigue Post: la que se tenía con la abuela sentada en «un sillón tapizado de respaldo alto» a la cabecera de la mesa. (En el siglo XIX, el rango superior simbólico que ostentaban el anfitrión y la anfitriona se enfatizaba sentándolos a ambos extremos cortos de la mesa en grandes sillones tapizados «cuyo aspecto majestuoso resultaría especialmente adecuado», según un artículo escrito en 1897.) Quizás, especula Post, los estadounidenses recordaran con cierta confusión que a la realeza se le servía en primer lugar. O puede que el servicio estuviera tan mal instruido que atendía antes a sus patronos (por ser más importantes para ellos) que a los invitados, y que aquellos «que se han criado en un entorno sencillo sin sirvientes» no se arriesgaran a cuestionar las acciones del mayordomo. O también era posible –y aquí Emily Post apenas se atreve a presagiar el abismo– que todo lo que estaba sucediendo fuera «una epidemia de comportamiento grosero». No le sorprende, dice ella, que «los europeos se rían».

Su análisis es un reflejo fabuloso de la inquietud que invadía a los anfitriones y del poder que ejercen los anfitriones aunque no deban permitir que se les note. Ella no menciona otra costumbre (que desaconseja seguir, pero que en realidad es antigua) que tal vez contribuyera a «la gran rudeza americana»: si es de buena educación esperar a que todo el mundo esté servido antes de empezar a comer juntos, entonces es posible que la primera persona que fue servida deba esperar tanto que la comida se le enfríe. Si una anfitriona aceptara esta desventaja para sí estaría demostrando que no le cuesta nada controlar su apetito y, de hecho, estaría manifestando una deferencia generosa hacia sus invitados. Pero las costumbres de cortesía tienen que encajar a la perfección: debemos admitir que si una anfitriona se sirve a sí misma en primer lugar y no espera a los demás para empezar a comer, entonces se pone en entredicho la intención de esa conducta en la mesa. Los anfitriones deben tener atenciones con los invitados justamente porque no necesitan hacerlo; a los invitados siempre les ofende que se infrinja esta norma.

La obra *Boke of Nurture* de John Russell (de 1460, aunque derivada de fuentes más de un siglo más antiguas) habla del arte «sagaz, curioso y admirable» del ujier o mayordomo, cuyo trabajo consistía en sentar a los invitados de acuerdo con su precedencia. En su época, cada miembro de los cuatro estamentos de la sociedad (que conformaban la realeza y el alto clero, lo que hoy llamaríamos profesionales, semiprofesionales y empresarios) debía «sentarse a la mesa por sí mismo, sin mirar a los demás, a la hora de comer o en el campo o en la ciudad; y cada uno deberá sentarse solo en los aposentos o en el pabellón». Dentro del primer grupo, prosigue, debía darse prioridad a la cuna frente a la riqueza: «La base del sustento no es tan digna como la sangre real». De ahí que los padres de un papa o de un cardenal no tengan ningún estatus en absoluto por la relación que mantienen con su hijo; los padres e hijos del rey son otra cuestión.

El principio de que la sangre está por encima de la profesión se mantuvo y se aplicó a la aristocracia con una escrupulosidad cada vez mayor a medida que la riqueza fue dotando a la burguesía de más puntos para acceder a los círculos de la nobleza. A medida que pasó el tiempo se tornó evidente que la precedencia, reflejo de la sangre, era el único don que tenía la nobleza en realidad: como suele suceder, la artificialidad de la cultura se desveló en gran medida debido a que la tradición que la sostenía ya estaba casi muerta. En el siglo XVIII, Henry Fielding aún podía aconsejar que los anfitriones y ujieres rindieran honores a la nobleza, pero solo por la simple razón de que todo el mundo sabía que el verdadero poder residía en el dinero: «porque aunque el orgullo del dinero es lo bastante osado como para jactarse de sí mismo, soporta la degradación con más comodidad y facilidad secretas que [el orgullo de la cuna], ya que internamente está más satisfecho consigo mismo, y siente menos temor a la desatención o al desprecio».

El término *internamente* es importante. La manifestación externa, la obligación de mostrar magnificencia y de expresar poder a través de dádivas estaba decayendo. A medida que la riqueza se fue convirtiendo en sinónimo de poder, las personas ricas se volvieron cada vez menos visibles para las multitudes. Hoy en día, las grandes fortunas casi nunca se ven, salvo tal vez desde fuera de las posesiones de sus dueños, por la cantidad de espacio que ocupan. Las personas más ricas se apartan de la mirada pública para no tener que sufrir la envidia de los demás ni ninguna obligación con ellos. Dejan que alardeen de dinero los nuevos ricos, los que suben con ostentación y los que marcan tendencias. Solo comparten entre sí; la privacidad alcanza en ellos su apoteosis y se convierte en una exclusividad absoluta. Es posible que estas personas consideren una afectación innecesaria exigir precedencias en la mesa; pero es indudable que logran establecer desigualdades entre ellas.

4
La cena está servida

Un banquete, que incluye el placer de comer, el salón en el que se sirve la cena, las mesas y sillas (o los salvamanteles y las fuentes), las luces, los platos, los adornos y los propios compañeros de mesa, es la viva imagen del cosmos, de la vida o del Paraíso. El emperador romano Nerón tenía comedores con techos revestidos de paneles de marfil que podían deslizarse y ofrecer una lluvia de flores; también estaban provistos de conductos para rociar perfumes sobre los invitados. Su salón principal de banquetes era circular y «giraba constantemente día y noche, igual que el mundo». La bóveda situada sobre él también parecía moverse y mostraba los objetos celestes girando con orden, una idea que recuerda al gusto actual por los restaurantes giratorios situados por encima del perfil urbano y que permiten ver las estrellas de noche y las luces de la ciudad perdiéndose hasta el horizonte. La mesa, el mantel o la bandeja, el círculo de comensales y la duración de la comida representan la tierra y la humanidad en su conjunto, y la historia de su existencia.

La muerte se recuerda en los banquetes precisamente porque la comida es vida, y porque ofrece un disfrute muy concreto y seguro, aunque pasajero. Ya hemos visto que las muertes violentas se nos pueden venir a la mente durante una cena como una asociación natural de ideas, y que también se puede pensar que los muertos se unen a los vivos a la hora de cenar. Las ceremonias de banquetes han incluido a menudo entretenimientos que recuerdan a los comensales que la vida es breve, que debemos aprovechar la ocasión para «comer, beber y divertirnos». Los griegos de la Antigüedad, que cenaban reclinados sobre divanes, se tumbaban también en divanes para su ceremonia funeraria, tal vez en el mismo que utilizaran para cenar cuando estaban vivos. Al final de las comidas del antiguo Egipto, un hombre paseaba entre los invitados un esqueleto o una talla en madera de un muerto en un ataúd, para recordarles, antes de que empezaran a beber, que todos eran mortales. La costumbre griega de ponerse coronas de flores también tenía connotaciones de este tipo.

Homero imaginó una especie de tierra de vacaciones para los dioses en la que podían visitar a los *etíopes* (término griego que significa 'cara tostada'), llamados así porque vivían cerca de la casa del Sol. Allí los dioses eran invitados a cenar durante semanas enteras en espléndidas mesas que se reabastecían de manera automática y perpetua. El paraíso persa era una tierra de banquetes donde el agua de la vida se repartía con esmero, igual que se repartía el agua en las cenas persas terrenas, para que cada invitado bebiera de ella con un cucharón. Los monumentos funerarios romanos y de los primeros cristianos solían mostrar a los muertos disfrutando de festines en compañía de sus amistades en el más allá. La poesía cristiana también convierte el paraíso en un banquete, en particular, en la cena de una boda (las imágenes sexuales son directas), donde la muerte es un desfile solemne pero triunfal hacia el salón comedor, a partir de cuyo umbral reside la felicidad del alma como desposada del Amado.

El primer bocado

Cuando la comida está lista, suele haber una espera antes de empezar a consumirla, al menos en los banquetes terrenales. En los hogares normales, en los monasterios, en los salones de los grandes señores medievales, en mansiones y hoteles victorianos, o en complejos turísticos disciplinados actuales como el Club Mediterranée, la cena siempre se ha anunciado con alguna llamada para reunir a los comensales. Las campanadas de la cena en los monasterios anunciaban la hora no solo a los frailes o monjas, sino también a los lugareños que vivían fuera de sus muros. Las campanadas para llamar a la oración y a cenar, para indicar un toque de queda o para tocar a rebato dependían de una persona encargada de vigilar desde el campanario de la iglesia y de hacer tañer las campanas para advertir de peligros o simplemente para anunciar la hora; en los países de habla inglesa, esta persona se llamó «*the watch*» ('el vigía'), un término que ha perdurado hasta la actualidad en el nombre que reciben los relojes de pulsera en ese idioma. Los victorianos optaron por un mayordomo y un gong. Según escribió Arnold Palmer al principio de *Movable Feasts*, «Bajo el toque maestro de uno de esos mayordomos cuya mirada, como la de Medusa, uno nunca soñaba con encontrar», ese batintín «podía bisbisear, zumbar y, al fin, elevarse en un *crescendo* atronador que era un canto para los oídos, una palpitación para las sienes, una interrupción del discurso y del pensamiento y casi de la conciencia misma [...] ¡y de qué manera a sus sones empezaban a circular los jugos gástricos!».

Hoy en día se da por hecho que las manos se lavan antes de sentarse a la mesa. Pero a menudo se realiza un lavado cuidadoso de manos delante de todos los comensales reunidos, sobre todo si se va a comer con las manos, con la intención no ya de asegurar la higiene de cada asistente, sino también de que todos inicien con ello la sagrada ceremonia de cenar juntos y de tranquilizar a quienes van a compartir los manjares. Por tanto, a veces es de buena educación lavarse con exageración aunque sepamos que tenemos las manos limpias. En la Francia medieval, se permitía que la nobleza, y solo ella, diera una trompetada para anunciar la cena; esta acción se llamaba *corner l'eau*, 'trompetazo del agua', que era la que se utilizaba para limpiarse las manos antes de la comida. Los comensales guardaban fila para lavarse en una mesa auxiliar, o bien se acercaban pajes a las mesas del comedor para verter agua perfumada en las manos de todos los invitados y ofrecer servilletas para secarlas a la vista de los asistentes.

El ceremonial medieval europeo exigía que en las casas nobles el lavado de manos fuera seguido de un complejo ritual de cata, que solía tener una duración extraordinaria, para que la comida del señor o de su mesa alta fuera «probada» por personal cuyo trabajo consistía en morir si la comida resultaba estar envenenada. Esta cata se denominaba «credencia», debido a la fe o confianza que se pretendía infundir con ese ritual; las mesas auxiliares de los banquetes se conocían como mesas de «credencia». (El término aún se utiliza para designar la mesa situada cerca del altar en una iglesia; y el aparador italiano se conoce hoy como *credenza*.) Los catadores estaban instruidos para desempeñar su labor con elegancia, meticulosidad y apariencia de máxima despreocupación. La cata podía efectuarse tocando los alimentos con sustancias que supuestamente cambiaban de color o sangraban si había veneno. Había lenguas de serpiente especializadas en probar sal (ahora se dice que en realidad eran dientes de tiburón), cuernos de narval (de «unicornio»), cuernos de rinoceronte, trozos de cristal de roca, ágata o serpentina y joyas supuestamente encontradas en cabezas de sapos. Parece que el temor al envenenamiento obsesionó a las mentes medievales y, de hecho, la intoxicación alimentaria involuntaria, el ergotismo y el agua infestada de gérmenes representaban un peligro constante. Sin embargo, los alimentos en mal estado nunca fueron causas tan evidentes de enfermedades como para desacreditar la eficacia de los objetos mágicos para detectar alimentos contaminados de forma deliberada.

En el Versalles del siglo XVII, las cenas llegaban a la mesa real custodiadas por vigilancia armada para evitar robos y manipulaciones desde las cocinas principales y desde *l'office de la bouche* (los oficios de boca), una cocina que solo se utilizaba para preparar postres. Los platos debían recorrer una distancia enorme –casi 400 metros– hasta llegar a su destino; al paso de la formidable comitiva, los cortesanos se quitaban el sombrero y se inclinaban murmurando *«C'est la viande du Roi»* ('Es la comida del rey'). Las fuentes se cubrían durante el trayecto para evitar que perdieran calor; sin embargo, los historiadores actuales sospechan que Luis XIV rara vez comía alimentos que no estuvieran templados. Las tapaderas, que se retiraban justo antes de que los catadores probaran los alimentos, también pretendían evitar posibles envenenamientos durante el recorrido; ellas y las servilletas que envolvían la cuchara y el cuchillo del comensal principal dieron origen al término *cubierto* para referirse a los utensilios que usa cada comensal en la mesa. (Basta con pensar en los neuróticos envoltorios que cubren la comida rápida moderna para darnos cuenta de que tapar los alimentos sigue generando la sensación de que se piensa en nuestra seguridad.) Solo las personas más importantes tenían catadores para probar su comida en busca de veneno, de modo que era una ceremonia que confería gran prestigio. Era halagador que consideraran a alguien tan excelso como para pensar en asesinarlo, y también lo era que se prestara una atención tan elaborada a evitar cualquier daño a esa persona, mientras el resto miraba, aguardaba y no recibía la misma consideración.

La cata de alimentos para detectar veneno sigue formando parte de la etiqueta en algunas sociedades actuales. En Papúa Nueva Guinea es de buena educación que el anfitrión beba un sorbo de agua antes de ofrecérsela a un invitado. En diversas sociedades africanas, se mantiene el ritual de que el anfitrión pruebe la comida antes de que sus invitados la reciban. En Nigeria, la persona que parte y comparte la nuez de cola debe besarla antes con la supuesta finalidad de asegurar a todos los presentes que no está envenenada. Por lo común no hay ninguna intranquilidad entre los invitados; se trata de una acción iniciática y honorífica, un gesto ostentoso de cortesía similar a lavarse las manos en público aunque ya estén limpias. Nuestra costumbre de que el anfitrión pruebe el vino antes de aceptarlo para sus invitados parece meramente práctica y destinada por entero a complacer el paladar, pero a menudo es también una manifestación puramente ceremonial de preocupación por el bienestar de los invitados.

Fue en enero de 1989 cuando el nuevo emperador de Japón anunció por primera vez en la historia de ese país que ya no sería necesario probar los alimentos antes de cada comida real. Su padre, el emperador Hirohito, había actualizado la ceremonia de la degustación contratando a científicos para que revisaran la comida con antelación analizando químicamente cada trozo antes de servirlo en la vajilla esterilizada y proceder después a su degustación formal; las heces y la orina reales también se sometían a inspección científica antes de que el soberano se retirara a dormir. El cocinero del emperador, Tadao Tanaka, siguió el ritual prescrito de suicidarse al fallecer su señor. El valor prestigioso de probarlo todo para evitar el envenenamiento podía convertirse en un insulto muy poco sutil, y aún puede hacerlo en nuestros días. Cuando Nicolae Ceaușescu, dictador comunista de Rumanía, visitó en compañía de su esposa el palacio de Buckingham por invitación de la reina británica en 1978, llevó entre su séquito un catador de alimentos. Este debía asegurarse de que «el Dios laico, el corazón del Partido y de la nación rumana, el heredero de Julio César, Alejandro Magno y Napoleón» no fuera víctima de una reina británica poco fiable.

Otro rito iniciático previo a la cena lo constituye la oración para bendecir alimentos y dar las gracias por ellos, la vida y la salud necesarios para consumir y disfrutar la comida. La mesa puede ser bendecida por el anfitrión o por un niño en el ámbito familiar o también se puede honrar a un invitado cediéndole esa función. Una antigua costumbre cristiana que acompañaba al acto de bendecir la mesa consistía en marcar con una cruz el pan redondo que se iba a compartir. La oración también puede servir para poner fin a la comida, como es habitual en la cultura judía. También es posible pronunciar dos oraciones, una *benedicite* ('bendición') al principio y una *gracia* (o 'agradecimiento') al final. En Europa y América se ha seguido la costumbre de levantarse para la oración de agradecimiento en los banquetes formales, y que los hombres se quitaran el sombrero durante la misma cuando era correcto que lo llevaran puesto durante la cena. En las comidas árabes, cada comensal se enrollará la manga derecha hacia arriba para la oración «*Bismillāh*» ('¡En el nombre de Dios!') antes de empezar a comer, y proclamará «*Al-ḥamdu lillāh*» ('¡Alabado sea Dios!') al final. Es comprensible que un texto abasí (del siglo IX) advierta que es de muy mala educación decir «*Al-ḥamdu lillāh*» en medio de la comida, porque podría pensarse que esa persona está deseando ponerle fin. Como es natural, en Estados Unidos y Canadá quienes no creen en Dios no bendecirán la mesa. Es posible que las personas religiosas tampoco lo hagan para no violentar a los no creyentes o porque lo consideren un ritual extravagante. No olvidemos que la mesa suele bendecirse en esas ocasiones en las que se celebran comidas completas o propiamente dichas y, sobre todo, cuando hay muchas personas presentes; esta oración incluye un reconocimiento de comunidad. En el desayuno, un momento de intimidad familiar que apenas enfatiza el hecho de centralizar o de compartir la comida y en el que los asistentes van y vienen a su antojo, casi nunca se bendice la mesa, ni siquiera entre las personas que conservan esta costumbre.

El comienzo típico de cualquier festín consiste, como hemos visto, en un sacrificio. Hoy en día aún hay muchas personas que realizan un pequeño «sacrificio» antes de empezar una comida; a menudo, la comida o la bebida que se desperdicia con él se considera destinada a alimentar a los muertos para recordarlos durante los momentos más vivificantes del día. Entre los igbos de Nigeria, uno de los comensales paseará primero un poco de fufú sobre su propia cabeza y después la tirará fuera antes de que empiece la comida. Los indios americanos siguen numerosos rituales diversos que consisten en tomar un poco de la comida del festín antes de que nadie empiece a comer y quemarla en el fuego con una plegaria. Uno de los usos más importantes del tabaco era como ofrenda para los dioses que se quemaba antes de empezar a comer, de manera que el humo ascendía hasta ellos mientras se les rezaba. Los ainus de Japón, que exhiben con orgullo largos cabellos, bigotes y barbas enteras, utilizan alzadores de madera bellamente tallados para levantarse el bigote y evitar mancharlo al beber durante la cena. Antes de empezar a comer, los hombres realizan la ceremonia de mojarse el bigote en el sake o la sopa y salpicar algunas gotas por el suelo mientras oran. Los griegos y romanos de la Antigüedad llenaban de vino una fuente plana especial y cantaban juntos mientras derramaban un poco a modo de libación para los dioses.

A menudo se espera que el anfitrión, como organizador del banquete, manifieste autoridad y la ejerza mientras dure la comida. Nadie deberá sentarse antes de que el anfitrión efectúe el primer movimiento. En las comidas occidentales de hoy, el anfitrión suele dar alguna señal para que todo el mundo se siente en el lugar que le corresponde. Es posible que algunos hombres muy educados aún retiren la silla a las mujeres y la deslicen debajo de ellas en el momento en que estas se sientan. A continuación, el anfitrión desplegará su servilleta y se la pondrá en el regazo; los invitados harán lo mismo. Mientras esto sucede, es habitual que en Europa central cada comensal pronuncie un segundo «agradecimiento» laico para desear buen provecho a la persona que tiene a su lado, lo que viene a ser la manifestación del deseo de que tenga mucho espacio para saciarse y le aproveche la comida.

Los ingleses, que a diferencia de casi todas las demás culturas del planeta no suelen responder nada tras una manifestación de agradecimiento, también omiten esta profusión ritual. Los alemanes dicen *Gesegnete Mahlzeit* ('¡Bendita hora de comer!') justo antes de empezar a comer; o también pueden proclamar «*Guten Appetit! Prost Mahlzeit!*» ('¡Que la hora de cenar sea provechosa!'), o simplemente *Mahlzeit* antes o después de la comida. En las culturas hispánicas, la gente se siente obligada por tradición a ofrecer su comida a cualquier extraño que se encuentre cerca cuando se cena en público. Como explica Julian Pitt-Rivers, los extraños deben transformarse en invitados para que se considere apropiado comer en su presencia. Esta costumbre se mantiene en la actualidad sobre todo entre las clases bajas: así, por ejemplo, cuando un campesino español viaja en tren, ofrece su bocadillo a las personas que tiene a su alrededor; ellas lo agradecerán y lo rechazarán con cortesía. En los restaurantes portugueses sencillos, cuando alguien, amigo o desconocido, pasa por delante de la mesa de una persona que está comiendo, esta última le preguntará: «¿E servido?» ('¿Está servido?'), que en realidad significa «¿Quiere?». A lo que habrá que responder: «*Não, muito obrigado. Bom proveito*» ('No, muchas gracias. Buen provecho'). En el *Boke of Nurture* de Hugh Rhodes, del siglo XVI, se ve que en el pasado los propios ingleses deseaban lo mejor a sus vecinos después de la comida:

> Cuando os levantéis, decid a todos vuestros acompañantes,
> «Que os haga mucho bien» con gentileza, y entonces gentil
> os llamarán.

En los banquetes populares se espera a menudo que el anfitrión pronuncie un discurso (¡incluso antes de que nadie empiece a comer!) para explicar el motivo del encuentro y para manifestar su agradecimiento a todas las personas que han colaborado en la preparación del mismo. Un vestigio de esta costumbre lo encontramos en Portugal (considerado uno de los países más educados de Europa), donde el anfitrión de una cena formal suele dirigir unas palabras a los invitados justo antes de que se sirva el plato de carne; los portugueses permiten que los invitados sacien el hambre antes de nada. Tras pronunciar su discurso, el anfitrión de un festín en la isla melanesia de Nueva Irlanda supervisará a los «camareros» para asegurarse de que sirven a todos los invitados raciones iguales de comida en los platos de hojas de plátano; a continuación, él y su pareja anfitriona deambularán por el centro del recinto alrededor de cuyas paredes están sentados los comensales. Cada uno de ellos porta un pequeño hueso de cerdo. Todo el mundo guarda silencio. Cuando ellos tiran los huesos, los invitados empiezan a comer. En esta cultura, como en muchas otras, los anfitriones no comen con el resto de los comensales; ellos son los proveedores, y resaltan ese papel no comiendo con el grupo. En las sociedades en las que está mal visto que el anfitrión coma en su propio banquete, este debe pasearse y conversar con los invitados o se espera que cante o toque la flauta mientras el resto come en silencio.

Según escribió Richard Chancellor en relación con el encuentro que mantuvo con Iván el Terrible en 1553, «antes de la entrada de la comida [...] y de acuerdo con una antigua costumbre de los reyes de Moscovia, primero ofrece un trozo de pan a cada uno de sus invitados mientras proclama en voz alta su título y honor [...] tras lo cual todos los invitados se levantan y vuelven a sentarse». Son muchas las sociedades que otorgan al anfitrión este papel paternal de expresar él mismo tanto la jerarquía como la puesta en común de la comida. Desde los tiempos del *Lǐjì*, o *Libro de los ritos*, se espera que el anfitrión chino guíe a sus invitados en todo momento; y ellos deberán aceptar su orientación de la forma más pasiva y sumisa posible. El comienzo de un banquete chino actual, descrito por B. Y. Chao, sería como sigue: los invitados llegan y se encuentran con cuatro u ocho platos fríos pequeños preparados sobre la mesa. Cuando todos están cómodos, el anfitrión levanta su copa de vino como señal para que sus invitados manifiesten su agradecimiento. Entonces dicen «Duō xiè, duō xiè» ('¡Mil gracias, mil gracias!'), levantan sus copas y beben. El anfitrión alza los palillos y los sostiene apoyados sobre los platos; los invitados hacen lo mismo. El anfitrión aparta a un lado del plato su cuenco de arroz y los invitados lo siguen. La última persona que toque la comida será la más educada. Cuando al fin se haya probado la comida fría, podrán llegar los platos calientes y empezará el banquete propiamente dicho.

Las distintas culturas han ideado todas estas complejas maniobras para que la persona que se dispone a comer tome conciencia de lo que está haciendo y para obligar a los miembros del grupo a tener en consideración al resto. Una práctica ascética común en numerosas tradiciones religiosas exige que el adepto piense siempre en el primer bocado mientras lo toma: el primer bocado se considera diferente a todos los demás. Acordarse de distanciarse de uno mismo mediante el consumo consciente del primer bocado supone una dificultad extrema porque no hay nada más fácil de olvidar que someterse al recogimiento antes de la acción sencilla de comer justo cuando se tiene hambre y la comida está lista y esperando. Los modales en la mesa insisten en todas partes en seguir ciertos rituales para empezar a comer: imponen reglas que retrasan el inicio de la comida y anulan el impulso natural de empezar a comer sin más. Representan, tanto en la práctica como en lo simbólico, la opción de no conformarse con saciar el hambre del cuerpo y aplacar y controlar la «naturaleza» para lograr un disfrute mayor. También pretenden dar cabida a otras manifestaciones, como la toma de una conciencia plena, la gratitud y tener en consideración a otras personas.

Nuestra propia cultura debe bregar con el problema de que la comida se sirve de una vez; no tomamos cada bocado de una fuente común de comida ni nos servimos raciones de distintos platos centrales cuando nos apetece, como hacen en China o Japón con los palillos. Debemos decidir si queremos algo en el momento en que se sirven los platos o esperar a que todo el mundo tenga la comida servida en su plato para poder empezar. En épocas pasadas imperaba la costumbre de aguardar a que todos estuvieran servidos para poder empezar; esto sigue vigente en Portugal, por ejemplo, donde todos esperan al resto antes de empezar a comer cada uno de los platos que se sirven. La costumbre ahora es empezar a comer enseguida «para que no se enfríe». Ahora nos gusta tomar la comida caliente y no contamos con la ayuda de sirvientes para que todo el mundo reciba su parte con mucha rapidez. Sigue siendo correcto el ritual de que la anfitriona anime a los invitados a empezar de inmediato tras dejar claro que está segura de que por educación esperarían mientras la salsa se solidificara en el plato. Emily Post sostiene que el invitado de honor no debe empezar hasta que esté servido alguien más; de ese modo no se encontrará comiendo solo ni tampoco obligará a nadie a esperarlo para empezar a comer. En muchos países sigue siendo de estricta etiqueta esperar a que se hayan servido todas las bebidas antes de usar la copa propia. No hay ningún problema ni excusa en relación con la temperatura en el caso de las bebidas; y dar la impresión de que nos morimos por beber debe evitarse aún más que parecer desesperados por empezar a comer.

Un libro anónimo estadounidense sobre modales del siglo XIX (1855) advierte a la anfitriona de que nunca debe permitir que le retiren el plato hasta que todo el mundo haya terminado, porque podría interpretarse como un deseo de que todos acaben de comer en ese instante. Cuentan que la reina Victoria, que como miembro de la realeza siempre era la primera en ser servida y empezaba a comer en cuanto le ponían la comida por delante, desconocía que en cuanto ella finalizaba y soltaba el cuchillo y el tenedor, se retiraban al instante los platos de todas las personas que compartían su mesa. Las cenas con ella debían de generar una angustia extrema, hasta que un invitado desesperado y audaz llamó en cierta ocasión al lacayo para reclamar que le devolviera su plato. La reina Victoria se dio cuenta (por fortuna), se informó sobre aquella costumbre y le puso fin.

El entorno

Las casas nobles de la antigua Grecia o de comienzos de la Edad Media europea solían tener como centro una gran sala donde los sirvientes cenaban bajo la mirada de su señor. Este ocupaba su trono en soledad o acompañado de unas pocas personas favoritas o relevantes en su mesa alta o en algún lugar igual de prominente de la estancia. Con el paso del tiempo, el señor se fue retirando cada vez más de esa gran sala para cenar en privado con unos pocos elegidos. Cada vez necesitó menos la asistencia de adeptos agasajados con asiduidad para que lo ayudaran a librar sus batallas y a exhibir su poder a través de la lealtad que era capaz de granjearse. En la antigua Grecia, los aristócratas se agrupaban en camarillas; en la Europa de los siglos XIV, XV y XVI, el círculo íntimo fue tendiendo cada vez más a comer en una cámara apartada de los estratos inferiores.

En las casas actuales, la gran sala de antes ha quedado reducida a un espacio pequeño situado justo al atravesar la puerta principal de la vivienda; en inglés estadounidense, un pasillo de una casa se denomina *hallway*, es decir 'el camino a la sala', y es una arteria importante de la vivienda, aunque totalmente subordinada a las habitaciones que dan a él. Hasta el siglo XVII no empezaron a construirse estancias específicas para comer en las casas de la clase media; son un lujo innecesario, y tanto los apartamentos actuales como las casas suelen carecer por completo de ellas. En Estados Unidos y Canadá, la mesa del comedor ocupa hoy en día un extremo del salón de la vivienda, una disposición que en cierto modo recupera el antiguo concepto de la gran sala, sobre todo porque es en el salón donde suele encontrarse la chimenea (en caso de haberla). Como hemos visto, el hogar o *focus* constituía el lugar donde se celebraban las comidas en la Antigüedad porque proporcionaba la fuente de calor necesaria para prepararlas. En la actualidad ya no cocinamos en la chimenea, por supuesto: hemos mantenido la diferencia entre la cocina y el salón que comenzó con la tendencia a separar las funciones de la casa en estancias especializadas.

Los rituales en la mesa

La «cámara» a la que se retiró el señor medieval para no comer en la gran sala fue un antecedente más reciente de nuestro salón o sala de estar actuales. En su origen contaba con una cama y una chimenea; a menudo eran las mujeres quienes comían allí mientras los hombres cenaban en la gran sala. Pero hacia 1450, los hombres más distinguidos empezaron a reclamar cada vez más la privacidad que ofrecía esa estancia. En ella solo cabían unas pocas personas, y la exclusividad siempre ha favorecido la elegancia. John Russell lo explica en su *Boke of Nurture* (1460):

> El papa, emperadores, reyes o cardenales, príncipes con cetro real de oro, arzobispos bajo palio
> Todos ellos, por su dignidad, no deberían cenar en la gran sala.

La cámara de retiro, que más tarde se llamó *parlour* o «sala de conversación» (del francés *parler*, 'hablar'), acabó dividiéndose en dos. La mesa que solía haber en ella por entonces se desplazó a una estancia específica que en inglés se conoció primero como *eating-room*, o 'habitación para comer', y más tarde como *dining-room*, o 'habitación para la comida principal del día', un término que aparece por primera vez en 1601 y que se generalizó a lo largo del siglo XVIII, cuando los comedores de las casas burguesas se convirtieron en la norma. En la mesa de esta sala privada, los comensales podían sentarse frente a frente en lugar de alineados en uno solo de los lados largos de la mesa, como cuando estaban expuestos a la vista de todos en la gran sala.

En el siglo XVI, tras cenar en la gran sala o en la cámara, el señor de la casa y sus acompañantes selectos se retiraban a veces a tomar el postre a lo que se conocía como «el edificio de banquetes», el cual consistía, o bien en un edificio independiente, como la famosa Banqueting House del palacio londinense de Whitehall, o bien, si la vivienda se encontraba en el campo, en una estancia situada en la parte superior que solía ofrecer espléndidas vistas. Un «banquete» era una colación de fruta, pasteles, dulces y vino; podía tratarse de una comida aparte como la que se sirve hoy en día durante la merienda de la tarde. Un término alternativo en inglés para referirse a un banquete era *voydee*, palabra de origen francés que aludía a la retirada o el vaciado desde la gran sala hacia la cámara; un *voydee* también podía consistir en una colación final de vino y especias, justo antes de la partida de los huéspedes. El vocablo *banquete*, que tiene la misma raíz que *banco*, solía aludir tan solo a una parte de la comida, aunque ahora significa en exclusiva un festín caro de la máxima categoría. El banquete y el *voydee* se convirtieron en lo que hoy llamamos el postre, que a menudo se tomaba en la sala de estar después de que todos hubieran abandonado la mesa. A veces, los comensales del siglo XVIII se quedaban de pie o se paseaban mientras comían y bebían el postre, igual que se hace ahora en los cócteles, solo que justo después de cenar. La tradición de trasladarse a otro lugar para finalizar la comida se mantiene aún en instituciones británicas tales como los clubes masculinos tradicionales, los colegios universitarios de Oxford y Cambridge y el Colegio de Abogados de Londres.

Un salón comedor especial también alberga una mesa especial, solemne, sólida, quizás extensible pero, por lo demás, fija. Las mesas de cocina en las que el campesinado siguió comiendo cerca del fuego eran multiusos, pero tampoco cambiaban de sitio. (Esta es la vieja costumbre que estamos recuperando ahora a medida que cada vez más personas encontramos acogedor y práctico comer en la cocina.) En la Edad Media y en épocas posteriores, las mesas llamadas *durmientes*, porque eran pesadas y rara vez se movían, se colocaban a menudo delante de un banco cuya parte trasera daba a una chimenea para dar calor en las viviendas de la clase media. La nobleza en sus castillos seguía una práctica distinta: las mesas eran tableros colocados sobre caballetes que se montaban para la cena y se retiraban después. (Al parecer, cuando se confeccionaron las primeras mesas de comedor para la gente adinerada, sus fabricantes no pudieron imaginarlas totalmente fijas y las dotaron de una «separación» por el medio para poder retirarlas.) El funcionamiento normal de los pisos parisinos del siglo XVII, provistos de poco espacio, también requería mesas plegables; «poner la mesa» en francés también se dice *dresser* ('colocar') *la table*.) Tras la aparición de las mesas fijas, la aristocracia conservó sus tablones y caballetes durante mucho tiempo; decidieron que la tradición en este asunto les confería una distinción que los novedosos y advenedizos acomodos burgueses no podían igualar. Los caballetes y las tablas siempre fueron muy sencillos, y era obvio que no estaban pensados para que se vieran; siempre se cubrían primero con un tapiz, también conocido como *sobremesa*, o una lámina de cuero o moqueta, y después con diversos paños a menudo espléndidos.

En las cenas formales de la Edad Media, el Renacimiento y el Barroco, se erigía una construcción de estanterías denominada *buffet* en un lateral del salón comedor; en ella se exhibía con orgullo la plata de la familia, a menudo demasiado valiosa para someterla a los peligros del uso. Más tarde pasó a exponerse en ella también la comida para que los invitados vieran de antemano lo que iban a tomar, de manera parecida a la forma en que los restaurantes actuales exponen sus platos para seducir a los clientes. Más tarde aún, se creó otra pequeña sala a la que se accedía desde el comedor para que los huéspedes visitaran el *buffet*. Estas estanterías de exposición solían consistir, al igual que las mesas, en tableros montados (*dressées* en francés) para ocasiones especiales; son el origen de los aparadores y alacenas actuales. El número de estantes que podía exhibir una alacena medieval estaba regulado a veces: cinco estantes para un duque de alto rango, cuatro para un duque de un nivel inferior, tres para un noble, dos para un caballero y uno para un simple gentil.

Al parecer, a partir del siglo XIX, las comidas en forma de *buffet* empezaron a servirse sobre la cómoda o el aparador, en lugar de la mesa del comedor. (Estos muebles robustos y bastante invariables siguen cumpliendo la misma función que el antiguo *buffet* en tanto que a menudo exhiben la vajilla o loza familiar.) La comida se servía en el aparador y después se llevaba a la mesa para tomarla en ella. Esta sigue siendo la manera habitual de presentar un desayuno británico copioso, y su uso es común en los hoteles actuales. Hoy en día, una «cena *buffet*» alude sobre todo a comidas en las que cada comensal se sirve lo que desea y después se desplaza a otro lugar para consumirlo, por lo común permaneciendo de pie o apoyando el plato sobre el regazo si hay posibilidad de sentarse.

La idea preconcebida de que todo el mundo suele sentarse alrededor de una mesa para comer es, en realidad, muy específica de la cultura occidental. Hay muchos pueblos que se sientan en el suelo para cenar alrededor de una o varias fuentes de comida. Otra costumbre muy extendida es que cada comensal tenga su propia mesa, como las mesitas que suelen tenerse en el salón para apoyar las bebidas o el té. En los encuentros formales japoneses, cada comensal dispone de una preciosa mesita lacada individual, y hasta puede que cuente con dos o tres. Los griegos del periodo clásico usaban una mesita rectangular individual de tres patas. En estos casos, la importancia universal de la compartición durante las comidas se manifiesta pasándose el vino de unos a otros en la misma copa o cantando a coro o enfatizando continuamente las complejas interrelaciones, como cuando se sirve sake en las comidas de negocios japonesas. En Occidente nos hemos esforzado mucho por conseguir la separación de los comensales; pero para expresar la comunión de las comidas compartidas usamos la robusta mesa única.

Cuando cada comensal utiliza una mesa individual, rara vez se usan manteles. Los griegos de la Antigüedad, por ejemplo, utilizaban las mesas individuales a modo de platos enormes, de manera que parte de la comida se colocaba directamente sobre la madera; las pinturas en los vasos griegos muestran hogazas de pan amontonadas, exquisiteces de un bocado encima de la mesa o en platos, copas de gran tamaño y largos filetes de carne desliados de los espetones en los que se cocinaban y dispuestos de forma decorativa colgando del borde de las mesas. Cada plato nuevo se denominaba segunda o tercera «mesa» o «lo que traerán a continuación», y eso implicaba, o bien que trajeran otras mesas a veces con la comida ya dispuesta sobre ellas, o bien limpiar las mesas con una esponja para dejar sobre ellas la siguiente tanda de viandas. Eran mesas ligeras y portátiles; se colocaban y se retiraban al comienzo y al final de cada comida.

Siempre se establece una distinción entre las comidas estructuradas y las no estructuradas: lo estructurado suele significar «de un estatus superior». Comer al aire libre se reserva en nuestra cultura a un tipo de experiencia muy particular que implica, por una vez, sentarse en el suelo. Nos sentimos muy cohibidos con los pícnics y la libertad que nos tomamos para gandulear sobre una manta mientras disfrutamos de alimentos fríos. Hacemos desplazamientos largos y asumimos mil riesgos e inconvenientes para participar en ellos. Es posible que los franceses inventaran la palabra *pícnic*, puesto que *pique nique* es anterior a la aparición de la expresión inglesa *pic nic*. (Se desconoce su significado, al margen de la probable connotación de 'recolectar' –*picking*–.) En sus inicios aludía a una cena, por lo común celebrada en un espacio interior, en la que todos los presentes aportaban algo de comida y seguramente también alguna suma para poder asistir. El *eranos* de la antigua Grecia, la *moungetade* francesa descrita con anterioridad o las actuales cenas *pot luck* constituyen versiones de este tipo de comidas. El cambio de significado del término, de 'cada cual aporta algo de comida' a 'todo el mundo come al aire libre', parece haberse producido en la década de 1860.

La improvisación y la informalidad de estos encuentros enlazan el significado nuevo con el antiguo; también existe una connotación de comida sencilla, aunque puede ser muy variada, pero que no está organizada ni engalanada ni sigue un orden estricto en la sucesión de los distintos platos. Los pícnics también derivan de los festines respetables pero bastante informales del siglo XVI que solían celebrarse al aire libre. A menudo pensamos que no hay nada como el aire libre para abrir el apetito. Aire fresco y belleza natural, aventura, nada de cocinar ni de mesas ni de sillas: un buen pícnic es una revocación emocionante de las reglas habituales. No hace mucho, los pícnics eran acontecimientos bastante formales para nuestra concepción actual, que incluían mesas, sillas y hasta sirvientes. Pero todo es relativo: lo que entonces se consideraba formal hacía que una mesa montada sobre caballetes en medio del campo pareciera de una licenciosidad sobrecogedora. La sensación general de liberación de las restricciones habituales podía derivar incluso en la clase de licencias representadas en el cuadro de Manet titulado *Le Déjeuner sur l'herbe*, una reverberación sutil y distante del escandaloso comportamiento durante las bacanales de la antigua Grecia, las cuales abandonaban las limitaciones de la vida urbana adoptando la vida salvaje en los bosques.

En las sociedades en las que sentarse en el suelo no es excepcional, las sillas y las mesas se consideran elementos rígidos, formales y cargados de estatus. En esos lugares, las sillas y las mesas se reservan a veces para visitas muy formales en la parte «pública» de la casa, como solía ocurrir en China. Algunos jefes africanos ocupan simples taburetes, pero el hecho de estar a más altura que el resto y de que la pieza esté decorada, tal vez cubierta con la piel de un animal, lo convierte en un trono, un objeto de reverencia. Lo cierto es que las sillas son elementos muy restrictivos, por lo que en muchas sociedades distintas de la occidental se destinan a ocasiones de una solemnidad excepcional. Obligan a sentarse allí donde están colocadas y, si se usan con asiduidad, reducen en etapas tempranas de la vida la capacidad de los músculos para adoptar las posturas necesarias para sentarse en el suelo; una persona occidental sana de mediana edad sufrirá grandes penurias si se ve obligada a vivir tan solo unas semanas sin ninguna silla.

Los antropólogos hablan de al menos 132 maneras principales de sentarse, de las cuales solo unas 30 se asemejan a una silla. Muchas de estas posturas se consideran inadecuadas en las sociedades occidentales incluso para los hombres. En rigor, las mujeres solo deberían adoptar muy pocas de ellas, y siempre con las piernas juntas o cruzadas; cruzar las piernas a la altura de la rodilla supuso una relajación revolucionaria en tiempos bastante recientes. La ropa que usamos también se diseña teniendo muy en cuenta las sillas. Si hay que llevar puesta mucha ropa se necesitan túnicas amplias y fluidas para sentarse en el suelo. La mujer moderna más «liberada», la que usa minifalda y medias de nailon, tiene terminantemente prohibido sentarse en el suelo, aunque sea capaz de permanecer durante horas con los tobillos a la misma altura que las caderas y sin apoyar la espalda. Los zapatos suponen un estorbo, y los pantalones de hombre se arrugan y se vencen enseguida y resultan incómodos para sentarse en el suelo.

En la tradición occidental, la rigidez –como sentarnos derechos en una silla y permanecer quietos– es un signo de decoro. En ninguna ocasión lo es tanto como en la mesa, donde, como hemos visto, es absolutamente vital exhibir señales convencionales de buena voluntad y autocontrol. A los niños se les enseña a no menearse en las sillas, a no inclinarse sobre la comida. Los codos no deben apoyarse en la mesa a menos que se haga con elegante ligereza para dejar bien claro que en realidad no nos estamos apoyando ni necesitamos hacerlo, y a menos que en todo lo demás demostremos que nos hemos «ganado» esa despreocupación.

Sentarse, siempre que sea en una silla, mejora el nivel social: las personas con potestad para sentarse mientras todas las demás deben permanecer de pie suelen infundir respeto. Solo hay una postura que eleva más el estatus que sentarse erguido, y es permanecer tumbados. El lecho debe ser, por supuesto, elevado y lo bastante lujoso; recordemos que estos muebles, al igual que la silla de la persona más importante en un banquete, solían tener un dosel. Las personas recostadas ocupan mucho espacio; si nadie más se tumba en toda su extensión, resultará impresionante la distinción y la concentración de todas las miradas. Cualquiera que haya recibido visitas en un hospital sabrá a qué me refiero, aunque, por supuesto, hay que encontrarse lo bastante bien para notar la sensación de superioridad. Que nos traigan el desayuno a la cama sigue siendo uno de los lujos más placenteros de la vida, y una clara elevación del estatus.

En los siglos VIII y VII a.C., los griegos mantuvieron un contacto bastante estrecho con el Mediterráneo oriental. Allí encontraron gentes que comían recostadas en sillones durante reuniones formales. Un bajorrelieve asirio muestra al rey Asurbanipal tumbado mientras come en presencia de su solícita esposa, quien aparece sentada; y se han encontrado sillones fenicios de marfil junto a vajillas de lujo que datan del siglo IX a.C. El profeta hebreo Amós (640 a.C.) arremetió contra los habitantes de Samaria, que imitaban a sus vecinos fenicios y arameos del norte de Siria: «¡Ay de los reposados en Sion [...] los que duermen en camas de marfil, y se tienden sobre sus lechos; [...] los que gorjean al son de la flauta [...] los que beben vino en tazones, y se ungen con los ungüentos más preciosos; y no se afligen por el quebrantamiento de José». Y prosigue advirtiendo de que «el banquete de los que se tienden sobre sus lechos será quitado».

Esta costumbre, percibida en la época como el *summum* del prestigio y el lujo, fue adoptada por los hombres griegos de clase alta, excepto en sociedades tan aislacionistas y conservadoras como Esparta y Creta, donde todos siguieron sentándose como hacían los griegos en tiempos de Homero. En el siglo II a.C., los romanos aprendieron de griegos y etruscos el uso del diván para comer. En el Imperio romano siguió siendo de rigor tumbarse en los banquetes formales, pero la costumbre desapareció en el siglo V d.C. En los monasterios griegos del monte Atos aún existen salones con divanes para que los monjes coman tumbados.

En Grecia, solo los varones de clase alta se recostaban en un sillón (el *kline* griego), siempre un símbolo de estatus. El hábito de la época homérica de que el señor comiera en su salón con su séquito de sirvientes dio paso a un sistema social en el que grupos de amigos aristócratas, iguales entre sí pero que se consideraban superiores al *hoi polloi* ('la masa'), se reunían para comer primero, y después participar en la fiesta de la bebida, el simposio. Estos grupos tenían que ser bastante reducidos y exclusivos: no se necesitan muchos lechos para llenar un salón. En un comedor pequeño de la época arcaica cabían siete divanes; en un salón grande, unos quince, cada uno de ellos lo bastante ancho como para acoger a dos comensales.

Las mujeres se tumbaban para comer en presencia de hombres tan solo en sociedades inusuales, como la de los etruscos, o si ejercían la prostitución. En la Roma imperial parece que en ocasiones se permitía a las mujeres de clase alta tumbarse con los hombres, pero durante la mayor parte de la historia de esta costumbre, las mujeres «decentes», si es que comían alguna vez con los hombres, se sentaban en sillas con mesitas individuales ante sí. Permanecer sentados mientras otros estaban tumbados era una humillación flagrante: en tiempos tan tardíos como el periodo helenístico macedonio, ningún varón podía reclinarse durante la cena hasta haber alanceado un jabalí sin red, con lo que demostraban su hombría. Según cuenta Ateneo, «Casandro, a la edad de treinta y cinco años, seguía sentado cuando comía con su padre porque no había sido capaz de lograr la hazaña, a pesar de ser valiente y buen cazador». Cuando los griegos de la Antigüedad representaban a los dioses festejando juntos, los imaginaban sentados, no tumbados. Tal vez se debiera a que las escenas arcaicas, «homéricas», les parecían adecuadas para los dioses; los textos griegos manifiestan a veces el recelo de que tumbarse durante las comidas era una costumbre tardía y «disoluta». Pero un arqueólogo británico ha planteado hace poco que las diosas deberían mostrarse sentadas, en lugar de tumbadas, en cualquier representación convincente de esos banquetes, solo que aplicar distinciones sociales humanas a los dioses situando a las mujeres en un rango inferior al de los hombres habría sido grosero con las diosas; los propios atenienses, que eran misóginos, tenían una divinidad femenina como patrona.

Cierto comensal de la antigua Grecia se reclinaba en un diván tan elevado que a veces necesitaba la ayuda de un escabel para subir a él. Se quitaba los zapatos, se encaramaba y se tumbaba apoyado sobre el codo izquierdo mirando de frente hacia la mesita individual situada junto a su lecho, de la que tomaba la comida con la mano derecha. Para adoptar esta postura no ya con corrección, sino también con gracia y sin fatiga, se necesitaban años de práctica. (Como es natural, no es posible apoyar la barbilla en una mano y comer al mismo tiempo.) A menos que se mostraran muy afectuosos, los griegos solían ocupar un lecho entero por persona, pero los romanos lo compartían. Un tipo de comedor romano recibía el nombre de *triclinium* ('triclinio') y, como su nombre indica, albergaba tres sillones con una inclinación ligera hacia la parte en que se colocaban los pies. En cada lecho se tumbaban hasta tres hombres, y solía decirse que nueve era el número ideal de comensales para una cena festiva. En el triclinio podía haber una sola mesa. Los asistentes se tumbaban con la cabeza hacia ella de manera que todos la alcanzaran con la mano derecha. Era indispensable contar con sirvientes si se ofrecían varios platos a los comensales recostados; el cuarto lado de la mesa se dejaba libre de divanes y orientado hacia la entrada de la sala para facilitar la presentación de los platos sucesivos. Más tarde, los divanes se situaron en semicírculo o se fundieron en uno solo semicircular con la mesa ubicada en el interior de la curvatura.

El estrecho contacto físico que mantenían los participantes en un banquete romano nos parecería hoy sumamente extraño e incómodo tras habernos acostumbrado a lo largo de siglos a sentarnos en sillas individuales para comer. Los amantes actuales que se inclinan ligeramente sobre la mesa de un restaurante para tomarse de la mano efectúan un gesto muy emotivo por la simple razón de que los modales en la mesa que imperan en nuestra sociedad insisten mucho en evitar que los comensales se toquen mientras comen. (Mantener «los codos hacia dentro» no solo es práctico, sino que también forma parte de este tabú.) En una de las *Charlas de sobremesa* de Plutarco se debate sobre la siguiente pregunta «¿Por qué falta espacio para los comensales al principio de una comida y, en cambio, es sobrado al terminar?». En general, informa uno de los participantes, «cada comensal se coloca casi plano mientras come, pues debe extender el brazo derecho hacia delante para llegar a la mesa; pero después de comer se coloca más de costado, formando un ángulo más agudo con el lecho, por lo que ya no ocupa una superficie plana, sino tan solo, podría decirse, una línea». Para entonces, los cojines rellenos de plumón empleados como apoyo y para ganar comodidad se habían ido aplastando poco a poco durante la comida y también dejaban más espacio libre. Y en cualquier caso, prosigue, como el vino atenuaba susceptibilidades, todos estaban más relajados y no se sentían apretados.

En la Palestina de la época de Cristo, los judíos solían sentarse a la antigua usanza en el suelo alrededor de las fuentes de comida; en los banquetes, en cambio, se reclinaban al estilo romano sobre divanes. La Última Cena se celebró en esta postura en una sala más grande que un triclinio. El apóstol Juan yacía junto a Jesús mientras ambos permanecían apoyados sobre el codo izquierdo. Juan tendría que reclinarse, como dice el texto griego, «sobre el pecho [de su maestro]», es decir, apoyarse en el pecho de Jesús, para hablar con él. El movimiento no tenía nada de excepcional y, de hecho, era necesario si se tienen en cuenta los modales que regían entonces en la mesa; pero varios cientos de años después, cuando la representación de la Última Cena se convirtió en uno de los temas preferidos del arte, esas palabras griegas se volvieron absolutamente desconcertantes. Se pensó que todos los participantes en la Última Cena estaban sentados en sillas, taburetes o bancos, tal como hacían los contemporáneos de los artistas que los plasmaron. Para ceñirse al texto griego, muchas obras pictóricas representan a Juan inclinado hacia un lado, encorvado, apoyado sobre el hombro de Jesús y hasta dormido en el regazo de su maestro o con la cabeza recostada sobre la mesa. Cualquiera de estas actuaciones habría evidenciado unos modales escandalosos en la mesa que el apóstol, casi con toda seguridad, no llegó a cometer jamás.

Un despliegue de ornamentos

Los manteles aparecen por primera vez en Roma en la época imperial. Poco a poco se convirtieron en un elemento esencial de la elegancia de un banquete, y hacia la Alta Edad Media simbolizaban la comunión entre los comensales aún mejor que la propia mesa. «Compartir mantel» con un noble implicaba ser tratado como su igual. Cuando el señor cenaba con sus sirvientes en la misma mesa, o bien él era la única persona que tenía un mantel ante sí, o bien toda la mesa estaba cubierta por un mantel, pero su sitio se cubría con otro paño pequeño. Una de las ofensas más horribles que podía sufrir un noble medieval era la humillación pública y ser separado de sus iguales porque el heraldo de un caballero enojado se le acercara a grandes zancadas mientras estaba sentado a una mesa y rajara el mantel a izquierda y derecha de su plato o de lado a lado por la parte superior. Nada reparaba el honor mancillado de este modo salvo un juramento de venganza. También el anfitrión de la fiesta sentiría una indignación considerable.

Las mejores mantelerías provenían de Damasco, en Siria. Los dibujos adamascados consistían en rombos y otras figuras; muy pronto, la pureza y la limpieza se convirtieron en el mensaje más importante del mantel, y este se volvió casi invariablemente de color blanco. Hoy en día, el damasco es sarga de lino de color blanco puro que solo porta un discreto dibujo tejido en blanco. Nada más en absoluto servirá para una mesa formal. Gran parte de su prestigio radica en los inconvenientes que conlleva un mantel así: hay que lavarlo y plancharlo cada vez que se utiliza, y una sola mancha lo arruina. Dicen que los comensales chinos se alegran al ver una mesa desaliñada: cuantos más huesos, cáscaras, mondas y pinzas de cangrejo haya en ella, más divertida habrá sido la comida. Nada más lejos del canon occidental. A finales del siglo XVII, el mantel dejó de ser, como lo era antes, «un espacio de desorden común», tal como lo expresa el historiador francés Jean-Claude Bonnet; se había convertido en una superficie blanca inmaculada que separaba cada puesto en la mesa y debía mantenerse lo más limpio y despejado posible.

La mantelería siempre ha sido una señal de riqueza. Hasta hace bien poco, los manteles y las sábanas se bordaban a mano y formaban parte del ajuar de una novia bien provista en algunos países de Europa como Francia o España. A veces duraban varias generaciones y se heredaban cual reliquias; si se podía, se acumulaba una gran cantidad de mantelerías de este tipo. En los banquetes de la Baja Edad Media se desplegaban espléndidos manteles sobre las sencillas tablas de madera que servían de mesa: ellos conferían lujo al decorado. Se usaban varios paños para cubrir la mesa, que solían consistir en primer lugar en una tela gruesa interior seguida por un gran paño que cubría todo el tablero, y después dos manteles superiores que cubrían toda la mesa y caían hasta el suelo por cada uno de sus lados largos. Un *sanap* (en francés *sauve-nappe* o 'salvamanteles') era una tira estrecha de tela que se desplegaba a lo largo del borde de la mesa más próximo a los comensales; tenía la función de recibir la mayor parte de la suciedad de las muñecas mugrientas o grasientas, y se supone que era más fácil de lavar que el damasco. El *sanap* podía consistir en varias capas de tela y podía usarse tan solo hasta que finalizara la ceremonia para asearse. Desde el siglo XVI hasta el XIX, cuando las comidas se dividían en dos platos y el postre, se disponían dos o tres manteles superpuestos; después de cada plato se retiraba uno de ellos para que el siguiente comenzara con un paño limpio. Algunos restaurantes actuales han recuperado esta práctica colocando dos manteles superpuestos para retirar el de más arriba antes de servir el postre.

Cuando en la vida cotidiana se generalizó la ingesta de un almuerzo sustancioso en medio del día, lo que no ocurrió hasta el siglo XIX, este se consideró una comida a la que se podía invitar a los comensales con mucha menos formalidad que a la cena de la noche. Se aceptaba que el mantel del almuerzo consistiera tan solo en un camino de mesa de encaje o con calados para que se viera la madera. Para entonces, por supuesto, la mesa del comedor se había convertido en una pieza valiosa del mobiliario doméstico de la clase media, hecha de madera noble, bien pulida para que brillara y valorada con orgullo. A finales del siglo XVIII se volvió perfectamente correcto retirar todos los manteles para lucir la mesa durante el último plato, el postre, de una comida formal, y dejar tan solo tapetes, cuadrados de franela bastante tupidos, en cada sitio de la mesa para proteger la madera de los arañazos de los platos. Estos tapetes fueron los antecesores de los manteles individuales de hoy en día.

Aparte de cumplir una función y de resultarnos prácticos, los manteles individuales transmiten un mensaje claro: cada comensal permanece lo más separado e independiente posible a pesar de la comunión que representa la mesa. Durante los últimos diez años nos han parecido perfectamente aceptables incluso para celebrar cenas formales; pero los manteles grandes se han vuelto a recuperar recientemente. Desde hace algún tiempo ya no tienen por qué ser siempre blancos, salvo en las ocasiones más formales. Las lavadoras y los detergentes actuales han facilitado el proceso de limpieza, de modo que ya no es necesario que las sábanas o los manteles sean blancos para mostrar con la máxima claridad que están impecables.

Los primeros objetos que se colocaban sobre el mantel medieval, después de bendecir la mesa y del lavado de manos, eran las «sales» o saleros; hay constancia de que Pitágoras (siglo VI a. C.) recomendó esta costumbre. Existen docenas de supersticiones y costumbres antiguas relacionadas con la sal, una sustancia misteriosa, poderosa, pura pero peligrosa que siempre nos ha infundido respeto. En los banquetes medievales, la sal debía analizarse por separado para ver si estaba envenenada. Los saleros familiares heredados a lo largo de generaciones se consideraban de gran valor. Los saleros de pie, que consistían en cilindros de plata con una pequeña cavidad en la parte superior para contener la preciada sal, eran un elemento habitual en los banquetes británicos formales. Algunas casas nobles del continente europeo poseían un *nef* o nao, es decir, una escultura de plata con forma de navío que en un pequeño compartimento del conjunto portaba un poco de sal. A veces tenía ruedas para deslizarlo por toda la mesa alta y permitir que los asistentes admiraran su valor y la espléndida artesanía de la pieza y condimentaran sus platos. El señor y sus invitados más eminentes ocupaban la parte central del lado largo de la mesa alta, tal como se hace hoy en día en este tipo de mesas; ante el señor se colocaba un *nef* (o incluso varios) y en ocasiones también delante de los comensales de mayor rango a modo de «objeto de prestigio» para señalizar su estatus. Cuando el señor pasó a ocupar la cabecera o el extremo corto de la mesa correspondiente al anfitrión, se convirtió en costumbre situar el salero como marcador para separar a los más íntimos del señor, agrupados en su extremo de la mesa, de aquellos que no pertenecían del todo a su círculo más estrecho y que se sentaban «por debajo de la sal». En un periodo tan tardío como la época victoriana, el salero se combinaba a veces con un centro de mesa muy elaborado, como cuando los pretenciosos Veneering de la novela *Nuestro amigo común* (*Our Mutual Friend*, 1865) de Dickens tenían «una caravana de camellos» que «se encargaban de las frutas, las flores y las velas, y se arrodillaban para que los cargaran con la sal».

En la Inglaterra de comienzos del siglo XVI, la cena, que era la comida principal del día, solía comenzar a las once de la mañana. Con el tiempo, las comidas tendieron a celebrarse cada vez más tarde: en el siglo XVIII, la cena se tomaba hacia las 15.00 horas. El *déjeuner* francés o el desayuno aludían a la primera comida que se tomaba al despertar de una larga noche sin comer nada (*jeuner* también significa 'ayunar'). El *déjeuner* alude ahora a la comida de mediodía; y el desayuno francés, que ahora se anticipa a su nombre, se denomina en la actualidad *petit déjeuner*; mientras que el *dîner* se toma por la noche. En inglés, el *lunch* o *luncheon* (en sus inicios denominado también *nunch* o *nuncheon*) aludía en sus orígenes a un tentempié tomado entre comidas. El *Diccionario* del Dr. Johnson (1755) decía que el *lunch* o *luncheon* consistía en «la cantidad de comida que se puede sostener en una mano», y decía que el término derivaba de *clutch* ('asir' o 'agarrar') o *clunch* ('terrón de caliza'). (El término *munchies*, de uso habitual en la actualidad en inglés americano para referirse a un tentempié, también alude a una pequeña cantidad, aunque con connotaciones relacionadas con la boca y la masticación más notorias que las que habrían complacido a nuestros antepasados.)

A principios del siglo XIX, el almuerzo, lo que Arnold Palmer llama «el tentempié furtivo» en *Movable Feasts*, se había convertido en una comida sentada a mediodía alrededor de la mesa del comedor. Las clases altas desayunaban más temprano y cenaban más tarde que en épocas anteriores. Como el almuerzo *(lunch)* había desplazado la cena *(dinner)* de la tarde (en una carta escrita en 1808, Jane Austen interpreta el viejo término *nuncheon* como *noon-shine*, es decir, 'brillo de mediodía') y se había convertido en una comida sustanciosa habitual con nombre propio, la cena *(dinner)* pasó a ser una comida tardía, y lo que en inglés denominan *supper* adquirió la naturaleza de un pequeño tentempié que se tomaba al cerrar el día, justo antes de irse a dormir. Durante mucho tiempo, el almuerzo fue una costumbre exclusiva de las clases altas; la clase trabajadora cenaba a primera hora de la tarde y se contentaba, como había hecho durante siglos, con un tentempié ligero a mediodía.

A finales del siglo XIX, el almuerzo se había convertido en un acto social sobre todo para las mujeres más privilegiadas; a esa hora del día, sus maridos estaban ocupados en sus negocios y asuntos financieros, y ellas podían reunirse para comer en restaurantes del centro de la ciudad. La institución francesa correspondiente la encarnó el *déjeuner à la fourchette*, el 'almuerzo de tenedor' de las damas. Hoy en día, el almuerzo o *lunch* (*luncheon* suena pretencioso porque este término tiene connotaciones elitistas) ha recuperado su antigua función como tentempié en medio de la jornada laboral, a menos que se trate de una comida reposada y copiosa celebrada a ser posible a expensas de la empresa, en cuyo caso recibe el nombre de *business lunch* o 'comida de negocios'. En Inglaterra, por ejemplo, la comida del domingo sigue siendo una reunión familiar que se celebra cada semana, una especie de «cena» en medio del día libre de la semana. Como no es el reloj lo que nos organiza la jornada, sino las actuaciones periódicas, entre las que comer es sin duda la más esencial y repetitiva, la instauración gradual de una comida habitual en medio del día, el almuerzo, nos dividió el día en dos. Palmer define la tarde como «el gran regalo del siglo XIX a la humanidad».

Supper significa ahora una comida ligera que sustituye a la cena y que goza de gran popularidad cuando se ha comido mucho a mediodía. En Estados Unidos, *dinner* se identifica cada vez más con cualquier tipo de cena, ya sea ligera o copiosa; el término *supper* se utiliza cada vez menos, y *dinner* puede referirse ahora a una comida bastante rápida y exigua. Las comidas festivas deben celebrarse normalmente al atardecer, cuando las amistades han salido del trabajo y tienen tiempo para ir de visita. Invitar a amigos a cenar resulta mucho más halagador que invitarlos a comer, porque el atardecer es el único momento libre del día, salvo en festividades anuales como Navidad o Semana Santa. Quedar con alguien en medio de la semana significa casi siempre «comer fuera», mientras que una cena en casa preparada con esmero y con toda la inversión de tiempo y esfuerzo que ello implica es una de las mayores atenciones que una persona ocupada de hoy puede ofrecer a sus amistades.

De modo que cuando reunimos invitados para comer en casa en la actualidad, casi siempre se trata de celebraciones nocturnas. Para esas ocasiones, la mesa se ilumina, a ser posible, con velas en candelabros, aunque ya no las usemos para alumbrarnos de manera regular. Las velas proyectan una luz muy agradable sobre los alimentos, los rostros, la vajilla y la cristalería, y su empleo en comidas nocturnas y poco más se ha convertido en un ritual señalizador: «Nos hemos reunido para cenar», proclaman. Durante milenios nos hemos sentado alrededor de un fuego para comer, y el fuego sigue siendo para nosotros un símbolo del grupo que se reúne en torno a él para disfrutar de luz y calor. Las velas tienen una duración predecible, evidente. Para nosotros representan intervalos de tiempo: toda una vida, cuando la llama se identifica con la vida misma, frágil pero aún encendida (este significado las convierte en símbolos poderosos durante manifestaciones políticas); o un periodo de tiempo destacado, como cuando las velas de una tarta de cumpleaños representan los años vividos. Las velas encendidas ante una estatua en una iglesia representan mientras duran a la persona que las colocó allí. Una superstición habitual desde el tiempo de los romanos es que apagar una vela (o la llama de una lámpara de aceite) durante una comida significa la muerte para alguno de los presentes; una vez más, es evidente que la llama de una vela representa una vida. Las connotaciones lujosas de las velas se ven reforzadas en la actualidad por el hecho de que ahora se han convertido en objetos bastante innecesarios. En el siglo XIX, un anfitrión eminente o *amphitryon* dedicaría grandes sumas a disponer de la mayor cantidad posible de velas. El extravagante gastrónomo y escritor culinario francés Grimod de La Reynière gustaba de emplear un número considerable de ellas: 365, por ejemplo, una por cada día del año. Ninguna descripción de un banquete estaba completa si no incluía un recuento de las velas.

En los banquetes medievales, las mesas de caballetes eran estrechas, y los comensales se sentaban a lo largo de uno solo de sus lados largos para poder ser observados por una multitud de espectadores que no comían, y para que ellos mismos pudieran disfrutar de los espectáculos que se ofrecían entre los diferentes servicios. Sobre la mesa no había platos ni vasos ni tampoco muchos cubiertos. La exhibición festiva se concentraba en el tamaño y la grandeza de la reunión, en los ropajes, la mantelería, la coreografía de sirvientes espléndidamente ataviados, los platos extraordinarios y las representaciones teatrales, así como en la pirámide de estanterías del *buffet* donde lucía la vajilla familiar del señor. Cuando las costumbres culinarias fueron cambiando y los espectadores se retiraron poco a poco del escenario de los banquetes, los comensales pasaron a sentarse unos frente a otros a ambos lados largos de la mesa, tal como han hecho siempre las familias. La costumbre de montar un *buffet* acabó perdiéndose o, más bien, el espectáculo que brindaba el *buffet* se trasladó a la superficie de la propia mesa. Los elementos ornamentales de la mesa de los banquetes se volvieron cada vez más suntuosos, al tiempo que la superficie de la mesa se tornó cada vez más amplia para albergarlos: los comensales se transformaron ahora en actores y espectadores del banquete al mismo tiempo.

En los banquetes del siglo XVII, cuando solo había asientos a uno de los lados largos de la mesa y los propios comensales constituían el espectáculo junto con la abundancia festiva, quedaba tan poco espacio libre sobre el tablero que este crujía, pero se evitaban los centros de mesa monumentales porque impedirían la visión de toda la superficie. A lo largo del siglo XVII empezaron a presentarse elevadas pirámides de frutas y dulces en otros tipos de eventos culinarios. *Madame* de Sévigné describió un accidente acaecido durante una cena festiva, cuando una imponente pirámide de fruta chocó con el dintel de la puerta durante su traslado a la mesa y se estampó contra el suelo: «El estruendo que formó silenció violines, oboes y trompetas».

En el siglo XVIII se consideró indispensable contar con un centro de mesa, o punto focal, para congregar a los comensales a su alrededor; los comensales, incluso en los grandes banquetes, se sentaban en torno a la mesa. Había «tableros intermedios», es decir, pirámides de estantes de madera colocadas en el centro de la mesa y repletas de frutas; así como *surtouts*, o centros de mesa que se elevaban, como su nombre indica, «sobre toda» la mesa y requerían mucho espacio. A veces eran *dormants*, o sea, fijos, y permanecían en la mesa durante toda la comida. Los más grandes eran esculturas de plata o plata dorada: animales, templos, rocas y montañas, escenas de la mitología clásica relacionadas con la naturaleza, como representaciones de Flora, Diana o las Estaciones; muchos de estos centros de mesa se exhiben hoy en vitrinas de museos. Los *surtouts* menos espectaculares eran lo que los ingleses denominan *epergnes*, una palabra que parece francesa pero cuyo origen se desconoce. Consistían en extravagantes centros de mesa de cristal, cestería plateada o de plata y oro, apoyados sobre tres o más patas y que se usaban para contener dulces y frutas o candelabros, y a veces azúcar, mostaza y otros condimentos; fueron los antecesores de las vinagreras o convoyes tan prosaicos que encontramos hoy en día en los restaurantes, es decir, estructuras móviles de metal que servían para portar la sal, la pimienta, el aceite y el vinagre.

La moda de los centros de mesa de poca altura dio lugar al *plateau*, una gran bandeja llana que ocupaba el centro de la amplia superficie de la mesa. Los *plateaux* fueron algo muy común, pero casi ninguno ha llegado hasta nosotros. Uno de los que se han conservado es un espejo plano de casi dos metros de largo ribeteado en todo su contorno por una pequeña balaustrada dorada; se presentaba con veintinueve figuras de porcelana que se colocaban sobre la superficie de la bandeja una vez que esta se había cubierto con un «jardín» en miniatura que incluía vegetación, setos y caminos diminutos, estanques de espejos y hasta riachuelos y piezas de relojería en movimiento. A la nobleza francesa de principios del siglo XVIII le encantaban los centros de mesa consistentes en «jardines de arena» con elaborados patrones de varios colores que trazaba sobre la bandeja un *sableur* o 'arenero' profesional, es decir, un artista del azúcar en polvo y el mármol pulverizado tintados. El *sableur*, que a veces realizaba su compleja labor ante los invitados ya reunidos, cubría su obra con láminas de cristal para fijarla y que no se moviera; sobre el conjunto y a su alrededor, colocaba las figuritas de azúcar o de masa de galleta, las vasijas y fuentes en miniatura emulando un jardín clásico francés. Estas fantasías efímeras dieron paso más tarde a piezas más duraderas y valiosas hechas de porcelana y, a veces, de plata.

Las flores frescas se utilizaban con profusión para adornar la mesa durante el Antiguo Régimen en Francia, así como en Alemania e Italia. Pero no siempre eran la primera elección: a veces se consideraban demasiado rústicas, poco civilizadas. Gustaban más las flores de seda, de plumas, de vegetales cortados y de otros tipos confeccionados de manera artesanal que seducían por su artificiosidad. Las flores frescas no empezaron a ser un adorno indispensable de las cenas hasta comienzos del siglo xix; a finales de ese siglo ya habían conquistado las mesas. Mientras se siguieron empleando mesas anchas, los adornos florales ocuparon la superficie que antes se había dedicado a los centros de mesa, a las esculturas de plata y los *plateaux*; los servicios de los comensales se colocaban alrededor del perímetro del jardín ornamental. Era difícil conversar con alguien que no estuviera sentado justo a derecha e izquierda de cada invitado. En la actualidad se insiste en que es de buena educación charlar no solo con las personas que tenemos a cada lado, sino también con las que están sentadas en frente, en el otro lado largo de la mesa; de ahí que coloquemos las flores en jarrones lo bastante bajos como para ver por encima de ellas, o bien en jarrones muy alargados y esbeltos que permitan ver a su través. Para nosotros, las flores y los candelabros constituyen los elementos verticales de la decoración de la mesa.

En la antigua Roma, los invitados solían utilizar dos servilletas en los banquetes: una para ponérsela alrededor del cuello y otra para limpiarse los dedos. Cada invitado acudía al banquete llevando consigo al menos una de ellas; su esclavo la usaría al finalizar la fiesta para envolver la comida que recibiera el invitado para llevársela a casa. En la Edad Media y en épocas posteriores, no siempre se entregaban servilletas a los comensales, y parece que lo habitual era recurrir al mantel para limpiarse manos y boca. «Es igualmente maleducado lamerse los dedos grasientos o limpiárselos en la blusa», escribió Erasmo en 1530. «Deben limpiarse con la servilleta o en el mantel». Las servilletas del final de la Edad Media eran muy grandes, lujosas y orladas, más parecidas a una toalla de baño en cuanto a dimensiones, y se colocaban en el brazo izquierdo o en el hombro izquierdo del comensal. A mediados del siglo XVII, las servilletas pasaron a cubrir el pecho del comensal, y con bastante frecuencia se ponían alrededor del cuello para proteger las elaboradas gorgueras de encaje que usaban los hombres por entonces. A principios del siglo XIX, las servilletas seguían siendo muy grandes, de casi un metro cuadrado, y se colocaban sobre el regazo; pero se consideraba de buena educación no desplegarlas del todo desde el primer momento. Sujetarlas con un botón o anudadas alrededor del cuello se había convertido en un signo de la educación de las clases bajas, aunque, en el momento del cambio, el gastrónomo Brillat-Savarin lamentó la desaparición de otra costumbre que favorecía la comodidad durante las comidas.

Hoy en día, una servilleta cubriendo el pecho del comensal recuerda al babero de un bebé, al menos en los países anglosajones. En la novela de Graham Greene titulada *Doctor Fischer de Ginebra (Doctor Fischer of Geneva)*, el malicioso anfitrión empeñado en denigrar a sus invitados ordena a sus sirvientes que les anuden servilletas gigantes alrededor del cuello. Ellos creen que les van a servir marisco (las cenas a base de langostas, mejillones o cangrejos son algunas de esas raras ocasiones en las que aún se permite usar servilletas a modo de babero), pero en lugar de eso les sirve gachas de avena. Una servilleta anudada al cuello también causa la impresión de que el comensal se va a emplear a fondo con la comida; y cualquier manifestación de que se tiene mucho apetito está mal vista en la actualidad.

En las culturas occidentales de hoy, las servilletas deben mantenerse limpias, un requisito completamente absurdo si se tiene en cuenta que la primera función para la que se inventaron fue limpiar las salpicaduras y la grasa. Pero ahora no queremos que se note que hay grasa y consideramos que no deben producirse salpicaduras, de modo que las servilletas deberían emplearse, como mucho, para limpiarse discretamente los labios con un toquecito muy suave. El desplazamiento hacia la servilleta innecesaria comenzó con la introducción del tenedor. Ben Jonson escribió en *El demonio es un asno (The Devil is an Ass*; 1616) que los tenedores habían llegado a Inglaterra desde Italia «para ahorrar servilletas». Montaigne había confesado que prefería el viejo método de comer con las manos; y decía que usaba mucho la servilleta: «Cenaría sin mantel, pero sumamente incómodo sin una servilleta limpia al estilo alemán; ensucio las servilletas más que ellos o que los italianos, y hago poco uso de la cuchara o el tenedor».

Lavarse y limpiarse las manos siempre es importante, por supuesto, cuando se come con los dedos. Hay algunos indicios en diversas sociedades de que era bastante habitual limpiarse las manos en el pelo propio o, en el caso de personalidades distinguidas, en el de un esclavo. También había reglas remilgadas, por supuesto, que limitaban incluso esta práctica: los indios flatheads de Montana pensaban que era de muy mala educación limpiarse las manos en el pelo al comer pescado. Cuando se compartían copas y cucharas, lo correcto era limpiarlas antes de pasarlas a otra persona; y antes de que se usaran las cucharas de servir, se aceptaba que los comensales tomaran lo que quisieran de la fuente común con su cuchara individual, solo que antes de hundirlas en ella debían limpiarlas con la servilleta. Incluso en los tiempos en que las servilletas tenían tanto uso, los manuales de urbanidad rogaban a los comensales que no ensuciaran todo el paño. Hasta principios del siglo XIX, las servilletas se humedecían en los cuencos para asearse los dedos y luego se usaban para limpiarse la boca y la barbilla al final de la cena; la supresión posterior de esta costumbre nos recuerda la pulcritud y el esmero con el que cortamos hoy la comida para introducirla en la boca. Sin embargo, las compañías aéreas no desprecian hoy en día lo agradable que resulta limpiarse por última vez la cara después de comer, puesto que antes o después de las comidas dedican una gran ceremonia a entregarnos toallitas húmedas y calientes con unos palillos. Probablemente nos traigan recuerdos infantiles de cuando nuestras madres nos limpiaban la cara después de comer. Ofrecer paños ásperos y calientes para limpiarse las manos y la cara es una costumbre tradicional en China.

Durante mucho tiempo, uno de los virtuosismos de la mesa de la cena lo constituyó el arte de doblar la mantelería. Cuando se desplegaban los manteles, la tela estaba atravesada en distintas direcciones por varios dobleces; estos debían ser rectos y limpios (existía la superstición de que un pliegue arrugado significaba la muerte para uno de los comensales). La delectación en los efectos derivados de los pliegues meticulosos aún se aprecia en los paneles de madera de los Tudor que reproducen pliegues de lino. Hasta el siglo XVIII, los manteles se fijaban a prensas de lino para mantenerlos bien doblados cuando no se utilizaban. El mantel debía colocarse en perfecta simetría sobre la mesa; todavía nos gusta que el pliegue central quede justo en el centro del tablero. Pero durante el siglo XIX los pliegues quedaron tan desfasados que las amas de casa cuidadosas guardaban los manteles enrollados en tubos para que lucieran lo más lisos posible sobre la mesa.

Sin embargo, el mayor esplendor doblando el lino se logró en las servilletas, una tendencia que al parecer comenzó a finales del siglo XVI. En las ocasiones especiales, las servilletas se almidonaban y luego se doblaban, curvaban y retorcían para crear figuras muy complejas en las casas adineradas: «de peces, bestias y pájaros, así como de frutas», escribió Giles Rose en inglés traduciendo del francés en 1682, «que es de lo más curioso para vestir bien una mesa». Doblar servilletas se convirtió en un arte y una profesión específica. Un día antes de dar una cena festiva, Pepys acudía a su casa, «y en ella encontraba a uno disponiendo mis servilletas para mañana con figuras de todo tipo, que es algo preciosísimo y parece ser su oficio y le reporta mucho dinero». El plegado de servilletas probablemente alcanzó su momento álgido en Versalles en el siglo XVII. Las servilletas se doblaban de manera que adoptaran figuras de ranas, peces, barcos, pirámides en espiga, gallinas con huevos, pavos reales, cisnes, la Cruz de Lorena si el invitado de honor era el duque de Lorena, y una veintena de formas adicionales. Sin embargo, deshacer los dobleces se consideraba de mala educación, por lo que se proporcionaban otras servilletas para usarlas.

Durante el siglo XIX, doblar las servilletas pasó a considerarse demasiado ornamental y pretencioso, igual que levantar el dedo meñique al sostener una taza. Emily Post, en sintonía con los ideales sobrios y funcionales de la década de 1920, declara que «los dobleces muy extravagantes no son de buen gusto», y también desaprueba lo que era costumbre hasta poco antes: doblar la servilleta de forma sencilla y guardar en su interior el panecillo; según ella, el pan «solía caerse al suelo» al levantar la servilleta. Las servilletas deben doblarse con forma cuadrada y planas, sostiene ella, y colocarse encima del bajoplato. Nunca hay que poner la servilleta a un lado porque parecerá que queremos lucir la belleza del bajoplato: «se parece mucho a ponerse un anillo encima de un guante». (Estamos hablando de cenas formales, por lo que no se cuestiona en absoluto el uso de platillos auxiliares para el pan en un lateral.)

Al final de la cena era costumbre habitual desde tiempos antiguos –registrada, por ejemplo, por Ateneo entre los siglos II y III– limpiarse las manos, y más tarde el cuchillo y otros utensilios, en un trozo de pan que luego se arrojaba a los perros. Desde tiempos inmemoriales, los perros, y a menudo también los gatos, han acompañado a la humanidad durante las cenas; aparecen fielmente representados en vasos griegos de la Antigüedad que reproducen cenas festivas, en cuadros de las Bodas de Caná o de la Última Cena, y en pinturas de banquetes de todas las épocas. Los griegos tenían «perros de mesa» especialmente bonitos que el anfitrión exhibía ante sus invitados, y es posible que también estos acudieran a la fiesta con sus propios animales. Cuando había varios perros presentes se los ataba a lechos diferentes para evitar peleas entre ellos. La famosa ilustración de una cena del manuscrito iluminado de *Las muy ricas horas del Duque de Berry*, del siglo XV y conservado en Chantilly, muestra que se permitía a los perros deambular y husmear entre los espléndidos platos de la mesa. Los manuales de etiqueta medievales piden a los niños que ignoren a los animales mientras estén en la mesa, que «no acaricien ni gatos ni perros». Los animales no solo recibían «las migajas de los niños», como decía la mujer gentil del Nuevo Testamento, sino también todos los huesos, las ternillas y cabezas de pescado que les arrojaban. El suelo de los comedores de la Antigüedad romana convertía a menudo esos desperdicios en un orgullo artístico: los mosaicos se diseñaban para que parecieran salpicados de restos, lo que se hacía con destreza para que parecieran tridimensionales y se asemejaran al máximo a restos de verdad. Estos suelos se denominaban en griego *asaroton*, es decir 'sin barrer'.

Pero a comienzos del siglo XIX tirar comida al suelo se consideraba una costumbre bastante bárbara, y los perros, que seguían estando permitidos en el comedor en algunas comidas familiares y en las mansiones campestres, se volvieron cada vez menos aceptables en los banquetes urbanos. Los cuchillos, nos cuenta Branchereau en 1885, debían limpiarse en la servilleta, no en el pan; era importante dejar bien claro que no se desperdiciaba el pan ni se tenía por costumbre arrojarlo a los perros. Hoy en día nos sigue incomodando ver que alguien deja un cuchillo sin limpiar encima del plato después de una comida, y nos las arreglamos para intentar dejarlo lo más limpio posible, si es necesario ayudándonos con el borde del tenedor, pero jamás limpiaríamos un utensilio de la mesa con la servilleta.

Cuando nos levantamos al concluir una comida, dejamos las servilletas ligeramente arrugadas junto al plato, nunca sobre la silla, supuestamente porque podría parecer que alguien se ha ido con la servilleta que falta. Pero recordemos que durante las cenas, las sillas están envueltas en numerosos tabúes, y una superstición europea dice que el invitado que deja la servilleta encima de la silla no volverá jamás a cenar en esa mesa. Lo correcto en la actualidad en Portugal es doblar la servilleta antes de levantarse de la mesa, pero en la mayoría de los países, la servilleta sin doblar indica que sabemos que el anfitrión la lavará, que no se la volverá a poner a otra persona y que no pensamos quedarnos a comer una segunda vez en esa casa. En algunos lugares se usan servilleteros para los miembros de la familia, y solía ser un gran honor para un invitado que le pidieran que doblara su servilleta o que le entregaran un servilletero para que enrollara en él su servilleta casi inmaculada (los modales modernos tendrían casi prohibido ensuciarla) y la guardaran, junto a las de la familia, para acudir a una nueva comida en esa casa hospitalaria.

Los dedos

Uno de los triunfos más espectaculares de la «cultura» humana frente a la «naturaleza» es el convencimiento de que cuando se come hay que evitar tocar los alimentos con cualquier cosa que no sean utensilios de metal. Sin embargo, la satisfacción que nos produce este ejemplo fabuloso de artificialidad no debe llevarnos a pensar que las personas que suelen comer con las manos están menos decididas que nosotros a comportarse «de forma educada»; también ellas supeditan los instintos «animales» a los modales, y aprecian tanto las restricciones como los adornos que caracterizan el comportamiento cortés. Los tenedores, al igual que los pañuelos, parecen objetos peligrosamente mugrientos a muchas personas que los ven por primera vez. A quienes comen con los dedos, las manos les parecen más limpias, más cálidas y más ágiles que los cubiertos. Las manos son silenciosas, sensibles a la textura y a la temperatura, y elegantes, siempre que, por supuesto, nos hayan enseñado a manejarlas como es debido.

Como ya hemos señalado, el lavado de manos suele hacerse con ostentación y frecuencia en las culturas que comen con ellas de forma educada. En la Antigüedad romana, al igual que en la actualidad japonesa, se prefería bañarlas en agua por completo antes de la cena. La etiqueta para lavarse las manos en la Edad Media era muy estricta. Durante el ritual del lavatorio se seguía la misma precedencia que para sentar a los comensales a la mesa; las reverencias, genuflexiones y florituras ceremoniales de los que se lavaban las manos estaban cuidadosamente prescritas. A menudo se consideraba repugnante, como lo es hoy en día en la India, hundir las manos en la jofaina del agua: un sirviente debía verter agua perfumada sobre las manos para que solo se utilizara una vez. (En el Egipto actual, la palangana porta a veces una cubierta agujereada para que el agua sucia desaparezca de inmediato de la vista. Las normas para lavarse las manos insisten siempre en que no hay que salpicar ni agitar el agua; hay que tener la atención de dejar alguna toalla seca para la persona que se lavará a continuación; y, sobre todo, hay que tocarse lo menos posible desde el momento en que se realiza el lavatorio hasta que se empieza a comer. Si un invitado abasí (dinastía árabe del siglo IX) se rascaba la cabeza o se atusaba la barba después del lavado, todos los presentes esperaban antes de empezar a comer a que pudiera volver a asearse. El anfitrión abasí, al igual que un egipcio actual, era el primero en lavarse para que ningún invitado pareciera ansioso por empezar a comer; otra posibilidad consistía en efectuar el lavatorio en el exterior, y que la comida comenzara justo después de sentarse, por lo común cuando el invitado de honor alargaba la mano para tomar el primer bocado.

Los árabes del desierto salen de la tienda tanto antes como después de la comida para hacer sus abluciones frotándose las manos con arena; a menudo prefieren realizar este ritual antes de lavarse, incluso cuando disponen de agua en abundancia. Se considera de muy mala educación realizar el lavatorio final antes de que el resto haya terminado de comer; sería un gesto equivalente a levantarse de la mesa mientras dura la comida en las culturas occidentales. Como consecuencia de ello, las personas que comen con las manos procuran acabar la cena todas a la vez, ya que es incómodo permanecer sentados mucho tiempo con una mano manchada de grasa cuando se ha terminado de comer. Cuando la comida familiar consiste en tomar los alimentos de una olla compartida, se siguen normas para dejar algo de comida a los más pequeños, ya que son más lentos que los adultos. Se requiere mucha atención, previsión y control para que todos los comensales terminen de comer al mismo tiempo o en un momento acordado de antemano; es una maniobra que pocos occidentales hemos aprendido a realizar.

Cuentan que un comensal grecorromano tremendamente tragón se entrenó para soportar temperaturas elevadas en las manos sumergiéndolas en el agua caliente en los baños; también solía hacer gárgaras con agua caliente para acostumbrarse a soportar mucho calor en la boca. Después sobornaba al cocinero para que sirviera la comida sacada directamente del fogón para poder agarrar la mayor cantidad posible y comérsela mientras aún quemaba, antes de que nadie fuera capaz de echarle mano. La historia nos recuerda que tomar los alimentos mientras aún están calientes es un hábito moderno y muy dependiente de cada cultura; nos hemos acostumbrado a eso y ahora nos gusta más así, pero se trata de una preferencia que depende tanto de la tecnología actual como de los hermanos pequeños de esa tecnología: el cuchillo, el tenedor y la cuchara. Las personas que comen con las manos suelen tomar los alimentos templados, en lugar de hirviendo, y aprenden a preferirlos así a medida que crecen. (A menudo se dice que una de las barreras culturales que separan los pueblos «desarrollados» de los que están «en vías de desarrollo» es esta cuestión de la temperatura a la que se prefieren comer los alimentos.) En cambio, cuando se sirven bebidas calientes (un ejemplo lo ofrece la costumbre árabe de tomar café durante las comidas), se suelen preferir a temperaturas muy altas para que contrasten con la comida, y porque las tazas o vasos, junto con los platillos que llevan debajo, permiten proteger las manos del calor.

La delicadeza y la destreza gestual para comer con las manos se inculcan desde la infancia. A veces se considera educado, por ejemplo, sostener la comida en la mano, y otras veces es imperativo asir cada bocado desde arriba. La cortesía funciona renunciando a toda la variedad de comportamientos que podrían realizarse fácilmente con el cuerpo; de hecho, es muy frecuente que el movimiento más fácil sea precisamente el que no está permitido. Hubo un tiempo en que el mayor signo de refinamiento en la cultura occidental consistía en no usar el cuarto y el quinto dedo al comer; solo se permitía el empleo del pulgar y de los dos primeros dedos. Los huesos (siempre que fueran pequeños) se podían sujetar con la mano, pero solo entre el pulgar y el índice. Tenemos noticia de personas especialmente sofisticadas que utilizaban determinados dedos únicamente para un plato, de manera que reservaban los otros dedos que aún no estaban pegajosos ni grasientos para tomar comida o salsa de una fuente distinta. Esta limitación solo era posible si la comida se preparaba con esmero para que no hubiera que rasgarla tirando de ella: la carne debía ser extremadamente tierna, estar troceada o triturada y prensada en pequeñas tortas. Solo los ricos y quienes tenían muchos sirvientes eran capaces de alcanzar tal delicadeza, y de ello se infería que solo ellos podían ser verdaderamente «refinados».

Para separar el cuarto y el quinto dedo de la operación de sostener la comida con las manos hay que levantarlos curvándolos con elegancia; las limitaciones los ha obligado a servir tan solo de adorno. Cuando se usa la mano de esta manera se convierte en una expresión vehemente de la economía de la cortesía. Cuando nos reímos de la persona que sostiene la taza del té con tres dedos dejando levantados en el aire y sin utilizar los dos del final de la mano, es porque inspira una petulancia ridícula. Pero lo que decimos en realidad es que esa persona es tan conservadora que sigue un modelo de éxito social completamente desfasado, y las limitaciones y ornamentos con los que reviste su comportamiento son ahora inapropiados, que es otra forma de decir que, aunque se esfuerza mucho por ser correcta, lo único que consigue es la incorrección. Las limitaciones y los adornos modernos son simplemente distintos. No olvidemos que el esnobismo se suele regodear en despreciar lo que está pasado de moda.

Es muy habitual que la mano izquierda no sea adecuada para tocar la comida durante la cena. El libro *Lǐjì* cuenta que a los chinos de antaño se les enseñaba desde la infancia a no utilizar jamás la mano izquierda para comer. Los griegos y romanos de la Antigüedad se apoyaban sobre el codo izquierdo cuando se reclinaban para comer, lo que impedía con eficacia el empleo de la mano izquierda. Debían apoyarse en el codo izquierdo aunque fueran zurdos, porque si no desarmaban la configuración del encuentro festivo porque se quedaban mirando hacia el lado equivocado. Al mismo problema se enfrentó un antiguo soldado hoplita griego, aunque en una situación más vital. Formaba parte de una formación o falange de escudos, y todos ellos debían sostenerse con el brazo izquierdo para que pudieran superponerse; la lucha se realizaba con las espadas empuñadas en la mano derecha. Un escudo en el brazo derecho habría creado un hueco en la falange compacta. Debía de resultar muy difícil ser zurdo en el mundo antiguo.

Los árabes abasíes solían sostener el pan con la mano izquierda porque ese era el alimento que no se tomaba de un plato compartido, y hasta los estrictos modales actuales de Oriente Próximo permiten usar la mano izquierda para operaciones como pelar fruta; la regla principal es que no hay que tomar nada de un plato común con la izquierda y hay que evitar llevarse esa mano a la boca. Tradicionalmente se desaconseja el empleo de la mano izquierda en la mesa porque es la mano no sagrada, reservada para acciones sacrílegas y sucias para las que está vetada la mano derecha, como, por ejemplo, limpiarse después de defecar. Ahora es importante para todos los seres humanos por razones culturales y sanitarias entender que comer es una cosa y descomer es otra. El hecho de que sean «lo mismo», es decir, distintas fases de un único proceso, solo sirve para que sea imperativo tener clara la distinción y para que evidenciemos en todo momento que somos conscientes de ello.

Comer juntos es una manifestación poderosa de comunión. La comida es sagrada, y también debe ser pura, limpia y respetada. Atraviesa el umbral de la boca, entra en el cuerpo y alimenta o infecta al individuo que la consume: cualquier cosa que nos presenten como comestible y que percibamos como impura en algún sentido nos repugna al instante. Atribuimos gran valor a la pureza de lo que comemos, y tomamos precauciones para preservarla de muchas maneras diferentes: ya hemos considerado el lavado de manos, la blancura de los manteles y las servilletas, las tapaderas para cubrir los platos, las catas para detectar veneno, las bendiciones de la mesa y los envoltorios de papel para proteger los alimentos, y veremos muchas más. En la cultura occidental, los retretes (es decir, 'lugares retirados' –hay muchos eufemismos para este aparato sanitario en particular–) se mantienen discretamente apartados, ya sea solos o dentro de un cuarto de baño; es casi impensable que un servicio o un aseo no cuente con una puerta que impida entrar a otras personas. La taza del váter tiene una tapadera (a veces la tapa también se tapa con otro elemento), suele ser blanca, suelta un buen chorro de agua (que a veces nos gusta teñir de un color azul intenso de lo más artificial) y está rodeada de rollos de papel especiales y lavamanos.

La fascinación que nos causa enterarnos de que algunas personas no tocan la comida con la mano izquierda es bastante interesante, y proviene del convencimiento de que, para empezar, la gente «civilizada» (nosotros, por supuesto) debería comer con cuchillo y tenedor, es decir, intentar no tocar la comida con las manos en absoluto. No nos gusta la razón más habitual por la que algunas culturas ajenas a la nuestra prohíben el uso de la mano izquierda, que es solo una de las razones de toda una categoría de actuaciones sacrílegas, porque para nosotros hay un tabú tan grande en todo lo relacionado con los aseos que no soportamos que nos recuerden la defecación, que es lo que se nos recuerda con esa prohibición. En otras palabras, nuestro tabú es aún más fuerte que el ajeno. Además, la mano izquierda también tiene connotaciones impuras en nuestra propia cultura.

Al fin y al cabo, lo *derecho* significa lo 'correcto' o 'adecuado'. *Siniestro* significaba en el pasado 'izquierdo'. En francés, un hombre justo es *droit*, que significa tanto 'correcto' como 'recto' (mientras que *gauche* –'izquierda'– describe a alguien que carece de peso social), además de derecho y diestro (ambos términos relacionados con la mano derecha). Levantamos la mano derecha para efectuar un juramento, y la extendemos para estrechar la mano a otra persona: las personas zurdas no tienen más remedio que adaptarse a estas convenciones. De hecho, al igual que a las personas zurdas en la Antigüedad griega, siempre se las ha considerado una minoría incómoda y díscola, hasta tal punto que a los niños zurdos se les obligaba a usar la mano derecha en lugar de la izquierda a pesar del grave perjuicio que eso les causaba. Cuando se establecen conjuntos de términos opuestos (recto y torcido, arriba y abajo, claro y oscuro, frío y calor, etc.), nuestro sistema cultural siempre identifica la izquierda con abajo, oscuro, torcido, frío… y femenino. Lo masculino es recto, elevado, claro, ardiente y diestro. Los utensilios metálicos que usamos para comer nos liberan de tener que renegar de la mano izquierda, pero la mayoría de la población mundial es diestra de todos modos, y los cuchillos (armas «masculinas» por excelencia, por cierto) se manejan con la mano derecha. Como veremos, en Estados Unidos y Canadá aún se prefiere no ya cortar con la diestra, sino también llevarse la comida a la boca con esa mano.

Comer ayudándose de ambas manos a la vez suele estar mal visto. Los comensales beduinos no tienen permitido roer la carne de un hueso: deben arrancarla en trozos de un solo bocado utilizando únicamente la mano derecha sin levantarla del plato. A veces, los comensales diestros que se enfrentan a un trozo de carne grande, como un pollo, por ejemplo, comparten la tarea de desmembrarlo tirando cada uno de ellos con la mano derecha y un hábil ejercicio de coordinación; esta operación no debe realizarse llamando la atención con ningún movimiento que se parezca a un tirón o una sacudida. Incluso en las ocasiones formales, las reglas del decoro occidentales permiten utilizar de vez en cuando los dedos, como cuando se comen espárragos (que es una dispensa de comienzos del siglo XX), rábanos o albaricoques. Pero todos ellos se llevan a la boca con una sola mano. Todavía se aconseja que los granos de maíz se separen de la mazorca en la cocina o, mejor aún, que se evite por completo el consumo de maíz a menos que se trate de una comida muy íntima. Una de las razones por las que este vegetal nunca se ha considerado del todo respetable es por la necesidad de sujetar la mazorca con ambas manos. (Aunque hay otras razones más importantes, por supuesto, como que se enseñan demasiado los dientes al comerlas y que las mejillas y la barbilla tienden a mancharse de grasa.) Al masticar también hay que procurar llenar tan solo uno de los carrillos y no en exceso, por supuesto. Comer a dos manos y a dos carrillos evidencia una fruición indecente; llenarse las manos o la boca siempre resulta grosero.

Las personas que acostumbran a comer con las manos se rigen por otra regla: nunca hay que tomar y preparar un nuevo bocado mientras se esté masticando el anterior. Cuando la mano izquierda se permite igual que la derecha, resulta bastante espantoso llenarse la boca con una mano mientras la otra tantea el plato en busca de más comida. (En Occidente somos mucho más laxos en este aspecto, ya que se nos permite usar los tenedores y cuchillos que tenemos en las manos al mismo tiempo que masticamos un bocado.) En la obra *O Raree Show, O Pretty Show, or the City Feast*, Ned Ward describe los modales espantosos que exhiben los invitados al banquete que dio lord Mayor en Londres en 1704:

Entonces cada cual se metió la servilleta bajo la barbilla,
para mantener muy limpios sus cuellos festivos;

y se fijaron las mangas con alfileres a la altura de los codos, para que no colgaran y se mancharan de grasa con la salsa. Entonces se pusieron manos a la obra, desgarrando y rasgando cual jauría de perros en un depósito de carroña.
Al terminar con la carne, despedazaron el pescado con una mano en la boca y la otra en el plato.

Cuando se come con las manos suele hacerse de un plato común. Rasgar y desgarrar la comida, así como cualquier manifestación de prisa o urgencia se convierten en comportamientos absolutamente detestables, porque da la impresión de que queremos comernos la parte del festín que correspondería al resto de los comensales. Además, esa precipitación se paga a veces con lesiones propias: Montaigne comía muy deprisa, y en su ensayo *De la experiencia* confesó que a veces se mordía la lengua y los dedos por las prisas.

En las culturas que comen con las manos, los dientes se ven aún menos que en los banquetes occidentales, en parte debido a que los platos preparados para tomarlos educadamente con las manos necesitan menos cortes y menos masticación en el momento de consumirlos que los filetes de carne o los trozos de asado que suelen servirnos en Occidente. Los comensales educados rara vez levantan y mordisquean una y otra vez los trozos de carne; este es el tipo de comportamiento que solemos atribuir a quienes nos gusta ver como bárbaros (Posidonio informó entusiasmado de que los espantosos celtas «agarraban extremidades enteras y se las comían a mordiscos»). Las personas habituadas a comer con las manos y que consumen mucha carne asada o seca toman un trozo manejable con la mano izquierda, desgarran un pedacito con los dientes mientras mantienen la boca decorosamente cerrada en torno a la carne y cortan con un cuchillo afilado a ras de los labios, tal como vio hacer Owen Lattimore en la Gran Tartaria y tal como han atestiguado otros viajeros que han convivido con comedores de carne nómadas. A estos viajeros (franceses, alemanes, ingleses, canadienses o estadounidenses) les encanta describir esta forma de comer porque viola nuestra prohibición de acercarse un cuchillo a la cara.

En la cultura occidental, los cuchillos no se usan jamás si hay forma de apañarse sin ellos: son afilados y peligrosos, demasiado alusivos a la violencia. Una postura similar se da entre los pueblos que comen con las manos en lo relativo a morder y hasta masticar. T. Whiffen, por ejemplo, cuenta que a los indios de la Amazonia les resulta tan desagradable ver a otras personas morder algo, que trocean la comida con la mano en pedacitos antes de llevársela a la boca. Muchas tribus africanas admiten tragarse las gachas de avena sin masticarlas. Una aversión parecida es la que tenemos los occidentales a ver marcas de dientes en alimentos que aún no se han consumido: preferimos partir o cortar el pan en trozos individuales. Quienes se sirven de un plato común deben terminarse todo el trozo que extraigan de él; en general se considera repugnante devolver un trozo de comida mordida a la fuente común. (Siempre cabe la posibilidad de que ciertas condiciones ambientales atenúen estas normas: Farley Mowat describe un festín inuit en el que se permitía devolver a la olla hirviendo trozos de carne sin terminar de comer para mantenerlos «calientes entre bocado y bocado».)

Jugar con la comida antes de tomarla es una tentación universal. Con frecuencia abrimos las galletas con relleno para raspar con los dientes lo que portan en su interior; hay gente que se impone normas sobre cuándo y cómo romper la yema de un huevo frito; cuando comemos helados de cucurucho, retorcemos y aplastamos el helado que hay en el cono, lo empujamos hacia dentro con la lengua y luego nos comemos el cucurucho empezando desde abajo. Elizabeth Adler analiza este fenómeno y llega a la conclusión de que nos encanta separar los alimentos que se han mezclado en la cocina, y mezclar los que se han preparado por separado. Disfrutamos con la destrucción triunfal de estructuras elaboradas pero frágiles, y creando otras nuevas por nosotros mismos; también sentimos la agradable necesidad de poner a prueba y de recompensar el autocontrol dejando lo mejor del plato para el final. Hasta llegamos a ritualizar este tipo de comportamiento siguiendo siempre la misma secuencia y las mismas pautas. Así, por ejemplo, es posible que siempre tomemos primero todos los vegetales verdes, después todos los carbohidratos y, por último, la carne. Algunas personas se guardan la comida para usarla como munición en caso de pelea, tal como hacían los espectadores del siglo XVII después de un banquete real o tal como harían los niños si no les gusta lo que les han puesto de comer. El profesor G. Nenci ha señalado que el término *tryphe*, que significa 'vida lujosa' en griego antiguo, deriva de un verbo que significa 'desmenuzar o reducir a trozos pequeños': es casi seguro que alude a los modales de los ricos que podían permitirse el lujo de dedicar el tiempo necesario durante las comidas a enroscar la comida en bolas o a partirla con delicadeza en bocados de un tamaño «refinado».

Los pueblos que comen con las manos tienen muchas más posibilidades que nosotros para eso que Adler denomina «comer de manera creativa». Una anfitriona árabe de los festines descritos por Aïda Kanafani acostumbra a mover con las manos los aderezos que incorpora en el último momento en los platos, como salsas y jugos, en presencia de los comensales; esto se convierte en una parte satisfactoria y apetitosa del ritual consistente en retrasar el momento de empezar a comer. Los propios comensales deben manipular lo que comerán, y a menudo se les permiten (y, de hecho, se espera que lo hagan) combinaciones artísticas a partir de lo que se pone a su disposición. Por ejemplo, los árabes construyen bocados de arroz que abrazan diferentes rellenos elegidos y combinados por el comensal: un poco de carne, por ejemplo, un dátil, una nuez y algo de arroz. El conjunto se moldea con habilidad para formar una pelota de arroz del tamaño de un bocado que podrá diferir de todo el resto de las «creaciones» montadas por ese mismo comensal en el transcurso de la comida. Todo esto se realiza con una sola mano (sin embargo, en las culturas consumidoras de arroz se considera de muy mala educación que se caiga algún grano de arroz al hacer esto) y los asistentes disfrutan de manera consciente de la textura y la temperatura de los alimentos antes de llevárselos a la boca. Para formar un bocado de este tipo (denominado *logmah* en árabe) hay que seleccionar, pellizcar, doblar y comprimir con la mano, pero nunca juguetear con la comida ni manosearla; hay que alterar lo menos posible la esmerada presentación decorativa de las diversas fuentes dispuestas en el centro del grupo de comensales. A menudo está bien visto llevarse la bola terminada a la boca con el pulgar. Esto evita que la boca y la mano entren en contacto, y se ejecuta con la habilidad y la despreocupación suficientes como para convertirlo en un gesto educadamente estético de por sí.

El manejo de la comida siempre está muy sujeto a normas de etiqueta. Está prohibido juguetear con la comida de manera distraída o sin necesidad. En Europa se caía en este error con tanta frecuencia antes de que se generalizara el uso de cuchillos y tenedores que el francés del siglo xvii tenía un término de desaprobación para designarlo: *gadrouiller* o *gradouiller*. Los libros de urbanidad de la época dicen que no se debe hundir demasiado el pan en la salsa para que no llegue también hasta los dedos; tampoco hay que girar el pan una y otra vez para que la salsa lo empape bien por todos los lados. Hay que mojar el pan de manera limpia y púdica una sola vez. Lamerse los dedos está terminantemente prohibido o permitido con ciertas limitaciones. B. Meakin informa de que, por ejemplo, en Marruecos en 1905 estaba permitido chuparse los dedos, pero solo en el siguiente orden: el cuarto dedo (meñique), el segundo, el pulgar, el tercero y el primero. De este modo se evidenciaba con claridad que no se habían descuidado los buenos modales.

En nuestra cultura, desde luego, solo comemos con los dedos en situaciones especiales o cuando nos saltamos las normas de manera deliberada. Lamerse los dedos se considera un comportamiento aún más disoluto, aunque no utilicemos las manos para tomar comida de un plato común y, por tanto, no exista el riesgo de que toquemos la del resto de los comensales con los dedos lamidos. Cuando los promotores de una conocida marca de comida rápida afirman que está «para chuparse los dedos» enfatizan la informalidad con la que puede consumirse. (Lo rústico es especialmente útil para publicitar las comidas más industriales: pensamos no solo que la gente rural vive más relajada y más feliz que las personas de ciudad, sino que seguramente también come mejor.) La publicidad también sugiere que sus clientes no podrán resistirse a saborear el producto hasta la última gota.

«El Repugnante» de *Los caracteres* de La Bruyère, llamado Gnathon ('Quijadas'), es repulsivo porque toquetea todos los platos, y no solo los que tiene justo ante sí. «Manosea la carne, la revuelve, la hace trizas, la desmembra y la usa de tal manera que si los invitados quieren comer, han de tomar sus sobras». La grasa le chorrea por la barba y la barbilla, y la derrama por todos los demás platos y el mantel al llevarse el puñado de comida hasta la boca: «se le encuentra siguiendo el rastro que deja». Las manos y los dedos, mucho más ligeros y hábiles que los cuchillos y los tenedores, no solo deben emplearse con un control estricto, sino que todas las personas sentadas a la mesa deben notar en todo momento que están sometidos a ese control. Y como hay que desplazar sin cesar puñados de comida por toda la mesa, los códigos de urbanidad advierten de que no hay que derramar nada.

Tres siglos antes de que La Bruyère describiera a su Repugnante, la priora de Chaucer, Madame Eglantine, era ensalzada por tener modales precisamente opuestos a los suyos:

> Con la carne también le enseñaron buenos modales;
> ni un bocado dejaba caer de sus labios
> ni hundía demasiado los dedos en la salsa;
> pero era capaz de levantar un bocado y evitar
> que la más mínima gota le cayera sobre el pecho.
> Tenía un gusto especial por la elegancia.
> Y se limpiaba el labio superior con tal pulcritud
> que no dejaba ni rastro de grasa en la copa al beber;
> para comer alcanzaba la carne con mano serena.

Fue elección nuestra renunciar a tocar los alimentos con el paso del tiempo, pero el proceso de reemplazar las manos por tenedores tardó muchos siglos en completarse. En las comidas familiares era habitual hasta hace poco en Europa colocar una fuente de comida en el centro de la mesa para que todos los asistentes se sirvieran de ella. En la Hungría medieval, por ejemplo, las mesas tenían un hueco en el centro para colocar en él la olla común que contenía la carne. El profesor Robert Muchembled de París cuenta que, durante la segunda mitad del siglo XIX, su bisabuelo fue la primera persona de su localidad en la región de Artesia que renunció a la mesa tradicional de tablero grueso con un hueco en el centro para colocar la comida. Decidió que a partir de entonces cenaría *à l'assiette*, es decir, en su sitio y de su propio plato. Cortar la comida con cuchillo y tenedor fue durante mucho tiempo el colmo de la sofisticación; pero a continuación dejábamos de lado esos instrumentos y recurríamos a las manos.

Algunos alimentos requirieron a veces comer a la antigua usanza mucho después de la adopción de los cuchillos y tenedores para todo. Por lo común, aunque no siempre, se hacía por comodidad. Las langostas y los cangrejos de río exigen ambas manos, así como ponerse una servilleta a modo de babero. Erasmo dice que la sal debe extraerse del salero con la punta de un cuchillo, pero «meter tres dedos en el salero suele decirse en broma que es señal de ordinariez». Sin embargo, la extracción de la sal con los dedos ha sido frecuente en sociedades muy refinadas debido en gran parte a que en las mesas lujosas, cada persona, o cada pareja, disponía de un salero para sí, y este no siempre incluía una cucharilla. El salero todavía tiene cierto aire de novedad y de vulgaridad pragmática; aún no se ha aceptado del todo en los usos conservadores de la sal en las ocasiones formales. Los anglosajones siguen pensando que la sal debe usarse colocando un montoncito en el borde del plato para mojar en ella cada bocado. Si se espolvorea sobre la comida quizá es menos probable que arruine su sabor, pero no es lo adecuado. Incluso se considera bastante correcto recuperar la antigua costumbre de colocar un montoncito de sal sobre el mantel justo al lado del plato en cenas formales, pero, tal como advirtió Emily Post en 1937, «en ningún caso está permitido» mojar apio o rábanos en ese montón.

A comienzos del siglo XX era correcto comer con las manos patatas cocidas o asadas con piel; para ello se abrían, se pelaban y se troceaban (¡nunca se machacaban!) y se llevaban a la boca con los dedos. Es evidente que no podían gustar muy calientes y que se trataban igual que si fueran pan. Una moda más moderna, debida a que ahora nos gusta que las patatas asadas se sirvan muy calientes, consiste en comerlas con el tenedor después de quitarles la piel. En algunos entornos aún se considera adecuado abrirlas con las manos a pesar de la temperatura. Con ellas no debe usarse el cuchillo; si les ponemos mantequilla, esta se untará con el tenedor. La posibilidad absolutamente novedosa de machacarlas que brindó el tenedor nunca se ha considerado aceptable en una cena formal. Es una práctica demasiado destructiva y, al mismo tiempo, demasiado creativa (demasiado parecida a una masticación dentro del plato a la vista de todos); más adelante consideraremos los problemas que plantea la masticación. Hacer puré con los alimentos da lugar a lo que Branchereau denomina «mezclas inapropiadas y contrarias a las buenas formas». Los purés deben elaborarse en la cocina, totalmente fuera de la vista de los comensales.

Los palillos

El método más restrictivo para comer con las manos (y, por tanto, cabe considerarlo también el más delicado) consiste en utilizar el pulgar y dos dedos de la mano derecha y, a ser posible, en tocar la comida tan solo con la punta de esos dedos. El refinamiento de este sistema con un alargamiento artificial de los dedos y una reducción aún mayor de su número constituye, por supuesto, el origen de los palillos orientales. Una vez que nos acostumbramos a mantener los dedos limpios durante toda la comida, el empleo de servilletas para limpiarnos con ahínco no solo parece redundante, sino también absolutamente repugnante. El sacerdote João Rodrigues señaló en el siglo XVII que los japoneses «se sorprenden mucho de que comamos con las manos y las limpiemos en servilletas, que entonces quedan llenas de manchas de comida, y esto les provoca tanto náuseas como asco». Colocar la servilleta sobre las rodillas sigue siendo una afectación «étnica» occidental en China y Japón. Sin embargo, existe la tradición de brindar a los comensales varias veces durante la comida pequeñas toallas ásperas humedecidas en agua hirviendo para que se limpien las manos y la cara.

Los palillos parecen haber evolucionado en Oriente en concreto para usarlos con arroz: el primer cereal básico que hubo en China fue el mijo, y el *Lǐjì* insiste en que debe comerse con cuchara, no con palillos como el arroz. El arroz chino no es suelto y seco como el que prefieren los indios, árabes y africanos para comerlo con las manos, sino que es apelmazado y húmedo incluso cuando no lleva ninguna salsa; es fácil de manejar con palillos. La palabra más antigua para nombrar los palillos parece ser *zhù*, un término relacionado con la raíz del vocablo que significa 'ayuda'. Sin embargo, se pronuncia igual que la palabra *detención* o *parada* que se usa con los barcos. Dicen que los barqueros chinos los rebautizaron como *Kuài Zi*, que suena a 'compañeros raudos', porque en China los palillos se consideran veloces y ágiles, todo lo contrario de una detención o parada. Y así se llaman ahora en chino; el término *palillos* es, por supuesto, un barbarismo occidental. En japonés, los palillos se llaman *hashi*, que significa 'puente', porque efectúan el trayecto que va del cuenco a la boca.

Los palillos se consideran veloces, por tanto, y útiles. Las comidas en China suelen sorprender a los visitantes foráneos por la rapidez con que transcurren; los palillos permiten comer alimentos muy calientes, pero como suelen servirse en trozos pequeños, se enfrían enseguida si tardan en consumirse. Las personas habituadas a comer con palillos siguen siendo más propensas que los occidentales a ayudarse con las manos al comer, pero no es nada recomendable mancharlas de grasa: los palillos, y en particular los palillos lacados de uso habitual en Japón y Corea, son extremadamente difíciles de manejar con dedos resbaladizos. Las cucharas de porcelana se utilizan para las sopas y los platos más caldosos; a los niños se les permite usar la cuchara para todo hasta los tres o cuatro años de edad, que es cuando empiezan a aprender a usar los palillos.

Las mesas chinas son redondas o cuadradas en lugar de ovaladas o rectangulares: esto permite sentar a todos los asistentes a la misma distancia de los platos de *cài* (carne, pescado y verduras), que se sirven en fuentes colocadas en el centro de la mesa. Cada comensal recibe un pequeño cuenco para el *fàn*, literalmente 'comida', es decir, el arroz. El arroz es la base de cualquier comida, mientras que el *cài* es un mero acompañamiento, a menos que la ocasión sea un banquete. El anfitrión, o la madre, reparte el arroz en los cuencos. Cada invitado debe recibir el cuenco lleno con ambas manos: usar una sola da muestras de una indiferencia indecente. Nunca se come *cài* antes de que nos sirvan el arroz porque en ese caso pareceríamos tragones y egoístas que tan solo comen la carne y la verdura, que son los platos caros de la comida, colocadas en el centro de la mesa para compartir entre todos los presentes.

Cuando el anfitrión da la señal se puede empezar a comer *cài* usando los palillos. Los ademanes con que se realiza esto en China, Japón y otros países asiáticos fascinan a los occidentales. Nos parecen movimientos consumados, delicados, precisos y suaves, mucho más refinados que nuestras actuaciones durante las comidas. En *El imperio de los signos (The Empire of Signs)*, Roland Barthes elogia el manejo de los palillos en Japón: «Hay algo maternal en ello, el mismo cuidado meticulosamente medido que se tiene con un niño [...] el instrumento nunca perfora, corta o raja, nunca hiere, sino que tan solo escoge, gira, desplaza. Porque los palillos [...] para escindir algo, deben separar, dividir en porciones, tantear, en lugar de cortar y agujerear a la manera de nuestros utensilios; nunca violan el alimento; o bien lo deslían de manera gradual (en el caso de las verduras) o bien lo empujan para escindirlo en trozos (en el caso del pescado, como la anguila) redescubriendo con ello las rendijas naturales de la sustancia».

Un occidental se siente como un rudo carnicero ante esta delicadeza oriental. Barthes dice que «nos pertrechamos de picas y cuchillos» como si fuéramos depredadores en lugar de madres cuidadosas, y nuestra comida es como «una presa tratada con violencia». B. Y. Chao comenta que los chinos se rigen por una secuencia de instrucciones: «¡Esperar, esquivar, atacar!». Se paran a pensar en los demás, escogen qué trozo quieren y luego se centran en él. Puede que los palillos se crucen en el camino de otros, aunque los chinos también procuran limitarse al lado de la fuente más o menos orientado hacia ellos; los comensales cooperan entre sí y no se ofenden demasiado por el «ataque» de otra persona. Aun así, nunca hay que parecer demasiado empeñado en conseguir un trozo concreto. A los niños chinos se les enseña que «la persona más educada no deja que sus compañeros de mesa sepan cuáles son sus platos favoritos por su manera de comer».

Es más elegante trasladar primero la comida tomada de la fuente común al cuenco de arroz individual y consumirla desde él que llevársela directamente a la boca desde el plato de *cài*. Los palillos nunca deben lamerse ni morderse. En Japón se consideran de mala educación acciones tales como *neburi-bashi*: lamer los palillos; *mogi-kui*: retirar con la boca el arroz pegado a los palillos; *komi-bashi*: usar los palillos para comprimir varios bocados dentro de la boca; *utsuri-bashi*: saltarse la regla de tomar un bocado de arroz cada dos bocados de carne, pescado o verduras; *saguri-bashi*: rebuscar con los palillos para ver si en el plato central queda algo que nos gusta; *hashi-namari*: dudar si tomar una cosa en lugar de otra; y *sora-bashi*: devolver con los palillos al plato común la comida que se pretendía comer.

Los comensales educados que usan palillos nunca «escogen» bocados; deben tomar el primero que tocan. Esto implica que primero hay que tener bien localizado el objetivo, y si se accede a él, hay que tomarlo y comerlo. Usar palillos no significa en absoluto comer bocados tocados con utensilios que han estado en boca ajena. Sin embargo, la sola idea de que la comida de todos pueda tocarse con utensilios individuales ha difundido una aversión muy occidental. En 1984, Hu Yaobang, exsecretario del Partido Comunista, criticó la forma de comer tradicional china e instó a cambiarla por razones sanitarias. Buena parte de esa preocupación debió de radicar, en realidad, en el deseo de disfrutar del prestigio occidental siendo un poco más indescriptiblemente «modernos». La fascinación de personas como Roland Barthes por la superioridad de la sabiduría oriental parece ser menos satisfactoria que el atractivo de la higiene tecnológica y los «modernos» instrumentos de metal. En Japón se ha llegado a un compromiso con la «modernidad» ofreciendo juegos de palillos de madera envasados y desechables. Pero, por desgracia, esto implica pagar un precio ecológico, ya que cada año se talan cientos de millones de árboles para suministrar la madera de los palillos de un solo uso: en 1987 se utilizaron y desecharon 20.000 millones de palillos solo en Japón.

Nunca ha sido admisible la devolución de trozos mordidos de carne, verdura o pescado al plato común; pero como el cuenco de arroz es un «espacio privado», se puede sostener y morder un trozo de carne o verdura con los palillos, y depositar el resto encima del arroz del cuenco para terminar de comerlo más tarde. En Japón jamás hay que clavar los palillos en posición vertical en el arroz; esto solo lo hacen los budistas apenados al hacer ofrendas a sus muertos: los palillos en vertical son como los tabús que tenemos los occidentales con una silla vacía en la mesa.

El pequeño cuenco chino de porcelana se levanta con impecable decoro con la mano izquierda para llevarse a la boca lo que contiene con movimientos precisos y afanosos de los dos palillos juntos manejados con la mano derecha. Los delicados gestos que describe Barthes se transforman de repente en movimientos veloces y absolutamente eficaces; el cuenco sujeto bajo los palillos se desplaza con destreza para evitar que la comida caiga fuera de él. A los occidentales nos sorprende esta ejecución porque nuestra cultura no permite acercar a la boca platos que contengan alimentos sólidos (y entre ellos incluimos la sopa, a menos que se sirva en un tazón); dejamos de hacerlo cuando aceptamos que la corrección formal exige el empleo de cubiertos. Cabría pensar que en China el cuenco se usa como si fuera un híbrido entre una taza y una cuchara grande que se ayuda de los palillos. Los buenos modales en la mesa siempre imponen restricciones difíciles de cumplir: «Si haces ruido con los palillos en el cuenco», reza un proverbio chino, «tú y tus descendientes siempre seréis pobres». Sea como fuere, en las comidas ordinarias hay que comerse cada grano de arroz que haya en el cuenco antes de que concluya la cena. Dejarse arroz se considera un comportamiento repugnante, porque manifiesta desconocimiento del apetito propio en primer lugar y, además, gula por la carne y las verduras, así como un respeto nulo por el arroz (por su cultura, su historia y el trabajo arduo que hizo falta para llevarlo hasta la mesa).

El arroz nunca se agarra, se levanta y se come grano a grano, como suelen hacer los occidentales novatos en el arte de usar palillos con gran frustración y numerosos lamentos. De hecho, «pellizcar» la comida se considera de muy mala educación, ya que los modales orientales, más que los nuestros, exigen manifestaciones de deleite y placer mientras se come, y el jugueteo inepto con los palillos puede interpretarse no solo como una falta de competencia, sino también como una deprimente falta de voluntad. El problema que tenemos los occidentales suele deberse a que intentamos comer arroz con palillos en platos llanos: el cuenquito levantado casi a la altura de la cara es mucho más fácil de manejar si se pone el empeño adecuado. Los propios chinos prefieren usar una cuchara de porcelana (en sustitución de su hermano, el cuenco) cuando comen en un plato llano. Esta cuchara, al igual que el cuenco, tiene la base plana, lo que permite apoyarla sin derramar su contenido.

El tipo de comida habitual en Occidente, junto con la forma en que se cocina y se sirve, nos predispone a utilizar cuchillos, tenedores y cucharas, y la idea que tenemos de lo que es «un cubierto» o «servicio de mesa» también influye en lo que elegimos comer. La comida oriental se trocea en la cocina para que pueda comerse con palillos, pero también, tal como señala Barthes, los palillos surgieron porque cada bocado se considera comestible en parte debido a su tamaño reducido; encontrarse con un gran trozo de carne en un plato puede suponer una experiencia desagradable para las personas de las culturas del arroz y los palillos. Además, el cultivo del arroz implica un uso de la tierra que reduce la cantidad de combustible disponible, por lo que la carne y las verduras deben cocinarse con rapidez para ahorrar leña. Cortarlas en trozos pequeños permite saltearlas y otros métodos rápidos de preparación.

Cuchillos, tenedores, cucharas

Según nos cuentan los Anderson, el cuchillo chino es una hoja útil para «cortar leña, eviscerar y desescamar pescado, cortar verduras, picar carne, machacar ajos (con el lado romo del filo), cortarse las uñas, afilar lápices, tallar palillos nuevos, matar cerdos, afeitarse (se mantiene lo bastante afilado, o eso se supone) y ajustar cuentas viejas y nuevas con los enemigos». Mantener esta herramienta multiusos apartada de la mesa evidencia que las sociedades que usan palillos tienen una decidida preferencia por el comedimiento cortés en lo que respecta a los modales para comer.

En Occidente, los hombres solían llevar siempre encima un cuchillo que les resultaba indispensable para cientos de propósitos, incluido el de cortar comida en la mesa. La regla de san Benito (siglo VI) exige que los monjes se acuesten vestidos y listos para levantarse a la mañana siguiente, pero aconseja que se quiten el cuchillo del cinturón para no herirse durante la noche. En la Edad Media, solo la nobleza disponía de cuchillos especiales para comer y al viajar los llevaba consigo: no era habitual que los anfitriones proporcionaran cubiertos a sus invitados. Todavía hoy es frecuente en algunos lugares de Europa que los hombres lleven su propio cuchillo o navaja plegable personal, que se sacan del bolsillo preferentemente en reuniones íntimas para usarlos durante la cena. A los niños les encanta que les regalen una navaja plegable con muchos accesorios, descendiente directa de este antiguo privilegio masculino.

Las mujeres también tuvieron que poseer cuchillos, pero casi siempre las han disuadido de que las vieran usándolos. Las espadas y cuchillos son objetos fálicos y masculinos. Cuando las mujeres se suicidaban en la antigua Grecia, se esperaba que tuvieran a bien abstenerse de usar el cuchillo, y optaran por el veneno o la soga en su lugar. En muchas cenas medievales, hombres y mujeres comían en pareja de un cuenco compartido, y cuando lo hacían, se esperaba que los hombres tuvieran la deferencia de servir a sus compañeras cortando la carne en porciones con su cuchillo.

Como hemos visto, uno de los principales objetivos de los buenos modales en la mesa es evitar la violencia que podría estallar con tanta facilidad en ese lugar. En Occidente, donde los cuchillos no se han desterrado de ella, nos mostramos especialmente sensibles y vigilantes sobre el uso de estas armas potenciales. Una buena máxima universal es: «En caso de duda no uses el cuchillo». Los filetes de carne y los medallones de un asado se cortan con cuchillo, pero el borde del tenedor servirá para cortar tortilla o patatas, zanahorias y otras verduras cocidas, sobre todo si no se sirven acompañadas de carne. En caso de necesitar un cuchillo, las personas diestras lo manejarán con la mano derecha. La costumbre estadounidense consiste en soltar el cuchillo en cuanto ha cumplido su función y devolver el tenedor a la mano derecha; de este modo, el tenedor estará disponible entonces para trocear las verduras y para llevarse a la boca lo que se ha trinchado con el cuchillo. Los europeos mantienen el cuchillo en la derecha todo el tiempo y tienen que cortar los vegetales con él, ya que el tenedor permanece en la mano menos hábil.

El pescado se puede abrir con suavidad levantando el lado que mira hacia arriba, y separarse en porciones con la ayuda de un cuchillo, y la hoja de cuchillo en posición plana resulta útil para retirar las espinas; pero se ha hecho todo lo posible para evitar los cuchillos cuando se come pescado, porque no son necesarios para cortarlo. El pescado cocido no debe cortarse en filetes, por ejemplo, sino separarse de las espinas bocado a bocado. Tratar el pescado con delicadeza se consideraba un detalle estético. «Al trocear el pescado», dice un libro de cocina de 1807, «póngase cuidado en no romper las escamas, que en el bacalao y el salmón son grandes y contribuyen mucho a la belleza de su aspecto».

Antes de la invención del acero inoxidable en la década de 1920, solía decirse que el regusto que dejaba el metal del cuchillo arruinaba el sabor del pescado, sobre todo si estaba preparado con limón. (Los cuchillos de la fruta se fabricaban en plata por la acidez de la fruta.) En el siglo XIX se inventaron cuchillos especiales para el pescado: eran de plata o chapados en plata, claramente romos y de una forma extravagante para evidenciar que solo estaban pensados para desespinar y escindir con suavidad el pescado cocinado. Antes de que existieran estos cuchillos específicos para el pescado, este se comía con el tenedor en la mano derecha y un trozo de pan en la izquierda, que se utilizaba para empujar. Se empleaban dos tenedores para servirlo y a veces también para comerlo, y así siguió haciéndolo la aristocracia durante mucho tiempo por elección propia, porque los cuchillos de plata para el pescado y sus tenedores a juego eran una innovación de la clase media, un invento de advenedizos. Poner la mesa con ellos era señal de que la cubertería de plata familiar se había comprado en tiempos recientes, en lugar de heredarse junto con las costumbres inveteradas para las que estaba hecha. Los cuchillos de pescado han estado mal vistos durante el siglo XX por considerarse pintorescamente decorativos, demasiado especializados o refinados en exceso; dicen que ahora se están imponiendo en las mesas de la clase media.

Los franceses insisten en que la ensalada jamás debe cortarse con cuchillo: hay que partirla en trozos con la mano antes de ponerla en la ensaladera y entonces, después de aliñarla, comerla con tenedor. Es probable que esta norma surgiera por el sabor y la mancha que dejaba en ella el metal del cuchillo de acero, algo que ocurriría especialmente con las ensaladas francesas porque siempre se aliñan con aceite y vinagre o limón. Los británicos y estadounidenses, que usan mucho menos el «aliño francés», siempre han considerado decadente esta moda francesa. Deberían proporcionarnos un cuchillo de plata para comer lechuga (ya que no se puede contar con que nos la den cortada en trocitos pequeños de antemano), dice Emily Post, pero si no fuera así, habría que cortar sin más cada hoja en «trozos del tamaño de un sello postal». No debemos dejarnos engañar, añade, por modales falsamente franceses que exigen comer los trozos grandes de lechuga con tenedor, «enroscando en espiral las tiernas hojas alrededor de las púas. ¡Recuerde lo que es capaz de hacer un muelle cuando se suelta!».

En parte, la lechuga no se corta en Francia porque se supone que las hojas de lechuga son demasiado tiernas para tener que trincharlas; del mismo modo, a los franceses les choca que se empleen cuchillos para cortar el pan en la mesa (lo que contradice el consejo que da Erasmo a los niños en su famoso libro sobre urbanidad). El cambio de cortar el pan con cuchillo a partirlo con las manos que adoptó la aristocracia francesa en el siglo XVIII parece haber formado parte del desplazamiento hacia una simplificación elegante de los modales como nueva marca distintiva del buen gusto. El pan francés no suele cortarse en rebanadas para untarle mantequilla o tostarlo; las maneras anglosajonas de comer pan suelen requerir cuchillos para untar y cortar, así como el empleo de platos para la mantequilla. En el caso del *pain de campagne*, o pan campero grande, consistente y redondo de Francia, es correcto cortarlo en trozos: un hombre puede sacar su navaja de bolsillo, sostener el pan bajo el brazo y cortar una rebanada. Deberá cortar desde el borde exterior hacia sí mismo, para no poner a nadie más en peligro con la operación. Las *baguettes* «vienesas», en cambio, son pan de mesa blanco y tierno; se cortan en rebanadas, pero fuera de la mesa, y se sirven en una panera. El rechazo a cortarlas en la mesa es una declaración sobre qué tipo de pan es, y una distinción que se establece entre este y el *pain de campagne*. En Alemania es de mala educación cortar con cuchillo las patatas o las crepes o las albóndigas de masa; es como si nos diera la impresión de que están duros y, además, estos alimentos ricos en almidón se consideran casi como si fueran pan. En Italia jamás se considera correcto cortar los espaguetis.

Desde el siglo XVI rige el tabú de que no hay que apuntar a la cara de nadie con un cuchillo. Es una grosería, por supuesto, señalar a alguien con un cuchillo o un tenedor, o incluso con una cuchara; también es de muy mala educación sostener el cuchillo y el tenedor con los puños de forma que queden en vertical. Pero señalar hacia uno mismo con un cuchillo se ve con especial horror, tal como ha señalado Norbert Elias. Creo que una de las razones radica en que hace muy poco que hemos aprendido a no usar los cuchillos para llevarnos la comida a la boca: aún estamos aprendiendo y, por tanto, reforzamos esa decisión con un tabú. Creemos que odiamos que la gente se exponga al más mínimo peligro, pero en realidad esperamos con todas nuestras fuerzas que nadie se salte la nueva regla y nos decepcione a todos volviendo a pinchar la comida con el cuchillo.

Porque lo cierto es que lo tradicional ha sido que la gente se llevara a la boca la comida pinchada en la punta del cuchillo o sostenida en equilibrio sobre su hoja; en este sentido, el tenedor es una mera variante del cuchillo. Con la llegada del tenedor, la punta del cuchillo se volvió mucho menos útil que antes; como consecuencia, el peligro potencial que entraña no tardó en contemplarse como una auténtica barbaridad. Los primeros pasos para suavizar el cuchillo de cocina se dieron cuando los dos lados afilados del cuchillo en forma de daga se redujeron a uno solo. El lado romo se convirtió en el filo superior, que no pone en peligro los dedos al sostener el cuchillo de la manera educada. Según Tallemant des Réaux, Richelieu se horrorizó tanto al ver al canciller Séguier hurgándose los dientes con un cuchillo, que ordenó limar la punta afilada de todos los cuchillos de su institución para que fueran redondeadas e inocuas. Más tarde se prohibió en Francia que los cuchilleros fabricaran cuchillos de mesa puntiagudos para banquetes privados o para ofrecerlos en las tabernas; otros países no tardaron en seguir su ejemplo. Los cuchillos puntiagudos para todos los comensales regresaron más tarde a la mesa del comedor, pero en la modalidad de cuchillos «chuleteros», que tienen una imagen especial vinculada de forma expresa a la carne roja y a «emplearse a fondo» cuando hay hambre. Todavía tienen unas connotaciones bastante rústicas.

El cuchillo solía ser necesario para cortar el queso, ya que algunos son muy duros, y mientras los cuchillos tuvieron punta se usaron para pinchar el queso y trasladarlo con él al plato o a la rebanada de pan individual, o para pasárselo a algún comensal cercano. Era una actuación tan obvia y natural que los victorianos consideraron necesario inventar un cuchillo especial para el queso, a pesar de aceptar que la punta del cuchillo convencional fuera redondeada. El cuchillo del queso tiene hoja, pero está provisto de más de una punta, igual que un tenedor; sin embargo, las puntas para empalar el queso están vueltas hacia un lado, lo que preserva de manera ingeniosa la punta roma del cuchillo. Los manuales de etiqueta de finales del siglo XIX tenían que recordar una y otra vez que este cuchillo o cualquier otro solo debían utilizarse para trasladar el queso de un lugar a otro de la mesa y no para comerlo de la punta: «Para comer queso, hay que colocar pequeños trozos con el cuchillo sobre pequeños bocados de pan, y llevárselos a la boca con el pulgar y un dedo, de manera que el trozo de pan sea el bocado que hay que sostener. El queso no debe comerse directamente de la punta del cuchillo». Los trozos de pan servían para evitar tocar el queso maloliente con los dedos. En Francia, el queso debe manejarse siempre con cuchillo, con la única excepción del gruyer y el cheddar, que pueden levantarse del plato pinchándolos con el tenedor después de cortarlos con cuchillo. A los niños franceses se les enseña con insistencia que no deben cortar jamás la punta de una cuña de queso al servirse: en variedades como el camembert o el roquefort sería como quedarse para sí el delicioso centro del queso ante las narices del resto de los comensales furibundos. Las cuñas de queso deben cortarse como una tarta, en lonchas que incluyan una cantidad considerable de corteza y que se estrechen hacia el centro.

Tras la introducción de los cuchillos redondeados comenzó un periodo de transición a medida que los tenedores empezaron a imponerse en el mundo. Durante cierto tiempo se aconsejó comer tan solo con la parte posterior de la hoja del cuchillo, que ahora solía ser roma. (Todavía en 1845 se aconsejaba en Estados Unidos que al comer con el cuchillo se llevara la hoja a la boca con «el filo inclinado hacia abajo». Por alguna razón era necesario proteger más el labio superior que el inferior al realizar esa maniobra.) Asimismo aparecieron cuchillos especiales con el extremo de la hoja ensanchado y no solo redondeado. Según nos cuenta Legrand d'Aussy, los ingleses del siglo XVIII eran dados a utilizar ese cuchillo como una especie de cuchara plana, incluso para comer guisantes. Fue un inglés anónimo quien puso de manifiesto la frustración de muchos al proponer una solución heroica:

> Yo me como con miel los guisantes.
> Lo vengo haciendo toda la vida.
> Les da un gustillo extravagante,
> pero los sostiene en la cuchilla.

Sin embargo, son los ingleses quienes llevan insistiendo al menos ciento cincuenta años en intentar atravesar los guisantes con las púas del tenedor, y en mantenerlos en equilibrio o aplastarlos con el reverso del tenedor, en lugar de barrerlos con este cubierto sostenido como si fuera una cuchara.

Cuando Sigmund Freud explicó su teoría de las «acciones sintomáticas», puso un ejemplo que le proporcionó el doctor Dattner de Viena sobre un compañero, doctor en filosofía, que disertaba mientras comía pastel. Este caballero estaba hablando sobre una oportunidad perdida cuando se le cayó un trozo de pastel, una «gracia» involuntaria pero perfecta para expresar la idea. «Mientras pronunciaba la última frase», escribió el doctor, «levantó un trozo de pastel para llevárselo a la boca, pero se le cayó *del cuchillo* [cursiva mía] con una torpeza manifiesta». Este comentario casual evidencia que en la Viena de 1901, la burguesía comía pastel sosteniéndolo sobre el cuchillo. La solución acabaría estando en los tenedores de postre o en los propios dedos, tal como insisten en hacer los británicos, en lugar de proporcionar ningún tipo de cuchillo para comer dulces.

Los pinchos, no solo para ensartar la carne al asarla, sino también para sacar comida del fuego o para extraerla entre otras y dársela a un comensal, son al menos tan antiguos como los primeros cuchillos y cucharas; es muy probable que una de las primeras herramientas de la humanidad fuera un palo afilado, tanto para cocinar y comer con él como para otros fines. Los romanos de la Antigüedad tenían cucharas con una o dos puntas en el extremo del mango para comer marisco, y se han conservado pinchos de una sola punta de la Edad Media: un *perero*, por ejemplo, era una pica en la que se clavaba la fruta para mondarla. El tenedor más simple se bifurca en dos puntas; los primeros tenedores de mesa solían tener dos puntas largas que se usaban sobre todo para ayudarse al cortar y al servir la comida, no para comer con ellos; los tenedores actuales para trinchar conservan el tamaño, la forma y la función originales. O también había pequeños tenedores-cuchara (llamados *suckett forks*) que se empleaban para extraer piezas de los tarros de conserva, como trozos de jengibre, o para comer frutas que manchaban los dedos, como las moras.

Así pues, la revolución del tenedor no presentó al mundo un nuevo utensilio demasiado extraño; lo que sí constituyó un cambio importante en Occidente fue la difusión del uso de los tenedores, su adopción con el paso del tiempo para todos los comensales, y su empleo no solo para sujetar la comida al cortarla, sino también para llevársela a la boca. Hasta donde sabemos en la actualidad, la esposa del dux veneciano Domenico Selvo utilizó el primer tenedor moderno en el siglo XI. San Pedro Damián, el eremita, cardenal y obispo de Ostia, quedó horrorizado ante este rechazo abierto de la naturaleza; vilipendió todo el procedimiento en un pasaje titulado «Sobre la esposa del dux de Venecia, cuyo cuerpo se pudrió por completo después de su excesiva delicadeza». Los tenedores vuelven a mencionarse tres siglos más tarde, en 1361, en una relación de la vajilla perteneciente a la Comuna Florentina. De entonces en adelante se habla con frecuencia de tenedores; sin embargo, tuvieron que pasar más de doscientos años antes de que se utilizaran de manera habitual para comer. En el libro de 1570 de Bartolomeo Scappi consta un grabado que ilustra un cuchillo, un tenedor y una cuchara. El rey Enrique III de Francia y sus acompañantes fueron ridiculizados por Thomas Artus en 1605 por su afeminamiento con el tenedor. «¡Se llevaban [la carne] directamente a la boca!» con el tenedor, exclama el autor de *L'Isle des Hermaphrodites*, «alargando el cuello por encima del plato [...] Preferían tocarse la boca con sus pequeños instrumentos dentados que con los dedos». Parecían especialmente estúpidos, continúa el autor satírico, persiguiendo alcachofas, espárragos, guisantes y habas por todo el plato e intentando sin éxito llevarse esos vegetales a la boca sin diseminarlos por todas partes, tal como era de esperar, puesto que los primeros tenedores tenían dientes largos y muy separados pensados para pinchar con sus afiladísimas puntas; sostener comida sobre ellos era imposible. Un estadounidense de principios del siglo xix se quejaba de que «comer guisantes con un tenedor es tan difícil como intentar tomar sopa con una aguja de calcetar».

Italia y España fueron líderes mundiales en la adopción del tenedor. En 1611, el inglés Thomas Coryat comunicó que había visto tenedores en Italia y había decidido adoptarlos y seguir usándolos al regresar a casa. La razón de aquella costumbre italiana radicaba, según explica, en que este pueblo extremadamente escrupuloso y ultramoderno consideraba que cualquier toqueteo de la carne que se trinchara en la mesa transgredía las leyes de la buena educación «en vista de que no todos los hombres tienen los dedos igual de limpios». Sin embargo, ni siquiera Coryat parece concebir el tenedor como un utensilio para comer, sino tan solo para sujetar la carne mientras se corta un trozo individual de la porción destinada a ser compartida por todos.

El empleo de tenedores individuales comenzó a extenderse a medida que transcurrió el siglo xvii. La gente solía compartir los tenedores con los demás como si fueran cucharas, y los limpiaban con esmero en la servilleta propia antes de pasárselos al resto. Antoine de Courtin aconsejaba, a finales de la década de 1600, utilizar el tenedor sobre todo para alimentos grasos, con mucha salsa o almibarados; para el resto de los casos servían las manos. A lo largo del siglo xvii también empezaron a proporcionarse platos duros para cada comensal, un requisito indispensable para el empleo regular de cuchillos y tenedores individuales. En los banquetes medievales había tajaderos o platos trincheros hechos de pan duro: se usaban para recibir en la mano bocados de comida obtenidos de una fuente central y para absorber las salsas que goteaban, no para contener trozos de alimentos que hubiera que pinchar y cortar. En el siglo xiv empezaron a utilizarse bajoplatos de estaño o madera debajo de los tajaderos y también se conocieron como platos trincheros; las marcas de cortes encontradas en algunos de ellos indican que empezaron a usarse de manera ocasional para cortar alimentos sobre ellos. Los platos sólidos no utilizados como fuentes en esta época y otras posteriores fueron cuencos que se compartían por parejas, como hacían Jack Spratt y su esposa en la canción infantil:

Jack no come grasa y Jull no quiere carne,
así que entre ambos dejan el plato impecable.

Dicen que los primeros platos llanos modernos que se conocen (la palabra *plato* significa 'plano') aparecen colocados de pie sobre un *buffet* en un fresco del Palacio del Té de Mantua fechado alrededor de 1525, y son de metal. (Sin embargo, tal vez fueran fuentes de servir y no platos destinados a contener raciones individuales.) El rey Francisco I de Francia encargó un juego de seis platos individuales de servicio de mesa (o *assiettes*, de *asseoir*, 'sentarse': en su origen este término significaba tanto un plato o conjunto de viandas como el espacio individual que ocupaba un comensal durante la comida). Este encargo data de 1536, en torno a una generación anterior a la de Enrique III, el rey ridiculizado por introducir tenedores individuales en su mesa. Los franceses, que fabricaron espléndidas vajillas de plata en los siglos XVII y XVIII, acabaron fundiendo la mayoría de ellas para sufragar los costes de sus campañas bélicas. Sin embargo, la burguesía emergente pudo permitirse comprar durante ese periodo cada vez más vajillas de plata, y poco a poco fue reduciendo la brecha que separaba las riquezas adquiridas de las heredadas. La aristocracia reaccionó optando por la sencillez y los platos de cerámica. (Como ya hemos visto, «el buen gusto» puede ser el último bastión de los privilegios.) Pero fuera cual fuera el material empleado, los cuchillos y tenedores individuales exigieron que cada comensal dispusiera de una base dura sobre la que cortar su ración de comida.

Los platos llanos de cerámica eran bastante comunes en Francia a finales del siglo XVII, pero su aceptación general como sustitutos de los cuencos para todo, salvo la sopa y ciertos postres, no se completó hasta el siglo XIX. A los franceses les sigue gustando tomar el café del desayuno en cuencos o tazones anchos. Es una costumbre muy criticada en la actualidad, porque insta a tomar grandes sorbos de café con mucha leche por la mañana, lo que conlleva bastante tiempo. En cualquier caso, los cuencos son demasiado anchos, parecen cómodos y no tienen asas; hay que usar las dos manos para levantarlos, por lo que no encajan con la nueva imagen del hombre descarado y masculino, ansioso por estar «a la última».

A principios del siglo XIX, los estadounidenses empezaron a reemplazar de manera generalizada los platos trincheros de madera por platos de peltre y porcelana, y el uso de tenedores se fue extendiendo. Sin embargo, todavía en 1837, Eliza Ware Farrar recomendaba «la conveniencia de comer con la mano derecha provista de una hoja de acero; y siempre que se haga con pulcritud y no se tomen grandes bocados ni se aprieten con fuerza los labios sobre la hoja, no debería interpretarse como una manera maleducada de comer». Pero la edición de 1880 de ese mismo libro excluye la sugerencia de que se puede comer con propiedad con la hoja del cuchillo: los tenedores habían conquistado el territorio que ocuparían a partir de entonces. Durante mucho tiempo, los tenedores estuvieron formados por tan solo dos puntas muy separadas, largas y afiladas. A menudo se utilizaban junto con los cuchillos «de comer» ingleses. En esos casos, el tenedor, sostenido con la mano izquierda, servía para mantener quieta la carne mientras se trinchaba, y luego para levantar el bocado del plato. A continuación, este se trasladaba a la hoja roma del cuchillo y se introducía en la boca: el cuchillo se usaba a modo de cuchara.

El tenedor no tardó en contraatacar. A menudo se había fabricado con tres puntas, y estas ahora se acortaron y estrecharon, y con frecuencia se añadió un cuarto diente. (También se probó con instrumentos de cinco puntas, por analogía con las manos, pero el uso decretó enseguida que bastaba con cuatro. Por entonces se llevaban las bocas pequeñas y ya no se contaba con alimentarlas con la mano.) El tenedor adoptó la función de la cuchara si se sostenía con las púas hacia arriba; el extremo en forma de espátula de la hoja del cuchillo cedió y se estrechó hasta adquirir su forma actual, y los tenedores asumieron con más autoridad la función de introducir los alimentos en la boca.

En el siglo XIX se impuso en Europa la moda de reducir la relevancia del cuchillo, hasta el punto de que no solo había que usarlo lo menos posible, sino también dejarlo a un lado cuando no se utilizaba. La comida se cortaba manejando el cuchillo con la mano más hábil, y el tenedor con la otra; después se soltaba el cuchillo poniendo cuidado para que el filo mirara hacia el centro del plato y no hacia los vecinos de mesa, y el tenedor se cambiaba de mano para llevarse con él la comida cortada a la boca. Los modales más elaborados exigían realizar esta maniobra con cada bocado que se toma. Emplear una sola mano se considera de buena educación, como ya hemos visto, y a menudo solo la diestra es de rigor. Los comensales que seguían esta moda consideraban que quienes comían con un cubierto en cada mano eran personas ordinarias y burdas. Este procedimiento, que Emily Post denomina comer «en zigzag», siguió siendo habitual entre la burguesía francesa durante la década de 1880, que es cuando lo describe Branchereau. Aunque, según afirma, los ingleses estaban triunfando por entonces con la introducción de una moda nueva: mantienen el cuchillo en la mano hábil y se llevan la comida a la boca con el tenedor aún sujeto con la mano izquierda.

Comer «a la manera inglesa» implica que el tenedor, que acaba de usarse para sujetar el bocado recién cortado, debe entrar en la boca con las púas hacia abajo para evitar girarlo con la mano izquierda, o menos capaz, y la torpeza que la caracteriza. Por tanto, el bocado ha de mantenerse en equilibrio en la parte posterior de los dientes curvados. Esto tiene dos ventajas para un comportamiento educado. En primer lugar, el tenedor sostenido de ese modo anima a la boca a tomar el bocado con rapidez y cerca de los labios, ya que es bastante difícil introducir mucho en la boca el tenedor con las púas vueltas hacia abajo. Las «armas» no deben hundirse en la boca; ahora seguimos esta norma a rajatabla, casi sin necesidad de que nos la mencionen. La segunda ventaja es que negar al tenedor actual la posibilidad de usarlo como cuchara es una perversión gratuita: nos obliga a tomar bocados pequeños y a dejar en el plato la comida que no se puede levantar con él. Es difícil introducir la comida en el tenedor, y aún más difícil mantenerla en equilibrio y levantarla sin fallar. Conseguir comer de este modo y con elegancia es un triunfo de la práctica y la determinación, y por lo tanto un logro de la educación ideal.

La antigua forma de comer no cayó en desuso en América del Norte igual que en el resto del mundo. James Deetz ha sugerido que la antigua forma de comer estaba más arraigada en América del Norte porque los tenedores llegaron allí relativamente tarde. Según esta teoría, los estadounidenses siguieron comiendo con la cuchara; cortaban la comida (probablemente sujetándola, cuando era necesario, con los dedos o la cuchara), y después usaban la mano derecha para elevarla hasta la boca con la cuchara, aunque eso implicara a veces cambiarla de mano. Lo cierto es que los tenedores, importados de Europa, se utilizaban a veces no solo para sujetar la comida al cortarla, sino también para trasladarla hasta la boca. Charles Dickens visitó América a comienzos de la década de 1840 y vio comer tanto con cuchillo como con tenedor de púas rectas y largas: en *Notas de América (American Notes)* declara que la gente «hunde en la garganta el cuchillo de hoja ancha y el tenedor de dos púas hasta una profundidad a la que jamás he visto llegar esas herramientas salvo en manos de un malabarista experto». Pero los tenedores no tardaron en adoptar la forma actual de cuchara, lo que permitió usarlos, después sujetar el bocado y cortarlo, a modo de cuchara. Los europeos, mientras tanto, siguieron comiendo empalando los alimentos en las púas del tenedor.

Los estadounidenses han sido importunados y ridiculizados durante más de cien años por sus hábitos alimentarios. Pero hasta ahora se han negado a cambiarlos porque no ven ninguna necesidad de hacerlo y por su orgullo patrio en el inconformismo. En cualquier caso, como dice Miss Manners (1982), «los modales de los estadounidenses en la mesa son, a lo sumo, un comportamiento civilizado más avanzado que el de los europeos, porque son más complicados y están más alejados del pragmatismo, lo que siempre es un signo de refinamiento».

La cuchara es el elemento más seguro y cómodo del juego de cubiertos. Es el utensilio más fácil de usar –los bebés empiezan a comer con cuchara– y el más versátil, por eso se limita constantemente su uso. Las cucharas son para las comidas caldosas, las gachas de avena y los púdines; incluso estos últimos se toman a menudo con tenedor. Puesto que las cucharas tienen una imagen infantil, carecen de prestigio. (Un análisis freudiano del cuchillo, el tenedor y la cuchara otorga a la cuchara el papel femenino del trío; el tenedor, si he entendido bien al escritor, es un hijo varón del cuchillo y la cuchara y, al igual que un pequeño Edipo, está resentido con el cuchillo y celoso de la cuchara.) A los especialistas en historia social les desconciertan los cuadros medievales de banquetes que muestran cuchillos pero rara vez cucharas, aunque se sabe que las cucharas se utilizaban a menudo. Se ha propuesto la explicación (poco convincente considero yo) de que tal vez se deba simplemente a que los cuchillos impresionaban más a los pintores. En cualquier caso, parece ser que las cucharas no se dejaban sobre la superficie de la mesa como sí ocurría con los cuchillos.

Pero las cucharas, a diferencia de cuchillos y tenedores, tienen la capacidad de inspirar afecto, puesto que no resultan amenazadoras y son nutritivas. Las supersticiones relacionadas con ellas evidencian que de forma inconsciente se las ve como si fueran personas diminutas: dos en un platillo significan una boda inminente; si se nos cae una sobre la mesa es que llegará una visita; etc. Los mangos de las cucharas, más que los de los cuchillos o tenedores, se han confeccionado a menudo con forma humana, como en los juegos de doce cucharas que representan los apóstoles. En Gales era tradicional fabricar cucharas del amor talladas con las manos de los amantes que estos se regalaban mutuamente como recuerdo, y una antigua costumbre navideña inglesa consistía en que todos los comensales levantaran las cucharas y desearan salud a las amistades ausentes (las cucharas se solían clasificar con las tazas y los cuencos). Las cucharas siempre han sido populares como regalo y como objetos conmemorativos, mientras que hay muchas supersticiones que disuaden de regalar cuchillos, y los tenedores, en cierto modo, siguen sin valerse por sí solos como lo hacen las cucharas y los cuchillos.

Una cuchara es un cuenco con un mango unido a ella. La primera cuchara de la historia consistió en una mano humana ahuecada. Todos los pueblos de la Tierra han fabricado cucharas con caparazones marinos, cáscaras de coco, huesos, calabazas, ámbar, marfil, piedras que van desde el ágata al jaspe, muchos tipos de madera y metal, porcelana, carey, cuerno cortado o hervido y prensado, y hasta cestería. Sin embargo, el término inglés *spoon* ('cuchara') proviene de la palabra en inglés antiguo para 'astilla', y muchas cucharas han consistido en espátulas planas, como las que se usan para comer helado en tarrina o como la hoja de los cuchillos «de comer». Las cucharas planas de algunas tribus de indios de América del Norte eran tan grandes que en parte se utilizaban como platos. Los cuencos con mango se han fabricado con formas muy diversas, desde redondos hasta alargados como un plátano.

Los cucharones con forma de higo eran casi triangulares, llevaban el mango unido al extremo más puntiagudo y tenían la pared frontal casi recta. Llegaron a Europa durante la Edad Media desde el Mediterráneo oriental; hoy en día solo se siguen fabricando cucharones de cocina de madera con esta forma antigua. Es probable que esta estructura respondiera a la costumbre de beber por el extremo frontal de la cuchara, un uso que sigue siendo correcto en muchos países europeos. Los británicos y estadounidenses usan el hueco de la cuchara sopera como si fuera una taza, y beben su contenido desde un lateral; es frecuente que las personas francesas que visitan Gran Bretaña pongan de manifiesto el asombro que les causa esta costumbre. La palabra inglesa *ladle* ('cucharón') significa 'portador de una carga superior a la habitual', ya sea de comida o de bebida; los cucharones, como la mayoría de las cucharas fabricadas para sumergirlas en cuencos hondos, suelen estar provistos de un mango curvado hacia arriba. (Las cucharas actuales de forma ovalada y mango horizontal se volvieron habituales en el siglo XVIII y marcan la transición hacia el hábito de comer en platos llanos o poco profundos.) Entre persas y árabes era tradicional beber el agua de un gran cucharón de madera (Mahoma prohibió a los musulmanes tanto la ingesta de vino como el empleo de cucharas de oro y plata), el cual se pasaban unos a otros al igual que se hacía con las tazas en Europa. Las sociedades educadas procuraban verter el agua en la boca de manera que el cucharón no llegara a tocar nunca los labios de nadie.

El té o el café, al igual que la sopa, se sirven siempre acompañados de una cuchara, aunque no con la finalidad de tomarlos con ella. Antes se bebía mucho con la cucharilla, tal vez porque había menos costumbre que ahora de tomar líquidos calientes. Los libros de modales advierten a sus lectores de que «no hay que verter el té o el café caliente con violencia desde la cuchara a la taza» (con el fin de enfriarlos). Desde hace unos cien años está prohibido dejar la cucharilla dentro de la taza mientras se bebe, en parte para dejar claro que sabemos que solo deben usarse para remover. El platillo que acompaña a la taza de café o té se usaba antaño para contener salsa, pero ahora ha migrado a la posición que ocupa debajo de la taza y esta se considera incompleta sin él; la cucharilla debe colocarse sobre este platillo, alejada de cualquier tentación. Según dice la guía francesa de etiqueta de Andréani (1988), «jamás deje la cucharilla del café dentro de la taza cuando se la lleve a los labios». Antes era perfectamente correcto dejar la cucharilla en posición vertical dentro de la taza para indicar que no se quería más té, del mismo modo que era correcto verter una bebida caliente sobre el platillo –que entonces era hondo, más parecido a un cuenco– para facilitar que se enfriara. Entonces se proporcionaba un platito adicional o un salvamanteles para colocar encima la taza hasta que se tomaba el líquido del platillo cuando se consideraba que se había enfriado lo suficiente.

El orden

El narrador de la novela *Poderes terrenales* (*Earthly Powers*, 1980) de Anthony Burgess dice que «un banquete occidental recapitula la historia de la Tierra desde el caldo primordial, las bestias marinas, los depredadores terrestres y las criaturas voladoras hasta la manifestación de la cultura humana en el queso y los elaborados púdines». El poeta romántico alemán Novalis pensaba que el devenir de la cena era como una vida humana: «La cena en sí misma es, al igual que la vida, una curva: comienza con los servicios más ligeros, luego asciende hasta los más pesados y concluye con servicios ligeros nuevamente». Según N. Newnham-Davis, «una cena toscana completa no discurre siguiendo el orden del pescado, el primer plato, el asado, el plato fuerte y la caza, sino con el plato cocido *(lesso)*, el frito *(fritto)*, el guisado *(umido)* y el asado *(arrosto)*. El pescado, por ejemplo, puede encontrarse en esas cuatro categorías». Estas percepciones de la naturaleza de las cenas (siempre en alusión a una cena completa o formal o como es debida) evidencian lo esencial que es para una comida que parezca que discurre o avanza siguiendo un orden, que cuenta un relato, que simboliza la vida, la sociedad, el cosmos, el Paraíso. Una comida bien planificada debe ofrecer variedad, contraste y completitud pasando de lo líquido a lo sólido, de lo frío a lo caliente y por todos los sabores posibles desde lo salado hasta lo dulce.

El «argumento» de una comida puede variar enormemente de una cultura a otra. Baste recordar que los banquetes chinos suelen comenzar con fruta y terminar con sopa, y pueden incluir o no un postre en medio de la misma, pero no al final; además, la conversación suele tener lugar antes de empezar a comer, y no mientras se mastica o al finalizar, cuando los chinos tienen la impresión de que todo el mundo está demasiado lleno para empezar a departir sobre negocios o el sentido de la vida. En primer lugar consideraremos la evolución que han seguido los festines completos en el pasado inmediato de la cultura occidental. Uno de los objetivos de los banquetes consiste en regodearse en los rituales, lo que incluye el orden de los procedimientos. Más adelante consideraremos las comidas que se saltan los rituales de manera deliberada.

El repertorio de un banquete recibe el nombre francés de *menú*, un término derivado del vocablo latino *minor* o *minutus*, que significa 'pequeño' o 'menudo', porque detalla lo que se va a comer de manera profética, es decir, antes de empezar. Dar el menú es una deferencia en los grandes festines, porque permite que los invitados valoren cuánto podrán comer de todo lo que se les ofrecerá y aun así encontrar hueco para hacer honor a la comida. Los restaurantes usaron menús desde sus comienzos para mostrar una relación de los platos disponibles y a modo de publicidad. Los menús de los restaurantes del siglo XIX eran inmensos y a menudo ficciones absolutamente ilusorias que ofrecían, según declara Émile Goudeau en 1893, «un centenar de sopas, un centenar de *relevés*, trescientos entrantes, doscientos asados, cuatrocientas guarniciones y entre doscientos y trescientos vinos». La idea de que todos los restaurantes deben tener un menú y de que los clientes deben esperar que todo él esté disponible (aunque algunos platos sean de temporada y dependan de la estación) no se impuso hasta la década de 1890 en Francia. «Hoy», continúa Goudeau, «el menú breve de una sola hoja [...] ofrece tan solo lo que se puede preparar: entre cincuenta y sesenta platos».

Los menús escritos en tablillas eran conocidos en la antigua Grecia y Roma, pero en los banquetes era mucho más común la costumbre de que alguien –ya fuera el anfitrión o un esclavo instruido para ello– comentara los diferentes platos explicando en ocasiones lo que contenía cada uno y cómo se había preparado, e informara a los invitados sobre el origen, la frescura y la maduración de los manjares y los vinos. La necesidad de contar con menús por escrito en los festines actuales se debe a un cambio importante en la forma de organizar las comidas formales, la cual se propagó por Europa y América desde mediados del siglo XIX. La presentación más antigua, conocida como cena *à la française*, se dividía, al igual que los banquetes romanos, en dos servicios (o tres, si la sopa introductoria y el pescado se cuentan como un servicio separado) y el postre. Pero en la mesa larga en la que todos permanecían sentados había multitud de platos de numerosas variedades culinarias. Los comensales tenían la comida ante sí y no era necesario describirla. Cuando se introdujo la nueva manera de servir los platos, fue necesario comunicar el menú por escrito a los invitados: los platos estaban entre bambalinas, por así decirlo, y salían siguiendo una sucesión, de manera que los comensales necesitaban conocer lo que aún no tenían a la vista.

Las cenas formales al estilo antiguo, o *à la française*, habían evolucionado a partir de modelos medievales y renacentistas previos, y se establecieron como un sistema en el transcurso del siglo xviii. Los comensales, digamos unos veinticinco, llegaban a la mesa y la encontraban repleta de comida. Los platos, las velas, las sales y los ornamentos se habían colocado teniendo muy en cuenta la jerarquía de los platos y la posición que podían ocupar sobre la mesa, la simetría (los platos para las cenas *à la française* solían ir emparejados) y la altura de las pirámides de frutas y los objetos decorativos. El orden era especialmente importante debido a la aglomeración de objetos sobre la mesa: al servicio encargado de preparar la mesa se le advierte de que tenga cuidado para que no parezca que los platos «han caído como granizo». Todo el conjunto se planificaba para crear sensación de opulencia y abundancia. Y aquel era tan solo el primer servicio introductorio del banquete, como todo el mundo sabía.

Entre los platos que llenaban la mesa había soperas que contenían dos o más variedades de sopa. Estas se servían en primer lugar, y a continuación se retiraban las soperas y los platos hondos y se sustituían por platos llamados *relevés*, como cordero asado y pavo *en daube* o dos pescados grandes. Los invitados también podían empezar a comer los *entrées*, o entrantes previos a la comida propiamente dicha, los cuales podían incluir carrillada de ternera, chuletas, lengua, *vol-au-vent*, lenguado, pollo, mollejas y anguilas. Dos grandes entremeses completaban el cuadro: por ejemplo, un pastel y un pescado. Alrededor de las grandes creaciones se acumulaban pequeños platos, o *hors d'oeuvres*, que se colocaban espacialmente «fuera» de las «obras» principales, y no temporalmente antes, como se hace hoy en día. Eran lo que hoy denominaríamos aperitivos, y consistían en elementos como empanadillas, anchoas, atún en escabeche, ostras, huevos, alcachofas y rábanos. A veces se dejaban sobre la mesa durante el primer y el segundo servicios, mientras se cambiaban los platos más grandes.

El segundo servicio comenzaba después de que todos o la mayoría de los platos del primer servicio se hubieran retirado de la mesa. En ese momento se quitaba el mantel superior para dejar al descubierto el mantel limpio que había debajo con la finalidad de que el comienzo del segundo servicio fuera inmaculado. Este consistía en viandas verdaderamente grandes: Jean-Paul Aron dice que si una comida fuera una ofrenda musical, esta parte tendría que ser una coral para órgano. Entonces hacían su entrada varios asados y los platos espectaculares que los franceses llaman *pièces de résistance*. (A los *gourmets* franceses del siglo XIX les encantaba verse a sí mismos «asaltando» un plato particularmente espléndido como si fuera una fortaleza; una *pièce de résistance* estaba a la altura de la maquinaria de asedio y de la fuerza armada incluso del *gourmet* más decidido. Otra explicación de esa expresión francesa es que los comensales debían «resistirse» a comer demasiado de los platos más modestos para reservarse hasta la llegada de estas creaciones apoteósicas.) Estos grandes platos se acompañaban de ensaladas, verduras y *entremets* dulces: cremas, gelatinas, helados; de acuerdo con nuestra concepción actual, el segundo servicio era como una segunda comida completa. El último servicio, el postre, consistía en quesos, golosinas, repostería y fruta, pero también podía incluir patés de carne. Estas viandas se servían sobre otro mantel limpio o sobre la reluciente madera al desnudo de la mesa de caoba, con cada plato dispuesto sobre un tapete protector. Los platos, cuchillos, tenedores y cucharas de postre se traían expresamente para este servicio.

Las cenas *à la française* podían adaptarse a circunstancias especiales, como disponer de una inmensa tortuga verde antillana. A mediados del siglo XVIII se descubrió que estas tortugas podían transportarse vivas hasta Inglaterra si se mantenían dentro de tanques de agua dulce durante el viaje. Una tortuga de entre 30 y 50 kilos de peso podía conformar todo el primer servicio de un banquete particularmente espléndido. En este caso, la sopa era el plato estrella y ocupaba un lugar central. Se hacía con la cabeza y los pulmones del animal. El abdomen se cocía, y el lomo se asaba, y constituían dos platos separados que se colocaban en la parte superior e inferior de la mesa. Con las aletas y las vísceras se preparaban aperitivos o *hors d'oeuvres* con ricas salsas. Las cenas de tortuga, y en particular la sopa de tortuga, se convirtieron en distintivos de enorme prestigio. Como no había mucha gente capaz de encontrar o de permitirse una tortuga auténtica, se inventó la sopa falsa de tortuga usando cabeza de ternera y mucho vino de Madeira. Al principio se hacía todo lo posible para conseguir un caparazón de tortuga en el que servirla; en cambio, quienes tenían acceso al animal de verdad podían relajarse en este aspecto y solían servir este plato en una sopera.

Cada uno de los dos primeros servicios constituía un *mets* en francés (algo situado frente al comensal); los platos dulces, ligeros o festivos que incluían estaban pensados para ofrecer un descanso, o *entremets*, 'entre los *mets*'. En la Edad Media, los *entremets* o 'entremeses' eran divertimentos que se ofrecían a los invitados mientras digerían un *mets* y se preparaban para abordar otro. Estas representaciones teatrales, denominadas *sotelties* en inglés por su sutil o ingeniosa inventiva, podían incluir cantos, malabares, danzas con espadas, batallas ficticias y máscaras que eran representaciones simbólicas de los asuntos políticos subyacentes al banquete. Olivier de La Marche, primer chambelán de Carlos el Temerario, describió un *entremets* durante el cual él mismo entró en el comedor sentado sobre «un elefante» guiado por un gigante vestido de sarraceno. Olivier representaba a la Iglesia de Oriente cautiva de los mahometanos y, ataviado con una túnica blanca y cantando en falsete, suplicaba al duque de Borgoña, señor de la fiesta, que emprendiera una cruzada. Cuando Carlos el Temerario contrajo matrimonio con Margarita de York en Brujas en 1468, los entremeses incluyeron la entrada de un enano en la sala de banquetes a lomos de un león dorado, un vendedor ambulante que fingía dormir mientras unos monos robaban sus mercancías y repartían bolsos, broches, encajes y abalorios a los asistentes, y un dromedario cabalgado por un salvaje que lanzaba bolas de colores entre los invitados.

Una *soteltie* también podía ser un entretenimiento en forma de plato decorado como si fuera un castillo o las Cuatro Estaciones personificadas en esculturas o una serie de tiendas de campaña bélicas. O también podían confeccionarse en madera delicadamente tallada o en estandartes bordados; los magníficos adornos de mesa de este tipo se regalaban a menudo a los invitados de honor al final de la cena. Pero en estas ocasiones especiales eran más adecuados los grandes logros imaginativos que se podían comer y, además, era más evidente que se habían creado de forma expresa; a veces se combinaban con la parte teatral, como cuando un bufón saltaba dentro de una sopera gigante llena de natillas, o cuando veinticuatro mirlos salían volando del interior de una tarta. Bartolomeo Scappi describe un banquete que organizó en un jardín de Trastévere el 31 de mayo de 1536, en el que figuraron nueve elaboradas escenas diseñadas y creadas por él mismo para la mesa. Incluían una Diana de azúcar con luna, arco y perros con correa, acompañada de cinco ninfas, cada una de ellas con sus atributos correspondientes. Hubo figuras de mantequilla de un elefante con un palanquín, Hércules con un león y un moro sentado sobre un camello, además de un Paris pastelero sosteniendo la manzana frente a Helena y las tres diosas que intentaron persuadirlo. La finalidad de estas creaciones no era más que la de impresionar y deleitar a los invitados, ofrecerles algo de lo que hablar y que recordar. (Repárese en que aún hoy seguimos hablando de ellas.) Los entremeses de las comidas de los siglos XVIII y XIX quedaron reducidos a viandas destinadas a comerse, pero como un alto en el camino que no debía tomarse tan en serio o «asaltarse» con el mismo entusiasmo que las *pièces de résistance*.

La mesa vacía o «des-servida» (*desservie* en francés) dio origen a la palabra inglesa *dessert* ('postre') con la que se nombró el servicio que se presentaba en último lugar. El postre pretendía en cierta medida limpiar el paladar. Scappi dice que después de despejar la mesa, se procede al lavado de manos, se proporcionan servilletas limpias, y los invitados reciben mondadientes en agua de rosas, tallos de hinojo para masticar, ramilletes de flores perfumadas para refrescar la nariz, y pequeños confites y golosinas. Todavía se ofrecen caramelos de anís y de menta con el mismo propósito al final de las cenas indias y, a menudo también, después de las comidas en restaurantes occidentales. El postre, que provino del *banquete* y del *voydee* posprandiales, mayormente dulces, a los que ya hemos aludido aquí, se ha vuelto mucho más sustancioso en la actualidad que los elementos recién mencionados, pero se sigue entendiendo como una floritura placentera para finalizar la comida.

Los invitados a las cenas barrocas y rococó *à la française* se sentaban mucho más cerca unos de otros que ahora en torno al perímetro del tablero descomunal necesario para disponer todos los platos, velas y elaborados centros de mesa decorativos. Cada cual debía comer de los platos situados en las proximidades más inmediatas. Los comensales tenían permitido pedir a un sirviente que les pasara una porción de algo situado a cierta distancia, en especial si el anfitrión lo había recomendado al declamar su «menú» al comienzo del banquete, pero no era educado hacerlo con demasiada frecuencia. Los asistentes estaban más obligados que nosotros ahora a notar qué le faltaba a los vecinos y qué elementos no lograban alcanzar o trinchar o escindir sin su ayuda. Esta norma permite entender mejor cómo surgió la costumbre de enviar bocados exquisitos a amistades sentadas a cierta distancia como una muestra de aprecio; parte del aprendizaje de los buenos modales consistía en discernir cuáles eran los bocados de carne más nobles para poder ofrecérselos a los vecinos sentados a nuestra misma mesa.

La gran diversidad de platos de los banquetes de los que tenemos noticia, y en los que se relaciona una sobreabundancia de viandas, asados, sopas, caza, pescado, pasteles, manjares blancos, patés y frutas en tal exceso y confusión que nos horrorizan, cobra más sentido si se tiene en cuenta la forma en que se servían, es decir, como partes de los distintos servicios, cada uno de los cuales constituía lo que hoy sería una comida completa en sí misma por su variedad y sus matices. Sin embargo, ni tan siquiera se esperaba que cada comensal probara todos los platos; a pesar del espectáculo que se consideraba de rigor en un festín, quien así lo deseara podía comer con mucha moderación en una cena *à la française*.

Se atribuye al príncipe ruso Kurakin la introducción en París durante la década de 1830 de un sistema totalmente nuevo de servir banquetes que fue el antecesor del que se sigue en la actualidad en Occidente. (Antonin Carême había observado el método cuando visitó la corte de Alejandro I en 1818, pero lo había considerado inadecuado para la cocina francesa.) Félix Urbain Dubois, jefe de cocina del príncipe Orlov de Rusia, contribuyó mucho a popularizar los banquetes a la rusa cuando regresó a París en la década de 1870. Los alemanes también solían servir sus comidas de este modo, y a veces la nueva secuencia de servicios se denominó *à l'allemande*. Los platos empezaron a servirse cada vez más como una sucesión. Después de la sopa seguida por los entrantes, solía presentarse un trozo grande de pescado o un pescado entero, que se llevaba a la mesa sin cortar y se mostraba al anfitrión y a sus invitados para que todos lo contemplaran en su majestuosa completitud. A continuación, los sirvientes procedían a trincharlo en una mesa auxiliar o lo volvían a llevar a la cocina para dividirlo en raciones. Estas se llevaban en bandejas a los comensales para que eligieran el trozo que quisieran y recibirlo en su plato.

Es indudable que el procedimiento ordinario, no festivo, durante las comidas se había basado siempre en la ingesta de un plato detrás de otro. Sin embargo, los festines exigían abundancia, y la cena *à la française* ofrecía esa profusión a modo de festín tanto para la vista como para el paladar; y también ofrecía la posibilidad de elegir entre muchas opciones y al instante. La llegada del servicio *à la russe* trasladó la extravagancia al número y a la calidad de los platos servidos de manera sucesiva; también incrementó enormemente la cantidad de personal necesario para los preparativos de última hora y para servir todos los platos de forma individual a cada comensal. Cuantos más sirvientes se pudieran costear, más impresionante sería la cena a la rusa y más diferiría de las comidas cotidianas ordinarias. Entre los ricos no tardó en considerarse cortés la imposición en la mesa de la impotencia más absoluta a los comensales formales: nadie podía servirse por sí mismo, ni pasar o pedir nada a otros: los numerosos sirvientes estaban para recurrir a ellos. Una de las primeras quejas que suscitó el nuevo sistema fue que los propietarios de vajillas con innumerables fuentes de servir ya no podrían exhibir toda su plata y su valiosa porcelana. Las posibilidades individuales de elección se vieron restringidas con brusquedad, y la jerarquía –aparte de la precedencia al servir los platos– tuvo que volverse mucho más sutil de lo que había sido hasta entonces: todo el mundo recibía el mismo menú cerrado.

El primer servicio consistía en una sopa y varios entrantes (los *hors d'oeuvres* se aceptaron bien pronto como parte del primer servicio tan solo durante la comida del mediodía o en las cenas informales; y en las cenas actuales, los entrantes de huevo o pescado se sirven después de la sopa como un servicio diferente). Entonces se retiraban los platos y se ofrecía el siguiente servicio, y después el siguiente. Como el postre era la parte más decorativa de la comida, a veces permanecía sobre la mesa desde el comienzo del banquete, como en la versión de la cena a la francesa conocida como ambigú. Pero el postre nunca se comía hasta que se despejaba la mesa y se limpiaba de migas. Al entrar en el salón comedor, los invitados al banquete encontraban el menú escrito en su puesto de la mesa, como si se tratara del programa de una representación teatral; a finales del siglo XIX se proporcionaba un menú específico de postres en las cenas especialmente grandiosas.

El nuevo sistema exigió que cada servicio fuera un logro culinario, porque se ofrecía íntegro a todos los asistentes. La variedad residía ahora en la yuxtaposición temporal y los matices, en la decoración y la presentación de cada plato, y en la cuidadosa disposición de la estructura general a modo de secuencia. La mesa ganó mucho más espacio al no estar colmada de innumerables viandas; y esos huecos se cubrieron en la década de 1890 con una nueva abundancia de ornamentos florales. Poco después, el gusto cambió hacia la preferencia por un gran espacio blanco y despejado: los invitados se sentaban más separados y se concentraban más en no estorbar a los demás que en buscar ocasiones para brindarles ayuda. En cualquier caso, las mesas, incluso las de los banquetes, se volvieron cada vez más estrechas y se adornaron con menos objetos grandes dorados y plateados.

Se pudo prescindir de trinchar la carne en la mesa. Tampoco era necesario que los platos permanecieran sobre el mantel esperando a que la gente se sirviera en ellos; ahora se podían servir todos al mismo tiempo y más calientes que nunca. En las comidas formales dejaron de ofrecerse segundas raciones. Muy pronto, los banquetes interminables se convirtieron en historia, y la rapidez pasó a valorarse como un signo de control y eficacia durante el servicio. (Aun así hay que señalar que en 1680 ya despertaban gran admiración los batallones de lacayos que actuaban con rapidez y coordinación; en cierta crónica se comenta con orgullo que cierto banquete parisino monumental se había comido en tan solo dos horas, a pesar de presentar más de seiscientos platos.) En la década de 1920, Emily Post recomendaba en Estados Unidos que una velada formal que comenzara con la llegada de los invitados a las ocho, no se prolongara más allá de las diez y media: las presentaciones y la conversación previa a la cena, la cena con el ofrecimiento de varios servicios de manera sucesiva, el café y los licores (que las mujeres y los hombres tomaban en salas separadas) y la conversación general posterior debían completarse en dos horas y media. Los almuerzos festivos comenzaban a las 13.30 y «a las 14.45 ya se habrá marchado el último invitado»; la comida en sí no exigía más de treinta o cuarenta y cinco minutos de tiempo a cada comensal.

Las cenas formales que hemos estado considerando eran muy costosas, y ni tan siquiera las personas ricas las contemplaban como acontecimientos cotidianos. Las cenas formales que se celebran hoy en día siguen siendo expresiones ceremoniosas de diversos tipos de convenciones y relaciones. Tal vez cueste creer que en los grandes banquetes la comida solo es un pretexto, al ser tan copiosa, compleja y magnífica. Las comidas de *buffet* prescinden de la mesa, la inmovilidad y la precedencia, pero en parte compensan la pérdida de esplendor formal con la exhibición de la comida; suponen una vuelta a algunos de los principios de la cena *à la française*. Pero la intensidad ceremonial no tiene por qué ser proporcional a la cantidad de comida consumida: es posible que una comida consista en muy poco, como, por ejemplo, la Eucaristía o la ceremonia japonesa del té, también llamada Cha No Yu, y que los elementos más sencillos soporten toda la ceremonia de un gran banquete.

La moda reciente de la *nouvelle cuisine* es una expresión social del ideal moderno de que las personas de éxito deben procurar ser no solo muy ricas, sino también muy delgadas. La comida no se presenta como un despliegue de derroche y abundancia para repartirla entre los invitados; los individualistas modernos reciben platos unipersonales que ya portan la ración exquisita y exótica, aunque exigua, que corresponde a cada cual. Esta puede consistir, por ejemplo, en varias hebras diseminadas de coloridas verduras y flores. O tal vez haya tres lonchas de magret de pato sobre una lámina de concentrado de salsa pero sin espesar; y esta salsa puede estar rociada o salpicada con salsa de otro color diferente, *ton sur ton*. Las salsas irán debajo de la comida, no sobre ella, para servir de fondo y de realce visual en lugar de ocultarla con generosidad; la sofisticada parvedad, la costosa sencillez y la relevancia estética de la *nouvelle cuisine* se parecen a la ropa de moda diseñada para sus consumidores. La disposición, las yuxtaposiciones conscientes y el cuidado del color, la forma y la textura sugieren la sobriedad y el gusto refinado de los japoneses. Los restaurantes adoran la *nouvelle cuisine* porque quien quiera saciar el apetito deberá pedir varias creaciones artísticas para completar una comida.

El antiguo esquema en tres partes de las cenas formales europeas, incluso de las cenas *à la française* (obertura, clímax, dulce floritura final), sigue la estructura de las comidas familiares mucho más sencillas y simples: sopa, carne con dos verduras (repárese en el principio de las tres partes que sigue el microcosmos de este plato principal) y postre. Un té y una galleta no constituyen una comida como tal; tampoco una serie de platos dulces ni algo que consista únicamente en verduras. La sopa es una comida, pero solo si es lo bastante densa y va acompañada, por ejemplo, de pan y queso. El desayuno no suele considerarse una comida. Los franceses se sorprenden con el desayuno británico porque, a diferencia del «continental», que consiste en café y un panecillo, el desayuno tradicional británico es una verdadera comida en la que la sopa o los aperitivos se sustituyen por cereales y leche o pomelo, después continúa con huevos y panceta ahumada y, por último, incluye tostadas y mermelada (de postre). Para muchas personas, una comida no es una comida de verdad si no incluye algo caliente. Y prescindir de la carne cambia toda la estructura del procedimiento. Los platos vegetarianos son menos costosos, se comparten con más facilidad y pueden cocinarse más rápido que la carne, aunque haya que pelar y picar las verduras. Pero por lo común exigen gran imaginación y un esfuerzo considerable para contentar a todos y convencerlos de que están tomando una comida, si la dieta vegetariana no se sigue por tradición.

La cena en los aviones es una estrategia útil para mantener a los pasajeros clavados en sus asientos y ocupados durante un espacio de tiempo considerable. Se entiende que es necesario ofrecer consuelo a quienes viajan por los aires dentro de un tubo metálico conscientes de que algo podría salir mal y atolondrados por el aburrimiento. Comer es un consuelo, siempre y cuando no surja ninguna adversidad ni ningún imprevisto durante la cena. Desde que comenzó el transporte aéreo comercial y hasta principios de la década de 1930, el pasaje comía en mesas dispuestas en el avión igual que en un restaurante. Había botellas de vino, flores, manteles y auxiliares de vuelo varones (entonces llamados mensajeros) ataviados con chaqueta blanca para servir las comidas. Las sacudidas y descensos bruscos del avión provocaban derrames, y el ruido era tan infernal que a menudo había que conversar a través de notas escritas, pero aun así las cosas se hacían «con propiedad», es decir, en la medida de lo posible tal como se hacían en tierra.

Los primeros aviones de pasajeros que entraron en funcionamiento después de la Segunda Guerra Mundial acomodaron a los clientes como si viajaran en autobús: la dirección de las aerolíneas se había dado cuenta de que el futuro estaba en recortar gastos, aumentar el número de personas a bordo y confiar en el prestigio de la tecnología para compensar cualquier pérdida de lujo. La apuesta salió bien. Los nuevos viajeros aéreos se hacinaron en espacios reducidos con una sensación de diversión, asombro y emoción. Al principio, los asientos eran reversibles para que los pasajeros pudieran girarlos y sentarse frente a frente para comer; pronto se negó incluso este incentivo para confraternizar. Pero se sigue ofreciendo a todo el mundo (salvo a quienes se abstienen por razones de salud o vegetarianismo) una cena de tres servicios que incluye carne caliente, estemos dispuestos o no a comer sobre la mesita desplegable que nos ancla al asiento mientras nos sirven la cena.

No se escatima ningún esfuerzo para convencernos de que tal vez estamos apretados e incómodos, pero sin duda estamos viviendo un milagro tecnológico. La cena suele entregarse en una bandeja con compartimentos integrados o recipientes encajados en sus huecos correspondientes que mantienen cada servicio separado. La separación es espacial, no secuencial: la comida de avión equivale a un servicio de una minúscula cena a la francesa. Habrá sobres de celofán y tapaderas de plástico (si hay higiene hay seguridad), así como cubiertos, pimienta, sal y servilleta de papel dentro de un paquete ordenado. Hasta que los viajes en avión se banalizaron por completo, la gente solía guardar como recuerdo el pequeño cuchillo de plástico, el sobrecito de mostaza y los palitos para remover con motivos aéreos estampados en ellos; eran objetos ordinarios, pero de un tamaño reducido y lo bastante originales como para recordarnos esas extrañas comidas por los aires, y para demostrar a los demás que habíamos viajado en avión. El cuchillo, por ejemplo, suele tener la hoja casi triangular: su extraña forma convence de su modernidad, pero en realidad está diseñada para que solo se pueda comer si se mantienen los codos bien apretados contra el cuerpo para que la hoja descienda casi en vertical sobre la carne. Ninguna persona sensata se comería en primer lugar los entrantes de un avión. Estos son fríos casi siempre, mientras que la carne calentada con sus dos verduras se enfría en cuestión de minutos. De modo que primero asaltamos el plato principal y después abrimos los entrantes, tonteamos con la lechuga tiesa (la mayoría se deja este *entremets* sin comer) y después probamos el trozo de tarta.

A cambio de pagar un precio más elevado por su billete, el pasaje de primera clase y clase *business* recibe una comida de más calidad y un asiento más amplio. En su afán por complacer a la clientela más adinerada y por marcar con la mayor claridad posible la diferencia entre esta y la mera clase económica o turista, las aerolíneas llegan a gastar hasta cuatro veces más en la comida que sirven al sector adinerado en su espacio delantero separado por cortinillas que en la comida de quienes tienen una situación más apurada y se sientan detrás. En Estados Unidos y Canadá, el servicio de restauración a bordo se está convirtiendo en un importante reclamo para vender billetes de avión, ahora que las pocas compañías aéreas que quedan han llegado al acuerdo de abstenerse de las turbulencias que solía causarles el recorte competitivo de las tarifas. De modo que ahora están siendo más imaginativas en la preparación de los menús, y cada vez usan más porcelana y cubiertos de metal, y las comidas, sobre todo en la clase superior, llegan a servirse incluso siguiendo la secuencia de los servicios (a la rusa).

Es muy probable que los «compañeros» de asiento que caen a nuestro lado (todos miramos hacia la espalda de otras personas) sean desconocidos. Las comidas se sirven siguiendo de forma estricta la secuencia acostumbrada: desayuno, almuerzo, cena, con las pausas «adecuadas» para tomar té y bebidas a pesar de los cambios horarios y sin tener en cuenta que cada comida puede tener lugar al cabo de intervalos de tiempo muy breves y sedentarios entre ellas. Las comidas de avión no son copiosas: ¿quién esperaría tomar una comida copiosa en ese estado de estrechez y de confinamiento? Aun así, siempre será una comida completa y lo más compleja posible. Procura incluir todas las connotaciones de una cena en compañía, satisfactoria y «como es debido». Pretende ofrecer una conexión nostálgica con las premisas culturales con las que están reñidos los vuelos, como cocinas cálidas, unas condiciones estables y productos de la tierra. Los modales en estas circunstancias exigen pasividad y contención; de la decoración se encarga la extrañeza de que nos sirvan la cena en esas circunstancias. No hay nada que discutir y la capacidad de elección es muy limitada. Los pasajeros de avión son extraordinariamente dóciles y sumisos. Renuncian al espacio y a la ceremonia a cambio de ganar tiempo y de sentirse agradecidos por viajar seguros.

La comida dividida en tres partes aparece de nuevo en ese otro «fenómeno culinario» constituido por la hamburguesa ahorradora de tiempo. Se trata de una comida que elimina con rotundidad cualquier referencia a comer en compañía. El círculo simboliza la completitud y la autosuficiencia. El plato europeo tradicional es circular: los comensales se sientan a la mesa separados unos de otros, delimitados por los cubiertos, y se espera de ellos que no invadan el espacio de los demás. Las hamburguesas, que son circulares y se sostienen con una sola mano, constituyen la comida más individual y difícil de compartir de todas las posibles; la mesa, el mantel, la conversación y los cubiertos son innecesarios. Cada panecillo completamente redondo (las empresas hamburgueseras más grandes destruyen cualquier panecillo que no sea perfectamente circular) acoge en su interior tortas circulares de carne picada de idéntico peso, consistencia y color. Las rodajas de tomate y las hojas de lechuga están subordinadas al pan y la carne, pero aportan colorido, brillo y vistosidad. La guarnición puede consistir en trozos de cebolla, kétchup, pepinillos o mostaza; una loncha de queso fundido puede aportar un servicio extra.

Cada hamburguesa es tan autosuficiente, tan perfecta y tan completa como un platillo volante, y es hija inconfundible de la inventiva moderna. Sin embargo, lo que la conforma no es más novedoso que un trozo de carne caliente con dos verduras, salsa, condimentos y pan; y su redondez no es solo autosuficiente, sino también antigua, rechoncha y reconfortante. La parte central de la comida tradicional de tres servicios se ofrece aquí apilada de tal modo que cada elemento se identifica y contrasta con claridad frente a los demás, y el conjunto se abraza con pan de forma simétrica. La dentadura muerde el conjunto mientras los dedos lo sostienen todo junto con habilidad y procurando al mismo tiempo no recibir un mordisco ni permitir que las partes se desprendan del todo. La formalidad de las hamburguesas radica en su forma inexorablemente predecible, y en las capas superpuestas y separadas de comida que hacen referencia con sofisticación a las partes del modelo secuencial de una comida formal. Las hamburguesas se preparan con rapidez (no vemos, y por tanto no tenemos en cuenta, todo el trabajo que conllevan esa velocidad y disponibilidad), y solo se necesitan unos minutos para comerlas: la informalidad en este caso reduce el tiempo e indica con claridad la desafección por compartir.

La institución nacida en Cantón del *sihk puhn* utiliza la informalidad para conseguir algo muy diferente. El *sihk puhn* (literalmente, 'estofado' o 'guiso') toma la secuencia de los nueve platos que componen un banquete chino formal y la funde en una sola amalgama de comida. (La palabra inglesa *mess* designaba en sus orígenes una porción de comida o un servicio; luego pasó a significar una porción de comida compartida entre dos, tres o cuatro personas; después, cierto número de personas que comen juntas; y al final ha acabado teniendo el significado de masa informe o revoltijo, tal vez por una asociación de ideas parecida a la del *sihk puhn*.)

En un gran recipiente de madera se echan trozos de tocino de lomo de cerdo, rábano blanco, pollo, yuba seca, bolas de pescado, corteza de cerdo seca, pescado seco, pescado fresco y calamares secos. Cada ingrediente se fríe por separado en aceite de cacahuete, y en el último momento se mezclan todos casi de la misma manera que se monta una hamburguesa a la vista del cliente. Se prepara una salsa con cebolleta picada, azúcar, granos de pimienta negra, corteza seca de casia, clavos de olor, hinojo, anís estrellado, vino de arroz, granos de soja fermentados, pasta de yuba fermentada, ajo y agua, y se vierte por encima. El *sihk puhn* se consume en grupos formados por bastantes personas, y cada fuente se reparte entre unas ocho. Cada persona recibe un par de palillos y una porción individual de arroz. El grupo puede sentarse a una mesa o quedarse en cuclillas en el suelo; los primeros en llegar son los primeros en servirse. Los asistentes hurgan en el cuenco con los palillos en busca de trozos de comida; comen a su ritmo y se van cuando les apetece. No hay anfitriones en los grupos (y ya hemos visto lo importante que es el liderazgo del anfitrión para el desarrollo de una comida china formal), no hay discursos, se habla muy poco, no se brinda, no hay precedencias ni sitios de honor, no hay que vestir de un modo especial ni hay una mesa principal ni camareros.

Lo importante de un *sihk puhn* es el énfasis en su informalidad, lo que manifiesta la intención de practicar la igualdad entre todos los asistentes. Como señaló un comerciante local de arroz al antropólogo James Watson: «Evidencia que todos confiamos los unos en los otros». Obreros de fábricas, directores de banco y agricultores se sientan o se acuclillan unos junto a otros; la ruptura de la secuencia simboliza el derrumbe (momentáneo) de las diferencias entre los presentes. Los festines *sihk puhn* se celebran para refrendar transiciones sociales, como bodas, el nacimiento de un hijo varón, la adquisición de la condición de persona de todos los bebés a los treinta días de nacer y la adopción de herederos varones.

Si las hamburguesas manifiestan el consenso en la separación, el *sihk puhn* denota cohesión y confianza. Ambos expresan la igualdad no solo a través de la informalidad, sino también a través de la atenta vigilancia del principio de simultaneidad, en un caso a través del cuidadoso apilamiento de los ingredientes, y en el otro a través de la mezcla disoluta de los mismos. Tanto en Estados Unidos como en el delta de la ciudad de Cantón, la jerarquía se expresa mediante la formalidad y, por tanto, la informalidad suprime el rango. Y si la formalidad requiere tiempo, su relajación exige rapidez.

Las raciones

Ya no comemos de una fuente común, sino que cada persona se sirve o recibe en un plato una ración de la comida disponible. Sentados derechos en sillas separadas, mantenemos los codos pegados al cuerpo y las manos apartadas del plato de los demás. En el pasado era amistoso dar a los compañeros de mesa bocados escogidos de nuestro propio plato o de las fuentes que teníamos cerca en la mesa, o que el anfitrión manifestara su aprecio por ciertos invitados pasándoles determinadas exquisiteces. En la actualidad solo se permite que los comensales se den a probar bocados de su propio plato cuando hay mucha confianza entre ellos. Un comportamiento educado garantiza la soberanía absoluta de cada comensal sobre sus dominios: el plato individual situado en el puesto que tiene asignado, una porción de la mesa delimitada con claridad por los utensilios metálicos que le corresponden e impermeable a las incursiones desde el exterior, salvo para abastecerse y reponer comida cuando recibe permiso para ello.

En las cenas formales nunca se consiente que un sitio de la mesa quede vacío. Al entrar en el comedor, y también al entrar en muchos restaurantes caros de hoy en día, el visitante encuentra un bajoplato, y sobre él una servilleta, cubriendo el espacio destinado a su lugar en la mesa. (En caso de que no haya bajoplato, se puede recurrir a la solución de compromiso colocando tan solo una servilleta cubriendo ese espacio.) El bajoplato suele ser elaborado: nunca se araña ni se restriega porque no se usa para colocar comida sobre él. Su única función consiste en garantizar que la porción de mesa correspondiente a un cubierto no quede vacía; el bajoplato se retirará cuando se traiga la comida. Al finalizar cada servicio y retirar la vajilla, siempre deberá haber un bajoplato limpio en cada puesto de la mesa hasta que llegue el siguiente servicio: «Un plato con comida nunca reemplaza a otro que también haya tenido comida; debe mediar uno limpio entre ambos». Es como si esos espacios de mantel vacío pidieran a gritos que los cubrieran, cual invitados que no deben quedar insatisfechos para que no se vuelvan «exigentes» y fuente de futuros problemas.

Un puesto en la mesa no es tal durante una cena formal si no cuenta con su plato correspondiente. Dicen que la etiqueta formal exige que cuando un comensal hipercorrecto come solo, hay que poner cuatro cubiertos sobre la mesa, uno en cada uno de sus cuatro lados, y también cuatro, incluso, en las mesas redondas. La edición de 1928 del libro de Emily Post muestra una imagen de una mesa dispuesta de este modo para la señora de una casa que come sola. Los objetos que suelen encontrarse en la mesa del comedor durante las comidas, como los puestos de otros comensales o los platillos auxiliares aunque no se vaya a servir pan y mantequilla, son necesarios a menudo para crear sensación de bienestar en el comensal. Un ejemplo extremo de este principio lo encontramos en la decisión que tomaron los igbos de Nigeria durante un periodo de hambruna tan severa en el siglo XIX que no tenían fufú de cocoyame y hubo que contentarse con comer sopa. A la izquierda de cada comensal, donde se amontonaban reconfortantes bolas de fufú cuando se podía comer hasta la saciedad, colocaban en su lugar un montón de piedras, y la sopa se tomaba con cuchara porque no había nada de comida que mojar en el cuenco. En 1922, Emily Post aconsejó a los estadounidenses que los anfitriones que no pudieran ofrecer vino colocaran al menos dos copas y «vertieran algo rosado o dorado en ellas» para que siquiera las apariencias estuvieran a la altura de las expectativas.

En los banquetes de la Europa del siglo XIV no había cubiertos o servicios de mesa para cada comensal tal como los conocemos ahora. Como hemos visto, el «cubierto» aludía únicamente a la comida y los utensilios del rey o del señor, que se cubrían con un paño para evitar su manipulación durante el recorrido desde la cocina. Las copas para beber no se colocaban sobre la mesa: el vino era algo que se solicitaba expresamente. Los utensilios eran de una sencillez extrema: los cuchillos solían traerlos los comensales, y las cucharas también eran pertenencias personales de los invitados o se compartían con uno o varios compañeros de mesa. Las sopas y los guisos, de consistencia caldosa, se servían en cuencos, uno para cada dos comensales; las parejas formadas por un hombre y una mujer los compartían, y los hombres usaban su cuchillo personal para cortar la carne de su pareja. El tamaño de un banquete se calculaba contando estos cuencos o *écuelles*: una comida de treinta *écuelles*, por ejemplo, era un banquete para sesenta personas. En Inglaterra, cada *mess* o porción era compartida entre dos o cuatro comensales.

Había fuentes o bandejas de comida para elegir qué comer, y delante de cada comensal, un tajadero o plato trinchero individual hecho de pan integral de unos cuatro días; se cortaban rebanadas de una *boule* (o 'bola' de pan u hogaza, de ahí la palabra francesa *boulanger* para referirse a quienes hacen pan) con un cuchillo de hoja ancha llamado *tranchoir*, es decir, 'tajador' o 'trinchador'. También se servía pan más fresco y tierno para acompañar la comida. Las rebanadas del tajadero –a menudo teñidas de color amarillo con azafrán, de color verde con perejil o espinacas, o de color rosa con sándalo para darles un toque festivo– se cortaban en cuadrados o rectángulos de unos quince centímetros de ancho, y los comensales las utilizaban como base sobre la que colocar piezas de comida bastante sólidas, como filetes de carne cortados del asado. (Un vestigio de esta costumbre perdura aún en las rebanadas de pan tostado sobre las que se sirven ciertos tipos de carne, como el turnedó o la caza.) Las salsas espesas en las que se podían mojar los trozos de carne, también se colocaban sobre los platos trincheros, los cuales se cambiaban varias veces durante la comida. Los restos que dejaban los comensales señoriales, junto con sus tajaderos empapados en los jugos de la carne, solían darse a los pobres tras el banquete. Otra posibilidad, como hemos visto, consistía en limpiarse las manos en el pan y echárselo a los perros. El pan podía usarse no solo como cuchara y como plato, sino también como servilleta: los camareros de mesa solían usar pan para protegerse las manos de los platos calientes, aunque se les recomendaba no emplear ese recurso con demasiada obviedad. El pan duro de los tajaderos también se tallaba para confeccionar saleros o candelabros sencillos.

En *La Eneida* de Virgilio, el héroe de esta epopeya recibe una profecía aterradora por parte tanto de su padre como de una arpía: él y su tripulación de refugiados no encontrarían un lugar en el que asentarse hasta pasar tanta hambre como para «roer y devorar sus propias mesas». Años más tarde, Eneas y sus hombres se dan cuenta un día con gran alivio de que acaban de cumplir la profecía: tras comer lo que en la actualidad consideraríamos un pícnic a orillas del Tíber, la tripulación procedió a acabarse el pan sobre el que habían puesto la comida. Tras comer «sus propias mesas», los fundadores del futuro Imperio romano supieron que habían alcanzado el objetivo al que estaban predestinados.

Muchas sociedades actuales siguen colocando la comida sobre pan horneado con una forma ancha y plana, a modo de grandes tortas. De igual manera que el pueblo chino considera que una comida debe consistir principalmente en arroz, que es su alimento básico rico en almidón, y esperan que se coma hasta el último grano, las personas que comen sobre «mesas» de pan suelen seguir la norma de comerlo en su totalidad. Los beduinos tradicionales de la tribu ruwala hacen que cada comensal efectúe un recorrido por el pan que parte desde el borde que contiene la comida más próximo a él y prosigue hasta llegar al montón de carne y verduras que hay en el centro. El pan se parte con rapidez y en silencio, se prensa para formar bolitas y se traga sin masticar. Cuando el comensal llega por fin a la carne, no puede tomar ni elegir un trozo de ella, sino que debe abrirse paso bajo el montón de carne y quedarse lo que quede en el trozo de pan que rasgue con la mano.

Los tajadores de pan medievales se colocaban a veces sobre bases de madera y estaño que a lo largo del siglo XVI sustituyeron el pan de manera gradual. Los extravagantes duques de Borgoña presumían de tener platos trincheros de plata dorada. Con los cuchillos y tenedores individuales llegaron los platos rígidos para todos los congregados en la mesa; para la gente corriente de Inglaterra eso se tradujo en planchas cuadradas de madera (con la misma forma que la mayoría de los tajadores de pan, pero más grandes) que a veces estaban ahuecadas para contener comida tanto sólida como líquida, y que portaban una pequeña depresión para la sal. A veces, los tajadores de madera servían para dos servicios: se limpiaban bien por donde se habían utilizado y se les daba la vuelta para volver a utilizarlos por el otro lado. En el siglo XVII (un siglo antes en Italia), los tajadores se volvieron circulares, que es la forma tradicional que tienen los platos en Europa hoy en día.

El empleo de cucharas individuales significó que ya no había que levantar los cuencos de sopa para beber el contenido. La sopa ahora se comía, aunque se hubiera vuelto mucho más líquida que antes, y «comer» se identificó con el uso de la cuchara. Los términos ingleses *soup* y *supper* (es decir, 'sopa' y 'cena') proceden del término *sop*, que aludía al pan mojado que tan a menudo se utilizaba para completar el caldo del cuenco; la gente *soppy* es tan «blanda» (o sensiblera) como ese pan. El pan abandonó la sopa a medida que se fueron multiplicando los servicios en los banquetes. En las comidas formales, la sopa nunca había sido una cena en sí misma, como sí solía serlo en mesas sencillas e informales; y ahora se convirtió en un mero entrante líquido de un banquete. Aun así, siguió siendo un alimento sustancioso.

Un manual de etiqueta francés de 1782 enumera servilleta, plato, cuchillo, cuchara, tenedor y copa para cada invitado, y advierte de que «sería de muy mala educación [contrario a la *honnêteté*] prescindir de cualquiera de ellos». El cubierto se había normalizado, y la transición hacia la diversificación de los utensilios ya había comenzado. Esta coincidió con la especialización de las estancias en las casas europeas y con la proliferación de muebles para usos específicos: mesas de distintos tipos para comer, escribir, para usar en la cocina, el salón, para jugar a las cartas, para colocar junto a la cama, para tomar el té, etc; sillas especiales para la sala, el comedor, la cocina, el salón; mecedoras, sofás, canapés y divanes. A mediados del siglo XIX, la mesa del comedor preparada para un banquete formal estaba repleta de arreglos florales, centros de mesa y ornamentos (*epergnes*, *plateaux*, árboles y animales de plata y plata dorada, *compotiers* o grandes fruteros de cristal con pie), candelabros, copas, fuentes y platos. Todo estaba colocado de manera ordenada, lo que aún dejaba espacios delimitadores de mantel blanco sin nada encima. La mesa estaba repleta de cubiertos. Había tenedores y cuchillos especiales para queso, para fruta, para pescado, para marisco, ensalada, melones, helado, pasteles. Sobre la mesa se colocaban de adorno cucharas de los apóstoles o pequeñas cucharas holandesas cruzadas. Cada comensal disponía de una hilera de copas con formas y tamaños diferenciados según se usaran para brandy, vino, champán, jerez o agua. En 1890, la señora baronesa de Rothschild poseía una inmensa vajilla de plata que incluía, solo como platos de servicio, una fuente para carne asada, muchos otros platos cubiertos para carne, dos platos para salmón, un plato para rodaballo, diez tapaderas diferentes para fuentes, varias fuentes para servir con dispositivos para calentar, ocho champaneras, numerosas salseras y dispensadores de salsas, fuentes para verduras de varios tipos, ocho expositores de postres, y numerosas piezas más.

Una vajilla completa incluía ahora soperas, platos llanos y platos de postre; se volvió esencial que los platos formales tuvieran un borde, para diferenciarlos de los platos ordinarios del almuerzo. En las comidas formales no se proporcionaban pan ni mantequilla. Y aún se considera inapropiado ofrecer mantequilla o platillos para untarla en pan en las cenas formales: se supone que un banquete es lo bastante sustancioso como para no necesitar más mantequilla; el pan se parte y se deja sobre el mantel al estilo francés. Para los anglosajones, esta costumbre tiene un aire obstinadamente arcaico, que es justo lo que exige a menudo la formalidad; es algo parecido a los aristócratas que aún usan mesas de caballetes para cenar o a las mujeres modernas que se casan con velo.

Bernard Gille, un francés que escribió sobre modales ingleses en 1981, explica a sus compatriotas que este pueblo no considera la comida tan importante como para tratarla como algo ritual o como para interrumpir otras actividades por ella; los ingleses podrían, por ejemplo, ver la televisión mientras comen. También advierte a sus lectores franceses de que los anglosajones colocan los cubiertos invertidos, con el cuenco de la cuchara y los dientes del tenedor hacia arriba. (La costumbre francesa de colocarlos con el cuenco y las puntas hacia abajo también existía en Gran Bretaña. Los británicos y estadounidenses que poseen piezas de plata muy antiguas colocan los cubiertos al estilo francés para dejar a la vista los monogramas que se imprimían en lo que ahora consideramos el dorso de los tenedores y las cucharas.) Los ingleses, continúa Gille, ponen la mesa de las comidas ordinarias sin ningún plato en el espacio acotado por los cubiertos; los franceses están acostumbrados a entrar en el comedor y encontrar los platos colocados en cada sitio de la mesa. Los franceses que visitan Inglaterra suelen ver confirmadas sus peores sospechas cuando se encuentran con el platillo auxiliar colocado en cada sitio de la mesa, lo confunden con el plato llano y piensan que no les darán mucho de comer. Como no están acostumbrados a que haya platillos auxiliares ni a cortar el pan, cometen el error de dejar el mantel lleno de migas y temen que los anglosajones los juzguen mal por ello.

El sistema que seguimos en Occidente de servir la comida en platos sucesivos implica el empleo de numerosas piezas de vajilla, pero todas son muy similares y con formas adecuadas para cada una de las tres partes principales en que se divide una comida: sopa, plato principal (los aperitivos se sirven en platos parecidos, aunque a menudo más pequeños que los del plato principal) y postre. La costumbre francesa de poner reposacuchillos y reposatenedores para que se empleen los mismos cubiertos para más de un servicio fue habitual en Gran Bretaña y Estados Unidos durante los siglos xviii y xix. Pero durante cierto tiempo no se consideró adecuado entre los anglosajones, quienes manifiestan la hospitalidad formal con la concentración de la mayor cantidad posible de platos y de cubiertos. Entre familiares y amigos no se duda en mantener los mismos cubiertos para el siguiente plato. Por su encantadora informalidad y por la reflexión y despreocupación que evidencia por los modales formales, aún se cuenta la anécdota de que una camarera canadiense aconsejó una vez a un miembro de la realeza británica que acudió de visita a su país: «Quédese el tenedor, duque, falta la tarta».

Ahora utilizamos menos cubiertos que en el siglo xix durante los banquetes, pero siguen siendo tantos que a menudo parece que la etiqueta en la mesa se reduce a «saber qué tenedor usar». Se supone que en una mesa puesta como es debido no debe haber ningún problema. Cada comensal comenzará por los cuchillos y tenedores que encuentra más alejados del plato e irá avanzando hacia el interior de tal manera que las piezas situadas más cerca del plato sean las últimas que emplee. En los países donde no se acostumbra a colocar la cuchara del postre en la parte superior de cada puesto en la mesa, esta será la que esté más cerca del plato por el lado de la derecha. Una regla formal es que nunca puede haber más de tres cuchillos en un mismo servicio de la mesa; si el menú está formado por más de tres servicios, el personal de cocina se encargará de proporcionar los cuchillos que falten. Este parece ser otro ejemplo de las restricciones que existen con los cuchillos, una complicación que tal vez parezca menor y bastante leve, pero es una regla que perdura en los libros de etiqueta.

En las comidas japonesas, los palillos nunca cambian excepto en cuanto a su tamaño (los anfitriones pueden usar palillos extralargos para pasar exquisiteces a los invitados) y en ocasiones se necesitan cucharas. La diversidad extrema se encuentra en las formas, tamaños y colores de los platos, fuentes, cuencos, estuches y cajoneras para presentar la comida. Los japoneses consideran que la forma y el material de que está hecho un recipiente condicionan con qué comida se debe usar; el sabor y otros factores, como cambios estacionales o la naturaleza de las celebraciones y ocasiones festivas, deben reflejarse en la vajilla elegida para cada comida particular. Bernard Rudofsky (1965) cita un *haiku* de Jûgaya que expresa el estupor japonés ante nuestra falta de imaginación en esto:

Una comida europea:
cada dichoso plato o recipiente
es redondo.

Los japoneses se sienten tan orgullosos de sus platos lacados, de porcelana y de cerámica vidriada que la vajilla se contempla y elogia al margen de la comida o la bebida que se sirva en ella. La ceremonia japonesa del té, conocida como Cha No Yu, eleva estas cortesías a una especie de ritual sacramental. (Elogiar los utensilios solo es, por supuesto, uno de los muchos aspectos ceremoniales del Cha No Yu.) El anfitrión de la ceremonia del té dedica especial esmero a colocar las tazas y otros objetos «de una naturaleza que armonice con los pensamientos y estados de ánimo probables de los invitados». Estos, a su vez, deben reaccionar y responder a sus atenciones. Cuando todos han ocupado el lugar que se les ha asignado con sumo cuidado (las reglas para tomar asiento establecen un lugar especial para cualquiera de las personas presentes que sea propietaria de un reputado utensilio para el té), la persona distinguida como «invitada de honor» debe elogiar la preparación de los elementos. Un maestro de ceremonias muy educado se ausentará mientras esto sucede para que los invitados se sientan libres de mirar a su alrededor y emitir sus comentarios sobre la vajilla, la sala y el mobiliario sin violentar al anfitrión.

Más tarde, mientras el anfitrión prepara el fogón para encender el incienso y poner el agua a hervir, el invitado de honor solicitará ver el juego para quemar incienso del anfitrión. Si el Cha No Yu tiene lugar a mediodía, es posible que se tomen algunos bocados y los invitados saldrán a pasear por el jardín exquisitamente decorado mientras el anfitrión completa los preparativos para la ceremonia. En esta etapa, adornará la sala con flores, se cambiará de ropa y tocará un gong para que los invitados regresen. Estos vuelven a contemplar el entorno, a manifestar su admiración y a emitir sus comentarios: los jarrones, la tetera, la jarra del agua, todo se observa, se percibe, se aprecia. Tradicionalmente, el anfitrión solo usa una taza especial, sencilla pero muy apreciada. La llena de té y cada invitado, empezando por el principal, toma dos o tres sorbos de ella, limpia cuidadosamente con una servilleta el borde por el que ha bebido, y pasa la taza a otro invitado. El invitado de honor se interesará por el té preguntando sobre su procedencia, su nombre, sus propiedades; el resto lo degusta en silencio. El anfitrión es el último en beber y siempre manifiesta sus disculpas por la humildad de la infusión. A continuación, la taza pasa por todos los invitados, se voltea, se estudia y se alaba. A veces se fuma a continuación y después se sirven dulces junto con un té más ligero servido en tazas individuales y más pequeñas.

Los banquetes tradicionales chinos adoptan una forma pensada para contrastar con las comidas ordinarias. La comida ya no consiste en arroz, de manera que los otros alimentos se consideran acompañamientos de lujo; en los banquetes no es de mala educación tomar demasiada carne y poco arroz. Más bien ocurre lo contrario, y no se permite comer arroz hasta que el banquete ha terminado, de modo que pedir arroz denota la intención de dejar de comer (o de beber, si después de la comida se toma alguna bebida alcohólica). Incluso al terminar no habrá que tomar más de uno o dos bocados de arroz para no arriesgarse a acusar implícitamente al anfitrión de no haber ofrecido suficientes platos especiales de carne, verdura y pescado. En los banquetes, los invitados alaban la comida sin descanso; se disculpan por todas las molestias causadas al anfitrión y se preguntan qué habrán hecho para merecer tanta generosidad, para recibir tantas atenciones. El anfitrión responde que no necesitan ser corteses, que son ellos quienes honran su pequeño y humilde hogar. Los asistentes manifiestan entonces que no actúan por mera cortesía, sino que sus elogios son reales: la comida fue extraordinaria. Un escritor chino explica a los occidentales que en las comidas chinas «no existen reglas». Basta con actuar como se desee (aunque ya hemos visto que esto dista mucho de ser así) y con mostrar agradecimiento. Los buenos modales orientales no se contentan con que «se actúe con corrección»;

también hay que convencer a todos los presentes de lo impresionados y encantados que nos sentimos. Los anfitriones se esfuerzan mucho para ganarse esos elogios y después responden quitándose importancia y disculpándose por su insuficiencia.

En Occidente hubo un tiempo en que los anfitriones adinerados exhibían con ostentación sus utensilios de plata en los estantes del *buffet* montado a la vista de los comensales con la intención de que se mostraran impresionados. Sin embargo, hoy en día no se elogia ni la comida, así que mucho menos aún la vajilla en la que se sirve. En Francia, por ejemplo, es posible que se cree un silencio reverente cuando llega a la mesa una muestra magnífica de arte culinario y que los invitados se permitan murmullos de aprobación. Pero lo cierto es que elogiar la comida, según consta en una obra francesa actual sobre modales, «causa la impresión de que queremos comer más». También interviene, sin duda, una especie de cortesía invertida: recibir la comida con manifestaciones de júbilo podría entenderse como una señal de sorpresa o de alivio. No emitir ninguna alabanza (al tiempo que se dan muestras inequívocas, aunque comedidas, de aprecio) evidencia que no esperábamos menos de la excelencia del anfitrión. Cuentan que una anfitriona victoriana preguntó con acritud a uno de sus huéspedes: «¿Acaso no esperaba usted comer bien en mi casa?». De manera análoga, el anfitrión no deberá alabar en ningún caso la comida que brinda ni emitir comentarios sobre la misma. «Hay que regocijarse en silencio de los logros propios», sentencia la baronesa Staffe.

Europeos y estadounidenses se escandalizan y se sienten agraviados cuando se encuentran con concepciones opuestas debido a que la educación y la implacable presión social les han inculcado una actitud oficial de frialdad y distancia ante la comida. Muchas sociedades esperan que los invitados expresen su agradecimiento no solo con palabras, sino también con sonidos inarticulados y actos. Los persas y árabes deben sorber el té o el café con murmullos de satisfacción, y tomar siempre más de una taza para no ofender. (Sorber el té y otras bebidas es algo muy común; las culturas que lo defienden afirman que potencia enormemente la percepción del verdadero sabor de la bebida.) A menudo se acostumbra a chupar hasta la última hebra de carne de un hueso o a eructar al final de la cena para halagar a los anfitriones.

Por otra parte, los buenos modales ingleses y estadounidenses insisten en que estemos dispuestos a renunciar incluso al bocado final más delicioso si resulta difícil levantarlo del plato con un tenedor sostenido con corrección. (Esto contrasta por completo con la postura china de que no debe dejarse ni un solo grano de arroz en el cuenco.) Los franceses comparten la reticencia europea general a manifestar disfrute con la comida, aunque al mismo tiempo consideran que sus salsas, y todo el resto de los alimentos que sirven, merecen un respeto mayor: ¿acaso no es de buena educación mostrarse incapaz de resistirse a tomarlo todo porque está exquisito? En las ocasiones informales se permite sostener un trozo de pan en una mano para apurar con él los restos que quedan en el plato, si bien se considera más educado (porque evita usar los dedos y la facilidad que ellos ofrecen) cortar trozos pequeños de pan, pincharlos con el tenedor y rebañar con ellos la salsa. Un restaurante parisino probó hace unos años a introducir una cuchara especial para apurar con ella hasta la última gota de sus afamadas salsas. Es una idea brillante, pero no parece haber prosperado.

Los invitados no deben criticar la comida jamás. Esto se rige por el mismo principio que prohíbe alabarla, ya que la distancia es el objetivo en ambos casos. De igual manera, hay que disimular la aversión por deferencia hacia el anfitrión. «Si los platos son un fracaso, no hay que manifestarlo», sostiene la baronesa Staffe con su rotundidad acostumbrada. «Comeremos con arrojo lo que se nos ofrezca, como si fuera excelente». Y también cuenta la historia de un francés heroico que durante su visita a Inglaterra, bebió y (tal vez con un excesivo de cortesía) calificó de excelente una «bebida espantosa» que le ofrecieron como un vino raro: le habían servido una medicina por error.

Muchas sociedades exigen que se pruebe al menos un bocado de todos los platos que se ofrecen para no ofender a los anfitriones. Incluso vacilar es una actitud lo bastante reprobable como para que tenga un nombre en el listado japonés de errores que deben evitarse. En la cultura occidental se permite que un invitado «ruegue» que no se le sirva un plato concreto, sobre todo si se le ocurre alguna razón relacionada con cuestiones médicas, aunque sea vagamente. Sin embargo, la excusa deberá ser muy sólida para zafarse de comer sopa, ya que en la mentalidad occidental la sopa es un alimento básico, un símbolo de amor, y a menudo se considera un remedio para la mala salud. Servida al comienzo de una comida, se supone que ayuda a calmar el hambre a todo el mundo, de modo que rechazar la sopa viene a ser como saltarse el arroz en una comida oriental. La consecuencia lógica que se deriva de esto es que los anfitriones no deben servir demasiada: «Llenar hasta arriba o incluso hasta la mitad un plato de sopa no sería nada distinguido», dice un libro inglés de etiqueta del siglo XIX. Un cuenco lleno de sopa a rebosar podría llevar a suponer que el anfitrión espera que los invitados no coman demasiado después.

Tal como dicen los franceses, la comida también se puede criticar «con la punta de los dientes» y esto se desaconseja por completo en los manuales de etiqueta. Incluso si encontramos un insecto, dice Branchereau, hay que comportarse como si no pasara nada; se oculta bajo alguna verdura a un lado del plato y se continúa. Un libro de modales para niños (1701) recomienda comer sin investigar demasiado: «No olisquees la carne, ni te la arrimes a la nariz; no le des la vuelta para verla por el otro lado». En China es de mala educación abalanzarse con obviedad sobre los platos recién hechos y recién salidos del fuego; si hay platos recalentados de una comida anterior, un invitado educado mostrará un interés idéntico por ellos, y el resto de los comensales notará si lo hace o no. También es desconsiderado echar mano de la sal o espolvorearla sobre la comida antes de probarla; cada sociedad manifiesta grados diversos de sensibilidad sobre este asunto. En Hungría, por ejemplo, se aconseja probar la comida antes de añadirle sal o pimentón, puesto que en caso contrario podríamos ofender a los anfitriones. Según el *Lǐjì*, si un invitado añade sal a la comida deberá presentar sus más sinceras disculpas a un anfitrión educado.

Las luchas de poder entre hombres y mujeres se expresan con frecuencia a través de la comida. Las esposas elevan o rebajan con sutileza o no el nivel culinario de lo que cocinan para manifestar su complacencia; los maridos también pueden dejar bien claro si aprecian o detestan la comida que se les proporciona. Los hijos también pueden generar gran preocupación en sus padres si se niegan a comer «como es debido». El trastorno alimentario de la anorexia (que significa 'sin apetito' en griego) suele ir acompañado de un rechazo del afecto como parte de la estrategia inicial. El ayuno es una forma antigua de protesta política, un recurso para apartarse de la sociedad con el propósito de reflexionar sobre la vida propia o para manifestar desaprobación ante lo que está sucediendo; ya hemos visto lo inquietante que resulta una silla vacía en un banquete.

Puesto que la comida es una metáfora tan intensa del amor, y puesto que compartirla transmite una fuerza tan unificadora, renunciar a comer suele ser uno de los insultos más hirientes que se pueden cometer. En Nigeria, por ejemplo, donde hay que ofrecer comida a cualquiera que llegue de visita, si un invitado dice que ya ha comido y que no quiere tomar nada más se interpretará como una manifestación de gran enojo por su parte. Un viajero que visitó Irak en la década de 1930 describió un festín «de enemigos» beduino en el que los invitados mostraron su hostilidad frotándose puñados de comida contra la boca cerrada y dejándola caer sobre el polvo que tenían a sus pies. (Todo el mundo sabía que esos hombres estaban famélicos y que habían sido invitados por eso. La hospitalidad del desierto exige dar de comer a los hambrientos, aunque sean enemigos consabidos.) Después salieron a grandes zancadas de la tienda proclamando «hemos comido» y limpiándose las manos en sus vestidos o en el pelo; el menosprecio no podría expresarse de un modo más gráfico. Cuando un hombre ejerce gran poder sobre sus esposas, puede manifestar su descontento con la comida con una claridad despiadada: un marido pedi, por ejemplo, puede causar consternación si hurga con el dedo en las gachas que le han servido en su cuenco. «Con la primera ofensa, comerá un poco», pero si vuelve a repetirse habrá un problema serio. «Cocinar bien, en cambio, es algo que se da por hecho y no provocará ningún comentario».

La convención actual consiste en presentar la comida en varios servicios que el personal al cargo llevará por toda la mesa en las ocasiones formales para que los comensales tomen lo que deseen de cada fuente; solo la sopa obligada se ofrece ya servida en su plato al comensal. En las comidas ordinarias sin personal encargado de esta función, las fuentes se pasan alrededor de la mesa para que cada cual se sirva. De este modo, los anfitriones dejan claro que renuncian a controlar las cantidades que pueden comer los invitados. Tras valorar su propio apetito y adecuar las raciones a él, los invitados deberán tomar todo lo que ellos mismos se han puesto en el plato. Un procedimiento menos formal consiste en que el anfitrión se levante y sirva los platos de los asistentes, a veces preguntándoles cuánto desean. Las raciones también se pueden colocar directamente en los platos y llevarse al comedor ya servidas, de forma que no se pueda elegir. En estos casos, la obligación de dejar el plato limpio se vuelve ambigua: comerlo todo es una muestra de agradecimiento, pero la cantidad servida no fue decidida por el invitado. Cuando se come en la cocina, algo cada vez más frecuente hoy en día, o bien se sirven los platos directamente desde la olla y entonces los comensales pueden manifestar sus preferencias, o bien cada cual se sirve a partir de fuentes colocadas en el centro de la mesa. La elección, al menos en cuanto a cantidad, vuelve a depender del ritual para servir los platos.

El término *servir* indica uno de los aspectos más importantes de los modales en la mesa: los comensales deben aprender (o sentirse impelidos) a reparar en las necesidades de sus vecinos de mesa y a satisfacerlas siempre que puedan. Los abasíes del siglo IX tenían la obligación de procurar que no faltara de nada a las personas que tuvieran sentadas a su lado; debían animarlas a comer más y a probar platos que aún no hubieran tocado. En todo el mundo, los buenos modales tienden a exigir que los comensales ofrezcan comida a sus vecinos antes de tomarla ellos mismos. Los chinos deben ofrecerse a servir té a los demás cada vez que llenan la minúscula taza propia; los nigerianos nunca deben mojar bocados de gachas en los condimentos antes de solicitar a sus vecinos que lo hagan primero.

A veces se prohíbe que las personas inferiores pidan algo de la mesa. Pero entonces corresponde al resto dar muestras de su superioridad mirando por ellas, lo que constituye un recurso excelente (siempre que todo el mundo lo siga) para que en la mesa los superiores centren su atención en los inferiores. Ya hemos visto que cuando un hombre compartía un *écuelle* o 'cuenco' con una mujer se esperaba que él troceara los bocados de ella de la ración común, puesto que él era el portador oficial del cuchillo. Ayudar a otra persona con el cuchillo propio sin pedirle permiso era señal de gran condescendencia. En la obra *The Court of Civill Courtesie* (1591) se explica: «Asimismo habrá de tener un ojo puesto en quienes se sienten cerca y estén por debajo de él y no alcancen y, tal vez, por buena educación (si son inferiores a él) no lo digan; y si no comieran, habrá de preguntarles si quieren que les sirva de trinchador. Pero no lo pondría yo como trinchador de ningún hombre sin preguntar primero, excepto que se tratara de alguien tan inferior que sepa que se alegrará con sus muestras de cortesía aunque no le guste la carne. Porque así como trinchar para un hombre superior es presunción, también lo es con un igual a menos que se le pregunte primero...».

Los niños, como las mujeres, debían dejarse ayudar por otros, porque no podían servirse solos; también tenían prohibido solicitar nada (al menos según las reglas). Las órdenes monásticas que imponen silencio durante las comidas no solo persiguen que los frailes oigan los textos sagrados que suelen leerse en voz alta en el refectorio; también imponen los ideales de humildad y consideración hacia los demás. Un monje depende por completo de que sus vecinos de mesa capten lo que necesita, le sirvan comida y bebida y le pasen la sal. La predisposición a estar atentos al resto de los comensales es esencial para cualquier clase de comportamiento educado. En los campamentos de verano de Canadá se practica a veces un juego durante las comidas que consiste en que alguien empiece haciendo algo peculiar, como, por ejemplo, ponerse un dedo en la nariz. En cuanto el resto se da cuenta, hace lo mismo hasta que solo una de las personas reunidas permanece ajena a lo que sucede por estar demasiado absorta en la comida. Entonces todos señalan hacia ese comensal y gritan: «¡Marrano!».

En Europa, los invitados solían acudir a las cenas con sus propias cucharas y cuchillos hasta finales del siglo XVIII, cuando se impuso la convención de proporcionar cubiertos a todos los asistentes. Usaban sus cucharas para servirse de los platos más caldosos; los libros de buenos modales instan a sus lectores a limpiarlas con esmero antes de sumergirlas en la fuente central, o bien, tras acabar de comer, a mandarlas al *buffet* para que las laven antes de servirse una segunda ración. Las cucharas de servir empezaron a proporcionarse en primer lugar en Italia; en Francia ya eran comunes a finales del siglo XVII, pero incluso entonces los invitados tenían libertad para asistir con su propia cuchara y utilizarla con la fuente común. No hay que deslizar la comida de la fuente al plato, sostiene Branchereau a finales del siglo XIX; si nos proporcionan utensilios de servir deberán usarse para levantar la comida con maña.

En las cenas formales de hoy en día no se puede repetir una segunda ración: cada servicio se ofrece una sola vez. El énfasis se pone en la rapidez y en la variedad. Comer mucho no es elegante, aunque sea de un solo plato. (Esto no sucedía en las cenas *à la française* donde, justamente porque todo estaba a la vista, se consideraba de muy buena educación comer tan solo de uno o dos de los platos más próximos a cada comensal, aunque repetidas veces si se deseaba.) Sin embargo, en las comidas familiares o con amistades cercanas es posible que repetir de un mismo plato sea importante para la autoestima de los anfitriones. En Dinamarca hay que aceptar repetir al menos alguna vez, y a quienes visitan Bulgaria se les recomienda pedir raciones pequeñas porque deberán tomar varias y, aun así, «no solo para probar». En cualquier comida ordinaria en China solo se puede tomar más *cài* o acompañamientos si aún queda arroz en el cuenco, porque es una grosería llenarse solo de *cài*. Una norma antigua en Japón es que no se debe pedir nunca una segunda ración de nada que no sea arroz o sopa. En Francia, la invitada de honor debe aceptar el ofrecimiento de una segunda ración de un mismo plato, porque solo si ella acepta podrán repetir el resto de los asistentes.

Un anfitrión puede hacer gala de su generosidad animando en repetidas ocasiones a sus invitados a comer. El anfitrión desea agasajarlos con lo que ofrece, y aceptar la comida suele implicar que el invitado contrae una obligación intensa, aunque indefinida, con él. Ya hemos visto que en muchos casos se llega al extremo de que el anfitrión no coma nada en absoluto durante su banquete; pero los invitados en casa ajena no pueden reclamar la misma prerrogativa, salvo por razones de salud, gran aflicción o un estado oficial y declarado de ayuno. En ocasiones hay que practicar un juego que se rige por reglas e insinuaciones tremendamente complejas: el invitado rechaza comer más y el anfitrión insiste para que coma. El ritual puede exigir que sean necesarias tres negativas, de modo que si un anfitrión no insiste lo suficiente podrá evidenciar verdadera malicia.

Según cuenta Sherry Ortner, la cultura *sherpa* infunde una gran resistencia a recibir cualquier cosa de los demás en la vida cotidiana; la insistencia del anfitrión es necesaria para que la reticencia incluso de los invitados mejor intencionados no les impida disfrutar de la celebración. Por otra parte, el anfitrión nunca sabe el motivo real por el que sus invitados oponen tanta resistencia (¿lo hacen por adversidad o por cortesía?) y eso podrá generarle una verdadera angustia. Sin embargo, deberá asegurarse de que gana ese pulso de voluntades para que sus invitados no se marchen «con el estómago vacío», una situación que acarrearía problemas inexorables.

Las negativas rituales solo funcionan cuando también se ejerce presión para contrarrestarlas. En Gran Bretaña impera la costumbre de no obligar a la gente a comer; forma parte de todo un esquema elaborado para aparentar que la comida es relativamente irrelevante y dar por hecho que nadie está obsesionado con ella. Henry Fielding escribió en el siglo XVIII que ningún anfitrión debería insistir más de una vez a sus invitados para que coman, y que nunca deberá quejarse si no tienen apetito: importunarlos de ese modo, en su opinión, es «a veces poco menos que burlesco, y siempre impertinente y fastidioso». Los ingleses siguen desconcertando a los extranjeros por lo reservados que son para manifestar sus preferencias y resentimientos, y por la extraordinaria sensibilidad a las señales no verbales que esto exige para relacionarse con ellos. Bernard Gille advierte en 1981 a los visitantes franceses que pretendan alojarse con familias en Inglaterra de que la primera comida con los anfitriones es vital. Es absolutamente necesario que esa primera vez comamos con la misma abundancia que de costumbre a pesar del agotamiento del viaje, porque si no correremos el riesgo de quedarnos con hambre durante el resto de nuestra estancia. La señora de la casa observará con atención cuánto se come la primera vez y basará en ello el cálculo para planificar las comidas subsiguientes. Él sugiere decir: «¡No, gracias! Discúlpeme, pero esta noche no tengo mucha hambre. Pero está muy rico y mañana comeré mucho más». Y, también advierte, nunca declines repetir una segunda ración si en verdad te apetece; los anfitriones te tomarán la palabra sin remisión.

Sin embargo, en la mayoría de las culturas se espera que los anfitriones se desvivan para que se note su generosidad. Los árabes llenan de comida los platos de sus invitados y les ruegan que coman (aunque un libro de modales para extranjeros asegura que no es necesario tomarlo todo). También se considera cortés verter té en los vasos hasta que rebose y se derrame en el platillo, justo lo contrario de lo que se enseña a hacer en Europa, Estados Unidos y Canadá. La costumbre árabe sigue expresando la idea de generosidad que experimentó el salmista del Antiguo Testamento que se regocija porque «su copa rebosa».

Una de las muchas leyendas que circulan sobre el archicanciller y gastrónomo Cambacérès, amigo de Napoleón, cuenta que en cierta ocasión ofreció un magnífico esturión para una cena en honor del zar. (Una versión alternativa de esta historia sostiene que el anfitrión era Talleyrand, y el pez, un salmón gigante.) El gran pez, de 162 libras de peso (unos 73 kilos), desfiló ante la mesa acompañado por un flautista y violines para que fuera admirado antes de servirlo (Ateneo dice que el esturión siempre se servía con música en los banquetes romanos). Además de los músicos vestidos de cocineros, lo acompañaban cuatro lacayos con linternas y dos ayudantes de cocina provistos de cuchillo, que acarreaban el esturión dispuesto sobre hojas y flores encima de una escala de unos dos metros y medio o tres de largo; el jefe de ayudantes de cocina encabezaba la comitiva con un hacha ornamental en la mano. Los invitados se levantaron de las sillas para contemplar el pescado saltándose debidamente la contención con sus muestras de admiración en aquella ocasión tan especial. Cuando el majestuoso plato había dado la vuelta a la mesa y se retiraba del comedor para trincharlo, uno de los porteadores dio un paso en falso y cayó sobre una rodilla. El pescado se deslizó desde la engalanada escala hasta el suelo. Los invitados, horrorizados, se esforzaron por ocultar su decepción y bochorno, profirieron gritos de desesperación y ofrecieron consejos para salvar la situación. Pero Cambacérès, con la sencillez y la dignidad de un antiguo romano, proclamó tranquilo: «Sirvan el otro». Este era aún más grande (casi 85 kilos) y estaba más espléndidamente adornado que el primero. El accidente, intencionado, había servido tan solo para crear emoción entre los invitados y magnificar al anfitrión; el primer pescado «se había sacrificado para enaltecer el segundo».

En numerosas culturas se entrega comida a los invitados para que se marchen con ella a su casa. Aceptar las sobras de la ración propia como un paquete para llevar parece ser la única manera de calmar a un anfitrión *sherpa* inquieto cuando un invitado es realmente incapaz de comer más. Ya hemos visto que en la antigua Roma los comensales acudían a los banquetes con su propia servilleta, la cual llenaban de comida para llevar a sus esposas y familiares que se habían quedado en casa por no estar invitados. Como se ha comentado aquí, los anfitriones manifiestan a veces su estima por ciertos comensales durante las comidas pasándoles algunas exquisiteces; el receptor, por supuesto, está obligado a aceptarlas y comerlas. El *Lǐjì* dice que si tienes la suerte de que el anfitrión te entregue una pieza de fruta, deberás chupar el hueso central hasta dejarlo limpio y colocarlo en la parte delantera de tu traje ceremonial para mostrar que no tiras nada de su ofrenda.

Cuando dar se considera el primer movimiento de una concatenación de obligaciones recíprocas, se convierte en una señal de fuerza. El anfitrión, dador de la cena festiva, a menudo deja aún más clara su posición ofreciendo comida directamente a ciertos invitados. En la *Odisea* de Homero, el rey Menelao honra a dos invitados especiales entregándoles la ración más grande y selecta, «el jugoso lomo asado de un buey», la cual le pertenecía a él por ser el rey. Entre judíos y griegos, la ofrenda del anfitrión, seleccionada y presentada (como quiera que se hiciera) a un invitado señalado por sus atenciones, se consideraba en sí misma una comida simbólica, que en griego se denominaba *psomi*, 'bocado'. Jesús dio a Judas «el bocado» de la Última Cena cuando llegó el momento de su traición. En el libro del Génesis, José, príncipe de Egipto, envía comida desde su solitaria mesa alta a donde estaban sentados cenando los hebreos visitantes; ordenó que entregaran cinco veces más a su hermano Benjamín que a cualquier otro. Jenofonte describe que el magnánimo príncipe tracio Seutes «tomó los panes que tenía ante sí, los partió en trozos pequeños y los repartió entre quienes apreciaba; y lo mismo hizo con la carne dejando para sí tan solo lo justo para probarla». Entonces, el resto de los comensales hizo lo mismo.

La costumbre occidental moderna es, por supuesto, que cada persona controle la posición que ocupa y la ración que le corresponde, y que muestre cortesía sin molestar a los demás. La secuencia puede ser jerárquica, pero la esencia no ha de serlo nunca, salvo en que los primeros se quedarán las mejores piezas. Debemos estar atentos a cualquier cosa que podamos ofrecer a nuestros compañeros de mesa, pasarles lo que necesiten, preguntar si les llenamos la copa…, pero consideramos inadecuado o una señal de favoritismo ceder a otra persona un trozo de nuestra ración y esperar que la coma. Mientras permanecemos en la mesa debemos tratar a todos con la misma benevolencia y no distinguir a nadie ni tan siquiera con la conversación, y menos aún en relación con las raciones y las tajadas. La regla es que la comida va de la fuente de servir al plato y de ahí a la cocina, pero no de un plato a otro: no hay que traspasar las fronteras que se delimitan en la mesa mediante los cubiertos. Recibir algo del plato de otro comensal, probablemente transportado con cubiertos ajenos, puede causar consternación o incluso repulsión (aunque esta no se deje entrever, por supuesto). De ello se deduce que romper esta regla dando a alguien un trozo de comida de nuestro plato o recibiéndolo con agrado es un signo de confianza. En India, donde se mantiene la «separación» entre comensales para evitar la contaminación, una acción así sería impensable excepto entre madre e hijo.

El despiece

Antes del año 1500, los indios de Dakota del Sur se alimentaban sobre todo de carne de bisontes y antílopes que los hombres cazaban y mataban, o que sacaban a rastras de los ríos en invierno porque quebraban el hielo bajo sus pies, caían al agua y se ahogaban. La caza solía tener lugar a gran distancia del campamento base para evitar las manadas de perros y lobos que vivían en las lindes de los territorios humanos para aprovechar los despojos y restos de la caza. Cuando el grupo indio se cobraba una pieza grande, debía transportarla con rapidez al poblado a través de una distancia considerable; cuando la carne empezaba a tener un olor intenso, los perros, lobos y osos acudían atraídos por él.

Para moverse con rapidez, los hombres debían aligerar la carga. Estudios arqueológicos han encontrado huesos amontonados en los emplazamientos de los poblados indios, y han averiguado qué partes de los animales solían dejarse atrás en el lugar donde fueran cazados. Esas piezas incluían la pesada cabeza (aunque el morro se cortaba y se llevaba a casa para cocinar guisos y sopas, y a menudo también la mandíbula inferior, probablemente unida a la lengua); las vértebras; la pelvis, y las extremidades inferiores desprovistas de carne. A partir de las primeras descripciones etnográficas se sabe que la carne obtenida probablemente se cortaba en trozos grandes, se amontonaba sobre una mitad de la piel y se cubría con la otra mitad. Algunos de los huesos se acarreaban para extraer el tuétano, para usarlos como hojas de azadón y raspadores de piel, y para machacarlos en trozos pequeños y cocerlos para fabricar mantequilla de huesos. Algunos huesos y desechos de la carne se acarreaban para alimentar a los perros domésticos. Del trinchado más concienzudo y del reparto de la carne entre los habitantes del asentamiento se encargaban las mujeres una vez que la carne llegaba al poblado.

Pero antes de acarrear el animal hasta allí, los hombres se daban un festín con sus órganos internos: los sesos, el corazón, el hígado, los riñones y, a veces, la lengua. Estos elementos se estropeaban enseguida y sabían mejor cuando estaban más frescos. Y ese era el privilegio de quienes salían de caza, que en su mayoría eran hombres, aunque algunas mujeres también participaban en la captura y el transporte de las presas. Compartir las entrañas era una recompensa inmediata y generosa por el logro del grupo.

En esa misma época, la caza seguía siendo una práctica bastante común en Europa y un divertimento para la nobleza. El equipo de un cazador medieval aristócrata incluía siempre un *trousse* o 'estuche' de cuero que en su interior contenía una tajadera, una sierra, varios cuchillos diferentes para desollar y efectuar cortes específicos, y espetones para asar los menudillos al fuego antes del regreso triunfal a casa con el resto del animal. Poseer uno de estos estuches evidenciaba el optimismo del cazador al emprender la marcha; formaba parte del equipo personal de un noble y a veces era indispensable para su honor. Las partes internas del animal que el cazador noble cortaba y comía en el lugar donde le había dado muerte se llamaban en francés las «partes nobles» e incluían los sesos, las partes oscuras, sanguinolentas y brillantes que eran claramente esenciales para la vida del animal, y a veces los genitales. Las partes «vitales», exceptuando los sesos, se equiparan en muchos idiomas con el valor de una persona: en inglés, los hombres valientes tienen *pluck* y *guts*, es decir, 'agallas', mientras que uno cobarde se considera *lily-livered*, o sea, 'con el hígado de un lirio'. Cuando los cazadores comían las vísceras de sus presas, tomaban la esencia de la fuerza y la valentía.

Estas partes del animal tan preciadas en el pasado parecen haber perdido valor en Inglaterra hacia finales del siglo XVIII; hacia el año 1800, los mataderos de las ciudades las regalaban a los pobres. La caza ya no tenía relevancia económica como fuente habitual de proteínas. Las vísceras eran difíciles de transportar hasta los puntos de venta estando aún frescas (tenían una «vida útil» muy limitada). Cayeron en desgracia tan deprisa que, por ejemplo, el término inglés *numbles* (o *umbles* en algunos dialectos) que se usaba en tiempos antiguos para designar las entrañas comestibles de un animal, llegó a considerarse una variante del término *humble* (es decir, 'humilde'). De modo que quien comía *humble pie* (un pastel relleno de riñones, hígado, etc.) pasaba a formar parte de quienes tenían un estatus social bajo. Los carniceros llamaban *casquería* a las vísceras (es decir, lo que queda después del despiece); y los «despojos», o sea, las vísceras y entrañas, empezaron a identificarse con cualquier tipo de desecho. De todos modos, en los países anglosajones fue en aumento la aversión a pensar en lo que había sido la carne antes de sacrificar al animal; y el problema con los órganos internos es que cada uno de ellos tiene su propia textura y forma peculiar, y cada uno sirve para una función que nos resulta demasiado familiar. La antigua distinción entre *carne* y *vísceras* se mantuvo, pero se invirtió el sistema de valores. Los despojos aún se designan con nombres que engloban todos los órganos internos, y esos términos mantienen la distinción entre *vísceras* y *carne*, pero son eufemismos que ayudan a no pensar en sus particularidades justamente porque permiten no nombrarlos.

La ceremonia actual de las barbacoas conserva reminiscencias del antiguo ritual de la comida improvisada en el mismo lugar donde se había cazado el animal. Las barbacoas son comidas especiales; son caprichos de fin de semana, celebraciones del buen tiempo. Son comidas festivas o pícnics que contrastan con lo cotidiano. Por tanto, constituyen ocasiones en las que los hombres pueden divertirse poniéndose delantales y disfrutar cocinando. Las barbacoas comienzan con la preparación del fuego, que es una tarea eminentemente masculina. Se celebran fuera de casa, aunque eso no significa que tenga que ser muy lejos de ella, y el fuego «masculino» se acompaña de parrillas, cuchillos y pinchos especiales. Las mujeres suelen encargarse de las ensaladas, las fuentes y el postre, y de lavar los platos al terminar.

En muchas sociedades que dependen del éxito de la caza para sobrevivir, el reparto de la carne se convierte en un acontecimiento emocionante que se rige por reglas y connotaciones enormemente complejas. Entre los esquimales del cobre del norte de Canadá, por ejemplo, la partición y distribución de la carne de una foca ocelada se convierte en una expresión sofisticada, por parte de los afortunados y hábiles, de amistad, generosidad y cuidado organizado por el bien de todo el grupo. Toda foca ocelada que se captura debe compartirse. Los hombres de la aldea pertenecen a un *piqatigiit*, o sistema de asociados cuya membresía mantiene una vinculación directa con las partes del animal. Cuando uno de los perros del cazador remolca hasta la población una foca recién cazada, los hombres vinculados de este modo (por lazos de amistad, no de parentesco) envían a sus hijos, hijas o esposas provistos de cubos de piel a la casa del que ha regresado victorioso para recibir las piezas de foca que les corresponden. Hay asociados de las aletas (con derecho a recibir las aletas traseras del animal), asociados del hígado, asociados de los cuartos traseros, asociados de los lados del pecho, etc. El cuerpo de cada foca ocelada puede llegar a expresar hasta catorce lazos de amistad. El cazador se queda con una parte de la carne para sí y su familia, y se desprende de todo lo demás; si los asociados se han ausentado de la aldea, las raciones que les corresponden se reparten entre aldeanos que no mantengan un vínculo especial de amistad. Según los etnógrafos, el reparto es estrictísimo cuando el resultado de la caza cubre lo justo o es inferior a las necesidades alimentarias.

Otros grupos de cazadores se rigen por sistemas similares para el reparto de alimentos. Los aborígenes australianos, por ejemplo, siguen reglas muy particulares para trinchar y compartir un canguro. Todas sus técnicas de partición y preparación de la carne se estipularon en leyes tradicionales instauradas por los antepasados que las crearon. El canguro se divide en dos trozos (cuerpo y cola) y se introduce en un hoyo con brasas alrededor de toda la carne. La carne se cubre con tierra dejando que sobresalgan tan solo las patas del animal. Una vez cocinada, se destapa el hoyo, el cazador corta la carne siguiendo las líneas divisorias correctas de acuerdo con sus ritos, y reparte las porciones que según la tradición corresponden a sus parientes masculinos. Es posible que el cazador reciba muy poca cantidad; confía en que aquellos a los que ahora alimenta repartan con él cuando tengan éxito en una expedición futura. Las mujeres aguardan rezagadas a que sus hombres les den trozos de carne; esta ceremonia se ha descrito como «el momento de los hombres».

En el sudeste de Argelia, los tuaregs no nómadas se alían entre sí para comprar y repartirse un camello. El corazón del animal se destina al jefe de la aldea, y un riñón al escriba o al jefe, si es una persona instruida. El resto se divide en ocho partes, y entonces comienza la garantía sistemática de un reparto equitativo. Cada porción se divide a su vez en otras ocho, y se crean ocho montones de carne formados por trozos de cada una de las ocho partes iniciales. Varias personas aportarán dinero para comprar cada montón de carne. Y una vez que se crean estos grupos, cada uno de ellos elegirá una ficha que los represente (una piedra, un cuchillo, un cañizo); entonces se toma a alguien para vendarle los ojos (preferiblemente un niño) y se le conduce hasta un montón de carne cada vez para que deje caer una ficha sobre él. Cada grupo deberá aceptar que el montón que le toque estará bien repartido, y entonces proceden a repartir esa carne entre quienes lo conforman. A los carniceros, que son esenciales para realizar este procedimiento tan elaborado, no se les paga por sus servicios, pero sí se les permite comprar grasa de la joroba, el hígado y la cola. Quien entierra los despojos que no quiere nadie recibe la pata trasera derecha; las partes indivisibles, como la cabeza y la piel, se venderán por separado.

Cuando se reparte carne, es fácil que la gente civilizada piense en que ha matado o sacrificado al animal para alimentarse. Un animal, además, posee una anatomía difícil de repartir: solo tiene dos caderas, dos patas traseras, un número limitado de costillas. La calidad de la carne varía mucho de un corte a otro; hay que prever cómo se va a servir para contentar a todos. La jerarquía se puede expresar mediante la asignación de piezas por orden decreciente de predilección y hasta de tamaño. La carne es idónea para usarla en esta ceremonia solemne porque es sustanciosa y cara; en el pasado se comía bastante poco y tan solo en ocasiones especiales. Hasta tiempos recientes era muy difícil de conservar, lo que obligaba a consumirla con rapidez, por lo que solía repartirse íntegra de una sola vez. Durante miles de años se ha presentado ante la familia como el resultado del quehacer y el éxito masculinos; y los hombres, provistos de cuchillo, han insistido en trincharla y hasta cocinarla ante la multitud expectante y asombrada. Las verduras, en cambio, solían obtenerse como resultado de un trabajo constante, deslucido, cooperativo y a menudo femenino en su mayor parte para recolectarlas o atenderlas en el campo. Las verduras requieren mucho esfuerzo y cuidado, pero menos responsabilidad, dramatismo y energía que la captura y la caza de un animal. Servir una pieza de carne para cenar restringe el número de comensales; las comidas vegetarianas permiten repartos mucho más flexibles porque son fáciles de compartir y de estirar.

Compartir carne permite expresar ideales igualitarios, pero solo si se reduce a trocitos pequeños, como en acompañamientos, sopas o estofados con hortalizas, o como relleno de tartas o pasteles de carne si se usa picada o procesada. En cambio, un animal entero trinchado ante un público expresa la unidad del grupo que lo consumirá; pero si los pedazos ofrecidos conservan su forma original, y cada persona recibe una pieza diferente, entonces el reparto de la carne puede representar al mismo tiempo la individualidad y la jerarquía de cada comensal durante la cena. Los cazadores que se reunían para asar las vísceras recién extraídas de la presa recién abatida se sentían pertenecientes a un grupo cerrado e íntimo, tan reservado como merecedor de sus privilegios. (Tal como señala Walter Burkert, también compartían la congoja de la matanza.)

Los griegos de la Antigüedad solo comían carne roja cuando el animal se había sacrificado siguiendo el ritual adecuado. La víctima sacrificial solía ser un animal doméstico elegido como ejemplar de macho perfecto de su rebaño; comer carne después del sacrificio era parte integral de una economía basada en la agricultura, más que en la caza, tanto en Grecia como en la antigua Israel. Tras dar muerte al animal (lo que los textos griegos tratan siempre de un modo sumamente eufemístico: las pinturas en vasos representan a veces escenas mitológicas relacionadas con sacrificios humanos o la muerte de un animal como momento culminante de la caza, pero nunca ilustran el sacrificio ceremonial de un buey ni tan siquiera en representaciones muy detalladas de sacrificios), el animal se colocaba panza arriba para que el *mageiros*, el que tenía el cuchillo o matarife, lo abriera en canal. Entonces extraía el corazón, los pulmones y el hígado de una pieza, y después el bazo; el aparato digestivo, el estómago y los intestinos se, se separaban para convertirlos más tarde en longanizas; y, por último, se llegaba a los riñones y se extraían.

El hígado se examinaba al instante para conocer sus mensajes proféticos. Los lóbulos, la vena porta, el saco biliar y el brillo superficial del hígado eran portentosos. El espinazo y los fémures se extraían y cubrían de grasa para quemarlos en el fuego para los dioses, quienes apreciaban el aroma de ese humo. Los sacerdotes y otros personajes principales presentes durante el sacrificio hacían brochetas con las preciadas vísceras, las asaban al fuego y se las comían. En ocasiones, los sacerdotes cocinaban y consumían más tarde las ofrendas a los dioses que no se habían quemado; recibían la piel del animal en pago por oficiar la ceremonia. La mayor parte del resto de la carne, la convencional, se reservaba para que el *hoi polloi* la consumiera con posterioridad. Una vez que la jerarquía recibía lo que le correspondía durante el consumo de las vísceras sagradas (algunos especialistas en etimología creen que el propio término *jerarquía*, que en griego significa 'a cargo de lo sagrado', proviene de la supervisión sacerdotal de los sacrificios animales), el resto de la carne se cortaba en porciones bastante equitativas y se ensartaba en brochetas que se llevaban a otro lugar para venderlas o consumirlas.

Los griegos también trinchaban animales sacrificados, desollados y asados enteros delante de grupos de comensales que se congregaban para cenar. En estos casos, el grupo se clasificaba con claridad a partir de las porciones asignadas, las cuales conservaban su forma natural en lugar de filetearse. Las piezas especialmente buenas, como un gran lomo de cerdo, eran un *geras*, o regalo indicativo de honor. El privilegio que representaba una pieza de carne se expresaba a través de su superioridad en cuanto a ternura y sabor, tamaño o singularidad. (Las vísceras eran apreciadas porque se dan en una cantidad menor que el resto de las partes, y también porque solo hay un corazón y un hígado; y eso permitía obsequiar a alguien con uno de ellos a modo de privilegio especial.)

La antigua palabra griega para nombrar el destino, *moira*, significa literalmente una parte o porción de carne del animal sacrificado. Esta porción indicaba la dignidad que tenía su receptor entre los invitados reunidos, cuánto lo valoraban: simbolizaba lo que aún se denomina el lote o porción de suerte que nos ha correspondido en la vida. Una *moira*, como parte de un todo, podía ser también un pedazo de tierra o un sector del universo. Cuando los tres hermanos mayores de los dioses olímpicos se echaron a suertes las tres divisiones principales del mundo, Zeus recibió los cielos, Poseidón el mar y Hades el inframundo (la Tierra era una diosa de por sí o, como parte de Gaia, era una ración ya «servida»). Una comida sacrificial compartida era un *dais* o 'división', del verbo griego para *trinchar*; es la carne la que conforma la metáfora. En una comida civilizada o *dais* se suponía que el reparto de la carne era siempre equitativo. Esto significaba, o bien que todos recibían la misma cantidad (un arreglo igualitario), o bien que la parte que recibía cada cual era igual a lo que merecía (lo que implica un arreglo jerárquico o meritocrático). Ambas interpretaciones podían expresarse en una misma comida, como hemos visto, a través de la asignación exclusiva de las *vísceras* a un grupo privilegiado, en oposición al reparto equitativo de la *carne*. La deshonra sufrida al recibir una porción de carne inferior a la merecida aparece representada en la cólera de Heracles cuando, tras finalizar sus famosos Trabajos, lo invitaron a cenar, pero le sirvieron una ración de carne «inferior» a la que recibieron los tres hijos de su torturador, Euristeo. Los mató a todos.

El destino o *moira* está estrechamente ligado a la idea de echar algo a suertes (como en el mito del reparto del mundo), y a la de los juramentos y maldiciones, que son palabras que producen acontecimientos futuros inexorables. Cuando Atreo descuartizó a los hijos de su hermano para servírselos como cena, Tiestes maldijo a su hermano asesino y a toda su casa. La maldición se cumplió implacable durante generaciones convertida en el destino de la Casa de Atreo. Tiestes acompañó sus palabras con una encarnación física perfecta que consistió en saltarse los modales durante la cena: pateó la mesa y estampó los platos contra el suelo.

Parece ser que en la Francia medieval cundió la moda de jurar sobre la carne de la cena antes de trincharla. Para esta solemne ceremonia se elegía un «ave grande»: un pavo real, un cisne, una garza, una grulla… o un faisán, como en el famoso Juramento del Faisán que organizó Felipe el Bueno, duque de Borgoña, en Lille en 1454. Uno a uno, cada invitado emitía su juramento sobre el ave, en presencia de sus compañeros de mesa y de maquinación. Entonces se trinchaba el ave, y cada cual recibía su parte. (En el banquete del faisán de Felipe, el ave sobre la que todos pronunciaron su juramento estaba viva y llevaba un collar de piedras preciosas. Al parecer no se comió, al menos no aquel día.) Se suponía que el juramento era irrevocable y, como tal, fatídico.

Para un banquete importante, el pavo real, el ave más grandiosa de todas, se preparaba desollándolo con sumo cuidado para conservar intacto su manto de plumas. A continuación, se rellenaba el cuerpo del animal, se asaba, se «doraba» con yema de huevo y se le volvían a colocar las plumas cosiéndolas de tal modo que la cola quedara magníficamente desplegada, las patas doradas y la cabeza repuesta incluyendo su penacho. En las ocasiones más espléndidas o espectaculares, una bella joven de la familia anfitriona entraba en la sala con el pavo real dispuesto sobre una fuente de oro o plata y con una bola de lana prendida en el pico, y lo presentaba ante el invitado varón más honorable. Este debía pronunciar un voto con la mano extendida sobre el ave, como, por ejemplo, que sería el primero en atravesar a un enemigo con su lanza o el primero en plantar su estandarte por el honor de su dama en una ciudad asediada, y a continuación debía demostrar ante todos los asistentes su destreza trinchando el ave sobre la que había emitido su juramento. A partir de ese momento, el trinchador debía llevar una banda de hierro en el brazo como símbolo de su juramento inexorable y como recordatorio constante del mismo.

Cuando la carne se divide de manera ceremonial ante la concurrencia, la persona encargada de este procedimiento se convierte en el centro de atención. En la Edad Media asumía esta labor un amigo del señor, un noble, un pariente o, a veces, su hijo. El trinchador era el único que manejaba cuchillos desenvainados antes de empezar a comer; y solo él podía dejarse puesto el sombrero, mientras todos los demás comensales debían permanecer con la cabeza descubierta por deferencia a los presentes. Entraba en el salón al frente de una comitiva que se alumbraba con antorchas encendidas en invierno y que incluía al catador (a veces el trinchador realizaba la cata además del corte), el copero, el boteller (o botillero, encargado de velar por la bebida) y el despensero. Este último oficial se encargaba de la despensa y del pan. También él manejaba cuchillos: uno para panes grandes, un mondador especial, un trinchador y un cuchillo «mensal» para cortar la valiosa corteza superior del pan y presentársela a su señor.

Cortar y presentar la carne, primero al señor y después a los invitados de acuerdo con su rango, se denominaba «hacer los honores». El honor, escribe Giles Rose en 1682, «es más espiritual que material» y, por tanto, el trinchador pertenecía a una categoría superior a la de «quienes no se dedican a nada más que a lo meramente corpóreo». Como ejercía una función teatral y ornamental, además de práctica, debía ser «una persona hermosa y apuesta, bien comportada y ataviada»; lo bastante instruida en los pormenores de las raciones; y con sensibilidad suficiente para «advertir el apetito de su señor con el fin de brindarle siempre el trozo más gustoso para su estómago principesco». En el siglo xvi, el oficio de trinchador se convirtió en una profesión que ejercía alguien de buena cuna pero no necesariamente miembro de la nobleza. Para tener una posición en una corte italiana, debía aprender el oficio y ejecutarlo con el garbo y la destreza de un malabarista.

Un manual sobre el arte de trinchar, de la pluma de Vincenzo Cervio (1581), es uno de los primeros tratados absolutamente específicos y detallados que poseemos sobre una materia cualquiera. Cervio emplea casi dos mil palabras para explicar cómo cortar un faisán en cuartos, y dedica cuatro mil más a exponer cómo trinchar seis bandejas de pavo real. «No pretende comentar» el corte de un pavo real viejo, correoso y sin adornos, salvo para decir que en tal caso solo habrá que molestarse en extraer filetes de la pechuga y que se puede dejar en la fuente para cortarlo, al estilo insulso de franceses o alemanes.

Según Cervio, ningún trinchador digno de este nombre cortaba la carne sobre un plato. Levantaba toda la pieza o ave en el aire clavada en la broca o tenedor para trinchar sujeto con la mano izquierda, y rebanaba pedazos de ella empuñando un cuchillo muy afilado en la derecha; los filetes de carne caían al pequeño plato situado debajo (o *tondo*: los platos italianos eran redondos) con una disposición perfecta, sin superponerse demasiado, señala Cervio, para que el plato pareciera «más lleno». Estaba permitido recolocar con rapidez las lonchas con la punta del cuchillo, antes de usar una floritura y gran donaire para espolvorearlas con sal extraída de su recipiente con otro cuchillo, y antes de entregar el plato al comensal.

El trinchador debía decidir con antelación de qué manera exacta repartiría el ave entre el número de platos que había que servir; y después debía resolver qué parte daría a quién. Lo mejor era entregar a cada comensal trozos de varias partes del animal como, por ejemplo, un poco de pechuga, algo del ala, algo del muslo. No hay duda de que los comensales nobles comían muy poco de cada uno de los numerosos animales que conformaban cualquier comida: meras lonchas y bocados insignificantes de la mayor cantidad posible de diferentes carnes selectas. Las aves casi nunca se consumían por completo en la mesa; a menudo solo se tomaba la pechuga, y el resto se llevaba a la cocina, tal vez para hacer sopas o para que se alimentaran criados y sirvientes. Grimod de La Reynière señaló en 1808 que un buen trinchado permitía gran economía, mientras que un corte descuidado provocaba un derroche.

Alancear con firmeza al animal era especialmente importante, escribe Cervio: era muy embarazoso que la carne se cayera de la broca ante la concurrencia, que en su mayoría estaría observando con atención al trinchador; aquella vergüenza era proporcional al estallido de orgullo que lo embargaba cuando ejecutaba su proeza a la perfección. No era infrecuente que la mesa alta aplaudiera tras una demostración especialmente lograda de técnica de corte. El cortador debía saber en qué lugar exacto clavar los dientes del tenedor; cómo colocarse, puesto que todo el cuerpo estaba a la vista: por mucho que se resistiera una articulación, no debía girar el torso ni sacudir la cabeza, por muy contraria que resultara la articulación. Luego debía observar el modo en que levantaba el asado de la fuente apoyándolo en la punta del cuchillo con un bello ademán; la habilidad necesaria para girar con precisión la pesada carga del tenedor como si no implicara ningún esfuerzo, para que el cuchillo pudiera rebanar las superficies lo más finamente posible y disponer las lonchas del mejor modo sobre el *tondo* situado debajo, encima de la mesa. Todo ello debía hacerse con la mayor rapidez posible, pues un asado sostenido en el aire se enfría enseguida. Un procedimiento especialmente impresionante (que, según admite Cervio, se realizaba por pura galantería) consistía en usar dos cuchillos a la vez sujetos con la mano derecha y separados por un dedo. Por supuesto, el trinchador podía rendirse ante algo tan grande como una paletilla o una pierna de cordero, y facilitarse la tarea cubriendo el extremo con una servilleta para sujetar la extremidad en el aire y depender de la muñeca izquierda mientras cortaba con el cuchillo empuñado en la derecha; pero sostener la carne en alto con un tenedor siempre seguirá siendo *più bello*.

La carne se puede trinchar fuera de la mesa, sobre un aparador, pero Cervio desprecia a los aspirantes a trinchador que no están dispuestos a actuar a la vista de todos. También se puede cortar la carne en la fuente y ofrecer las lonchas al señor sobre un cuchillo de «presentación» de hoja ancha, o incluso sobre un tenedor. La repetida recomendación de Cervio de espolvorear simple sal sobre la carne era algo nuevo; se contaba con que los trinchadores medievales supieran qué salsa requería cada bocado, y que lonchearan o picaran las raciones y las condimentaran con la salsa adecuada antes de entregárselas servidas a cada comensal. (Los acontecimientos especialmente grandes contaban a veces con un salsero, que trabajaba a la par que el trinchador preparando y sirviendo estos condimentos.)

La mística ligada al arte del trinchador aparece reflejada en fuentes como el poema de John Lydgate titulado *The Hors the Shepe and the Ghoos* (1478) y en la obra de Wynkyn de Worde titulada *Boke of Kervynge* (1508, 1513). En estas referencias en lengua inglesa constan verbos diferentes para el trinchado de cada ave y pescado, así como de algunas carnes y pasteles, con la finalidad de convertir su ejecución en un objeto de admiración independiente. En ellas se exhorta al trinchador a «*alay* ese faisán» (quitarle el ala, *aile*), «*rear* ese ganso», «*lift* ese cisne», «*raise* ese capón» (donde cada uno de estos términos tal vez se refiera a cortar de abajo hacia arriba las extremidades, o quizá aluda a los métodos que recomendaría más tarde la señora Beeton, como levantar el cuerpo de una perdiz desde la parte trasera para separarlo de las patas sujetas con firmeza sobre el plato). «*Untach* [*untie* o 'desatar'] ese avetoro», prosigue la lista, «*unbrace* ese pato», «*unlace* ese conejo; *leach* ese queso de cerdo» (es decir, 'lonchearlo', del término catalán *llescar*), «*frust* ese pollo» (o sea, reducirlo a *frusta* o 'pedazos'), «*spoil* esa gallina, *disfigure* ese pavo real, *dismember* esa garza, *brawn* esa gaviota» (trocear solo la pechuga), «*thigh* y *shred* esa paloma, *wing* esa perdiz y esa codorniz, *splay*, *splat* y *chine* ese besugo, *gobbet* esa trucha, *unmail* ese cangrejo de río, *tame* y *mine* ese cangrejo» (es decir, 'abrirlo', del francés *entamer*, y después extraer la carne del caparazón). Según proclamó airado John Russell en 1460, un cangrejo es una criatura endemoniada, perversa.

Las cabezas siempre eran difíciles de servir, y a veces no valía la pena comerlas, pero sí era conveniente dominar el reparto de la cabeza de los animales más grandes, porque todo el mundo sabe que la cabeza es la parte más respetable del cuerpo. Por entonces se comían muchas porciones diferentes de una cabeza, y el trinchador aplicado debía saber cuáles eran las mejores partes y quién tenía preferencia para ofrecérselas en primer lugar. John Trusler, que escribió en 1791 para personas que practicaban este arte en circunstancias mucho más relajadas e íntimas que las acostumbradas para los lectores de Wynkyn de Worde o Cervio, explica en *The Honours of the Table* que «a muchos les gusta el ojo» de la ternera, «el cual debe cortarse de la cuenca hincando la punta de un cuchillo trinchador hasta el fondo por un lado de la cuenca y rebanarse en redondo, manteniendo la punta del cuchillo inclinada hacia el centro para separar la carne del hueso». El paladar, «una gruesa y arrugada piel blanca», requería cierta destreza para acceder a él, al igual que el diente más deseado: «Hay un diente en la mandíbula superior, el último de detrás, que por tener varias cavidades y estar lleno de gelatina» es apreciado por algunos, aunque el propio Trusler opina que no es para tanto. Cuando se hayan repartido todos los demás trozos comestibles, lo que quede de la cabeza se colocará ante el comensal más distinguido para invitarlo a extraer los sesos con una cuchara (a menudo se consideraba una grosería hincar un cuchillo en los sesos, debido al principio de que los cuchillos inspiran maldad y deben evitarse siempre que sea posible). Es probable que el personal de cocina estuviera instruido para serrar de antemano la tapa de los sesos y devolverla a su posición con esmero para poder levantarla con facilidad al final; en otros lugares y épocas, la oportunidad de atravesar el cráneo para abrirlo formaba parte del honor de ser invitado a comerse los sesos.

Era importante incluir siempre bocados de grasa en cada porción formal servida, y se pide a los trinchadores que averigüen los gustos de los comensales, ya que, según escribió Trusler en 1791, «algunos prefieren la grasa blanda y otros la fibrosa». Se proporcionaba una lumbre especial para mantener calientes ciertos tipos de grasas, por ejemplo, la de venado, que solo se estimaba en un estado bastante líquido. «Hay una grasa cartilaginosa excelente que se rebaña de la oreja» de la ternera o del cerdo. Las orejas eran muy apreciadas, sobre todo las de liebre: «Antes de diseccionar la cabeza, cortad las orejas de raíz, que si han quedado crujientes al asarlas, harán las delicias de muchos y podréis preguntarles si quieren una». El señor medieval o el invitado de honor contaban con recibir la cabeza de algún pescado con «un dedo [de grueso] de carne» unida a ella, sobre todo por el honor que eso implicaba. Pero la cabeza y el cuerpo del bacalao eran un servicio de por sí que había que trinchar. El hígado, el paladar, las huevas y la lengua se ofrecían a los favoritos, así como la envoltura que recubre el pescado por debajo de la espina dorsal y ciertas «partes gelatinosas» alrededor de la cabeza y el arranque del cuerpo. «Las partes gelatinosas», escribe Trusler, «se encuentran en torno a los huesos de la mandíbula, las partes duras de la cabeza [...] la gelatina verde del ojo no se da nunca a nadie».

La instrucción de un noble no estaba completa hasta que aprendía el arte de trinchar. Poco a poco, las mujeres de la nobleza también se instruyeron en él para poder «hacer los honores» en cenas festivas familiares. Los maestros trinchadores, igual que los de esgrima y danza, impartían clases a sus pupilos, a menudo varias veces por semana. Al igual que los maestros romanos de la Antigüedad, parece que utilizaban modelos de muestra en madera de diversas aves y extremidades provistos de cuidadosas marcas para que los discípulos aprendieran la posición y el orden de los cortes. A medida que el aumento de la riqueza monetaria propagó «la urbanidad» de la nobleza entre la burguesía, se volvió necesario que todo caballero digno de ese nombre supiera trinchar. «Cuán grande no sería su perplejidad ante el bochorno», escribió Giles Rose en 1682, «de no saber trinchar un ave». Es posible que un caballero del siglo XVIII encontrara aburrido y desdeñable este arte, pero lord Chesterfield lo consideraba un error: «Hacer los honores de la mesa con elegancia es uno de los rasgos distintivos de un hombre bien instruido, y trinchar bien, por poco que parezca, es útil dos veces al día, mientras que hacerlo mal no solo es fastidioso para uno mismo, sino que nos convierte en aborrecibles y ridículos para los demás».

Grimod de La Reynière recordó a los gastrónomos franceses posteriores a la Revolución que, aunque aprender a trinchar podía resultar dificultoso (admitía que ya habían pasado aquellos tiempos en que se podía reconocer la alcurnia de un hombre por su destreza en el corte), era algo que añadía reputación a un caballero con talento. En 1808 se permitía que el anfitrión efectuara el trinchado sobre una mesa auxiliar, y Grimod abogaba por permanecer en pie durante la ejecución. (Se había vuelto muy elegante sentarse para trinchar porque era difícil y requería práctica, y quizá también porque resultara menos histriónico y menos formal.) El *Manuel des amphitryons* propone incluso que el trinchador se cubra el pecho con una servilleta grande para que el temor a las salpicaduras no impida la libertad de movimientos. Los invitados educados se abstendrán de observarlo durante el proceso. Todo el mundo debería aprender a trinchar, añade Grimod, porque es una habilidad que a menudo te convierte en un invitado útil y muy *recherché*.

Las observaciones de Grimod evidencian que el arte de trinchar había iniciado su largo declive; era un requisito cada vez menos necesario para la preparación integral de un hombre bien educado. A mediados del siglo XIX, la señora Beeton da mucha información sobre el arte de trinchar (que, según ella, debe practicarse sentado). Gran Bretaña conservó el ritual del trinchado hasta mucho después de que los hábitos culinarios continentales delegaran esa función casi en exclusiva en el personal de cocina. En la época de Beeton, cuando se servía un asado en las cenas de la clase media, era el cabeza de familia, portador del cuchillo, quien lo cortaba y repartía. «Cuesta imaginar algo que despierte más envidia», dice ella, «que un respetado y fornido paterfamilias trinchando [...] su pavo rollizo, y trinchándolo bien». Sin embargo, también manifiesta sus recelos ante la posibilidad de que la nueva moda de servir las cenas *à la russe* «ahorre a los caballeros modernos la necesidad de aprender ese arte que antaño constituía uno de los talentos indispensables del joven escudero; pero hasta que las mesas auxiliares se generalicen o hasta que vuelva a instaurarse el oficio de "trinchador mayor", será conveniente que todos aprendamos a ayudar en el trinchado de ese plato» (ella alude aquí a una liebre asada, que siempre había supuesto para el trinchador «una oportunidad para lucirse»).

Beeton señala otras ocasiones diversas en las que habrá que dar muestras del dominio de la etiqueta al repartir la carne: como, por ejemplo, en el trinchado todavía habitual de los cuartos delanteros de un cordero, al que primero habrá que retirar la paletilla y rociar los trozos cortados con zumo de limón y sal antes de servirlos; así como en la localización de «las mejores piezas», como la piel y las partes gruesas de las aletas del rodaballo, el espinazo del urogallo, el muslo del gallo lira común y «la carne finamente granulada situada debajo de [...] lo que se conoce como "ojo del Papa"», o el círculo de grasa central, de una pierna de cordero. Una regla general para diferenciar la mejor porción de un pato era «el ala de un ave voladora y la pata de una nadadora», de tal modo que los muslos de pato eran un manjar muy apreciado por algunos. A una dama nunca se le debía servir un muslo de ave: las patas son demasiado corpóreas y recuerdan a lo que hay debajo de las faldas. A las mujeres se les podía servir pechuga (conocida en algunos círculos por el delicado nombre de «carne blanca», aunque la señora Beeton es muy franca en lo que respecta a esa denominación) y «el hueso de los deseos» o fúrcula. Beeton afirma que a Byron no le gustaba cenar con señoras porque «siempre recibían las alas de las aves, que eran sus preferidas». Y, por supuesto, la ejecución de los cortes debía ser siempre calculada y segura; ella recomienda «mantener el temple» aunque un pollo correoso o un ganso viejo se revelen difíciles de desmembrar.

En 1922, Emily Post se quejaba de que trinchar era «un arte que se estaba perdiendo». En 1928, seguía prefiriendo que el trinchado se efectuara desde el asiento, pero era perfectamente correcto que la carne se trinchara en la cocina para mantenerla caliente, que se montara en una fuente caliente y luego se llevara al comedor para servirla allí. En 1945, Post eliminó de su manual de etiqueta el apartado dedicado a la técnica para trinchar, y ya no volvió a incluirlo más. Los pormenores del arte de trinchar competen ahora a quienes ejercen alguna profesión relacionada con la cocina. Estas personas aún pueden aprovechar ciertas ocasiones para exhibir su pericia ante un público fascinado, incluso sosteniendo un ave en el aire para lonchearla, como es tradicional con el pato de Rouen o el porrón común americano. Proust describe a Aimé, *maître* del hotel de Le Balbec, asumiendo el papel de «gerofante» y trinchando él mismo los pavos del restaurante «con una majestuosidad sacerdotal, rodeado, desde una distancia respetuosa al aparador, por un círculo de camareros que [...] permanecían en pie con pasmada admiración».

En las cenas festivas familiares todavía se reclama a los padres que se levanten de la silla y corten el pavo o la pieza de carne asada. Muy a menudo se siguen tradiciones familiares, como el afilado ceremonial del cuchillo de trinchar; preguntas rituales relacionadas con la preferencia que se formulan por orden jerárquico; bromas del tipo «¿poca grasa, mami?»; o ceder la salsa de tomate de una cuchara al más pequeñín que se sienta al fondo. Pero estas ocasiones se dan pocas veces. De hecho, suelen reservarse a determinadas festividades justamente porque requieren prácticas inusuales, aunque tradicionales. Hoy en día, las familias son demasiado pequeñas en su mayoría para necesitar piezas grandes de carne; las festividades congregan a todos sus miembros, de modo que vale la pena (siendo un día festivo) dedicar el tiempo y el esfuerzo necesarios para preparar un asado, salsa de tomate, algún pastel al horno y acudir al encuentro ceremonial.

La mera idea de ver cómo se cortan y escinden las distintas porciones de algo tan reconocible como una cabeza entera de ternera se ha convertido en algo extraño y desagradable para la mayoría de nosotros. Las personas encargadas de trinchar la comida ya no «actúan» para los asistentes, y los «anfitriones» jamás se permiten clasificar a sus invitados con la claridad demoledora de Talleyrand, quien enseñó a uno de sus jóvenes protegidos la famosa «lección de la ternera» con su ejemplo durante una cena en cierta velada.

«*Monsieur le duc*», dijo Talleyrand con aires de deferencia seleccionando para el duque la mejor porción *(le meilleur morceau)*, «¿me permite el honor de ofrecerle un poco de ternera?».

A continuación, con delicada sonrisa, proclamó «*Monsieur le marquis*, ¿me permite el placer de ofrecerle un poco de ternera?».

Dirigiéndose a su tercer invitado con su acostumbrado gesto afable: «Mi querido conde, ¿puedo ofrecerle un poco de ternera?».

Al cuarto en tono benévolo: «Barón, ¿aceptaría un poco de ternera?».

A un quinto sin título, aunque de clase alta: «Caballero, ¿desearía un poco de ternera?».

Y por último, dirigiéndose a un hombre situado al final de la mesa (los extremos de la mesa son sitios inferiores en Francia), enarcó ligeramente las cejas, sonrió y dijo: «¿Ternera?».

Tintos, blancos y rubias

El elemento líquido de una comida, o bien se sirve en primer lugar y se «come» en forma de sopa con una cuchara, o bien se vierte sobre los sólidos en forma de salsas, jugos, cremas o jarabes. La bebida que lo acompaña se mantiene muy separada, apartada de la comida en un sentido literal, porque se sirve en un vaso alto y situado fuera del espacio acotado por los cubiertos para delimitar cada «sitio» de la mesa. Una forma antigua de beber cerveza consistía en distanciarse del brebaje succionándolo con pajitas, como hacían los sumerios y tal como siguen haciendo muchos pueblos africanos actuales. La razón se debe en parte a que las cañitas pueden estar unidas a tamices, y muchas cervezas requieren colarlas; pero también a que las pajitas permiten que todos los presentes beban de un mismo recipiente al tiempo que los separan del líquido que ingieren, de igual manera que los palillos y los tenedores son elementos intermedios entre los comensales y la comida.

Los occidentales, en cambio, nos llevamos la cerveza y el vino directamente a la boca. Las cervezas comerciales de hoy en día no contienen elementos sólidos, y se toman en jarras altas o vasos a menudo pensados para realzar el color y el brillo del líquido y para permitir que se vea la espuma. Las primeras cervezas del norte de Europa solían mezclarse con huevo y no eran atractivas a la vista; en la Edad Media se bebían en jarras de cuero y, más tarde, en recipientes de peltre que no realzaban la contemplación del líquido del interior. El empleo de jarras de cristal para una pinta de cerveza se generalizó a mediados del siglo XIX, justo cuando las cervezas negras y densas empezaron a perder popularidad y a ceder espacio a cervezas rubias, más ligeras y claras, que en realidad mejoraban de aspecto con el cristal facetado.

Para tomar vino se usan copas especiales en todas las ocasiones, excepto las menos formales. Una copa de vino es como una flor que brota de un tallo, el cual no solo eleva el vino por encima de la mesa, sino que le proporciona un instrumento largo y delgado de distanciamiento. Una copa de vino blanco frío –siempre más «femenino» y etéreo que el tinto– debe sostenerse por el tallo; el cáliz no debe entrar en contacto con los dedos carnosos y calientes de quien lo toma. La chimenea de una copa de vino tinto (que es más denso y mejora si se sirve *chambré*) puede tocarse, incluso menearse con mimo; pero los dedos permanecerán cerca del fuste, cuyas connotaciones subliminales transmiten refinamiento y respeto. En Europa y América, la cerveza, incluso para quienes la prefieren, nunca alcanza el prestigio inefable que se atribuye al vino. Aun ignorando esta realidad, cabría deducirla de las diferencias entre las copas que se usan para servir cerveza y vino, de la sólida utilidad espaciosa de la una y el pedestal puramente ornamental que sostiene el delgado y refinado cuerpo de la otra.

El vino y la cerveza tienen alcohol. Esto los vuelve tan «culturales», tan dependientes del control y la organización de la civilización como el pan, en tanto que hay que trabajar duro y durante mucho tiempo para cultivar, recolectar, triturar y fermentar el mosto y la malta, y después dejarlos reposar con paciencia hasta que estén listos, del mismo modo que para hacer pan hay que cultivar el cereal, cosecharlo, molerlo, «fermentarlo» con levadura, amasarlo, dejarlo levar y hornearlo. Ambos procesos requieren cuidados, planificación, tecnología y organización. El alcohol debe tratarse con respeto, no porque sea «el sostén de la vida» como lo es el pan, sino por ser justo lo contrario: produce placer, pero suele ser innecesario y puede ser peligroso. En la mitología griega de la Antigüedad, el vino era una adquisición «tardía» de la historia de la humanidad, lo que significaba, entre otras cosas, que se podía vivir sin él. Beberlo infundía temor religioso y un contacto directo con Dionisio, el dios del vino, del grupo que actúa como un solo ser, de la pérdida de la identidad individual.

En los banquetes griegos y romanos, la ingesta de bebida propiamente dicha (es decir, al margen del ocasional trago de vino o agua que se tomaba tan solo para facilitar el paso de los alimentos) estaba separada de la comida. Se celebraba en el *symposion* ('beber en común') posterior a la cena, una vez que los invitados se habían coronado con guirnaldas, se habían perfumado con aceites y habían prendido el incienso colocado sobre su quemador. Se retiraban los platos y se traían las copas, la crátera (para mezclar el agua con el vino), las jarras de agua, los cántaros, las heladeras llenas de nieve para ponerlas a flotar dentro del vino mezclado (o, en otros casos, jarras de vino ya mezclado suspendidas en agua helada) y los cucharones para servir de la crátera a las copas. Entre los presentes se elegía por sorteo al simposiarca o presidente de la fiesta de la bebida; este valoraba las cantidades, asignaba funciones y mantenía lo que se consideraba un verdadero logro helénico, el equilibrio simpósico entre lo estructurado y lo distendido, entre lo organizado y lo embriagador. Primero se ofrecía una libación a los dioses. Esta práctica era la versión griega del ritual de bendecir la mesa, algo así como unas «primicias» del vino que se iba a beber derramadas sobre el altar, si es que había uno en el comedor, o sobre el suelo. De este modo, los dioses recibían su parte antes que el resto, como si fueran invitados de honor. A continuación se cantaba un himno y se empezaba a beber.

La humanidad conoce y utiliza el alcohol desde hace miles de años, sobre todo como lubricante en actos sociales. Su consumo distiende y aplaca las inhibiciones; el fin deseable es ayudar a los individuos a suavizar aristas y fundirse mejor con el grupo. Las comidas conjuntas también persiguen ese objetivo; y el alcohol tiene la capacidad de acelerar e intensificar el efecto. Sin embargo, la reducción de las inhibiciones no es impune, y el alcohol introduce en los banquetes un elemento de peligro que, como hemos visto, siempre acecha durante las comidas, por muy soterrado que esté. Beber alcohol a solas casi siempre está censurado por la sociedad. Las normas insisten en que siempre hay que beber por razones sociales, y nunca por necesidad o escapismo solitario. En los lugares donde se bebe en comunidad con frecuencia, el colectivo desarrolla métodos para controlar la forma de beber y el comportamiento, así como para desalentar los excesos; tal vez permita cierto júbilo decoroso, pero desprecia la pérdida de control.

El pueblo iteso de Kenia y Uganda admira a la persona que es *epaparona*, es decir, la que es feliz consigo misma y disfruta manteniendo conversaciones amables y bebiendo con los demás sin causar problemas. Una fiesta de la cerveza iteso dura entre cinco horas y tres días. Los asistentes se sientan en dos círculos concéntricos alrededor de una gran cazuela de cerveza para beber de ella con pajitas que a menudo comparten entre dos o tres. Hay música, tambores, cantos, bailes, y todo se rige por un estricto código de etiqueta. Nunca se sostiene la pajita con la mano izquierda; siempre se pide permiso para hablar; quien habla sin preguntar antes debe sacar la pajita de la olla y quedarse sin beber durante un rato; si alguien se marcha y regresa más tarde, debe dar las gracias a todos antes de sentarse; las mujeres no deben pasar a gatas por debajo de las pajitas; nadie debe pasar por encima de las pajitas; para estornudar hay que sacar la pajita de la cacerola; si alguien retira la pajita de la cacerola, no hay que interponerse entre ambas; nunca hay que soplar para formar burbujas en la cerveza; siempre hay que sentarse mirando hacia la olla; nunca deberá limpiarse el extremo de la pajita por el que se bebe antes de pasársela a la persona con la que se comparte; no hay que permanecer de pie con la mirada fija en la cacerola.

Un «oficial de armas» se encarga de controlar las conductas ebrias y de expulsar a quien pierde el control. Es difícil aprender a usar las pajitas, igual que el empleo correcto de los tenedores. El anfitrión debe colocar la pajita de su invitado dentro de la olla y hacer que la cerveza pase a su través; el invitado deberá sorber el líquido como es debido. Los sitios que ocupan los círculos de participantes reflejan el sistema de parentesco de esta sociedad: todo se organiza de manera que cada persona se siente en el semicírculo en el que no se encuentran sus padres ni sus hijos. Los sitios separan personas y subrayan diferencias; sin embargo, todos comparten el mismo recipiente de cerveza, y el sistema de pajitas permite que muchos de los asistentes beban de él al mismo tiempo. Mientras tanto, los buenos modales permiten tener consideración con los demás.

Los itesos beben en comunidad para alcanzar un estado que ellos denominan «de gran entendimiento». Pero saben que una fiesta para beber entraña peligros: crea oportunidades para la violencia, y es de esperar que surjan odios relacionados con la hechicería. (Dicen que muchas de las reglas de etiqueta pretenden evitar la hechicería.) Cuando el anfitrión hace circular la cerveza por la pajita para su invitado, al mismo tiempo también prueba la bebida como demostración de que no está envenenada. Pero un invitado puede manifestar su desconfianza, e insultar así al anfitrión, si acude al encuentro con su propia pajita. Y, tal como sucede siempre con los modales, los itesos recelan que solo se respeten los sentimientos ajenos en apariencia, temen que el acatamiento de las normas de cortesía no sea más que el encubrimiento del verdadero antagonismo subyacente. Por lo tanto, una buena fiesta de la bebida nunca tiene un final previsible: este tipo de encuentros es tanto una prueba como una manifestación amable y cortés de unidad. Reunirse entraña numerosos peligros, pero no podemos ser uno sin asumir ese riesgo y sin dedicar un esfuerzo a alcanzar ese estado de dicha.

Cuando todos beben de un mismo líquido, aun sin tener en cuenta el empujón adicional que proporciona el alcohol, se perfecciona en ciertos aspectos el acto de compartir, ese que convierte las comidas en símbolos de comunión tan poderosos. Incluso cuando se sirve la bebida en vasos separados en lugar de sorber el líquido de un mismo recipiente, lo que sale de una misma botella es «todo uno»: se ve que es una sola bebida y así sigue siendo en cada vaso; ni siquiera se puede trinchar ni escoger una de sus partes. En el mundo occidental ha sido raro hasta tiempos recientes que cada comensal contara con un vaso o copa propios en la mesa; a menudo, la bebida se tomaba de una sola copa que iba de mano en mano por todos los asistentes. Todavía en el año 1855, el manual *American Illustrated Manners Book* habla de compartir el recipiente para beber como un signo de cercanía a menudo deseable: «Está permitido que dos personas beban del mismo vaso, pero esta intimidad no debe imponerse jamás a nadie». Y Gabriel Oak, personaje de la novela *Lejos del mundanal ruido* (*Far from the Madding Crowd*, 1874) de Thomas Hardy, es valorado como «un hombre agradable y sencillo» por rechazar una jarra limpia para la cerveza. «No, de ningún modo», replica él en tono reprobador pero considerado, «[…] nunca me ha molestado la suciedad en estado puro y cuando sé de qué clase es».

A pesar del terror a los gérmenes que tenemos en la actualidad, el poder de compartir de manera ceremonial una copa para alcanzar en la mesa lo que en antropología se denomina *communitas*, o el sentimiento de comunión, tal vez sea aún mayor ahora que estamos acostumbrados a tener copas y vasos propios; este potencial se usa durante la celebración de la Eucaristía y cuando hacemos circular la copa «del amor», «de la fraternidad», etc. (Un símbolo de comunión igual de poderoso lo ofrece la pipa de tabaco que compartían los indios de América del Norte, donde el humo de la hierba encendida –también una droga suave– hace las veces del alcohol.) En los simposios, los griegos celebraban los lazos de amistad y afinidad que unían al grupo pasándose una copa grande de vino «en círculo», como decían ellos, de izquierda a derecha, de una persona a otra. El vino se mezclaba primero con agua, y era el simposiarca quien decidía en qué proporción. Una vez mezclado, el líquido vuelve a convertirse en «un todo», y de ese modo expresa a la perfección el compromiso de los asistentes para acatar las reglas.

Por otra parte, beber de un recipiente distinto allí donde la costumbre es compartir los vasos evidencia hostilidad y desconfianza: es como pedir que se cate la comida propia para comprobar si está envenenada o como acudir con una pajita propia a una fiesta cervecera iteso. A veces se acepta que una persona muy distinguida se aparte del resto trayendo su propia copa, al igual que un gran señor podía exigir en el pasado que se probara su comida por si tenía veneno. Entre los igbos de Nigeria se permite que los hombres con título usen su propio vaso de calabaza o cuerno *mpi*, pero si lo hace cualquier otra persona dará muestras de desconfianza y de tirantez con el anfitrión. En la Antigüedad griega, una cena festiva sin cantos ni debates, sin compartir vino mezclado en la crátera ni permitir la circulación ocasional de las copas por todo el grupo causaba una sensación de pesadumbre asfixiante. Orestes, quien llegó a Atenas perseguido por las Furias por haber asesinado a su madre, fue recibido y atendido con una cena; pero el horror y el miedo que infundía su estado degradado se pusieron de manifiesto porque cada uno de los presentes tuvo que comer en silencio y beber de una jarra aparte. Parece ser que a los participantes en los simposios griegos se les suministraban copitas individuales además de las grandes copas compartidas; también es posible que estuviera permitido acudir a la fiesta con copas propias sin ofender a nadie. Las cortesanas atenienses (llamadas *hetairai*, 'compañeras') podían asistir a los banquetes, mientras que las mujeres respetables no; pero, al parecer, debían acudir con sus propias jarras. Algunas se han conservado y portan inscripciones con los apodos de sus dueñas, los cuales solían tener significados como Leona, Obsesa, Rastrera, Flaca, Ricura, Deslenguada, Achispada o Sapo.

En ciertos restaurantes populares del sur de Francia, los clientes se sientan muy cerca unos de otros y a cada uno se le procura una botella pequeña del mismo vino barato. Según Claude Lévi-Strauss, es habitual que un cliente no vierta el vino en su copa, sino en la del vecino, el cual responderá con cortesía devolviéndole el mismo gesto. En Europa se acostumbra a ignorar a los extraños; es de buena educación ofrecerles una «desatención correcta», en palabras de Goffman. Pero con el acto de servirse vino mutuamente, esos vecinos momentáneos trastocan esa relación reemplazando la yuxtaposición física casual por un vínculo social; desvanecen la incomodidad de sentirse «al mismo tiempo solos y juntos». El primero que sirve su vino a quien tiene al lado reclama al otro de forma implícita que responda con educación y cordialidad y le devuelva el gesto; como es natural, se arriesga a sufrir un desplante de indiferencia o de grosería. Pero si tiene éxito (y la presión es intensa en este campo abierto donde se ve con claridad que quien tomó la iniciativa tiene tanto el vaso como el botellín vacíos), podrá iniciar una conversación después de romper el hielo con su acción. Tras llenar el primer vaso, deberá aumentar la sensación de camaradería o de hostilidad; ya no hay marcha atrás para recuperar la indiferencia inicial.

El vino y la cerveza tienen la capacidad de desempeñar funciones sociales como la que acabamos de describir porque se eligieron para eso. En Europa, las comidas se acompañan de estas bebidas porque son fermentadas, no destiladas, y se consideran nutritivas y saludables como la propia cena. Parecen más inocuas que otros licores porque se toman en la mesa. La cerveza es jovial y afable, y hasta se contempla como un pan líquido; el vino de la cena llega a infundir en Francia lo que Lévi-Strauss denomina «una especie de respeto místico», aunque sea «malísimo la mayoría de las veces». Pero el vino que consume un vagabundo en un aparcamiento o la cerveza tomada a grandes sorbos en la cama de un albergue son sustancias muy distintas; se convierten en problemas sociales, en objeto de cruzadas morales para prohibirlos.

En estos días, por supuesto, incluso beber durante las comidas puede convertirse en una amenaza si hay que conducir nada más terminar.

Las medidas que adoptan los grupos que consumen bebidas alcohólicas para contener la embriaguez son muy diversas y siempre específicas de cada cultura. Los occidentales de hoy en día beben cada vez más agua en la mesa; los invitados suelen manifestar su preferencia por el agua incluso en cenas formales. Las elegidas son el agua «mineral» con gas o el agua sin gas procedente de algún manantial conocido, embotellada y tal vez incluso importada; el agua normal del grifo rara vez vale. Como de costumbre, apelamos a motivos relacionados con la salud: nos quejamos de que el agua del grifo porta muchas sustancias químicas y creemos que el agua «mineral» es mejor para el hígado y el aparato digestivo. Sin duda cuesta dinero, y la botella y el gas le dan un toque festivo. También hay aguas embotelladas con sabores frutales añadidos para que recuerden al vino.

Se han destinado enormes sumas a investigar qué nos atrae de una botella de agua mineral. A algunas personas les gustan las botellas verdes (frescas, desfasadas y rústicas); a otras, las de vidrio blanco (limpias, claras y modernas). Las etiquetas suelen ser de tonos pastel, sobre todo las que se usan con el vidrio blanco, es decir, lo menos parecidas posible a las etiquetas de vino, y, al mismo tiempo, con un estilo anticuado, supuestamente para compensar su modernidad. La abundancia de letras (por ejemplo, con listas de todos los minerales que portan y los beneficios que ofrecen a diversos órganos del cuerpo) confiere a las etiquetas un toque arcaico y europeo que sugiere su eficacia probada y la garantía de su exquisitez. El vino y, sobre todo, la cerveza se evitan porque engordan; y, además, nos atontan, por lo que no resultan aconsejables con la comida del mediodía en jornadas laborables. Hasta los franceses renuncian cada vez más al vino a mediodía en mitad de la semana, y solo lo toman en las ocasiones más festivas. En cambio, ninguna cena francesa estará completa sin queso, y los franceses beben vino con un fervor ritual, aunque solo sean unos pocos sorbos, cuando llega el momento del queso.

En los simposios de la Antigüedad griega, el vino siempre «se cortaba» (como suele decirse por analogía con el café) añadiéndole agua. La proporción más habitual contenía, de hecho, más agua que vino: tres partes por dos. Una mezcla con la mitad de agua y la otra mitad de vino era atrevida; mientras que el vino sin mezclar se consideraba peligroso. Era bastante común diluir el vino con agua salada de mar o tratarlo durante su elaboración con salmuera. Nadie ha podido explicar hasta ahora a qué se debía esta afición practicada con entusiasmo durante mucho tiempo. El médico griego Dioscórides se queja de que el vino con agua de mar provoca dolores de estómago y nerviosismo; además, da sed, lo que podía producir el efecto contrario al deseado, que era evitar, o al menos retrasar, la embriaguez. Los griegos eran bebedores muy desordenados. Ya hemos visto que derramaban vino por toda la estancia cuando practicaban el juego del *kottabos* o cótabo, y que vertían libaciones sobre el altar o en el suelo; es indudable que pasarse de sillón en sillón grandes cuencos planos con pedestal llenos de vino con una sola mano mientras permanecían tumbados y se alegraban cada vez más no podía hacerse sin percances frecuentes. Aristóteles *(Problemas)* y Plutarco (*Charlas de sobremesa*, 9) aseguran que las costumbres griegas tanto de mezclar el vino como de utilizar agua salada para rebajarlo hacían que las manchas fueran más difíciles, y no más fáciles, de quitar.

El vino *akratistos*, 'no mezclado con agua en una crátera', era un producto especial que se sorbía con cuidado durante una sola ofrenda de bebida en el simposio, la destinada al «Daimon bueno» de la casa. También se utilizaba para mojar el pan del desayuno, de tal manera que la palabra griega para desayuno es *akratisma* y alude a un aperitivo de «vino sin mezclar». Los bárbaros eran conocidos por beber el vino puro; los espantosos escitas y tracios hasta invitaban a sus esposas a unirse a ellos. Como es natural, solo los griegos sabían celebrar simposios en condiciones, donde los hombres se deleitaban con conversaciones eruditas (que eran imposibles en un estado de embriaguez) mientras permanecían bajo el influjo tanto de Dionisio (el vino) como de las sabias ninfas que lo criaron (el agua). Los romanos adoptaron con orgullo la mayoría de las costumbres griegas relacionadas con la bebida, y las difundieron por todo el imperio. El vino siempre se mezcla con un poco de agua durante la misa católica, donde se reproduce la forma correcta de beber en la época de Jesucristo y se le da un nuevo significado: el agua es la parte humana de Cristo, el vino, su parte divina, y ambas se combinan en él de un modo definitivo.

Los chinos y los japoneses suelen beber té con las comidas; el alcohol se reserva para las ocasiones festivas. Y en los banquetes, el consumo de sake y jiŭ está limitado, mientras que la imagen de interacción se multiplica dotando a todos los presentes de pequeñas tazas de porcelana para las bebidas alcohólicas. Su contenido no se puede beber de un trago, como hacían los griegos con sus grandes copas, o al estilo de los sajones, los teutones o los escandinavos. El sake se toma a pequeños sorbos teniendo muy en cuenta quién debe beber en primer lugar y, entre el resto de los asistentes, quién debe beber antes o después de quién. El antiguo *Libro de los ritos* chino, o *Lǐjì*, prescribe una reverencia constante siempre que la tacita se enjuague, se reciba o se llene y durante las numerosas manifestaciones de agradecimiento mientras nos sirve la bebida otro comensal vecino; esta obra sostiene que se podría «beber todo el día sin emborracharse» si se realizan suficientes inclinaciones. La «temeridad» ante esta bebida alcohólica decrece si se sigue una serie de comportamientos educados de acuerdo con la cantidad de veces que se ingiera. Al recibir la primera copa, el *Lǐjì* dice que hay que parecer serio; con la segunda, hay que manifestar contento y ser respetuoso; y con la tercera hay que «mostrarse dueño de uno mismo y dispuesto a retirarse».

Una versión griega de los límites que no hay que sobrepasar y de las consecuencias de romperlos la encontramos expresada en las palabras que el poeta Eubulo pone en boca de Dionisio: «Yo solo mezclo tres cráteras para los comedidos: una para la salud, que es la que vacían primero; la segunda para el amor y el placer; y la tercera para dormir. Cuando han bebido todo eso, los invitados juiciosos se marchan a casa. La cuarta vasija ya no nos pertenece a nosotros, sino a la *hybris*; la quinta al griterío; la sexta a las cabriolas; la séptima a los ojos morados. La octava trae a los guardias; la novena, los vómitos; la décima, la locura y el lanzamiento de muebles». El vino de la Antigüedad mezclado con agua tenía la misma graduación de alcohol que la cerveza actual; la ración que correspondía a cada invitado de tres cráteras de vino rebajado equivalía a unos tres litros de cerveza de hoy en día.

Incluso cuando el comedimiento no es el objetivo principal, puede ser correcto dar muestras de contención. En las comidas de negocios japonesas se espera que los comensales al menos simulen que se ponen contentos y están bajo la influencia del alcohol. Solo en ocasiones muy íntimas se acepta que alguien se sirva sake por sí mismo; en las ocasiones formales se depende de otras personas para que llenen la copa propia como un signo de sensibilidad social y buena voluntad. Cada cual debe defenderse de los insistentes ofrecimientos para servirnos más sake, al tiempo que se encarga de ir llenando las copas de los demás. Una copa de sake solo se puede llenar mientras está sobre la mesa si se trata del vaso propio; cuando se llena la copa de otra persona, esta última debe levantarla de la mesa con la mano. Esto obliga a reparar en ese gesto de favor y aprovechar la oportunidad para inclinarse y manifestar agradecimiento. La copa se puede levantar contra la botella para que dejen de echarnos mientras rechazamos el sake con desenvoltura; pero un vertedor de sake habilidoso levantará al mismo tiempo la botella y seguirá sirviéndonos. A pesar de la dificultad de estas maniobras, y de la creciente embriaguez de los comensales, todos deben hacer lo posible para no derramar nada, porque es de muy mala educación. Las reglas exigen gran concentración y una esmerada cooperación, y el resultado es la obligación de tener en cuenta a los demás, atenderlos y satisfacer sus necesidades. El anfitrión chino «guía» a sus invitados del mismo modo que el simposiarca griego lideraba el banquete: nadie debe beber hasta que el anfitrión invite a hacerlo, y también será él quien inicie la frecuente celebración de beber juntos. En numerosas culturas es muy grosero que uno mismo se sirva bebida en una fiesta. Uno mismo puede atender su propio vaso pero solo después de servir a todas las personas sentadas a su alrededor; y los vasos no deben llenarse hasta el borde.

Casi siempre se considera de mala educación empezar a beber antes de haber ingerido al menos algo de comida; se sabe que comer antes de beber prepara el estómago para contrarrestar los efectos adversos del alcohol y prevenir la embriaguez. Tanto en China como en Japón, la comida se encasilla dentro de una categoría distinta a la de la bebida, lo que tiene implicaciones para los buenos modales en la mesa; servir arroz al final de un banquete, por ejemplo, impide por completo el consumo de alcohol en ese momento. Los occidentales insistimos en que no se puede beber vino con la sopa. (Una antigua costumbre inglesa consiste en servir jerez o Sauternes con la sopa, pero cada vez se impone más la norma francesa de no tomar nada de vino hasta finalizar ese servicio.) Aunque los caldos cuentan como una comida, ya son líquidos de por sí y, por tanto, beber vino con ellos se considera inapropiado, una costumbre francesa rústica *(faire chabrot)* insta a mezclar con vino el resto de la sopa que queda en el fondo del cuenco; la mezcla resultante se considera entonces bebida, no comida, y por tanto el cuenco se levanta con las manos, como si fuera una copa, para llevarlo a la boca. En las comidas formales siempre hay que servir sopa, y esta debe probarse al menos: es de mala educación dejarla sin tocar. De este modo nos aseguramos con delicadeza de que todos los presentes han tomado algo consistente antes de servir el vino; también afianzamos la sensación tan civilizada de que ninguno de los presentes está ansioso por empezar a tomar vino.

En algunos restaurantes chinos, los clientes dejan la tetera con la tapa levantada para indicar que desean más té. Las jarras de cerveza alemanas tradicionales están provistas de tapadera para señalar si se quiere más o no. Antes era correcto colocar una mano sobre el vaso para comunicar que no se quería más cerveza o vino, y las mujeres victorianas, que usaban guantes en la mesa y se los quitaban para comer, podían tapar el vaso con un guante. Ahora se considera más educado decir que no sin más o, si eso no surte efecto, dejar algo de líquido en el vaso sin beber: ya no se espera que los invitados coman y beban todo lo que se les ha servido para manifestar respeto por la generosidad del anfitrión. Peor aún que tapar la copa es ponerla del revés para que no nos sirvan vino o cerveza en ella; tal vez sea un gesto eficaz, pero no hay que excederse con las manifestaciones de rechazo. Los ilirios de la Antigüedad acudían a las fiestas de bebidas con los cinturones sin apretar. A medida que iban bebiendo, el cinturón les quedaba más ceñido, lo que tal vez les sirviera para saber cuándo parar y para acotar la capacidad de seguir bebiendo.

Otro sistema ingenioso para evitar el exceso de bebida consiste en suministrarla de tanto en tanto e impedir que los comensales la pidan. Entre los newars de Katmandú, las mujeres que elaboran la cerveza son también quienes suelen servirla. La mujer se coloca en cuclillas delante del invitado, pone un cuenco en el suelo y lo llena con la cerveza de la jarra que lleva apoyada en la cadera. (La lengua de los newars tiene varias palabras para el verbo *verter* dependiendo de si se trata de agua o de una bebida alcohólica). A continuación, el receptor de la cerveza, agachado en cuclillas sobre los talones, deberá introducir el dedo corazón de la mano derecha en la cerveza, dejar caer una gota al suelo como ofrenda a los dioses, levantar el cuenco con la mano derecha y tomar el resto de un solo trago. La señora camarera le ofrecerá una segunda porción y después una tercera. Él podrá aceptarlas o rechazarlas, pero sería indecoroso que tomara más de tres. Entonces ella se aparta de él y sirve uno por uno al resto de los invitados.

En la cultura occidental nunca se anima a las mujeres a pedir una bebida alcohólica; se da por hecho que los hombres velarán por sus necesidades, y a las mujeres se las convence de que el alcohol estropea su aspecto físico porque engordan o se sofocan, o ambas cosas. A menudo se ha limitado el número de veces que se podía pedir vino o cerveza: en la Inglaterra de los Tudor, por ejemplo, era una grosería pedir bebida más de dos veces. Erasmo recomendaba que los muchachos no probaran nada de alcohol hasta que llegara el segundo servicio de la comida; que bebieran tan solo una vez más hacia el final de la cena, y que «lo tomaran a pequeños sorbos y sin gorgotear sonando como un caballo». El vino sin diluir, advertía él, causa «caries en los dientes, hinchazón de mejillas, deterioro de la vista, embotamiento mental... en resumen, vejez prematura».

Parece ser que desde el siglo XIV hasta bien entrado el XIX, con la llegada de la cena a la rusa, a menudo se herían sensibilidades si se colocaban las copas y los vasos encima de la mesa en los banquetes. Aunque se dispusiera de muchos vasos, estos permanecían dentro de un enfriador en una mesa lateral separada, y había que pedirlos. Los sirvientes mezclaban el vino con agua en las proporciones deseadas por cada invitado: allí donde se seguía la costumbre francesa siempre se consideró muy grosero tomar el vino sin diluir. El camarero o copero entregaba el vaso lleno al comensal y esperaba a que lo vaciara; entonces se lo llevaba para lavarlo y devolverlo al enfriador. Cuando una mujer tomaba una bebida con alcohol, el sirviente se quedaba a su lado sosteniendo una servilleta bajo su barbilla hasta que vaciaba el vaso y se lo devolvía. De este modo, cada ingesta de vino se convertía en una exhibición, así que era imposible beber de manera inconsciente o descontrolada.

Pero los invitados a los banquetes siempre han tenido capacidad para decidir que la embriaguez, y no la sobriedad, fuera habitual en esos encuentros; los mongoles, por ejemplo, pensaban que la hospitalidad se lograba si los invitados se emborrachaban bien y sin reparar en gastos. En estos casos podía establecerse la prohibición de que la gente no tomara todo lo que fuera capaz de beber. El vaso cilíndrico que utilizamos ahora para tomar bebidas alcohólicas en ocasiones ordinarias, sobre todo si no es vino, pertenecía antaño a una clase especial de copas que debían apurarse hasta el final. Los vasos de vidrio que usaban los francos entre los siglos IV y VII tenían la base curva y estaban pensados para que se volcaran y se derramara su contenido si se depositaban en algún lugar. Los vasos campaniformes que se fabricaban en Venecia en el siglo XVI eran de este tipo; tenían un fuste sin peana y solo se sostenían al ponerlos del revés, como una campana. Se cree que fue el rey Jorge IV quien introdujo en Inglaterra la costumbre de romper el tallo de las copas de vino en fiestas especialmente ruidosas, para asegurarse de que se bebía todo su contenido. Los cuernos acabados en punta que se usaron en el pasado para beber eran enormes y pensados para tomar todo su contenido de golpe o para pasarlos de mano en mano, pero nunca se soltaban hasta que estaban vacíos. Filipo de Macedonia empleaba un cuerno para brindar por las personas a las que deseaba honrar porque era muy consciente de que ese utensilio para beber tenía connotaciones de valor heroico, por muy anticuado que estuviera ya en la Grecia clásica en la que él vivió. Los griegos, a pesar de, o tal vez debido a su tradición de aguar el vino, eran capaces de venerar al héroe Akratopotes, «bebedor de vino sin mezclar». Les encantaba imponer a quienes fracasaban en los juegos y concursos simposiacos el castigo de tener que beberse una gran copa de vino de golpe sin tomar aliento ni una sola vez; una hazaña que se acompañaba de música desenfrenada.

La costumbre con los licores fuertes, como el aguardiente, es que se tomen no menos de tres tragos o chupitos. Una dispensa moderna permite tomar el primer vasito de golpe, pero dividir el segundo en dos (es decir, tomarlo en dos tragos), y el tercero, en tres. Antes, los hombres debían tomar tantos tragos de aguardiente o *Schnapps* como botones llevaran en el chaleco, de modo que los que usaban chalecos con muchos botones alardeaban de tener mucho aguante con la bebida. En las cenas chinas y vietnamitas son frecuentes los juegos de adivinación consistentes en decir cuántos dedos de la mano extenderá un contrincante en el mismo momento en que lo hace, y el perdedor (quien diga un número que no se corresponda con la realidad o quien levante el mismo número de dedos que se ha dicho) debe beberse una copa entera de vino servida para la ocasión. Hay ciertos dedos que no se pueden levantar juntos por sus connotaciones obscenas. Solo un aprendizaje meticuloso desde la infancia permite mantener intactos los tabúes en el fragor de la competición, por lo que se recomienda que los extranjeros se abstengan de practicar estos juegos chinos. A veces participan varias parejas de comensales al mismo tiempo en este divertimento, con todo el ruido que ello conlleva. La competición continúa hasta la capitulación de uno o ambos bandos.

Tener mucho aguante con la bebida y no acabar como una cuba se sigue considerando un signo de hombría: en un sentido muy primitivo, demuestra que esa persona es más capaz y tiene más autocontrol o, en todo caso, es más impermeable al alcohol que otras. En las grandes juergas de borracheras y brindis ya se contaba con que uno o varios hombres caerían al suelo tumbados por la embriaguez; entonces un sirviente se acercaba al instante y aflojaba la corbata a quien estuviera tendido e inconsciente. (El filósofo Sócrates tenía fama de permanecer imperturbable ante el licor y seguir filosofando sin tregua cuando casi todos los demás asistentes al simposio ya se habían marchado o caído sin conocimiento.) Los grupos de hombres han encontrado irresistible a menudo alardear de su capacidad para tolerar el alcohol y desafiar a otros para comprobar quién tenía más aguante. Era imposible rechazar un desafío así sin perder la dignidad. Cuentan que Alejandro Magno murió por excederse en un reto de este tipo.

En la antigua Grecia, una libación era un tipo particular de plegaria que consistía en compartir el vino con los dioses. El ritual homérico para efectuar esta ofrenda consistía en ponerse de pie con una copa llena de vino en la mano derecha, alzar la mirada al cielo, derramar un poco del líquido, rezar con los brazos y la copa en alto y después beber de ella. No pensaban que los dioses del Olimpo bebieran el vino, sino que aceptaban la dádiva, el sacrificio de ese primer sorbo crucial, y de ese modo se establecía una conexión con ellos. Brindar por alguien era, y sigue siendo, parecido en algunos aspectos al derrame de aquellas libaciones. La persona que propone el brindis se pone en pie en señal de respeto, y el resto de los asistentes se levanta también si la persona por la que se brinda es lo bastante importante; no hay duda de que todos deben alzar sus copas y, cuando los hombres comían con el sombrero puesto, debían descubrirse. Entonces se pronuncia el brindis, y es esencial mirar a los ojos a la persona a la que va dedicado. A eso le sigue una reverencia o un gesto de asentimiento con la cabeza y todos toman un sorbo de vino. Beber muy poca cantidad en estas ocasiones es una restricción moderna;

en el pasado, brindar solía implicar apurar todo lo que hubiera en el vaso. Como ahora cada comensal tiene su propio vaso, hemos dejado de compartir la copa y bebemos todos al mismo tiempo.

La bebida especiada sajona conocida como *wassail* debe su nombre a la fórmula que se empleaba para brindar: *Wass hael!*, es decir, *Be hale!* o *Be healthy!* ('¡Salud!'). (El brindis predilecto siempre ha consistido en desear buena salud a la persona a la que va dirigido.) La esposa o hija del anfitrión sajón entraba en el salón portando una gran vasija, tomaba un sorbo de ella para demostrar que no estaba envenenada y la ofrecía en señal de bienvenida a los invitados, quienes brindaban entre sí. Más tarde, un sirviente ofrecía el vino especiado o la cerveza caliente en copas individuales. Pero la costumbre de que todo el mundo beba del mismo recipiente se rememora y perdura, por ejemplo, en la ceremonia británica consistente en que «la copa del amor» pase de mano en mano por todos los comensales. Tres personas se levantan a la vez: una para ceder la copa, otra para beber de ella y la tercera para estar en guardia; en el pasado, esta persona de guardia debía desenvainar su espada y permanecer alerta mientras la enorme jarra de dos asas acaparaba toda la atención del bebedor y lo hacía vulnerable a cualquier ataque. Como siempre, el amor y las posibilidades de que estalle la violencia van de la mano en la mesa. Hoy en día, esta persona de guardia se limita a volverse hacia el resto de los comensales para «guardar las espaldas» de quien bebe. Cuando le toca a ella recibir la copa, se limpia los labios con la servilleta atada a una de las asas de la jarra y la persona que está a su lado se levanta para custodiarla a ella, y así sucesivamente hasta que la gran copa pasa por toda la concurrencia sentada a la mesa.

Un brindis solo se puede hacer entre dos personas. La versión de esta ceremonia que se practicaba en la Antigüedad griega se denominaba *proposis*, o 'bebida previa'. El que lanzaba el brindis era el primero en dar un sorbo al cuenco y, después, entregaba el recipiente con el resto del vino a la persona homenajeada; en las ocasiones especiales, el tazón de por sí era un regalo que se entregaba al receptor. En las bodas, por ejemplo, podía usarse un cuenco dorado de libaciones lleno de vino para que el suegro se lo entregara al yerno. El cuenco se convertía así en un símbolo de la novia «entregada» (como aún se dice) por su padre; ambos hombres, ambas familias, quedaban unidas de ese modo por el vino compartido. En muchas ceremonias nupciales de hoy en día se sigue compartiendo o intercambiando algún tipo de bebida como símbolo del enlace.

Toda dádiva exige una respuesta. El griego que derramaba una libación esperaba que los dioses le correspondieran, del mismo modo que el cliente de un restaurante provenzal se siente en la obligación de servir vino al vecino que dio el primer paso llenándole el vaso con anterioridad. Pero un regalo que impone una obligación ineludible también puede contemplarse como un desafío, de modo que un brindis, puesto que debe ser devuelto, podía transformarse con rapidez en una provocación. Como hemos visto, los brindis no siempre se despachaban con un solo sorbo: el ritual en la Irlanda del siglo XVII exigía, por ejemplo, que la persona que hacía el brindis «tome aliento, levante del todo el fondo de la copa y, haciendo alarde de su habilidad, le propine un golpe para hacerla vibrar, y con ello se habrá representado el primer acto». La persona por la que se brindaba debía efectuar una exhibición similar que igualara la hazaña tantas veces como fuera homenajeada. Las copas para brindar tenían una esfera en la base, en lugar de una peana al final del fuste; para apoyar estas copas boca abajo, a veces se proporcionaban cuencos de enjuagarse los dedos o los recipientes de vidrio individuales para enfriar vino que cobraron popularidad a comienzos del siglo XIX; con eso, al menos, se protegía la superficie de la mesa de posibles goteos. En Rusia, los hombres del siglo XVII no eran tan afortunados, puesto que tanto el que lanzaba el brindis como el homenajeado debían colocarse el vaso del revés sobre la cabeza para demostrar que lo habían vaciado.

En Europa, los rituales modernos para brindar son más estrictos y formales en los entornos germánicos, escandinavos y los países del este. En Escandinavia, nadie debe probar el vino u otro tipo de alcohol hasta que el anfitrión haya hecho un brindis. Durante el mismo, cada cual alza su copa y mira a todos los presentes; se brinda, se toma un sorbo y se vuelve a mirar a todo el mundo. En Dinamarca, los invitados pueden lanzar su propio brindis a continuación; el invitado de honor expresará su agradecimiento a los anfitriones haciendo tintinear su copa para llamar la atención y proponiendo un brindis a continuación. La escenificación del brindis nunca ha sido muy llamativa en los países mediterráneos desde el auge del cristianismo, el cual otorgó al vino una mística más laxa (aunque también sagrada) que la que había tenido en el mundo clásico. Los términos que se usan en francés, italiano y español para brindar proceden del alemán: parece ser que esta costumbre retornó a esos países en su forma germánica durante el siglo XVI probablemente a través de los lansquenetes, grupos de mercenarios alemanes que combatían allí donde los contrataban para ello. Así, en español e italiano *brindar* y *brindare* provienen de la expresión alemana *ich bring dir's*, es decir, 'te lo traigo'; el término francés *trinquer* proviene del verbo alemán *trinken*, 'beber'. En inglés, la palabra *toast* (que significa 'brindar', pero también 'tostar' o 'pan tostado') procede de la costumbre británica de dejar flotar un trozo de pan tostado sobre el vino, la cerveza o el hidromiel de la copa del amor. Una vez que la copa había pasado por toda la mesa, el anfitrión debía apurar las últimas gotas y comerse el picatoste en honor a sus invitados.

Hoy en día, la costumbre de brindar incluye chocar las copas. A menudo se insiste en que beber vino es un deleite para cuatro de los sentidos: el gusto, el olfato, el tacto y la vista. El tintineo de las copas también aporta sonido. Las copas de cristal fueron reemplazando poco a poco a los cuencos de cerámica, las copas de metal y otros tipos de recipientes en las mesas europeas a partir de la instauración del arte veneciano del soplado del vidrio en el siglo XVI. Su popularidad aumentó a partir del siglo XVII, a medida que se generalizó el empleo de recipientes individuales para beber. Desde sus inicios, los vasos se apreciaron por su «timbre», el sonido que emitían al chocarlos entre sí. El timbre mejoraba cuando la materia prima para fabricar el vidrio contenía un índice elevado de óxidos de plomo; el vidrio británico e irlandés de los siglos XVII, XVIII y principios del XIX sigue siendo famoso por sus «ricas notas acampanadas de fa o sol sostenido [...] que vibran con una dilatada resonancia».

Hacer sonar las copas (ya sea con golpecitos secos para llamar la atención o al chocarlas entre sí para brindar) siempre nos ha resultado placentero. Chocar una copa contra otra es hacer contacto, algo que realizamos precisamente porque no compartimos la misma copa; es un recordatorio de que el vino, ahora separado en recipientes individuales, sigue siendo uno, y de que mantenemos el contacto unos con otros aunque ya no lo tomemos pasándonos unos a otros la misma copa. Los rusos van más allá y rompen las copas después de un brindis, una promesa o un juramento especialmente entusiasta. Al poeta Apollinaire, que era medio ruso, le encantaba utilizar la imagen de la copa hecha añicos para expresar una alegría exultante. A menudo ha cundido la sensación de que deshacerse del vino durante un brindis no era suficiente en realidad: también había que deshacerse de la copa, ya fuera rompiéndola o regalándola, porque de lo contrario las palabras que motivaron la ingesta de la bebida quedan sin efecto y la acción carece de generosidad. Romper la copa también garantiza que nunca se hará un brindis menos digno en ese recipiente.

El brindis se utilizó durante el siglo xviii para obligar a los invitados a aprenderse los nombres del resto de los asistentes: todos sabían que cuando empezara el brindis tendrían que beber a la salud de los demás llamándolos por su nombre. Una fórmula temprana para proponer un brindis era «Let us hob and nob», es decir, 'demos y tomemos' («*hab*» y «*nab*» significaban 'tener' y 'no tener', respectivamente). La expresión actual inglesa *hobnobbing* significa ahora 'codearse' con alguien y, en el pasado, *codearse* consistía en estar repetidas veces en el lugar adecuado para brindar con ellos y, en concreto, para chocar la copa con ellos. Charles Dickens nos cuenta en *La pequeña Dorrit* (*Little Dorrit*, 1857) que los victorianos brindaban con *bumpers*, un término que parece aludir al choque entre vasos, aunque algunos afirman que se refiere a copas tan llenas de vino que la superficie se abomba ligeramente, y la tensión superficial evita que se derramen. «Una vez llenos, el señor Blandois chocó con exultante alegría la parte superior de su vaso contra la parte inferior del vaso del señor Flintwich, y después la parte inferior contra la parte superior del vaso del otro, y bebió por la estrecha amistad que presentía».

Tener autoridad para proponer un brindis por alguno de los presentes y, por tanto, provocar una respuesta equivalente por su parte, expresaba una especie de equiparación con esa persona. Cuando la sociedad se regía por una jerarquía feroz, la etiqueta más puntillosa establecía quién podía brindar por quién y expresar de ese modo su paridad. La obra *The Court of Civill Courtesie* (1591) dice que el brindis solo debe hacerse para agradar a inferiores «a los que no queramos dirigirnos en términos familiares», o para felicitarse entre iguales. «Un hombre jamás deberá brindar por un superior, a menos que esté seguro de que a través de la amistad y la familiaridad se alegrará de convertirse en su igual», y aun entonces deberá poner cuidado para que todos los presentes conozcan la nueva confianza entre ambos y que «no se obra [...] con presunción». La regla francesa del siglo xvii establecía que se podía brindar por un superior, siempre que no se le dirigiera la palabra directamente. Quien pronunciaba el brindis se dirigía a un tercero («Señor, es por *monsieur* por quien brindo») para no cometer la insolencia de traspasar las fronteras que separan los rangos. Los anfitriones podían brindar por sus invitados, pero nunca a la inversa. (Como es natural, los anfitriones debían vigilar la cantidad de brindis a los que respondían porque si los invitados seguían lanzando brindis, la respuesta obligada del anfitrión a cada deseo de buena salud lo incapacitaría con rapidez para ejercer como tal.) Al parecer, sigue siendo de mala educación hurtar al anfitrión su prerrogativa brindando por alguien antes de que él o ella haya tenido la oportunidad de hacerlo. Según Letitia Baldrige, un anfitrión «no verá con buenos ojos que un joven subordinado se levante en mitad del plato de carne y brinde antes de tiempo por los anfitriones o por el invitado de honor». Si un invitado desea proponer un brindis deberá pedir permiso al anfitrión para hacerlo, y esto solo en el caso de que crea que nadie más ha previsto hacerlo con anterioridad.

Erasmo previene a los muchachos para que no se dejen llevar por brindis dedicados intencionadamente a ellos a través de sus tutores por parte de adultos que podrían ser lo bastante groseros como para tentarlos a beber en exceso: «Deberás agradecer con cortesía a quien brinde a tu salud con su copa tocando la tuya con los labios, sorbiendo un poquito y fingiendo que bebes: eso satisfará a un hombre educado que haga una gracia; pero si te apura con grosería para beber, promete que responderás cuando hayas crecido». Las mujeres rara vez brindaban por alguien; más bien se las ha elogiado por declinar los brindis, y hasta se esperaba que la copa del amor pasara por ellas con un simple beso en el borde del vaso. Las mujeres no solo estaban en desigualdad con los hombres, sino que además quedaban por completo al margen del grupo que bebía y del vino que se compartía. Sin embargo, a menudo eran objeto de rivalidades masculinas y, como tales, inspiradoras de brindis. Los romanos de la Antigüedad solían brindar por mujeres ausentes: una copa por cada letra del nombre de una belleza era una de sus hazañas favoritas, y una de las que se ha recuperado con frecuencia desde entonces. Brindar por mujeres ausentes se volvió común sobre todo en Gran Bretaña, donde hasta hace muy poco ellas debían dejar solos a los hombres al final de la cena.

Cuando se brindaba por una mujer de este modo, ella misma se convertía en el brindis *(toast)* o el trozo de pan tostado que, como hemos señalado, flotaba antaño en las bebidas alcohólicas británicas. Cuentan que lady Mary Wortley Montagu se convirtió en objeto de un brindis del Kit-Cat Club londinense a la edad de ocho años. Una tradición que aparece registrada en el número 24 de la revista británica *The Tatler* apunta a que este cambio de significado tuvo lugar en Bath durante el reinado de Carlos II: una mujer que se encontraba de pie en las aguas del balneario Cross Bath se convirtió en objeto de un brindis de su admirador, quien empleó aquella misma agua para beber a su salud. Otro tipo vivaracho que pasaba por allí se prestó a acompañarlo diciendo que «aunque no le gustaba el licor se uniría al brindis». La anécdota explica la metáfora, pero todo brindis siempre hace eso en cierta medida. Las fórmulas para brindar suelen transformar la bebida en la persona o idea por la que se brinda («Caballeros, les entrego… ¡la reina!»). Cuando Humphrey Bogart levanta su copa hacia Ingrid Bergman en *Casablanca* y le dice: «Aquí está, mirándote, nena», la mirada y el vino se igualan, tal como dice la frase. Cuando los partidarios del Gentil Príncipe Carlos, aspirante al trono de Gran Bretaña, respondían a los brindis por «el Rey», sostenían las copas sobre la botella de agua expresando en secreto (o abiertamente, dependiendo de la compañía en la que se encontraran) su lealtad no a un usurpador, sino «al Rey que está sobre el agua».

Mientras el brindis perduró como un asunto de honor defendido con pasión, tan competitivo a su modo como un duelo, y exclusivo de grupos de hombres, siempre se le culpó de provocar un consumo de alcohol excesivo. A menudo se ha censurado o prohibido para reducir la embriaguez; la primera Sociedad de Abstinencia de la que se tiene noticia se fundó en 1517 con el objetivo expreso de abolir los brindis. El disidente William Prynne dedicó su vida a condenar el consumo de alcohol y, en especial, los brindis; escribió un libro en contra de esta práctica titulado *Health's Sicknesse* (1628). Samuel Pepys asistió a una cena en 1664 en la que Prynne, siempre fiel a sus principios, «no quiso beber nada, no, ni siquiera del rey, sino que se sentó con el sombrero puesto en todo momento; pero nadie se lo tuvo en cuenta en absoluto».

Los brindis competitivos, sin embargo, se extinguieron por motivos sociales que poco tuvieron que ver con la indignación moral:

acabó considerándose sencillamente una práctica demasiado explícita y, por tanto, embarazosa. Los buenos modales se centraron cada vez más en dejar tranquilo al resto y no dar muestras demasiado palmarias de las opiniones propias. Hasta la persona que proponía el brindis podía sentirse incómoda al señalarse de ese modo. «¿Qué puede haber más grosero o ridículo», conminaba John Trusler en 1791, «que interrumpir a las personas mientras comen con cumplidos innecesarios?». En su obra *System of Etiquette* (1804) explicaba que el brindis había «reventado» y se había convertido en un signo de orígenes de clase baja. La costumbre perduró como un gesto de cortesía, aunque un tanto rígido, o como una señal íntima de afecto. El manual *Illustrated Manners Book* aconseja a la población estadounidense de mediados del siglo XIX no brindar en absoluto, «aunque se puede hacer en voz baja y con discreción, a modo de cumplido familiar». A la mujer por la que se levante una copa en público se le recomienda «mirar a esa persona a los ojos y dedicarle una reverencia de cortesía. No es necesario decir nada, sino sonreír con aires de gran gentileza». En Inglaterra a finales del siglo XIX se pensaba que «no es propio de un caballero» mentar a una dama cuando los hombres se reunían después de la cena en ausencia de las mujeres para beber oporto y fumar puros.

De hecho, ya en el siglo XVII se consideraba suficiente con mirar fijamente a los ojos de una persona; el brindis no era más que un gesto metafórico y, por tanto, prescindible. No obstante, Ben Jonson fue consciente de su fuerza poética, aunque lo criticara:

> Brindad por mí solo con los ojos,
> que yo lo haré con los míos;
> o dejad un beso en la copa
> y no iré en pos del vino.

Los brindis formales, que excluyen con severidad cualquier comportamiento alborotador, siguen siendo una costumbre habitual, y es posible que cuando se efectúan en privado a modo de «cumplido familiar» hayan recuperado algo de su poder como símbolo de unión. En Alemania, Escandinavia y los países del este de Europa pervive como un elemento de cortesía lo bastante importante como para que se instruya a los forasteros, por ejemplo, por parte de Braganti y Devine, sobre cómo comportarse si se ven inmersos en uno. En esos lugares se trata de una tradición antigua, con unos orígenes poderosos. Se cree que el cuenco al que alude la fórmula escandinava para brindar «Skoal!» consistía en sus inicios en el cráneo de un enemigo caído. En efecto, *skoal* y *skull* ('cráneo' en inglés) son dos términos que tienen la misma etimología relacionada con 'objeto hueco'.

La conversación en la mesa

Pocas personas se incomodan más que los europeos, estadounidenses y canadienses cuando alguien come con la boca abierta. Hay que masticar siempre con los labios cerrados. Pero también son pocas las sociedades que insisten tanto como las mencionadas en que hay que hablar durante las cenas festivas con invitados. Los occidentales consideramos de mala educación comer sin conversar, a menos que se trate de una comida muy privada en la que ignoremos o relajemos el cumplimiento de las normas. Es impensable que se estén perdiendo los modales mientras se nos imponga una dificultad tan endiablada como esa: que cuando estemos en una reunión agradable debemos conversar en todos los momentos correctos, diciendo lo adecuado e incluso todo lo que queremos decir, pero de forma que nunca nos sorprendan haciéndolo con la boca llena.

Hablar es, desde luego, una de las acciones que «nos elevan por encima de la comida»: no nos reunimos alrededor de una mesa tan solo para comer, sino también para disfrutar de la compañía de los demás. «Lo importante no es tanto lo que hay en la mesa», decía W. S. Gilbert, «como lo que hay en las sillas». Los griegos de la Antigüedad nunca se cansaron de repetir que no basta con alimentar el «estómago» *(gaster)*, sino que también hay que alimentar el «espíritu» *(psyche)*; que la gente civilizada se reúne por los demás y por la filosofía, y no solo para atiborrarse. Un anfitrión filósofo como Menedemo ofrecía una comida tan solo para uno o dos de sus invitados; el resto debía acudir ya cenado, con su propio cojín, y contentarse con un sorbo de un recipiente de un cuarto de litro y nada más que un altramuz o un haba de postre por asistente. Ofrecía una cena simbólica, pero era imposible que la mayoría de los invitados acudiera al encuentro para algo más que departir.

Los griegos convirtieron la conversación durante los simposios en un verdadero género literario: el gran diálogo de Platón titulado *El banquete* o *El simposio; El banquete* o *El simposio* de Jenofonte; las *Charlas de sobremesa* y el *Banquete de los siete sabios* de Plutarco; y las *Saturnales* de Macrobio fueron los antecesores de las colecciones de «charlas de sobremesa» o *Propos de table* que se cultivaron como un género menor de las bellas letras europeas a lo largo de los siglos. Ateneo escribió la que tal vez sea una de las versiones más largas conocidas: quince volúmenes de diálogos conocidos como *Banquete de los eruditos*. Obras como estas, así como representaciones artísticas de cenas festivas en la cerámica griega, sobre todo pinturas, son el motivo por el que hoy disponemos de tanta información sobre las prácticas de los antiguos griegos y romanos cuando se reunían para comer y beber juntos. (Sus verdaderas costumbres gastronómicas se nos escapan más porque, como la mayoría de los pueblos, los griegos y los romanos rara vez describían en detalle los modales que regían en sus mesas, ya que se suponían bien conocidos por todos.) En realidad, los griegos hablaban poco durante las comidas. Algo sí se decían y, al parecer, uno de los objetivos consistía en decidir durante la cena cuál sería el tema de conversación cuando comenzara la plática.

El simposio o fiesta en la que solo se bebía era el momento y el lugar adecuados para departir, ya fuera sobre asuntos serios o triviales. Los temas habituales de los simposios abarcaban desde «¿qué es el amor?» hasta «¿por qué la carne se estropea con más facilidad a la luz de la luna que a la del sol?», o «si el sistema de raciones servidas de forma individual de la gente de antaño era mejor que la costumbre de hogaño de cenar de una fuente común»; con enorme frecuencia, los temas guardaban alguna relación con la comida o la bebida. Pero las punzadas del hambre debían aplacarse antes de que comenzara el debate. En la época homérica se consideraba de muy mala educación esperar que un forastero hablara largo y tendido con sus anfitriones antes de haber comido hasta saciarse; ni siquiera se le preguntaba su nombre hasta haberle dado de cenar. Pero cuando comenzaba la charla, era de buena educación aportar lo que cada cual pudiera ofrecer. La gente nos conoce por nuestra forma de comportarnos: lo justo era dar motivos para que pudieran juzgar nuestra valía.

En algunas sociedades se bebe y se conversa antes de cenar. Una gran fiesta *sherpa* comienza con dos, tres, cuatro y hasta cinco horas de conversación, deliberaciones, bromas..., todo ello favorecido por la ingesta de cerveza. Una gran multitud garantiza la posibilidad de resolver conflictos de un modo seguro a la vez que permite sopesar la opinión de los vecinos y discernir de qué lado están; es posible que la comunidad manifieste su aceptación o desaprobación sobre el comportamiento de varios de sus miembros, y esto ajusta el rango (simbolizado por los cambios en la disposición de los asientos) entre individuos. En un momento decisivo bien medido por el anfitrión, aparecerá la cena para complacer, apaciguar y confortar a todos. Se impone el silencio y todos comen agradecidos y felices. En medio de ese silencio, cualquier aspereza surgida de los roces comunales se lima con la comida en común. En China e Irán, la norma tradicional también es «primero se habla y después se come».

Algunos pueblos, entre ellos los newars de Katmandú, consideran que comer en silencio es un comportamiento formal que debe mantenerse en público; entre amigos y familiares se puede hablar, reír y cenar al mismo tiempo. Otras sociedades y también muchas personas de la cultura occidental opinan justo lo contrario. El banquete japonés comienza en silencio, es decir, con formalidad y cautela, y después se va «animando» y se vuelve más ruidoso y amistoso a medida que avanza. El efecto «lubricante» de las bebidas alcohólicas tal vez ayude a que se produzca esta transición. En muchas sociedades africanas solo se permite hablar a las personas mayores, y el resto permanece en silencio.

La preferencia occidental de que haya conversación durante las comidas guarda una relación indiscutible con la costumbre de dividir los alimentos en raciones separadas antes de empezar a comer. Necesitamos un estímulo para que surja el sentimiento de comunidad durante una comida compartida, y ese sentimiento se intensifica a través de la conversación; cuando se comparte un plato común, como ocurre en otras sociedades, se necesita una gran cooperación no verbal, y eso ya establece numerosas relaciones interpersonales tan solo durante el transcurso de la comida. De hecho, para compartir una fuente común a veces es necesario concentrarse en lo que se tiene entre manos solo para asegurarse de que todos los presentes reciben una porción equitativa. Los occidentales destacamos a menudo la rapidez con la que parecen comer los extranjeros, y aquí ya hemos señalado que la comida cortada en trozos pequeños para tomarla con palillos se enfría si se come con demasiada lentitud. No hablar ahorra tiempo y también responde a una actitud diferente ante la comida que la considera de por sí lo bastante placentera y ceremonial como para requerir la concentración más reverente o la ve como una mera actividad tranquila que se disfruta en común con otras personas. Es posible que hablar esté de más o incluso conlleve riesgos innecesarios; el *Talmud de Babilonia* (ca. 450 d.C.) da el siguiente consejo: «No habléis mientras comáis, no sea que la tráquea se abra antes que el gaznate y pongáis la vida en peligro».

A menudo se busca un término medio entre el silencio y la conversación, y se ofrece algún entretenimiento durante la comida. (Ya hemos visto que en el pasado se celebraban elaborados interludios teatrales durante los entremeses de los banquetes medievales, es decir, no durante la comida seria, sino entre un servicio y el siguiente.) A menudo nos gusta ver lo que hacemos cuando comemos, de modo que las reuniones alrededor de una mesa suelen amenizarse con pasatiempos sonoros, a menos que se detenga la mayor parte de la comida mientras se ofrece esa distracción; los invitados guardan silencio y comen mientras alguien lee o habla. El término *colación*, que ahora significa 'comida ligera', proviene de la costumbre benedictina de leer las *Collationes Patrum* de Juan Casiano durante las comidas, donde *collationes* significa 'conferencia' o 'reunión'. A veces también se cantaba, como en los comedores sajones o en las fiestas homéricas. En los simposios griegos de la Antigüedad, los invitados se turnaban para cantar; se pasaban entre ellos una rama de mirto para tener claro de quién era el turno y para asegurarse de que no hubiera interrupciones ruidosas.

Los músicos apartados del banquete que tocan para los congregados en torno a la mesa tienen una historia antigua, y la tradición continúa hoy en algunos restaurantes. Cuando hay acompañamiento musical, debe haber normas que impongan silencio para que todos oigan la música. Jesús, hijo de Sirac, escribe en el *Libro del Eclesiástico* (hacia 185 a.C.): «Habla, anciano, tal como te corresponde; pero habla con prudencia y sin entorpecer la música». *Madame* de Sévigné lamenta en la Francia del siglo XVII que el arte de conversar durante la cena se está perdiendo porque cada vez se toca más música para los invitados: «Reunís un conjunto excelente de compañeros de mesa para que todos deban permanecer callados». En los países donde el papel del anfitrión no consiste en participar de la comida sino en brindarla a sus invitados, cabe esperar que pronuncie un discurso, que toque un instrumento o que cante a los congregados durante la cena: esto permite que ellos coman sin ser molestados y que él los agasaje mientras permanecen como receptores completamente pasivos en su casa.

Cada vez se condena más que en Estados Unidos se esté imponiendo ver el televisor durante las comidas cotidianas en casa. Se cree que hasta el 78% de la población lo ve al menos una o dos veces por semana mientras cena; y en torno al 24% de esa cantidad tiene la televisión encendida siempre. La duración media de una cena americana, con o sin televisión, asciende a treinta minutos, lo que indica que no se habla mucho. Un informe británico revela que un signo distintivo de las cenas dominicales «en condiciones», es decir, una comida familiar formal, es que «son sin televisión». Cuando alguien señala con pesadumbre que ya no se conversa en la mesa, al menos en las comidas familiares, cabe recordarle que comer en silencio es, con gran diferencia, la opción más común entre los humanos, y que a menudo la conversación se ha reemplazado por pasatiempos, a menos que la comida se convierta en una forma de arte o que el encuentro familiar tenga por objeto alguna enseñanza o celebración. Para los occidentales, el silencio ha pasado a identificarse con la informalidad en parte porque consideramos que las ocasiones formales exigen comunicación verbal. Pero cuando las familias pasan cada vez menos tiempo juntas, suprimir la conversación a la hora de la cena puede suponer una carencia grave: elimina algo que ya escaseaba de entrada.

La cultura occidental ha concluido que vale la pena esforzarse por pulir el arte de la conversación. Erving Goffman ha señalado que la mesa del comedor, de tamaño familiar, es un «espacio abierto» creado a propósito en el que los participantes tienen derecho a «relacionarse con cualquiera de los presentes». Departir en la mesa es importante por la información que proporciona a los demás sobre cualquier interlocutor poco conocido. El propósito de la conversación en la mesa consiste, en parte, en obligar a la gente a exhibir sus competencias: demostrar que conocemos las reglas y que nos hemos instruido, y, por lo tanto, que estaremos a la altura del juicio de los demás. Como ya hemos visto, la buena educación puede implicar una cruel imposición de las barreras de clase; en la mesa no hay donde esconderse, y la regla contra el silencio implica que no hay ningún refugio para evitar la interacción. «Las personas reservadas», proclama con rotundidad un manual de etiqueta del siglo xix, «no son buenas para mostrarse en sociedad y deben evitarlo».

Las reglas también pueden evolucionar para favorecer el mantenimiento del orden. Durante la década de 1920, la conversación en la armada francesa incluía (y tal vez continúe así) una serie de recursos silenciosos para facilitar el entendimiento (unos elementos que, por supuesto, demuestran de por sí que todo el mundo conocía el código). Se trataba de miniaturas que se colocaban sobre la mesa y se utilizaban sobre todo cuando era necesario emitir alguna amonestación: un bichero en miniatura, sinónimo de 'metedura de pata' en francés, se colocaba delante de quien corría el riesgo de cometer esa infracción. Cuando un comensal se enfadaba por cualquier cosa, se le mostraba una escalera en miniatura (cuyo simbolismo no me queda claro); y también existía un pequeño muro de bronce que el comensal colocaba ante sí mismo para avisar a otra persona de que su conversación invadía asuntos privados de los que no se deseaba hablar.

Siempre se nos ha advertido de que durante las cenas no hay que tocar ningún tema demasiado trascendente: ni la religión, ni la política, ni nada controvertido. No deben producirse discusiones, porque los buenos modales tienen la función primordial de evitar cualquier cosa que se parezca siquiera a la violencia. Un recelo más confesable es que los jugos gástricos, y por tanto la digestión, pueden verse perjudicados por una escena desagradable. No hay que aprovechar la circunstancia de que debemos permanecer inmóviles en la silla durante toda la comida, por ejemplo, para lanzar preguntas hirientes o que requieran respuestas largas. Nadie puede ni debe hablar mucho durante la cena: todos deben conversar y, por tanto, tener la oportunidad de hacerlo, y también hay que sacar tiempo para comer. No se habla de negocios ni de asuntos tan técnicos que resulten incomprensibles al resto: todos deben participar en la charla, y cualquier cosa que excluya a alguien, aun sin querer, se interpretará como un signo de muy mala educación. En su ensayo *De la experiencia*, Montaigne se revela despiadado y tajante con las personas que intentan ser demasiado intelectuales en las cenas: «¿Qué? ¿Intentarían cuadrar el círculo mientras montan a sus esposas?».

Los rituales en la mesa

El arte de conversar en la mesa, tal y como evolucionó del siglo xvii en adelante, consistía casi en exclusiva en la interacción por sí misma. Los comensales hacían gala de su sensibilidad social, sus modales y su tacto, y mostraban respeto por las normas que todos acataban. Los jóvenes, por ejemplo, debían respetar a sus mayores, guardar silencio casi todo el tiempo y, además, dar la impresión de que escuchaban con interés. No debían llevarse nada a la boca mientras les dirigieran la palabra ni sostener un vaso en el aire como a la espera de que su interlocutor terminara de hablar para beber. Tampoco debían imitar (sin darse cuenta, por supuesto, ya que jamás sería tolerable hacerlo a propósito) la expresión facial de quien se dirigía a ellos.

Los modales eran, en parte, un código moral que obligaba a que la «buena educación» tuviera en cuenta los derechos y sentimientos del resto. Nadie debía mostrar un trato preferente hacia un invitado frente a todos los demás ni se permitían los cuchicheos entre dos personas; y si se producía alguna carcajada durante una conversación no general, había que dar explicaciones para que nadie sospechara que era objeto de risa. Nadie debía ofender a otro invitado lanzando una ocurrencia a su costa. A pesar de su poder o, tal vez, justo debido a él, el anfitrión arruinaba su reputación si hablaba demasiado, si se alababa a sí mismo, si se servía el primero, si elogiaba los platos o hablaba sobre comidas que hubiera dado antes o sobre platos que hubiera comido en el pasado y le hubieran gustado. Las reglas reunidas en *The Rules and Orders of the Coffee-House* (1674) contenían la mayoría de las restricciones más relevantes de la conversación:

> Pero que pague doce peniques quien diga improperios.
> Quien inicie una discusión aquí
> dará a cada hombre un plato para expiar su culpa…
> Evítese por completo el ruido de las disputas lascivas,
> y que ningún amante atribulado se ande lamentando
> por los rincones de este lugar,
> sino que todo sea alegría y conversación, pero no en demasía.
> Que nadie ose tocar temas sagrados
> ni profanar las Escrituras ni errores
> del Estado con lengua irreverente.
> Que el júbilo sea inocente y que cada uno vele
> por que todas sus bromas sean a la ligera.

A lo largo del siglo xvii y cada vez más en el transcurso del siglo xviii empezaron a ponerse sillas alrededor de toda la mesa incluso en los banquetes. En los grandes festines, a menos que se tratara de mesas altas, los asientos ya no se disponían a lo largo de un solo lado para que los invitados pudieran ser vistos y para que accedieran a ellos con más facilidad los sirvientes que desfilaban acarreando platos. A partir de estos siglos, los adornos y las decoraciones pasaron a ocupar sobre todo el centro de la mesa con el propósito de que solo deleitaran a los comensales sentados a ella y no a un público que presenciara el espectáculo. Sin embargo, la gran cantidad empleada de piezas de plata, fuentes y adornos requería mesas tan amplias y recargadas para una cena *à la française* que los invitados apenas podían conversar con quienes tenían sentados en frente, al otro lado de la mesa, y los banquetes incluían la prohibición expresa de gritar. Con el paso del tiempo, las mesas se fueron reduciendo. En el siglo xviii cundió la moda de celebrar «cenas íntimas» para diez comensales o menos. En estos encuentros estaban prohibidos los sirvientes, y la comida se emplataba de antemano en mesas auxiliares; cuando se invitaba a mujeres, la finalidad de estas reuniones solía ser algún plan de seducción. Las cenas a la rusa del siglo xix eliminaron la necesidad de elegir entre una gran variedad de platos y la obligación de que los comensales sirvieran a sus vecinos; estos se sentaban más separados entre sí que nunca, pero la escena estaba más despejada para la conversación. Hoy en día aún tendemos a charlar sobre todo con quienes tenemos al lado, pero es viable y hasta se fomenta la conversación con quienes se sientan en frente, al otro lado de la mesa, mucho más estrecha y menos repleta de objetos que en el pasado.

 A mediados del siglo xviii, lord Chesterfield advirtió a su hijo de que los caballeros nunca ríen, sino que solo sonríen; la carcajada produce un ruido desagradable y una deformación espantosa del rostro. Esta regla es más estricta aún si cabe en la mesa. Hay que tener en cuenta todo lo que se sabe sobre los invitados, es decir, no «mentar la soga en casa del ahorcado». Es una pesadez que alguien se empeñe en sacar un tema a toda costa. Chesterfield conocía a un hombre «que había vivido una anécdota que le gustaba con una pistola y que contaba muy bien; de modo que ponía todo su empeño en que se hablara sobre pistolas, pero si sus intentos fracasaban, se sobresaltaba en la silla y decía que había oído un disparo de pistola; cuando los presentes aseguraban no haber oído nada parecido, él respondía: "Igual me equivoqué; de todos modos, ya que hablamos sobre pistolas...", y entonces contaba su historia ante la indignación de los presentes».

Era de buena educación, y así se reconocía abiertamente, no llamar la atención, no ser ruidoso, no incomodar, no ser machacón ni aburrido. (El término *bore* –'aburrir'– es un verbo del siglo XVIII que apareció por primera vez en inglés en 1766.) De acuerdo con nuestros estándares, se esperaba que los comensales actuaran con una artificialidad deliberada, que acudieran con los temas de conversación pensados de antemano, con agudezas preparadas, paradojas ya pulidas, y que buscaran la ocasión perfecta para introducirlas... pero todo debía hacerse con aires de absoluta naturalidad y sencillez, con eso que los franceses llamaban *je ne sais quoi*. Cualquier signo de esfuerzo excesivo, de que no se tuvieran en cuenta todas las circunstancias, no solo arruinaba el relato, sino también, y de un modo mucho más permanente, la reputación del orador. La soltura constituía la prueba de que se tenía gran experiencia desenvolviéndose en la vida social, de que se tenía «buena educación» y «exquisita cuna».

A finales del siglo XIX imperaban unas reglas más meticulosas aún (al menos, las que figuraban en los manuales de urbanidad). Había que recordar el nombre de todas las personas que nos presentaran (la gente con poder y popularidad limitaba mucho el número de personas que les podían presentar), y también había que hablar con corrección y sin recurrir a jergas ni vulgarismos como «terriblemente hermosa» o «tremendamente divertida». Había que escuchar incluso al interlocutor más aburrido: era una persona merecedora de recibir una invitación para cenar, de modo que había que aceptarla y animarla al menos mientras durara el encuentro en deferencia al anfitrión y al resto de los asistentes. Incluso las desavenencias debían enterrarse en la mesa, aunque una comensal muy experimentada podía a un mismo tiempo respetar su inquina, los sentimientos de su anfitriona y el discurrir tranquilo de todo el encuentro. Emily Post describe que «En el transcurso de una cena, la señora Toplofty se encontró sentada junto a un hombre por el que sentía un desprecio manifiesto, así que le espetó con aparente calma: "No conversaré con usted porque no tengo ningún interés. Pero en deferencia a mi anfitriona recitaré mis tablas de multiplicar. Dos por uno, dos; dos por dos, cuatro..." y así prosiguió con las tablas *obligándolo a alternarlas con ella* [las cursivas son mías]. En cuanto la cortesía se lo permitió, se giró hacia el acompañante que tenían al otro costado». El hombre que le desagradaba demostró ser de su misma clase: ¿es concebible que la señora Toplofty cediera un poco después de aquel incidente?

Los manuales de urbanidad del siglo XIX, que reflejaban el comportamiento ideal de caballeros y damas, instaban a las personas educadas a ser simpáticas y joviales, pero nunca frívolas. Los cumplidos debían ser sinceros, pero la adulación era vulgar, y el escándalo y las habladurías, una vergüenza. Nunca hay que interrumpir ni aludir a otra persona convocada a la mesa («Cuán bochornoso es preguntar: "¿Quién es esa mujer vulgar y de rostro encarnado?" y recibir como respuesta: "¡Es mi esposa, señor!"»). No se deben comentar asuntos privados o poco delicados, ni tan siquiera dar pie a que se piense en ellos. Hay que evitar las lenguas extranjeras y hasta citar a los clásicos, así como cualquier exhibición de sabiduría, explayarse en aficiones propias o emitir opiniones dogmáticas: «La cortesía es la tolerancia universal». Las preguntas impertinentes, las agudezas fallidas y la búsqueda de faltas eran meteduras de pata sociales. Las mujeres debían reparar en que los hombres tienen más apetito que ellas, de modo que no debían formularles preguntas que los obligaran a perder gran parte del tiempo que tenían para comer. Ahora las mujeres estaban presentes en todas las cenas, y un caballero debía «cumplir simulando que las considera capaces de un entendimiento igual al de los caballeros […] Cuando se "desciende" a lugares comunes y conversaciones triviales con una dama inteligente puede darse una de estas dos consecuencias: o bien ella nota la condescendencia y desprecia el gesto, o bien lo acepta como el mayor esfuerzo intelectual del que es usted capaz, y lo valorará en consecuencia» (1885). (Conviene señalar que ahora eran mujeres las que escribían muchos de los manuales de etiqueta, cuando no la mayoría.)

No es de extrañar que fuera tan importante tener pensado cierto surtido de conversaciones triviales, y que los anfitriones de éxito procuraran por todos los medios que la charla fluyera sobre temas seguros y que aplacaran los egos: «Para alargar el tiempo y disfrutar al máximo de la compañía de los caballeros», escribió Alexis Soyer (1853), «no pongo el postre en la mesa hasta diez o veinte minutos después de haber retirado el mantel; de este modo ofrezco a mis invitados la oportunidad de admirar los hermosos platos de postre de Sèvres que contienen imágenes de diferentes castillos franceses; esto, por supuesto, da tema de conversación a quienes los han visitado».

El postre ha seguido siendo uno de los momentos preferidos para la conversación, sobre todo en las culturas en las que aún se «des-sirve» o *desservie* la mesa, lo que significa que se retira todo lo que había sobre ella con anterioridad y se limpia el mantel de migas para que la charla pueda continuar, solo que con mayor intensidad. En los países hispanos, la práctica de conversar después de la cena –heredera de los simposios griegos y romanos, pero sin tanta bebida– se conoce como «hacer la sobremesa». Se sirve café (el plato dulce o postre suele formar parte de la cena y se retira para este ritual final) y los invitados se quedan juntos charlando a veces durante horas. Los daneses también tienen fama de conversar alrededor de la mesa. En realidad, la mesa se percibe como un elemento que favorece la conversación: retirarse al salón implicaría romper la comunión lograda durante la cena y separarse unos de otros. La comodidad de los sillones mullidos no basta para volver a cohesionar el grupo. La mesa ofrece una superficie sobre la que apoyarse, sobre la que gesticular; expresa lo que todos los integrantes del grupo tienen en común.

Alimentos, festines y mujeres

Como los roles sexuales masculino y femenino son complementarios en el plano puramente físico, el género siempre se ha usado como metáfora esencial para la asignación de funciones dentro de la sociedad. Esta imagen nos ha permitido conceptualizar ideas como «dar y recibir», «haz lo que puedas y lo que se te dé mejor», «entrégate a otras personas cuando sea adecuado hacerlo» o incluso «ten en cuenta sus deseos». El modelo sexual también sirve para lanzar mensajes de otro tipo: «Proteger a alguien evidencia la superioridad de quien ejerce esa protección», «el poder está por encima» o «unos nacen con privilegios y otros, para satisfacer los deseos de los primeros». Las conexiones poéticas surgen, como cabría esperar, de una metáfora: por ejemplo, es posible que exista una conexión mental entre la producción y la reproducción, de modo que tenemos la impresión de que el comportamiento sexual influye en los frutos de la cosecha; si el comportamiento sexual no es satisfactorio, no habrá nada para comer. Los hombres pueden decidir que también ellos producen bebés en forma de alimentos; pero los hombres son necesarios para que las mujeres produzcan bebés humanos, de modo que las mujeres deben ayudar en el campo. El verdadero proceso de comer, que siempre comienza con la madre que se alimenta y el niño que es alimentado, también es «como el sexo», y esta sensación de semejanza puede influir en decisiones sociales tan importantes como dónde y con quién nos permiten vivir. Para el suministro de alimentos y para la presentación de la cena también solemos seguir una organización basada en un modelo sexual: los hombres salen al exterior, consiguen comida y se la entregan a sus esposas, mientras que las mujeres se quedan en casa, reciben los alimentos, los cocinan y los sirven.

Para que todas estas percepciones y divisiones convencionales del poder, y muchas otras parecidas, encajen y funcionen sin trabas, dedicamos grandes esfuerzos a lograr un traslado suave del modelo sexual a la estructura social. Los hombres y las mujeres presentan diferencias sexuales, de modo que hay que hacer todo lo posible para distinguirlos (siguiendo las líneas percibidas, por supuesto) a través de la adjudicación y la denegación del poder y el prestigio, en el tipo de labor que desempeñan, en el vestido y el físico socialmente aceptado, en las perspectivas y expectativas cuidadosamente inculcadas. Hombres y mujeres deben hacer cosas diferentes, y esta separación de funciones resultará mejor si también sienten de maneras diferentes. Si esta diferenciación y separación no son constantes, entonces cabe la posibilidad de que se desdibujen y tambaleen rasgos importantes de la estructura social que son claros y cómodos.

Durante la mayor parte de la historia ha sido habitual que hombres y mujeres comieran separados, sobre todo en público. A menudo, los tabúes nos obligan a comer alimentos diferentes, y las mujeres suelen tener vetadas ciertas sustancias comestibles que se consideran perjudiciales para su moralidad o para su capacidad reproductiva. Comer juntos en privado a menudo supone y «significa» matrimonio: implica compartir la misma casa. Dejar de comer juntos equivale a divorcio, o a dejar de «dormir juntos», como todavía se dice. El eufemismo no es solo una mojigatería; también alude a que se comparte el mismo espacio privado. La preparación de los alimentos, al igual que la digestión, es una metáfora habitual del embarazo. La mujer ofrece alimentos cocinados a cambio de sexo; el hombre ofrece sexo a cambio de alimentos cocinados. De ello se deduce que la mujer «recibe» sexo cuando «alimenta» al hombre con comida. Comer puede usarse como sinónimo del propio acto sexual. En las lenguas de los pueblos lodagaa y gonja de Ghana, el verbo *comer* se emplea con frecuencia para aludir al sexo porque abarca un campo semántico muy parecido al del verbo *gozar*.

La fusión de los polos opuestos de la feminidad y la masculinidad en una pareja casada se usa con mucha frecuencia para representar oposiciones sociales y culturales esenciales, como alguna de las siguientes: lo privado y lo público, lo interno y lo externo, lo doméstico y lo laboral, abajo y arriba, izquierda y derecha, luz y oscuridad, frío y calor, detrás y delante, recto y curvo, duro y blando, quieto (femenino) y en movimiento (masculino), etc. A su vez, el hecho de que «representen» esos conceptos refuerza la aceptación de las expectativas. Si «el sitio de la mujer es la casa», ese lugar encarna todas las características «femeninas»: lo interno, el sosiego, el deseo de cuidar a los demás, la reticencia a destacar y la renuncia a las aspiraciones «masculinas» de autoridad, publicidad, estridencia, brillantez, agudeza. Estas cualidades encuentran multitud de aplicaciones prácticas; por ejemplo, o bien imposibilitan por completo que la mujer asista a banquetes, o bien condicionan su comportamiento cuando participa en ellos.

En la Antigüedad griega, una esposa no acudiría a un simposio ni muerta. Estas eran concebidas (también por ellas mismas) como la encarnación de la pureza en la familia. Su honor era intocable, y así debía permanecer a toda costa: de ello dependían la legitimidad de su descendencia y el honor de sus hombres. Las *hetairai* (o 'cortesanas') no tenían ningún problema para mezclarse con hombres juerguistas y orgiásticos; eran mujeres desvergonzadas, escandalosas en su libertad y falta de compostura. El comedor se llamaba *andron*, es decir, 'habitación para hombres': las mujeres que comían en él estaban fuera de lugar, marginadas, y eran indignas de respeto. Parece ser que los griegos de la Antigüedad ajenos a la filosofía pensaban que las ideas importantes no deben discutirse jamás en la mesa, tal como siguen opinando muchos hoy en día. Plutarco lo expresó así a través de un simposiasta: «La filosofía no debe tomar más parte en la conversación sobre el vino que la matrona de la casa». De acuerdo con esta concepción, los persas hacían bien al beber y bailar con sus concubinas, pero nunca con sus esposas. Las esposas eran algo serio, pero las *hetairai* y las amantes podían tomarse a la ligera. Por eso los hombres dejaban a sus esposas en casa cuando los invitaban a acudir a una fiesta. En cambio, un banquete de bodas era una ocasión concurrida, hace decir Plutarco a sus locuaces simposiastas en otro pasaje, porque las mujeres se encargaban de muchas de las actividades de una boda, y toda invitada debía acudir siempre acompañada de su marido.

La formalidad en los actos públicos es casi siempre un asunto masculino porque implica rango social (a menudo negado a todas las mujeres, salvo las más elevadas) y publicidad. La formalidad siempre se ha contrapuesto a la relajación y la intimidad, que se disfrutan en casa, el espacio de las mujeres. (Los hombres habitan ambas esferas, la pública y la privada, mientras que las mujeres rara vez lo han hecho; esta superposición unilateral constituye una de las incoherencias importantes del esquema.) De ello se deriva que en muchas sociedades tradicionales los hombres mantienen el rango y la precedencia en la mesa de los banquetes, mientras que las mujeres sirven a los comensales o se sientan a comer en un lugar aparte donde se usa mucha menos ceremonia; a veces se sientan en masa en el centro de la estancia, por ejemplo, mientras los hombres se colocan por orden de rango alrededor de las paredes. En los festines de los indios winnebagos de América, los hombres se sentaban por estricto orden de precedencia en torno a la periferia de la casa de reunión con mucho espacio entre ellos, mientras que las mujeres y los niños se apiñaban en un espacio minúsculo detrás de un biombo situado al fondo. Lo habitual es que las mujeres cocinen la comida que se ofrece en esos banquetes, aunque en ocasiones los hombres insisten en encargarse ellos mismos de la carne (un alimento prestigioso y «masculino»). En algunas sociedades, las mujeres consideran un privilegio enorme que guardan con celo que se les permita servir la comida. Según los javaneses que practican el banquete *slametan*, las mujeres están *mburi*, 'detrás' (es decir, en la cocina; durante el banquete espían a los hombres mientras estos comen a través de las divisiones de bambú), y los hombres, en cambio, están *ngarepan*, 'delante', tomando las viandas que han preparado las mujeres.

En el siglo xix rara vez se invitaba a cenar a las mujeres japonesas, pero si se hacía, se esperaba que se sentaran aparte, en un rincón de la sala. En China acudían a banquetes separadas de los hombres, tal como sucede en las sociedades con una división muy marcada entre ambos sexos. En la época Ming, las mujeres imperiales, viudas, esposas, hijas y hermanas de los hombres de palacio, recibían a las esposas de ministros y funcionarios en los aposentos interiores del Palacio de la Tranquilidad Femenina. Los banquetes que ellas celebraban ahí se acompañaban de música tocada también por mujeres. Sin embargo, las anfitrionas estaban obligadas a ofrecer menos platos durante la cena que los hombres y a ofrecer vino con menos frecuencia. Se supone que en privado, en la vida cotidiana, los miembros masculinos y femeninos de la familia imperial comían juntos, igual que hacía la plebe. Hoy en día, en Emiratos Árabes Unidos, al igual que en otros países musulmanes, las mujeres suelen reunirse y cenar juntas siguiendo unas normas de urbanidad complejas y sofisticadas.

Un anfitrión masculino alimentará a sus invitados sin participar él mismo en la comida con una enorme sensación de superioridad; mientras que una mujer que cocine y sirva una cena sin comer de ella lo hará con la verdadera sensación de poder que confiere el acto de dispensar comida (los invitados siempre sienten cierta incomodidad al comer delante de un anfitrión o anfitriona que se abstiene de comer). Pero es necesario que quien ofrece la comida esté presente durante la misma para disfrutar de esta modalidad particular de enaltecimiento del ego, puesto que el prestigio es algo personalizado: no existe si no se conoce a la persona ensalzada. En tiempos tan recientes como el siglo xix, las mujeres campesinas francesas servían la comida a sus maridos en la mesa, pero ellas comían de pie o arrimaban un taburete al fuego y sostenían el plato sobre el regazo. Es posible, aunque improbable, que esta disposición respondiera a alguna manifestación de aprecio y respeto por las mujeres.

En las sociedades que mantienen una segregación estricta por sexos, los varones jóvenes deben realizar un buen día la transición de vivir como niños con las mujeres a formar parte del grupo de los hombres. Ese comienzo, vaya acompañado o no por algún rito ceremonial, tiene lugar en gran parte cuando el joven ocupa el lugar que le está predestinado en la vida pública, es decir, entre el resto de los hombres durante la cena. Las chicas jóvenes no efectúan ese tránsito; en este sentido siguen siendo niñas. (Quedarse «donde se está», aunque sea de un modo metafórico, equivale, por supuesto, a asumir el principio de quietud y centralidad que ha sido tan relevante hasta el momento presente en el simbolismo de lo femenino.) Los hombres prefieren a menudo que las mujeres conserven esa condición de niñas dependientes: a veces la recompensa por acatar esta posición consiste en que las encuentran sexualmente atractivas por ello.

La mujer conserva su papel de madre alimentando a su familia; dicen que algunas sociedades africanas ven a las esposas como «madres de sus maridos» por este motivo. La alimentación es una preocupación femenina y, a menudo, una de las principales armas de poder de la mujer en el hogar. Las mujeres recolectan alimentos, hacen la compra, deciden qué se come y lo cocinan. Los especialistas en antropología social llevan mucho tiempo llamando a las mujeres las «guardianas» del suministro de alimentos en el hogar. Sin embargo, puesto que escogen los alimentos que saben que gustan y apetecen a sus maridos e hijos, su papel de guardianas suele reducirse a una mera función ejecutiva. Dicen que las mujeres expresan sus sentimientos a través de lo que cocinan: «premian» a los hombres preparando platos especiales con un esmero especial; y no tienen la cena lista a tiempo o no se esmeran con la comida para manifestar desaprobación. Gertrude Stein cuenta la anécdota de que su cocinera francesa Hélène criticaba a Matisse porque un francés «no debería quedarse de improviso a comer, y mucho menos si pregunta al servicio de antemano qué hay para cenar». Ese comportamiento era esperable en los extranjeros, pero en un francés era inaceptable. Cuando invitaban a cenar a Matisse, ella le servía, por ejemplo, huevos fritos, pero nunca una tortilla. «Se necesita el mismo número de huevos», decía con frialdad, «y la misma cantidad de mantequilla, pero da menos muestras de respeto». *Monsieur* Matisse entendería el mensaje.

Si una esposa africana se niega en redondo a cocinar, su marido no puede obligarla; a menudo, los hombres no solo no saben cocinar, sino que además lo tienen prohibido. En algunas tribus nigerianas no se les permite ni siquiera hablar de comida o emitir el deseo expreso de comer; un varón jukun dirá «voy a comer» cuando en realidad quiere decir que tiene sed, y utilizará una expresión como «me voy a mi cabaña» (o *kunguni*, donde los varones jukuns comen solos) para decir «quiero cenar». Para estos hombres, comer requiere el mismo tipo de eufemismos que las sociedades occidentales dedican al sexo o la excreción. Estas actitudes ante la comida forman parte de la asignación de roles y también entroncan con el modelo sexual: «brindar comida» en el caso de las mujeres se corresponde con «brindar sexo» en el de los hombres; hacer las cosas a la inversa crearía una confusión extrema. Es bastante habitual que un hombre rechace la comida que le ha preparado su esposa para mostrar algún tipo de descontento; por supuesto, si tiene varias esposas se librará de quedarse sin comer. Otra conexión entre la comida y el sexo se aprecia en que los hombres polígamos suelen tomar la comida que prepara la esposa con la que se acuestan en cada momento.

La elaboración de cerveza es una especialidad femenina desde tiempos antiguos; y allí donde la cerveza es un elemento esencial para la economía y la nutrición de una sociedad (como sigue siendo en muchas partes de África, entre algunos indios de América del Sur y en otros lugares), el control sobre este producto se convierte, como es natural, en una fuente de poder femenino que cabe relacionar con otra destreza y responsabilidad tradicionalmente femenina: la de elaborar y controlar el empleo de las vasijas de barro. (El dios Dionisio de la Antigüedad griega, que era femenino en gran parte de su naturaleza, tenía poder tanto sobre el vino como sobre la zona de Atenas llamada Ceramicus, donde se fabricaban vasijas.) Ya vimos que las mujeres newars de Nepal deben servir personalmente la cerveza que elaboran, incluso en fiestas públicas. Entre los lodagaas de Ghana, la buena calidad de la cerveza de una mujer puede convertir su casa en una cervecería, un lugar donde la gente se reúne para contarse noticias y cotilleos. Ella vende el producto y lo sirve a la clientela reservando siempre para sí misma una calabaza con cerveza para demostrar que esa partida no está envenenada. Desempeña un papel bastante parecido al de las anfitrionas de la sociedad europea, que solían ofrecer una casa abierta, o un salón, ciertos días de la semana para celebrar reuniones y socializar. Al igual que la mujer lodagaa que elabora cerveza, también la anfitriona de una merienda se encarga de servir el té.

Como la comida y la bebida suelen llegar a la familia a través de las manos de las mujeres, el temor a ellas se traduce con frecuencia en la sospecha de que usen veneno. La concepción tradicional contempla los cuchillos como armas masculinas. Se empuñan con agresividad y pertenecen al ámbito masculino de la lucha, la guerra y la caza; son esenciales para trinchar la carne. Desde un punto de vista simbólico, los cuchillos son objetos fálicos. Hemos visto que en la Europa medieval se esperaba que los hombres cortaran la comida de sus compañeras en la mesa. El veneno, en cambio, es un elemento que permite matar a alguien en secreto y con sigilo, además de que suele ser líquido y se administra mezclado con la comida, todo lo cual convierte el veneno en un arma típica femenina sin duda en el folclore y la mitología de todas las culturas, y posiblemente también en la vida real. Tal vez el temor a ser envenenados presione más a los hombres para que no anden deambulando por ahí, sino que permanezcan con sus familias: de ese modo comerán tan solo lo que les preparen sus madres, esposas u otras mujeres que están bajo su control.

Las bebidas alcohólicas, al igual que los cuchillos, siempre se han considerado especialmente peligrosas en manos de mujeres, y los hombres se han esforzado mucho para impedir que su propia afición por el alcohol afectara al «sexo débil». Sus miramientos han resultado eficaces hasta tiempos recientes: el porcentaje de mujeres bebedoras de alcohol ha sido muy bajo en general comparado con el de los hombres. (Ahora, en cambio, está aumentando de forma alarmante, según Noel y McCrady, por ejemplo.) Las mujeres han de responsabilizarse de los hijos no nacidos, y es cierto que el consumo excesivo de alcohol durante el embarazo puede tener efectos nocivos. En cualquier caso, lo que se consideraba un comportamiento vergonzoso en un hombre siempre era mucho peor en una mujer. En el siglo XIX, las mujeres europeas no debían pedir vino cuando estaban en la mesa; se esperaba que los hombres se encargaran de proporcionárselo. Cuando él se servía vino, también atendía el vaso de su acompañante femenina con una reverencia, y a continuación bebía con ella. Las mujeres no debían aceptar vino siempre que se lo ofrecían. En Francia era correcto que un hombre ofreciera agua al mismo tiempo que vino a una mujer, porque, según la baronesa Staffe, las señoras nunca toman vino solo, excepto en el postre; ella siempre insiste en que sea vino *trempé*, es decir, mezclado con agua.

A partir del siglo XVI y hasta tiempos recientes, las mujeres de los países mediterráneos parecen haber sorprendido a los visitantes por su abstinencia. En Francia, en particular, los hombres «cortaban» su vino con agua, pero las francesas «respetables», si llegaban a tocar el vino, «lo empleaban tan solo para colorear ligeramente su agua». Hoy en día, el vino se ha convertido en objeto de devoción y reverencia; las únicas personas que le añaden agua son las que lo consiguen barato y lo beben con regularidad, y quienes prestan poca atención a su calidad. Las mujeres lo beben en las comidas igual que los hombres, pero hasta los manuales de etiqueta más recientes mantienen la idea de que son los hombres quienes deben servir en realidad el peligroso líquido a las mujeres, «con independencia del simbolismo», tal como lo expresa Miss Manners. Si el anfitrión (no la anfitriona) no se levanta para rellenar los vasos cuando es menester, entonces «cada hombre servirá vino a la mujer que tenga a su izquierda».

«Las señoritas no comen queso, ni caza, ni bocados salados», señala un tratado de buenos modales de finales de la época victoriana. Casi con toda seguridad, la razón era la misma que se esgrimía en ocasiones para que las mujeres no bebieran alcohol: su aliento no agradaría a los hombres. Las mujeres aún cumplen con las expectativas de que comen menos que los hombres y prefieren alimentos más ligeros y suaves: pollo y lechuga, por ejemplo, en lugar de ternera y patatas. En Japón, las mujeres recibían cuencos de arroz más pequeños y palillos más cortos y finos. En la tribu kagoro del norte de Nigeria, los hombres emplean cucharas, pero a las mujeres no se les permite ese privilegio. En la década de 1950, las mujeres y los niños de la etnia pedi de Sudáfrica utilizaban los platos para gachas especiales de los hombres, pero solo cuando estaban agrietados y «ya no eran lo bastante respetables» para que los usaran ellos. Puesto que cocinan y sirven la comida a los hombres, las mujeres de todas las partes del mundo acostumbran a tomar las sobras de la cena. Como es natural, a menudo miran por sí mismas mientras preparan la comida. En Assam, donde las normas de contaminación o impureza establecen que las castas inferiores pueden aceptar comida de las superiores pero no al revés, las mujeres usan el mismo plato que sus maridos toda vez que los hombres han terminado de comer: nada podría aportar más intimidad a la pareja, y nada podría evidenciar con más claridad que ella es inferior a él.

En Europa, las familias han comido casi siempre juntas en el hogar, aunque allí donde vivían varias familias en una misma casa y había muchas bocas que alimentar, lo más común era que primero comieran los hombres servidos por las mujeres. Era la nobleza la que celebraba la mayoría de los banquetes formales, y en ellos las mujeres eran admitidas a veces, otras eran aceptadas a regañadientes y otras quedaban excluidas por completo. Durante la Edad Media se permitió que las mujeres tomaran asiento en una galería o balconada dispuesta para que pudieran observar a los hombres durante la cena. Sin embargo, en ciertos lugares y épocas, un noble podía sentarse con una compañía femenina a su lado, algo que durante la época victoriana recibió el nombre de «asientos promiscuos». Otra posibilidad era que todas las mujeres se sentaran en un extremo de la mesa siguiendo en apariencia un orden de rango tan meticuloso como el de los hombres situados en el otro extremo. En banquetes muy grandes podía haber mesas para damas separadas de las de los caballeros. Cuentan que Luis XIV invitaba a sentarse con él en la mesa alta a determinadas mujeres cuya compañía le apetecía, u ordenaba que las mujeres más nobles y bellas se sentaran a su mesa para él; su esposa, la reina, que a veces estaba presente y otras estaba obligada a presidir una cena exclusiva para mujeres en otro lugar, no tenía un privilegio equivalente.

Parece ser que a partir de la época isabelina han sido las mujeres quienes han trinchado la carne en las mesas británicas, lo que implica un claro alejamiento de la concepción que consideraba los cuchillos como un privilegio de los hombres. A principios del siglo XVIII, la anfitriona solía encargarse de trinchar y servir la carne en la mesa. Lady Mary Wortley Montagu recibió lecciones siendo niña para aprender a trinchar; los días que presidía la mesa de su padre viudo, «ella cenaba antes para poder ejercer sin distracciones». A medida que avanzó el siglo, los hombres empezaron a ofrecer su ayuda a sus esposas o hijas en esta labor. Pero a finales del siglo XVIII, los sirvientes asumieron cada vez más ese papel; y con la llegada de las cenas a la rusa a mediados del siglo XIX, el trinchado en las comidas formales se convirtió en una tarea que siempre realizaba el servicio fuera de la mesa del comedor. En Gran Bretaña ha perdurado la tradición de que sea el hombre de la casa quien trinche y reparta el asado ante los comensales congregados en las cenas familiares.

Al final de la cena, escribió Emily Post en 1922, la anfitriona, una vez que considera llegado el momento oportuno, «lanza una ojeada a través de la mesa y, cuando cruza la mirada con una de las damas, se levanta despacio. La observada también se levanta, y al instante todo el mundo se pone en pie». La coreografía es rigurosa: los caballeros ofrecen el brazo a sus parejas y las conducen fuera del comedor en dirección al salón. Realizan una pequeña reverencia y siguen al anfitrión hasta la sala de fumar donde les servirán café, puros y licores. Si no hay sala de fumar, las mujeres abandonan solas el comedor. El anfitrión ocupa su puesto en la mesa y todos los hombres se desplazan para ocupar los sitios más próximos a él.

Cuando se sirve oporto, la botella sobre su posavasos se coloca delante del anfitrión una vez que se ha retirado el mantel antes de que comience el ritual. Él servirá a quien tenga a su derecha para evitar que esta persona, sentada en el sitio de honor, tenga que esperar hasta el final para ser servida. Entonces la botella se desliza con una reverencia sobre la superficie pulida de la mesa (en sus orígenes para que los posos se muevan lo menos posible, aunque los buenos oportos deberían decantarse antes de consumirlos); o se desplaza sobre un carro de plata con ruedas; o se pasa de unos a otros con gestos ceremoniosos especiales, igual que se pasaban las copas en los simposios de la Antigüedad griega. Pero el oporto circula en el sentido de las agujas del reloj (hacia la izquierda), no como lo hacían las bebidas en la antigua Grecia, que iban hacia la derecha. «Disculpe, sir», dice Jingle en *The Pickwick Papers (Los papeles póstumos del Club Pickwick)* una vez que el camarero deja solos a los hombres, «la botella está quieta; pásela; en la dirección del sol; a través del ojal [ambas expresiones indican «hacia la izquierda»: los hombres llevan los ojales tradicionalmente en el lado izquierdo]; hasta el fondo [es decir, sin dejar nada en la copa]». Durante las cenas en la Factoría Inglesa de Oporto, los hombres se trasladan a un segundo comedor para disfrutar de oporto añejo por miedo a que cualquier olor a comida interfiera en el aroma de la bebida.

Los hombres conversan sobre política y se sientan con quien quieren; la jerarquía de los asientos suele quedar interrumpida en estas ocasiones. Hasta se considera correcto que un hombre «hable con cualquier otro que esté sentado a su lado, lo conozca o no», escribió Emily Post en 1922: los hombres se encuentran por fin a sus anchas y pueden relajarse en el cumplimiento de las normas. Las mujeres, entretanto, reciben café, cigarrillos y licores en la biblioteca o en la sala. La anfitriona se encarga de que nadie quede al margen de las conversaciones que tienen lugar. En la década de 1920, todo ello no duraba más de quince o veinte minutos. El anfitrión «aprovecha el primer silencio de la conversación» para llevar a los hombres a «reunirse con las damas» en la sala. En cuanto lleguen, dejarán de charlar entre ellos y buscarán a una mujer con la que conversar.

Este ritual de procedimiento fue común en las cenas formales de Gran Bretaña al menos hasta la década de 1960, y es probable que aún se dé. A mediados del siglo xx, Emily Post explicó con todo detalle a los estadounidenses cómo se efectúa, a pesar de que cien años antes ya hubo al menos un manual de etiqueta estadounidense que manifestó repulsión ante la idea. Diversos extranjeros que visitaron Gran Bretaña en el siglo xviii encontraron exótica y desagradable esa costumbre. En tierras continentales, la compañía y la conversación de las mujeres se habían vuelto esenciales en cualquier cena festiva que se preciara; era impensable prescindir de ellas en algún momento de la celebración. Era de suponer que los hombres refinados no anhelaban la clase de comportamiento que no superaría el dictamen de las damas y que se asociaba con las reuniones de hombres.

Si se seguía la ceremonia de que las mujeres «abandonaran la mesa» y los hombres se quedaran solos hasta «volver a reunirse con las damas», no era tan solo porque ellos quisieran conversar sobre asuntos que no interesarían a sus esposas o que ellas no entenderían. Sino porque se entregaban a un consumo excesivo de alcohol y a los brindis, a los chistes groseros y a las carcajadas entre hombres que habrían quedado inhibidos por la presencia de mujeres. Las damas toleraban ese comportamiento en los hombres y a veces acababan regresando a casa solas porque el consumo de alcohol y la juerga se prolongaban hasta bien entrada la noche. Según los *Memorials* de lord Cockburn, «guardar a las damas» significaba en la Escocia del siglo xviii que los hombres llevaban a sus mujeres a casa y luego regresaban al lugar de la cena festiva para hacer competiciones con la bebida a la salud de las damas. Se retaban por parejas para ver quién conseguía beber más en honor a su verdadero amor de manera que «cada competidor persistía hasta que uno de los dos caía al suelo [...]». Las damas seguían con interés estos desafíos de alcohol y a la mañana siguiente preguntaban por las hazañas de sus campeones».

Los brindis sin fin desaparecieron durante el siglo xix, pero los hombres encontraron un nuevo motivo para quedarse a solas con la llegada del tabaco, algo que al principio las mujeres respetables ni se atrevían a probar. En la época en que Emily Post describió la ceremonia de la retirada de las damas, esta ya se reducía a un espacio de tiempo muy limitado. Habían tenido lugar cambios significativos: por ejemplo, antes las mujeres debían enviar a un sirviente para llamar a los hombres a reunirse con ellas; en la novela de Thomas Love Peacock titulada *Headlong Hall* (1816), «el pequeño mayordomo entró entonces con un emplazamiento de las damas para tomar té y café». En épocas posteriores, se enviaba café a los hombres para recordarles que debían levantar pronto la sesión. Más tarde aún, se contaba con que los hombres interrumpieran por sí solos su reunión y mostraran una impaciencia siquiera formal por reunirse con las señoras. Ahora, tanto hombres como mujeres fuman, señala Post en 1922; a las mujeres también hay que proporcionarles cigarrillos, y es impensable que alguien se emborrache.

Otra de las ideas que se escondía tras aquella ceremonia de separación era que, cuando hombres y mujeres estaban juntos, se sentían obligados a comportarse de un modo muy formal; solo podían relajarse y «ser ellos mismos» cuando los sexos estaban separados. La cena festiva, con la nueva imposición de los asientos «promiscuos» (hombres y mujeres alternados en los sitios de la mesa), implicaba una sobreactuación agotadora; de hecho, la disposición de los asientos dificultaba bastante que los comensales conversaran con alguien de su mismo sexo. El tiempo de sobremesa que pasaban los hombres en el comedor o las mujeres en la sala se recibía como una relajación del comportamiento demasiado estricto. Los novelistas ingleses del siglo XIX utilizan a menudo estos momentos de separación de sexos después de la cena como una oportunidad para que la trama avance a través de la conversación distendida; mientras que la llegada de un personaje masculino desde el comedor y su elección de una mujer como pareja para conversar se convertían en expresiones vehementes del interés de las mujeres en él y de las preferencias del varón.

A lo largo de la historia, se ha apartado a las mujeres de los hombres y de las esferas del poder, y se las ha «protegido» de la mirada pública; se las ha despreciado, se las ha sometido y se las ha puesto en «el lugar que les corresponde», un lugar decidido por los hombres. Pero la historia no se acaba ahí, y puede que a la larga no sea eso lo más relevante. Las mujeres han ejercido una influencia civilizadora enorme en la historia de la humanidad, y los hombres lo han demostrado muy a menudo a través de su comportamiento, aunque no siempre de palabra o con amabilidad. La manera en que una cultura particular trata a las mujeres dentro de la sociedad no solo es una prueba infalible de su salud como sociedad. Las mujeres también han asumido la función de crear conciencia sobre los modales, la comodidad y la consideración hacia los demás (y lo han hecho, además, con la connivencia de los hombres). Y cuanto más apreciaban los hombres los modales civilizados, mejor se «comportaban» en presencia de las mujeres. El ideal que reivindicaban los estadounidenses en el siglo XIX al considerar de mal gusto la costumbre de que las damas dejaran solos a los hombres después de cenar fue, de hecho, una señal de que los hombres maduros estaban listos para considerar normal el comportamiento decente incluso sin estar en presencia de mujeres.

Es indudable que las mujeres notaron de un modo más inmediato las ventajas de la cortesía –«*la courtoisie généreuse*» la llamaba la baronesa Staffe– y aceptaron el artificio ceremonial que las consideraba más débiles que los hombres, pero también más refinadas. Las mujeres requerían reverencias, quitarse el sombrero, que les abrieran las puertas, que les cedieran el asiento; se les servía primero en las cenas. En términos rituales ocupaban el lugar más elevado, a pesar de las realidades subyacentes de su posición social y económica. De modo que en la «sociedad educada», las mujeres se convirtieron en férreas guardianas de la etiqueta, conservadoras tal vez, pero también defensoras de los logros conquistados. Los manuales de etiqueta, muchos de ellos escritos por mujeres en el siglo XIX, están repletos de comentarios sobre las dificultades que tienen los hombres para comportarse con corrección, así como de consejos sobre qué podrían hacer para superarlas. Siempre dan por sentado que las mujeres tienen mucha más facilidad para dominar todas las habilidades y sutilezas necesarias.

Y, de hecho, las mujeres han ganado en muchos aspectos importantes. Los hombres que triunfan y despiertan admiración en la cultura occidental deben demostrar que han optado por la delicadeza, la sensibilidad y el autocontrol. Los vicios «masculinos» que los hombres prohibían en otros tiempos a las mujeres, como el alcoholismo y el tabaquismo, se han vuelto deshonrosos también en los hombres en la actualidad, por más que muchas mujeres reclamen ahora al fin el «derecho» a adoptarlos. Las disputas, la fanfarronería y las comilonas han pasado de moda; una consecuencia de la revolución tecnológica actual es que ha eliminado la necesidad de que los «hombres de verdad» se muestren rudos, severos y autoritarios: no se necesita fuerza física para dominar los instrumentos tecnológicos. El abismo entre sexos se ha reducido no ya porque las mujeres hayan accedido cada vez más a lo que fue hasta hace poco la esfera pública de actuación de los hombres, sino porque los hombres han ido asimilando poco a poco que deben alcanzar el nivel de comportamiento que antes solo se exigía al sexo opuesto. En definitiva, se han vuelto más parecidos a las mujeres.

Cuando todo acaba

El último trozo de comida que queda, ya sea en la fuente o en el plato individual, es importante. O bien debe consumirse –puesto que es ofensivo e irritante, hay que animar a alguien a que se lo quede asegurándole que el último trozo brinda prosperidad–, o bien debe dejarse –se considera de personas ansiosas quedárselo o dejar el plato individual demasiado limpio, y quien lo haga sufrirá desgracias más adelante en la vida–. El último trozo es, o bien el de la prosperidad o la fuerza (augura salud y vigor futuros), o bien el de cortesía, el que debe rechazarse; quien se lo quede se convertirá en «una solterona» tan solitaria como ese último trozo de la fuente. El anfitrión (o la madre de familia) desea que se tome toda la comida; los comensales invitados a nuestra mesa acuden para dejarse agasajar, y un plato vacío evidencia la generosidad del anfitrión o de quien cocinó y el aprecio que se les tiene. Pero los comensales no deben manifestar avidez, no deben acudir tan solo por la comida. Las personas ansiosas, sobre todo si son mujeres (quien se lleva el último trozo no se convierte en «solterón», sino en «solterona»), no resultan atractivas a los demás.

Para vencer la resistencia de un invitado correcto, el anfitrión puede forzarlo diciendo algo como «si no te quedas el último trozo mi hija no se casará», y entonces el invitado se sentirá obligado a aceptar, deseara o no el trozo en cuestión; es una oportunidad para mostrarse servicial. A veces, el último bocado del plato individual se reserva para el final por ser el más delicioso, a modo de recompensa, como si fuera un postre. Las galletas de la fortuna chinas son un «bocado final» para completar la comida con algo suave y crujiente que, además, transmite un mensaje sobre el futuro ahora que la cena ha terminado y estamos a punto de volver a la tarea diaria.

Es muy grosero retirar el plato a un comensal antes de que haya terminado de comer. Para un romano de la Antigüedad habría significado la muerte súbita del dueño de ese plato o bocado: una comida o incluso un plato simbolizan una vida. Hoy en día sería bochornoso que un invitado educado mostrara demasiado empeño en terminarse la comida, así que, si se diera ese caso, procuraría quedar bien tragándose el resquemor y pasando por alto el desatino. A su vez, los invitados deben emplear alguna estrategia para comunicar que no tienen intención de seguir comiendo. En China se indica soltando los palillos, a menudo dejándolos atravesados sobre la parte superior del cuenco, y diciendo al resto de los invitados que se tomen su tiempo para comer. Los demás preguntarán si ya se ha saciado; esa persona responderá que sí y, de ese modo, se excusará de seguir comiendo. Entonces podrá abandonar la mesa sin causar ninguna ofensa o quedarse hasta que todos hayan terminado. (El invitado de honor es una excepción; este, al igual que el anfitrión, deberá quedarse hasta que todos acaben de comer.)

Quienes comen con cuchillo y tenedor utilizan estos cubiertos para comunicar si han terminado de comer o no. En Europa, cada país sigue un método particular, y a los visitantes extranjeros se les informa en detalle sobre cómo señalizarlo en los manuales de etiqueta para viajeros; esta es una de las costumbres específicas más obvias que quedan, y no conocerla podría tener consecuencias nefastas. En Grecia se cruzan los cubiertos sobre el plato de forma que el cuchillo quede a buen recaudo bajo el tenedor colocado con los dientes hacia abajo. Otra posibilidad consiste en retirar la servilleta del regazo y dejarla junto al plato, un gesto que en otros países significa la disposición de levantarse de la mesa. En el este de Alemania y en Checoslovaquia atravesar el cuchillo y el tenedor significaría que no se ha terminado de comer, sino que se está haciendo una pausa. (Sin embargo, deberá tratarse de una pausa bastante larga, ya que es de mala educación soltar los cubiertos de las manos entre bocado y bocado; el resto interpretará que está a punto de ocurrir algo más importante que la mera masticación.) Los belgas consideran poco elegante atravesar los cubiertos por cualquier motivo; cuando terminan de comer colocan cuchillo y tenedor (con las púas hacia arriba) juntos atravesados en el plato apuntando hacia la izquierda. (Atravesar cosas sobre la mesa se considera a menudo señal de mal agüero: el poeta griego Hesíodo, por ejemplo, decía en el siglo VII a. C. que apoyar el cucharón sobre el cuenco o la crátera del vino depararía un destino terrible.) Si se deja el tenedor con los dientes hacia abajo en Dinamarca significa que se quiere comer más: los dientes hacia arriba indican que se ha terminado; pero en Italia, el tenedor se coloca al finalizar paralelo al cuchillo con las púas hacia abajo. Si el cuchillo y el tenedor descansan separados sobre el plato en España, significa que se quiere más comida. En Yugoslavia, dejar ambos cubiertos sobre el plato indica que se ha acabado de comer. Entre un servicio y el siguiente, se dejan con los mangos sobre la mesa y los extremos (la punta del cuchillo y los dientes del tenedor) apoyados en el borde del plato, algo que se reprende con severidad entre los anglosajones desde la infancia. Emily Post recuerda a los estadounidenses que nunca hay que apartar el plato ni reclinarse en la silla y decir «terminé»; se dejarán cuchillo y tenedor paralelos entre sí, ya sea en la vertical del plato o inclinados sobre su superficie, con el filo de la hoja del cuchillo hacia dentro y los dientes del tenedor hacia arriba.

«Cuando se está sentado junto a una persona de rango», dice el *Lǐjì*, «y esta empieza a bostezar y a estirarse, a voltear su tablilla, a juguetear con la empuñadura de su espada, a menear los pies o a preguntar qué hora del día es, se puede pedir permiso para retirarse». En la mayoría de las celebraciones, el anfitrión se encarga de decidir cuándo ha concluido la comida. Servir el postre y queso en una mesa occidental avisa a todo el mundo, por supuesto, de que ha comenzado el acto final de la representación. Hasta hace cincuenta años, era costumbre proporcionar en las cenas formales un servicio de postre (un platillo de postre, un tapete individual, un cuenco con agua para las manos con pétalos de flores flotando en ella, y un tenedor y una cuchara de postre) que el propio comensal disponía sobre la mesa. El cuenco para las manos se colocaba sobre el tapete en el lado izquierdo, la cuchara y el tenedor a derecha e izquierda del plato. Una vez concluido el postre, se introducían los dedos en el agua (solo la punta) y se secaban con la servilleta. El cuenco para las manos se había convertido en algo casi ornamental, tal como evidencia el hecho de que se usara tan solo en ocasiones formales y para humedecer las yemas de los dedos.

En épocas anteriores, este cuenco servía para enjuagarse la boca y escupir el agua en su interior, pero la costumbre cayó en desuso a lo largo del siglo XIX. Cuando se comía con las manos era necesario lavarse bien: los cuencos para los dedos eran un vestigio de ese ritual que solo perduró porque durante el postre se pelaban piezas de fruta y se tomaban quesos de olores intensos. En realidad, los comensales más correctos nunca llegaban a tocar el queso con las manos (máxime si asistían a un acto lo bastante formal como para que se proporcionaran cuencos para los dedos), sino que se lo llevaban a la boca colocándolo sobre un trozo de pan. Y si había que pelar una fruta en una comida formal, se hacía con cuchillo y tenedor, no con las manos. (Un manual sobre modales de la época victoriana aconsejaba: «Nunca la emprendas con una naranja».) Cuando el cuenco de los dedos se volvió lo bastante inútil como para convertirse casi por entero en un símbolo de estatus, empezó a acumular anécdotas sobre forasteros ignorantes e ingenuos huéspedes de baja categoría que se bebían su contenido; como nunca habían visto nada parecido, lo tomaban por una especie de vaso. Los anfitriones de buena cuna se veían obligados a seguirles la corriente y a beber también del suyo para no incomodarlos explicándoles lo mal que habían quedado y hasta qué punto habían dejado patente su lamentable origen.

En la Edad Media, al último lavado de manos le seguía un espectáculo de juglares. Algunos de aquellos actores también eran expertos en el arte de elaborar pastas para la sobremesa de la cena. En Francia, según Legrand d'Aussy, después del espectáculo venía la fruta y, supuestamente, se repetía el lavado de manos, pero esto cambió en el siglo XIV para que el último lavado de manos tuviera lugar, como es lógico, al finalizar la cena. En Inglaterra, el anfitrión o un invitado de honor pronunciaba una oración final de agradecimiento; a continuación, el anfitrión se ponía en pie y brindaba por los invitados para dar por concluida la comida. A principios del siglo XVII, la realeza inglesa solicitaba el desmantelamiento de la mesa alta para dejarla en el suelo. Entonces se colocaban de pie sobre el tablero para lavarse las manos, una costumbre que el condestable de Castilla, que tuvo ocasión de presenciarla en 1604, calificó de «muy antigua»; es evidente que también la encontró bastante exótica. En Francia, el vino caliente especiado llamado *hipocrás* se usaba como *vin de congié*, o 'vino de despedida'; se acompañaba de dulces y se tomaba de pie. Se empleaba, según escribió Legrand d'Aussy en 1782, «de la misma manera que ahora nosotros bebemos el café».

Ponemos mucho cuidado en que nadie se levante de la mesa antes de que todo el mundo haya terminado y esté de acuerdo en irse.

Corresponde al anfitrión la responsabilidad de asegurarse de que todos han comido hasta saciarse. Entonces coloca su servilleta sobre la mesa, se pone en pie y todos los congregados lo imitan: sería muy grosero, señala Branchereau (1885), que un invitado manifestara alguna señal de querer levantarse de la mesa antes de ese momento. En los países escandinavos, el final de la comida debe incluir el agradecimiento formal de los invitados a la anfitriona antes de abandonar la mesa; el invitado de honor masculino podrá anunciar ese momento dando un golpecito en su copa para solicitar la atención de todos antes de dar las gracias a la anfitriona en su nombre, y a continuación es la invitada de honor quien manifiesta su agradecimiento al anfitrión. El *Lijì* establece que los invitados educados hagan ademanes de ayudar a retirar la vajilla antes de abandonar el comedor; el anfitrión deberá impedírselo con una autoridad inflexible. Cuando era importante entrar al comedor por orden de rango, también lo era salir del mismo modo siguiendo idénticas precedencias.

En Assam, un comensal hindú ortodoxo debe mantener un contacto permanente con su comida, la mayoría de las veces sujetando el plato con la mano izquierda durante todo el ágape: perder esta conexión equivale a transformar la comida que quede en sobras, que son *cuva*, es decir, 'una contaminación que puede implicar impureza'. Por esta razón, todos deben finalizar su comida y levantarse juntos. Entonces se lavan las manos, se enjuagan la boca y mastican nueces de areca para purificarse aún más. El anfitrión de un banquete chino preguntará a sus invitados si desean un poco de arroz. Ellos responderán que sí, y eso señalará el final de la comida; con el arroz no se puede beber vino. Cuando concluye por completo el pequeño ritual de servir arroz, la formalidad más extrema exige que el invitado deposite primero sus palillos dentro del cuenco; luego lo levantará con una reverencia y mostrará a todos los congregados que no queda nada en él; aún sigue siendo de muy mala educación dejarse algo de arroz sin comer. Si el cuenco se entregó con una tapadera, procederá entonces a cubrirlo con ella.

En Europa y Estados Unidos es habitual servir café al final de las cenas y a veces también al final de una velada dedicada a cenar y conversar después. Cuando las mujeres se retiraban a la sala para dejar solos a los hombres, se les servía café y en ocasiones también licores; una manera de llamar a los hombres para que dejaran su oporto, su vino de Burdeos y sus conversaciones masculinas consistía en enviarles café. Después, cuando los hombres acababan el café y regresaban con las mujeres, todo el mundo tomaba té. Es un hábito extraño, porque la cafeína impide dormir bien a la mayoría de las personas mayores de cuarenta años. Sin embargo, parte de la popularidad del café y del té radica en que contrarrestan los efectos del alcohol; también se sirven porque en nuestra cultura (en oposición a muchas otras) se espera que socialicemos después de cenar en lugar de retirarnos a dormir.

En la vida cotidiana, el café desempeña un papel importante como una especie de ritual de paso para atravesar umbrales cada vez más marcados entre el trabajo y el ocio, el hogar y el mundo exterior. Tomamos café «para despertarnos por la mañana» y prepararnos para la jornada laboral. A menos que decidamos tratar el café como un sostén poco saludable y poco digno del que un adulto competente debería prescindir, también lo tomamos a lo largo de todo el día en la oficina. (Las personas que procuran prescindir del café recurren a refrescos, zumos o agua, a menudo comprada, purificada, especial.) Algunos espacios de trabajo disponen de una cafetera siempre lista, llena de café caliente, en un rincón. La gente suele llevar al trabajo su propia taza de café con la conmovedora intención de aportar algo de humanidad y personalidad a la oficina. En los lugares donde el té es más popular, como en Gran Bretaña, el personal de oficina oye el tintineo del carrito del té a la hora del descanso o también dispone de un lote de bolsitas de té, azúcar, leche y un grifo con agua siempre caliente. El café y el té «nos mantienen activos» o «al nivel» que necesitamos. En Estados Unidos, el café está mitificado como lo contrario del alcohol: se supone que infunde sobriedad. Al acabar de cenar, el café «espabila» para la conversación posterior. Si se toma al finalizar la velada, «capacita para conducir» ya que disipa los últimos efectos del alcohol. Pone fin a la relajación y al disfrute de una noche de fiesta, y señala el inicio del regreso a casa. Si alguien teme dormir mal por beber café (porque a la mañana siguiente debe madrugar para acudir al trabajo) podrá tomarlo descafeinado: el sabor, el color y el simbolismo social de esta bebida se han vuelto tan importantes que les vale con un café desprovisto de lo que lo convierte en café (en términos físicos).

Según explican biólogos y médicos, la digestión es un trabajo agotador. Muchas culturas lo saben y, o bien terminan la velada justo después de la cena para que todos se vayan a dormir a casa, o bien dejan un tiempo para que los invitados duerman y reposen la comilona antes de marcharse. En los países hispanos, el almuerzo va seguido de una siesta, igual que en el Irán tradicional. Cuando H. Lichtenstein viajó a Bechuanalandia en la primera década del siglo XIX, comió con el rey africano, quien después de la comida buscó un lugar tranquilo para tumbarse sobre la hierba y dormir. Los invitados tuvieron que guardar silencio hasta que despertó; entretanto, sus consejeros lo rodearon abanicándolo con suavidad con plumas de avestruz.

Como las mujeres no solían participar en las comidas, sentían menos sueño después; de hecho, incluso cuando acuden a ellas necesitan dormir menos, y deben limpiar y fregar los platos. Entre los newars de Nepal, el banquete en honor de una deidad protectora corre a cargo de hombres y mujeres y se celebra en un santuario situado en medio del campo. Con anterioridad se crea un claro entre la vegetación y se levanta una cubierta. La comida ceremonial finaliza cuando se proporciona a todos los asistentes un trozo de nuez de areca. A continuación, los hombres fuman, conversan y duermen mientras las mujeres lavan los utensilios empleados. (Los platos ceremoniales consisten en hojas cosidas entre sí; al soltarlos de la mano se contaminan y hay que tirarlos.) Hacia las cuatro de la tarde, el grupo se siente lo bastante restablecido como para regresar a la aldea.

Los invitados a una cena suelen tener permiso para marcharse en cuanto se han saciado, sobre todo si no se les obliga a sentarse en sillas alrededor de la mesa. Tras comer durante cinco minutos en un banquete de *slametan*, un invitado indonesio pedirá permiso en voz baja para «seguir su voluntad»; reunirá la parte de su comida que no haya tomado y se marchará con ella. En Egipto, en el siglo XIX, bastaba con que un invitado pronunciara en voz alta su agradecimiento final para tener la libertad de irse; y en Rusia, donde la gente solía comer mucho con rapidez, se marchaban pronto a casa para dormir después de la comilona. En estos casos, la conversación tiene lugar al llegar a la casa del anfitrión; la cena en sí es el clímax y el final del encuentro. En China existe la costumbre de que los invitados asistan a varias cenas diferentes la misma noche. Pasan la velada yendo y viniendo, saludando, degustando, dando las gracias y despidiéndose; aunque, si es posible, procuran estar en los cuatro manjares (la versión china de la *pièce de résistance*), los cuatro platos principales del último servicio que ofrece el último anfitrión de la noche. (No olvidemos que los banquetes chinos no finalizan con el postre.) Esta idea de ir de cena en cena, tal vez de restaurante en restaurante, para tomar cada servicio en un sitio distinto, está alcanzando cierta popularidad ahora en Estados Unidos. Encaja a la perfección con el mito de la movilidad y con el deseo de cubrir la mayor cantidad posible de territorio, en un sentido metafórico y físico, en un tiempo determinado.

Los anfitriones deciden a menudo en qué momento deben abandonar su casa los invitados. En los Emiratos Árabes Unidos se practica uno de los rituales de finalización más espectaculares que existen. Aïda Kanafani describe con detalle una cena exclusiva de mujeres en la que la anfitriona anuncia el fin de la visita perfumando a sus invitadas mediante una elaborada ceremonia pensada para marcarlas con los honores de su casa, de manera que cuando vuelvan al hogar propio sus familiares noten la diferencia en sus ropas. «Al volver a casa, con ese olor tan agradable, le dicen: "Has estado en algún sitio. Hueles fenomenal. ¿Dónde has estado? ¿A quién has visitado?"». Se considera que la comida ha anulado la pureza estética con la que la invitada, limpia y perfumada, llegó a la casa de la anfitriona, por eso hay que restablecer su pureza antes de que vuelva a atravesar el umbral para salir de ella. Cuando se retira la bandeja de la comida, el fin del encuentro empieza con el café. A continuación, la anfitriona saca un estuche de perfumes y reparte varios frascos para que las presentes se los apliquen. Una vez que todas las invitadas se han perfumado, se coloca un trozo de incienso en el quemador y se enciende. Cada invitada se inciensa en primer lugar la cabeza, aspira el humo y pasa el quemador bajo el velo para que el pelo se impregne del olor. Por último, coloca el quemador debajo de la túnica y se sienta un tiempo con el vestido y el manto bien cerrados sobre el humo; si el humo sale por algún resquicio, recoloca la ropa hasta retenerlo todo. Tras permanecer así sentada durante al menos un minuto, la invitada entrega el incensario a la compañera que tiene a su costado. Cuando todas han terminado, comienzan las despedidas ceremoniales que acompañan su marcha definitiva.

La decisión de cuándo marcharse suele dejarse en manos de los invitados, pero eso no significa que no se siga ninguna regla. Los invitados no deben, bajo ningún concepto, irse demasiado pronto ni tardar demasiado en hacerlo. Las cenas formales en Europa occidental y Estados Unidos solían durar dos horas y media desde la llegada (puntual) hasta la salida, y el invitado que se quedaba más tiempo no se revelaba recomendable para una nueva invitación. Por otra parte, irse demasiado pronto puede interrumpir toda la celebración, por lo que resulta muy grosero. John Trusler escribió en 1804: «No saque nunca el reloj para ver la hora, pues parecerá que recuerda la hora al resto»; mejor «escabúllase con la mayor discreción posible, pues si decide marcharse no es necesario que arrastre a otros con usted». Por entonces ya no existía la obligación de pasar ante todo el repertorio de sirvientes que aguardaba una propina; no cabía la sospecha de que quien se fuera antes de tiempo lo hiciera para ahorrarse abrir la cartera. De hecho, Trusler sostiene en este momento que dar propinas no es educado porque causa la impresión de que se piensa que el anfitrión no paga lo suficiente a sus empleados.

Los anfitriones actuales tienen varios recursos para instar con discreción a que los rezagados se marchen. En Alemania, los invitados deberán empezar a pensar en lo tarde que es si el anfitrión deja de ofrecer más bebida; aunque si la anfitriona (a diferencia del anfitrión) nos ruega que nos quedemos, deberemos hacerlo, pero no más de treinta minutos. Si un anfitrión francés pregunta diligente «¿le apetece algo más, un zumo, tal vez?», habrá enviado la señal: aceptemos o no el zumo de frutas, habrá que irse en breve. (Por desgracia, las normas de este tipo suelen ser tácitas y bastante variables en la actualidad, de modo que nunca estaremos completamente seguros y, por tanto, hay que optar por la hipercorrección.) Los anfitriones rumanos son más rotundos: vuelven a cerrar con calma la botella de vino.

En sociedades más sencillas y con menos limitaciones temporales, los festines pueden durar mucho tiempo. En algunas, los anfitriones presionan y «convencen» a sus invitados para que se queden varios días comiendo, bebiendo y conversando, como en la terrible historia de la concubina del levita en el capítulo 19 del *Libro de los Jueces* de la Biblia. O también puede ocurrir que los invitados que han recorrido una distancia grande para acudir al encuentro se nieguen a irse. Es obvio que esto sucede con bastante frecuencia porque muchas sociedades tienen establecidas estrategias para afrontar este tipo de eventualidades. Los pedis de Sudáfrica se toman con mucha filosofía estos abusos de hospitalidad: se limitan sin más a dejar de considerar al visitante como un invitado para pasar a tratarlo como un miembro útil de la familia que deberá realizar las mismas tareas que el resto hasta que se canse y se marche a su casa. Entre los ainus de Japón se celebra un banquete específico llamado «Festín para enviar de vuelta la boca para la que se cocina». Si el invitado sigue negándose a captar la indirecta, el anfitrión y la anfitriona se mudan de la casa y se van a vivir con unos parientes; parece ser que esto funciona. En el periodo isabelino, los ingleses solían gastar bromas pesadas a los huéspedes que se quedaban más tiempo de la cuenta, como hacer que se limpiaran las manos y la cara con una toalla húmeda impregnada con vitriolo en polvo y hiel, lo que les manchaba la piel de negro.

En el pasado, llegar a casa después de un banquete podía resultar bastante arduo si se acudía desde lejos; y, en cualquier caso, el anfitrión quería que su banquete se recordara durante la mayor cantidad de tiempo posible. De ahí surgió la antigua costumbre de entregar comida a los invitados para que se la lleven a casa o para que la tomen durante el camino de vuelta. Los hombres que acudían sin sus esposas podían encontrarse a su regreso a casa una familia que los esperaba expectante: es posible que los desdichados parásitos de Grecia y Roma utilizaran de este modo las invitaciones a cenar para contribuir a mantener a sus parientes. Ned Ward describe un banquete celebrado en Londres en el siglo XVII:

> Cuando hubieron saciado el estómago, guardaron en los bolsillos
> lo que el vientre rehusaba para dárselo a su prometida;
> una tarta de queso y natillas para el pequeño Johnny,
> y un puñado de dulces para la pobre hijita Nanny.

Las sobras de una comida han sido a menudo motivo de preocupación: no deben abandonarse en la mesa para que se malogren («Recoged los pedazos que han quedado para que no se pierda nada», dijo Jesús después de multiplicar los panes y los peces). Los pobres se reunían a las puertas de las casas en las que se había celebrado un gran banquete con la esperanza de recibir las sobras: en el mundo árabe se cocina hoy mucho más de lo necesario cuando se celebra una fiesta con el objeto de exhibir después la magnanimidad del anfitrión. Algunos restaurantes ofrecen ahora a sus clientes la opción de empaquetar para llevar a casa la comida cara que no han conseguido tomarse de una sentada; esta posibilidad es una vieja tradición en los restaurantes chinos. Proust hace que una anfitriona de sociedad emplee este gesto de generosidad para apabullar a un invitado convirtiéndolo en una especie de parásito: «"Le daré galantina para que se la lleve a casa", dijo *madame* Verdurin haciendo una cruel alusión a la penuria a la que se había precipitado Saniette por sí solo al intentar salvar de ella a un matrimonio amigo».

Cuando todo el mundo se ha preparado para salir al exterior y está listo para partir, tienen lugar las ceremonias habituales para volver a atravesar el umbral del anfitrión. Era un momento peligroso en el que las personas importantes debían restringir la cercanía al resto de los comensales aún más de lo que se les había garantizado con la exclusividad de la fiesta, o en el que las mujeres debían evitar la posibilidad de conocer a hombres simplemente interesados, en lugar de interesantes. Según un autor o autora del siglo XIX que se autodenomina «miembro de la aristocracia» (1881), la anfitriona se levanta y estrecha la mano a todos. Los invitados, prosigue, no deben en ningún caso mantener despedidas formales entre sí, sino tan solo con el anfitrión y la anfitriona. Solo dedicarán saludos a otras personas si están cerca o han de pasar por su lado. Los invitados han acudido para honrar a sus anfitriones; no debe parecer que aprovechan abiertamente la ocasión para entablar amistad con otras personas. (Esta parquedad expresiva da una idea del peligro: las cenas ponen a la gente en estrecho contacto.)

En Japón, en el mundo árabe y en otros lugares se sigue con el momento de calzarse. En muchas sociedades tradicionales, el anfitrión también se prepara para salir al exterior y acompañar a sus huéspedes hasta la cancela de la finca o incluso llevar a un invitado de honor durante parte del camino hasta su casa. En América Latina, los visitantes siempre son acompañados hasta la puerta de la casa o hasta la calle, aunque se sabe que se opondrán diciendo «¡No se moleste!». El anfitrión los acompañará hasta la parada del autobús y a veces esperará con ellos incluso hasta que llegue; o, como mínimo, se quedará unos momentos hasta verlos desaparecer por la calle. Cierta fiesta tanga no terminó hasta que todas las villas vecinas fueron informadas mediante un gong de madera sobre los detalles de la fiesta: cuánta comida se había repartido, cuánto había durado, cuántas personas la habían honrado con su presencia.

Con posterioridad debe celebrarse otra fiesta. A veces, las sobras se guardan para una celebración más pequeña y más íntima, o varias, que tendrá lugar poco después. En algunos banquetes se dedica un espacio de tiempo a planear una comida futura: quién la dará y en qué fecha. Cuando se celebre, es posible que se agasaje con exquisiteces especiales a los anfitriones del banquete inicial con el objeto de recordar a todos su generosidad en aquella ocasión anterior. En la cultura occidental se acostumbraba a llamar a la puerta para dejar tarjetas de visita unos días después de la fiesta; en la actualidad, los invitados detallistas llaman por teléfono o, mejor aún, envían una tarjeta o una carta con su agradecimiento. Por supuesto, deberían pensar en corresponder ofreciendo pronto una cena equivalente. En las fiestas tangas, los invitados que terminan de comer se limitan a reunir sus cestas de comida y marcharse sin decir ni una sola palabra. No se despiden, porque el banquete nunca termina, y cualquier cosa que suene a despedida podría ser como insinuar que la socialización (y hasta la sociedad en sí) han llegado a su fin.

5
Sin ofender

Desde una corta edad, el gigante Gargantúa recibió «instrucción y disciplina», tal como había ordenado su padre, Grandgousier ('gran garganta'). Pero el proceso llevó su tiempo, y Gargantúa no solo se mostraba indomable al principio, tal como sucede con los chiquillos normales, sino que (por su naturaleza de gigante) también era demasiado grande para controlarlo con facilidad. Antes de iniciar su educación con Ponocrato, y mucho antes de que Rabelais alcanzara una visión utópica de la buena vida que ofrecía la armonía comunal de la abadía de Thélème, los modales del pequeño Gargantúa eran abominables. Su mal comportamiento al comer, aunque alegre y natural, resultaba a los demás especialmente difícil de soportar, y hubo que hacer algo al respecto: «Siempre se revolcaba en el barro, se ensuciaba la nariz, se tiznaba la cara y deformaba los zapatos [...] Se orinaba en los zapatos, se cagaba en la camisa, se limpiaba los mocos en la manga, le goteaba la nariz en la sopa, se metía en todos los charcos, bebía de la pantufla y solía rascarse la barriga con una cesta. Se afilaba los dientes con un zueco, se lavaba las manos en el caldo, se peinaba con un tazón para el vino, se sentaba entre dos taburetes con las posaderas en el suelo [...] bebía mientras comía sopa [...] mordía mientras reía y reía mientras mordía, escupía a menudo en el plato, se tiraba pedos gordos». También vomitaba la comida, se hurgaba la nariz, se comía el pan blanco antes que el negro, no tenía en cuenta a su anfitrión, se raspaba los dientes con una pezuña de cerdo y permitía que los perritos de su padre comieran de su plato mientras él comía con ellos. Era sucio a más no poder, con una falta brutal de discernimiento, despreciaba el orden y el decoro, era insensible a los escrúpulos de los demás e incapaz de controlar su cuerpo por consideración al resto.

Claude Lévi-Strauss dice que una de las diferencias entre la concepción occidental actual y la de «los pueblos llamados primitivos», como los indios americanos que describe, es que los buenos modales son para los primeros un medio para protegerse de los demás, mientras que los segundos los usan para proteger al resto de sí mismos. La etiqueta de los pueblos «premodernos» surge sobre todo del deseo de evitar a los demás la impureza propia. Los occidentales, en cambio, «usamos sombreros para protegernos de la lluvia, del frío y del calor; usamos tenedores al comer y guantes al salir de casa para no ensuciarnos los dedos; bebemos con pajita para protegernos del frío de la bebida, y comemos alimentos en conserva para facilitarnos las cosas o para defendernos de los supuestos peligros que entrañan los alimentos crudos o en mal estado». Sin embargo, en otras sociedades, los sombreros, los guantes, los tenedores, las pajitas para beber y los alimentos en conserva están pensados, tanto hoy como antaño, como barreras para evitar la contaminación que mana del cuerpo de quien los usa».

Es indudable que somos más egoístas que las tribus indias que describe Lévi-Strauss; pero lo cierto es que nuestra sociedad occidental también enseña a tener en cuenta los sentimientos de los demás, aunque solo sea porque deseamos granjearnos su aceptación y aprobación. Durante la infancia aprendemos que un comportamiento como el de Gargantúa hace que nos rechacen con repugnancia y, a menos que padezcamos una enfermedad mental, todos somos muy conscientes de las reacciones de los demás y deseamos ser bien recibidos. En la mesa estamos juntos, pero también separados: nos protegemos nosotros, pero también protegemos al resto para que no nos consideren una amenaza, imprevisibles o repugnantes. Sabemos que no podemos relacionarnos si no mantenemos un respeto (lo que implica distancia social y corrección física). Evitar los comportamientos repugnantes cuando tenemos compañía (y hasta sin tenerla, si estamos lo bastante «socializados») se corresponde en parte con la aspiración de los indios americanos de «proteger a los demás de la impureza propia» que tanto impresionó a Lévi-Strauss por su generosidad de espíritu.

Muchas infracciones de la buena educación en la mesa causan aversión o asco a las personas obligadas a presenciarlas. Y el asco tal vez fuera en sus orígenes una reacción primigenia ante un alimento peligroso o repulsivo. En efecto, es muy grosero disfrutar abiertamente con las ternillas, las espinas y los cartílagos (Ateneo), o, como Quilp, el villano deforme de Dickens en *La tienda de antigüedades (The Old Curiosity Shop)*, comerse los huevos con cáscara y las gambas con cabeza y cola. El asco también aparece cuando se trata la comida de manera inadecuada, al agarrarla con las manos, derramarla, causar salpicaduras y manchar lo innecesario, o con posturas corporales inapropiadas mientras se come. Los comportamientos inadecuados suscitan diversos gestos de rechazo en los demás. Solo la cara parece ofrecer una o varias muecas universales ante el asco: ceño fruncido, ojos entrecerrados, orificios nasales ocluidos en parte o por completo por la nariz arrugada, labio superior levantado, comisuras de la boca desplazadas hacia abajo (lo opuesto a una sonrisa de bienvenida), lengua adelantada o saliendo (como metáfora de unos brazos apartando algo de sí). Las manifestaciones de asco sirven para avisar a otras personas y para compartir con ellas nuestro asombro y desaprobación. Sin embargo, no desarrollamos todos los aspectos de esta expresión hasta que cumplimos entre dos y cuatro años, justo la edad a la que empezamos a aprender a avergonzarnos. Antes de esa etapa conocemos el miedo y la timidez, pero no nos ruborizamos ni sentimos vergüenza ni sufrimos otras reacciones corporales ante un desatino social.

El bochorno, que a menudo surge como resultado del asco de los demás, es un mecanismo que mantiene la sensibilidad hacia los demás y enseña lecciones inolvidables de decoro. Es una experiencia dolorosa de la presión social. Cuando no estamos a la altura de las expectativas del resto nos sonrojamos, nos azoramos, sentimos frío o palidecemos; la vergüenza aparece cuando nos mostramos incompetentes en presencia de otras personas. Para que se produzca son necesarios dos elementos: en primer lugar, el deseo de quedar bien, y en segundo lugar, un público al que defraudar. Es obvio que cualquier comida compartida con otras personas ofrece un escenario perfecto para cometer transgresiones bochornosas. En la mesa hay que estar al nivel de competencia que todos esperan, cunde la voluntad común de evitar la repugnancia, y siempre hay un grupo de testigos para presenciar cada actuación. Cualquier clase de error (como creer que los espaguetis se comen con las manos y proceder de ese modo con ellos, dejar que las natillas chorreen por la barbilla o un ruido involuntario repentino) revelará incompetencia y abrirá la puerta a provocar repulsión y, por tanto, vergüenza no solo en la persona infractora, sino también en todas las demás, ya que el bochorno se contagia. La vergüenza no surge de la crueldad, sino de la incorrección, del desajuste con el resto o de no estar a la altura, de defraudar y de introducir en el grupo lo que todo el mundo evita.

Tanto la vergüenza como el asco son expresiones de la coacción y la presión social, pero se manifiestan con tal intensidad en el individuo que a menudo generan también reacciones físicas involuntarias. Son indicadores del poder de interacción entre cada persona y el grupo. Tanto la vergüenza como el asco tienen el efecto de contener y obstaculizar: el asco nos hace retroceder ante algo repulsivo, y la vergüenza nos paraliza e inhibe cuando nos sorprenden repugnando a otras personas y traicionando la imagen propia que deseamos proyectar al resto del mundo. La urbanidad en la mesa, incluso hoy en día, está amparada por ambas sanciones; si se conocen y se practican no hay nada que temer, pero si se incumplen, pasarán factura tarde o temprano.

La contaminación

Los seres humanos siempre han tendido a pensar que la maldad puede tener consecuencias físicas, y a la inversa, que las cosas visibles y tangibles que están «fuera de lugar» pueden indicar que se está cometiendo alguna maldad o que alguna maldad oculta aún está pendiente de subsanarse. Los hombres de Odiseo mataron el ganado prohibido de Helios, y la carne, cortada y ensartada como brochetas de pescado, se retorció y mugió ante ellos como señal de la ira de Zeus. Un profeta verá –aunque los propios malhechores no puedan– que los abominables culpables que devoran la sustancia de la fortuna de Odiseo están sentados a la mesa con la sangre de su futura muerte asquerosamente salpicada sobre la comida y chorreando por las paredes de la sala. Volcar el salero se interpreta a veces como un signo de mal augurio: esa acción es un síntoma de imprudencia y falta de control, y tal vez revele una psique perturbada. La sangre, al igual que la sal, debe estar donde le corresponde: en el caso de la sangre, dentro del cuerpo; en el de la sal, en la bodega. Derramarla significa violencia: brutalidad y negligencia pretéritas, y consecuencias violentas. La población actual, orgullosa de haber superado ya un concepto tan primitivo como la idea de que existe una conexión entre lo moral y lo físico, ha encontrado un nuevo significado para el término *contaminación*: un limo negro cubre las playas de arenas doradas, del cielo llueve veneno, las plantas y los animales crecen raquíticos y mueren, y llegamos a la conclusión de que la despreocupada codicia humana ha venido a perseguirnos de una forma física. Nosotros mismos no solo somos seres morales, sino también físicos, y a menudo tendemos de manera cruel e irracional a aceptar la posibilidad de un castigo físico como consecuencia de la corrupción moral.

La contaminación siempre ha significado materia fuera de lugar y reglas incumplidas. De ahí que la amenaza de la contaminación haya sido una licencia poderosa para las normas y las categorías que gobiernan la vida en sociedad. Cuando se aspira a la claridad, a que cada cual permanezca en el lugar que le corresponde, se establecen fronteras entre sociedades y clases sociales, y las barreras suelen regirse por los miedos a la contaminación, la cual infecta al instante a cualquiera que manipule los preceptos. La contaminación es contagiosa, y no hay forma de relacionarse con una persona contaminada sin que se produzca un contagio automático hasta que esa persona se someta a una purificación oficial. El contacto físico es una parte esencial de las ideas relacionadas con la contaminación: en su versión más directa, esas normas logran la elusión y la distancia deseadas a través de la orden «¡No tocar!». Ingerir alimentos, cocinarlos, servirlos, compartirlos y pasárselos a otras personas requieren un contacto muy estrecho tanto con los alimentos como con la compañía en la mesa. Por eso las normas para evitar la contaminación se centran con especial saña en los alimentos.

Los ejemplos más conocidos y complejos de comida protegida de la contaminación se encuentran en India. En este país, los grupos sociales se diferencian por lo que comen, tal como suele ocurrir en otros lugares. Si a una sociedad le encanta el pollo, por ejemplo, y otra lo aborrece, se habrá erigido una barrera eficaz entre ambas: es difícil acercarse a alguien con quien nunca se come y cuyos hábitos alimentarios nos parecen inaceptables. Por otra parte, las personas que sí comen pollo y lo hacen juntas se identifican e identifican a otras por ello, y ese símbolo, unido a otros, las anima a descubrir cuánto más tienen en común.

En India, donde el sistema de castas separa unos grupos de otros, impide la movilidad social y, al mismo tiempo, refuerza la solidaridad dentro de cada grupo, las normas alimentarias clasifican a las personas y determinan si son «altas» o «bajas» unas en relación con las otras (desde la perspectiva de las castas y no necesariamente del poder). Una persona aceptable en la mesa propia es también alguien perteneciente a una familia con la que se podría establecer una alianza a través del matrimonio. Rechazar un ofrecimiento de comida es un signo de superioridad frente al dador en potencia, y significa inevitablemente que ninguna hija o hijo de quien rehúsa podría casarse con un hijo o hija del rechazado. De ahí que las bodas escenifiquen la vehemente representación de dos familias que comen juntas ceremonial y públicamente, donde los novios y otros miembros de sus familias respectivas intercambian y comen con solemnidad raciones de comida.

Desde el punto de vista de las castas, la brahmán o sacerdotal ocupa la cúspide de la pirámide y es el punto de referencia para clasificar al resto de la población. En términos generales (y simplificando mucho, porque las normas relacionadas con la comida son enormemente complejas y varían de un grupo a otro), las castas son más elevadas dentro del orden jerárquico de la sociedad dependiendo de si los brahmanes aceptan o no comida de ellas. Poder dar agua a un miembro brahmán sin contaminarlo con ello equivale a pertenecer a una casta elevada. Para que acepte comida frita de una persona, esta deberá pertenecer a un escalafón social más alto aún, y si acepta comida hervida o cocida de alguien es porque se trata de una persona muy elevada. Una persona de casta baja contamina el agua que toca para las personas situadas en un nivel superior; un miembro de una casta más baja aún contaminará un recipiente de barro al tocarlo; y si un recipiente de latón no mantiene su pureza al entrar en contacto con una persona es porque esta pertenece al escalafón más bajo. (Cuando alguien, ya sea hombre o mujer, alcanza la categoría de santo asceta, o *sannyasi*, se aparta por completo del sistema de castas. Ella, por poner un ejemplo femenino, es mucho más santa que un miembro brahmán, y este se inclinará ante ella y le tocará la parte más inferior del cuerpo, el pie, pero no podrá comer con ella aunque antes de su conversión religiosa ella perteneciera a una casta elevada. Una *sannyasi* desprecia las normas sobre contaminación, y es honrada por ello; pero la casta brahmán habita en el mundo de los preceptos humanos, y la mujer santa «indiferente» a ellos es, por tanto, peligrosa.)

En Bengala, la sociedad hindú está dividida de la siguiente manera: en primer lugar, los brahmanes; después, las personas de las que los brahmanes aceptarían recibir agua, es decir, los *rajputs* reales o guerreros; les siguen las nueve ramas de castas sirvientes relativamente puras; a continuación, aquellos que pueden ofrecer agua pero solo pueden tener como sacerdotes a brahmanes inferiores. Por debajo de los que pueden dar agua a la casta brahmán están los grupos que no pueden ofrecerle agua. Los más elevados dentro de este colectivo son los que mantienen su distinción de otros grupos inferiores rechazando el consumo de carne; luego está la gente que no come ternera, pero se permite otras carnes. En el último peldaño de la escala residen las personas que se rebajan a comer carne de ternera, a trabajar el cuero y a realizar otras tareas denigrantes, aunque absolutamente necesarias. Como su contaminación es tan permanente y grave, el resto tiene prohibido tocarlas. El contacto de por sí implica diferentes grados de peligro. Hay una villa en la que el contacto físico está clasificado en las siguientes categorías, por orden ascendente de gravedad: tocar a tus hijos, tocarse uno mismo, fumar en la pipa propia (aunque no se use la misma boquilla cada vez, lo que supondría un comportamiento horrendo), tocar los utensilios de latón propios, servirse uno mismo alimentos fritos y (lo peor de todo) servirse un plato de alimentos hervidos o cocidos. En determinadas circunstancias, las personas pueden considerarse tan peligrosas que contaminan por mera cercanía sin que llegue a producirse un contacto físico real.

Es interesante señalar que en India, igual que en otras partes, la pureza es un estado del ser y algo totalmente pasivo: se puede perder, pero no transferir, y no tiene ningún poder ante lo impuro. La contaminación puede eliminarse una vez que se ha contraído, y la pureza puede recuperarse mediante abluciones y otros rituales. Además, cuanta más intimidad mantienen las personas de forma habitual, menos se contaminan entre sí: «van unidas», mientras que la contaminación es un mecanismo de separación. En India, el alimento cotidiano más corriente es el arroz hervido, y es al que se le atribuye un mayor peligro de contaminación. Las comidas ordinarias, hervidas o cocidas y sin grasa, denominadas *uta,* son *kacca,* o 'imperfectas', desde este punto de vista; hay que evitar tomarlas con extraños. Los *tindi* o aperitivos fritos son *pukka,* 'perfectos': están purificados con mantequilla sagrada *(ghee)* y están menos expuestos a la impureza, por lo que son más «públicos». Además, se da una importancia enorme a quien cocina, ya que esa persona tocará las ollas, los cuencos y la comida en sí. (Sin embargo, nunca la prueban, y aprenden a saber si está en su punto tocándola con los dedos y a través del olfato.) Cuando un miembro brahmán da un banquete y quiere que acuda el mayor número posible de personas, elige un menú de comidas *pukka* y lo cocina personalmente, pues su contacto no contaminará a nadie.

Para quienes disfrutan compartiendo mesa con otras personas, las normas de urbanidad establecen que la comida debe pasarse a las personas superiores a uno mismo tan solo con la mano derecha. La mujer puede comer con la mano izquierda para simbolizar con ello su categoría femenina, «zurda», pero pasará la comida con la derecha. Es correcto sostener los vasos que contienen líquidos con la mano izquierda. Todos deben sentarse o ponerse en cuclillas en el suelo; en ningún caso deben permanecer de pie, deambular o tumbarse. (La costumbre actual entre los jainistas permite, por ejemplo, cenas festivas tipo *buffet* [bufé] en las que se come de pie; pero esto solo ha sido posible en las últimas décadas.) Hasta la dirección en que se mira está cargada de simbolismo relacionado con la pureza: mirar hacia el este es lo más puro y honorable, y nadie cuyos padres estén vivos debería mirar hacia el sur. El lavado es meticuloso tanto antes como después de comer; el vestido con el que se come debe estar impoluto y bien seco. La vajilla se lava antes de la comida, no después: lo más seguro es usar hojas como platos, las cuales se lavan antes de utilizarlas y se tiran al terminar. Se considera horrendo comer de un recipiente roto o impuro, o si se sufre indigestión por una comida anterior, o comer demasiado tarde o demasiado pronto o demasiada cantidad. Es preferible no comer al aire libre para no exponer la comida a un entorno social sin acotar.

Las paredes que circundan el salón comedor expresan pureza por ser un recinto inviolado. Pero no ya las paredes, sino también el propio contorno del cuerpo constituyen una frontera que debe permanecer íntegra y sin traspasar. Al comer es inevitable atravesar la separación entre el exterior y el interior, por eso hay que tener tanto cuidado al ingerir alimentos. La saliva es un contaminante extremo, incluso la propia; igual que los excrementos, es una secreción que proviene del interior del cuerpo. Nunca se oprimen los labios contra el borde de una taza porque contamina la boca: la manera occidental de beber de tazas y vasos resulta sucia y bárbara a un hindú devoto. En India, tanto jainistas y otros como hindúes vierten el líquido en la boca desde la taza sin posar en ella los labios. Está permitido usar la mano libre para dirigir el flujo de agua, pero sin tocar con ella la taza. En cualquier caso, la costumbre de no beber durante la comida, sino solo al terminar, disuade de tomar sorbos constantes. Al final, el agua sobrante de la taza se puede emplear para enjuagarse la boca.

Comer con la mano los alimentos a base de arroz hervido entraña riesgos porque es inevitable tocar los platos de hoja con las yemas de los dedos y, por tanto, ensuciarlos con saliva. La forma correcta de llevarse la comida a la boca consiste en pellizcar una pequeña cantidad con las yemas de los dedos y dejarla caer desde arriba. La comida nunca se debe sostener en la mano, ya que eso obligaría a comer de ella y tal vez hasta lamerla, lo que implicaría una impureza inadmisible. Los aperitivos o *tindi* (bocados fritos, frutos secos o dulces) se pueden lanzar al aire para atraparlos con la boca (aunque rara vez se hace) para evitar tocar los labios con la mano; esto los convierte en alimentos más seguros que las relajadas y familiares comidas *uta*. Si las piezas de *tindi* son demasiado grandes para comerlas de un bocado, deben partirse con las manos, en lugar de morderse, para evitar la saliva. Este mismo motivo prohíbe probar la comida a la persona que cocina; para saber si está hecha deberá presionarla y pellizcarla con los dedos.

La porosidad de los cuencos de barro los hace más peligrosos que los de latón para comer con ellos; la localización de enormes cantidades de fragmentos de recipientes de barro en yacimientos arqueológicos del valle del Indo apunta a que en tiempos muy remotos los habitantes del territorio actual de India acostumbraban a emplear una sola vez las vasijas de barro y a romperlas ceremonialmente después. Utilizar una hoja de plátano recién cortada y lavada como plato y tirarla después de usarla para comer es adecuado y correcto. Cada invitado arranca su propia hoja, o también es posible que los anfitriones de la comida lo hagan para sus invitados por cortesía y respeto. Como hemos visto, una esposa usará la hoja de su marido cuando él haya terminado de comer: con ello dejará clara su «inferioridad» frente a él. El marido, por su parte, dejará algo de comida en la hoja como muestra de su afecto y para que ella lo honre tomándola. De igual manera, los hijos pueden comer del plato de sus padres; por otra parte, las sobras se consideran muy contaminantes, y los comensales nunca deben dejar restos de comida en el plato.

Aunque muchas de estas reglas puedan parecer exóticas a los occidentales, varias de ellas forman parte del código de etiqueta que nos rige también a nosotros. Ya hemos comentado con brevedad que los buenos modales han servido en las sociedades occidentales para separar a las personas refinadas de las burdas, a la gente de buena cuna de la gente de baja estofa. Decimos que algunos de nuestros razonamientos son «higiénicos», pero la suciedad (aquello que está «fuera de lugar») siempre es una forma de contaminación. Así, por ejemplo, nos repugna una mosca en la sopa; hasta es probable que rechacemos comida, según se demostró en un experimento, si se remueve con un matamoscas nuevo y sin usar. Alfred Hitchcock creó un momento repugnante inolvidable en *Atrapa a un ladrón* (es una película con muchos elementos de contaminación alimentaria) cuando la señora Stevens apaga un cigarrillo sobre un huevo frito. El público siempre se estremece de asco.

Antaño solía prohibirse fumar en la mesa, sobre todo porque atentaba contra las normas de la gastronomía al arruinar el paladar del fumador y los aromas culinarios para todos los presentes. En la actualidad, fumar durante la comida genera en Estados Unidos y Canadá lo que solo puede calificarse como reacciones de contaminación que incluyen el asco y el temor a la infección y el contagio. El permiso para fumar en la mesa de la cena solo puede concederse con animadversión o denegarse. La gente que insiste en fumar en los edificios públicos está obligada a salir al exterior cuando la norma puede aplicarse de forma impersonal. (Las normas relacionadas con la contaminación procuran ser impersonales.)

Nos enorgullece esperar que haya limpieza en la mesa, y nos encanta insistir en que nuestros estándares han mejorado mucho en los últimos tiempos; los consideramos demostrativos de un concepto típico de Occidente, eso que llamamos progreso. Cuentan que cierta dama del siglo XVIII se sentó a cenar con las manos sucias, lo que da a entender que no había adaptado sus anticuadas costumbres aristocráticas a las nuevas normas de higiene. Cuando alguien le llamó la atención sobre la suciedad que tenía en los dedos, al parecer respondió con frialdad: «¡Señora, tendría que verme los pies!». La anécdota es antológica porque la conciencia de nuestra propia limpieza comparada con la suya «rebaja» el aprecio que sentimos por esa persona y pone de manifiesto lo anticuada que estaba, por muy admirable que nos resulte su flemática confianza. El episodio y el impacto provocan risa.

La corrección física incluye tener en cuenta a los demás y el asco que podrían sentir con facilidad (y con razón): coincidimos con ellos y sentiríamos la misma repulsión si la mala educación proviniera de otra persona. Insistir en el cumplimiento de las normas protege a todo el grupo sin excepción. Expandimos aún más los dominios del asco cuando exigimos que no solo se eviten actuaciones que puedan repugnar a los demás, sino también hablar de temas repugnantes. «De igual manera que no llevaría usted a la mesa de la cena o del té algo que pudiera desagradar a los invitados», declara el autor anónimo del manual estadounidense *Illustrated Manners Book* de 1855, «tampoco tiene derecho a mentarlo». Y prosigue con una relación de temas intocables: detalles sobre enfermedades, cirugías a las que nos hayamos sometido, batallas y heridas, accidentes y deformidades personales; todo ello «hiere los sentimientos, daña el apetito o impide la digestión». Una vez más, la violencia está demasiado presente en la mesa. Aunque hoy en día seamos menos remilgados en algunos aspectos, sigue vigente la prohibición de efectuar descripciones morbosas de sangre y putrefacción. También deben evitarse los comentarios injuriosos y provocadores sobre la comida. El mismo autor o autora del siglo XIX pone como ejemplo de falta de tacto la anécdota de una señora vegetariana que «calificó el pastel de carne de "cadáver picado con manzanas"».

«Haréis bien», prosigue nuestro autor o autora, «en no hablar de perros cuando la gente esté comiendo salchichas», ni tampoco habrá que sacar el tema de los gatos cuando se esté comiendo conejo (porque se supone que las salchichas y el conejo guisado podrían parecer perro y gato cocinados). Seguimos aborreciendo haber conocido vivo el animal que nos vamos a comer, y hasta odiamos imaginar que tal vez lo hayamos conocido. Los perros y los gatos son mascotas y, en cierto sentido, tabú: pertenecen a una categoría completamente distinta a la de los animales que consideramos criados para consumo. Nos desagrada pensar que no tenemos ni idea de lo que hay en una salchicha. En la actualidad damos tanta importancia a esta cuestión que hemos creado normativas de una severidad sin precedentes para regular conglomerados como la carne de las salchichas; en cualquier caso, preferimos no especular sobre qué sería en sus orígenes la carne que hay en una salchicha, sobre todo mientras la comemos. Por último, el autor o autora de este libro sobre modales recomienda con humor «saltarse este párrafo si se lee en voz alta estando en compañía de otras personas», pero, por desgracia, las leyes deben mencionar qué es lo que prohíben. Sin embargo, sabemos que hay una diferencia entre la delicadeza de la buena educación y un peligro real: entre el asco y el miedo. Y así consta en este consejo de la condesa de B., autora de la obra *Du savoir-vivre en France* (*Sobre la etiqueta en Francia*, 1814): «No mencione los gusanos que pueda encontrar en la ensalada, pero no dude en quejarse si encuentra un cristal o un alfiler en ella».

La norma de que los comensales deben procurar no ofender implica también que nunca hay que tener un comportamiento extraño en la mesa: no cortar el pan con formas extrañas ni mostrar un exceso de exquisitez ni gesticular con demasiados aspavientos ni realizar movimientos demasiado elaborados. La idea es que no hay que llamar la atención sobre nosotros mismos ni, en particular, sobre nuestra forma de comer; esto genera inseguridad en el resto de los invitados y distrae de la conversación. Si surge algún contratiempo, la buena educación exige actuar como si no pasara nada; por ejemplo, si alguien eructa de repente. En la actualidad hasta podría suceder durante un encuentro especialmente íntimo en el que se permitirían bromas u otros comentarios sobre el eructo fugado.

Dicen que la necesidad de parecer cortés implica a veces encubrir los deslices ajenos, como cuando el anfitrión se bebió el agua del cuenco para limpiarse los dedos porque su ignorante invitado lo había hecho así, o cuando un forastero visitante comió la punta de los espárragos que tenía en el plato y arrojó el resto por encima del hombro: todos los *convives* parisinos hicieron lo mismo para evitarle la vergüenza de saber que había tenido un comportamiento inadecuado. Estos episodios no habrán sido nunca comunes, pero forman parte de la mitología de la etiqueta; son como completos minidramas de mesa que incluyen un público (nosotros), un héroe, un visitante imprevisible, un coro y una contención triunfal pero civilizada en un clímax hilarante y satisfactorio. De hecho, siempre se cuenta con que los invitados foráneos observen y emulen los modales de sus anfitriones, y siempre ha sido posible y hasta educado explicar las costumbres propias a los visitantes. En ocasiones oímos historias de invitados de una arrogancia imposible, como la del guerrero chino que se encontró por primera vez en su vida con un plátano y se lo comió con cáscara. Su anfitrión peló y se comió el plátano de forma llamativa (pero en silencio) para mostrarle cómo debía proceder. El invitado, incorregible, tomó otro y dijo: «Yo siempre me como estas cosas con monda», y se tomó el segundo plátano de la misma manera que se había comido el primero.

    A veces se pone a prueba a quienes pretenden formar parte de un club exclusivo con una invitación a cenar, para que quienes ya son miembros supervisen sus modales en la mesa: no podemos permitir que en nuestro grupo solidario de comidas benéficas frecuentes ingrese alguien que no «sepa comportarse». (Los grupos especialmente antipáticos disfrutan observando a un invitado de modales menos refinados, como cuando en la película *El discreto encanto de la burguesía* de Buñuel invitan al chófer a la mesa para poner en evidencia su ignorancia sobre cómo se toma un vermú.) Dicen que en estas cenas de prueba, como las que se ofrecen para los nuevos miembros del All Souls' College de Oxford, lo que persiguen los examinadores no es solo conocer los modales de los candidatos, sino también si tienen la soltura y la seguridad necesarias cuando surgen imprevistos. Por ejemplo, a la persona observada se le pueden servir aceitunas o cerezas sin proporcionarle un plato para depositar los huesos. La aprobación llegará si sabe no solo que la forma correcta de comer cerezas y aceitunas consiste en llevárselas a la boca con los dedos, sino también que los huesos se pueden dejar sobre la mesa (después de sacarlos de la boca con educación, es decir, con discreción, ocultándolos con la mano derecha), siempre que la operación se realice con calma, con seguridad y sin interrumpir el curso de la conversación.

Reglas y preceptos sobre la boca

Uno de los mandamientos más rotundos y paradójicos de los buenos modales occidentales en la mesa de hoy es que se come con la boca cerrada. Hasta las personas que parecen haber perdido casi por completo la educación respetan esta norma cuando están en presencia de otras, en parte por costumbre (a la mayoría se nos enseña a hacerlo así desde la infancia), pero sobre todo porque los demás lo exigen así. Se trata de una norma sorprendente, porque durante las comidas tampoco debemos guardar silencio. En muchas otras culturas se come en silencio, y hay buenas razones para ello: por rapidez, por concentración, por seguridad (la garganta se usa tanto para respirar como para tragar; hablar al mismo tiempo que se come solo sirve para introducir una tercera dificultad), y también por la sensación de que comer es algo sagrado, y el silencio, una muestra de respeto. En Occidente, por el contrario, se considera de mala educación no conversar, salvo en ocasiones muy privadas; pero, al mismo tiempo, somos de lo más estrictos con la norma de que nadie debe enseñar la boca abierta con comida en su interior.

En el pasado hubo variaciones de este precepto en distintas partes de Europa, y hasta se llegó a considerar demasiado envarado mantener la boca cerrada por completo al masticar. Un texto francés del siglo XVI dice que «los alemanes mastican con la boca cerrada, y repudian cualquier otra forma de proceder. Los franceses, por el contrario, la entreabren […] Los italianos comen con suma finura; los franceses, que se comportan con más rudeza, encuentran el estilo italiano demasiado delicado y afectado». Parece que los italianos comían más relajados que los alemanes con los labios sellados, aunque no se dice si mantenían la boca abierta o cerrada, si bien es probable que la abrieran, pues se establece una comparación directa con el estilo francés. En un pasaje que no trata en concreto sobre modales en la mesa, Erasmo sugiere que cerrar la boca con empeño es una grosería: «denota a alguien temeroso de inhalar el aliento de otros». En cambio, también declara que la boca cerrada, al menos en representaciones pictóricas, confiere al sujeto cierto aire de probidad. Tal vez los alemanes transmitieran limpieza, control y sinceridad acerca de sus preferencias y temores al masticar con la boca cerrada. El pasaje citado parece transmitir que los franceses se sentían orgullosos de comer con la boca entreabierta y de no padecer ni la afectación italiana ni la rigidez y el distanciamiento alemanes.

Pero poco a poco fue calando en Europa y en América el consenso de que todo el mundo debe comer con la boca cerrada. En cualquier caso, la boca exige una vigilancia y un respeto constantes; es un orificio del cuerpo, un punto débil para las defensas del organismo. A través de los orificios o «puertas» de la envoltura del cuerpo pueden entrar elementos extraños y salir sustancias que deben expulsarse. Las excreciones del cuerpo emergen porque son indeseadas, y las eliminamos y desechamos con la mayor rapidez y eficacia posibles. Las heces y la orina no plantean ninguna duda: huelen mal y nos provocan una reacción directa. Las lágrimas, en cambio, al ser saladas y brotar con libertad, se consideran al margen del resto de las excreciones porque se les atribuye el simbolismo del agua; lavan y purifican, tal como proclaman sin cesar la poesía y la canción.

Otras secreciones, sin embargo, son viscosas o pegajosas. Los mocos, por ejemplo (que suelen aparecer, al fin y al cabo, con el llanto), infunden algo muy distinto de la simpatía que despiertan las lágrimas. Son una sustancia desagradable y viscosa que hay que sorber, enjugar o sonar para hacerla desaparecer lo antes posible. Secreciones como las flemas, la cera de los oídos, el vómito y –la más conocida de todas– la sangre menstrual siempre han suscitado idéntica repugnancia. La saliva, el semen y el sudor (que fluye como las lágrimas pero apesta cuanto más tiempo pasa) se contemplan con despreocupación unas veces y otras no: a menudo requieren intimidad y afecto, así como elaboradas demostraciones de limpieza y control para que no causen aversión. Los efluvios y las fluxiones abundantes recuerdan también los síntomas de ciertas enfermedades. Las lágrimas impresionan pero son tolerables; unos ojos legañosos, en cambio, son un horror; constituyen, por ejemplo, uno de los atributos de los demonios de la contaminación en la mitología griega, las Furias, cuya presencia estremece de espanto. (El estremecimiento, por cierto, es una de las reacciones esenciales ante la contaminación y el asco. El estremecimiento, el escalofrío o la carne de gallina son reacciones de la envoltura del cuerpo, la piel, frente a las amenazas. La propia palabra *horror* alude a la respuesta física más extrema ante el miedo, que es una reacción tan impetuosa de la piel que los músculos diminutos que contiene se contraen y erizan el vello [el significado básico del vocablo latino *horror* es 'vello erizado'].)

Las reacciones físicas negativas ante los desechos del cuerpo son algo común en todas partes, aunque en pocos lugares se experimentan con tanta intensidad como en Occidente; más inusual es la ampliación que hacemos nosotros de la categoría de elementos que suscitan aversión para abarcar cualquier sustancia viscosa. Odiamos todo lo que exuda, lo que resbala, lo que tiembla. El asco que nos producen estas propiedades físicas impide que nos guste comer o incluso que nos animemos a probar cerebros, pulmones, ojos (la especificidad de estos órganos –tan ilustrativos de las funciones del cuerpo vivo– añade una dimensión adicional a la aversión que nos producen). Hay quien ni siquiera es capaz de comer quingombó, ostras, ranas, arroz meloso o arroz con leche, huevos pasados por agua y gachas muy viscosas. El término *límaco* (sinónimo de babosa) procede del vocablo griego *leimax*, que significa 'caracol' (en francés da *limace* o 'babosa', y en inglés da lugar a *slime* o 'baba'). Para los anglosajones, más aprensivos que los franceses, comer caracoles suele ser tan abominable como comer ranas por la sencilla razón de que estas criaturas son viscosas y resbaladizas (cuando están vivas); lo desagradable es pensar en ellas, no su sabor.

Nos sentimos más felices con lo que es duro o blando, sólido o líquido: todo aquello que no es ni lo uno ni lo otro es «sospechoso» o demasiado indeterminado para parecer seguro. Preferimos las formas definidas, los contornos bien delimitados. Uno de los motivos por los que los ratones o las cucarachas aterran a personas sensatas para otras cosas es que viven en las grietas y juntas de las casas y los muebles: transmiten la idea de que las líneas, los bordes y las esquinas de casa no son tan seguros como pensamos; nos recuerdan el escaso control que tenemos sobre ellos en realidad. La mente asocia lo innombrable y lo informe con lo viscoso o lo pegajoso. Para comer gelatina o manjar blanco, nos gusta ponerlos primero en un molde y que exhiban una limpieza extrema; de hecho, el manjar blanco moldeado se denominó *shape* ('forma') en Inglaterra desde finales del siglo XVIII hasta comienzos del XX.

Cuando nos sirven comida en un plato, nos gusta saber qué es; alemanes, británicos, holandeses y estadounidenses en particular suelen preferirla separada en entidades bien diferenciadas: carne, patatas, verduras diversas. Los platos bañados en salsa y con ingredientes muy mezclados se toleran si se consideran étnicos, pero no son lo bastante transparentes y sencillos para una comida convencional. Esta actitud se va suavizando en la actualidad porque cada vez es más habitual el consumo de «comida étnica» en todas partes. Pero una cosa es la comida en el plato y otra, la comida en la boca. No abras la boca mientras comas, escribió el autor de *The Court of Civill Courtesie* (1591), porque la gente verá «la comida rodar de acá para allá, que es un espectáculo asqueroso y repugnante». La comida masticada va camino de ser digerida, por fortuna fuera de la vista. Se tritura y se retuerce en saliva, se revuelve y se mastica en la boca, hasta quedar transformada en una masa pegajosa. Nos han educado, ahora y en el siglo XVI, para considerar repugnante la mera idea de algo que ha perdido su forma característica y se ha convertido en una masa viscosa. No está permitido mostrar a los demás lo que tenemos en la boca ni sacarse comida de la boca una vez que ha entrado en ella.

Un ejemplo de pereza extrema en la Antigüedad griega lo ofrece el mariandinio Ságaris (que, por supuesto, no era griego), quien «se alimentó hasta la vejez de los labios de su nodriza porque no quiso molestarse en masticar [...]». El problema con Ságaris fue que nunca creció; los bebés solían destetarse gracias a la premasticación de la comida por parte de sus madres. En la cultura occidental esto se ha considerado repulsivo durante mucho tiempo muy probablemente debido a la viscosidad del resultado y al tabú que disuade a los adultos de sacarse comida masticada de la boca; el miedo a la propagación de gérmenes es una explicación secundaria y tardía en términos históricos. Sin embargo, los padres solemos aceptar sin escandalizarnos la comida chupada y viscosa de nuestros hijos pequeños. Uno de los rituales de paso de los padres primerizos consiste en aprender a manejarse con las babas y con las excreciones en general. Los bebés vuelven a sumirnos en todo eso. Aprendemos a enfrentarnos a todo aquello que nos enseñaron a considerar repugnante; seguiremos viéndolo asqueroso, pero con una conciencia mayor de las dimensiones culturales del tabú. Y, en cualquier caso, los hijos propios son especiales: no debemos separarlos de nosotros, como a otras personas, reforzando la distancia con medidas para evitar la contaminación. Por razones parecidas, la saliva y los restos de comida se consideran horribles y contaminantes en India, pero los hombres comparten la comida que les sobra con sus esposas, y las madres con sus hijos.

Cuando se come con las manos de un plato común, rige la norma de que no se devuelve a la mesa nada que esté mordido, sino que debe comerlo íntegro la persona que lo tomó en primer lugar. En los tiempos en que estaba bien visto compartir comida directamente con los demás en la mesa, había que recordar a la gente que no ofreciera «una pera ni ninguna otra fruta que estuviera mordida». La costumbre actual de servir raciones separadas a cada comensal ha vuelto irrelevante gran parte de esas normas, pero su espíritu se mantiene cuando nos desagradan, por ejemplo, las marcas de dientes dejadas en un trozo de pan. Este debe partirse en trozos lo bastante pequeños para tomarlos enteros sin necesidad de volver a dejarlos en el plato: las marcas de mordeduras traen los dientes a la mente, y las cosas mordidas son «sobras».

Si un trozo de carne es demasiado duro para masticarlo, tenemos un problema. En tiempos de Erasmo era correcto «apartarse con discreción y tirarlo en algún lugar»: el único espacio que importaba y que debía permanecer limpio era la superficie de la mesa. Sin embargo, de acuerdo con el libro de Erasmo, los huesos y las sobras no se tiraban al suelo bajo ningún concepto, aunque fueran apreciados por los perros. Debían disponerse con esmero a un lado del tajadero propio o desecharse en un plato destinado de forma expresa para los despojos. Los platos especiales para las sobras han vuelto a las mesas de los comedores europeos en los últimos años; en Francia se denominan *poubelles de table*, es decir, 'contenedores de basura de mesa'. Hoy en día son útiles porque ahorran parte del trabajo de limpieza de la mesa. El desagrado que causan los restos encima de la mesa se reduce, al parecer, si se relegan con esmero a un plato específico dispuesto para ellos.

El empleo de cuchillos y tenedores individuales permite cortar la carne en trozos pequeños antes de introducirla en la boca, la cual solo se abrirá justo antes de que la comida llegue a los labios. Poco a poco hemos ido considerando impropio sacarse algo de la boca. «Si te has llevado comida a la boca», escribió inflexible Emily Post en 1931, «por mucho que la odies, deberás tragarla». «Solo podrás sacar de ella huesos *secos* [la cursiva es mía] y piedras» (uno de los ejemplos que ofrece es la diminuta «segunda articulación de un pichón»), y estos deberán retirarse «entre un dedo y el pulgar con los labios comprimidos», o depositarse con discreción en el tenedor o la mano ahuecada para bajarlos de ahí al plato. Primero se habrán «limpiado y secado al máximo dentro de la boca (con la lengua y los dientes)». En ningún caso se trasladará algo directamente de la boca al plato; siempre deberá usarse una mano que medie, oculte y controle o algún cubierto manejado con habilidad.

En rigor, aquello que se usó para llevar la comida a la boca deberá servir también para retirar de ella huesos o piedras. Aunque las espinas, que se introducen en ella con el tenedor, pueden retirarse con los dedos: las espinas del pescado no solo son menudas, sino también aterradoras, y disfrutan de concesiones especiales. El cuidado que requiere el consumo de pescado exige comerlo con delicadeza, y eso refuerza el mito de que el pescado es un alimento «femenino»: tierno, blanco y no demasiado consistente. El pescado «suele considerarse un alimento poco adecuado para hombres», escribe Pierre Bourdieu en relación con la clase obrera francesa. «Hay que comerlo de una forma totalmente contraria al estilo masculino de comer, es decir, con moderación, en bocados pequeños, masticando despacio con la punta de los dientes de la parte delantera de la boca (debido a las espinas)». Igual de fastidioso es tener que retirar las espinas con los dedos para depositarlas en el plato. El pescado obliga a «mordisquear y escarbar» como una mujer, e impide «los contundentes bocados masculinos».

Erasmo aconsejó a los muchachos a los que dirigió su tratado sobre modales que no fueran los primeros en probar el plato cuando la comida estuviera demasiado caliente; porque entonces te verás obligado «o bien a escupirla, o bien, si la tragas, a quemarte el gaznate, y en ambos casos quedarás ridículo y dolido». Los cuchillos, los tenedores y las cucharas de servir, por supuesto, dificultaron comprobar si un bocado estaba demasiado caliente. En caso de tomar sin querer un bocado abrasador, la etiqueta francesa del siglo XVII exigía levantar el plato hasta la boca, escupirlo en él y entregar el plato a un sirviente; a pesar de la urgencia de la situación, era una grosería limitarse a dejar el bocado en el plato. Otro método que se menciona en los manuales franceses de urbanidad del siglo XVIII consistía en escupir el bocado caliente, pero sosteniendo en alto la servilleta para ocultar el desagradable espectáculo. También en este caso parece poco probable que alguien tan dolorido y asustado tuviera la entereza necesaria para actuar de este modo. Ahora estamos mucho más acostumbrados a llevarnos comida caliente a la boca, pero también es probable que seamos mucho más precavidos de lo que pensamos al percibir el calor cuando nos acercamos la comida a los labios. En cualquier caso, la devolución al exterior de un bocado abrasador no ofenderá demasiado a los demás, al no estar masticado, aunque sí podrían hacerlo el ímpetu y la rareza de semejante eventualidad.

La aversión que nos produce ver comida masticada se hace eco en el desagrado que sentimos por quienes trituran y machacan los elementos que hay en el plato: todo debe permanecer pulcro y bien dispuesto incluso cuando se pincha o se sostiene con el tenedor hasta que desaparece con limpieza dentro de la boca. En 1879 se consideraba una «indecencia que debía evitarse» sostener dos cosas diferentes a la vez en el tenedor para llevarlas a la boca. Las salsas eran una excepción, aunque untarlas con el cuchillo en el bocado ya pinchado con el tenedor era concentrarse demasiado en juguetear con la comida y llamar demasiado la atención de todos los presentes sobre ese bocado como para resultar educado. Triturar la comida del plato es una especie de masticación efectuada a la vista de todos; el aspecto de los alimentos así mezclados es una parte importante del prejuicio que tenemos en contra de apelmazar muchos ingredientes juntos hasta obtener una sola masa.

Cuando Roland Barthes escribió su elogio de la comida japonesa (1982), la alabó por tener unas cualidades que, en realidad, no son solo japonesas, sino que están profundamente arraigadas en los valores europeos modernos. Aunque él mismo era francés, desprecia lo que él llama «acumulación» y espesamiento, las mezclas y «envolturas» tradicionales en el arte culinario francés pero no en el japonés. Barthes prefigura la *nouvelle cuisine* cuando elogia la «descentralidad» del menú japonés y el aspecto «crudo, lavado y fragmentado» de la comida. (Es interesante comparar la escrupulosidad del brahmán con su preferencia por la pureza y la seguridad de lo crudo.) Barthes escribe extasiado que la tempura (que en sus orígenes fue, de hecho, un plato portugués) no solo se cocina ante los ojos del comensal y carece del brillo aceitoso que tendría en la cocina mediterránea, sino que además es «ligera, etérea, instantánea, frágil, transparente, crujiente», elaborada por una cocina de «precisión y pureza». Es lo más diferente que se puede imaginar de lo que acabará siendo al masticarla.

Los huevos nos resultan problemáticos porque, aunque nos encanta comerlos (¿qué podría haber más saludable y más inocente que un huevo fresco?), cuando no están bien cocidos se quedan líquidos por el centro; cuando se preparan pasados por agua, la clara puede incluso quedarse sin cuajar y mostrarse cenicienta y gelatinosa, que es lo menos deseable. El resultado es que tenemos muchos escrúpulos para comer huevos pasados por agua (de hecho, muchas personas prefieren no arriesgarse a comerlos). En el pasado, abrir la cáscara era una especie de exhibición, como si se realizara una escultura. Según *madame* Campan, Luis XIV cortaba y retiraba la cáscara superior del huevo cocido con tal gracia y donaire que despertaba la admiración de los presentes. Erasmo había advertido a los jóvenes de que no tocaran con las manos el interior del huevo (rara vez se disponía de cucharas especiales para ello): «Es ridículo limpiar el interior de la cáscara de huevo con las uñas o el pulgar; hacerlo introduciendo la lengua es aún más ridículo; la manera más decorosa es empleando un cuchillo». También se permitía mojar pequeños trozos de pan en un huevo pasado por agua.

Incluso cuando empezó a haber cucharas especiales, se empleaban para extraer el huevo de la cáscara y beber la mitad de la yema y la clara de un vaso o comerlas en un plato. Esta costumbre en particular acabó considerándose repugnante en Inglaterra a finales del siglo XVIII, tal vez debido al empleo generalizado de hueveras y a la fabricación de cubiertos cada vez más específicos… y, por supuesto, a la aversión a cualquier tipo de amasijo dentro de un plato. Sin embargo, la población estadounidense se aferró a esa costumbre, y muchos libros de etiqueta en lengua inglesa del siglo XIX la mencionan con desaprobación. En general (a excepción de algunos autores estadounidenses desafiantes), aconsejan extraer la carne del huevo en cucharadas decorosas e impecables y comerlas al instante, para que apenas llegue a verlas nadie. Usar pan para mojar se volvió un comportamiento muy informal. El manual *Illustrated Manners Book* aconseja a los estadounidenses no machacar el huevo extraído de la cáscara para no ofender a los extranjeros. «Será con gran probabilidad la mejor manera, a pesar de todo, pero no el sistema más elegante». Branchereau todavía desaconsejaba a los clérigos franceses comer huevos a la antigua usanza en 1885; Newnham-Davis (1903) describía con un repelús anglosajón la institución italiana del huevo *da bere* ('para beber'): beber un huevo al que «solo se le había quitado el frío» directamente desde la cáscara ante todos los presentes, una operación que, según lamenta Davis, «no era agradable ni de ver ni de oír». En la actualidad persiste en muchos lugares la costumbre de machacar huevos con mantequilla en un plato en ocasiones informales. A los italianos les sigue gustando beber huevos, pero lo hacen de un vaso y supuestamente sin hacer ningún ruido.

Puesto que es tan fácil ofender con los bocados de comida que se llevan a la boca, hay que poner atención en limitar su tamaño. Los bocados pequeños siempre han sido de buena educación. Eubulo describe en *El jorobado* (siglo IV a. C.) a una cortesana de la Antigüedad griega muy bien comportada que, «a diferencia de otras, que formaban ovillos con los puerros para llenarse con ellos los carrillos y que mascaban grandes trozos de carne con avidez y rudeza; ella, en cambio, tomaba un pequeño trozo de cada cosa, con la finura de una virgen milesia». Por supuesto, nunca se debía comer a dos carrillos, ni siquiera uno de ellos debía sobresalir en exceso; en los tratados de urbanidad medievales se comenta sin cesar que los carrillos llenos recuerdan a las personas educadas el comportamiento de los monos. La masticación debía ser lo más silenciosa posible, un requisito que reforzaba el principio de comer con la boca cerrada. Era incorrecto introducir más comida en la boca antes de haber tragado el bocado anterior, así como beber teniendo comida en ella. Esto no solo era repugnante de ver si escapaba algo de comida de la boca al límite de su capacidad, sino que también podía provocar atragantamientos. La boca solo debía llenarse cada vez lo justo para poder tragarlo todo con rapidez en caso de necesidad:

> Si un hombre os hablara en ese momento
> Y vos tuvierais que responder, solo podréis hacerlo
> revolviéndoos [es decir, meneando el bocado dentro de la boca],
> y habréis de sortearlo,
> Lo que es un bochorno para todo anfitrión.

En la antigua China, el respeto por el padre era más relevante que cualquier decoro. El *Lǐjì* prescribe que si un padre llama a su hijo mientras está comiendo, este deberá expulsar al instante la comida de la boca y acudir corriendo.

En la Edad Media, la lengua se vigilaba muy de cerca: no era admisible lamer nada (ni siquiera el plato propio si parecía sucio, decía

John Russell), ni los labios ni la barbilla; en su lugar había que usar una servilleta o el mantel. Nosotros mismos no debemos lamer los cubiertos que usamos para comer: el cuchillo por descontado, pero tampoco el tenedor ni la cuchara. La lengua, por supuesto, puede verse como algo objetable de por sí: es blanda y maleable, resbaladiza y a menudo muy desagradable a la vista. La lengua pertenece sin ninguna duda al interior de la boca, por eso es una grosería enseñársela a alguien con agresividad.

Aunque es difícil que el contorno de la boca no se manche de grasa, hay que procurar evitarlo. Lo que planteaba gran cantidad de problemas era sostener y roer huesos. Al cabo de varios siglos, sostener huesos con la mano se convirtió, de hecho, en una costumbre demasiado distendida y mal vista en ocasiones formales; se suponía que había que retirar la carne del hueso con el cuchillo y el tenedor, aunque se sacrificara buena parte de ella para evitar meter las manos en la comida y mancharse de grasa. «Antes regía la regla», escribió la señora Humphry en 1897, «de que se podía sostener un hueso con la mano si solo se utilizaban un dedo y el pulgar. Pero eso era en los tiempos en que la cubertería de mesa distaba mucho aún de alcanzar su estado de perfección actual. Ahora no hay ninguna excusa [...]», excepto, tal vez, «en los escalafones más bajos de la sociedad».

El empleo de utensilios especiales para trasladar la comida de la fuente al plato para no llevársela directamente a la boca fue llegando despacio. Los modales europeos cambiaron poco a poco: pasaron de que varias personas se turnaran para hundir la única cuchara compartida en la fuente y comer de ella, a limpiar con esmero una cuchara en la servilleta antes de cedérsela a otra persona, a que cada cual tuviera una cuchara para comer de la fuente central, a tener que limpiar incluso esa cuchara en una servilleta antes de hundirla en la fuente común tras haberla usado una sola vez, y a emplear una cuchara especial de servir y nada más: nunca debemos olvidarnos de usar esta cuchara y no la propia por error. Esta pureza requirió cada vez más cubiertos; y, por supuesto, poseer una gran cubertería implicaba asegurarse de que toda ella se empleara. Aún nos cuesta recordar, por ejemplo, que no hay que usar el cuchillo propio con la mantequilla porque la mermelada y las migas podrían dejar restos desagradables en la mantequera, que hay que usar un cuchillo especial para la mantequilla (diferenciado de los demás de alguna manera para recordar que debe quedarse dentro de la mantequera), que no hay que usar la cuchara del azúcar para remover el líquido de una taza, sino la cucharilla individual, etc. Aun así, nuestros escrúpulos no son tan extremos como los del caballero abasí del siglo ix, que, cuando comía, se flanqueaba de sirvientes cuyo trabajo consistía en entregarle cucharas por la derecha y quitárselas por la izquierda. Su nivel de exigencia era tan elevado que nunca utilizaba la misma cuchara para más de un bocado.

Compartir los cubiertos durante las comidas, al igual que compartir los platos, implicaba la aceptación de una gran intimidad con las personas reunidas en torno a la mesa. Norbert Elias ha señalado que los modales en la mesa dentro de la cultura occidental han introducido en los últimos tiempos una separación física cada vez mayor entre comensales. Para empezar, la reticencia a compartir los cubiertos no surgió por temor al contagio de enfermedades, ya que ese argumento responde a un descubrimiento moderno que ahora utilizamos para reforzar y racionalizar un tabú que ya existía. El empeño por mantener el cuerpo pulcro y separado, y (por tanto) a buen recaudo de la aversión de los demás, parece ser en nosotros la expresión física de un estado mental cuyos aspectos positivos son la autosuficiencia, el autocontrol y la consideración en parte interesada de sentimientos ajenos similares a los propios. Sus aspectos negativos incluyen el recelo a compartir, a cuidar, a tocar o a confiar. El ejemplo más convincente de la tesis de Elias lo ofrece la supresión gradual en nuestra cultura de la costumbre de escupir.

Escupir ha tenido desde la Antigüedad significados que van desde la manifestación de desprecio hasta la sanación y la buena suerte. Es una señal de rechazo igual que sacar la lengua (que en algunos aspectos tiene un significado similar); las mujeres romanas de la Antigüedad escupían en la parte delantera de sus vestidos para prevenir el mal de ojo, era una acción simbólica para protegerse y también para mostrar desaprobación general. La saliva es un tipo de excreción y, como tal, siempre ha sido potencialmente peligrosa y sospechosa. El asco que sentimos al pensar en la saliva ajena (a menos que sea de nuestros hijos o parejas) es sin duda antiguo y posiblemente universal. Consideremos el ejemplo de la horrible costumbre de reservarse un bocado especial de comida para uno mismo escupiendo en él para asegurarnos de que así nadie más lo querrá. Esta costumbre aparece documentada en el avaricioso griego Demilo, pero sin duda se trata de una estratagema más antigua aún; se ha empleado desde siempre y no es desconocida en la actualidad. En el pasado se pensaba, además, que como la saliva es una excreción del cuerpo, había que deshacerse de ella de vez en cuando, por muy repugnante que resultara.

Quien sentía el impulso de escupir, lo hacía; era insano reprimirse. La cuestión no era si escupir o no, ni siquiera en qué momento, sino dónde. En la Holanda del siglo XVII, por ejemplo, era una grosería escupir en la mesa o en la pared situada frente a la silla de uno mientras se cenaba. Las personas educadas escupían con discreción en el espacio de suelo que tenían a su costado. Incluso podían emplear un pie para borrar rastros llamativos. Según escribió Erasmo, si hay necesidad de escupir mientras se está de pie conversando con alguien (y no hay mesa que permita ocultar la saliva de la vista), habrá que «darse la vuelta [...] para no escupir o salpicar sobre alguien. Si se escupe en el suelo alguna materia repugnante, habrá que aplastarla con el pie, como ya he dicho, para no asquear a nadie». Un manual sobre modales anterior al de Erasmo sostiene que no se debe escupir con demasiado ímpetu ni demasiado lejos: llama la atención sobre ese acto y dificulta encontrar y pisar el resultado. Al realizar el lavado de manos en la mesa, debemos resistir la tentación de expectorar en la jofaina, por mucho que la saliva cuente como suciedad.

Al parecer, lo que sale de la boca y lo que sale de la nariz recibían un tratamiento similar; ambos se denominaban *saliva*. En los siglos XVI y XVII se exhortaba a los ricos, que eran quienes poseían pañuelos, a que, en presencia de personas por las que quisieran mostrar respeto, los emplearan para escupir en ellos, del mismo modo que los usaban para sonarse las narices. En cambio, delante de las clases bajas podían escupir en el suelo. La gente de clase alta siempre ha pensado que podía exponer las intimidades de su cuerpo ante las clases bajas; al fin y al cabo, los sirvientes limpiaban lo que ellos ensuciaban y les lavaban la ropa. A menos que los frenara algún tipo de puritanismo, los señores y las señoras no sentían vergüenza al desnudarse ante sus sirvientes, por ejemplo, ni si estos estaban presentes cuando excretaban o copulaban; la vergüenza es un signo de consideración y, como tal, regía los comportamientos tan solo en presencia de iguales o superiores. La necesidad de evitar escupir y otras manifestaciones físicas ante cualquier persona es, en parte, un aspecto del igualitarismo creciente.

Hay muchas sociedades actuales donde escupir no se ve con el horror que sentimos nosotros. En cambio, es probable que en ellas se horroricen ante la costumbre occidental de usar un pañuelo (sonarse en él y después plegarlo alrededor de los mocos para guardarlos con esmero en el bolsillo). Tal vez les parezca mucho menos repugnante deshacerse de ellos por completo, como hacemos con otras excreciones del cuerpo. Ahora disponemos de pañuelos de papel desechables, de modo que, en parte, podemos vencer esa objeción. Y en lo relativo a escupir, hemos sido tan eficaces convirtiéndolo en un tabú que la mayoría no lo considera necesario jamás.

Los occidentales no fuimos los primeros en pensar en esa abstinencia total. Los educados persas de la Antigüedad, tal como relatan Jenofonte y Heródoto, debían abstenerse por completo de escupir. Los griegos lo consideraban una demostración impresionante, aunque «étnica», de autocontrol, tan notable como la insistencia persa en decir siempre la verdad. Giovanni della Casa alude a estos refinados persas en su obra *Galateo* (1558) y se pregunta: «¿Por qué razón, por tanto, no habríamos de ser capaces también nosotros de abstenernos de ello durante un breve espacio de tiempo?», es decir, mientras dura una comida. Erasmo se había quejado de la gente que escupe «cada tres palabras no por necesidad, sino por la fuerza de la costumbre».

El permiso para escupir siempre está regulado de alguna manera, y es poco probable que alguna vez se haya considerado especialmente agradable de contemplar; como se creía una acción necesaria para la limpieza del cuerpo, se soportaba como algo que forma parte de la vida. Poco a poco se fue imponiendo en Occidente la tendencia a escupir con más discreción, hasta que se creó un mueble especial para ello. La existencia de escupideras fue una demostración importante de la civilizada planificación que existió en Europa y América durante el siglo XIX; estos elementos se volvieron habituales en espacios públicos hasta mediados del siglo XX en algunos países occidentales, y continúan existiendo, por ejemplo, en la China actual, donde es frecuente encontrar escupideras en los restaurantes a pesar de que escupir en público no se considera educado en realidad.

La propagación del tabaquismo incrementó la necesidad de escupir, sobre todo en Estados Unidos y Canadá, donde se mascaba tabaco con frecuencia. Los extranjeros que visitaban Estados Unidos en el siglo xix lamentaban sin cesar la obligación de presenciar escupitajos de tabaco en público. El caballero inglés decimonónico solo escupía en privado: el «sillón de fumar» solía incluir un cajón debajo del asiento que le permitía escupir en él con discreción de vez en cuando. La prohibición de escupir mientras se estaba en la mesa, sin embargo, ya quedaba fuera de toda duda; de hecho, las mujeres educadas jamás escupían, y para los hombres solo estaba permitido en determinadas circunstancias. «Si tuviera que escupir», recomienda el manual *Illustrated Manners Book* en 1855, «abandone la estancia» para hacerlo. A comienzos del siglo xx, escupir se había convertido oficialmente en un hábito malsano; el pánico a la tuberculosis contribuyó sin ninguna duda a que la sociedad lo considerara un agente propagador de enfermedades, lo que convirtió esta práctica en un signo de absoluta indiferencia por el bienestar incluso de las personas que no estaban presentes al escupir. Había carteles por todas partes que prohibían escupir a transeúntes, clientes de restaurantes y pasajeros de tren; estos avisos fueron habituales en espacios públicos hasta la década de 1950. Hoy en día no se usan carteles de este tipo porque apenas son necesarios; a la mayoría de la gente rara vez se le pasa por la cabeza escupir. Si alguien lo hace, recibe una «mirada despreciativa» y otros signos de repugnancia y espanto por parte de quien esté cerca. Los escupidores empedernidos suelen esperar al menos a estar fuera del alcance de la reprobación directa. Es muy posible que en la actualidad tosamos y resollemos menos que antes debido a cambios en la dieta, a la contención de los resfriados más agudos o a otras razones físicas. Pero sigue existiendo un tabú social contra el hábito de escupir que se impone cada vez más con un éxito notable.

Las sensibilidades extremas se ofenden cuando alguien sopla sobre la comida para enfriarla. ¿Qué se hace si la sopa está demasiado caliente? Un niño bien educado del periodo eduardiano, es decir, de comienzos del siglo xx, habría respondido: «Debo soltar la cuchara y esperar un poco». Esa moderación también permite demostrar que no estamos ansiosos por empezar a comer, lo que constituye una exigencia bastante común: a los chinos de la Antigüedad se les decía que nunca desparramaran el arroz para enfriarlo; es mucho mejor esperar. Soplar implica demasiado trabajo y es un espectáculo; llama la atención. El aliento también es algo repugnante. Tal como explica Giovanni della Casa con rudeza en *Galateo* (1558): «Nunca hubo viento sin lluvia». El *Boke of Nurture* de John Russell dice que hay que guardarse de «soplar y resoplar», pues podría «arrojar aliento maloliente sobre vuestro señor». Antoine de Courtin advierte en 1672 de que no se debe soplar la ceniza de las trufas «porque el aliento de la boca repugna a veces a las personas». Esto lo menciona con el mismo orgullo por la sensibilidad de su tiempo que cuando explica que hay que limpiar la cuchara después de usarla «porque algunos son tan delicados que no querrán comer sopa en la que hayáis metido la cuchara después de habérosla llevado a los labios». Los sirvientes de la Antigüedad china tenían prohibido respirar sobre la comida o la bebida que portaban para sus superiores; si alguien les dirigía la palabra mientras llevaban comida en las manos, debían girar la cabeza hacia un lado para responder.

Bostezar es de mala educación porque indica cansancio o tal vez aburrimiento. Obliga a abrir mucho la boca, algo que resulta desconcertante, en especial durante una comida. La gente que intenta hablar mientras bosteza resulta especialmente molesta. «No habléis bostezando, sino colocad el pañuelo o la mano delante del rostro y echaos a un lado», decían las *Rules of Civility* ('reglas de urbanidad') que George Washington copió de niño. Pero la sociedad educada luchó con denuedo para desterrar por completo el bostezo, al igual que el escupitajo. De Courtin había escrito en 1672 que «hubo un tiempo en que se permitía bostezar, siempre y cuando no se hablara mientras durara el bostezo: hoy en día, una persona respetable se escandalizaría [ante cualquier bostezo]». Bostezar es algo involuntario y difícil de evitar; la batalla en su contra no ha tenido tanto éxito como la librada contra la práctica de escupir.

Los buenos modales occidentales modernos establecen que la boca debe mantenerse quieta, controlada y en silencio excepto, por supuesto, para la conversación clara e inteligente que habrá que mantener entre bocado y bocado (que no durante los mismos). No deben producirse «salpicaduras ni chorreones», dice la obra *Boke of Nurture* de Russell, ni tampoco chasquidos de lengua. Todos los sonidos han de reducirse al mínimo, salvo los del habla bien articulada: nada de rozaduras o repiqueteos entre el plato y los cubiertos, ni de soltar el vaso de golpe sobre la mesa. Otras culturas permiten ciertos ruidos durante las comidas, sobre todo cuando son manifestaciones de satisfacción, como sorber fideos en Japón, chupar huesos en China y relamerse de gusto. Conviene señalar que ninguno de esos casos implica enseñar los dientes, y que los palillos, al igual que los dedos, hacen mucho menos ruido que cuchillos y tenedores, por muy bien que se controle su manejo. Es probable que comamos tanto o más que chinos y japoneses, pero no toleramos las expresiones exaltadas de entusiasmo por la comida. Hasta prohibimos ese placer universal que consiste en sorber los líquidos, el ruido al tragar con avidez o el suspiro de satisfacción al finalizar.

La masticación, en especial, debe ser lo más silenciosa posible. Mantener la boca cerrada lo facilita, pero hasta teniéndola cerrada hay que controlarla para lograr el silencio. Nunca hay que llamar la atención sobre la amenaza implícita que se oculta tras un rechinar violento de dientes: todos nuestros remilgos «civilizados» ocultan el temor específico a la violencia latente. Sin duda nos sentimos en cierto modo como los miembros de la tribu kwakiutl de la Columbia Británica, en Canadá, que son muy conscientes de la importancia de los modales en la mesa y consideran que comer deprisa y masticar de manera ostensible puede resultar desastroso ya que, según ellos, «provocará una destrucción más rápida del mundo debido al aumento de la agresividad» en él.

Hurgarse los dientes en público después de comer es repulsivo porque trae a la mente, en primer lugar, los dientes y, en segundo lugar, lo que está masticado pero no se ha conseguido tragar. El antiguo y práctico palillo alivia la incomodidad de seguir conversando teniendo hebras de comida alojadas entre los dientes. Este utensilio disuade de tener que hundir los dedos en la boca, lo que supone un cruce de fronteras de lo más impropio, sobre todo en una sociedad que prohíbe casi por completo comer con las manos. Pero las sensibilidades inglesas y estadounidenses se horrorizan tanto al pensar en comida atrapada entre los dientes sin tragar, que se da por hecho que la gente educada se contendrá y fingirá estar a gusto en lugar de reconocer la necesidad de una limpieza tan directa como humillante. Sin embargo, muchas sociedades actuales permiten hurgarse los dientes; es fácil considerarlo no ya lógico, sino también higiénico. (Al fin y al cabo, los primeros cepillos de dientes fueron palos que se masticaban hasta dejarlos convertidos en una sola hebra por uno de sus extremos. Su desaparición era impecable al terminar de usarlos, a diferencia de los cepillos actuales de larga duración.) En los lugares donde se proporcionan palillos siempre se espera que se usen con consideración hacia los demás y cubriéndolos con una mano.

En los tiempos del tratado *Boke of Curtasye* (del siglo XV) ya se recomendaba a los ingleses educados:

> Con la carne, no os limpiéis los dientes ni los mondéis
> con cuchillo ni caña ni vara ni palillo.

Con «limpiar los dientes» se alude aquí a frotarlos con un dedo y una servilleta o incluso echando mano del mantel; por entonces casi nadie en Inglaterra se cepillaba jamás los dientes, sino que se frotaban con tejidos y se usaban hilos para limpiar los intersticios. La obra *Boke of Nurture* de Hugh Rhodes manifiesta una actitud más indulgente con los palillos:

> No os hurguéis la dentadura con el cuchillo ni con el dedo, sino con un palillo o algún objeto limpio para no causar ofensa alguna.

Durante todo el siglo XVI y comienzos del XVII, tener palillo propio se consideró de suma elegancia en Europa. El necio del *Cuento de invierno (The Winter's Tale)* de Shakespeare reconoce a un noble «por el palillo que lleva entre los dientes»; a veces se lucían con orgullo palillos de oro o plata con incrustaciones de piedras preciosas prendidos en sombreros y chaquetas. Cuando se quería un palillo desechable se utilizaba el cañón de una pluma, palos de maderas aromáticas como el lentisco, o «huesecillos tomados del muslo del pollo o la gallina», tal como aconsejaba Erasmo.

Los palillos permanentes se consideraron vulgares enseguida porque instaban a pensar que sus propietarios tenían fijación por la comida. Para Della Casa, según consta en su *Galateo*, un palillo de dientes es «un instrumento extraño para verlo salir de la camisa de un caballero [...] Asimismo evidencia que esa persona está bien equipada y preparada para satisfacer su glotonería. Y no sabría decir por qué razón en particular no llevan estos hombres también una cuchara colgada de una cadena alrededor del cuello». Sin embargo, llevar un palillo en la boca casi de forma permanente sigue siendo a día de hoy garboso y varonil en algunas sociedades mediterráneas. Al igual que mascar chicle, los palillos se pueden ubicar en una categoría muy distinta a la de la comida masticada, aunque pasen mucho tiempo dentro de la boca; los chicles y los palillos sostenidos con cuidado entre los dientes no se desintegran al mascarlos, y a menudo portan sabores anisados refrescantes que relacionamos con la limpieza y la higiene. Además de satisfacer la necesidad infantil de masticar y de hacer fuerza con la lengua y con la boca, son indicativos de una dentadura y de un aliento saneados.

Los palillos de dientes, eliminados con bastante éxito de Inglaterra y Estados Unidos, nunca se han desterrado del todo en el continente europeo; sería interesante saber quién los usa hoy, cuándo y con qué limitaciones. Pero hay otra medida de higiene que fue común en Europa en el pasado y se abolió en tiempos recientes. Se trata de la práctica de enjuagarse la boca después de cenar. En 1885, Branchereau describió el uso que debían dar los franceses educados al agua del cuenco para limpiarse los dedos al final de la comida: no había que tragarse el agua, sino agitarla dentro de la boca y escupirla en el plato hondo proporcionado para ese fin; había que dejar algo en el cuenco para humedecerse los dedos y secarlos con la servilleta. Era importante, según añade Branchereau, enjuagar la boca con el menor ruido posible: nada de hacer gárgaras. Parece ser que el hábito de enjuagarse la boca pasó de moda en Francia durante los siglos XVII y XVIII; y regresó en el XIX. En la época de Branchereau se podía optar por enjuagarse o no, según apeteciera. Parece que británicos y estadounidenses abandonaron el enjuague bucal en la mesa, su artificiosidad y su parecido con el hábito de escupir antes de mediados del siglo XIX, y ya no volvieron a adoptarlo más. (Aun así, los estadounidenses siguen siendo de las personas más aficionadas a hacer gárgaras y enjuagues bucales fuera de la mesa que ha conocido el mundo.)

Durante el largo periodo que tardó en desaparecer poco a poco de Europa el enjuague bucal después de la cena, hubo viajeros escandalizados que dejaron constancia de haber visto a extranjeros realizando esta práctica; a menudo se cree que las reacciones de repugnancia son demostraciones de una sensibilidad superior. De La Rochefoucauld-Liancourt consideró que los enjuagues de boca que presenció entre las clases altas de Inglaterra en 1784 eran «extremadamente desatinados», y Louis Simond en 1810 describió que «todos los ingleses (tanto mujeres como hombres) se inclinaban» y se enjuagaban la boca «a menudo más de una vez con ruidos como de escupir y lavarse [...] una operación asistida con frecuencia ¡por un dedo elegantemente introducido en la boca! Hecho esto y tras sumergir también las manos, se emplean las servilletas y a veces el mantel para limpiarse manos y boca». Cincuenta años después, la señora Beeton manifestaba el mismo espanto ante la idea de dar tal uso a los refinados y lujosos cuencos para limpiarse los dedos; según dice, es una costumbre de «los franceses y otros continentales».

Corrección en la postura corporal y los gestos

Las personas fotografiadas varias décadas atrás suelen resultarnos extrañamente impropias. Esto no solo se debe a que ha cambiado la moda en el vestir, el mobiliario o los accesorios fotográficos ni a la calidad desvaída de las imágenes. Todo ello influye, por supuesto, de igual manera que afecta la tecnología de la época, que obligaba a permanecer inmóviles mientras se efectuaba el retrato. También pertenecen a otro mundo la expresión facial, la postura, la actitud ante la cámara.

Las caras de hoy son mucho más conscientes de sí mismas que antes, y adoptan expresiones mucho más sometidas a patrones sociales preestablecidos; también la postura es estilizada y convencional en la actualidad. Hasta el empeño en parecer «naturales» y «relajados» es aprendido de experiencias tan específicas de hoy como el hecho de haber vivido siempre en un mundo en el que existe la fotografía. Los rostros y las expresiones de moda han existido siempre, al igual que los usos preferidos en la forma de moverse, de levantarse y sentarse que han marcado cada época. Así, en la Europa de finales del siglo XVII imperaban, por ejemplo, unas facciones y unas miradas femeninas que toda mujer debía adoptar si quería resultar deseable en los círculos elegantes; las clases altas del siglo XVIII también mostraban una actitud particular que mantenía a las mujeres rígidamente erguidas, y deliberadamente despreocupados y cuidadosamente relajados a los hombres; en el siglo XIX había una silueta y una forma de caminar predominantes, igual que en todas las épocas. Hoy en día, la omnipresencia de las imágenes en el mundo en que vivimos impone nuevos condicionamientos conductuales (aunque preferimos llamarlos «estilos» porque sufren ligeros cambios cada pocos años).

No hay manera de vivir en una ciudad moderna sin vernos reflejados sin cesar en espejos y cristales, en escaparates de tiendas, en fotografías y en imágenes en movimiento. Sabemos qué aspecto nos pide el mundo actual que tengamos por los carteles y las imágenes televisivas de personas cuya figura, rostro y expresiones despiertan admiración, alcanzan gran publicidad y se nos imponen como ideales que copiar. Las películas de época rara vez resultan convincentes en cuanto a actitudes y, sobre todo, a rostros, por mucho esfuerzo que dediquen a usar vestidos auténticos de cada momento histórico; los actores modernos tienen caras modernas, en especial si son estrellas de cine elegidas por su valor como iconos que marcan tendencia.

Una de las razones por las que nos esforzamos con tanta desesperación por bajar de peso es porque cuanto más delgados estemos, siempre que haya salud, mejor salimos en las fotografías. El encuadre de las fotografías está pensado para seleccionar un asunto desde un único punto de vista y rechazar otros, otros momentos, otros ángulos de visión. Son bidimensionales, incapaces de cambiar o de reaccionar, y solo reproducen aspectos visibles; no ofrecen la impresión completa que produce una persona viva. Pero su poder como imágenes y la sensación que crean de que captan la «realidad» reflejan prejuicios sociales relacionados con la figura corporal y con la actitud; a su vez, condicionan esos prejuicios y obligan a adoptarlos. La forma de estar de pie, de sentarnos, de girar la cabeza y de sonreír cuando nos hacen una fotografía son aprendidas. Cuando caminamos por la calle o nos sentamos en un restaurante, cuidamos nuestros atributos y controlamos los gestos para encajar dentro de normas preconcebidas. Acabamos adoptando estas poses y expresiones faciales de manera habitual y entonces parecen naturales, se dan por sentadas; las personas que se apartan del ideal se nos antojan muy extrañas, y con facilidad se toman por enfermas mentales. Como siempre, cualquier comida compartida con otras personas exige la máxima consideración con las expectativas y sensibilidades de los demás. De ahí que en la mesa también el rostro y el cuerpo deban respetar las normas con especial rigor.

Los libros sobre modales que se conservan del pasado dan una idea del férreo control que ejercemos sobre nosotros mismos, ya que su defensa de las normas que ahora consideramos casi automáticas nos recuerda que hay (o hubo) otras posibilidades. En esos libros se suele recomendar, por ejemplo, que no se pongan los ojos en blanco: no hay que hacerlo al beber ni tampoco fijarlos en el techo. «Es descortés desviar la mirada hacia otros mientras se bebe», escribió Erasmo, «igual que es de mala educación levantar el cuello cual cigüeña para que no se quede ni una gota en el fondo del vaso»; es preferible fijar la mirada en el interior del vaso cuando se bebe. No hay que poner morros ni abrir la boca, ni torcerla ni fruncirla o contraerla; morder el labio inferior con los dientes superiores, o el labio superior con los inferiores son gestos agresivos y amenazadores. La expresión facial no debe translucir los sentimientos con excesiva obviedad: un libro de modales anónimo aconsejaba en 1701 evitar fruncir el ceño y lanzar miradas fulminantes cuando no nos sirven una exquisitez manifiesta.

En el siglo xvii era necesario recomendar que no se fijara la vista en los platos de los demás para no parecer envidiosos, ni comparar cantidades ni llevar la cuenta de cuánto ha comido cada cual. Hasta debía evitarse el exceso de piedad que transluce el gesto de volver los ojos hacia arriba al bendecir la mesa. Era de mala educación, según había dicho Erasmo, «mantener fijos los ojos en uno de los invitados por mucho tiempo. Y es peor aún mirar de soslayo con el rabillo del ojo a quienes están en tu mismo lado de la mesa; y lo más grave de todo es girar la cabeza por completo para ver qué acontece en la otra mesa». También desaconseja mirar a alguien con un ojo abierto y otro cerrado, así como enarcar las cejas con arrogancia o fruncirlas con hostilidad; el ceño no ha de permanecer vacilante como el de un erizo ni amenazador como el de un toro.

En términos comparativos, los rostros de hoy tienen una falta de expresividad excesiva: ahora es casi innecesario emitir recomendaciones para que la gente se comporte en este aspecto. Sabemos que lo más seguro, lo más cauto, lo más «favorecedor» (y fotogénico) es mantener el gesto impasible e indiferente, eso que hoy llamaríamos *cool*. Hay gente que nos mira, y somos muy conscientes de la imagen que proyectamos, de los estrechos márgenes que permite nuestra cultura a la expresividad facial y, por tanto, de cómo podrían juzgarnos.

A pocos se nos ocurriría señalar hacia alguien o mirar fijamente con un ojo cerrado. Estamos habituados a que no nos preocupe si nos sirven suficiente comida, y ha disminuido la emoción por ver quién recibe la mejor ración de cualquier plato porque ya no se considera relevante ni un signo de categoría.

Es probable que ahora sonriamos más que en el pasado; en este sentido, nos hemos vuelto más expresivos, no menos. Hasta finales del siglo XVIII había limitaciones para la medida en que se debía ensanchar la boca con una sonrisa. Ya hemos visto que enseñar los dientes en la mesa por cualquier motivo podía resultar estremecedor; las quejas por mostrar los dientes aludían a menudo a su estado ennegrecido, y es indudable que los avances en odontología e higiene bucal han contribuido a relajar las normas relacionadas con la risa y la sonrisa. Pero, además, el decoro, como tantas otras veces, exigía una actitud serena, mientras que la risa y hasta la sonrisa transmiten un compromiso emocional y, si es demasiado impetuosa, pérdida de control. En el siglo XV se desaconsejaban las sonrisas aviesas y las muecas burlonas o mohínes en la mesa en la obra *Stans puer ad mensam*. (Es cierto que las muecas deliberadas para dar más expresividad al discurso propio eran más comunes que ahora hasta hace muy poco.) Era raro que una imagen mostrara los dientes de la persona retratada porque esta apareciera sonriente; los personajes sonrientes suelen figurar en cuadros que reproducen situaciones poco decorosas. Erasmo decía que sonreír tanto como para que se arruguen las mejillas y se exhiba la dentadura es de mala educación y recuerda a los perros. Él recomienda taparse el rostro con una servilleta en caso de sufrir un arrebato de risa descontrolada en la mesa. (Da la impresión de que antaño se usaban tejidos y pañoletas para cubrirse la cara en numerosas situaciones: por pesadumbre, por miedo, por delicadeza o por vergüenza.) Una boca sonriente debe cubrirse al menos con una mano, una tendencia que sigue vigente en los modales modernos, aunque es probable que la mantengamos más por no causar repugnancia, sobre todo si estamos comiendo, que porque consideremos indecorosa la risa de por sí.

El motivo de cualquier risa ha de ser siempre conocido, por supuesto: hay que evitar que alguien pueda sentirse objeto de una risa furtiva. La diferencia entre reírse de alguien y reírse por simpatía o para mostrar buen humor es muy específica de cada cultura, y aún puede provocar malentendidos en diferentes partes de Europa. En el siglo XVIII, cualquier reacción física repentina ante el humor estaba mal vista en los círculos de la alta sociedad. En una carta dirigida a su sobrino en la década de 1750, William Pitt decía que «era raro contemplar una risa digna en alguien». De igual modo, había que evitar encorvarse, gesticular y «hacer mohínes con la cara». El coronel Forrester dijo en 1734 que la pasión «es enemiga prodigiosa de la belleza». Para romper una fría pose clásica sin avergonzarse, aunque siempre dentro de unos límites, era necesario rescatar las emociones y la exteriorización de sentimientos intensos.

En los siglos XVII y XVIII, la actitud imperturbable se correspondía con la inmovilidad que exigía una postura correcta. En la mesa había que sentarse con la espalda recta a pesar de que cada vez se dejaba un espacio más generoso entre comensales. No había que inclinarse hacia ningún lado, ni a la derecha ni a la izquierda, ni apoyar los codos en la mesa, pues invadían el espacio ajeno y denotaban una falta absoluta de control corporal. «Encorvarse» hacia delante era casi imposible para las mujeres y los hombres de edad que usaban corsé; y, en cualquier caso, también lo desaconsejaba la regla que prohibía cualquier manifestación de consumo exagerado de comida. Rodear el plato con un brazo era un gesto especialmente vulgar, propio de un campesino aferrado a su comida y ávido de ella. Los codos sobre la mesa denotan confianza o atrevimiento. «Se disculpa en las personas impedidas por vejez o por enfermedad que apoyen uno o ambos codos en la mesa», había consentido Erasmo, «pero esto, tal como lo practican algunos cortesanos refinados que consideran elegantes todas sus actuaciones, es algo que debe evitarse en lugar de imitarse». La idea de que los codos se pueden poner sobre la mesa con gran elegancia ha quedado claramente obsoleta; como hemos visto, es esencial hacerlo tan solo si todas las demás señales que enviamos indican control y garantías de absoluta corrección. Pero la vieja insistencia de la cultura occidental en que hay que transmitir control corporal y no invadir el espacio ajeno ha favorecido que, en general, se considere indecoroso apoyar los codos sobre la mesa, al menos en los tratados sobre modales. En 1923, W. M. Handy afirma que esta práctica evidencia que quien la realiza «se siente como en casa; y también, ¡que en su casa tiende a repatingarse!». Emily Post decía que solo es admisible apoyarse en los codos si se está «sin compañía y enfermo». Ella se pregunta si debemos culpar de la censurable propagación de este hábito a los restaurantes ruidosos, donde los clientes necesitan inclinarse hacia delante para oírse.

Tener consideración con el resto de los comensales durante la cena implica no interrumpir el curso de la comida, la bebida y la conversación llamando la atención sobre uno mismo, no dar motivos de preocupación a los demás, no obligarlos a preguntarse qué presagia cada uno de nuestros movimientos. Cada comensal debe exhibir ante todo competencia y previsibilidad: eso es lo único que asegurará a los presentes una comida en paz. El cuerpo debe mantenerse bien controlado en parte porque el resto se imaginará al instante sufriendo cualquier desgracia física que alcance a atisbar. El malestar es comprensible si vemos que alguien se apunta a la cara con un cuchillo, que barre la sopa con la cuchara hacia el regazo propio, que realiza equilibrios peligrosos sobre la silla o que se encuentra tan retirado de la mesa que corre el riesgo de derramar comida al llevársela a la boca, aunque nada de eso llegue a suceder. Las manchas que no llegan hasta los demás contrarían su imaginación sensible y solidaria; los manuales sobre modales del siglo XVII insisten, por ejemplo, en que las servilletas no deben ensuciarse demasiado porque el resto se pondrá enfermo si ve que nos limpiamos la boca con una servilleta mugrienta.

Las manifestaciones inequívocas de glotonería siempre están prohibidas en la mesa. «No alargues la mano para tomar lo que otro mira», dice el Libro del Eclesiástico del Antiguo Testamento, «ni te lances sobre el mismo plato que él». Lo habitual es pedir a alguien cercano a la fuente o al condimento deseados que nos los pasen; esto permite realizar movimientos reducidos y, además, relacionarse entre comensales. No llegar a lo que se desea equivale a tener en cuenta las limitaciones del espacio que tenemos asignado, lo que va unido a mantener los codos a los lados y no apoyarlos sobre la mesa. En América Latina, por ejemplo, se permite de vez en cuando alargar el brazo a través de la mesa para llegar hasta algo, pero solo con modales tan cuidados que permitan evidenciar que se hace para no molestar al resto y nunca para agarrarlo en beneficio propio. Así, por ejemplo, está permitido levantarse con educación para llegar a algo que está lejos de nuestro sitio. Cuando la conversación es un aspecto necesario de una comida compartida, el silencio puede interpretarse como una señal de glotonería porque se aprovecha para comer más mientras el resto conversa. Ateneo ofreció un ejemplo en el cambio del siglo II al III d. C.

La normas anglosajonas de urbanidad en la mesa permiten y hasta prefieren que los comensales coman con la mano izquierda sobre el regazo, puesto que solo se necesita una para comer. Esto limita la capacidad para tomar cosas de la mesa, igual que la decisión de utilizar únicamente la mano derecha o tan solo tres dedos. Emily Post, que es mordaz ante la idea de utilizar tan solo la mano derecha («hacer como si la mano izquierda estuviera paralizada no casa ni con la costumbre tradicional ni con el sentido común»), la propone, en cambio, como un buen recurso para enseñar a los niños a dejar quietas las manos desocupadas y a no apoyar la cabeza en una mano mientras comen: «Con el tiempo comerán sin pensar, tras haberse entrenado lo suficiente como para controlar el descuido de manera instintiva, ¿sabe usted?». En Europa continental, sin embargo, el decoro obliga a sentarse con ambas manos a la vista del resto de los comensales; lo más correcto es mantener las manos desocupadas en el borde de la mesa de manera que solo se vean desde las muñecas. (Erasmo había ordenado a los jóvenes «tener ambas manos sobre la mesa, no juntas ni encima del plato».) La costumbre anglosajona de permitir que los comensales permanezcan con una mano oculta parece, en el mejor de los casos, un signo de ingenuidad a ojos de los continentales.

Una de las razones para mantener las manos a la vista solía ser que la gente debía aprender a no rascarse en la mesa. *Galateo* de Della Casa dice, por ejemplo, que los camareros no deben rascarse la cabeza –ni ninguna otra cosa– «ni colocar las manos en ninguna parte del cuerpo que quede oculta, ni tan siquiera que lo parezca, tal como hacen algunos criados descuidados que las llevan dentro de la camisa o las esconden tras la espalda ocultas bajo la ropa». Por el contrario, las manos deben mantenerse a la vista y fuera de toda sospecha [...]». Esta norma rige con más fuerza aún para los comensales, a quienes se les advierte sin cesar de que no se atusen la barba ni se toqueteen el bigote, que no se froten ni se acaricien la piel ni se rasquen la cabeza. Erasmo sostiene que es feo rascarse, «sobre todo si se hace por costumbre y no por necesidad». El manual *Boke of Nurture* de John Russell desaconseja «rascarse la espalda como si se persiguiera una pulga; o la cabeza como en busca de un piojo». La gente educada deberá ignorar las pulgas, al igual que las ternillas en la boca o las hebras atrapadas entre los dientes. La incomodidad que causan debe soportarse con heroicidad y no solo ocultarse de la vista de los demás, sino también quedar fuera de toda sospecha.

La gesticulación debe controlarse, en especial durante la cena, pues los aspavientos con los brazos pueden molestar a quien tengamos al lado y hasta tumbar objetos que haya sobre la mesa. Demasiado movimiento también va en contra de una conducta sosegada. Es evidente que quien no estaba entrenado en la inmovilidad de la clase alta solía sentirse muy tentado a gesticular y enredar en la mesa. «Algunas personas comen o beben sin parar», nos dice Erasmo, «no porque tengan hambre o sed, sino porque son incapaces de refrenar sus movimientos de otro modo sin rascarse la cabeza, hurgarse los dientes, gesticular con las manos, jugar con el cuchillo de comer, toser, carraspear o escupir». Y añade: «Aunque estos hábitos provengan de una suerte de pundonor rústico, las hace parecer dementes», y el sociólogo Erving Goffman ha demostrado que, en la actualidad, estas características aún pueden interpretarse como señales de imbecilidad.

La cabeza debe mantenerse erguida, sin sacudidas ni inclinaciones hacia un lado. Torcer la cabeza hacia un lado translucía hipocresía, según la obra *The Young Scholar's Paradise*; Erasmo sostiene que ladear el cuello y la cabeza es de hipócritas. Los movimientos de las manos deben ser precisos y controlados («No apuntéis con los dedos vuestro relato», consta en la obra *Stans puer ad mensam*), y los pies han de mantenerse quietos. «No giréis el cuello cual grajo», implora John Russell en *Boke of Nurture*. «No os agarréis de la bragueta. No os permitáis rascaduras ni encogimientos, como si os dispusierais a serrar madera; no retorzáis ni frotéis las manos, ni hinchéis el pecho, ni os rasquéis las orejas, ni seáis duro de oído [...] Guardaos de hacer mohínes [...] y tampoco os lamáis los labios ni babeéis [...] No deis pisotones con los pies ni os desparranquéis; jactar las piernas [es decir, menearlas dentro y fuera de la silla o hacerlas rebotar arriba y abajo] es de mala educación». Es grosero llenarse los carrillos no solo por el riesgo de causar repugnancia, sino porque, como también insistían los griegos de la Antigüedad, una mejilla abultada trabaja en exceso y revela falta de elegancia y equilibrio. Erasmo añade que los comensales no deben sentarse con un hombro levantado y el otro encogido, ni con una mano apoyada en la ingle, aunque algunos consideren que esta última postura da un aire militar y varonil. Declara que cruzar una pierna sobre la otra es «señal de desasosiego», y que sentarse con el pie derecho apoyado sobre el muslo izquierdo era una costumbre de soberanos antiguos que ya ha quedado desacreditada. Cuando los asientos eran bancos corridos que obligaban a sentarse muy cerca unos de otros, había más tentaciones para tener un mal comportamiento, como deslizar una pierna bajo el muslo del vecino. «Si lo hacéis sois un obsceno», sostiene el primer *Boke of Curtasye*; *obsceno* significaba por entonces 'ofensivo', no solo 'lascivo'.

Las narices deben mantenerse limpias y secas, por supuesto; no se permite olisquear. Ya hemos visto por qué comer con la nariz goteando es aún peor que masticar con la boca abierta. Sonarse la nariz, dice Erasmo, es una de las atenciones corporales que deben efectuarse antes de empezar a comer; otras son orinar, defecar y soltarse el cinturón unas pocas muescas (hacerlo en la mesa sería de mala educación porque da la sensación de glotonería). No hay que sonarse la nariz en la mesa en absoluto. Si no hubiera más remedio, habrá que apartarse, usar un pañuelo si se dispone de él y «no mirar en su interior» al terminar, añade Hugh Rhodes, aunque «a algunos les cueste». «Si al limpiarse la nariz con dos dedos, cae alguna materia al suelo», declara Erasmo, «habrá que restregarla al instante con el pie». Hay que reducir al mínimo todos los ruidos que no sean el de la conversación y, en especial, aquellos que llamen la atención sobre el cuerpo de los comensales. No se debe cantar a menos que todos estén de acuerdo en que se haga. «En presencia de otros no canturreéis para vos, ni tamborileéis con los dedos o los pies» es la cuarta regla de etiqueta que consta en la recopilación tradicional redactada por el joven George Washington.

Todas las faltas mencionadas hasta ahora se controlan con práctica y previsión. Sin embargo, hay otras, en su mayoría debidas en concreto al acto de comer, que son involuntarias, aunque esto no significa que se condonen por ello; más bien al contrario, las normas que las prohíben se cuentan entre las más estrictas. Un estornudo o una tos resultan desagradables porque suponen ruidos repentinos y pueden salpicar saliva a otras personas. La tos y los estornudos deben manejarse como la risa, conteniéndolos; también exigen apartarse del resto cuando se producen. En el mundo antiguo, en cambio, los estornudos, al igual que escupir, se consideraban comportamientos un tanto portentosos. Eran presagios, mensajes de lo que ahora llamaríamos el subconsciente: la gente que exclama «¡Jesús!» o «¡Salud!» cuando alguien estornuda, o que cuenta los estornudos y asocia el número resultante a la buena o la mala fortuna, lo hace porque sigue esta tradición. Erasmo comenta que las personas educadas de su época se santiguaban después de estornudar, se descubrían la cabeza y aceptaban las bendiciones de los presentes, y luego pedían perdón o daban las gracias; era muy grosero no bendecir a quien estornudara, y los niños educados también se levantaban el gorro cuando estornudaba una persona de alto rango y era bendecida por ello.

El hipo se ha achacado a menudo a una ingesta excesiva de comida o de bebida. Por eso se censura en Europa, Estados Unidos o Canadá en la actualidad, donde los buenos modales exigen comer o beber con «elegante moderación»; pero se considera una suerte en lugares donde la saciedad se contempla como un estado especialmente placentero. Entre los tangas de Melanesia, por ejemplo, el hipo es señal de que se ha disfrutado de la comida; y un ataque persistente de hipo indica que los espíritus se manifiestan porque quieren una ración. Los eructos siempre son más escandalosos que el hipo, y no, como este último, un fenómeno un tanto ridículo. (El ataque de hipo más célebre de la literatura occidental aparece en *El banquete* de Platón, donde los remedios para acallar el que sufre el indefenso Aristófanes incluyen contener la respiración, hacer gárgaras y hacerle cosquillas en la nariz para provocar el estornudo. Este último método resulta eficaz en su caso. El médico que prescribe esos remedios se llama Erixímaco, que significa 'combatiente de eructos'.)

Los eructos expulsan aliento, mientras que el hipo lo aspira; y los eructos se pueden provocar adrede. En la cultura occidental, los eructos encuentran una desaprobación rotunda: las personas educadas se esfuerzan por reprimirlos y, si no lo logran, el bochorno es considerable. Lo que nos espanta es el sonido, la boca abierta para algo que no sea ni comer ni conversar, y la incapacidad para controlar un desliz corporal; en el pasado estaba muy mal visto eructar cerca de la cara de alguien. En el *Boke of Nurture* de Hugh Rhodes se lee:

No eructéis a un hombre en la cara con un efluvio corrupto;
Evitad esas ocasiones, son ventosidades pestilentes.

John Russell incluye los eructos dentro de un conjunto de diversas exhalaciones sonoras: «No lancéis suspiros profundos, no tosáis ni respiréis con fuerza en presencia de vuestro soberano ni hipéis ni eructéis ni gimáis»; y Erasmo advierte sobre la adopción del hábito de eructar sin parar, porque entonces resultará harto difícil dejar de hacerlo. Acostumbramos a atribuir gran exotismo a las culturas que esperan de un invitado educado un buen eructo como muestra de agradecimiento; encontramos ejemplos de ello en el pueblo chino, el japonés y varios de Oriente Próximo, así como diversas sociedades africanas, como los pedis de Sudáfrica, que tienen una onomatopeya encantadora para referirse al eructo feliz: *pôtla*.

La tos, el estornudo, el hipo y los eructos debían acallarse en la Italia del siglo XVI, pero el autor de la obra *The Court of Civill Courtesie* desaconseja reprimirlos con excesiva delicadeza y amabilidad. Erasmo fue más lejos aún: condena con firmeza a las personas que, en nombre de la cortesía, exigen contener las faltas involuntarias del cuerpo: «Reprimir un ruido provocado por la naturaleza es propio de personas necias que dan más importancia a la urbanidad que a la buena salud». Cuando dice a los muchachos que no se retuerzan en su asiento expone como razón que quien se menea a un lado y otro parece estar ventoseando o al menos «intentándolo»; los pedos deben evitarse hasta tal extremo que hasta la apariencia de intentar tirarse uno azora a los demás. (John Russell había advertido a sus lectores de que «se guardaran de ventosear por atrás como si fueran una pistola».)

Pero en otro lugar, Erasmo declara que es un error apretar las nalgas para tratar de impedir que la ventosidad salga; él lo considera aún más peligroso que la incitación deliberada del estreñimiento. Si no hay modo de retirarse para pederse en privado, su consejo es «entonces, tal como reza el viejo adagio [...] disimula el ruido con una tos». (Catorce siglos antes, Ateneo había recomendado un truco similar: el de hacer ruido golpeando el pie contra el canto del diván.) La idea de que ahogar un pedo es peligroso tenía una larga historia. Dicen que el caso de un hombre que puso en riesgo su salud por ser pudoroso y contenerse impresionó tanto al emperador Claudio, en el siglo I, que este quiso aprobar un edicto para permitir a los comensales tirarse pedos libremente en la mesa, silenciosos o ruidosos, como prefirieran; y Carl Ludwig, un médico alemán del siglo XIX, explicó por qué había tantas mujeres en su época que padecían estreñimiento crónico: él consideraba que se debía al temor de las damas a pedarse por accidente después de comer, y a la consiguiente compresión de las nalgas.

En la Antigüedad europea, era habitual despejar el estómago provocando el vómito antes de una comida importante; también se vomitaba durante las comidas para hacer sitio para más, o simplemente al notar el estómago sobrecargado. (Un método elegante que usaban los romanos consistía en cosquillear la garganta con una pluma de pavo real.) El Libro del Eclesiástico del Antiguo Testamento recomienda esta práctica. Los comensales romanos la empleaban con tanto entusiasmo que el filósofo Séneca se lamentaba: «Vomitan para comer y comen para vomitar». Erasmo vuelve a mostrarse indulgente con esta reacción corporal siempre que no contravenga la moral: «Retírate a otro lugar si has de vomitar; vomitar no es deshonroso, pero provocar el vómito por glotonería es repugnante».

En las fiestas de la Antigüedad griega había hermosas bacinillas de bronce que servían tanto para vomitar como para orinar en ellas; se consideraban tan reconfortantes que su invención se atribuyó a los lujosos sibaritas. Desde entonces la gente se ha sentido muy tentada a tener orinales a mano durante las cenas festivas. Hasta comienzos del siglo XIX, los franceses y otros viajeros criticaban a menudo a los ingleses por tener orinales dentro del comedor o justo al salir de él. «Beber en demasía y durante mucho tiempo tiene unas consecuencias inevitables», escribe Louis Simond escandalizado por los modales británicos en la mesa. «Doy fe de que en un rincón del comedor mismo hay una pieza de mobiliario oportuna para uso y disfrute de quien lo desee. La operación se efectúa de un modo muy deliberado y sin disimulo, como si fuera algo natural, y no interrumpe en absoluto la conversación». Aliviarse en público siempre fue mucho más permisible para hombres que para mujeres. Puesto que las mujeres sufrieron a menudo este prejuicio, y que los hábitos bebedores de los hombres siempre convirtieron la micción en algo más apremiante para ellos, sigue siendo cierto que la insistencia actual en privatizar por completo las excreciones forma parte del triunfo a largo plazo de normas que antes solo se aplicaban a las mujeres y que se consideraban no solo indeseadas por los hombres, sino también imposibles para ellos.

Epílogo:
¿Hasta dónde llega hoy la mala educación?

¿Somos los occidentales más groseros que otros pueblos? ¿Somos ahora más maleducados que en el pasado? En el mundo occidental actual cada vez importan más los modales: artículos de prensa lamentan la falta de ellos; la cantidad de libros que se publican sobre cómo comportarse, y las elevadas ventas que alcanzan evidencian una inquietud por este asunto equivalente a la que cundió en el siglo XIX; y la etiqueta se ha convertido en un negocio nuevo y en expansión que cobra por enseñar el protocolo y el comportamiento formal en la mesa a hombres y mujeres de negocios con ambición. En el mundo comercial al menos se ha comprobado que la mala educación puede arruinar la imagen de una empresa, entorpecer un acuerdo o vetar un ascenso; tener buenos modales puede marcar la diferencia cuando se compite con otros. Y, puesto que los modales se pueden corregir, el comportamiento del personal contratado es una de las cosas que cualquier empresa precavida puede intentar pulir y controlar.

La idea consiste en detectar los puntos conflictivos, esos momentos en los que hasta nosotros, tan empeñados en ser informales, generamos ciertas expectativas en las que podrían errar los incautos o los meros ignorantes. Hay que saber, por ejemplo, que en una comida formal servida por camareros es probable que los platos nos lleguen de manera discreta y sin previo aviso por la izquierda; la cuchara y el tenedor de servir deben usarse con corrección y discreción al tomar una porción de la comida que se nos ofrece (¡y sin tardar demasiado en elegir el trozo deseado!); al terminar de comer, los platos se retirarán por la derecha. La mayoría de las personas son diestras, y esta regla se impuso pensando en su comodidad. En cambio, si los platos llegan a la mesa ya servidos, se pondrán sobre la mesa desde el lado derecho del comensal y se retirarán por su izquierda. La necesidad de estar preparados para estas ocasiones es mayor porque las comidas formales son inusuales y son importantes por razones que van más allá de la ingesta de comida para alimentarse; y también porque la etiqueta requerida cuando hay sirvientes no constituye una experiencia cotidiana. Aun así, salimos a comer a restaurantes donde nos exponemos a la práctica de la formalidad a la antigua usanza, así como a la supervisión de nuestros modales por parte de personas ajenas a nuestra familia.

Uno de los principios rectores de la modernidad lo constituye la movilidad social: la posibilidad de ascender en la escala social, así como de huir de cualquier «escenario» social que nos incomode o consideremos inaceptable. Los desplazamientos físicos facilitan la movilidad social; se puede vivir en un vecindario asequible, por ejemplo, y aun así acudir en coche a un trabajo situado en una zona distinguida de la ciudad. Hemos reducido enormemente la probabilidad de que una persona deba desempeñar un papel predeterminado en un «escenario» dominado desde el principio por personas nacidas para ejercer el poder. Las ciudades modernas pretenden ofrecer muchas alternativas: la posibilidad de elegir un «escenario» en el que una persona aspire a brillar algún día, y numerosas vías para escapar de obstáculos indeseados. Hoy nadie está obligado a soportar la supervisión y las valoraciones adversas de personas que se hayan erigido por sí solas en árbitros de la elegancia. Podemos apartarnos si nos desaprueban o intentan humillarnos. Dos términos metafóricos relacionados con la buena educación son *pulido* y *lustre*: la finura y el brillo que aporta el roce continuo con otras personas; la panoplia de cortesías podrá emplearse después para facilitar el manejo de las relaciones necesarias. La gente moderna procura no entablar, ni tan siquiera conservar, relaciones incondicionales. Sin embargo, debemos sobrevivir en un mundo abarrotado y complejo. De hecho, todos nos esforzamos al máximo por comportarnos de manera civilizada.

Hay ciertos comportamientos que ya no se pueden exigir a los demás; se ha reducido mucho el abanico de cortesías formales que siguen siendo apropiadas. Lo que queda de todo ello solo se sanciona en raras ocasiones a través de presiones poderosas, como la indignación y el ostracismo, y se ha mantenido como algo ornamental, favorecedor y que da buena imagen. En otras palabras, sigue siendo muy útil ser educado. La cortesía es como la ropa de moda: revela a los meros conocidos que nos hemos instruido y pulido, que se puede esperar de nosotros un comportamiento predecible y calculado para agradar a otras personas con una educación análoga.

Las reglas universales que rigen los modales actuales suelen consistir en directrices y restricciones tácitas, casi subconscientes, un sustrato básico o unas normas mínimas que la mayoría cumple con celo. El comportamiento durante las comidas sigue siendo (y yo diría que siempre deberá ser) mesurado, civilizado, ritualizado y hasta repleto de tabúes. Cabría decirse que los tabúes sobreviven gracias a la risa que despierta cualquier insinuación para transgredir alguno de ellos. La tradición de Grobianus y de las sátiras de Juvenal aún causan estragos a través de obras como, por ejemplo, la de P. J. O'Rourke, cuyos «consejos» incluyen las siguientes sugerencias para aprovechar al máximo una servilleta de mesa: «El mejor uso que se le puede dar a una servilleta es como mantilla para imitar a tu abuela en la iglesia en el momento de la bendición, o como capote de torero para recibir la carne poco hecha, o como pañuelo para taparte la cara si asaltas a tu compañero de mesa con una chuleta de cordero a modo de pistola [...]». Este tipo de humor se basa en que a la gente correcta y bien comportada jamás se le ocurriría hacer ninguna de esas cosas, aunque todos somos capaces de imaginar esas situaciones y el bochorno que causarían. Aún no hay nada como un alboroto en la mesa para infundir espanto, hilaridad o miedo; el principal propósito de los buenos modales en la mesa sigue siendo evitar la violencia, por lo común manteniéndola impensable.

Los modales actuales obligan cada vez más a actuar con informalidad. No tenemos más remedio que obedecer: la rebaja del decoro y la relajación de lo que la antropóloga Mary Douglas denominó en su día «complejidad» nos rigen hoy con la misma tiranía con la que se ha impuesto siempre el protocolo. La cortesía, ya sea formal o informal, siempre ha implicado jugar con la distancia social. La clase de cortesía que llamamos formalidad impone una separación deliberada entre las personas. Parte de su función consiste en evitar fisgoneos y frenar el proceso que conduce a la familiaridad, para que cada parte tenga tiempo de sopesar a la otra. Pero el distanciamiento crea distinción, de modo que la formalidad también impide o retrasa las relaciones entre dos personas o dos grupos que quieren estar separados o cuya categoría está diferenciada por una jerarquía. Los modales informales, en cambio, reducen las distancias; cuando se imponen de manera consciente frente a la formalidad, revelan el desprecio de la diferenciación por estatus. Donde reina la informalidad hay menos probabilidad de cometer errores o de recibir críticas. Pero siempre ha de haber reglas, porque de lo contrario no nos quedaría ningún medio para comunicarnos con los demás ni para relacionarnos con ellos.

La informalidad se ha usado a menudo como contraste dentro de un sistema de modales formal en términos generales para marcar una etapa dentro del desarrollo de una relación: al principio se establecía contacto con otras personas con un comportamiento formal que incluía, por ejemplo, nombrarlas por su apellido y título y, tal vez, un pronombre de cortesía en plural, como el español *usted* (que es una abreviatura de *vuestra merced*). A medida que aumentaba la amistad, se iba bajando la guardia, por así decirlo, hasta que se cruzaba una frontera más allá de la cual se permitía un trato informal; llegaba un día en que esas personas se llamaban por su nombre de pila y usaban entre sí pronombres de confianza como *tú* y *du*. (Los avances hacia la consecución de la familiaridad se alcanzaban casi con toda seguridad a través de una o más invitaciones a cenar.) Estos ritos de paso de cortesía denotaban aceptación por ambas partes y demostraban al mundo que se habían puesto y superado pruebas, que había pasado cierto tiempo y que se habían alcanzado acuerdos. La transición gradual de la formalidad a la confianza, del círculo externo al íntimo se efectuaba de un modo estructurado y manifiesto: no solo indicaba a los implicados en qué situación se encontraban uno respecto del otro, sino que también se esperaba que el resto captara el cambio en la relación.

Pero surgieron ciertos problemas; como el respeto se manifestaba a través de modales formales, el rechazo de la distancia social podía interpretarse también como un trato menos respetuoso, de modo que a los sirvientes, por ejemplo, se les podía tutear. Durante las cenas no se sabía si era correcto tutear a un camarero por tener un rango inferior al de los comensales, o si darle un tratamiento de respeto para mantener la distancia social necesaria con quien no pertenecía al mismo círculo que los comensales. ¿Debían los hijos vosear a sus padres en señal de respeto o debían tutearlos por familiaridad? En el siglo xx, los modales en las lenguas que mantienen una distinción tradicional entre el tuteo y el tratamiento de usted han tendido cada vez más a primar la solidaridad con el grupo propio en lugar de las diferencias de rango, de modo que los hijos tutean a sus padres, y los comensales tratan de usted a los camareros. El aumento de la inclinación por la igualdad ritual implica que hoy en día también se pueda tutear a un camarero conocido por el que se sienta simpatía. El tratamiento de *tú* se ha vuelto cada vez más común. La informalidad se va imponiendo como el tono habitual; la formalidad es ahora excepcional. El cambio supone una revolución en nuestros comportamientos.

Salvo en ocasiones muy contadas en las que nos invitan a ciertos actos de una organización meticulosa en los que solemos jugar a ser formales –noches de gala en el teatro o cenas para dignatarios visitantes–, lo cierto es que la formalidad se ha convertido en algo bastante descortés. Hoy en día, la rigidez formal se percibe (y la cortesía, ahora igual que siempre, depende en exclusiva de la percepción de los demás) como la imposición grosera y antipática de una distancia gélida. Es evidente que la individualidad ya no se persigue, sino que se considera algo impuesto, y mantenerla a través de los modales puede resultar ofensivo y hasta ridículo. Lo que expresan los modales de una forma ritual es la igualdad oficial. El comportamiento educado de hoy en día exige demostraciones constantes de que no somos en modo alguno superiores al resto, ni tan siquiera, o sobre todo, cuando nos encontramos en una posición de poder bastante obvia.

La sociedad moderna cuenta con dispositivos más que suficientes para mantener la distancia entre la gente. Dormimos en habitaciones separadas, vivimos y comemos en estancias diferentes, nos desplazamos parapetados detrás de puertas cerradas de vehículos de metal. Formamos multitudes anónimas y apresuradas, y nos vemos obligados a buscar las ocasiones para mantener el contacto o incluso toparnos con otros individuos tan aislados como nosotros. Por tanto, cuando nos juntamos con el propósito expreso de socializar, no nos podemos permitir ser distantes. El igualitarismo moderno a un nivel interpersonal intenta compensar los muros que separan a cada individuo de todos los demás y, al mismo tiempo, responde a una ideología política y a un ideal puramente moral. El igualitarismo conlleva informalidad; y la informalidad proporciona un acceso muy necesario a otras personas. Aun así, el término inglés *casual* tiene dos significados. Uno de ellos lo define en oposición a lo formal, de modo que se corresponde con 'informal' o 'relajado'; implica ropa de diario, relajación de las normas durante las comidas, menos reservas… Pero *casual* tiene la misma raíz que el término *casualidad*: alude a algo azaroso, como un lanzamiento de dados. El comportamiento informal (*casual* en inglés) deja al azar gran parte de las actuaciones: la gente se muestra tal como es, se sienta donde quiere, no levanta barreras conscientes de comportamiento con ninguna de las personas presentes.

Las recepciones, los cócteles y las copas son actos sociales típicos de hoy en día a los que se invita a asistir a la gente para que se conozca. En ellos se ofrece bebida y, casi siempre, comida. Se trata de celebraciones informales en tanto que permiten establecer contactos fortuitos; hay espacio suficiente para que cada asistente pueda acercarse a otras personas o huir de ellas. Se practica un juego libre; los únicos factores condicionantes son, por un lado, la agresividad necesaria para captar la atención de los favoritos y, por otro, la escasa asertividad que caracteriza a quienes no son buenos en este juego. Estos actos informales en casi todos sus aspectos también cuentan con cierta dosis de elementos formales para aportar distancia ritual a los asistentes y para que estos demuestren que cuentan con la instrucción y la disciplina necesarias para acudir a estas reuniones. Hay que arreglarse para la ocasión; las mujeres usan zapatos de tacón aunque deban estar todo el tiempo de pie, así como prendas diseñadas para llamar la atención, ya sea por estar a la última moda, por el brillo o el esplendor del color y, a veces, por su espectacular sencillez: no hay mucho tiempo para causar impresión y la competencia será enorme con el resto de los asistentes. Lo primero que se descarta de las comidas tradicionales de sociedad son las sillas y mesas. El mobiliario del salón comedor convencional limita el número de comensales, impide moverse y fomenta una cercanía indeseada: quien acude a un cóctel no siempre pertenece al mismo grupo de personas que convocaríamos para disfrutar de la cercanía que se ofrece cuando cocina uno mismo. Las recepciones son actos para el círculo exterior, no para el círculo íntimo. Suelen celebrarse temprano al atardecer y no aspiran a ser el principal acontecimiento de la agenda de nadie.

En las recepciones, la gente permanece de pie y se desplaza de un lugar a otro con una copa en una mano y la otra mano libre para gesticular y tomar algo de comer. La comida y las bebidas circulan a menudo en bandejas traídas y llevadas por camareros. Se requiere bastante soltura y corrección corporal, y por lo común se consigue. La comida es bastante variada, formalmente decorativa, y se brinda no solo por sus cualidades para crear compañía, sino también con el propósito de que la gente tenga algo que hacer. Elegirla y tomarla rellena los huecos de la conversación; ir en su busca ofrece una excusa para dejar un grupo que mantiene una charla; a veces, la comida llega incluso a dar de qué hablar. Puesto que se sostiene con la mano, la comida debe ser sólida y compacta, ni viscosa ni demasiado aceitosa, y consistir en bocados fríos o tibios y precortados en trozos pequeños, como suele ocurrir en las culturas que no usan cubiertos. El jaleo contribuye a que las conversaciones sean breves e intrascendentes, de manera que la profundidad está completamente fuera de lugar, mientras que la bebida suelta la lengua y reduce las inhibiciones. Las personas más habilidosas en este tipo de actos saben bien cómo entrar en conversaciones y también cómo salir de ellas con facilidad. Puesto que no está permitido sentarse, el encuentro acaba pronto en cuanto ha cumplido su propósito: permitir múltiples contactos y brindar numerosas oportunidades breves tanto para ver como para ser visto.

En la vida moderna sigue quedando espacio para celebrar comidas singulares y estructuradas con formalidad. Las ocasiones especiales siempre se han festejado con el consumo de manjares especiales en abundancia; estos casos exigen unas normas de conducta más enrevesadas de lo habitual, unos preparativos más largos y la exhibición de habilidades sociales, amistades y generosidad. Las fiestas dedicadas a ocasiones especiales o a personas especiales se apartan de lo cotidiano y lo usual. De hecho, jamás se ha considerado que los banquetes deban convertirse en algo ordinario, porque entonces pasarían a ser una manifestación de glotonería rutinaria carente de sentido. Los terribles pretendientes de la *Odisea* cometen la falta de atiborrarse sin cesar y sin motivo, «en vano», dice Homero, «sin ningún propósito, para nada». Un banquete debe ser excepcional y tener una razón.

La comida cotidiana es regular, mucho menos copiosa que la de los banquetes, y se comparte con unas pocas personas más íntimas que el resto en gran parte porque nos juntamos a menudo con ellas para comer. Las comidas de diario no pretenden sorprender ni impresionar ni competir. Lo que se busca en ellas es lo esperable, y eso se consigue a través de un comportamiento ordinario pero poco decoroso y a través del orden. La base del término *ordinario* es el orden. A su vez, las comidas diarias nos ordenan la jornada con ocasiones para reunirnos con amigos y familiares y para descansar del trabajo. En ellas rigen menos normas de corrección que en los banquetes formales, pero también hay algunas y se respetan.

Un antecesor de las comidas en restaurantes lo encontramos en las comidas que se servían al público a unas horas y a unos precios determinados en mesones o posadas de Gran Bretaña. Debido a esos detalles preestablecidos, tanto la comida como el local en el que se tomaba acabaron denominándose *ordinary* ('ordinario'). Cuando un enorme conglomerado empresarial de hoy en día ofrece comida rápida en mitad de una autopista, sabe que los clientes que paren allí no buscan sorpresas. Llegan con hambre, con cansancio y sin ganas de celebraciones; pagarán gustosos (un precio asequible) por recibir algo predecible, adecuado, rápido y ordinario.

Las formalidades ornamentales desaparecen (mesas y sillas están atornilladas al suelo, por ejemplo, y la cubertería, en caso de haberla, no sirve ni para llevársela), pero también hay que seguir un ritual, es decir, unos comportamientos y expectativas sujetos a unas reglas preestablecidas. La gente que para el coche para comprar una hamburguesa (en un McDonald's, un Burger King, etc.) sabe qué aspecto exacto tendrá el edificio que alberga ese establecimiento; las diferencias arquitectónicas se limitan a ser variaciones sobre un mismo tema impuesto con rigidez. La clientela quiere, tal vez incluso necesita, reconocer esa cadena de comida, sentir que ya conoce ese lugar y lo que ofrece. Estos establecimientos están pensados para ser «un hogar lejos del hogar» cuando se viaja en coche por carretera, en cualquier rincón de la ciudad o cuando se sale al extranjero.

Hay palabras y actuaciones que se fijan de manera oficial, que el personal conoce a través de manuales y sesiones de aprendizaje, y que luego adopta la clientela a partir de sus visitas periódicas. Hay que llamar a las cosas por su nombre correcto (un «Big Mac», «patatas fritas grandes»); las instrucciones de McDonald's exigían en 1978 que su personal siempre preguntara «¿será con queso, señor?», «¿desea patatas fritas hoy, señor?», y finalizar la transacción con «Que tenga un buen día». Los empleados usan un uniforme característico; siempre se ofrecen los mismos menús y hasta se colocan en el mismo espacio en todos los establecimientos de la cadena; los precios son bajos y predecibles; y la limpieza se proclama y repite sin descanso. La empresa también procura ejercer el papel de anfitrión adorable, amable y comprometido, incluso paternal: sabe que toparnos de frente con una empresa enorme y sin rostro nos vuelve desconfiados y hasta maleducados. Por eso insiste en su amor por los niños, su añoranza del calor acogedor y del pasado (tejados coquetos, tonos tierra cálidos), o su modernidad limpia y fresca (paredes de cristal, superficies lisas, embellecedores rojos). Responde a preocupaciones sociales cuando son lo bastante insistentes o generalizadas y, por tanto, «correctas». Así, por ejemplo, McDonald's dedica muchos esfuerzos en la actualidad a demostrar lo mucho que le preocupa el medio ambiente.

Las cadenas de comida rápida saben que son corrientes. Quieren serlo y que la gente las considere casi indisociables de la idea de una comida cotidiana que se toma fuera de casa. Les gusta dejar que sus clientes celebren días festivos sin ellas (Acción de Gracias, Navidad, etc.), en los cuales no atienden. Sin embargo, también aprovechan esos días festivos, que son bastante escasos, para obtener un beneficio, puesto que estas empresas saben que sus clientes preferidos –familias cumplidoras de la ley– están reunidos en casa en esas fechas viendo la televisión, donde una publicidad bien meditada presentará en los momentos adecuados nuevos productos de comida rápida y les recordará la imagen de las distintas cadenas para que vuelvan a ellas más adelante, cuando regresen los largos periodos de las jornadas ordinarias.

Las familias son los clientes más deseados por las cadenas de comida rápida: ciudadanos solventes que acuden en grupos de varias personas con adultos que están pendientes de sus hijos y les enseñan las bondades de las hamburguesas mientras los educan para que tengan un comportamiento típico y respetuoso. Estos clientes suelen exhibir un comportamiento limpio, comedido, considerado y correcto mientras comen de manera rápida, agradecida e informal. Las cadenas de comida rápida se enfrentaron hace unas décadas a la alarmante constatación de que los drogadictos, ávidos de sal y grasa, corrieron la voz entre los suyos de que las patatas fritas proporcionan estas sustancias de un modo fácil, ubicuo, barato y a todas horas. ¡Drogadictos en restaurantes familiares! Lo inconcebible de esta idea quedó bien plasmado en una noticia de *The Economist* (1990) que reunió las palabras que el propietario de un establecimiento de comida rápida no puede permitirse en su fiel clientela, la que participa en sus correctos y acostumbrados rituales: el título de la noticia fue «Venga, Mabel, vámonos». El plan para contrarrestar esta amenaza incluyó aumentar la intensidad de la iluminación en los establecimientos de comida rápida: los drogadictos, al parecer, prefieren comer a oscuras.

La formalidad asociada a comer en un establecimiento de comida rápida depende de la estricta regularidad de su producto, de sus rituales sencillos pero seguidos a rajatabla y de su ambiente. Ofrecer hamburguesas que cumplan con unos estándares perfectos de forma, peso, temperatura y consistencia junto con la posibilidad de elegir entre un listado preestablecido de guarniciones a una clientela con unas expectativas endiabladamente precisas supone una hazaña de una complejidad enorme. La tecnología necesaria para lograrlo se ha alcanzado tras invertir enormes sumas en investigación y décadas de experiencia, por no hablar de las inmensas derivaciones políticas y económicas necesarias para mantener un suministro de carne de ternera y bollos a precios bajos. Pero estos costes y complejidades se ocultan de la vista con sumo cuidado. Sabemos, por supuesto, que un Big Mac es un invento cultural: el esmerado control que se ejerce sobre él es una de las cosas que compramos. Pero McDonald's consigue ofrecer una experiencia gastronómica «informal», y así debe hacerlo si quiere tener éxito como establecimiento de comida ordinaria. Lo que se ofrece al cliente con esta tecnología, estas políticas despiadadas y esta elaborada organización es una simplicidad cómoda e inocente.

En nuestros días, muchos de los «buenos modales» de antaño han encontrado su final más inexorable al volverse sencillamente incorrectos; y hoy se perciben, en el mejor de los casos, como complicaciones inadecuadas. Lo apropiado se corresponde con lo adecuado: cumplir las formalidades significa adecuarse a las demandas de los demás para tener un comportamiento correcto, predecible y fácil de aceptar. Tal vez no compartamos la percepción de dos sociólogos estadounidenses que afirman (con cierto aplauso) que hoy en día «las transgresiones físicas, como dar una palmada en la espalda a otra persona y contar chistes sexuales que hablen de la intimidad propia, se han convertido en signos reconocidos de amistad». Pero sigue siendo un gesto de valentía saltarse la convención de que todos debemos fingir relajación al actuar con corrección. Ahora consideraríamos perturbada a cualquier mujer que se negara a salir de casa, incluso en días de calor, sin antes buscar y ponerse un par de guantes (una norma cuyo cumplimiento se consideraba señal de una educación exquisita hace tan solo unas décadas); las personas que no hayan vivido cuando estaba vigente esta regla verán con preocupación a esa mujer. Si un hombre retira la silla a una mujer para luego acercársela con suavidad mientras ella toma asiento, tal vez la haga sentirse objeto de unas atenciones bastante inusuales. Los camareros pueden esquivar este tipo de cosas, pero cuando visitamos restaurantes elegantes pagamos en parte para disfrutar del refinamiento y la formalidad, y para alejarnos de la falta de compostura. (En cualquier caso, es bastante habitual que el personal contratado para ofrecer servicios personales se vista y se comporte como si perteneciera a una época que pasó no hace mucho.)

Pero cuando de la escena social desaparecen ciertos modales considerados elegantes no hace tanto (como quitarse el sombrero o acudir con guantes de seda a una cena y desprenderse de ellos antes de empezar a comer), siempre acaban dando paso a otros nuevos. Los gestos de cortesía no se esfuman sin más, sino que reciben la orden de adaptarse a exigencias nuevas. Tres de los condicionantes de este tipo que repercuten en la concepción actual de la etiqueta son la desaparición de los sirvientes personales y de la obligación de que las mujeres desempeñen un papel servicial en el mundo moderno, el empeño por ir siempre contra reloj y la obsesión por la limpieza.

En 1922, Emily Post escribió en el pie de una fotografía de una mesa puesta para una cena formal: «El ejemplo perfecto de una mesa formal de buen gusto, riqueza y lujo que no conlleva ningún esfuerzo para la anfitriona de una gran casa, más allá de decidir la fecha y los invitados principales que conformarán el alma de la fiesta». Más adelante se nos explica que la anfitriona solo tiene que pedir a su secretaria que le traiga las tarjetas de invitados y distribuirlas con criterio en torno a la mesa «casi como si jugara una partida al solitario». Aparte de decidir quién acudiría y dónde se sentaría, debía «comunicar al personal de cocina que recibirán veinticuatro invitados el día 10; a ella le presentarán el menú más tarde, el cual probablemente ojeará y enviará de vuelta. Ella jamás atiende ni piensa en su mesa, que es competencia del mayordomo». Una vez escritas las invitaciones, los sirvientes se encargaban de enviarlas por correo o de entregarlas en mano. El día de la cena, ponían la mesa con las tarjetas de los invitados colocadas en el lugar correcto, preparaban la comida, la servían, recogían la mesa, limpiaban la vajilla y ordenaban la casa al marcharse los invitados.

La anfitriona se enorgullecía de lo complicado que le resultaba lograr la perfección; y solo cabe suponer que las lectoras de Emily Post –que no serían «anfitrionas de una gran casa»– quedarían impresionadas. La plata, por ejemplo, debía manejarse con un cuidado reverente y jamás debía ser manejada por el servicio «sin una gamuza impregnada para limpiar plata». «Una pieza de plata jamás deberá tocarse con otra ni por la más mínima casualidad […] El sirviente que junte dos o tres tenedores en un mismo manojo no volverá a hacerlo nunca más por segunda vez sin perder su puesto de trabajo. Si el anillo de un invitado llegara a arañar el mango de un cuchillo o un tenedor, la persona encargada de limpiar la plata tendrá que dedicar un día entero a usar el pulgar o la gamuza de la plata para frotar y frotar hasta que no quede ni rastro del arañazo».

Los sirvientes de mesa eran raudos y silenciosos. Debía haber un sirviente por cada dama sentada a la mesa para retirar la silla y deslizarla debajo de ellas en el momento en que tomaran asiento. El mayordomo permanecía en pie durante todo el tiempo que durara la comida detrás de la anfitriona, «excepto cuando dé órdenes a otros criados o cuando sirva vino. Nunca abandona el salón ni toca un plato». El servicio a la rusa conllevó que los criados trincharan todos los servicios, los distribuyeran y los volvieran a colocar en la mesa auxiliar. Se cuidaba en extremo no solo la cubertería, sino también la vajilla: «Una mancha o la huella de un pulgar en el borde de un plato es como una mancha en la pechera de un vestido».

Pero el texto del porvenir ya estaba escrito en la pared. En la década de 1920, la institución del servicio doméstico interno inició su intenso declive en Estados Unidos; el proceso había comenzado antes en Europa. Las razones de este cambio social están muy ligadas a la industrialización y a la aparición de nuevas oportunidades para realizar trabajos remunerados, sobre todo para las mujeres: en cuanto el personal doméstico encontró otras opciones, abandonó en masa el servicio doméstico. Al mismo tiempo, la desaparición de los sirvientes consolidó al fin la llegada a los hogares de ayudas tecnológicas para realizar las tareas domésticas. En 1928, Emily Post añadió a su obra un capítulo titulado «Sobre la casa sin sirvientes»; en 1931, la cubertería de plata chapada en platino se había convertido en una alternativa, deplorable pero comprensible, a la plata pura; la propiedad de que no perdiera el brillo «quizá compense las desventajas» donde haya pocos sirvientes o ninguno. En 1945, Post sintió la necesidad de recalcar a su público lector que no hay que presentar la sirvienta o el mayordomo a los invitados; hacerlo estaba «tan fuera de lugar como presentar el conductor de autobús a los pasajeros».

Muchas de las oportunidades de empleo no doméstico que desviaron la oferta de sirvientes fueron, en realidad, ocupaciones tediosas, agotadoras y hasta peligrosas. Las razones por las que los hombres y las mujeres prefirieron trabajar en fábricas, incluso por salarios inferiores a los que se pagaban en el servicio doméstico, tienen que ver con las relaciones personales y con el rango social, que constituyen la esencia de los modales. A pesar de las ventajas del trabajo doméstico (la posibilidad de tener buenas relaciones personales en el trabajo, un lugar confortable en el que vivir y quizás también una relativa libertad de horarios y de control), los sirvientes se resentían cada vez más de sus desventajas sociales. Dependían de la buena voluntad y de la cortesía de sus señores, pero no tenían ninguna capacidad para exigirlas; estaban sometidos a una familia que no era la suya (en otras palabras, soportaban todo el temor y la inseguridad de un huésped, pero sin el poder ni las recompensas sociales ni el honor de estos); trabajaban durante muchas horas y con jornadas sin especificar, y apenas se les permitía tener vida privada. Hoy en día, la mayoría del trabajo doméstico remunerado se realiza por horas o por jornadas completas en régimen externo, y quienes pueden permitírselo contratan a una «señora de la limpieza» para que acuda a realizar las tareas domésticas varias veces al mes. Solo las personas muy adineradas cuentan con criadas, sirvientes, cocineros y mayordomos, el personal de servicio que antes atendía todas las mesas de las clases medias. Ahora hemos rebajado nuestras expectativas habituales para la ceremonia de una cena festiva.

Ya no se espera de manera automática que las mujeres sigan dedicadas a la casa y al mantenimiento de la elegancia familiar. La necesidad me ha impedido abordar aquí las enormes implicaciones de que la mujer se haya liberado de tener que asumir en exclusiva el papel de ama de casa. Las numerosas consecuencias de esta revolución para los modales en general son similares a las que se derivan de la desaparición de los sirvientes domésticos: ambos cambios provienen de la misma modificación del sistema social. Durante muchos siglos, el respeto con el que se trataba a las mujeres fue una de las demostraciones más reveladoras de urbanidad. Este listón se encuentra ahora más alto que nunca; de hecho, hoy se exige y no solo se espera. Recordar sin cesar que debemos vigilar nuestras actitudes hacia las mujeres y desprendernos de las ideas preconcebidas supone un ejercicio difícil y que exige mucha concentración. La decisión moral está tomada y es irrevocable. Sin embargo, en la mayoría de los aspectos seguimos siendo unos advenedizos que necesitan pulir sus modales.

Comportarse de forma correcta con las mujeres en el mundo actual afecta, como siempre ocurre con los buenos modales, a los comportamientos más personales. Por ejemplo, yo misma he tenido que lidiar con el prejuicio de los pronombres mientras escribía este texto. En mi libro anterior, publicado tan solo unos años antes que este, esta cuestión era mucho más relajada. En el tiempo transcurrido desde entonces, se ha vuelto socialmente inaceptable usar el genérico «hombre», «hombres» para referirse a las personas en general: lo correcto es hablar de «la humanidad». Las mujeres organizan cenas con la misma asiduidad que los hombres: ¿debo hablar de «anfitrionas»? Si hablo de anfitriones en términos generales, como personas que ejercen ese papel, ¿debo referirme a los miembros de ese colectivo como «ellos», «ellas» o duplicar siempre la expresión con «ellos» y «ellas»? (Me niego a usar «elles».) Cualquiera que escriba reconocerá estos problemas con los que yo me he topado; es un desconcierto que nadie puede evitar. Los hombres usan hoy el sombrero mucho menos que antes, de modo que debo renunciar a que se descubran ante mí, disculpar a quienes lo usen y no lo hagan, y tal vez hasta desear con fuerza que no lo hagan. Pero sí puedo y debo esperar que los hombres no se refieran a mí usando el pronombre «él». En los últimos tiempos, nuestros modales en la mesa apenas han tenido que ver con la discriminación sexual, aparte de las cuestiones relacionadas con los sitios y la precedencia; pero cualquiera que lamente la reducción de los niveles de exigencia en la mesa debe tener en cuenta el gran trabajo que se está realizando en otros ámbitos con la implantación acuciante de nuevas imposiciones.

Nuestra sociedad ha dedicado grandes esfuerzos a lograr que toda una categoría de personas deje de estar al servicio de los miembros de otra clase, ya sean profesionales o mujeres en general. Esto no quiere decir que la sociedad occidental actual no obligue a nadie a actuar como mano de obra barata para trabajar y producir bienes que nos permitan mantener lo que denominamos «nuestro nivel de vida» (cada vez se recurre más a población procedente de países distintos del nuestro). Aun así, lo cierto es que la inmensa mayoría de occidentales se encarga de realizar las tareas de su propia casa. No podemos librarnos haciendo que otras personas dediquen su vida a atender nuestras necesidades personales de manera continua. Esto implica una reducción de los niveles de elegancia y formalidad, en efecto, pero contar con que nadie nos sirva (ni siquiera la esposa propia) requiere una competencia formidable y la aceptación del ideal civilizadísimo de que no debemos abusar de otras personas. En otras palabras, prescindir de los sirvientes, al igual que dar a las mujeres la posibilidad de seguir la trayectoria profesional que deseen, no solo es algo necesario en este sistema social, sino que también es de por sí una forma exigente de cortesía.

Los buenos modales gobiernan las relaciones con otras personas sobre todo en situaciones en las que mantenemos un contacto estrecho con ellas; no constituyen la virtud, pero aspiran a imitar la apariencia externa de la virtud; son la aceptación de un ideal. Tratar abiertamente a otro ser humano como si fuera inferior se ha convertido en algo repugnante y ridículo, prueba fehaciente de una falta de modales y de gusto. Si nos sorprenden en esa actitud de manera descarada, es imposible que nos sigan considerando personas respetables. Otra historia es cómo nos comportamos con personas a las que nunca llegamos a conocer –y el mundo moderno nos sitúa en una simbiosis compleja con gente a la que nunca llegamos a conocer en persona–.

También se dice que la revolución de la función que desempeña la mujer en las sociedades occidentales está provocando otro cambio de hábitos. Cada vez son más los hogares estadounidenses y europeos (jóvenes de sectores acomodados de la sociedad) que contratan sirvientes personales. Se trata, por supuesto, de personas más pobres que sus empleadores, importadas en muchas ocasiones de otros países porque pocos miembros de nuestra propia sociedad querrían esos empleos. Y, por otra parte, es posible que la población inmigrante nos complazca (y hasta nos convenza de que estamos siendo corteses) al mostrarse afortunada por que accedamos a contratarla.

La percepción de que nos falta tiempo es uno de los rasgos distintivos de la cultura occidental moderna. No se puede atribuir tan solo a que ahora vivimos sin sirvientes o a que un gran número de mujeres elige trabajar fuera de casa. Esta percepción del tiempo es tanto un requisito previo para el sistema social actual como un resultado del mismo. Sus efectos sobre los modales casi siempre implican una simplificación, con la salvedad, por supuesto, de que se ha vuelto una descortesía sin precedentes hacer que alguien pierda su tiempo. La fórmula «no tengo tiempo» se usa como excusa y también como estímulo: nos espolea y nos limita a la vez, igual que lo hacía el honor con los griegos de la Antigüedad. La sensación de que no tenemos tiempo (abstracta, cuantitativa y amoral, irrebatible y apremiante para cada persona individual) escapa a la explicación y a la censura al presentarse como una situación debida por entero a nuestra buena fortuna. Al parecer, no tenemos tiempo porque la vida moderna ofrece tantos placeres, tantas opciones, que no nos resistimos a disfrutar de todo lo posible dentro del tiempo que se nos ofrece.

La falta de tiempo se ha ligado con perspicacia a la aparente conquista actual del espacio a través de la movilidad. Nunca se han hecho las cosas más rápido ni se han podido alcanzar desde más lejos. (Pero para eso se necesita velocidad, sobre todo porque no tenemos tiempo.) Viajar deprisa, utilizar máquinas para realizar tareas, tardar el menor tiempo posible en comer o descansar para no ser improductivos…, nada parece aliviar la presión. En otras palabras, la libertad que brinda la velocidad se compensa con creces con el estrés que producen las prisas constantes e inevitables. A las personas poderosas les encanta hacer ver a quienes necesitan sus servicios que les cuesta encontrar tiempo para hacerles un hueco: hacer esperar a los demás porque el tiempo propio es más valioso que el del resto es uno de los grandes distintivos del atractivo y del éxito.

Sentir premura es también un elemento crucial de la economía que nos rige; anima a consumir más, a pagar precios más altos, a probar más cosas y más recursos para compensar el estrés o al menos para aliviar la ansiedad. También obliga a trabajar con más ahínco y durante más tiempo y, por tanto, a tener menos tiempo. No es que consumamos tantas cosas que nos quedamos sin tiempo, sino que la falta de tiempo nos obliga a consumir más. Comemos fuera de casa o compramos comida preparada para llevar y ahorrar tiempo, pero también –y esto es más falaz– porque parece que no tenemos tiempo para hacerlo de otra manera. Muchas personas no llegan nunca a saber cocinar y, por tanto, esa tarea no solo resta mucho tiempo, sino que resulta poco gratificante. Preferimos gastar más dinero y menos tiempo en comer, así que procuramos convencernos con complacencia de que lo que obtenemos por nuestro dinero es una comida agradable.

Como la informalidad implica relajación, nos parece lo único soportable en nuestro estado de urgencia y agotamiento. Una comida preparada en casa con invitados o incluso con la familia propia no puede ser completamente informal ni mucho menos dejarse al azar, porque exige unos preparativos y una previsión, y toda la concurrencia deberá rechazar otros compromisos para confirmar de antemano su asistencia en una fecha determinada. Cada participante deberá sentarse, relacionarse con el resto y no levantarse para irse antes de que el resto esté listo para hacerlo. Comparado con el antojo repentino de tomar una taza de sopa preparada en el microondas en cuestión de cinco minutos, comer con amistades llega a parecer hoy en día un acontecimiento formal, rígido y prolongado incluso a quienes no tengan que cocinar. Estamos condicionados para pensar que incluso un nivel bajo de formalidad supone una limitación por el mero hecho de que implica interactuar con otras personas, mientras que quedarnos con nuestras prisas personales tiene que ser algo libre y preferible. Es una mentalidad que sin duda conviene a quienes venden raciones individuales de comida rápida lista para llevar y producida en masa.

La comida es «rápida» cuando está lista al instante para su consumo y, además, se puede tomar con rapidez. Optar por esta modalidad de comida exige una renuncia sacrificada al placer de saborear la comida, o un hastío derivado de un exceso de estímulos que compiten entre sí, o ambas cosas a la vez; es necesario querer conformarse con menos. Hubo un tiempo en que tener que comer rápido se consideraba una desgracia; el estado ideal de un comensal era aquel en el que la prisa y la comida nunca tenían que coincidir, salvo en el momento de servirla. Hoy en día, «comida rápida» se ha convertido en una expresión tan común que ha perdido buena parte de la reprobación que solía expresar; después se inventó otra expresión paradójica, «comida basura», pero incluso esta ha adquirido connotaciones de placentera vileza, de atreverse con lo insano para ganar velocidad y de aplacar una adicción. Una adicción no se comparte, y la velocidad se ve casi siempre obstaculizada cuando hay más personas. Pero el decoro corporal cuando se come (no salpicar saliva ni mancharse, masticar sin hacer ruido, no agarrar la comida con las manos ni mirarla fijamente, ni desmenuzarla, ni sorberla) forman parte de las formalidades que exige la sociedad al tomar comida rápida, igual que lo son para cenar en cualquier contexto. La comida rápida se puede tomar en cualquier lugar, incluso caminando por la calle, siempre que se mantengan estos modales básicos. Si no se siguen, tal vez no se queje nadie, pero la reacción más educada que podemos esperar si defraudamos a todo el mundo en esto es un desdén ritual.

Una de las grandes demandas de la modernidad es la limpieza. Pocas veces en la historia del mundo la humanidad se ha lavado tanto como nosotros ahora. Constantemente nos aseamos el cuerpo, limpiamos la ropa, los platos, las cortinas, las alfombras y los coches. Hemos inventado máquinas que lavan solas y, en lugar de acomodarnos, hemos elevado cada vez más nuestras exigencias en relación con la limpieza, de manera que quienes se encargan de atender el hogar dedican ahora más esfuerzo que nunca a mantener limpia a la familia. Parece imperar la idea de que hay que aspirar a la máxima limpieza posible. La exhibición de la limpieza se parece en el mundo occidental a la importancia que se da en India, o tenía en el mundo antiguo, la contaminación: la observancia de las normas de pureza se convierte en una condición indispensable para la aceptación social. Si no nos andamos con ojo, las normas de limpieza acabarán siendo más relevantes para nosotros que la moralidad. En una reunión social como el cóctel recién descrito es probable que un asesino o ladrón bien conocido reciba una acogida más cálida por parte del anfitrión y los invitados del encuentro que un vagabundo sucio y maloliente pero honrado. Las personas sucias son, por definición, impropias de nuestro mundo: hieren sensibilidades y dan señales inquietantes de una posible pérdida de control. El decoro corporal, como hemos visto, es sumamente riguroso hoy en día; revela al resto que quienes lo practican tienen eso que todos deseamos encontrar en nuestros conciudadanos: un carácter inofensivo, autocontrol y gratas garantías de que no necesitan ayuda.

En lo referente a la comida, la limpieza es siempre crucial, y es fácil que su exigencia se vuelva obsesiva. Los cubiertos, los vasos y los platos deben brillar impecables para que podamos empezar a comer.

El diseño moderno de la vajilla suele destacar las formas suaves y los colores lisos; los vasos son transparentes, sencillos e incoloros. Estos objetos son fáciles de limpiar, pero también permiten apreciar su limpieza: las formas simplificadas, que la modernidad suele reivindicar como su sello distintivo, tienen lo que llamamos «líneas puras». Nos gusta que la fruta esté perfecta (ni una mancha ni una magulladura), y la comida rápida viene en numerosos envoltorios y cajas (los envases transmiten la sensación de que todo está bajo control). Hemos necesitado muchos argumentos elaborados para darnos cuenta de que las manzanas perfectas e inmaculadas solo se consiguen usando pesticidas, y de que las sustancias químicas invisibles e insípidas tal vez sean perjudiciales en realidad. La población entiende el peligro que entrañan los productos químicos si los contempla como contaminantes, como un tipo de suciedad. El descubrimiento de que los detergentes (¡productos de limpieza!) pueden contaminar el entorno supuso una revelación terrible y paradójica en la década de 1960.

En muchos periodos de nuestra historia (a menudo durante los siglos más refinados y elegantes de todos), nuestros propios antepasados vivieron en la inmundicia con libertad y despreocupación. El convencimiento reciente y casi universal de que hay que aspirar a tanta limpieza (del cuerpo, el pelo y la ropa) evidencia que nos hemos sometido a una imposición respaldada en masa por un consenso social muy moderno. La limpieza es esencial para tener buena salud, y las personas malolientes repugnan a las demás. Estos dos axiomas bastan para mantenernos a raya. Para la mayoría de la población durante la mayor parte del tiempo, la aprobación social es lo más determinante. Nos lavamos para otras personas y por su insistencia, aunque (y quizá con el resultado de que) sentirnos limpios nos hace sentir bien. Tener limpia la casa no tiene nada que ver con la necesidad que sentimos de asearnos nosotros: cuerpos resplandecientes de frescura salen a menudo de viviendas muy sucias. La limpieza sin riesgos que garantizan los establecimientos de comida rápida es uno de los argumentos de venta más poderosos de sus productos a gente que deja alegremente una semana los platos sucios en la cocina siempre que no venga nadie a visitarla.

La palabra *propio* en francés es *propre*, que significa 'perteneciente a uno mismo', y el sustantivo correspondiente es *propriété* o 'propiedad' (es decir, algo que se adquiere «apropiándoselo»). A finales del siglo XVI, la acepción original adquirió en Francia un significado adicional. *Propre*, 'propio; distintivo, característico y privativo de uno mismo', pasó a significar también 'elegante' y 'correcto'. Las personas elegantes, literalmente *selectas*, eran escrupulosas y agraciadas por naturaleza, con un *je ne sais quoi*. Destacaban, pero también encajaban; eran *propre*. Hacer algo *proprement* era hacerlo con propiedad, lo que ahora significa actuar de manera adecuada, manteniendo lo que en inglés todavía se denomina *the proprieties* ('el decoro' o 'la decencia'), un término que en el siglo XVII adquirió un sentido nuevo en la lengua inglesa para asimilarlo con el significado que tenía en francés. Desde entonces, el concepto ha experimentado otra revolución trascendental y reveladora: *propre* en francés es ahora la palabra más común para 'limpio'.

Puesto que cumplir la regla de la limpieza facilita la aceptación por parte de los demás, y romperla supone el ostracismo instantáneo, lavarse sin cesar es esencial para ascender por la escala social. Una persona limpia está preparada y aceptable en todo momento para encontrarse con personas ya conocidas y para conocer a otras nuevas. No es nada fácil conocer a gente nueva, de modo que no vale la pena descuidar la limpieza y poner en riesgo cualquier oportunidad que se nos presente. Además, la limpieza es un requisito básico que la mayoría de quienes vivimos en condiciones modernas podemos cumplir, y esta es una de las razones por las que esta norma rige de un modo tan implacable; brinda un medio eficaz para separar a los pocos irreductibles y para dar a la inmensa mayoría la oportunidad de demostrar que nos gusta que nos consideren decentes. Las molestias que nos tomamos para estar siempre limpios concentran ahora buena parte del esfuerzo que dedicamos a ser educados. Somos tantas personas, vivimos y nos movemos tan cerca unas de otras y es tan difícil que todas nos comportemos como es debido, que mantener la limpieza corporal se ha convertido en una especie de amuleto o talismán y en una demostración de que al menos lo procuramos.

Referencias

Capítulo 1: Las buenas maneras

Introducción
En relación con las conductas de reparto de carne en chimpancés y la instauración del reparto de comida entre humanos, véase G. L. Isaac y Teleki. Sahlins (1977) muestra que la cultura es una necesidad biológica en los seres humanos. «Las mujeres se pueden compartir [...]»: Firth (1973), 261.

El caníbal ficticio
Colón se cita en Knight, 16-17. Hulme cuestiona la verdad de la primera idea de los europeos sobre los caribes. Hankins analiza los orígenes de Calibán. Villa, *et al.* describen el hallazgo de huesos en Fontbrégoua. La idea de que el canibalismo tiene una base puramente material se planteó en Harner (1977), quien describe lo que vieron los españoles y aporta algunos datos; una idea apoyada por Harris (1977). Díaz del Castillo: 181, 568-69; De Sahagún: 3-4, 48; y Staden: 155-63. Otras fuentes sobre canibalismo son Sanday, Brown y Tuzin, Berndt, Strathern, Bloch y Parry, Glasse, Pouillon, Forsyth, P. Brown y Bucher. Véase además Montaigne, «Of the Cannibals», I.30, y Swift, *A Modest Proposal...* En Rudofsky (1980), 36, consta una ilustración de un tenedor fiyiano fabricado expresamente para comidas caníbales. Bowden describe e interpreta prácticas caníbales antiguas de maoríes; también cita un comentario de Tregear (1904) sobre la enorme cortesía de la sociedad maorí. Más información sobre maoríes en D. Lewis. «Durante el atardecer del sexto día [...]»: Berndt, 272.

El ritual
El artículo periodístico que describe al joven comiendo espaguetis con las manos es de W. R. Greer para el *New York Times* (1985), y es sindicado; un

ejemplo de fotografía que ilustra cómo se comían espaguetis en el Nápoles del siglo XIX se encuentra en A. del Conte, *Portrait of Pasta* (Londres y Nueva York: Paddington Press, 1976), 40. Goffman, sobre todo en 1963 y 1971, muestra lo importante que es que estemos atentos a las señales pequeñas y demos garantías de nuestra competencia en la mesa y en otros lugares; Douglas y Gross señalan los usos más amplios de la previsibilidad en ocasiones convenidas. La historia de los monos de la isla Koshima fue relatada por Kawai. Lange muestra cómo insistimos en la inculturación en lo que comemos y en nuestros hábitos alimentarios. Otras fuentes sobre el ritual y su significado son Turner, D'Aquili, Argyle, Brown y Levinson, Goffman, Laughlin y McManus, Lorenz, Bonner, Girard, Burkert (1983), Burkert Girard y Smith, Myerhoff, Scheff, J. Z. Smith, Strecker y Tambiah. Jesús sobre el lavado de manos: Marcos 7: 1-8; sobre el ritual y sobre los malos modales, véase, por ejemplo, Mateo 3: 13-17; 5: 23-24; 6: 2-6, 16-18; 15: 10-11; 22: 11-14; 23: 5-8; Marcos 2: 23-28; Lucas 4: 16; 7: 44-47; 11: 37-43; 17: 11-19; 20: 45-47; 22: 7-8. Sobre «solo de pan»: Mateo 4: 4, citando Deuteronomio 8: 3.

Festín y sacrificio
Las fiestas de Catalina de Médici se describen en Wheaton, 49-51, y Strong, 19-56; Bajtin analiza la importancia de las fiestas rabelaisianas en el capítulo 4 de su libro. Cita en Ashton de «Trial of Fr. Christmas» del siglo XVII. Sobre la cerveza en las sociedades de los kofyars, los jíbaros y los bembas, véanse Netting, Harner (1972) y Richards. Charsley investiga la historia de la tarta nupcial. Sobre el problema de los festines con carne en Hong Kong a principios de este siglo, véase Watson. Hierón de Siracusa sobre los banquetes: Ateneo de Náucratis, 4: 144d. Petropoulou analiza el sacrificio de Eumeo en la *Odisea* (14: 414-56). Como fuentes sobre el sacrificio figuran Girard, Burkert (1983), Burkert, Girard y Smith, Ashby, Bammel, Detienne y Vernant, Durand y Schnapp, Lissarrague y Schmitt-Pantel, Grottanelli y Parise, Harner (1977), Harris (1977), Hubert, Turner y Van Baal. Sobre el Séder y la misa: Feeley-Harnik, Murphy, así como varios artículos en *La Table et le partage* (Rencontres de l'École du Louvre. París: La Documentation française, 1986). Entre ellos, Murphy y J. Z. Smith cubren las categorías del ritual mencionadas en la página 58-59.

Capítulo 2: Aprender a comportarse

Introducción
La cita que compara los hombres pulidos con los guijarros de la playa procede de J. T. Trowbridge, *A Home Idyll* (1907). La idea de Mark Twain

de que es como la coliflor del repollo es de *Pudd'nhead Wilson's Calendar*, 1893, Cap. 5.

Educar a los niños
Whiting y Child ofrecen un estudio comparativo de prácticas de enfermería en la década de 1950. Lowenberg explica por qué a los niños pequeños les gusta llenarse tanto la boca. Leach analiza los insultos relacionados con la comida, y E. Rozin las preferencias de sabores de procedencia cultural. Malcolm menciona la neofobia de Wittgenstein, 69; Van Otterloo describe la tendencia de los holandeses actuales a la neofilia. Sjögren-de Beauchaîne documenta que a los niños franceses se los anima a «probar un poco de todo»; Mintz (cap. 5) se pregunta por qué los franceses han resistido tan bien las embestidas del azúcar. Detienne evidencia que la gente civilizada de la antigua Grecia se consideraba algo intermedio «entre las bestias y los dioses», y Syrkin se fija en los «necios por amor a Cristo» que evitaban deliberadamente comportarse de manera correcta. Raum describe los modales en la mesa de los chagas en la década de 1930, en especial en 184, 127, 193-94; Read escribe sobre los del pueblo ngoni de Nyasaland (actual Malawi) en la década de 1950 (véase 44-45, 79, 155); y Richards sobre los del pueblo bemba (véase 1939, 76, 197; 1932, 68). Sobre dar y compartir comida como medio de socialización a través del lenguaje necesario entre niños kalulis de Papúa Nueva Guinea, véase Schieffelin, en especial el capítulo 6. «Mientras estés de pie durante la comida»: Furnivall (1908), 123. Gloag, 59, indaga en cómo se sentaban los niños británicos en el siglo XVII. A. Hope ofrece información interesante sobre los modales en la mesa en la cultura escocesa en la actualidad y en el pasado; a ella debo la cita extraída de Osgood Mackenzie (pp. 115-118). La adivinanza malawiana se cuenta en Chimombo. El aprendizaje de los niños malayos procede de McArthur (1950), citado por Yudkin y McKenzie, 54. Charles y Kerr informan sobre la «comida dominical» británica y sobre la importancia de la mesa para enseñar modales a los niños, 184-85, 188, 190.

Inhibiciones
Tras las teorías de Norbert Elias parece arremolinarse toda una escuela de sociología. Además de las obras que figuran en el apartado de bibliografía de el presente volumen y de otras no relacionadas con los modales en la mesa, véase Mennell (1989) y el libro de Wouters que contiene el artículo citado. «A alcanzar en el espacio de unos pocos años el avanzado nivel de [...]»: Elias, I.140; «Relajación dentro del marco de [...]»: ibíd. Aresty describe la antigua costumbre británica de enviar a los niños a vivir con otras personas para ejercer como pajes y damas; véase además la «Introducción» de Chambers a la obra *A Generall Rule* [...] (anónimo, siglo XV). Los primeros libros

ingleses sobre modales se encuentran en las dos colecciones de Furnivall. La politización de la cortesía en la Francia del siglo xvii se describe en Ranum.

Aspiraciones
«La barrera que la sociedad traza a su alrededor […]»: anónimo, 1879. Sobre la *sprezzatura* en Castiglione: Saccone; sobre el *je ne sais quoi* y la «simplicidad sin esfuerzo» en los modales aristocráticos franceses del siglo xvii, véase Magendie, Flandrin (1986), J. Revel; sobre el «buen gusto» como barrera actual entre clases, véase Bourdieu. «El experto retira los huesos […]»: Chao. Sobre los modales del siglo xix en Estados Unidos véanse los libros citados sobre modales y también los de Schlesinger, Wecter, el libro y los artículos de Kasson, Mrs. Trollope y *American Notes* de Charles Dickens. «Una antipatía protestante radical […]»: Kasson (1990), 63. «Su empeño debe considerarse […]»: ibíd., 62. Elizabeth Post se citó en un artículo anónimo publicado en el periódico *Toronto Star* el 28 de julio de 1984. «Hasta el latón bruñido […]»: Stanhope, *Son*, carta n.º 118.

Capítulo 3: El placer de la compañía

Introducción
Los wamiranos de Papúa Nueva Guinea constituyen el tema del libro de Kahn; la canción de Papúa Nueva Guinea se cita en Bloch, 191. Cantlie analiza las costumbres relacionadas con las comidas de los hindúes de Assam. En África, los hombres y las mujeres suelen comer por separado: Goody (1981), 86, L-V. Thomas. Véase Okere, 193, en relación con el reparto de gachas de avena en las zonas rurales de Igboland. Sjögren-de Beauchaîne describe la distribución de las viviendas burguesas en los edificios parisinos. El comentario de Emily Post sobre los olores de la comida se encuentra en la página 301.

La compañía
«Las cenas festivas son el mayor […]»: anónimo, 1879. La canción y el proverbio igbo proceden de Okere, 196. Los dos tipos de fiestas en Wamira se mencionan en Kahn, sobre todo cap. 8. Rigby describe el ritual de reconciliación de los gogos. En el Canto VI de la *Ilíada*, Glauco y Diomedes están a punto de enfrentarse cuando se dan cuenta de que sus abuelos habían comido juntos y se habían intercambiado regalos; esto les impide enfrentarse entre sí, aunque Diomedes engaña a Glauco en su posterior intercambio de regalos. Sobre las fiestas de los *sherpas* véase Ortner, cap. 4; sobre la tendencia antisocial *sherpa*: 38-39. El comentario sobre comer y beber juntos lo emite Hagias en las *Charlas de sobremesa* de Plutarco, II.10.643a. Para una descripción de los problemas de un anfitrión en una

gran reunión impersonal, véase Riesman. «Hacer que coman quienes [...]»: L. Tendret, *La Table au pays de Brillat-Savarin*. Belley: Bailly-Fils, 1892. El poder del *Geltungsbedürfnis* se comenta en Masters, 154, 157.

Anfitriones e invitados

La descripción de Emily Post de una cena festiva organizada con una ineptitud vergonzosa es de la edición de 1922, p. 182 y ss. Sobre la hospitalidad en Grecia y Roma, véase Gauthier, Grottanelli; sobre las reglas en la región mediterránea actual véase Pitt-Rivers. El lamento del fantasma de Agamenón por su asesinato: *Odisea*: II. 409-20. Heal (1990, 1984) describe las distintas posturas ante la hospitalidad antes y después de la Reforma en Inglaterra. Lindberger expone la historia del mito de Anfitrión. Sobre la instauración de la costumbre de fabricar cuchillos de mesa de punta redonda véase Pagé y Gourarier (1985), 62. Combate de gladiadores durante la cena entre celtas y romanos: Ateneo, 4.153f-54c, y Gourarier (1985), 65; las cabezas cortadas llevadas a la mesa se comentan en Ateneo, 6.251a; el lanzamiento de las copas del vino figura en Ateneo, 13.557d. *Kottabos*: Ateneo, por ejemplo, 15.666c-67b; Sparkes, Lissarrague, 75-82.

Las invitaciones

La obra de Clifford Geertz *The Religion of Java* comienza con una descripción detallada del *slametan*. Ortner describe las sutilezas y estrategias ingeniosas de las invitaciones *sherpas*; la táctica de enviar a un niño y la cita que se hace ella figuran en la página 80. Bell explica de qué manera pueden reclamar sus derechos en un banquete los parientes tanga. Invitación de Luis XIV a su hermano: Saint-Simon, citado por Franklin (1908), II, 164. Sobre las invitaciones en la cultura china véase Fitzgerald, Watson; entre los yaos: Hubert. El libro de Hubert sobre los yaos de Tailandia es una aportación reciente de gran peso a la antropología culinaria. La historia de Gabba el parásito la relata Friedländer, 85. El libro de Southworth sobre los juglares medievales incluye información fascinante sobre estos personajes esenciales en el teatro de los festines; véase en concreto 47, 81. Los parásitos cómicos que imitaban las discapacidades del anfitrión figuran en Ateneo, 6.249a, 249f, 10.435e; sobre las *umbrae* romanas: Plutarco, *Charlas de sobremesa*, VII.6. La llegada de una multitud de asistentes ebrios y sin invitación a una fiesta de bebidas es descrita por Platón en su *Banquete*, 212c-d. Sobre las supersticiones romanas durante las cenas véase Deonna y Renard. «Resistirse era inútil [...]», Masters, 171-73. «Nada, salvo una enfermedad grave, la muerte [...]»: Emily Post (1922), 187-88. «Cojo, marcado a fuego, demacrado por la edad [...]»: Ateneo, 3.125d. La leyenda del «Hueso cantarín» es el tema de la cantata de Mahler *Das klagende Lied*. Sobre la *Cena de Emaús* de Rembrandt en el Louvre, véase De Mirimonde.

La llegada

Braganti y Devine recomiendan los presentes más apropiados en cada país europeo. Sobre los modales en Emiratos Árabes Unidos, véase Kanafani y Hawley; sobre el significado de mostrar la planta de los pies, véase Hawley (1965), 67. Sobre Sócrates vestido para acudir a una cena: Platón, *El banquete* 174a; sobre la prenda romana llamada *synthesis*, véase Suetonio, *Nerón* 51.2, Marcial, 5.79, Brewster, McDaniel. Post describe los problemas para evitar que los guantes, el bolso, el abanico y la servilleta se deslicen del regazo: (1922), 221, 717. Sobre los velos que ocultan el rostro: Post (1922), 246; y máscaras: Kanafani. La portada de la edición de 1982 del libro de Goody *Cooking, Cuisine and Class* reproduce una pintura egipcia antigua de una tumba tebana de la dinastía XVIII, actualmente en el Museo Británico, que muestra a los comensales con conos de incienso sobre la cabeza. Sobre la ceremonia de la nuez de cola en Nigeria: Nzekwu; sobre el aperitivo en Francia: Clarisse; sobre las copas nocturnas en Estados Unidos: Gusfield.

Tomar asiento

«Hsiang Yu invitó a Liu Pang [...]»: Ying-Shih Yu en Chang, 64. Clair publica *The Rules and Orders of the Coffee-House*. Sobre el acatamiento de la disposición de asientos del anfitrión: Branchereau, 210. Pitt-Rivers relata que un diplomático enojado podía darle la vuelta a su plato. En relación con el rango y los asientos durante el Antiguo Régimen francés, véase Brocher. McCaffree e Innis ofrecen una introducción al protocolo en general y su historia. Sobre la costumbre de «rotar en la mesa», véase Post (1945), 355. Las normas de cortesía en distintos países latinoamericanos se exponen en Devine y Braganti. Ortner explica cómo se expresa la jerarquía a través de los asientos entre los *sherpas*, 74-75. La coreografía del sitio ocupado y el orden en que se sirve la comida se describen con esmero en Post (1937), 254-57; «La dama de mayor rango [...]»: Post (1928), 203-204; véase también Miller. Fortes escribe sobre los modales alimenticios de los hombres polígamos del pueblo talensi. Post especula sobre «la gran grosería americana» edición tras edición; véase, por ejemplo, 1945, 361 y ss. Anfitriones y anfitrionas sentados a la mesa en sillones tapizados: Gloag, 170-71.

Capítulo 4: La cena está servida

Introducción

Sobre el salón de banquetes de Nerón: Suetonio, *Nerón*, 31.2; Lehmann. Sobre la presencia de la muerte en la cena: Heródoto, 2.78; Plutarco, *Banquete de los siete sabios*, 148.

El primer bocado

La ceremonia medieval de la comida se describe en Cosman y Schiedlausky. En lo referente a Nicolae Ceauşescu y su catador, véase Pick. Fórmula de agradecimiento abasí: Ahsan, 102; sobre los igbos: Okere, 194; sobre los ainus: Batchelor, 9; sobre los estadounidenses: Porter. El español ofrece formalmente su comida a extraños: Pitt-Rivers; la costumbre portuguesa: Dias, 90. Comienzo del banquete en la isla melanesia de Nueva Irlanda: Powdermaker. Manifestación de agradecimiento durante la cena con Iván el Terrible: Smith y Christian, 112-113. Tomar conciencia del consumo del primer bocado: Bennett.

El entorno

En el original, la cita de Russell: «El papa, emperadores, reyes o cardenales [...]», incluye un duque *(Duke)* entre ellos. Heal (1990) presenta interesantes planos de salones medievales que muestran los principios jerárquicos. Sobre los «banquetes» posteriores a la cena, veáse Girouard, Hughes. Sobre las mesas de las viviendas en edificios parisinos del siglo XVII véase Pardailhé-Galabrun. Hay espléndidas ilustraciones de *buffets* barrocos en Bursche; Brett, 31, explica lo relacionado con el número de estantes. Sobre las mesas griegas y romanas véase Richter. Sobre las comidas de negocios japonesas véase Befu. Hewes enumera e ilustra las posturas de la humanidad para sentarse. Sobre la costumbre de tumbarse para comer y beber véanse Rudofsky, Dentzer, Murray (1983), Chuvin y Boardman. La cita del Libro de Amós del Antiguo Testamento está en 6: 4-7 (versión en castellano extraída de Sagradas Escrituras Versión Antigua de 1569 –«Biblia del Oso»–). «Casandro, a la edad de treinta y cinco años [...]»: Ateneo, 1.18a. Boardman especula sobre la razón por la que los antiguos dioses griegos se sentaban durante las comidas. Plutarco sobre tumbarse en las comidas: *Charlas de sobremesa*, v.6.679e-80b. Horacio, *Sátiras*, II.viii, describe una cena romana que acaba en desastre; el «Banquete de Trimalción», de Petronio, es una fuente de información importante, aunque fantasiosa, sobre los banquetes romanos. Rudofsky (1980) reflexiona sobre el extraño comportamiento de San Juan en las representaciones medievales y renacentistas de la Última Cena.

Un despliegue de ornamentos

Friedländer documenta la primera mención a manteles romanos, 97. Belden, 17, explica el origen de los manteles individuales. En cuanto a las supersticiones sobre la sal, véase Visser, cap. 2. Oman ofrece una descripción ilustrada e histórica de las naos de sal medievales. El libro de Palmer es una exposición erudita y entretenida de los momentos del día en que se hacían las comidas regulares en Gran Bretaña, y de cómo han cambiado los horarios de las comidas desde el siglo XVI; en ella explica la historia de la comida del mediodía o *lunch*. Sobre la «caravana de camellos» de los Veneerings véase *Our Mutual Friend*, 10. Madame de Sévigné sobre la caída de la pirámide de comida: *Lettres* I.351. En Belden se ofrece una imagen de un *plateau*. Para consultar fuentes generales sobre la historia de la disposición de las mesas europeas y estadounidenses véase Belden, Brüning, Lehne, G. R. Smith, Arminjon, Howe y Wheaton. Para ahondar en los *sableurs*, véase Grüber y Wheaton, 186-93. La información de que en el siglo XVIII las flores de verdad no solían considerarse lo bastante «civilizadas» procede de Belden; pero Wheaton y Bursche evidencian que las flores de verdad gozaban de popularidad en Francia, Alemania e Italia. Staffe (1892), 221, ofrece una ilustración de una mesa enorme del siglo XIX repleta de un espléndido despliegue de flores, alrededor de cuyo borde se colocan los cubiertos.

Las palabras de Montaigne «Cenaría sin mantel [...]» proceden de su ensayo *De la experiencia*. En relación con los indios flatheads de Montana véase Turney-High. Paños calientes para limpiarse la cara en China: Lamb. Manteles enrollados en tubos: Belden, 13-14. Sobre el doblado de servilletas en la Italia de finales del siglo XVI incluyendo ilustraciones: Giegher. El pan «solía caerse al suelo»: Post (1922), 197. Los perros amarrados a los lechos de los comensales aparecen representados, por ejemplo, en una crátera corintia (una vasija de grandes dimensiones para mezclar vino con agua) que ahora se muestra en el Louvre; véase la obra de J. Charbonneaux, R. Martin y F. Villard titulada *Archaic Greek Art* (Nueva York: Braziller, 1971), 42. La ilustración del manuscrito iluminado de *Las muy ricas horas del Duque de Berry* de los hermanos Limbourg puede verse en C. Clifton, *The Art of Food* (Londres: Windward, 1988), 25. Deonna y Renard publican una fotografía de un suelo con mosaico *asaroton*.

Los dedos
El libro de Ahsan sobre la vida social abasí es una fuente inestimable de información sobre modales árabes en el siglo IX; la descripción que hace Lane de la sociedad egipcia del siglo XIX es un clásico dentro de su género; y el trabajo de Kanafani sobre la estética en los Emiratos Árabes Unidos es el tipo de investigación que más necesitan en la actualidad los etnógrafos e historiadores de las costumbres. Davidson revela la verdadera reacción incluso de occidentales de mente abierta y muy viajeros que se topan con la realidad durante una comida en la que solo se usan las manos. Sobre el comensal grecorromano tremendamente tragón, véase Ateneo, 1.5. Los celtas «agarraban extremidades enteras y se las comían a mordiscos»: Ateneo, 4.151e. La cita de Chaucer figura en la traducción de Nevill Coghill, 20-21. Sobre la mesa habitual en la Hungría medieval, véase Balassa y Ortutay, 157. Sobre el tablero con un hueco en el centro y la cena *à l'assiette* véase R. Muchembled, 456; véase también Gourarier (1985), 317.

Los palillos

El sacerdote Rodrigues sobre el asco que producen nuestras servilletas de mesa a los japoneses: M. Cooper. Limpiarse la cara con toallas calientes en China: Lamb, 15, 18. «Hay algo maternal en ello [...]»: esta cita y las demás de Barthes en este apartado están en 11-26. «La persona más educada [...]»: Hsü y Hsü, en Chang, 304. Dixon relaciona los nombres de los malos modales en la mesa en Japón. La oposición de Hu Yaobang a los palillos figura en Burns. Veinte mil millones de palillos en Japón: véase la noticia «"Nobel" Winner Silenced Over Rain Forests», *The Globe and Mail* (Toronto), 3 de diciembre de 1988 (las cifras son del año anterior). Lamb cita el proverbio sobre el ruido con los palillos.

Cuchillos, tenedores, cucharas

Sobre los usos del cuchillo chino véase E. N. y M. L. Anderson, «Modern China: South», en Chang, 364. Para más información sobre cuchillos o navajas plegables que suelen llevarse encima y que están pensados para comer con ellos, véase S. Moore. «Enroscando en espiral las tiernas hojas alrededor de las púas [...]»: Post (1945), 493. Pagé cita a Tallemant a propósito de la orden de Richelieu para que los cuchillos de mesa tuvieran la punta redondeada. «Para comer queso, hay que [...]»: citado en Evans; «el filo inclinado hacia abajo [...]»: anónimo, 1845. Sobre los ingleses que comen guisantes desde la hoja del cuchillo véase Legrand d'Aussy, 3.149. El lapsus freudiano con el pastel está en Freud, 201.

El espanto de san Pedro Damián ante los tenedores se menciona en Henisch; Emery da más detalles de la historia de los tenedores, sobre todo en 39. Sobre la preeminencia de Italia y España en este asunto, véase Franklin (1908) I, 287, y Lowie. El fresco con los platos llanos de metal sobre un *buffet* se encuentra en la Sala de Eros y Psique del Palacio del Té; véase E. Verheyen, *The Palazzo del Te in Mantua: Images of Love and Politics.* (Baltimore: Johns Hopkins University Press, 1977). Buhler y Graham destacan la magnificencia de las vajillas de plata francesas de los siglos XVII y XVIII. La obra de Eliza Ware Farrar titulada *The Young Lady's Friend* (publicada de forma anónima en 1837) apareció en 1880 con el nombre de «Mrs H. O. Ward» como autora de la obra en la portada. Se trataba de un seudónimo de la señora C. S. Bloomfield-Moore. La cita que se da aquí de la versión de 1837 está en 346-47; las páginas correspondientes de la edición de 1880 son 297-98. Tanto el cuchillo como el tenedor deben sujetarse con la mano derecha, pero la forma inglesa es más fácil: Branchereau, 188-89. El análisis freudiano del cuchillo, el tenedor y la cuchara es de Hammel. Emery narra la historia del cucharón con forma de higo. «Jamás deje la cucharilla del café [...]»: Andréani, 156.

La secuencia

«Un centenar de sopas [...]»: Goudeau, 139-40. Aron sobre la «pieza central» de una comida, *le rôt*: 161. Platos caídos «como granizo»: citado por Belden, 34. Sokolov propone la teoría de que una *pièce de résistance* era un plato para el que había que reservarse resistiéndose a comer de otros. C. A. Wilson describe una cena a base de tortuga, 203-204. Los divertimentos en la corte de Borgoña en Brujas se describen en La Marche y Cartellieri. Schuyler describe una cena a la rusa en 1868; el origen de esta expresión se analiza en una nota en Wheaton, 291; sobre las cenas alemanas de un tipo similar véase Head. La descripción de una cena de ambigú *à la française* se menciona en Revel (1979), 231-33. El banquete veloz y perfectamente coordinado de 1680 se describe en Wheaton, 142. La estructura tradicional en tres partes de las comidas británicas se analiza en Douglas y Nicod (1974). Hudson y Pettifer incluyen la comida en su historia del transporte aéreo. Watson describe y analiza el *sihk puhn* cantonés.

Las raciones

«Un plato con comida [...]»: Post (1922), 203. Sobre la hambruna igbo véase Okere, 213. La sugerencia de Post de fingir que se sirve vino está en la página 205. Musil describe los modales de los beduinos ruwalas. Cucharas cruzadas sobre la mesa como decoración: Belden. Sobre la vajilla de la baronesa de Rothschild: Aron (1973), 233-34. El esmero japonés con las tazas en la ceremonia del té conocida como Cha No Yu se describe en Dixon; véanse también J. Young y Kondo. Entre los chinos «no existen reglas», basta con que «se actúe con corrección»: Chao. El problema de los franceses sobre si alabar o no la comida se describe en Burgaud. «¿Acaso no esperaba usted comer bien en mi casa?»: Pitt-Rivers. Cita de la baronesa Staffe (1899): 210, 211. «Llenar hasta arriba o incluso hasta la mitad un plato de sopa [...]»: anónimo, 1879. «No olisquees la carne [...]»: anónimo, 1701. Los invitados chinos educados también comen los platos recalentados: E. Cooper. En Hungría no se añade sal ni pimentón antes de probar la comida: Braganti y Devine. En Nigeria, los visitantes no dicen que ya han comido: Okere, 197. Seabrook describe un festín «de enemigos» beduino. Marido pedi disgustado: Quin. Comensales abasíes animan al resto a comer más: Ahsan. El juego de los niños canadienses se describe en Shuman. Acudir al banquete con cuchara propia y usarla con la fuente común en la Francia del siglo XVII: De La Salle. Levantar la comida de la fuente al servirla y no deslizarla sobre ella: Branchereau, 191. Repetir un servicio en diversos países europeos: Braganti y Devine. En China es una grosería atiborrarse solo de los platos de acompañamiento en comidas ordinarias: E. Cooper. Emitir tres negativas antes de aceptar repetir de un plato: anónimo, *Lǐjì*; Hubert. Temor de los *sherpas* a que los invitados se vayan con «el estómago vacío»: Ortner, 81.

Insistencia de los anfitriones árabes para que sus invitados coman: Hawley (1984). La versión de que el gran pez era un salmón y el anfitrión Talleyrand está en Blond, 474; la versión dada aquí procede de Dumas, 302. Llevarse las sobras de la ración propia en un banquete *sherpa*: Ortner, 80. Seutes repartiendo pan: Jenofonte, *Anábasis*; Ateneo, 4.151a-b.

El despiece
T. E. White aporta información arqueológica sobre los hábitos de caza, transporte y reparto de los primeros indios de Dakota del Sur. El museo de la Torre de Londres exhibe una serie de *trousses* o estuches de caza medievales y renacentistas. Sobre los hombres actuales de Estados Unidos que disfrutan cocinando en ocasiones especiales, véase T. A. Adler. Damas (1972) describe las costumbres que siguen los esquimales del cobre del norte de Canadá para el reparto de carne; las de otros grupos se explican en Zumwalt, Goody (1962), Boas, L. Marshall y H. N. C. Stevenson. Sobre el reparto de la carne de canguro por parte de los aborígenes australianos, véase Isaacs; de la carne de camello por los tuaregs: Cast. Sobre el consumo de carne después de sacrificar al animal, véase Burkert Girard y Smith, E. Isaac y Durand. Sobre el posible origen de la palabra *jerarquía* véase Baudy. La ira de Heracles al recibir una ración de carne inferior a la que le correspondía aparece en Ateneo, 4.157s.-58a. Sobre «las grandes aves» que se comían durante las cenas medievales y sobre los juramentos que se hacían sobre ellas, véase Witteveen, Whiting, De La Marche, Cartellieri, Baudrillart, Legrand d'Aussy y Blond. Sobre la comitiva que entraba en el salón medieval formada por el trinchador, el catador y otros dignatarios de mesa, véase Cosman. Los nombres medievales en lengua inglesa para trinchar cada animal están en De Worde, Hodgkin. Modelos de muestra en madera de ciertas aves y extremidades para tomar lecciones sobre el arte de trinchar: Taylor (1664), 40 y Juvenal, 11.138-41. «Hacer los honores de la mesa con elegancia [...]»: Stanhope, *Son*, carta núm. 163; *Son*, núms. 74, 243. Citas de la señora Beeton: 502, 504, 506, 539-40. La anécdota de «la lección de la carne de ternera» de Talleyrand se ha traducido a partir de Branchereau, 238.

Tintos, blancos y rubias
Sobre las libaciones en la Antigüedad griega: Tolles, Rudhardt. Fiestas de la cerveza entre los itesos de Kenia y Uganda: Karp. Acudir con vaso propio entre los igbos de Nigeria: Okere, 191. Claude Lévi-Strauss (1969) describe la costumbre para servir vino que se sigue en los restaurantes populares provenzales. Sjögren-de Beauchaîne habla de los hábitos modernos de la burguesía francesa de beber vino y agua durante las comidas. «Yo solo mezclo tres cráteras para los comedidos [...]»: Ateneo, 236b-c. Sobre el sake en comidas de negocios japonesas: Befu. Sobre la explicación de las

tapaderas de las jarras de cerveza alemanas: Newnham-Davis. Sobre los cinturones de los ilirios: Ateneo, 10.443b. Método para servir cerveza entre los newars de Katmandú: Toffin; para más información sobre los newars, véase Löwdin. Pedir cerveza o vino en la Inglaterra de los Tudor: Burton (1976). El antiguo empeño mongol en que los invitados se emborracharan se menciona en Chang, 207. Sobre los vasos cilíndricos véase Brett y Price. Un vaso de *Schnapps* por cada botón: Price. Juegos de dedos chinos: Lamb. Ritual para brindar en la Irlanda del siglo XVII: Rich. Sobre el «timbre» del vidrio: Monson-Fitzjohn. Aprenderse los nombres del resto para brindar: Simond, 47. La cita de la obra *Little Dorrit* (*La pequeña Dorrit*) está en la página 412 de la versión original en inglés. Prácticas de brindis en la Antigüedad romana: Deonna y Renard. La primera Sociedad de Abstinencia de la que se tiene noticia: Dickson. «Mirar a esa persona a los ojos y dedicarle una reverencia [...]»: Crowen. «No es propio de un caballero» mentar a una dama: P. Mason, 79.

La conversación en la mesa
Sobre el filósofo Menedemo como anfitrión: Ateneo, 10.419e-20c. Sobre las cenas *sherpas*: Ortner, 9, y cap. 4. Los newars de Katmandú consideran formal el silencio y familiar la conversación: Toffin. Una cena dominical británica «en condiciones» es «sin televisión»: Charles y Kerr, 184-85. Véase Goffman, en especial 1963, sobre la conversación en la mesa. «Las personas reservadas no son buenas para mostrarse en sociedad [...]»: anónimo, *Table Observances*, 36. Arminjon y Blondel describen la tradición de la armada francesa de utilizar objetos de mesa como ayudas y avisos durante la conversación. Morel describe las reglas de la conversación durante la cena en Francia en el siglo XVII; Clair publica la relación de normas *The Rules and Orders of the Coffee-House* (Londres, 1674). Sobre la influencia de la decoración de la mesa en la conversación, véanse Gourarier y Burgaud. Sobre las «cenas íntimas», véase Wheaton, 156-159, y la figura.

Sobre la postura de lord Chesterfield en relación con la risa: Heltzel; J. E. Mason, 297 ss. Las citas de Chesterfield proceden de Stanhope, *Son*, carta núm. 259, y *Godson*, carta núm. 141. *Australian Etiquette* (anónimo, 1885) ofrece una buena relación de reglas para la conversación del siglo XIX. «En el transcurso de una cena, la señora Toplofty [...]»: Post (1922), 222. Sobre el comportamiento caballeroso ideal: P. Mason. «Cuán bochornoso es preguntar [...]»: anónimo, *Table Observances*, 36. «La cortesía es la tolerancia universal»: anónimo, 1855. Las mujeres debían reparar en que los hombres tienen más apetito que ellas: anónimo, 1881. «Cumplir simulando que [...]»: anónimo, 1885. A los daneses les gusta conversar alrededor de la mesa después de cenar: Braganti y Devine.

Alimentos, festines y mujeres

Los alimentos como «bebés» producidos por los hombres: Kahn, sobre todo cap. 6. «Comer» se usa con frecuencia para referirse al sexo: Goody (1982), 114. «La filosofía no debe tomar más parte en la conversación [...]»: Plutarco, *Charlas de sobremesa* 612f-13a. En cambio, un banquete de bodas era una ocasión concurrida [...]: Plutarco, *Charlas de sobremesa* 667b. Los hombres *sherpas* siguen un rango, mientras que las mujeres se sientan en masa: Ortner, 75. Sobre hombres y mujeres en los festines de los indios winnebagos: Radin. Las mujeres consideran un privilegio servir un banquete: Powdermaker, H. N. C. Stevenson. Separación de hombres y mujeres en el banquete *slametan* javanés: Geertz; en Japón: Dixon, 1885; en la corte de la China imperial: Mote en Chang, 220; en Emiratos Árabes Unidos: Kanafani; en los hogares campesinos franceses del siglo XIX: Gourarier (1985), 348, y Gourarier (1986). El joven ocupa el lugar que le corresponde entre los hombres: Gourarier (1986). Las esposas como «madres de sus maridos»: L-V. Thomas. Las mujeres como «guardianas»: Lewin. Las mujeres expresan sus sentimientos a través de lo que cocinan y sirven a sus maridos: Okere, Appadurai. Hombres completamente desligados de la comida: Meek, Okere. Hombres que manifiestan su descontento negándose a comer: Okere, Quin. Los hombres polígamos comen la comida que prepara la esposa con la que se acuestan en cada momento: Goody (1982), 114.

El poder de las mujeres sobre la cerveza y las vasijas de barro: Quin; Dionisio con poder tanto sobre el vino como sobre las vasijas de barro: Lissarrague, 22; el poder de las mujeres sobre la cerveza: Toffin, Goody (1982), 73, 76. Temor a las mujeres por su capacidad para envenenar alimentos: Ortner, Bell; evita que los hombres deambulen: Quin. Las mujeres del siglo XIX ni pedían ni se servían vino: Black; no siempre lo aceptaban cuando se lo ofrecían: anónimo, 1879; en Francia se insistía en que lo mezclaran con agua: Staffe (1899), 208. Sobre la costumbre mediterránea de mezclar el vino con agua: Flandrin (1983). Miss Manners sobre que las mujeres no se sirvan vino por sí mismas: (1982), 653; el hombre debe servir vino a la mujer de su izquierda: Bremner (1989). «Las señoritas no comen queso [...]»: Evans. Las mujeres corren el riesgo de que su aliento no agrade a los hombres: Flandrin (1983). Palillos más cortos y finos para las japonesas: Hirayama. La tribu kagoro de Nigeria: Meek; los pedis: Quin; sobre los hindúes de Assam: Cantlie. Luis XIV y su reina: Wheaton, 132-33. El arte de trinchar en lady Mary Wortley Montagu: Halsband; en los sirvientes del siglo XVIII: Stead. La anfitriona «lanza una ojeada a través de la mesa...[»]: Post (1922), 223-24. Jingle en *The Pickwick Papers*, 85. Cenas en la Factoría Inglesa de Oporto: Price, 26. Sobre la desaprobación en Estados Unidos durante el siglo XIX de la costumbre de que las damas dejaran solos a los caballeros, véase, por ejemplo, anónimo, 1855. Los *Memorials* de lord Cockburn se citan en McNeill.

Cuando todo acaba
Sobre el trozo de la prosperidad: Bringeus. Superstición romana sobre la retirada de una porción de comida antes de que el comensal haya terminado: Deonna y Renard. El invitado de honor chino debe quedarse en la mesa hasta el final: E. Cooper. Diferentes maneras de dejar los cuchillos y tenedores al terminar de comer: Braganti y Devine. Elaboración de pastas para la sobremesa de la cena: Southworth. La costumbre medieval británica de brindar por los invitados al final de la cena: Black. El condestable de Castilla en la corte inglesa del siglo XVII: Rye. Señalización del final de la comida entre los hindúes de Assam: Cantlie; señalización en un banquete chino: Fitzgerald. Ingesta de café y té en la Gran Bretaña del siglo XIX: anónimo, 1879. El café como ritual de paso: Gusfield. Banquete en el campo de los newars de Nepal: Toffin. El final de una comida en el Egipto del siglo XIX: Lane; en la Rusia del siglo XIX: Schuyler. Asistencia a los cuatro manjares chinos: Chao. Sobre la conocida ceremonia de la incensación en Emiratos Árabes Unidos véase Kanafani, 25-27. Diversas formas de cerrar la velada en Europa: Braganti y Devine. Estrategias para lograr que los invitados se marchen entre los pedis: Quin; entre los ainus: Batchelor, 88; en la época isabelina: Burton (1958). Despedida de invitados en América Latina: Townsend, 40. Finalización de un banquete tanga: Bell. Una fiesta posterior: Toffin, Dixon; exquisiteces especiales para el anfitrión precedente: Powdermaker.

Capítulo 5: Sin ofender

Introducción
La cita de Rabelais procede del Libro I. Cap. 11. La cita de Lévi-Strauss está en *The Origin of Table Manners*, 503-504. Grosero disfrutar con las ternillas: Ateneo 8. 347d-e. Sobre los músculos faciales que expresan asco véase Izard, 243. Sobre el nivel de competencia esperado en la mesa véase Goffman (1971).

La contaminación
Los relatos de la *Odisea* de Homero sobre la contaminación expresada por el quebrantamiento de las leyes naturales, se encuentran en los cantos 12 y 20. Los preceptos indios para protegerse de la contaminación al comer se encuentran, por ejemplo, en Carstairs, Das, Dumont, Khare, Harper, Freed y Sinclair-Stevenson; en Ceilán: Yalman; entre los jainistas: Mahias (quien brinda fotografías), 77, 218, 231. Vasijas de barro rotas por los indios de la Antigüedad: S. Wolpert, *A New History of India* (Nueva York: Oxford University Press, 1977), 17. Sobre el experimento con el matamoscas, P.

Rozin. Véase L. Wright en relación con la historia de la higiene en las culturas de Europa occidental y América del Norte. *Convives* parisinos que lanzaron los extremos de los espárragos por encima del hombro: Crapouillot. «Yo siempre me como estas cosas con monda»: Chang, 311.

Reglas y preceptos sobre la boca
Comer es algo sagrado, y el silencio, una muestra de respeto: véase, por ejemplo, Walens, 88, 91, 95. «los alemanes mastican con la boca cerrada [...]»: citado en Bonnet, 100. Sobre el simbolismo de las lágrimas frente a las legañas y muchos otros asuntos de este capítulo, véase Douglas (1966). Cada vez es más habitual el consumo de «comida étnica»: Van Otterloo. Ságaris el perezoso: Ateneo, 12.530c. «Una pera ni ninguna otra fruta que estuviera mordida»: Della Casa, 7. La boca solo se abrirá justo antes de que la comida llegue a los labios: véase, por ejemplo, anónimo, 1879. Post sobre la extracción de huesos y piedras de la boca: (1931), 621-22; (1945), 489-90. Sobre la forma masculina y femenina de comer: Bourdieu, 190-91. Sobre cómo proceder con un bocado muy caliente en la Francia del siglo XVII: Bonnet, 100; en la Francia del siglo XVIII: Garrisson, 58. Barthes y la comida japonesa: 11-26. Branchereau sobre machacar huevos: 197-98; Newnham-Davis sobre beber huevos: 233. Sobre la cortesana griega bien comportada: Ateneo, 13.571f-72a. Sobre la masticación silenciosa: Erasmo, 284.

«Si un hombre os hablara en ese momento [...]»: Furnivall (1908), 179. Expulsar al instante la comida de la boca y acudir corriendo: anónimo, *Lǐjì*, 24. No lamer un plato si parecía sucio: Russell (Furnivall, 1868), 19. La señora Humphry sobre sostener huesos con la mano, 69. Sobre el caballero abasí y las cucharas: Ahsan, 163. Sobre las supersticiones relacionadas con la saliva en la antigua Roma, véase F. W. Nicolson. El avaricioso Demilo: Ateneo, 8.345c. Sobre las reglas para escupir en la Holanda del siglo XVII: Spierenburg, 12. Sobre los antiguos persas y su renuncia a escupir: Jenofonte, *Ciropedia* I.ii.16, Heródoto, I.99, 138; tampoco vomitaban ni orinaban delante de otras personas: Ateneo, 4.144a. Escupideras en restaurantes chinos: E. Cooper, 181. Sobre el «sillón de fumar» (y escupir) del caballero inglés: Gloag, 187-88. A los chinos de la Antigüedad se les enseñaba a no desparramar el arroz para enfriarlo: Chang, 39; los sirvientes de la Antigüedad china tenían prohibido respirar sobre la comida que portaban: anónimo, *Lǐjì*, 80-81. Las *Rules of Civility* ('reglas de urbanidad') que George Washington copió de niño están publicadas en Conway. Los chinos cubren con una mano el palillo de dientes mientras lo usan: E. Cooper, 181. Las citas de las obras *Boke of Curtasye* y *Boke of Nurture*, de Rhodes, están en Furnivall (1868), 83 ss, y (1908), 136 ss. Sobre la postura de los kwakiutls ante los comportamientos agresivos durante las comidas: Walens, 95. Sobre enjuagarse la boca después de cenar: Branchereau 192, De La Rochefoucauld-Liancourt, 29, Simond, 49, y Beeton, 13.

Corrección en la postura corporal y los gestos
Norbert Elias usa los libros sobre modales para demostrar que desde el siglo XVI ha aumentado el autocontrol corporal en la cultura occidental. No volver los ojos hacia arriba al bendecir la mesa: Bonnet, 102. William Pitt y el coronel Forrester se citan en J. E. Mason, 97, 271; cf. Heltzel. Handy sobre repantigarse: 46; Post: (1931), 621. Sobre la impresión que causaba en el siglo XVII ver a un comensal con una servilleta mugrienta: Flandrin (1986), 272. Cita del Libro del Eclesiástico: 31:13-16. Sobre los modales actuales en América Latina: Townsend, 36. Ateneo, sobre los codiciosos que no hablan para comer más: 10.421d. Post, sobre el adiestramiento de los niños para que controlen las manos y la postura: (1931), 718. *The Young Scholar's Paradise* está en Furnivall (1908) (véase p. 169); el primer *Boke of Curtasye*: Furnivall (1868) (véase p. 180). «No mirar en su interior [...]»: Rhodes, Furnivall (1908), 139. Reglas de etiqueta de George Washington: Conway. El hipo entre los tangas: Bell, 73; los eructos entre los pedis: Quin, 142; en Hugh Rhodes: Furnivall (1908), 135. Sobre el deseo del emperador Claudio de permitir pederse durante las comidas: Suetonio, *Claudio*, 32. Véase además el apéndice de Franklin en la obra *Sur les flatuosités* (1908), II, 65-71. Carl Ludwig se cita en Sennett, 182. Libro del Eclesiástico sobre el vómito: 31:25. Bacinillas de bronce inventadas por los sibaritas: Ateneo 12.519e. Sobre los ingleses y sus orinales situados en el mismo comedor: Simond, 49; véase también Faujas de Saint Fond (1784); eran utilizados por los caballeros que brindaban después de que las damas se hubieran retirado.

Epílogo: ¿Hasta dónde llega hoy la mala educación?

«El mejor uso que se le puede dar a una servilleta [...]»: O'Rourke, 45. Mary Douglas sobre la complejidad: Douglas y Gross, 1981. Sobre el empleo de los pronombres *tú* y *usted*: Brown y Gilman. Sobre las invitaciones a cócteles que no siempre denotan intimidad: Douglas (1972), 65-66. Riesman *et al.* describen los problemas que afronta quien organiza una gran fiesta impersonal en la actualidad. Homero sobre los pretendientes que celebran banquetes en la *Odisea: 16,* 108-110. Los rituales que se siguen en los McDonald's se describen en Kottak. «Las transgresiones físicas, como [...]»: Annett y Collins, 164. «El ejemplo perfecto de una mesa formal [...]»: Post (1922), 178, 198, 201, 235. Sobre el servicio doméstico en América del Norte véase Katzman. Aceptación de la cubertería de plata chapada en platino: Post (1931), 701; no presentar los sirvientes a los invitados: (1945), 13. Véase Mintz, Cap. 5, sobre las presiones de la falta de tiempo, y Cowan sobre la limpieza.

Bibliografía

Abrahamson, H. *Victorians at Table.* Toronto: Ontario Ministry of Culture and Recreation, 1981.
Adler, E. M. «Creative Eating: The Oreo Syndrome», *Western Folklore*, 40 (1981), 4-10.
Adler, T. A. «Making Pancakes on Sunday: The Male Cook in Family Tradition», *Western Folklore*, 40 (1981), 445-54.
Agogos. *Hints on Etiquette and the Usages of Society.* Londres: Longman, 1834.
Ahsan, M. M. *Social Life Under the Abbasids.* Londres: Longman, 1979.
Aimez, P. «Psychopathologie de l'alimentation quotidienne», *Communications*, 31 (1979), 93-107.
Alcouffe, D. «La naissance de la table à manger au XVIIIe siècle», en *La Table et le partage*. Rencontres de l'École du Louvre. París: La Documentation française, 1986.
Alexander, C., et al. *A Pattern Language.* Nueva York: Oxford University Press, 1977, secciones 139, 147, 182.
Ammar, H. *Growing Up in an Egyptian Village.* Londres: Routledge and Kegan Paul, 1954.
Anderson, E. N., y M. L. «Cantonese Ethnohoptology», *Ethnos*, 34 (1969), 107-17. «Penang Hokkien Ethnohoptology», *Ethnos*, 37 (1971), 134-47. «Modern China: South», en K. C. Chang, de., *Food in Chinese Culture.* New Haven, Conn.: Yale University Press, 1977.
Anderson, E. N. *The Food of China.* New Haven, Conn.: Yale University Press, 1988.
Andréani, G. *Guide du nouveau savoir-vivre.* París: Hachette, 1988.
Annett, J., y R. Collins. «A Short History of Deference and Demeanor», en R. Collins, ed., *Conflict Sociology.* Nueva York: Academic Press, 1975. Cap. 4.
Anónimo (obra compilada a comienzos del siglo I a. C.). *Lǐjì.* Transcripción al inglés de J. Legge. 2 vols. Nueva York: NYU Press, 1967.

Anónimo (siglo XV). «A Generall Rule to teche every man that is willynge for to lerne, to serve a lorde or mayster in every thyng to his plesure», en R. W. Chambers, ed., *A Fifteenth-Century Courtesy Book*. Londres: Kegan Paul, Trench, Trübner, 1914.

Anónimo. *The Court of Civill Courtesie* (traducido al inglés del italiano). Londres: Richard Jones, 1591.

Anónimo. The School of Manners, or Rules for Children's Behaviour (1701). Ed. J. I. Whalley, Londres: The Cockerill Press, 1983.

Anónimo [Eliza Ware Farrar]. *The Young Lady's Friend, by a Lady*. Boston: American Stationers, 1837; por «Mrs. H. O. Ward», Philadelphia: Porter and Coates, 1880.

Anónimo. *The Art of Good Behaviour*. Nueva York: C. P. Huestis, 1845.

Anónimo. *The Art of Pleasing; or, the American Lady and Gentleman's Book of Etiquette* (1852). Cincinnati: H. M. Rulison (edición de 1855).

Anónimo [R. de Valcourt]. *The Illustrated Manners Book. A Manual of Good Behavior and Polite Accomplishments*. Nueva York: Leland, Clay, 1855.

Anónimo. *Table Observances*. Londres, s. f. (siglo XIX).

Anónimo. *Etiquette for Ladies*. Londres: Knight and Son, 1857.

Anónimo. *Tipplers' Tales* (1869). Londres: Rosters, 1988.

Anónimo. «Table Customs», *Scribner's Monthly*, 8 (septiembre de 1874), 627.

Anónimo. *Manners and Tone of Good Society, or, Solecisms to be Avoided*. Londres: Warne, 1879.

Anónimo. *The Manners of the Aristocracy, by One of Themselves*. Londres: Ward, Lock and Co., 1881.

Anónimo. *Australian Etiquette*. Melbourne: People's Publishing, 1885. Reimpresión en Londres: J. M. Dent, 1980.

Anónimo. Número sobre «Les Bonnes Manières», *Crapouillot*, París (1952).

Anónimo. «Emily Post's Etiquette Bible Gets Updating and Revision», *Toronto Star*, 28 de julio de 1984.

Anónimo. «Come on Mabel, let's leave», *The Economist* (17 de febrero de 1990), p. 79.

Appadurai, A. «Gastro-Politics in Hindu South Asia», *American Ethnologist*, 8 (1981), 494-511.

D'Aquili, E. G., et al. *The Spectrum of Ritual: A Biogenetic Structural Analysis*. Nueva York: Columbia University Press, 1979.

Arens, W. *The Man Eating Myth*. Nueva York: Oxford University Press, 1979.

Aresty, E. B. *The Best Behavior*. Nueva York: Simon and Schuster, 1970.

Argyle, M. *Bodily Communication*. Londres: Methuen, 1975.

Arminjon, C., y N. Blondel. «La table du commandant», en Z. Gourarier, ed., *Les Français et la table*. París: Musée national des arts et traditions populaires, 1985, pp. 407-18.

Arminjon, C. «L'utile et l'agréable: Le décor de la table du XVe au XIXe siècle», en *La Table et le partage*. Rencontres de l'École du Louvre. París: La Documentation française, 1986.

D'Arms, J. H. «Control, Companionship and *Clientela*: Some Social Functions of the Roman Communal Meal», *Echos du Monde classique/ Classical Views*, 3 (1984), 327-48.
Arnott, M. L., ed., *Gastronomy: The Anthropology of Food and Food Habits*. La Haya: Mouton, 1975.
Aron, J.-P. «Essai sur la sensibilité alimentaire au XIXe siècle», *Cahiers des Annales*, 25 (1967). *Le mangeur du XIXe siècle*. París: Editions Payot, 1989 (primera edición de 1973).
Artus, Thomas, sieur d'Embry. *Description de l'Isle des Hermaphrodites... pour servir de supplément au journal de Henri III*. Colonia: 1605, pp. 105, 107.
Ashby, G. *Sacrifice: Its Nature and Purpose*. Londres: SCM Press, 1988. Ashton, J. *A righte Merrie Christmasse!!!* Nueva York: B. Blom, 1968.
Athenaeus (siglos II y III d.C.). *The Deipnosophists*. 15 vols. trad. al inglés de C. Gulick. Loeb Classical Library (7 vols.), Londres: Heinemann, 1927-1941. Versión en castellano: Ateneo de Náucratis. *Banquete de los eruditos*; trad. de Lucía Rodríguez-Noriega Guillén. Madrid: Gredos (RBA), 2007.
Austin, G. A. *Alcohol in Western Society from Antiquity to 1800: A Chronological History*. Santa Barbara, Calif.: ABC-Clio Information Services, 1985.
Badham, C. D. *Prose Halieutics, or Ancient and Modern Fish Tattle*. Londres: Parker & Son, 1854.
Bailey, C. T. P. *Knives and Forks*. Londres: Medici Society, 1927.
Bakhtin, M. *Rabelais and His World*, trad. al inglés de H. Iswolsky. Cambridge, Mass.: MIT Press, 1965, Cap. 4 (primera edición 1936). Versión en castellano: Bajtín, Mijaíl. *La cultura popular en la Edad Media y en el Renacimiento. El contexto de François Rabelais*; trad. de Julio Forcat y César Conroy. Madrid: Alianza Editorial, 1995.
Balassa, I., y G. Ortutay. *Hungarian Ethnography and Folklore*. Budapest: Corvina Kiadó, 1979.
Baldrige, L. *Letitia Baldrige's Complete Guide to Executive Manners*, ed. de S. Gelles-Cole. Nueva York: Rawson Associates, 1985.
Ball, J. D. *The Chinese at Home*. Nueva York: Fleming H. Revell, 1912, Cap. 13.
Bammel, F. *Das heilige Mahl im Glauben der Völker*. Gütereich, Alemania: Bertelsmann, 1950.
Barthes, R. *L'empire des signes*. Ginebra: Skira, 1970, pp. 26-39. Trad. al inglés de R. Howard, *The Empire of Signs*. Londres: Jonathan Cape, 1982, pp. 11-26. Versión en castellano: *El imperio de los signos*; trad. de Adolfo García Ortega. Barcelona: Seix Barral, 2007.
Batchelor, J. *Ainu Life and Lore*. Tokio: Kyobunkwan, 1927. Reimpresión en Nueva York: Johnson, 1971, Cap. 13.
Baudrillart, H. *Histoire du luxe*. París: Hachette, 1880-81. Vol. 3, pp. 453-509.
Baudy, G. J. «Hierarchie oder: Die Verteilung des Fleisches», en B. Gladigow, y H. G. Kippenberg, eds., *Neue Ansätze in der Religionswissenschaft*. Múnich: Kösel-Verlag, 1983, pp. 131-74.

Beeton, I. *The Book of Household Management.* Londres: S. O. Beeton, 1861. Reimpresión en Londres: Jonathan Cape, 1986.

Befu, Harumi. «An Ethnography of Dinner Entertainment in Japan», *Arctic Anthropology,* 11 (Suplemento, 1974), 196-203.

Belden, L. C. *The Festive Tradition. Table Decoration and Desserts in America, 1650-1900.* Nueva York y Londres: W. W. Norton, 1983.

Bell, F. L. S. «The Place of Food in the Social Life of the Tanga», *Oceania,* 19 (1948), 51-74.

Benedict, St. (hacia 535 d.C.). *The Rule of St. Benedict,* ed. de D. O. Hunter Blair. Fort Augustus: Abbey Press, 1886 (1948). Versión en castellano: Benito, san. *La regla de San Benito*; trad. de Iñaki Aranguren. Madrid: BAC, 2017.

Bennett, J. G. *Food.* The Sherborne Theme Talks Series 4. Shaftesbury, Dorset: Coombe Springs Press, 1977.

Berndt, R. M. *Excess and Restraint. Social Control Among a New Guinea Mountain People.* Chicago: University of Chicago Press, 1962, Cap. 13.

Bierlaire, F. «Erasmus at School», en R. Le DeMolen, ed., *Essays on the Works of Erasmus.* New Haven, Conn.: Yale University Press, 1978. «Erasme, la table et les manières de table», en *Pratiques et discours alimentaires à la Renaissance.* París: Maisonneuve et Larose, 1982.

Birdwhistell, R. *Kinesics and Context.* Philadelphia: University of Pennsylvania Press, 1970.

Black, M. *Food and Cooking in Medieval Britain; History and Recipes.* English Heritage: Historic Buildings and Monuments Commission for England, 1985. *Food and Cooking in 19th Century Britain. History and Recipes.* English Heritage: Historic Buildings and Monuments Commission for England, 1985.

Bloch, M. *Political Language and Oratory in Traditional Society.* Nueva York: Academic Press, 1975, p. 191. y J. Parry, eds., *Death and the Regeneration of Life.* Cambridge: Cambridge University Press, 1982.

Blond, G., y G. *Histoire pittoresque de notre alimentation.* París: Fayard, 1960.

Blondel, N. «L'utilité des objets de la table», en *La table et le partage.* Rencontres de l'École du Louvre. París: La Documentation française, 1986.

Boardman, J. «Symposion Furniture», en O. Murray, ed., *Sympotica.* Oxford: Clarendon Press, 1990, pp. 122-31.

Boas, F. *Ethnology of the Kwakiutl.* Annual Report of the Bureau of Ethnology. Washington, D.C.: Smithsonian Institution, 1913-14. Vol. 35, parte 1, pp. 607, 750-76.

Boileau, N. Satire III, *Oeuvres* (1665). Ginebra: Fabri et Barrillot, 1716.

Bois, C. du. «Attitudes Toward Food and Hunger in Alor», en D. Haring, ed., *Personal Character and Cultural Milieu.* Syracuse, N.Y.: Syracuse University Press, 1956 (primera edición 1941), pp. 141-53.

Bolchazy, L. J. *Hospitality in Early Rome.* Chicago: Ares, 1977.

Bonner, J. T. *The Evolution of Culture in Animals.* Princeton, N.J.: Princeton University Press, 1980. Versión en castellano: *La evolución de la cultura en*

los animales; trad. de Natividad Sánchez Sáinz-Trápaga. Madrid: Alianza Editorial, 1982.
Bonnet, J-C. «La Table dans les civilités», *Marseille*, 109 (1977), 99-104.
Bossard, J. H. «Family Table Talk—An Area for Sociological Study», *American Sociological Review*, 18 (1943), 295-301. y E. S. Boll. *Ritual in Family Living*. Filadelfia: University of Pennsylvania Press, 1950. *The Sociology of Child Development*. Nueva York: Harper and Row, 1966, Cap. 7.
Bottéro, J. «Le plus vieux festin du monde», *L'Histoire*, 85 (1986), 58–65.
Bourdieu, P. *Distinction*. Trad. al inglés de R. Nice. Cambridge, Mass.: Harvard University Press, 1984 (primera edición 1982). Versión en castellano: *La distinción*; trad. de M.ª del Carmen Ruiz Elvira. Madrid: Taurus, 2012.
Bowden, R. «Maori Cannibalism: An Interpretation», *Oceania*, 55 (1984), 81–99.
Bowen, E. «Manners», en Collected Impressions (1937). Nueva York: Knopf, 1950.
Braganti, N. L., y Devine, E. *The Travelers' Guide to European Customs and Manners*. Deephaven, Minn.: Meadowbrook, 1984.
Branchereau, L. *Politesse et convenances ecclésiastiques*. París: Vic, 1885.
Braudel, F. *La civilisation materielle. Economie et capitalisme. XVe-XVIIIe siècles. Les structures du quotidien*. París: Armand Colin, 1979, Cap. 3.
Brears, P. *Food and Cooking in 16th Century Britain; History and Recipes*. English Heritage: Historic Buildings and Monuments Commission for England, 1985. *Food and Cooking in 17th Century Britain; History and Recipes*. English Heritage: Historic Buildings and Monuments Commission for England, 1985.
Bremner, M. *Enquire Within Upon Modern Etiquette and Successful Behaviour for Today*. Londres: Century, 1989.
Brett, G. *Dinner Is Served*. Londres: Hart-Davis, 1968.
Brewster, E. H. «The Synthesis of the Romans», *Transactions and Proceedings of the American Philological Association*, 49 (1918), 131-43.
Brillat-Savarin, A. *Physiologie du goût*. Belley: G. Adam (1948), 1826. Versión en castellano: *Fisiología del gusto*; trad. de Pablo Batalla Cueto. Gijón: Ediciones Trea, 2012.
Bringéus, N-A. «The Thrive-Bit: A Study of Cultural Adaptation», en A. Fenton y T. M. Owen, eds., *Food in Perspective*. Edimburgo: John Donald, 1981.
Brocher, H. *Le rang et l'étiquette sous l'ancien régime*. París: Félix Alcan, 1934.
Brown, J. W. *Fictional Meals and Their Function in the French Novel 1789–1848*. Toronto: University of Toronto Press, 1984.
Brown, L. K., y Mussell, K., eds., *Ethnic and Regional Foodways in the United States: The Performance of Group Identity*. Knoxville, Tenn.: University of Tennessee Press, 1984.
Brown, P. «Cannibalism», en M. Eliade, ed., *The Encyclopedia of Religion*. Nueva York: Macmillan, 1987. y S. C. Levinson. *Politeness: Some Universals in Language Use*. Cambridge: Cambridge University Press, 1987. y D. Tuzin, eds., *The Ethnography of Cannibalism*. Washington, D.C.: Society for Psychological Anthropology, 1983.

Brown, R., y A. Gilman. «The Pronouns of Power and Solidarity», en J. A. Fishman, ed., *Readings in the Sociology of Language*. La Haya: Mouton, 1968, pp. 252-275.

Brüning, A. «Schau-Essen und Porzellanplastik», *Kunst und Kunsthandwerk*, 7 (1904), 130-51.

Bucher, B. *La sauvage aux seins pendants*. París: Hermann, 1977.

Buhler, K. C., y J. M. Graham. *The Campbell Museum Collection*. Camden, N.J.: 1972.

Bull, R. *Grobianus, or the Compleat Booby*, trad. al inglés de F. Dedekind, *Grobianus*. Londres: T. Cooper, 1739.

Burgaud, F. «Qu'en est-il aujourd'hui des convenances de table?», en *La Table et le partage*. Rencontres de l'École du Louvre. París: La Documentation française, 1986.

Burke, P. «The Repudiation of Ritual in Early Modern Europe», en *The Historical Anthropology of Early Modern Italy*. Cambridge: Cambridge University Press, 1987, Cap. 16.

Burkert, W. *Homo necans*. Trad. al inglés de P. Bing. Berkeley, Calif.: University of California Press, 1983. Versión en castellano: *Homo necans*; trad. de Marc Jiménez Buzzi. Barcelona: Acantilado, 2013., R. Girard y J. Z. Smith. *Violent Origins*. Stanford, Calif.: Stanford University Press, 1987.

Burns, J. F. «Peking Has Seen the Future – And It Lacks Chopsticks», *New York Times*, 24 de diciembre de 1984, p. 1.

Bursche, S. *Tafelzier des Barock*. Múnich: Schneider, 1974.

Burton, E. *The Elizabethans at Home*. Londres: Secker and Warburg, 1958, Cap. 5. *The Early Tudors at Home, 1485–1558*. Londres: Allen Lane, 1976, Cap. 4.

Bynum, C. W. *Holy Feast and Holy Fast*. Berkeley, Calif.: University of California Press, 1987.

Cabous Onsor El Moali (siglo xi). *Le Cabous Namé*, trad. de A. Querry. París: Ernest Leroux, 1886.

Canetti, E. «On the Psychology of Eating», en *Crowds and Power*, trad. de C. Stewart. Nueva York: Viking Press, 1960, pp. 219-224.

Cantlie, A. «The Moral Significance of Food Among Assamese Hindus», en A. C. Mayer, ed., *Culture and Morality: Essays in Honour of Christoph von Fürer-Haimendorf*. Delhi: Oxford University Press, 1981.

Carstairs, G. M. *The Twice-born: A Study of a Community of High-caste Hindus*. Londres: Hogarth Press, 1957.

Cartellieri, O. *The Court of Burgundy: Studies in the History of Civilization*. Nueva York: Haskell House, 1970, Cap. 8 (primera edición 1925).

Cassel, J. «Social and Cultural Implications of Food and Food Habits», en E. G. Jaco, ed., *Patients, Physicians, and Illness*. Glencoe, Ill.: The Free Press, 1958, pp. 134-143.

Castiglione, B. *Il Libro del Cortegiano* (1514). Venecia, 1528. Trad. al inglés de C. S. Singleton, *The Book of the Courtier*. Garden City, N.Y.: Doubleday Anchor, 1959. Versión en castellano: *El cortesano*; trad. de Juan Boscán. Madrid: Alianza Editorial, 2008.

Cervio, Vincenzo. *Il Trinciante*. Venecia: Heredi di G. Varisco (1581; 1593).

Chang, K. C., ed., *Food in Chinese Culture*. New Haven, Conn.: Yale University Press, 1977.

Chao, B. Y. *How to Cook and Eat in Chinese*. Londres: Faber and Faber, 1956.

Charles, N., y M. Kerr. *Women, Food and Families*. Manchester: Manchester University Press, 1988.

Charsley, S. «The Wedding Cake: History and Meanings», *Folklore*, 99 (1988), 232-243.

Châtelet, N. *Le Corps à corps culinaire*. París: Seuil, 1977.

Chaucer, G. *The Canterbury Tales* (1387-1400). Trad. al inglés actual de N. Coghill. Harmondsworth, Middx.: Penguin Books (1961). Versión en castellano: *Cuentos de Canterbury*; trad. de Pedro Guardia Massó. Madrid: Cátedra, 2009.

Chimombo, S. «Riddles and the Representation of Reality», *Africa*, 57 (1987), 314-325.

Chuvin, P. «Manger assis, manger couché», *L'Histoire*, 85 (1986), 66-70.

Clair, C. *Kitchen and Table*. Londres: Abelard-Schuman, 1964.

Clarisse, R. «L'Apéritif: un rituel social», *Cahiers Internationaux de Sociologie*, 80 (1986), 53-61.

Clément, O. «Le repas et le partage dans la Pâque orthodoxe», *La Table et le partage*. Rencontres de l'École du Louvre. París: La Documentation française, 1987.

Cohen, Y. A. «Food and Its Vicissitudes: A Cross-Cultural Study of Sharing and Non-sharing». En Y. A. Cohen, ed., *Social Structure and Personality: A Case Book*. Nueva York: Holt, Rinehart, and Winston, 1961.

Conway, M. D. *George Washington's Rules of Civility Traced to Their Source and Restored*. Londres: Chatto and Windus, 1890.

Cooper, C. *The English Table in History and Literature*. Londres: Sampson Low, Marston, 1929.

Cooper, E. «Chinese Table Manners: You Are How You Eat», *Human Organization*, 45 (1986), 179-184.

Cooper, M., ed., *They Came to Japan*. Berkeley, Calif.: University of California Press, 1965, pp. 189-202.

Corson, J. *Practical American Cookery and Household Management*. Nueva York: Dodd Mead, 1886.

Cortazzi, H. *Victorians in Japan*. Londres: Athlone Press, 1987.

Coryat, T. *Coryat's Crudities, hastily gobled up in five moneths travells*, (1611). Glasgow: J. Maclehose, 1905.

Cosman, M. P. *Fabulous Feasts: Medieval Cookery and Ceremony*. Nueva York: Braziller, 1976.

Counihan, C. M. «Female Identity, Food and Power in Contemporary Florence», *Anthropologica Quarterly*, 61 (1988), 51-62.

Courtin, A. de. *Nouveau traité de la civilité qui se pratique en France parmi les honnestes gens.* París: Hélie Josset, 1672.

Cowan, R. B. *More Work for Mother: The Ironies of Household Technology from the Open Hearth to the Microwave.* Nueva York: Basic Books, 1983.

Crawley, E. *The Mystic Rose.* Vol. 2. Nueva York: Boni and Liveright, 1927.

Crowen, T. J. *The American Lady's System of Cookery.* Nueva York: Auburn, Derby and Miller, 1852.

Cuisenier, J. «Le goût et la manière», en *La Table et le partage.* Rencontres de l'École du Louvre. París: La Documentation française, 1986.

Cussler, M., y M. L. DeGive. «Twixt the Cup and the Lip». Washington, D.C.: Consortium, 1952.

Damas, D. «Central Eskimo Systems of Food Sharing», *Ethnology,* 11 (1972), 220-40.

Damianus, P., St. (siglo XI). *Institutio Monialis.* Cap. 11, en J. P. Migne, ed., *Patrologiae cursus completus,* Vol. 145. París: Migne, 1853.

D'Aquili, E. G., *et al.*, eds., *The Spectrum of Ritual: A Biogenetic Structural Analysis.* Nueva York: Columbia University Press, 1979.

Dart, R. «The Predatory Transition from Ape to Man», *International Anthropological and Linguistic Review,* 1 (1953), 201-219.

Das, V. *Structure and Cognition: Aspects of Hindu Caste and Ritual.* Delhi: Oxford University Press, 1977.

Daumas, J-M. «La cène dans la conception de l'Eglise réformée», *La Table et le partage.* Rencontres de l'École du Louvre. París: La Documentation française, 1986.

Davidoff, L. *The Best Circles.* Londres: Croom Helm, 1973, Cap. 3.

Davidson, A. «Attacking a Lamb with Our Fingers», en *A Kipper with My Tea.* Londres: Macmillan, 1988, pp. 24-26.

De Quincey, T. «The Casuistry of Roman Meals», en D. Masson, ed., The Collected Writings, Vol. 7. Londres: A. and C. Black, 1897.

Dedekind, F. *Grobianus* (1549-1552). Darmstadt: Wissenschaftliche Buchgesellschaft, 1979. Véase Bull, R.

Deetz, J. *In Small Things Forgotten: The Archaeology of Early American Life.* Garden City, N.Y.: Anchor Books, 1977.

Della Casa, G. *Galateo* (1558). Trad. al inglés de K. Eisenbichler y K. R. Bartlett. Toronto: University of Toronto Press: Centre for Reformation and Renaissance Studies, 1986. Versión en castellano: *Galateo;* trad. de Anna Giordano. Madrid: Cátedra, 2003.

Delphy, C. «Sharing the Same Table: Consumption and the Family», trad. al inglés de D. Leonard, en *The Sociology of the Family: New Directions for Britain.* Keele, Staffs: University of Keele Press, 1979, pp. 214-231.

Dentzer, J-M. *Le motif du banquet couché dans le Proche-Orient et le monde grec, du VIIe au IVe siècle avant Jésus-Christ.* París: de Boccard, 1982.

Deonna, W., y M. Renard. *Croyances et superstitions de table dans la Rome antique.* Bruselas: Latomus, 1961.

Detienne, M. «Between Beasts and Gods», en R. L. Gordon, ed., *Myth, Religion and Society*. Nueva York: Cambridge University Press, 1981, pp. 215-228. y J-P. Vernant. *La Cuisine du sacrifice en pays grec*. París: Gallimard, 1979.

Devine, E., y N. L. Braganti. *The Travelers' Guide to Latin American Customs and Manners*. Nueva York: St. Martin's Press, 1981.

Dias, E. M., T. A. Lathrop y J. G. Rosa. *Portugal: Lingua e Cultura*. Newark, Del.: Cabrilho Press, 1978.

Díaz del Castillo, B. *The Discovery and Conquest of Mexico 1517-1521*. Trad. al inglés de A. Maudslay. Londres: Routledge, 1939. Obra original en castellano: *Historia verdadera de la conquista de la Nueva España*. Barcelona: Espasa, 2015.

Dickens, Charles, *The Pickwick Papers* (1836-1837). Harmondsworth, Middx.: Penguin Books, 1972. Versión en castellano: *Los papeles póstumos del club Pickwick*; trad. de José María Valverde Pacheco. Barcelona: Penguin Clásicos, 2016. *American Notes, and Pictures from Italy* (1842). Londres y Toronto: Dent and Dutton, 1908. Versiones en castellano: *Notas de América*; trad. de Beatriz Iglesias Lamas. Barcelona: Ediciones B, 2005. Y *Estampas de Italia*; trad. de Jorge Cano y Celia Recarey. Madrid: *Nórdica*, 2012. *A Christmas Carol* (1843). Nueva York: Harper, 1844. Versión en castellano: *Canción de Navidad*; trad. de Miguel Ángel Pérez Pérez. Madrid: Alianza Editorial, 2017. *Little Dorrit* (1857). Harmondsworth, Middx.: Penguin Books, 1985. Versión en castellano: *La pequeña Dorrit*; trad. de Carmen Francí e Ismael Attrache. Barcelona: Alba Editorial, 2012. *Great Expectations* (1861). Edimburgo: R. and R. Clark, 1937, Cap. 22. Versión en castellano: *Grandes esperanzas*; trad. de R. Berenguer. Barcelona: Alba Editorial, 2012.

Dickson, P. *Toasts*. Nueva York: Delacorte Press, 1981.

Divonne, M. de la F., e I. Maillard. *Festins de France*. París: Herscher, 1987.

Dixon, J. M. «Japanese Etiquette», *Transactions of the Asiatic Society of Japan*, 13 (1885), 1-21.

Dolgoy, R. «Development of Dining Etiquette Indoors and Outdoors», en *Consuming Passions. Eating and Drinking Traditions in Ontario*. Willowdale, Ont.: The Ontario Historical Society, 1990, 211-225.

Doran, J. *Table Traits*. Nueva York: Redfield, 1855.

Dosi, A., y F. Schnell. *Vita e Costumi dei Romani antichi. 1. Le abitudini alimentari dei Romani. 2. Pasti e vasellame da tavola. 3. I Romani in cucina*. Roma: Museo della Civiltà Romana, Quasar, 1986.

Douglas, M., ed., *Food in the Social Order: Studies of Food and Festivities in Three American Communities*. Nueva York: Russell Sage Foundation, 1984., ed., *Constructive Drinking*. Cambridge: Cambridge University Press, 1987. *Purity and Danger: An Analysis of Concepts of Pollution and Taboo*. Londres: ARK, 1989 (primera edición 1966). Versión en castellano: *Pureza y peligro: Un análisis de los conceptos de contaminación y tabú*; trad. de Edison Simons. Madrid: Siglo XXI de España, 1973. *Natural Symbols*. Nueva York: Vintage Books, 1973. Versión en castellano: *Símbolos naturales*; trad. de Carmen Criado. Madrid:

Alianza Editorial, 2023. *Implicit Meanings*. Londres: Routledge and Kegan Paul, 1975. «Food as an Art Form», *Studio International*, 188 (1974), 83-88. «Deciphering a Meal», *Daedalus 101* (1972), 61-81. y J. Gross, «Food and Culture: Measuring the Intricacy of Rule Systems», *Social Science Information*, 20 (1981), 1-35. y M. Nicod, «Taking the Biscuit: The Structure of British Meals», *New Society*, 30 (1974), 744-747.

Dreyer, C. A., y A. S. «Family Dinner Time as a Unique Behavior Habitat», *Family Process*, 12 (1973), 291-301.

Dumas, A. *Le grand dictionnaire de cuisine* (1873). París: Pierre Grobel, 1958.

Dumézil, G. *Le Festin d'immortalité*. París: Geuthner, Annales du Musée Guimet, 1924.

Dumont, L. *Homo Hierarchicus*, trad. al inglés de M. Sainsbury, L. Dumont y B. Gulati. Chicago: University of Chicago Press, 1970, en esp. Cap. 6 (primera edición 1966).

Dupuy, B. «L'eucharistie et le seder pascal juif», *La Table et le partage*. Rencontres de l'École du Louvre. París: La Documentation française, 1986.

Durand, J-L. «Bêtes grecques», en *La cuisine du sacrifice en pays grec*, ed. de M. Detienne y J-P. Vernant. París: Gallimard, 1979, pp. 133-165. y A. Schnapp. «Boucherie sacrificielle et chasses initiatiques», en C. Bérard, et al., eds., *La cité des images*. París: Fernand Nathan, 1984, pp. 49-54.

Dyson-Hudson, R., y R. Van Dusen. «Food Sharing Among Young Children», *Ecology of Food and Nutrition*, 1 (1972), 319-324. Earle, A. M. *Child Life in Colonial Days*. Nueva York: Macmillan, 1915.

Eckstein, E. F. *Food, People and Nutrition*. Westport, Conn.: AVI, 1980.

Edwardes, M. *Everyday Life in Early India*. Londres: Batsford, 1969.

Elias, N. *The Civilizing Process*. Vol 1: *The Development of Manners*, (1939). Trad. al inglés de E. Jephcott. Nueva York: Urizen, 1978. *The Civilizing Process*. Vol. 2: *Power and Civility* (1939). Trad. al inglés de E. Jephcott. Oxford: Basil Blackwell, 1982. *The Court Society* (1969). Trad. al inglés de E. Jephcott. Oxford: Basil Blackwell, 1983.

Emerson, R. W. *Works*. «Manners», Vol. iii, pp. 115-150; «Behavior», Vol. vi, pp. 161-189. Boston y Nueva York: Houghton Mifflin, 1860.

Emery, J. *European Spoons Before 1700*. Edimburgo: John Donald, 1976.

Encyclopédie ou Dictionnaire raisonné des sciences, des arts et des métiers. Artículos: «Civilité, politesse, affabilité», Vol. 3, y «Politesse», Vol. 12. París, 1753, 1768.

Erasmus, Desiderius. *De civilitate morum puerilium libellus*. Froben, Bâle, 1530. Trad. al inglés de B. McGregor, en *Literary and Educational Writings*, Vol. 25 de *Collected Works of Erasmus*, ed. de J. K. Sowards. Toronto: University of Toronto Press, 1985. Versión en castellano: Erasmo de Róterdam. *De la urbanidad en las maneras de los niños*; trad. de Agustín García Calvo en edición bilingüe. Madrid: Ministerio de Educación y Ciencia de España, 1985.

Evans, H. y M. *The Party That Lasted 100 Days. The Late Victorian Season: A Social Study*. Londres: Macdonald and Janes, 1976, pp. 69-75.

Farb, P., y G. Armelagos. *Consuming Passions.* Boston: Houghton Mifflin, 1980.
Faujas de Saint Fond, B. *Voyage en Angleterre, en Ecosse et aux Iles Hébrides.* 2 vols. París: H. J. Hansen, 1797 (el viaje se efectuó en 1784).
Feeley-Harnik, G. *The Lord's Table.* Englewood Cliffs, N.J.: Prentice-Hall, 1981.
Feild, R. *Irons in the Fire.* Marlborough, Wilts: Crowood, 1984, Cap. 7.
Fenton, A., y E. Kisbán, eds., *Food in Change.* Edimburgo: John Donald, 1986. y Owen, T. M., eds., *Food in Perspective.* Edimburgo: John Donald, 1981.
Février, P-A. «A propos du repas funéraire: culte et sociabilité», *Cahiers archéologiques,* 26 (1977), 29-45.
Fielding, H. «An Essay on Conversation» (1743). *The Complete Works of Henry Fielding.* Vol. XIV. Nueva York: Frank Cass, 1967, pp. 245-277.
Finkelstein, J. *Dining Out.* Oxford: Polity Press, 1989.
Firth, R. W. *We, the Tikopia.* Londres: Allen and Unwin, 1936. *Symbols Public and Private.* Londres: Allen and Unwin, 1973.
Fischler, C. «Gastro-nomie et gastro-anomie», *Communications,* 31 (1979), 189-210. «Food Habits, Social Change and the Nature/Culture Dilemma», *Social Science Information,* 19 (1980), 937-953.
Fisher, M. F. K. *Here Let Us Feast. A Book of Banquets.* San Francisco: North Point, 1986 (primera edición 1946). *The Art of Eating.* Nueva York: Macmillan, 1990 (primera edición 1937-54). Versión en castellano: *El arte de comer;* trad. de Carme Geronés y Marcelo Cohen. Barcelona: Debate, 2015
Fitzgerald, C. P. *The Tower of Five Glories.* Londres: Crescent Books, 1941, Cap. 9.
Flacelière, R. *Daily Life in Greece at the Time of Pericles.* Trad. al inglés de P. Green. Londres: Weidenfeld and Nicolson, 1965. Versión en castellano: *La vida cotidiana en Grecia en el siglo de Pericles;* trad. de Cristina Crespo. Madrid: Ediciones Temas de hoy, 1989.
Flandrin, J-L. «La diversité des goûts et des pratiques alimentaires en Europe du XVIe au XVIIe siècle». *Revue d'histoire moderne et contemporaine,* 30 (1983), 66-83. «Boissons et manières de boire en Europe du XVIe au XVIIIe siècle», en M. Milner y M. Châtelain, eds., *L'Imaginaire du vin.* Marseilles: Jeanne Laffitte, 1983. «La Distinction par le goût», en P. Ariès y G. Duby, eds., *Histoire de la vie privée.* Vol. 3. París: Seuil, 1986, pp. 266-309. «Pour une histoire du goût», *L'Histoire,* 85 (1986), 12-19.
Forsyth, D. W., «The Beginnings of Brazilian Anthropology: Jesuits and Tupinamba Cannibalism», *Journal of Anthropological Research,* 39 (1983), 147-178.
Fortes, M. y S. L. «Food in the Domestic Economy of the Tallensi», *Africa,* 9 (1936), 237-276.
Frake, C. O. «How to Ask for a Drink in Subanun», en *Language and Cultural Description.* Stanford, Calif.: Stanford University Press, 1980.
Franklin, A. *La Cuisine. La Vie privée d'autrefois.* Vol. V. París: Plon, 1888. *Les Repas. La Vie privée d'autrefois.* Vol. VI. París: Plon, 1889. *Variétés gastronomiques. La Vie privée d'autrefois.* Vol. XI. París: Plon, 1891. *La Civilité, l'étiquette, la mode, le bon ton du XIIIe au XIXe siècle.* 2 vols. París: Emile-Paul, 1908, Caps. 3, 5.

Freed, S. A. «Caste Ranking and the Exchange of Food and Water in a North Indian Village», *Anthropological Quarterly*, 43 (1970), 1-13.
Freud, S. *The Psychopathology of Everyday Life* (1901). Trad. al inglés de A. Tyson. Nueva York: W. W. Norton, 1965. Versión en castellano: *Psicopatología de la vida cotidiana*; trad. de Luis López-Ballesteros de Torres. Madrid: Alianza Editorial, 2011.
Furnivall, F. J. *Early English Meals and Manners*. Londres: N. Trübner, 1868. Reimpresión en Detroit: Singing Tree, 1969. *The Babees' Book*. Londres: Chatto and Windus, 1908.
Garine, I. de. «The Sociocultural Aspects of Nutrition», *Ecology of Food and Nutrition*, 1 (1972), 143-163. «Food, Tradition, and Prestige», en D. Walchner, N. Kretchmer y H. L. Barnett, eds., *Food, Man and Society*. Nueva York: Plenum Press, 1976.
Garrisson, J. «D'où viennent nos manières de table?», *L'Histoire*, 71 (1984), 54-59.
Gasperini, B. *Il galateo di Brunella Gasperini*. Milán: Sonzogno, 1975.
Gast, M. «Partage de la viande à Idélès», *Libyca*, 11 (1963), 235-244.
Gaster, T. H. *Customs and Folk-ways of Jewish Life*. Nueva York: W. Sloane, 1955.
Gauthier, P. «Notes sur l'étranger et l'hospitalité en Grèce et à Rome», *Ancient Society*, 4 (1973), 1-21.
Geertz, C. *The Religion of Java*. Londres: The Free Press of Glencoe, 1960.
Giegher, M. *Li tre trattati*. Padua: Paolo Frambotto, 1639.
Gille, B. *Comment vivre chez les anglais*. París: Gigord, 1981.
Gillet, P. *Par mets et par vins. Voyages et gastronomie en Europe, XVIe-XVIIIe siècle*. París: Payot, 1985.
Girard, R. *La Violence et le sacré*. París: Grasset, 1972. Versión en castellano: *La violencia y lo sagrado*; trad. de Joaquín Jordá. Barcelona: Anagrama, 2006.
Girouard, M. *Life in the English Country House*. New Haven, Conn.: Yale University Press, 1978.
Glasse, R. «Cannibalism in the Kuru Region of New Guinea», *Transactions of the New York Academy of Sciences*, 29 (1967), 748-754.
Glixelli, S. «Les Contenances de Table», *Romania*, 47 (1921), 1-40.
Gloag, J. *The Chair*. South Brunswick, N. J. y Nueva York: A. S. Barnes, 1964.
Goffman, E. *The Presentation of Self in Everyday Life*. Garden City, N.Y.: Doubleday, 1959. Versión en castellano: *La presentación de la persona en la vida cotidiana*; trad. de Hildegarde B. Torres y Flora Setaro. Buenos Aires: Amorrortu, 1981. *Behavior in Public Places*. Nueva York: Free Press, 1963. *Interaction Ritual*. Nueva York: Anchor Books, 1967. Versión en castellano: *Ritual de la interacción*; trad. de Floreal Mazía. Buenos Aires: Tiempo Contemporáneo, 1978. *Relations in Public*. Nueva York: Basic Books, 1971. Versión en castellano: *Relaciones en público*; trad. de Fernando Santos Fontenla. Madrid: Alianza Editorial, 1979.
Gofton, L. «The Rules of the Table: Sociological Factors Influencing Food Choice», Cap. 7 en C. Ritson, L. Gofton y J. McKenzie, eds., *The Food Consumer*. Chichester, W. Sussex: John Wiley, 1986.

Goody, J. *Death, Property and the Ancestors.* Stanford, Calif.: Stanford University Press, 1962. *Cooking, Cuisine and Class.* Cambridge: Cambridge University Press, 1982. Versión en castellano: *Cocina, cuisine y clase. Estudio de sociología comparada*; trad. de Patricia Willson. Barcelona: Gedisa, 2017.

Gottschalk, A. *Histoire de l'alimentation et de la gastronomie depuis la préhistoire jusqu'à nos jours.* (2 vols.) París: Hippocrate, 1948.

Goudeau, É. *Paris qui consomme.* París: Henri Béraldi, 1893.

Gould, J. «HIKETEIA», *The Journal of Hellenic Studies*, 93 (1973), 74-103.

Gourarier, Z., et al. *Les Français et la table.* París: Musée national des arts et traditions populaires. Editions de la Réunion des musées nationaux, 1985.

Gourarier, Z. «Convivialité et civilité», en *La Table et le partage.* Rencontres de l'École du Louvre. París: La Documentation française, 1986.

Greenewalt, C. H., *Ritual Dinners in Early Historic Sardis.* Berkeley, Calif.: University of California Press, 1978, en esp. parte IV.

Greer, W. R. «Table Manners: A Casualty of Changing Times», *New York Times*, 16 de octubre de 1985, C 1, 10.

Grimod de La Reynière, A. B. L. *Le Manuel des Amphitryons* (1808). París: Métailié, 1983. Versión en castellano: *Manual de anfitriones y guía de golosos*; trad. de Lola Gavarrón. Barcelona: Tusquets, 1998.

Grottanelli, C. «Notes on Mediterranean Hospitality», en *Dialoghi di Archeologia*, 9-10 (1976-77), 186-194. y N. R. Parise, eds., *Sacrificio e società nel Mondo Antico.* Bari, Italia: Laterza, 1988.

Grover, K., ed., *Dining in America 1850-1900.* Amherst, Mass.: University of Massachusetts Press, 1987.

Gruber, A-C. «Les décors éphémères de la table aux XVIIe et XVIIIe siècles», *Gazette des Beaux-Arts*, junio de 1974, 285-298.

Guazzo S. *La civil conversazione* (1574). Trad. al inglés de G. Pettie y B. Young, 1581, 1586: *The Civile Conversation of M. Steeven Guazzo.* Londres: Constable, 1925 (2 vols.), en esp. Libro 4. Versión en castellano: *La conversación civil*; trad. de Joseph Gerardo de Hervás. Madrid: Iberoamericana Editorial Vervuert, 2019.

Gullestad, M. «Meals», en *Kitchen-Table Society.* Oslo: Universitetsforlaget 1984, 109-113.

Gusfield, J. R. «Passage to Play: Rituals of Drinking Time in American Society», en M. Douglas, ed. *Constructive Drinking.* Cambridge: Cambridge University Press, 1987.

Hackwood, F. W. *Inns, Ales, and Drinking Customs of Old England.* Londres: Fisher Unwin, 1909. *Good Cheer: The Romance of Food and Feasting.* Londres: Fisher Unwin, 1911. Reimpresión en Detroit: Singing Tree, 1968.

Hall, E. T. «The Anthropology of Manners», *Scientific American*, 192 (April 1955), 84-90. *The Silent Language.* Garden City, N.Y.: Doubleday, 1959. Versión en castellano: *El lenguaje silencioso*; trad. de Cristina Córdoba. Madrid: Alianza Editorial, 1989.

Halsband, R. *The Life of Lady Mary Wortley Montagu.* Oxford: Clarendon Press, 1956.
Hammel, E. A. «Sexual Symbolism in Flatware», *Kroeher Anthropological Society Papers,* 37 (1967), 23-29.
Hampson, J. *The English at Table.* Londres: Collins, 1944.
Handy, W. M. *The Science of Culture.* Garden City, Nueva York: Doubleday, 1923.
Hankins, J. E. «Caliban, the Bestial Man», *Publications of the Modern Language Association of America,* 62 (1947), 793-801.
Harner, M. *The Jivaro, People of the Sacred Waterfalls.* Garden City, Nueva York: American Museum of Natural History, Doubleday/Natural History Press, 1972. «The Ecological Basis for Aztec Sacrifice», *American Ethnologist,* 4 (1977), 117-135.
Harper, E. B. «Ritual Pollution as an Integrator of Caste and Religion», *Journal of Asian Studies,* 23 (1964), 151-197.
Harris, M. *Cannibals and Kings: The Origins of Cultures.* Nueva York: Random House, 1977. Versión en castellano: *Caníbales y reyes: los orígenes de las culturas*; trad. de Horacio González Trejo. Madrid: Alianza Editorial, 2011. *Good to Eat.* Nueva York: Simon and Schuster, 1985. Versión en castellano: *Bueno para comer: enigmas de alimentación y cultura*; trad. de Joaquín Calvo Basaran y Gonzalo Gil Catalina. Madrid: Alianza Editorial, 2011.
Hawley, D. *Courtesies in the Trucial States.* Beirut: Khayats, 1965., ed. *Debrett's Manners and Correct Form in the Middle East.* Londres: Debrett's Peerage, 1984.
Head, F. B. «The Dinner», en *Bubbles from the Brunnens of Nassau.* Londres: John Murray, 1835, pp. 68-80.
Headland, I. T. *Home Life in China.* Londres: Methuen, 1914, pp. 178-180.
Heal, F. «The Idea of Hospitality in Early Modern England», *Past and Present,* 102 (1984), 66-93. *Hospitality in Early Modern England.* Oxford: Clarendon Press, 1990.
Hellmann, E. «Urban Native Food in Johannesburg», *Africa,* 9 (1936), 277-290.
Heltzel, V. B. «Chesterfield and the Anti-Laughter Tradition», *Modern Philology,* 26 (1928), 73-90.
Henisch, B. A. *Fast and Feast: Food in Medieval Society.* University Park, Pa.: Pennsylvania State University Press, 1976.
Herodotus (siglo v a. C.). *The Histories.* Trad. al inglés de A. de Sélincourt. Harmondsworth, Middx.: Penguin Books, 1954. Versión en castellano: Heródoto. *Historia*; trad. de Manuel Balasch. Madrid: Cátedra, 2006.
Hewes, G. W. «World Distribution of Certain Postural Habits», *American Anthropologist,* 57 (1955), 231-244.
Hing L. M., G. M. Caotorta y S. T. Hsi. *Step by Step Chinese Cooking.* Londres: Century, 1983, pp. 313-314.
Hoban, R. *Dinner at Alberta's.* Nueva York: Crowell, 1975.
Hodgkin, J. «Tearmes of a Keruer», Transactions of the Philological Society (1911), 52-94, 123-137.

Hodous, L. *Folkways in China*. Londres: A. Probsthain, 1929, Cap. 13.
Hoffmann, H. *Strüwwelpeter, or Merry Stories and Funny Pictures* (1876). Londres: Blackie and Son, 1922.
Homer (siglo VIII a.C.). *The Iliad*. Trad. al inglés de R. Fagles. Nueva York: Viking/Penguin, 1990. Versión en castellano: Homero. *La Ilíada*; trad. de Emilio Crespo Guemes. Madrid: Gredos, 2019. *The Odyssey*. Trad. al inglés de R. Fitzgerald. Nueva York: Anchor Books, 1963. Versión en castellano: *La odisea*; trad. de Luis Segalà y Estalella. Barcelona: Austral, 2010.
Honigmann, J. J. *Foodways in a Muskeg Community: An Anthropological Report on the Attawapiskat Indians*. Ottawa: Northern Coordination Research Centre, 1961.
Hope, A. *A Caledonian Feast*. Londres y Glasgow: Grafton, Collins, 1987.
Horatius Flaccus (siglo I a.C.). *Satires*, II. viii. Trad. al inglés de H. R. Fairclough, Loeb Classical Library. Cambridge, Mass.: Harvard University Press, 1966. Versión en castellano: Horacio Flaco. *Sátiras*; trad. de José Luis Moralejo. Madrid: Gredos, 2010.
Howe, B. «Decorating the Victorian Dinner Table», *Country Life*, 7 de enero de 1960, 1-11.
Hubert, A. *L'Alimentation dans un village Yao de Thailande du nord: "de l'au-delà à la cuisine"*. París: C.N.R.S., 1985.
Hudson, K., y J. Pettifer. *Diamonds in the Sky: A Social History of Air Travel*. Londres: Bodley Head, 1979.
Hughes, G. B. «The Old English Banquet», *Country Life*, 117, 17 de febrero de 1955, 473-475.
Hulme, P. *Colonial Encounters: Europe and the Native Caribbean*. Londres y Nueva York: Methuen, 1987.
Humphrey, T., y L. T. *«We Gather Together»: Food and Festival in American Life*. Ann Arbor, Mich.: University Microfilms Inc. Research Press, 1988.
Humphry, Mrs. *Manners for Men*. Exeter: Webb and Bower, 1897. *Manners for Women*. Londres: James Bowden, 1897.
Isaac, E. «Myths, Cults and Livestock Breeding», *Diogenes*, 41 (1963), 70-93.
Isaac, G. L. «Food Sharing and Human Evolution», *Journal of Anthropological Research*, 34 (1978), 311-325. «The Food-Sharing Behavior of Protohuman Hominids», *Scientific American*, 238 (abril de 1978), 90-108.
Isaacs, J. *Bush Food: Aboriginal Food and Herbal Medicine*. Sydney: Weldons, 1987.
Izard, C. E. *The Face of Emotion*. Nueva York: Appleton-Century-Crofts, 1971.
Jackson, A. V. W. *Persia Past and Present*. Nueva York: Macmillan, 1906.
James, E. O. *Christian Myth and Ritual. A Historical Study*. Gloucester, Mass.: Peter Smith, 1973 (primera edición 1937).
Japanese National Commission for UNESCO. *Japan: Its Land, People and Culture*. Tokio: Ministry of Finance, 1958, pp. 911-919.
Jastrzebowska, E. «Les scènes de banquet dans les peintures et les sculptures chrétiennes des IIIe et IVe siècles», *Recherches augustiniennes*, 14 (1979), 3-90.
Jeaffreson, J. C. *A Book About the Table*. 2 vols. Londres: Hurst and Blackett, 1875.

Jeanneret, M. *Des mets et des mots*. París: José Corti, 1987.
Jefferson, T. «Etiquette» (1803) en H. A. Washington, ed., *The Writings of Thomas Jefferson*. Nueva York: Derby 1861, Vol. 9, pp. 454-5.
Johnsson, M. *Food and Culture Among Bolivian Aymara. Symbolic Expressions of Social Relations*. Stockholm: Almqvist and Wiksell, 1986.
Juvenal (siglos I y II d. C.). *The Satires*, en *Juvenal and Persius*, trad. al inglés de G. G. Ramsay, Loeb Classical Library. Londres: Heinemann, 1950. Versión en castellano: *Sátiras*; trad. de Rosario Cortés. Madrid: Cátedra, 2007.
Kahn, M. *Always Hungry, Never Greedy: Food and the Expression of Gender in a Melanesian Society*. Cambridge: Cambridge University Press, 1986.
Kanafani, A. S. *Aesthetics and Ritual in the United Arab Emirates*. Beirut: American University of Beirut, 1983.
Karp, I. «Beer Drinking and Social Experience in an African Society», en I. Karp y C. S. Bird, eds., *Explorations in African Systems of Thought*. Bloomington, Ind.: Indiana University Press, 1980.
Kasson, J. F. «Civility and Rudeness: Urban Etiquette and the Bourgeois Social Order in Nineteenth-Century America», *Prospects*, 9 (1984), 143-167. «Rituals of Dining: Table Manners in Victorian America», en K. Grover, ed., *Dining in America 1850-1900. Rudeness and Civility: Manners in Nineteenth-Century Urban America*. Nueva York: Hill and Wang, 1990.
Katzman, D. M. *Seven Days a Week*. Nueva York: Oxford University Press, 1978, en esp. Cap. 7.
Kawai, M. «Newly Acquired Precultural Behavior of the Natural Troop of Japanese Monkeys on Koshima Islet», *Primates*, 6 (1965), 1-30.
Kearney, M. «The Social Meaning of Food Sharing in Mexico», *Kroeber Anthropological Society Papers*, 43 (1970), 32-41.
Khare, R. S. *Culture and Reality*. Shimla: Indian Institute of Advanced Study, 1976.
King, H. «Food as Symbol in Classical Greece», *History Today* (septiembre de 1986), 35-39.
Kirkwood, K. P. *The Diplomat at Table*. Metuchen, N.J.: The Scarecrow Press, 1978.
Kirwan, A. V. *Host and Guest*. Londres: Bell and Daldy, 1864.
Knight, F. W. *The Caribbean*. Oxford: Oxford University Press, 1978.
Knutson, A. L. «The Meaning of Food», en A. L. Knutson, ed., *The Individual, Society, and Health Behavior*. Nueva York: Russell Sage Foundation, 1965.
Koenig, J. *New Testament Hospitality*. Filadelfia: Fortress, 1985.
Kondo, D. «The Way of Tea: A Symbolic Analysis», *Man*, 20 (1985), 287-306.
Kottak, C. P. «Ritual at McDonald's», en M. Fishwick, ed., *Ronald Revisited: The World of Ronald McDonald*. Bowling Green, Ohio: Popular Culture Press, 1983 (primera edición 1978).
Krumrey, H-V. *Entwicklungsstrukturen von Verhaltensstandarden (1870-1970)*. Fráncfort: Suhrkamp, 1984.
Labat, J-B. *Voyage aux îles de l'Amérique* (1693-1705). París: Séghers, 1979.

La Bruyère, J. de. «De l'Homme» (1688), en *Oeuvres complètes*, ed. A. Chassang. Vol. I. París: Garnier, 1876. Versión en castellano: *Los caracteres*; trad. de Consuelo Berges. Madrid: Hermida Editores, 2013.
Lair, M. *A la fortune du pot*. París: Acropole, 1989.
La Marche, O. de. *Mémoires d'Olivier de La Marche, maître d'hôtel et capitaine des gardes de Charles le Téméraire*. 4 vols. Ed. de H. Beaune y J. d'Arbaumont. París: Renouard, 1885, Vol. 3.
Lamb, C. *The Chinese Festive Board*. Hong Kong: Vetch and Lee, 1935. Tercera edición, 1970.
Lane, E. W. *An Account of the Manners and Customs of the Modern Egyptians*. Londres: John Murray, 1871. Versión en castellano: *Maneras y costumbres de los modernos egipcios*; trad. de Jaime Sánchez Ratia. Madrid: Ediciones Libertarias, 1993.
Lange, F. *Manger, ou les jeux et les creux du plat*. París: Seuil, 1975.
La Salle, J-B de. *Les règles de la bienséance et de la civilité chrétienne* (1713, 1729). Ruan, 1782.
Lasne, S., y A. P. Gaultier. *A Dictionary of Superstitions*, trad. al inglés de A. Reynolds. Englewood Cliffs, N.J.: Prentice-Hall, 1984.
Latham, J. *The Pleasure of Your Company*. Londres: A. and C. Black, 1972.
Lattimore, O. *High Tartary*. Boston: Little, Brown, 1930.
Laughlin, C. D., y J. McManus. «Mammalian Ritual», en E. G. D'Aquili, *et al.*, eds., *The Spectrum of Ritual*.
Laurioux, B. «Le Mangeur de l'an Mil», *L'Histoire*, 73 (1984), 90-91.
Lautman, F. «Pas de fête sans repas!», en *La Table et le partage*. Rencontres de l'École du Louvre. París: La Documentation française, 1986.
Laver, J. *The Age of Optimism: Manners and Morals 1848–1914*. Londres: Weidenfeld and Nicolson, 1966, Cap. 6.
Leach, E. «Animal Categories and Verbal Abuse», en *New Directions in the Study of Language*, ed. de E. H. Lenneberg. Cambridge, Mass.: MIT Press, 1964.
Lebault, A. *La Table et le repas à travers les siècles*. París: Lucien Laveur, 1910.
Lebra, T. S. *Japanese Patterns of Behavior*. Honolulu: East-West Center Press, 1976.
Legrand d'Aussy, P. J. B. *Histoire de la vie privée des français depuis l'origine de la nation jusqu'à nos jours*. 3 vols. París: Pierres, 1782.
Lehmann, K. «The Dome of Heaven», *The Art Bulletin*, 27 (1945), 22.
Lehne, B. *Süddeutsche Tafelaufsätze vom Ende des 15. bis Anfang des 17. Jahrhunderts*. Múnich: Tuduv, 1985.
Leininger, M. «Some Cross-Cultural and Non-Universal Functions, Beliefs, and Practices of Food», en J. Dupont, ed., *Dimensions of Nutrition*. Fort Collins, Colo.: Proceedings of the Colorado Dietetic Conference, 1970, pp. 153-179.
Leslie, E. *Miss Leslie's Behaviour Book* (1853). Filadelfia: T. B. Peterson and Brothers (edición de 1859). Reimpresión en Nueva York: Arno, 1972.
Levenstein, H. A. *Revolution at the Table*. Nueva York: Oxford University Press, 1988.

Lévi-Strauss, C. «The Culinary Triangle», *Partisan Review*, 33 (1966), 586-595. *The Origin of Table Manners*, trad. al inglés de J. y D. Weightman. Nueva York: Harper and Row, 1978 (primera edición 1968). Versión en castellano: *El origen de las maneras de mesa*; trad. de Juan Almela. México: Fondo de Cultura Económica, 1970. «The Principle of Reciprocity», en L. A. Coser y B. Rosenberg, eds., *Sociological Theory*. Londres: Macmillan, 1969.

Lewin, K. «Forces Behind Food Habits and Methods of Change», en *The Problem of Changing Food Habits*. Bulletin no. 108. Washington, D.C.: National Academy of Science, National Research Council, 1943, pp. 35-65.

Lewis, D. *The Maori*. Londres: Orbis, 1982.

Lewis, W. H. *The Splendid Century: Life in the France of Louis XIV*. Garden City, N.Y.: Doubleday Anchor, 1957.

Lichtenstein, H. *Travels in Southern Africa in the Years 1803, 4, 5, and 6*, trad. de A. Plumptre. 2 vols. Londres: H. Colburn, 1812.

Lindberger, Ö. *The Transformations of Amphitryon*. Estocolmo: Almqvist and Wiksell, 1956.

Liselotte. *Le Guide des convenances*. París: «Petit écho de la mode», 1915.

Lissarrague, F. *Un flôt d'images: Une esthétique du banquet grec*. París: Adam Biro, 1987. y P. Schmitt-Pantel. «Partage et communauté dans les banquets grecs», *La Table et le partage*. Rencontres de l'École du Louvre. París: La Documentation française, 1986.

Lorenz, K. Z. «Evolution of Ritualization in the Biological and Cultural Spheres», *Philosophical Transactions of the Royal Society of London*, ser. B.: Biological Sciences, 1966, 278-284.

Lorey, E. de y D. Sladen. *Queer Things About Persia*. Londres: Nash, 1907, pp. 78-85.

Loveday, L., y S. Chiba. «Partaking with the Divine and Symbolizing the Societal: The Semiotics of Japanese Food and Drink», *Semiotica*, 56 (1985), 115-31.

Lovejoy, A. *Primitivism and Related Ideas in Antiquity*. Baltimore: Johns Hopkins University Press, 1934.

Löwdin, P. *Food Ritual and Society Among the Newars*. Uppsala, Suecia: Research Report in Cultural Anthropology, 4, 1985.

Lowenberg, M. E. *Food for the Young Child*. Ames, Iowa: Collegiate Press, 1934, Cap. 4., E. N. Todhunter y E. D. Wilson. *Food and Man*. Nueva York: John Wiley, 1968, Cap. 3.

Lowie, R. H. *Are We Civilized?* Londres: George Routledge, 1930, Cap. 6.

Lucian (siglo II d.C.). *Symposium, or The Lapiths*. Trad. al inglés de A. M. Harmon. Vol. 1, Loeb Classical Library. Londres: Heinemann, 1979. Versión en castellano: Luciano de Samósata. *El banquete o Los lapitas*, en *Obras*, Vol. 1; trad. de Andrés Espinosa Alarcón. Madrid: Gredos, 1981.

MacCauley, C. «Seminole Indians of Florida», *Annual Report of the Bureau of Ethnology*. Washington, D.C.: Smithsonian Institution, 1883-84, pp. 504-6.

MacDonogh, G. *A Palate in Revolution: Grimod de La Reynière and the Almanach des Gourmands*. Londres y Nueva York: Robin Clark, 1987.

Mackenzie, O. H. *A Hundred Years in the Highlands*. Londres: Edward Arnold, 1921.
Macrobius (siglo v d. C.). *Saturnalia*. Trad. al inglés de P. V. Davies. Nueva York: Columbia University Press, 1969. Versión en castellano: Macrobio. *Las saturnales*; trad. de Juan Francisco Mesa. Madrid: Akal, 2009.
Magendie, M. *La Politesse mondaine. Les Théories de l'honnêteté en France au XVIIe siècle, de 1600 à 1650*. 2 vols. París: Félix Alcan, 1925.
Mahias, M-C. *Délivrance et convivialité: Le système culinaire des Jaina*. París: La Maison des sciences de l'homme, 1985.
Malcolm, N. *Ludwig Wittgenstein, a Memoir*. Londres: Oxford University Press, 1958.
Malinowsky, B. *The Sexual Life of Savages*. Londres: Routledge and Kegan Paul, 1982 (primera edición 1929). Versión en castellano: *La vida sexual de los salvajes del Noroeste de la Melanesia*; trad. de Ricardo Baeza. Madrid: Ediciones Morata, 1920.
Mallery, G. «Manners and Meals», *The American Anthropologist*, 1 (1888), 193-207.
Manger et boire au moyen age. (Actes du Colloque, October 15–17, 1982), no. 27, 2 vols. Niza: Centre d'Etudes médiévales, 1984.
Marchi, C. *Quando siamo a tavola*. Milán: Rizzoli, 1990.
Marett, R. R. «Food Rites», en E. E. Evans-Pritchard, *et al.*, eds., *Essays Presented to C. G. Seligman*. Londres: Paul, Trench, Trübner, 1934.
Mars, G., y M. Nicod. *The World of Waiters*. Londres: Allen and Unwin, 1984.
Marshall, L. «Sharing, Talking, and Giving: Relief of Social Tensions Among !Kung Bushmen», *Africa*, 31 (1961), 231-249.
Marshall, M., ed., *Beliefs, Behaviors, and Alcoholic Beverages*. Ann Arbor, Mich.: University of Michigan Press, 1979.
Martial (siglo I d. C.). *Epigrammata*. Trad. al inglés de W. C. A. Ker. 2 vols., Loeb Classical Library. Londres: Heinemann, 1919-1920. Versión en castellano: Marcial. *Epigramas Completos*; trad. de Dulce Estefanía. Madrid: Cátedra, 1996.
Martin, J. *Miss Manners' Guide to Excruciatingly Correct Behavior*. Nueva York: Warner Books, 1982. *Miss Manners' Guide for the Turn-of-the-Millennium*. Nueva York: Pharos, 1989.
Martínez Llopis, M. M. *Historia de la gastronomía española*. Madrid: Alianza Editorial, 1989.
Mason, J. E. *Gentlefolk in the Making*. Filadelfia: University of Pennsylvania Press, 1934.
Mason, P. *The English Gentleman: The Rise and Fall of an Ideal*. Londres: André Deutsch, 1982.
Masters, B. *Great Hostesses*. Londres: Constable, 1982.
Mauss, M. *The Gift: Forms and Functions of Exchange in Archaic Societies* (1923-1924). Londres: Cohen and West, 1954. Versión en castellano: *Ensayo sobre el don. Forma y función del intercambio en las sociedades arcaicas*; trad. de Julia Bucci. Madrid: Katz, 2010. «Body Techniques», en *Sociology and Psychology*:

Essays (1935). Trad. al inglés de B. Brewster. Londres: Routledge and Kegan Paul, 1979, pp. 95-123.

McAllister, P. A. *Umsindleko: A Gcaleka Ritual of Incorporation.* Grahamstown, Sudáfrica: Institute of Social and Economic Research, 1981.

McCaffree, M. J., y P. Innis. *Protocol: The Complete Handbook of Diplomatic, Official and Social Usage.* Englewood Cliffs, N.J.: Prentice-Hall, 1977.

McCarthy, M. «The Genial Host», en *The Company She Keeps.* Nueva York: Simon and Schuster, 1942.

McDaniel, W. B. «Roman Dinner Garments», *Classical Philology*, 20 (1925), 268-70.

McNeill, F. M. *The Scots Cellar, Its Traditions and Lore.* Edimburgo: Macdonald, 1956.

Meakin, B. *Life in Morocco and Glimpses Beyond.* Londres: Chatto and Windus, 1905, Cap. 11.

Meek, C. K. *The Northern Tribes of Nigeria.* Vol I. Londres: Oxford University Press, 1925.

Meigs, A. *Food, Sex, and Pollution.* New Brunswick, N.J.: Rutgers University Press, 1984.

Mennell, S. *All Manners of Food.* Oxford: Basil Blackwell, 1985. *Norbert Elias.* Oxford: Basil Blackwell, 1989.

Miller, L. *The Encyclopedia of Etiquette.* Nueva York: Crown, 1967.

Mintz, S. W. *Sweetness and Power: The Place of Sugar in Modern History.* Nueva York: Viking Press, 1985.

Mirimonde, A. P. de. *Le langage secret de certains tableaux du musée du Louvre.* París: Editions de la Réunion des musées nationaux, 1984.

Monson-Fitzjohn, G. J. *Drinking Vessels of Bygone Days.* Londres: Herbert Jenkins, 1927.

Montaigne, M. (1533-1592). *The Complete Works of Montaigne: Essays: Travel Journal: Letters.* Trad. al inglés de D. M. Frame. Stanford, Calif.: Stanford University Press, 1958. Versión en castellano: *Ensayos*; trad. de Javier Yagüe Bosch. Barcelona: Galaxia Gutenberg, 2021.

Moore, H. B. «The Meaning of Food», *American Journal of Clinical Nutrition*, 5 (1957), 77-82.

Moore, S. «Pocket Knives at Table? Whatever Next», *Petits Propos Culinaires*, 16 (1984), 35-41.

Morel, J. «La politesse à table au XVIIe siècle», *Marseille*, 109 (1977), 93-98.

Morris, H. *Portrait of a Chef: The Life of Alexis Soyer.* Nueva York: Macmillan, 1938.

Mowat, F. *The People of the Deer.* Toronto: McClelland and Stewart, 1965, Cap. 7.

Muchembled, R. *L'invention de l'homme moderne.* París: Fayard, 1988.

Murcott, A. «On the Social Significance of the "Cooked Dinner" in South Wales», *Social Science Information*, 21 (1982), 677-695., ed. *The Sociology of Food and Eating.* Aldershot, Hants: Gower, 1983.

Murphy, G. R. «A Ceremonial Ritual: the Mass», en D'Aquili, E. G., *et al.*, eds., *The Spectrum of Ritual.*

Murray, O. «The Symposion as Social Organisation», en *The Greek Renaissance of the Eighth Century b.c.: Tradition and Innovation*, ed. de R. Hägg. Lund: Paul Aströms Förlag, 1983., ed. *Sympotica: A Symposium on the Symposion*. Oxford: Clarendon Press, 1990.

Musil, A. *The Manners and Customs of the Rwala Bedouin*. Nueva York: American Geographical Society, 1928.

Myerhoff, B. *Number Our Days*. Nueva York: Dutton, 1978.

Needham, R., ed. *Right and Left*. Chicago: University of Chicago Press, 1973.

Nenci, G. «Pratiche alimentari e forme di definizione e distinzione sociale nella Grecia arcaica», *Annali della Scuola Normale Superiore di Pisa*, 18 (1988), 1-10.

Netting, R. «Beer as Locus of Value Among the West African Kofyar», *American Anthropologist*, 66 (1964), 375-385.

Newnham-Davis, N. *The Gourmet's Guide to Europe*. Londres: Grant Richards, 1903.

Nicolson, F. W. «The Saliva Superstition in Classical Literature», *Harvard Studies in Classical Philology*, 8 (1897), 23-40.

Nicolson, H. *Good Behaviour*. Londres: Constable, 1955.

Noel, N. E., y B. S. McCrady. «Target Populations for Alcohol Abuse Prevention», en P. M. Miller y T. D. Nirenberg, eds., *Prevention of Alcohol Abuse*. Nueva York y Londres: Plenum, 1984.

Norbeck, E. «A Sanction for Authority: Etiquette», en R. D. Fogelson y R. N. Adams, eds., *The Anthropology of Power*. Nueva York: Academic Press, 1977.

Norman, H. *The Real Japan*. Londres: T. F. Unwin, 1908.

Nzekwu, O. «Kola Nut», *Nigeria Magazine*, 71 (1961), 298-305.

Okere, L. C. *Anthropology of Food in Rural Igboland, Nigeria*. Lanham, Md.: University Press of America, 1983.

Oman, C. *Medieval Silver Nefs*. Victoria and Albert Museum Monograph no. 15. Londres: Her Majesty's Stationery Office, 1963.

O'Rourke, P. J. *Modern Manners: An Etiquette Book for Rude People*. Nueva York: Atlantic Monthly Press, 1983.

Ortner, S. B. *Sherpas Through Their Rituals*. Nueva York: Cambridge University Press, 1978.

Orton, A. *Tudor Food and Cookery*. Publicación privada, 1985.

Pagé, C. *La Coutellerie*. 6 vols. Châtellerault, Francia: Rivière, 1896-1904.

Palmer, A. *Movable Feasts*. Oxford: Oxford University Press, 1984 (primera edición 1952).

Pardailhé-Galabrun, A. *La naissance de l'intime*. París: Presses Universitaires de France, 1988, pp. 302-309.

Parnatella, T. B. «Sumptuary Laws and Social Etiquette of the Kandyans», *Journal of the Ceylon Branch of the Royal Asiatic Society*, 61 (1908), 119-128.

Pepys, S. *The Diary of Samuel Pepys* (1660-1669). Ed. de R. Latham y W. Matthews, 11 vols. Londres: G. Bell and Sons, 1970-1983. Versión en castellano: *Diario*; trad. de Joaquín Martínez Llorente. Barcelona: Espasa Libros, 2007.

Petronius Arbiter (siglo I d.C.). *Satyricon*. Ed. de K. Müller, Múnich: Ernst Heimeran, 1961. (Trad. al inglés de W. Arrowsmith, Nueva York: Mentor Books, 1959, pp. 38-84). Versión en castellano: Petronio Arbitro. *El satiricón*; trad. de Lisardo Rubio Fernández. Madrid: Gredos, 2010.

Petropoulou, A. «The Sacrifice of Eumaeus Reconsidered», *Greek, Roman and Byzantine Studies*, 28 (1987), 135-149.

Pick, H. «My Joust with the Lay God», *Manchester Guardian Weekly*, 7 de enero de 1990.

Pin, E. J., y J. Turndorf. *The Pleasure of Your Company*. Nueva York: Praeger, 1985.

Pitt-Rivers, J. «The Law of Hospitality», en *The Fate of Shechem*. Cambridge: Cambridge University Press, 1977.

Plato (siglo IV a.C.). *Symposium. Platonis Opera*. Vol. 2. Oxford: Clarendon Press. Trad. al inglés de M. Joyce en *The Collected Dialogues of Plato*, ed. de E. Hamilton y H. Cairns. Nueva York: Bollingen Foundation, 1961. Versión en castellano: Platón. *El banquete*; trad. de Patricio de Azcárate Corral. Madrid: Taurus, 2014.

Plutarch (siglos I y II d.C.). *Symposiacs*. Loeb Classical Library: Moralia. Vols. 8, 9. Trad. al inglés de P. A. Clement y H. B. Hoffleit, Cambridge, Mass.: Harvard University Press, 1936. Versión en castellano: Plutarco. *Charlas de sobremesa*; trad. de Francisco Martín García. Vol. IV de *Obras morales y de costumbres* (*Moralia*). Madrid: Editorial Gredos, 1987. *Banquet of the Seven Sages*. Loeb Classical Library: Moralia. Vol. 2. Trad. al inglés de F. C. Babbitt. Cambridge, Mass.: Harvard University Press, 1921. Versión en castellano: Plutarco. *Banquete de los siete sabios*; trad. de Concepción Morales Otan. Vol. II de *Obras morales y de costumbres* (*Moralia*). Madrid: Editorial Gredos, 1986.

Porter, K. W. «Humor, Blasphemy and Criticism in the Grace Before Meat», *New York Folklore Quarterly*, 21 (1965), 3-18.

Post, Emily. *Etiquette*. Nueva York: Funk and Wagnall, 1922, y numerosas ediciones posteriores hasta 1975.

Post, Elizabeth. *Emily Post's Etiquette*. Nueva York: Funk and Wagnall, 1984.

Pouillon, J. «Manières de table, manières de lit, manières de langage», en *Fétiches sans fétichisme*. París: Maspéro, 1975.

Powdermaker, H. «Feasts in New Ireland: The Social Function of Eating», *American Anthropologist*, 34 (1932), 236-247.

Price, P. V. *Wine: Lore, Legends and Traditions*. Twickenham, Middx.: Hamlyn, 1985.

Pringle, G. *Etiquette in Canada*. Toronto: McClelland and Stewart, 1932.

Proust, M. *À la recherche du temps perdu* (1908-1922). 3 vols. París: Pleiade. Trad. de C. K. Scott Moncrieff y T. Kilmartin, *Remembrance of Things Past*. Londres: Chatto and Windus, 1981. Versión en castellano: *En busca del tiempo perdido, 1. Por el camino de Swann*; trad. de Soledad Salinas de Marichal y Jaime Salinas. Madrid: Alianza Editorial, 2011.

Pückler-Muskau, Prince H. L. H. *Pückler's Progress* (1826-1929). Trad. al inglés de F. Brennan. Londres: Collins, 1987.

Pullar, P. *Consuming Passions*. Londres: Hamish Hamilton, 1970.
Pyke, M. *Technological Eating or Where Does the Fish-Finger Point?* Londres: John Murray, 1972, en esp. Cap. 7.
Quercize, F. de. *Guide des bons usages dans la vie moderne*. París: Larousse, 1952.
Quin, P. J. *Foods and Feeding Habits of the Pedi*. Johannesburgo: Witwatersrand University Press, 1959.
Rabelais, F. *The Histories of Gargantua and Pantagruel* (1532-1564). Trad. al inglés de J. M. Cohen, Harmondsworth, Middx.: Penguin Books, 1955. Versión en castellano: Gargantúa y Pantagruel (Los cinco libros); trad. de Gabriel Hormaechea. Barcelona: Acantilado, 2011.
Radin, P. «The Winnebago Tribe», *Annual Report of the Bureau of Ethnology*. Washington, D.C.: Smithsonian Institution, 1915-1916, pp. 318-328, 427-550.
Ranum, O. «Courtesy, Absolutism and the Rise of the French State, 1630-1660», *Journal of Modern History*, 52 (1980), 426-451.
Rasmussen, K. *The Netsilik Eskimos*. Report of the Fifth Thule Expedition, 8 (1931), 1-548.
Rathje, A. «The Homeric Banquet in Central Italy», en O. Murray, ed., *Sympotica*. Oxford: Clarendon Press, 1990, pp. 279-288.
Raum, O. F. *Chaga Childhood*. Londres: Oxford University Press, 1940.
Read, M. *Children of Their Fathers: Growing Up Among the Ngoni of Nyasaland*. Londres: Methuen, 1959.
Renfrew, J. *Food and Cooking in Prehistoric Britain: History and Recipes*. English Heritage: Historic Building and Monuments Commission for England, 1985. *Food and Cooking in Roman Britain: History and Recipes*. English Heritage: Historic Building and Monuments Commission for England, 1985.
Renner, H. D. *The Origin of Food Habits*. Londres: Faber and Faber, 1944.
Revel, J. «Les usages de la civilité», en P. Ariès y G. Duby, eds., *Histoire de la vie privée*. París: Seuil, 1985, Vol. 3, pp. 168-209.
Revel, J-F. *Un festin en paroles*. París: Pauvert, 1979. Versión en castellano: *Un festín en palabras*; trad. de Lola Gavarrón y Mauro Armiño. Barcelona: Tusquets, 1996.
Rhodes, H. *Book of Nurture and School of Good Manners* (1550), en F. J. Furnivall, *The Babees' Book*, pp. 126-141.
Rich, Barnabe. *The Irish Hubbub, or the English Hue and Crie* (1617). Londres: John Marriott, 1619.
Richards, A. I. *Hunger and Work in a Savage Tribe*. Londres: Routledge, 1932. *Land, Labour and Diet in Northern Rhodesia*. Londres: Oxford University Press, 1939.
Richter, G. M. A. *The Furniture of the Greeks, Etruscans and Romans*. Londres: Phaidon Press, 1966.
Riesman, D., R. J. Potter y J. Watson. «The Vanishing Host», *Human Organization*, 19 (1960), 17-27.
Rigby, P. «Gogo Rituals of Purification», en E. Leach, ed., *Dialectic in Practical Religion*. Cambridge: Cambridge University Press, 1968.

Rochefoucauld-Liancourt, F. de la. *Mélanges sur l'Angleterre* (1784). Ed. de J. Marchand y trad. al inglés de S. C. Roberts con el título *A Frenchman in England 1784*. Cambridge: Cambridge University Press, 1933, pp. 29-34, 240-241.

Root, W., y R. de Rochemont. *Eating in America.* Nueva York: Morrow, 1976.

Rose, G. *A Perfect School of Instruction for the Officers of the Mouth.* Londres: Bentley and Magnes, 1682.

Rouche, M. «Le banquet des moines au moyen-age», *L'Histoire,* 85 (1986), 71-73.

Rozin, E. *The Flavor-Principle Cookbook.* Nueva York: Hawthorn, 1973.

Rozin, P. «The Selection of Foods by Rats, Humans, and Other Animals», en *Advances in the Study of Behavior,* Vol. 6 (1976), pp. 21 ss., en esp. pp. 62-67.

Rubel, P. G., y A. Rosman. *Your Own Pigs You May Not Eat.* Chicago: University of Chicago Press, 1978.

Rudhardt, J. *Notions fondamentales de la pensée religieuse et actes constitutifs du culte dans la Grèce classique.* Ginebra: Droz, 1958, pp. 240-248.

Rudofsky, B. *The Kimono Mind.* Londres: Gollancz, 1965. *Now I Lay Me Down to Eat.* Garden City, N.Y.: Anchor Books, 1980.

Rudskoger, A. *Fair, Foul, Nice, Proper.* Estocolmo: Almqvist and Wiksells, 1952.

Rühl, E. *Grobianus in England.* Berlín: Mayer und Müller, 1904.

Russell, J. *The Boke of Nurture, followyng Englondis gise* (1460), en F. J. Furnivall, *Early English Meals and Manners,* y en Furnivall, *The Babees' Book* (versión en inglés moderno).

Russell, J. G. *The Field of Cloth of Gold: Men and Manners in 1520.* Londres: Routledge and Kegan Paul, 1969, Cap. 6.

Rye, W. B. *England as Seen by Foreigners.* Londres: John Russell Smith, 1865.

Saccone, E. «Grazia, Sprezzatura, Affettazione in the Courtier», en R. W. Hanning y D. Rosand, eds., *Castiglione: The Ideal and the Real in Renaissance Culture.* New Haven, Conn.: Yale University Press, 1983.

Sahagun, B. de. *Florentine Codex: General History of the Things of New Spain. Book 2. The Ceremonies.* Trad. al inglés de A. J. O. Anderson y C. E. Dibble. Santa Fe, N.M.: The School of American Research and the University of Utah, 1981. Obra original en castellano: Sahagún, Bernardino de. *Historia general de las cosas de Nueva España.* Tomos I a III (1540 a 1585), México: Impr. del ciudadano A. Valdés, 1829-1830.

Sahlins, M. *Stone Age Economics.* Chicago: Aldine-Atherton, 1972, Cap. 5. Versión en castellano: *Economía de la edad de piedra.* Trad. de Emilio Muñiz y Rosa Fondevila. Madrid: Akal, 1983. *The Use and Abuse of Biology.* Londres: Tavistock Press, 1977. Versión en castellano: *Uso y abuso de la biología*; trad. de Eulalia Pérez Sedeño. Madrid: Siglo XXI de España, 1990. «Raw Women, Cooked Men, and Other "Great Things" of the Fiji Islands», en P. Brown y D. Tuzin, eds., *The Ethnography of Cannibalism* (1983).

Sanday, P. R. *Divine Hunger.* Cambridge: Cambridge University Press, 1986.

Scappi, B. *Opera.* Venecia: Alessandro de' Vecchi, 1622 (primera edición, 1570).

Scheff, T. J. «The Distancing of Emotion in Ritual», *Current Anthropology*, 18 (1977), 483-490.
Schiedlausky, G. *Essen und Trinken. Tafelsitten bis zum Ausgang des Mittelalters.* Múnich: Prestel, 1956.
Schieffelin, B. B. *The Give and Take of Everyday Life: Language Socialization of Kaluli Children.* Cambridge: Cambridge University Press, 1990.
Schlesinger, A. M. *Learning How to Behave: A Historical Study of American Etiquette Books.* Nueva York: Cooper Square, 1968 (primera edición 1946).
Schneider, C. D. *Shame, Exposure and Privacy.* Boston: Beacon Press, 1977.
Schopenhauer, J. *A Lady Travels: Journeys in England and Scotland* (1816). Trad. al inglés de R. Michaelis-Jena y W. Merson. Londres: Routledge, 1988, pp. 153-161.
Schuyler, E. «Dîner à la Russe 1868», *Petits Propos Culinaires*, 28 (1988), 22-27.
Schweinfurth, G. *The Heart of Africa*, trad. al inglés de E. E. Frewer. 2 vols. Londres: Sampson, Low, Marston, Searle and Rivington, 1878.
Schwimmer, E. G. «Feasting and Tourism: A Comparison», *Semiotica*, 27 (1979), 221-235.
Scully, T. «The Mediaeval French Entremets», *Petits Propos Culinaires*, 17 (1984), 44-56.
Seabrook, W. B. *Adventures in Arabia.* Londres: Harrap, 1928.
Sedgwick, C. M. *Letters from Abroad to Kindred at Home.* 2 vols. Londres: Moxon, 1841.
Sennett, R. *The Fall of Public Man.* Nueva York: Knopf, 1977. Versión en castellano: *El declive del hombre público*; trad. de Gerardo Di Masso. Barcelona: Anagrama, 2011.
Sévigné, Madame M. de. *Lettres.* Ed. de Gérard-Gailly, 3 vols. París: Gallimard, Pleiade, 1953-1957.
Shankman, P. «Le Rôti et Le Bouilli: Lévi-Strauss' Theory of Cannibalism», *American Anthropologist*, 71 (1969), 54-69.
Sherwood, M. E. W. *Manners and Social Usages.* Nueva York: Harper, 1897. Reimpresión en Nueva York: Arno, 1975.
Shuman, A. «The Rhetoric of Portions», *Western Folklore*, 40 (1981), 72-80.
Simmel, G. «Soziologie der Mahlzeit», en *Brücke und Tür.* Stuttgart: Koehler, 1957, pp. 243-250.
Simond, L. *Journal of a Tour and Residence in Great Britain (1810–11).* Edimburgo: George Ramsay, 1815. Vol. 1, pp. 43-50.
Simoons, F. J. *Eat Not This Flesh.* Madison, Wis.: University of Wisconsin Press, 1961.
Sinclair-Stevenson, M. *The Rites of the Twice-Born.* Londres: Oxford University Press, 1920, pp. 240-247.
Siverts, H., ed. *Drinking Patterns in Highland Chiapas.* Bergen, Noruega: Universitetsforlaget, 1973.
Sjögren-de Beauchaîne, A. *The Bourgeoisie in the Dining Room.* Estocolmo: Institutet för folklivsforskning, 1988.

Smith, G. R. *Table Decoration Yesterday, Today, and Tomorrow*. Rutland, Vt.: Charles E. Tuttle, 1968.
Smith, J. Z. *Imagining Religion: From Babylon to Jonestown*. Chicago: Chicago University Press, 1982.
Smith, R. E. F., y D. Christian. *Bread and Salt*. Cambridge: Cambridge University Press, 1984.
Smollett, T. *Travels through France and Italy*. 1766. Londres: Oxford University Press, 1907.
Sokolov, R. «From Platter to Plate», *Natural History*, 6 (1987), 62-63.
Southworth, J. *The English Medieval Minstrel*. Woodbridge, Suffolk: Boydell, 1989.
Sparkes, B. A. «Kottabos: An Athenian After-Dinner Game», *Archaeology*, 13 (1960), 202-207.
Spierenburg, P. *Elites and Etiquette*. Róterdam: Erasmus Universiteit, 1981.
Staden, H. *The True History of His Captivity 1557*. Trad. al inglés y ed. de M. Letts. Londres: Routledge, 1928.
Staffe, Baronne. *Usages du Monde* (1899). París: Flammarion, s. f. *La Maîtresse de maison*. París: Victor-Havard, 1892.
Stanhope, P. D., *Fourth Earl of Chesterfield*. *The Letters of Philip Dormer Stanhope, Fourth Earl of Chesterfield* (1777). Ed. de Bonamy Dobrée. 6 vols. Londres: Eyre and Spottiswoode, 1932.
Stead, J. *Food and Cooking in 18th Century Britain: History and Recipes*. English Heritage: Historic Buildings and Monuments Commission for England, 1985.
Stein, G. *The Autobiography of Alice B. Toklas*. Nueva York: Vintage Books, 1960 (primera edición 1933). Versión en castellano: *Autobiografía de Alice B. Toklas*; trad. de Andrés Bosch. Barcelona: Lumen, 2000.
Stevenson, H. N. C. «Feasting and Meat Division Among the Zahau Chins of Burma», *Journal of the Royal Anthropological Institution of Great Britain and Ireland*, 67 (1937), 15-32.
Stevenson, M. C. «The Zuñi Indians», *Annual Report of the Bureau of Ethnology*. Washington, D.C.: Smithsonian Institution, 1901-1902, p. 369.
Strathern, A. J. «Witchcraft, Greed, Cannibalism and Death: Some Related Themes from the New Guinea Highlands», en M. Bloch y J. Parry, eds., *Death and the Regeneration of Life*.
Strecker, I. *The Social Practice of Symbolization*. Londres: Athlone Press, 1988.
Strodtbeck, F. L. «The Latent Intellective Factor in the Food Cycle», en N. S. Scrimshaw y J. E. Gordon, eds., *Malnutrition, Learning, and Behavior*. Cambridge, Mass.: MIT Press, 1968, pp. 363-385.
Strong, R. *Splendor at Court*. Boston: Houghton Mifflin, 1973.
Suetonius (siglos I y II d. C.). *De vita Caesarum*. Trad. al inglés de J. C. Rolfe, 2 vols. Loeb Classical Library. Londres: Heinemann, 1935. Versión en castellano: Suetonio. *Vida de los doce césares*; trad. de Alfonso Cuatrecasas. Barcelona: Austral, 2010.
Sumner, W. G. *Folkways and Mores*. Nueva York: Schocken Books, 1979.

Swift, Jonathan. «A Modest Proposal...» (1729); «A Complete Collection of Genteel or Ingenious Conversation» (1738); «Directions to Servants» (1745), en T. Scott, ed., *The Prose Works of Jonathan Swift*, D. D. 12 vols. Londres: George Bell, 1908. Versiones en castellano: *Una modesta proposición y otros escritos*; trad. de Pablo Oyarzún Robles. Caracas: Monte Ávila, 2005. *Instrucciones a los sirvientes*; trad. de Ismael Attrache. Madrid: Sexto Piso, 2007.

Sykes, E. C. *Persia and Its People*. Londres: Methuen, 1910.

Syrkin, A. Y. «On the Behavior of the "Fool for Christ's Sake», *History of Religions*, 22 (1982), 150-171.

Tambiah, J. «A Performative Approach to Ritual», en *Culture, Thought, and Social Action*. Cambridge, Mass.: Harvard University Press, 1985, pp. 123-166.

Taylor, R. *The Court and Kitchen of Elizabeth Cromwell* (1664). Ed. de M. Liquorice, como *Mrs. Cromwell's Cookery Book*. Peterborough, Hants.: Cambridge Libraries, 1983.

Teleki, G. «The Omnivorous Chimpanzee», *Scientific American*, 228 (enero de 1973), 32-42.

Thackeray, W. M. *The Book of Snobs*, Caps. 19, 20, en *Miscellanies*. Vol. 4. Londres: Smith, Elder, 1877. Versión en castellano: *El libro de los esnobs*; trad. de Luis E. Echevarría. Madrid: Mondadori, 1990.

Thomas, K. *Man and the Natural World: Changing Attitudes in England 1500–1800*. Londres: Allen Lane, 1983.

Thomas, L-V. «Essai sur la conduite négro-africaine du repas», *Bulletin de l'Institut français de l'Afrique noire*, 2 (1965), 573-635.

Thornton, T. P. *Grobianische Tischzuchten*. Berlín: E. Schmidt, 1957. *Hofische Tischzuchten*. Berlín: E. Schmidt, 1957.

Toffin, G. *Pyangaon, communauté newar de la vallée de Kathmandou: la vie materielle*. París: C.N.R.S., 1977, Cap. 4.

Tolles, D. *The Banquet-Libations of the Greeks*. Ann Arbor, Mich.: Edwards, 1943.

Townsend, E. M. *Latin American Courtesy*. Ciudad de México: Summer Institute of Linguistics, 1961.

Trollope, F. *Domestic Manners of the Americans* (1832). Reimpresión en Nueva York: Vintage Books, 1960.

Trusler, J. *The Honours of the Table... with the Whole Art of Carving* (1791). Cork: Daly and Croker, 1804. *A System of Etiquette*. Bath: W. Meyler, 1804.

Turnaturi, G. *Gente Perbene: Cent'anni di Buone Maniere*. Milán: SugarCo., 1988.

Turner, V. *The Forest of Symbols: Aspects of Ndembu Ritual*. Ithaca, N.Y.: Cornell University Press, 1967. *The Ritual Process*. Chicago: Aldine, 1969. Versión en castellano: *El proceso ritual. Estructura y antiestructura*; trad. de Beatriz García Ríos. Madrid: Taurus, 1988.

Turney-High, H. H. «The Flathead Indians of Montana», *Memoirs of the American Anthropological Association*, 48 (1937), 129. «The Ethnography of the Kutenai», *Memoirs of the American Anthropological Association*, 56 (1941), 122-125.

Van Baal, J. «Offering, Sacrifice and Gift», *Numen*, 23 (1976), 161-178.

Vanderbilt, A. *Amy Vanderbilt's New Complete Book of Etiquette*. Nueva York: Doubleday, 1967.

Van Otterloo, A. H. «Foreign Immigrants and the Dutch at Table, 1945-1985. Bridging or Widening the Gap?», *Netherlands Journal of Sociology*, 23 (1987), 126-143.

Vennum, T., *Wild Rice and the Ojibway People*. St. Paul: Minnesota Historical Society Press, 1988.

Verdier, Y. *Façons de dire, façons de faire*. París: Gallimard, 1979.

Vergil (siglo I a.C.). *Aeneid*, Libros 3 y 7. Trad. al inglés de H. R. Fairclough, Loeb Classical Library. 2 vols. Cambridge, Mass.: Harvard University Press, 1947. Versión en castellano: Virgilio. *Eneida*; trad. de Alfonso Cuatrecasas. Barcelona: Espasa Libros, 2012.

Vigée, C. «Le partage de la nuit pascale», *La Table et le partage*. Rencontres de l'École du Louvre. París: La Documentation française, 1986.

Villa, P., C. Bouville, *et al.* «Cannibalism in the Neolithic», *Science*, 233 (1986), 431-433.

Visser, M. *Much Depends on Dinner*. Toronto: McClelland and Stewart, 1986.

Wagner, P. M. «Food as Ritual», en S. M. Farber, N. L. Wilson y R. H. L. Wilson, eds., *Food and Civilization*. Springfield, Ill.: Charles C. Thomas, 1966, pp. 60-82.

Walens, S. *Feasting with Cannibals: An Essay on Kwakiutl Cosmology*. Princeton, N.J.: Princeton University Press, 1981.

Walker, T. *Aristology, or the Art of Dining*. Londres: George Bell, 1835.

Ward, E. *O Raree Show, O Pretty Show, or the City Feast, by the author of The London Spy* (1704). Citado por J. C. Drummond y A. Wilbraham en *The Englishman's Food*. Londres: Jonathan Cape, 1939.

Waring, P. A *Dictionary of Omens and Superstitions*. Londres: Souvenir Press, 1978.

Watson, J. L. «From the Common Pot: Feasting with Equals in Chinese Society», *Anthropos*, 82 (1988), 389-401.

Wecter, D. *The Saga of American Society*. Nueva York: Scribners, 1937, Cap. 5.

Westman, H. O. *The Spoon*. Nueva York: Harper, 1844.

Wheaton, B. K. *Savoring the Past*. Filadelfia: University of Pennsylvania Press, 1983.

Whiffen, T. *The North-West Amazons*. Londres: Constable, 1915.

White, L. A. «Etiquette», en *The Evolution of Culture*. Nueva York: McGraw-Hill, 1959, pp. 225-231.

White, T. E. «Observations on the Butchering Technique of Some Aboriginal Peoples», *American Antiquity*, 17 (1952), 337-338; 19 (1953), 160-164; 19 (1954), 254-264; 21 (1955), 170-178.

Whiting, B. J. «The Vows of the Heron», *Speculum*, 20 (1945), 261-278.

Whiting, J. W. M., e I. L. Child. *Child Training and Personality: A Cross-Cultural Study*. New Haven, Conn.: Yale University Press, 1953, en esp. pp. 69-73.

Widdowson, J. D. A. «Food and Traditional Verbal Modes in the Social Control of Children», en A. Fenton y T. M. Owen, eds., *Food in Perspective*. 1981, pp. 377-389.

Wildeblood, J. *The Polite World*. Londres: Oxford University Press, 1965.
Wilkinson, J. G. *Manners and Customs of the Ancient Egyptians*. 2 vols. Londres: Murray, 1978.
Williams, S. *Savory Suppers and Fashionable Feasts*. Nueva York: Pantheon, 1985.
Wilson, C. A. *Food and Drink in Britain from the Stone Age to Recent Times*. Londres: Constable, 1973.
Wilson, F. M., ed. *Strange Island: Britain Through Foreign Eyes 1395-1940*. Londres: Longmans, 1955.
Witteveen, J. «The Great Birds», *Petits Propos Culinaires*, 24, 25, 26, 32, 36 (1986-1990).
Worde, Wynkyn de. *The Boke of Kervynge* (1508), en F. J. Furnivall, ed., *Early English Meals and Manners*.
Wouters, C. «Informalisation and the Civilising Process», en P. R. Gleichman, *et al.*, eds., *Human Figurations: Essays for Norbert Elias*. Ámsterdam: Sociologisch Tijdschrift, 1977.
Wright, L. *Clean and Decent*. Londres: Routledge and Kegan Paul, 1960.
Wright, T. *A History of Domestic Manners and Sentiments in England During the Middle Ages*. Londres: Chapman and Hall, 1862.
Xenophon (siglo IV a. C.). *Symposium*. Trad. al inglés de E. C. Marchant, Loeb Classical Library, Xenophon, Vol. 4. Cambridge, Mass.: Harvard University Press, 1968. Versión en castellano: Jenofonte. *Apología. Banquete. Recuerdos de Sócrates*; trad. de José Antonio Caballero López. Madrid: Alianza Editorial, 2009.
Yalman, N. «On the Meaning of Food Offerings in Ceylon», en R. F. Spencer, ed., *Forms of Symbolic Action*. Proceedings of the American Ethnological Society Meeting. Seattle: University of Washington Press, 1969, pp. 81-96.
Yanagida, K. *Japanese Manners and Customs in the Meiji Era*. Tokio: Toyo Bunko, 1969.
Ying-Shih Yü. «Han», en K. C. Chang, ed., *Food in Chinese Culture*.
Young, J. «Chanoyu for the West», *Chanoyu Quarterly*, 1 (1970), 28-38.
Young, M. W. *Fighting with Food*. Cambridge: Cambridge University Press, 1971.
Yudkin, J., y J. C. McKenzie. *Changing Food Habits*. Londres: MacGibbon and Kee, 1964.
Zumwalt, R. L. «The Return of the Whale», en A. Falassi, ed., *Time Out of Time: Essays on the Festival*. Albuquerque, N.M.: University of New Mexico Press, 1987.

Índice analítico

a la alemana, cenas 240
a la francesa, cenas 235-241, 244, 245, 253, 254, 313
a la rusa, cenas 240-241, 246, 296, 313, 325, 398, 416
abanicos 144
abasíes 174, 203, 206, 262, 416
Abraham 120
accidentes durante las comidas 195
aceitunas 66, 99, 355
acuclillarse 248, 295, 350
aderezos 211. *Véase* sal
Adler, Elizabeth 210-211
africanos. 72, 74-75, 77, 78, 106-107, 108, 163, 173, 184, 210, 215, 284, 308, 321, 384 *Véanse también* países y pueblos individuales
afrodisíaco 148
agarrar con las manos 84, 113, 198, 332, 404
Agogos 99
agradecimiento 121, 174-175, 341, 384
agua 171, 233, 354, 358; como primer ofrecimiento 149; para mezclar con vino 294, 289, 290, 291, 292, 323; mineral embotellada 149, 291; y las reglas de castas 348-349. *Véase además* lavarse
ainus, pueblo de Japón 175, 339
albaricoques 208
alcachofas 43, 226, 236

alcohol 71, 149, 285-286, 288-289, 291, 292-293, 294-296, 323, 327, 335
Alejandro Magno, rey 125, 298
alemanes 66, 115, 140, 148, 175, 197, 199, 223, 234, 295, 301, 305, 331, 338, 256, 357
aliento, respiración 324, 356, 369-370, 373, 383. *Véase además* anís; soplar
almuerzo 46, 191, 193, 242, 246, 254, 336; almuerzo de tenedor 193; comida de negocios 183, 193. *Véase además luncheon*
alubias 112
ambigú 241
Anderson, E. N. y M. L. 219, 415
Andréani, Ghislaine 233
Anfitrión 189, 192, 195, 198, 201, *Véase además* anfitriones e invitados
anfitriones e invitados 61, 116-126, 158-159, 164-166, 176-177, 178, 182, 192, 194, 197, 198, 201, 208, 212, 220, 235-236, 238-239, 240-241, 242, 250, 255, 256-257, 264-265, 283, 291, 294, 303, 306, 320, 340, 404
animales 42, 44, 48-49; personas maleducadas comparadas con 90, 91. *Véanse además* animales individuales
anís 239, 248
anorexia 260
aparador 108, 182. *Véase además buffet, cenas tipo*

453

apéritif 148-149
aperitivos 255
apio 214
aplastar con el pie 21, 43, 127, 302, 367
Apollinaire, Guillaume 301
Appadurai, Arjun 71, 156
aprecio, muestras de 35, 110, 240, 249, 258, 320, 353. *Véase además* elogiar; eructar; relamerse; sorber
árabes 141, 145, 155, 163, 174, 203, 204, 206, 211, 233, 258, 265, 339, 340. *Véase además* abasíes; Emiratos Árabes Unidos; egipcios; beduinos ruwalas
arahuacos, indios de América 27
arañazos 191, 398
arcaísmo, modales y 55, 254, 291
areca, nueces de 334
arena, jardines de 196
Arens, W. 28
Aristóteles 87, 292
Aron, Jean-Paul 237
arrodillarse 75, 164, 192
arrojarse comida y bebida 125, 130, 201
arroz 211, 215, 252, 257, 164, 294, 324, 334, 358
Artus, Thomas 226
asco 84, 215, 345-346, 352, 353, 354, 357, 358, 366, 415. *Véase además* aversión
asientos en la mesa 151, 153, 162, 308
asignación de asientos en la mesa 153, 155, 157
asirios 186
Assam, comer en 107, 324, 334
assiette 128, 213
atención, prestar 155, 160, 172, 276, 301, 324. *Véase además* desatención ritual; tintinear opas;
Ateneo 125, 133, 187, 201, 266, 307, 345, 380, 384
Austen, Jane 193-194
australianos, aborígenes 271
aversión 66, 67, 147, 210, 217, 259, 270, 345, 357-358, 362-363, 366. *Véase además* asco
aves grandes 417
ayuno 18, 35, 69, 114, 192, 264
aztecas 29, 30-31, 33-34, 37, 40

bacalao 280
bai (minchia), pueblo de Yunnan 131
bailes 287
Baldrige, Letitia 303
banco 163, 181, 382
bandejas 241, 251
banquetes 180, 185, 234; chinos 257; salón de 126. *Véase además* fiestas, festivo
barbacoa 270
barbilla, mantener limpia la 199, 208, 212, 346
Barthes, Roland 216, 217, 218, 219, 362
beber 351
bebés lactantes 64-65
bebidas alcohólicas 71, 291, 293; limitación del consumo de 323
beduinos ruwalas 252
Beeton, Isabella 279, 281-282, 374
belgas 331
bembas, pueblo de Zambia 53
Berndt, Ronald 39
boca 106, 193, 197, 223, 225, 306, 332-333, 356-374
bodas 45, 54-55, 142, 201, 248, 288, 319, 348, 419. *Véase además* matrimonio; tarta nupcial
Bogart, Humphrey 304
Boke of Curtasye 372, 382
Bonnet, Jean-Claude 190
Borgoña 238, 252, 275
borracheras 31, 145, 293, 296, 298, 328, 418
bostezar 332, 370
botellas 291
Bourdieu, Pierre 361
Branchereau, Louis 88, 155, 201, 214, 230, 260, 263, 334, 363, 373
Brandt, Sebastian 90
Brillat-Savarin, Jean Anthelme 115, 198
brindar, brindis 215, 297, 298-299, 300-303, 322, 418
británicos 55, 74, 88, 100, 135, 139, 155, 157, 182, 187, 192, 222, 225, 233, 244, 254, 301, 310, 258, 373, 385
brochetas 273
budistas 218
buffet, cenas tipo 182, 243, 350; estanterías de 182, 195

bufones 133
búlgaros 140, 264
Bull, Roger 90
bumpers 302
Buñuel, Luis 355
Burgess, Anthony 234
Burkert, Walter 273
Byron, George Gordon, lord 282

cabeza, posición de la 139, 145-146, 298, 375-376
cabezas, consumo de 70, 268, 272; humanas para comer 125
cacahuete, mantequilla de 70-71
café 54, 70, 141, 142, 204, 228, 233, 242, 326, 328, 333, 334-335, 337
cafés 141
Calibán 27
calientes, comidas y bebidas 102, 178, 204, 210, 214-215, 233-234, 242, 224, 245, 283, 361-362, 369. *Véase además* soplar
camareros 144, 176, 296, 380, 387, 390, 391, 393, 397. *Véase además* sirvientes
Cambacérès, archicanciller 265
camello 239, 271
campana 170
canadienses 255
cangrejo 279
cangrejo de río 279
canguros 271
canibalismo 9-19, 25-27, 28, 29, 30, 34-35, 36-37, 39-40
cantar durante las comidas 309, 382
caracoles 358
caramelos 239
Carême, Antonin 240
caribes, indios de América 27
Carlos el Temerario, rey 52, 238
Carlos, Gentil Príncipe 304
carne 9, 53, 66-67, 112, 183, 208, 209-210, 212-213, 218-219, 220, 224, 228, 247, 251, 267-268, 349
castas 75. *Véase además* contaminación, ritual
Castiglione, Baldassare 95, 99
catas para detectar veneno 172, 173, 206-207, 289, 322-323

cazadores, cazar 53, 268-271
Ceaușescu, Nicolae 173
cebada 59
celtas 125, 209
cerdo, carne de 56, 112, 129, 280
cerebros, consumo de 269, 280, 358
ceremonia japonesa del té 143, 243, 256
cerezas 355
cerveza 53, 139, 149, 284-285, 287-288, 290, 293-295, 299, 308, 322
Cervio, Vincenzo 277-279
cinturón 295, 382
clara de huevo 363
Claudio, emperador 384
cocina, comer en la 108-109, 181, 262
cocinar, cocineros 33, 37, 105-106, 117, 126, 136, 147, 156, 164, 172, 179, 204, 219, 233, 244, 260, 268, 270, 271, 272, 282, 317-321, 324, 330, 362, 397, 399, 403
cóctel, fiestas de 20, 392, 404
codos 99, 185, 188, 209, 245, 249, 378-379
cojines, 121, 188
colación 309
Colefax, lady Sybil 135
Colón, Cristóbal 26-27
comedor 108, 160, 179-181, 186, 318. *Véase además* triclinio
comerse todo 257-258, 260, 330-331, 334. *Véase además* dejarse comida; sobras
comida mordida 210, 360. *Véase además* partir comida
comida rápida 62, 67, 172, 394-396, 403, 404, 405
comidas familiares 64-80, 105, 110-111, 111, 113-114, 142, 193, 201, 203, 264, 280, 283, 310, 325, 351, 394
compañía 25, 144, 149, 150, 246, 304, 306
compartir comida 23-25, 43, 77-78, 106-114, 148, 149, 164, 203, 216, 247-248, 269-83; fuentes, platos, cubiertos, utensilios 82, 88, 183, 198, 208, 209, 202, 215, 219-220, 226-227, 231-232, 247, 249, 255-256, 288, 291, 298, 366
competencia 41, 43, 96-97, 104, 219, 243, 310, 345-346, 379, 392, 397, 401

condimentos 72
consideración 18, 33, 49, 102, 155, 158, 161, 172, 177, 263, 287, 329, 344, 366, 367, 375, 379. *Véase* atención ritual
contaminación, ritual 47, 119, 138, 141, 268, 324, 334, 336, 344, 346-355, 404; física, química 138, 141, 405. *Véase además* limpieza; pureza
convenciones 15, 45, 46, 48, 143, 132, 134, 392, 396
conversar en la mesa 15, 72, 76, 83, 99, 134, 147, 159, 164, 197, 234, 242, 287, 290, 292, 306-316, 319, 326-327, 336, 345-355, 356, 370, 379-380, 382, 385, 393
cooperación 294, 308. *Véase además* compartir comida
copa del amor 299, 301, 303
copas 55, 177, 199, 250, 253, 285, 286, 289, 293, 294, 296-297, 298-299, 300-302, 304. *Véase además* copa del amor
coperos 276, 296
corderos 60, 236
coreanos 163, 216
coronas 121, 145-146, 170. *Véase además* sombreros
cortar 207, 210, 213. *Véase además* trinchar carne
cortesanas 290, 318
cortesía 83, 85
cortesía, reglas que rigen la 10, 26, 45, 95, 123, 140, 147, 156, 160, 166, 173, 204, 205, 257, 258-259, 252, 262, 264, 267, 303, 305, 315, 329, 384, 389-391
Coryat, Thomas 227
cosmos, comida como símbolo del 169, 234
Courtin, Antoine de 86, 227, 370
cráneos 280, 306
crátera 285, 289, 292, 331
credenza 171
crepes 223
cristianos 61, 155, 170. *Véase además* Eucaristía; Jesucristo; Navidad; Última Cena
críticas 259-260
cubertería 108, 131, 221, 365, 394, 398-399
cubiertos. *Véase* cubertería

cuchara 99, 216, 219, 223, 225, 226, 227, 229, 230-233, 237, 250, 251, 252, 253, 254, 324, 332, 361, 363; de servir. *Véase además* cucharón
cucharón 170, 232-233, 286, 331
cuchillo 43, 92, 119, 125, 201, 207, 209, 213-214, 219-232, 245, 250, 251, 255, 268-283, 322, 331-333, 361, 363, 372, 379, 381; de mantequilla 365
cuencos 215, 216, 217, 218-219, 228, 331. *Véase además* platos
cuencos para los dedos 199, 332-333
cuernos para beber 297
cumpleaños 45
curry 99
Cha No Yu. *Véase* ceremonia japonesa del té
chagas, pueblo de Tanzania 70, 77, 78
champán 149
Chancellor, Richard 176
Chao, B. Y. 99, 156, 177, 217
Charles, N., y Kerr, M. 71, 74, 79
Chaucer, Geoffrey 213
Checoslovaquia 331
Chesterfield, Philip Dormer Stanhope, cuarto conde de 104, 281, 418
chicle 373
chimpancés 23
chinos 93-94, 113, 131, 144, 147, 156, 177-178, 190, 199, 205, 215-219, 234, 247-248, 252, 256, 259, 260, 262, 264, 292, 293, 294, 297, 308, 320, 330-331, 334, 336, 369, 370, 371, 384. *Véase además Lǐjì (Libro de los ritos)*
chocar copas. *Véase* tintinear copas
chocolate, bombones 54, 148, 139
chuparse el dedo 76, 91, 212

daneses 264, 300, 316, 332
De Berry, duque 201
De La Marche, Olivier 52, 238
De La Rochefoucauld-Liancourt, F. 373
De Médici, Catalina 52
De Sahagún, fray Bernardino 32
De Sévigné, *madame* M. 195, 309
De Worde, Wynkyn 279
decoración 143, 145, 197, 242, 246, 313
Dedekind, Friedrich 90

dedos 144, 145, 212, 214, 223, 225, 226, 230, 247, 285, 332, 371, 372, 373, 374, 381-382; restricciones para el uso de los 204-205, 285, 380; uñas 87. *Véase además* manos, comer con las
Deetz, James 230
deferencia 100, 131, 147, 156, 165, 166, 276, 314
dejar lo mejor para el final 210, 330
dejarse comida 330, 334. *Véase además* comerse todo; sobras
Della Casa, Giovanni. *Véase Galateo*
derramar bebidas 175, 212, 219, 244, 265, 286, 292, 297, 298, 300, 347
desatención ritual 290
desayuno 46, 80, 174, 182, 186, 192, 244, 246, 292
desfiles para entrar en el salón comedor 125, 154, 170; para salir del salón comedor 334
despejar el lugar donde se come 239, 241, 285, 330, 333, 336, 351, 360, 387
despenseros 276
desperdiciar comida 77
despojos 268, 270, 272, 360
destete 65, 66
destino 137, 145, 172, 274-275
Díaz del Castillo, Bernal 31
Dickens, Charles 52, 192, 231, 302, 345
dientes, modales relacionados con los 119, 208-209, 360-361, 371-373, 377, 381. *Véase además* palillos de dientes
dieta; ponerse a 67, 244, 369
dificultad de los modales en la mesa 99-100, 218, 220, 262, 294, 355
digestivo (bebida) 149
dinner, matices del término inglés 193-194
Dioniso 286, 292-293, 322, 419
Dioscórides, médico griego 292
dioses, presentes en comidas 57-60, 121, 124, 273, 274, 286
disculpas 49, 128, 257, 260
discursos 248, 310, 377
distancia; a los alimentos 81, 283, 284; entre comensales 81, 123, 162, 188, 239, 241, 244, 266
distinción 79-80, 93, 157, 286; entre comida y bebida 283, 285, 293; entre niños y adultos 68; entre formalidad e informalidad 151-152, 247, 289-391, 393. *Véase además* jerarquía
divanes 170, 186, 188. *Véase además* tumbarse
diversificación. *Véase* especialización
divertimentos durante banquetes 150, 238, 270, 298. *Véase además* entretenimientos; música
Don Juan 137
dormir 193, 238
dosel 163, 185
Douglas, Mary 389
Dryden, John 96
dudar, vacilar 217, 259
Dyson-Hudson R., y Van Dusen, R. 78

Eclesiástico, Libro del 379, 385
egipcios actuales 42, 203, 336
egipcios antiguos 146, 170
Elias, Norbert 83, 85, 86, 90, 92, 223, 366
elogiar los cubiertos 256-258; la comida 258-259, 260
Emiratos Árabes Unidos, comer en 141, 142, 145, 320, 337
encorvarse 378
enjuagues bucales 373
Enrique III, rey 226, 228
entrées 236
entremets 237-238, 245
entretenimientos. *Véase además* divertimentos durante banquetes; música
epergnes, 196, 253
eranos, comida griega 183
Erasmo de Róterdam 83, 90-91, 92-95, 119, 197, 213, 222, 296, 303, 356, 360, 361, 363, 367, 368, 372, 376, 377, 378, 380, 381, 382, 383-385
eructar 75, 83, 91, 258, 383-384
escandinavos 109, 293, 300, 334. *Véase además* daneses; noruegos
escitas 292
escoceses 73, 80, 327
escupir 83, 361, 366-367, 358-359, 381; escupir comida 361, 366-367; escupitajos 369
espaguetis 40-41, 223, 346

españoles 29, 140, 175, 227, 301, 332, 390
espárragos 208, 226, 354
especialización; de habitaciones; muebles; cubiertos 253
espectadores de festines 126, 161, 195
esperar para comer o beber 147, 170-178, 217, 369
esquimales. *Véase* inuits
estadounidenses 40, 51, 77, 99-101, 152, 157, 165, 178, 179, 209, 221, 222, 227, 229, 233, 250, 305, 306, 327, 329, 332, 353, 358, 333-364, 371
estirarse para alcanzar algo 216-217
estofados 272
estornudos 287, 382-383
esturiones 265
etruscos 186-187
Eucaristía 60-61, 243, 289
eufemismos 206, 270, 317, 322
Europa 24, 71, 72-73, 74-75, 105, 126, 140, 147, 153, 174, 179, 190, 220-221, 231-232, 235, 265, 305, 324, 334. *Véanse además países individuales*
Evelyn, John 126
excreciones 83, 322, 357, 359, 368, 385. *Véase además* saliva
expresiones faciales 83, 374-375, 376
exquisitez; entregada como un honor 122, 256, 265, 340
extraños, modales con 75, 118, 120, 130, 175, 290, 350

faisanes 275, 277
fantasmas en la mesa 133, 136-137
Farrar, Eliza Ware 229
fenicios 186
festín «de enemigos» 261
Fielding, Henry 167, 265
fiestas, festivo 20, 46, 51-62, 111, 112, 142, 144, 145, 146, 234-235, 283, 338-339, 340-341, 393, 397
Filipo de Macedonia, rey 297
fin de la comida 149
Firth, Raymond 25
fiyianos antiguos 36
flatheads, indios de América 199
flores 139, 140, 145, 169, 192, 197, 239, 243, 244, 253, 257

focas, consumo de 270
Fontbrégoua, yacimiento 29
formalidad 19-20, 80, 151, 152, 247, 248-249, 254, 308, 319, 388, 390-391, 393, 394, 396, 401. *Véase además* informalidad
franceses 52, 66, 68, 84-85, 95-96, 112, 113, 116, 122, 124, 125, 140, 145, 148-149, 153-154, 161, 171, 180-181, 190, 192, 195, 200, 212, 222, 223, 228, 230, 233, 235, 239, 241, 243, 253-255, 269, 275, 281, 282, 290, 291, 294, 311, 320, 232, 333, 338, 256, 361, 363, 373, 374
Francisco I, rey 228
francos 124
Fredegunda 124
Freud, Sigmund 28, 225, 231
fruta 192, 195, 196, 221, 226, 253, 405; cuchillo de 221
fuego, chimenea 105-108, 179-181, 285. *Véase además* velas
fuentes de servir 228, 241, 251, 253
fufú, gachas nigerianas de cocoyame 107, 174, 250
fumar 102, 257, 326, 328, 336, 349, 352, 369
funerales 45, 140

Gabba, parásito etrusco 133
gachas 72, 107, 198, 210, 231, 261, 324, 358. *Véase además* fufú
Galateo 95, 368, 370, 372, 380
Gales 232
galletas 210
galletas de la fortuna 330
gárgaras 373
gatos 201, 353
Geertz, Clifford 128
gelatina 358
generosidad, en anfitriones 52, 122, 166, 269, 302, 393; en invitados 138-139
gesticular 316, 354, 378, 381
Gilbert, W. S. 306
Gille, Bernard 254, 265
ginebra 149
glotonería 372, 379
Goffman, Erving 101, 290, 310, 381
gogos, pueblo de Tanzania 113

gong 171, 257, 340
gonja, pueblo de Ghana 318
Goudeau, Emile 235
gracias, dar las 74-75, 287, 334, 336, 383. *Véase además* agradecimiento; Eucaristía
grasa 40, 136, 146, 198, 228, 272, 280, 282
Greene, Graham 198
griegos actuales 147
griegos de la Antigüedad 58, 96, 116, 119, 122, 125, 133, 134, 147, 169, 175, 182-183, 186-187, 201, 110, 210, 260, 273-274, 286, 289, 292, 293, 297, 300, 306-307, 309, 359, 367, 381, 402
Grimod de la Reynière, A. B. L. 195, 277, 281
gritar 58, 293, 313
Grobianus 90, 389
guantes 139, 144, 145, 295, 397
Guazzo, Stefano 95
guisantes 225, 226-227
gusto, buen 87, 95-96, 228

Halloween 121
hambre 24, 46, 65, 76, 177, 224, 251, 260, 265, 307; no dar muestras de 265
hamburguesas 247-248, 394-395, 396
Handy, W. M. 378
Hardy, Thomas 288
hechicería 288
helado 210, 232
Heliogábalo, emperador 134
Heródoto 368
Hesíodo 87, 331
hibris o desprecio 146
hielo, nieve 286
hinojo 239
hipo 383-384
Hirohito, emperador de Japón 173
Hitchcock, Alfred 119, 352
hobnobbing 302
Hoffmann, H. *Véase* Struwwelpeter, Der
holandeses 358-359, 367
hombres 267-268, 269, 270-272, 281, 299-300, 317-319, 387. *Véase además* mujeres
Homero 28, 58, 118, 170, 267, 393

Hong Kong 56
honor 85, 111, 122-123, 124, 132, 146, 150, 154, 157, 161, 163, 165-166, 167, 238, 248, 265, 274-276, 284, 300-301, 318; *honnêteté* 253; hacer los honores 167, 276, 280-281. *Véase además* trinchar carne
Horacio 91
hors d'oeuvres, aperitivos 236-237, 241
hospitalidad 77, 110, 114, 118, 120-121
Hu Yaobang, 217
huesos 29, 33, 34, 99, 201, 268, 280, 355, 360, 365, 371
huesos de aceituna 355
huevos 200, 285, 352, 362-363; beber 285, 363, 365; hueveras 363. *Véase además* clara de huevo; tortilla
Hugo de San Víctor 88
Humphry, señora 365
húngaros 213, 260

igbos, pueblo de Nigeria 107, 174, 250, 289
igualitarismo 100, 368, 391
ilirios 295
incienso 62, 128, 141, 146, 256, 286, 337
India, comer en 66, 203, 239, 268, 344, 347-349, 359
indios de América 174, 232, 268, 289, 344. *Véase además* pueblos individuales
Indo, civilización del valle del 351
informalidad 20, 43, 111, 120, 148, 159, 184, 212, 241, 247, 248, 253, 259, 310, 363-364, 396, 403
inicio 57, 59, 70, 173; el café como rito de iniciación 326; tomar bebidas alcohólicas como 149-150; lavarse como 171
inmovilidad en la mesa 378, 381
insectos, gusanos en la comida 260, 354
instar a los demás a comer 261, 263-265
inuits 66, 210
invitaciones 97, 110, 118, 121, 126-132, 135, 142, 173, 314, 397
invitados, número de 134; de honor 59, 122, 132, 133, 150, 157, 161, 163, 167, 178, 200, 203, 256-257, 264, 280, 286,

300-301, 326, 331, 333; amistad entre invitados 114; sobrenaturales 57. *Véase además* anfitriones e invitados
iraníes 164, 170, 233, 258, 308, 319, 336, 368
irlandeses 90, 300, 301
irse de la mesa o la sala 70, 158, 160, 202, 203, 331, 333, 334; de la casa al final de la visita 143, 336-337
italianos 52, 95, 140, 148, 157, 197, 198-199, 223, 227, 252, 263, 276-277, 301, 332, 256, 363-364, 384
itesos, pueblo de Kenia y Uganda 288
Iván el Terrible, emperador de Rusia 176

jainistas, 350
James, Henry 165
japoneses 138, 156, 157, 173, 178, 182-183, 203, 215-216, 243, 255, 264, 292, 293, 308, 320, 324, 339, 362, 371, 384. *Véase además* ainus, pueblo de Japón
javaneses 129, 319
je ne sais quoi 96-97, 314, 406
Jefferson, Thomas 152
jengibre 226
Jenofonte 56, 267, 307, 368
jerarquía 127, 150-167, 177, 236, 241, 249, 267, 272, 273-274, 283, 326, 348, 390
jerez, vino 294
Jesucristo 61, 120, 134, 137, 142, 188, 189, 267, 292
jíbaros 53
Johnson, Samuel 192
Jonson, Ben 198, 305
Joyce, James 43
judíos actuales 60
judíos antiguos 57, 60, 137, 141, 188, 267, 273
juegos durante las comidas 263, 297. *Véase además* cótabo, juego griego
jugar con la comida 210
Jûgaya 256
jukuns, pueblo de Nigeria 321
juramentos 275, 276, 301
Juvenal 389

kagoros, pueblo de Nigeria 324
kalulis, pueblo de Papúa Nueva Guinea 72
Kanafani, Aïda 211, 337
Kasson, John 101
kofyars, pueblo de Nigeria 53
kottabos 125-126, 292. *Véase* cótabo, juego griego
kwakiutls, pueblo de la Columbia Británica 371

La Bruyère 212-213
labios 88, 92, , 370, 381. *Véase además* boca
lacayos 178, 242
lamer 144, 197, 212, 217, 351, 364-365
langostas 198, 213
lanzar comida a la boca 211, 351
latinoamericanos 161, 340, 379
Lattimore, Owen 209
lavarse 138, 142, 171, 190, 199, 203, 232-233, 332, 333, 374. *Véase además* abluciones
Lear, Edward 21
lectisternio, ritual romano 121
lectura 263, 309
leche 71, 99, 228
lechuga 222, 245
Legrand d'Aussy 225, 333
lengua, consumo de 70
lengua, modales relacionados con la 210, 363, 364, 365
levadura 60, 285
levantar el plato para comer 224, 229, 361
levantarse 163-164, 174, 179, 294, 333, 383
Lévi-Strauss, Claude 39, 290, 344
libaciones 60, 175, 286, 292, 298, 299
Lichtenstein, H. 336
liebres 280, 282
Lĭjì (Libro de los ritos) 47, 94, 177, 205, 215, 260, 266, 293, 332, 334, 364
limpiar, fregar la vajilla 270, 336, 350
limpieza de cucharas, tazas, cuchillos, pajitas 226, 262, 286, 365, 370. *Véase* servilletas
limpieza 18, 40, 138-139, 142, 197-199, 201, 202, 215, 252, 395, 397-398, 404-406. *Véase además* contaminación

Liselotte 145
lodagaas, pueblo de Ghana 318, 322
Ludwig, Carl 384
Luis XIV 84, 95, 125, 130, 157, 163, 172, 325, 363
luncheon. *Véase además* almuerzo 192-193
Lydgate, John 278
llenarse la boca. *Véase además* boca 65, 208

Mackenzie, Osgood 80
Macrobio 307
machacar alimentos 214, 219, 363-364
madre 107, 317, 321
Mahoma 233
maíz 32, 33, 208
malawianos 74, 77
malayos 77
maldiciones 275
Manet, Édouard 184
manjar blanco 358
Manners, Miss (Judith Martin) 103, 231, 363
manos, comer con las 15, 36, 41, 69, 82, 113, 198, 202-216, 227, 229, 247, 351, 353, 360, 271, 374; izquierda y derecha 162, 205-207, 221, 229, 287, 334, 350, 380; para cubrirse la boca; a la vista 361, 370, 372-373, 379. *Véase además* partir comida; lavarse
manteles 62, 102, 183, 189-191, 195, 206, 237, 244, 253, 315, 326, 365, 372, 374
mantequilla; cuchillo de 365
maoríes antiguos 37-38
Marcial 143
marisco 226
marroquíes 212
Masters, Brian 135
masticar 26, 65, 119, 193, 208-209, 214, 359, 362, 364, 371, 373, 404
Matisse, Henri 321
matrimonio 106, 114, 128, 317, 340. *Véase además* bodas
mayordomos 154, 166, 171, 328, 397
Meakin, B. 212
mejillones 198
menearse en la silla 93, 381
Menedemo, anfitrión 306
menú 235-236, 239, 240-241, 394, 397

mesa alta 151, 160-161, 171, 192, 325
mesa auxiliar. *Véase además credenza*, término italiano actual
mesas 73, 79, 108, 115, 128, 151, 160-162, 179-185, 188, 190, 201, 202, 216, 220, 235, 236, 238, 240, 243, 247, 249-251, 275, 284, 300-301, 313, 315, 325, 360, 367. *Véase además* mesa alta
microondas 69-70, 403
mijo 215
mirada fija 72, 287, 305
misa. *Véase* Eucaristía
modales, libros o tratados sobre 83, 86-87, 90-92, 97, 99-101, 110, 155, 312, 324, 329, 333, 376, 385
mojar 212, 214, 250, 251
Molière 122
monasterios 88, 170, 186, 263
mongoles 296
monos 24-45
Montaigne, Michel de 28, 198, 209, 311
moras 226
morder 210
moungetades, comida francesa 112-113, 133
Mowat, Farley 210
Muchembled, Robert 213
muerte; recordatorios de 21, 137, 169, 194, 199, 269, 273, 331. *Véase además* violencia en la mesa
mujeres 25, 65, 102, 106, 107, 108, 117, 135, 154, 158, 162, 163, 185, 201, 251, 262, 295, 296, 304-305, 315, 318, 320-321, 322-324, 326, 328, 397, 399, 401
música 237, 266, 287, 297, 309

nariz, modales relacionados con la 91, 382-383
Navidad 52-53, 54-55, 133, 194, 232, 395
nef o nao 192
Nenci, G. 210
neofilia, neofobia 66-67
Nerón, emperador 143, 169
Netting, R. 53
newars, pueblo de Katmandú 295, 308, 322, 336
Newnham-Davis, N. 234, 363
Nigeria 148, 250, 261, 324. *Véanse además pueblos individuales*

niños 64-80, 129, 173, 272, 317, 369; durante la cena 173, 203, 110, 259, 261, 266, 292, 352; aprendizaje de los niños 64-80, 82, 85, 107, 185, 103, 205, 207, 215, 224, 230, 390, 395
nombres, recordar los 302
noruegos 140
nouvelle cuisine 243, 362
Novalis 234
nueces 99
Nueva Irlanda, 51, 176
nuez de areca 336
nuez de cola 148, 173
número de comensales 134, 162, 188
Nzekwu, O. 148

O'Rourke, P. J. 389
ojos, consumo de 42, 279, 280, 358
ojos, modales relacionados con los 298, 305, 376. *Véase además* mirada fija
Okere, L. C. 107
olisquear 109, 260
oporto, vino 149, 326
orejas, consumo de 280
orientación al sentarse a la mesa 150, 350
orinales 385
ornamentos. *Véase además* decoración
Ortner, Sherry 115, 129, 264
ostras 358
Ovidio 120

padre 75, 107-108, 163-164, 283, 287, 325, 364
pajitas, beber con 32, 284, 287-289, 344
paladar, consumo del 279-280
palillos 99, 177, 214-219, 248, 255, 309, 324, 331, 334, 371
palillos de dientes 223, 227, 371-373
Palmer, Arnold 171, 193
pan 24-25, 60, 92, 132, 137, 174, 177, 183, 200-201, 206, 210, 212, 222, 223, 227, 247, 250-251, 253, 259, 276, 285, 292, 333, 354, 360, 363; panera 222
pañuelos 367, 367, 368, 370
Papúa Nueva Guinea 106, 173. *Véanse además* pueblos individuales

paraíso, la comida como símbolo del 169-170, 234
parásitos 132-133, 339-340
partir comida 92, 210-211, 213, 222, 351, 360
pasar (comida, bebida, condimentos) 224, 233, 241, 261, 266. *Véase además* compartir comida
Pascua judía 60
pasteles 53-55, 180, 240; tenedor de pastelería 225. *Véase además* tarta nupcial
patas, consumo de 282
patatas 27, 214, 220; patatas fritas
pato 279, 282-283
pavos 30-31, 282, 283
pavos reales 385
Peacock, Thomas Love 328
pechuga, consumo de 277, 282
pedir comida, bebida 72, 78, 239, 264, 323, 379
pedis, pueblo de Sudáfrica 261, 324, 338, 384
pedos 83, 93, 133, 384
peleas 91, 123, 124-125, 155-156, 158
pelo, cabello 175, 199, 261, 337
Pepys, Samuel 200, 304
perfumes 141, 142-143, 146, 169, 337
perros 23, 30, 353-354; en las comidas, 201, 251, 268
pescado 199, 218-219, 221, 279; espinas de 361; cuchillo y tenedor de 221
Petronio 87, 91
pícnic 183-184, 252, 270
pièce de résistance 237
pièces montées 126
piernas, posición de las 141, 382
pies, modales relacionados con los 138-139, 141, 367, 382-384
piezas, recibir las mejores 184, 191, 226
pimentón 260
pinchos 226
pirámides 126, 195
Pitt-Rivers, Julian 175
Pitt, William 378
plata 196-197, 228, 232-233, 398-399
plátanos 176, 232, 351, 355
platillo auxiliar 200, 250, 254
plato trinchero. *Véase* tajadero
Platón 142, 307, 383

platos 62, 116-117, 157, 178, 218, 227-228, 232, 236, 238-239, 251, 252-255, 277, 316, 324, 334, 350, 351, 361, 398, 405. *Véase además* cuencos; platillo auxiliar
Plutarco 115, 188, 292, 307, 318-319
pollo 208, 324
poner la mesa 181, 221, 255, 397
Porter, Cole 116
portugueses 140, 176, 178, 202, 362
Post, Elizabeth 102
Post, Emily 101-103, 109, 116, 136, 144-145, 159, 162, 165-166, 178, 200, 214, 222, 230, 242, 250, 283, 314, 325, 326, 327, 332, 360, 378, 380, 397-398
postre 102, 180-181, 190-191, 234, 235, 237, 239, 241, 243, 315, 316, 323; servir el 316
postura corporal durante las comidas 92, 185, 187, 374-375, 378, 382
pot luck, comida británica 111, 183
Powdermaker, Hortense 51
precedencia, observancia de la 85, 151, 152, 154-155, 156, 158-159, 161, 162, 166-167, 319, 400
previsibilidad 46, 379
primer bocado 129, 170-178, 203
primeros frutos, primicias 58-59
privacidad 106, 150, 167, 180
probar de plato ajeno 249, 266-268
profecías durante las comidas 251-252 330. *Véase* juramentos
Prometeo 59
pronombres, uso de los 390-391, 400
protocolo 151, 152, 153, 158-159
Proust, Marcel 53, 154, 283, 340
Prynne, William 304
Ptahhotep 87
púdines 231, 234
puntualidad, 146-147
pureza 37, 119, 142, 206, 288, 337, 348-349, 362, 404. *Véanse además* contaminación ritual; limpieza

queso 99, 224, 291, 324, 332-333; cuchillo de 99, 224
quingombó 358

rábanos 208, 214
Rabelais, François 52, 343
raciones separadas o individuales 176, 228, 240, 242, 249, 274, 275, 276, 278, 308, 360
ranas 358
rapidez 129, 212, 215, 230, 242, 247, 249, 308, 371, 394, 402-403
Read, Margaret 76
recepción de objetos de la mesa 72, 216
recepciones. *Véase* cóctel, fiestas de
reconciliación 37, 114
rechazar comida y bebida 124, 260, 264, 294; invitaciones 129, 130, 131-132, 142
refrescos 70, 335
regalos 238, 299; de invitados 141; para pobres 251, 339; como comida para llevar 129, 197. *Véase además* exquisitez; generosidad, en anfitriones; en invitados; ofrendas
regazo 144, 198, 320
reír 89, 103, 119, 133, 377-378
relamerse 18, 371
Rembrandt 137
repantigarse 378
repetición 43, 45, 110
responder a una invitación 127
restaurantes 20, 68, 112, 144, 169, 176, 182, 188, 235, 239, 243, 249, 259, 283, 290, 295, 300, 337, 339, 369, 379, 388, 394
reverencia 113, 141, 203, 293, 298, 305, 323, 324, 326
Rhodes, Hugh 176, 372, 382, 383
Richards, Audrey 75
Richelieu, cardenal 223
ritual 26, 32, 40-51, 54-58, 113-115, 121, 123, 131, 138-139, 142, 145, 148, 150, 152, 154, 171, 194, 203, 235, 254, 264, 283, 327, 389, 394-396
Rodrigues, P. João 215
Rolando «el Pedorro» (Roland «le Pettour») 133
romanos de la Antigüedad 64, 87, 118, 132, 133, 143, 169, 175, 186-187, 188, 204, 205, 226, 235, 252, 266, 281, 286, 292, 303, 307, 330, 385
ropa 127, 135, 143, 154, 185, 208, 255, 337, 337, 350, 398

rotar en la mesa 159
Rothschild, señora baronesa de 253
Rudofsky, Bernard 256
ruidos al comer 40, 218, 346, 370-371, 382-384
rumanos 338
rusos 176, 240, 300, 301, 336
Russell, John 166, 180, 279, 365, 370, 380-3811, 384

sacrificio 19, 51-61, 113, 174, 270-274
sajones 293, 609
sake, bebida japonesa 175, 183, 292-293
sal 45, 113, 191-192, 213, 260, 277, 278
salchichas 353-354
salero 151, 191, 213-214, 251, 346
saliva 351, 357, 359, 366-367. *Véase además* escupir
salsa 205, 215, 227, 243, 251, 259, 278, 283-284
salsera 205, 254
salud 68-69, 70, 123, 148-149, 245, 260, 264, 290-291, 299
saludar, saludos 140, 148
san Benito 220
san Juan apóstol 188-189
san Pedro Damián 226
sanap 190
sándwiches 102
sangre 32, 60-61, 119-120
Scappi, Bartolomeo 226, 219
Schieffelin, Bambi 72
Schnapps 297
Séder, fiesta judía 60, 137
segundas raciones 242, 261, 263
Séneca 385
señalar como grosería 125, 223
servicios de comida 381, 383, 384
servicios de mesa. *Véase además* cubiertos 250
servilletas 62, 119, 144, 171, 172, 175, 197-199, 200-202, 208, 215, 239, 245, 249, 257, 281, 296, 299, 331, 332, 334, 361, 365, 372, 374, 377, 379, 389; servilleteros 202
servir comida, bebida 162, 163, 164-165, 215, 220, 225, 239, 260, 317, 319, 323, 387. *Véase además* sirvientes

Shakespeare, William 27, 372
Shankman, Paul 39
sherpas 114-115, 129, 161, 264, 266, 307
sihk puhn, tradición de Cantón 247-248
silencio, comer en 18, 72, 79, 114, 129, 134, 176, 196, 202, 356
sillas 19, 73, 76, 141, 160, 163, 184-185, 202, 249, 253, 306, 379, 394, 397, 398; vacías 109, 137, 218
Simond, Louis 373, 385
simposios griegos 116, 125, 289, 307, 309, 316
sirvientes 88, 108-109, 116-117, 132, 138, 139, 143, 161, 166, 171, 178, 184, 186, 188, 189, 195, 198, 203, 205, 239, 240, 241, 250, 277, 296, 298, 299, 313, 325, 327, 361, 366, 367, 370, 397-402. *Véase además* camareros; catas para detectar veneno; despenseros; lacayos; mayordomos; trinchar carne
slime 388, 359
sobras 71, 165, 212, 266, 324, 334, 339, 341, 352, 360, . *Véase además* contaminación ritual; comerse todo; dejarse comida
Sócrates 142, 298
soledad, comer en 38, 71, 107, 113, 164, 321
soltura 314, 355, 393. *Véase además je ne sais quoi*
sombreros 139, 145, 172, 276, 298, 304, 329, 397, 400. *Véase además* coronas
sonreír 375
sopa 76, 99, 107, 117, 125, 175, 218, 227, 233, 234, 235, 236-237, 243, 250, 252-253, 259, 260, 277, 284, 294, 369, 379; cuchara de 233
soplar 369-370. *Véase además* aliento, respiración
sorber ruidosamente 258, 371, 404
soteltie 238
Soyer, Alexis 315
sprezzatura 95
Staden, Hans 29, 35
Staffe, baronesa 131, 258, 259, 323, 329
Stans puer ad mensam 88, 377, 381
Stein, Gertrude 321
Struwwelpeter, Der 76, 91
suelo 73, 140-141, 183, 200-201, 286, 292, 360, 367

sumerios 284
supper, matices del término inglés, 193-194, 253
surtouts, centros de mesa 196
suspiros 371, 384
Swift, Jonathan 90
synthesis, prenda romana 143

tabaco 175, 289, 369. *Véase además* escupir; fumar
tabúes 8, 9, 15, 26, 61, 62, 89, 106, 188, 202, 207, 218, 317, 354, 389
taburetes 73, 132, 163, 320
tajadero 227, 251; de madera o de metal 227, 251
talensis, pueblo de África 164
Tallemant des Réaux 223
Talleyrand-Périgord, Charles Maurice de 265, 283
tamiles 156
tangas, pueblo de Melanesia 129, 340-341, 383
Tannhäuser 88
tapaderas 172, 245, 253, 334
tarjetas de asignación de asiento en la mesa 153-154
tarta 52, 126, 255, 272
tarta nupcial 54-55, 114
tazas 293, 335
té 42, 70, 113, 143, 228, 233, 243, 253, 257, 262, 265, 292, 295, 322, 328, 335; cucharas de 233
teatralidad 100, 137, 161, 238, 276, 309
teléfono 130-131, 341
televisión encendida, comer con la 79, 254, 310
temperatura de la comida, bebida 147, 211. *Véase además* calientes, comidas y bebidas
Tendret, Lucien 115
tenedor 36, 37, 40-41, 89-90, 99, 102-103, 125, 198, 202, 211-212, 219-221, 222, 223, 224-231, 232, 259, 331-333, 344, 360, 361, 362; tenedor de trinchar 277-278
teoxenia, ritual griego 121
ternera, carne de; «lección de la ternera» 284

The Babees' Book 87
The Court of Civill Courtesie 157, 262, 302, 359, 384
The Rules and Orders of the Coffee-House 153, 312
Thomas, L.-V. 106
tiempo, llegar a 146-147. *Véase además* puntualidad
tintinear copas 300, 301. *Véase además* atención, atraer hacia sí la
tomar asiento 150-163
tortas 205
tortilla 220, 321
tortugas 237
toser 381, 382-383, 384
tracios 292
tradición 53-55
tragar 371
traslado a otro lugar durante la comida 195
triclinio 134, 187
trinchar carne 88, 164, 221, 240, 242, 262, 266, 268-271, 325, 398; trinchador, maestro 280-281
Trollope, Frances 101
trufas 54, 370
Trusler, John 279, 280, 305, 338
tuaregs 271
tumbarse 121, 185-187. *Véase además* divanes
tupinambás, caníbales de Brasil 36
turcos 140
Twain, Mark 64

Última Cena 134, 188-189
último trozo 330
umbral, atravesar el 121, 127-129, 138, 170, 333-337

Varrón 134
vasos 137, 201, 265, 273, 284, 293, 196-297, 351, 364, 376, 404; cilíndricos, sin base de apoyo 296; puestos del revés 137, 295. *Véase además* brindar, brindis; *bumpers*
vegetarianos 62, 134, 244, 245, 272, 353
velas 62, 192, 194, 195, 236

velos, máscaras 145
venados 280
veneno 172, 173, 206, 220, 289, 322, 323, 347. *Véase además* catas para detectar veneno
verduras 56, 77, 216-217, 218-219, 243, 272
vergüenza 86, 157, 278, 315, 318, 345, 367, 377, 378
vermut 148
Victoria, reina 178
vietnamitas 297
vinagrera 196
vino 59, 61, 125, 126, 140, 146, 148, 149, 165, 173, 175, 180, 233, 248, 284-285, 289-293, 297-305, 323, 333
violencia en la mesa 9, 14, 20-21, 58, 125, 209, 217, 220, 233, 288, 299, 311, 347, 353, 371, 389. *Véase además* muerte
Virgilio 251
vomitar 93, 293, 343, 385

wamiranos, pueblo de Papúa Nueva Guinea 106, 112

Ward, Ned 208, 339
Washington, George 152, 370, 382
wassail, bebida sajona 299
Watson, James 248
West, Mae 43
Whiffen, T. 210
whisky 149
Widdowson, John 75
Wilde, Oscar 127
winnebagos, indios de América 319
Wittgenstein, Ludwig 67
Wortley Montagu, lady Mary 304, 325

yaos, pueblo de Tailandia 131
yoruba, cultura de África 148
Yugoslavia 332

zapatos 138-139, 141, 185, 187, 343, 392. *Véase además* pies, modales relacionados con los
Zeus 59, 120, 121, 122, 124, 274